Boccace de la geneologie des dieux.

Qui a esté premieremẽt dieu appelle envers les gentilz & payens

E qui dois la grandeur aux navires non acoustumee entrer & nouveau chemin tenir ay proposé le plus prudentement que pourray / De loing regarder des quelz havre & rivage ie pourray mõ navire desancrer. Affin que plus droitement par la faveur du bon vent ie puisse estre porte ou mon courage desire. Ce que ie pense facilemẽt faire mais q̃ iaye unefois trouve celuy q̃ les anciens ont p̃mierement fainct estre dieu. Affin q̃ie

ai

prengne par luy le commencement de la genealogie. Et que puisse par ordre conuenable en sa posterite et lignee proceder toutes les forces et vertus de mon courage se estoient vng iour ensemble mises et vnies de la plus haulte et esleuee clarte de mon entendement et ie regardoye presque tout lordre de la dessusdicte genealogie des dieux et vis plusieurs qui incontinent se leuerent qui tous nestoient pas dune religion mais de quelque estat quilz fussent ilz estoient tesmoigz dignes de foy et de grande grauite. Et affermoient quil estoit vng seul dieu qui iamais homme mortel en son essence ne fut veu et disoient quil estoit vray dieu sans fin et sans commencement tout puissant createur de toutes choses tant visibles que inuisibles. Ce que iay sceu facilement et de mon ieune aage lay tousiours ainsi creu Mais toutefois ie commence a reuoluer et lire au liure de ma pensee diuerses opinions de plusieurs anciens qui ont sur ce diuersement opine: Et me sembla que les gentilz croyoient presques ainsi que les autres fors quilz sont deceups en ce quilz attribuent la dignite du createur a la creature et ne se efforcent point seullement tous atribuer celle dignite a vng seul: mais diuers hommes lattribuent a plusieurs et diuerses creatures. Et croy que les philosophes diuersement de ce sentans ont baille premiere cause et matiere de cest erreur et apres eulx les poetes lesquelz aristote appelle les premiers theologisans qui selon leur crudelite croyoient ceux estre premiers dieux lesquelz ilz cuidoient auoir este premiere cause des choses: Et pour ce que plusieurs en ont diuersement et en plusieurs manieres opine. Cest de necessite ensuiuy que diuerses nacions et sectes eussent plusieurs et diuers dieux. Desquelles nacions vne chascune a creu son dieu estre vray premier et vnique et pere des autres dieux A ceste cause ou il fait et painct leur dieu comme vne beste nompas seulement a la maniere de cerbere ayant trois testes Mais se sont efforcez le descrire en la forme et maniere dung monstre ayant trop plus de testes que cerbere. Des quelz dieux ainsi que ien enqueroye vng homme tres ancien thales milesien vint au deuant de moy le plus sage de son temps et tres familier des cieulx et choses celestes lequel ie auoie ouy dire ia pieca auoir du vray dieu plus par engin que par foy enquis qui me dit incontinent apres ce que ie leu requis me dire lequel des dieux il croioit estre le premier quil luy sembloit que leau auoit este la premiere cause de toutes choses. Et quelle auoit en soy la pensee diuine toutes choses produisante. Et que non autrement ains tout ainsi que ladicte eau rend humides et moistes les arbres. Pareillement de labime elle sourd et enuoye ses ebulicions et sour ses vers le ciel iusques aux estoilles: et de sa main moite elle forge lautre ornement du ciel: Thales milesius

Je trouue apres anaximene homme tres erudit et lettre. Lequel apres ce que ie luy ay eu demande ce que a thales dessusdit demande auoie il me respondit que lair estoit producteur de toutes choses Pource que toutes bestes lair produ meurent incontinent et sans lui ne peuent estre procrees. Apres vint crisippe entre les anciens hommes fameux et renomme qui me dit que il croyoit le feu estre de toutes choses le conditeur et createur Pource que sans chaleur / il ne appert point aucune chose mortelle pouoir estre engendree ne icelle engendree sans chaleur pouoir consister ne durer. Anaximenes Chrisippus

Quant ie me fus transporte a alcinous crotoniensien pour icelluy interroguer ie le trouuay homme de plus hault entendement que les autres Car il passa et transuola les elemens et dit quil lui sembloit le soleil la lune et autres estoilles et generalement tout le ciel auoir des autres choses este fabricateurs et aucteurs O homme liberal qui donne a tous les corps supercelestes la deite que tous les autres fors luy: auoient a vng seul element donee. Apres les dessusditz ie vins a macrobe le plus ieune de tous qui attribua deite au seul soleil. Laquelle le dessusdit alcinous attribuoit a tout le ciel. Mais theodonce comme ie croy qui homme nouueau et non lettre nestoit pas / aine de telz choses souuerain inuestigateur sans aucune chose nomer me respondit que cestoit lopinion des anciens archadiens que la terre estoit cause de toutes choses. et que en icelle terre ainsi que de leau dit thales est la pensee diuine. Pourtant croyoient ilz que par son oeuure toutes choses ont este produictes et creees. Et affin que des autres nous taisons les poetes qui lopinion de thales ont ensuiuy ont appelle lelement de leaue oceanus et de toutes choses hoes et dieux lont dit et prononce estre pere. Et de lui ont prins et donne le commencement de la genealogie des dieux. Ce que nous pouons faire ne fust que nous trouuons selon aucuns que ledit oceanus fut filz du ciel: Et ceulx qui ont creu anaximene et crisippe auoir bien dit pource que les poetes metent souuent iuppiter pour lelement du feu et aucunefois pour le feu clair il ont baille et attribue a icelluy iuppiter la principaulte de tous les dieux et lont en leurs genealogies prins pour premier et commencement de tous les dieux. Ceulx cy ne auons nous pas suiuis pource que nous auons memoire de auoir leu iuppiter estre aucunefois filz de ether / cest adire du feu. Aucunefois du ciel et aucunefois de saturne Mais ceulx qui aux dicts de alcinous ont adiouste foy et credence ont voulu le ciel estre prince de toute la genealogie des dieux: et pource que nous lauons leu estre engendre de ether nous lauons laisse affin que point ne suiuons macrobe et ses predecesseurs qui au soleil ont attribue la primacie et principaulte de la genealogie des dieux. Lequel soleil les poetes dient auoir eu plusieurs peres. Car vne fois ilz dient iuppiter auoir este son pere aucunefois hyperion et lautrefois vulcain: et finablement ceulx qui ont voulu dire que la terre est productrice de toutes choses ainsi que fait theodonce qui dit quelle a en soy la diuine pensee meslee ont apelle ceste diuinite pour principe et commencement des dieux demogorgon Lequel indubitablement ie croy estre le pere et principe de tous les dieux des payens. Attendu que selon les poetiques fictions ie ne treuue aucun qui ait este son pere. Et que ie le treuue non pas seulement pere mais auecques ce ayeul de ether et de plusieurs autres dieux dont sont descendus ceulx desquelz par cy deuant mencion a este faicte A ceste cause toutes choses bien veues regardees et considerees et les autres come testes superflues rescindees et en membres redigees cuidans auoir trouue le commencement de nostre chemin en faisant demogorgon premier dieu non pas des choses mais des gentilz et payens au plaisir de dieu par sa conduite nous entrerons au chemin aspre et scabreux par la montaigne de tenare ou de ethna et de la descendrons au ventre de la terre et auant toute euure les gues et passages du mare stigie passerons.

Ainsi que ie cheminoie es moiennes concauitez et entrailles de la terre se aparust et monstra deuant moy auec maieste tenebreuse selon la figure de larbre cy dessus descrit demogorgon viel ayeul de tous les dieux des gentilz et payens auironne de

nuees & brouillas horrible de nom palle & descoulouré & couuert dune despri
see humidite il euaporoit & metoit hors
vne terrestre noire & puante oudeur et
deuant moy qui suis de nouueau la-
bour aucteur: Icelluy demogorgon se
presenta mieux par autrui parolle que
par sa confession demonstrant que il e-
stoit pere de miserable principaulte &
seigneurie. Certes quant ie lauise ie
me prins a rire Recors & memoratif de
la folie des anciens qui icelluy demogorgon ont dit soy mucer ou ventre de
la terre & nul engendre eternel et pere
de toutes choses Mais pource ce que
ceste chose ne sert gueres a propos laissons icelluy demogorgon en sa misere &
alons ou nous deuons aller. De ceste
fole credulite dit Theodoncius le pri
Theodonce: cipe et commencement nestre point des
hommes studieux procede: Mais des
tresanciens rustiques des archadiens
Lesquelz habitoient en lieux champe-
stres & plains de montaignes ai͂si com
me demy sauuages. Et voians que la
terre de son bon gre forestz & arbres pro
duisoit fleurs fruitz & semences enuoi
oit toutes bestes nourrissoit & en soy tou
tes choses mortelles receptuoit Et que
les montaignes flambes & fumees ar
dentes vomissoient que des roches feu
par violente percussion tiroient que les
vens des lieux concaues & vallees sor-
tissoient Et que aucunefois icelle mes
me terre trẽbler apercevoient mugisse
mens cris & brayemens de ladicte terre sortir ouoient mesmement que des
entrailles & ventre dicelle terre fontaines marescz & fleuues yssoient Ilz ont
folement creu que en ladicte terre fust
aucune diuinite. Et aussi comme si di
celle terre lair cler & feu celestiel eussẽt
originelle naissance & q̃ la terre dedens
sõ ventre eut toute leaue pour la mer
pduire. Ilz ont folement cuide que les
flammeches ardentes des embrasemens
et feus qui en hault voloient se sont es
corps du soleil & de la lune amoncelez &

assemblez. & q̃ quant elles sont iusques
au hault ciel montees elles se sõt audit
ciel en estoilles sempiternelles mises &
fichees: Autres qui apres les dessusdis
sont venus sentans et entendans vng
peu plus hault nõ pas dit simplemẽt q̃
la terre ait des choses dessusdictes este
cause mais ont dit q̃lle a vne pensee di
uine en elle p lentendement & voulẽte
de laquelle sont les chos dessusdictes
faictes. & dient q̃ ceste pẽsee diuine a sõ
siege mis es lieux qui soubz terre sont.
& en cest erreur a este creu enuers les
rustiq̃s q̃ aucunefois entroient dedens
les caues es lieux tresparfons & secretz
de la terre aux q̃lz en cheminãt en tenebres en grant silence qui p labsence de
la lumiere sẽble estre creu religiõ & cra
inte po' lhorre' naturelle du lieu tenroit
en leur courage & leur surnenoit aucũe
suspicion de la presence daucũe deite la
quelle ilz ne croioient pas estre de autre
q̃ de demogorgon. pource q̃lz croioient
sa demourance estre soubz terre mise.
Certes cõme ledit demogorgon fut en
tre les tresanciens archadiens en souuerain honneur cuidoient que la maieste de sõ nõ seroit par icelle taire creue
ou pource quilz cuidoient estre chose in
digne & decẽte si hault nõ venir es bou
ches des hões mortelz ou p auãture crai
gnans q̃ silz nõmoient son nõ q̃l ne se ir
ritast cõtre eulx: A ceste cause p cõsẽte
ment & accord publiq̃ fust p eulx deffẽdu
q̃l ne fut nõme daucũ sans punicion ce
sẽble atester lucain en sõ liure ou il dit q̃
Erith' inuoquoit les ames & esperitz in Lucain
fernaux aussi fait stace en sõ liure au q̃l
il enquert lissue de la bataille de thebes. Stacius Scum' enim.
Certes celui de q̃ les deux dessusd' poetes
plẽt sãs le nõ de lui exprimer & dire Lactã Lactance:
ce hõe sage & erudit escriuãt s' ledit liure
de stace dit q̃ demogorgõ ẽ le souuerai &
pmier dieu des gẽtilz & paiẽs & ce pouons
no' facilement prendre & entẽdre si no'
voulons peser les paroles desditz poetes. Car la fẽme malefiq̃ & paiẽne de la
q̃lle lucain ple po' mõstrer la preminẽce

et demourance soubz terre dudit demogorgon Dit que la terre tremble quant on le nomme ou appelle. ce que iamais elle ne fait si elle nest par lui esbranlee et enuie dit aussi quil voit la gorgonne. Cest adire la terre apertement et plainement Pource quelle habite dedens les entrailles et ventre de la terre. mais nous qui cy hault habitons ne voions seulement que la superfice de ladicte terre. Ou il voit et regarde apertemẽt ce monstre appelle gorgõne toutes choses le regardant en pierres et roches cõuertissant. Et touteffois nest il point mue ne conuerti en pierre: Affin que le signe euident de sa preeminence apparoisse. Tiercement se monstre sa puissance mesmement enuers les enfers quant on le dit chastier et ymue par basteures. Cest adire reprimer ⁊ irriter les furies infernales par sa puissance. Et le dit stace estre cogneu des superiores/ affin quil le demonstre des choses soubz terre et toutes autres estre prince ⁊ seigneur ⁊ que par les hõmes inuoque il a pouoir cõtraindre les esperitz ĩfernaulx ou desir des mortelz contre leur vouloir. dit que cest chose illicite de le vouloir congnoistre Car sauoir les secretz diuins napartient pas a tous. Pource que silz estoient congneuz la puissance de la deite viendroit en contemps et deprasemens: Et ainsi que dit theodon-

Theodonce: cius la venerable et liberale vetuste et anciennete affin que icelluy demogorgon ne fust ennuye ⁊ lasse destre tout seul luy a donne pour compaignes ⁊ fẽmes eternite et chaos et vne grande et noble compaignie de filz. Car tant de masles et de fumeles luy ont attribue neuf ans ainsi quil apparoistra diuisement: Cy seroit le lieu au quel ie deueroye declarer et expliquer se aucũe chose morale estoit soubz la fiction poetiq̃ dessusdicte mucee: Mais comme ainsi soit que le sens de ceste deite errone et deceptiue soit nu et sans apparence de deite il ne me reste fors seullement expliquer ce que le nom horrible de ce dieu veult dire ⁊ denoter. Et certes comme ie croy ce mot demogorgon vault autant a dire comme dieu ⁊ ce mot gorgon est interprete terre ou sapience de la terre /comme ainsi soit que demon soit expose sauant ou sapience ou ainsi que mieulx plaist aux autres dieu terrible ce que du souuerain et vray dieu q̃ es cieulx habite est leu ⁊ entendu quãt lescripture dit saint et terrible est son nom/ touteffois nostre dieu est terrible pour autre cause car pour lintegrite de sa iustice Il est en iugement terrible a ceulx qui mal font. Mais demogorgõ nest terrible si non par folle credence de ceulx qui par fol erreur fabuleux dieu lont creu et appelle Maintenant auãt que des filz dudit demogorgon aucune mencion soit faicte nous voirron quelque peu de chose de ses compaignes.

De eṽnite cõpaigne de demogorgõ premier dieu des payens. Chapitre. i.

Nous auons cy apres a parler de eṽnite laq̃lle les anciẽs ont au dieu demogorgõ pour cõpaigne dõnee. affĩ q̃ celui q̃ nul estoit sẽblast estre eṽnel ⁊ p son nõ elle se descrit ⁊ declare car elle ne peut p aucũe quãtite de tẽps estre mesuree cõme aĩsi soit q̃lle cõtiẽne tout aage ⁊ ne soit de aucũg tenue ⁊ me plaist ĩserer ce q̃

Claudien est is nota. ⁊c.

Claudien escript dicelle eternite au livre au quel par vers heroiques a recite et esleue les louenges de stilcon en disant. La mere des ans ⁊ de laage qui mesuree ne peut estre est en une fosse incongnue en lieu au quel nostre pensee ne peut veoir. et en laquelle les dieux pouoient a peine entrer qui suppedite ⁊ revoque les temps. elle change toutes choses avecques sa plaisante deite La est ung serpent qui la fosse enlace ⁊ qui perpetuellement raverdist qui devore sa queue ⁊ par taisible las de temps les commencemens des choses redvict a memoire. A lentree de la fosse est dame nature assise ancienne ⁊ de belle face a chascun des membres dicelle pendent les ames volantes Est aussi ung venerable vielart qui droictz nombres et proporcions aux corps celestes leurs cours et mouvemens et stacions divise ⁊ ordonne. Par les quelz toutes choses vivent et prennent fin: La dessusdicte fosse ainsi descripte dit le poete ꝙ en certains lieux dicelle habitent les siecles de diverses faces selon la distinction de divers metaulx par lesquelles choses roy tresbenīgtu puisses veoir cōme le poete descript par doulx stille et oroison quelle chose est eternite ⁊ ce qui est en eternite contenu. Et affin que il monstre comment elle excede to⁹ tẽps dit que la fosse deternite cest adire la profundite incognue de son geron et longue stacion dicelle ne peut poit seulement par les mortelz estre aggressee et a grant peine par les dieux cest adire par les creatures beneurees qui en la presence de dieu sont peult estre parfaictement cognue. Dit aussi quelle suppedite les temps et revoque Affin quil apparoisse que tout temps a en elle cōmencement prins prent ⁊ prendra: Et finablement retourne a sa fin Et pource ꝗl apparoisse soubz quel ordre le poete descript le serpent qui tousiours raverdist convient par ce entendre le tẽps qui quant a soy iamais en viellesse ne tend. Et dist quil devoure ⁊ renge sa queue. Affin que par ce nous entendōs le las et circuition du temps: Car tousiours la fin dung an est le commencement de lautre et ainsi sera tant que le temps durera du quel exemple a vse. Pour ce que ce a este anciennement la coustume au egiptiens de descripre lã devant que ilz receussent les lettres.

Dit apres le poete que cela se fait taisiblement / pource que quant nous ny pensons point le temps petit a petit sẽ va: Dit aussi que nature est a lentree plaine de ames vollantes de toutes pars pource que continuellement elle donne ames a plussieurs creatures: A ceste cause la descrit il estre devant les poetes de eternite affin que nous entẽdons que tout ce qui entre au geron deternite y entre par nature qui accroit ⁊ diminue les choses peu ou moult durer Et se doibt ce entendre de nature naturee. Car ce que nature naturãte dedẽs met ne sortist iamais. Par le viellart ꝙ en la fosse divise les estoilles par nombres ie croy que on doibt entendre nostre vray dieu non point pource que il soit viel Car en eternite ne chiet aucune description daage Mais il parle a la coustume des mortelz qui dient et reputent ceulx qui sont de longue vie estre imortelz. ⁊ par ceꝗl dit ꝗl divise les estoiles par nombres Est donne a entendre que les temps nous sont distinguez et ordonnez par son ordonnance / selon certain mouvement des estoilles et corps celestes de luy constituez / Affin que par la circuition du soleil no⁹ avons lan par la revolution de la lune le mois ⁊ par la revolution entiere de la huitiesme spere le iour. Mais quant est des cieulx lesquelz dit icy estre / on en descripra assez amplement desoubz la on parlera des chevaulx du soleil

¶ De chaos femme de demogorgon. Chapitre ii^e.

Chaos ainsi que ouide au commencement de son grant volume de methamorphose afferme fut vne matiere meslee et confuse de touttes les choses qui deuoient estre crees Car il dist ainsi deuant la mer & la terre & le ciel qui tout couure : estoit par tout le monde vne face representatiue de nature en la maniere dune masse materielle rude et indigeree/laquelle les anciens appelloient chaos: Et nestoit autre chose que vne pesanteur materielle sans artificielle distinction: La estoient assemblez les semences discordables des choses qui nestoient point biē iointes ne proporcionez pour leurs qualitez contraires: Aucuns nobles philosophes ont voulu dire ceste specieuse & bien effigier face materielle ainsi defaillante de certaine forme comme dit est auoir ia este compaigne & eternelle a demogorgon/affin que si dauanture il se auisoit de vouloir aucunes creatures produire q̄ matiere ne lui defaillist point Ainsi comme se il vouloient dire que celuy qui a diuerses choses les formes peuent donner ne peuent autrement la matiere produire ne donner sil ne auoit quelque matiere de laquelle il la peult prendre et tirer. Cest chose digne quon sen rie mais iay ia proteste ne redarguer personne:

Ouide
Un⁹ erat toto nature vult⁹ in orbe.

¶ De litige et discord p̄mier filz de demogorgon. Chap. iii^e.

Les choses ainsi premises il no⁹ conuient venir a la tresnoble lignie du premier dieu des paiens/du ql ilz ont voulu litige estre le premier filz pource quilz veulēt icellui litige auoir este premierement tire par demogorgō du ventre de chaos de laquelle extractiō telle fable est par theodōci⁹ recitee: Car il dit q̄le poete pronapides escript en son prothocosme que vne fois demogorgon estoit resident affin quil se reposast en la fosse de eternite Et sentit ou ventre de chaos quelque chose qui se remuoit tumultueusement. A ceste cause lui esmeu il estendit sa main et le vētre de chaos ouurit du quel il arracha litige qui tumulte faisoit. Et pour ce ql auoit villaine face et deshonneste il le getta en lair. Et tantost sen vola en hault car il ne pouoit en bas descendre pource que celui qui du ventre de sa mere lauoit extraict sembloit estre au pl⁹ bas lieu de toutes choses Chaos a cause de ce et du grant et aspre labeur trauaillee voiant quelle nauoit aucune lucine deesse denfantement quelle peust inuoquer sembloit quelle se deust toute en sueur dissouldee & decourir & gettoit cris et infinis embrasez souspirs. Demogorgon auecques sa main forte contre elle insistoit. & en ce trauail ap̄s lextraction dudit litige elle enfāta les trois deesses fatales & pan auecques elles. Demogorgon voiant que pan po⁹ ces choses & negoces traicter et faire estoit entre les autres plus conuenable le fist gouuerneur et maistre de sa maison et luy bailla ses seurs pour cham

Theodonce.
Pronapides

briere. Quant chaos fut de sa pesante
ventree expediee et deschargee Elle se
mist par le commandement de pan au
siege de demogorgon. Litige le quel p
vng mot plus vulgaire nous appellons
discorde est par homere en son illade lis
cest a dire noise appelle. Et dit quelle
est fille de iuppiter laquelle ainsi que il
dit fust du ciel a terre gettee pour ce quil
fust offense de iuno par icelle discorde
es natiuitez de euristeus et de hercules.
Theodocius plussieurs autres choses
de litige dit et recite desquelles sera apres
faicte mencion Roy glorieux tu as cy
deuant ouy vne fable digne quon en rie
Et certes nous sommes au lieu venus
au quel il nous conuient separer lescor
che de fiction dauecques la verite. mais
premierement nous fault respondre a
aucuns qui souuent dient pour quoy
ont baille les poetes leurs sentences si
couuertes/et obscures soubz parolles
fabuleuses de dieu de nature: ou des
hommes nauoient ilz point dautre ma
niere dexprimer. Certes si auoient mais
ainsi que la face nest pas a tous hommes
vne aussi ne sont les iugemens et opi-
Achilles. Aegistus. nions. Achilles preposa et deuant mist
les armes a repos. aegistus prefera oi-
Platon siuete aux armes. Platon toutes autres choses obmises philosophie suiuit
Phidias. et ayma. Phidias a toutes choses prefera auec vng ciseau statues et ymages
Appelles. tailler Appelles sur toutes choses ima
ges tirer et paindre sur draps de toille
ayma. Pareillement le poete a sa plaisance prins a verite soubz fables cou-
Macrobe uryst. De laquelle delectacion macrobe
sur le songe de scipion escripuant mon
stre assez apertement la cause quant il
dit les poetes ne se conuertissent point
en vaina choses fabuleuses. mais pour
ce quilz scauent lexposicion de soy trop
aperte estre a nature ennemie Car ain
si que nature aux entendemens des vul
gaires subtraict la congnoissance des
choses soubz diuerse et estrange couuer
ture de choses et au prudens hommes
ses secres veult soubz icelles choses e-
stre traictes et entendues. Pareillement
les poetes ont voulu les misteres des
fables couurir soubz parolles fabuleu
ses et les secretz dicelles seulement par
les sages hommes estre entendus et in
terpretez. Veritablement roy il conuient
bien entendre et noter que les fictions
poetiques nonpoint vng seul entende
ment mais ont plusieurs et diuers sens
Le premier sens est entendu par lescor
ce et est appelle sens litteral: Lautre-
sens est refup qui est par lescorce signifie et est sens allegorique nomme: Et
affin quon puisse ce plus facilement en
tendre nous mettrons tel exemple Per
seus filz de iuppiter selon la fiction poe Perseus.
tique occist gorgonne et la victoire obte
nue au ciel sen vola. Quant on lyt ce
litteralement par la lettre est le sens hy
storial donne. Mais si nous voulons
de la dessusdicte lettre charcher le sens
moral par ce sera donne a entendre lhom
me prudent qui de vice se depart et a ver
tu approche/Si nous voulons le sens
allegorique prendre par ce que dit est de
perseus sera entendue de la pensee pi-
teuse/toutes delices mondaines despri
sees aux choses celestes leleuation: A-
uec ce pour analogiquement parler: par
la dessusdicte fable de perseus peust e-
stre figuree lascention de nostre sau-
ueur iesucrist qui apres ce quil eut le di
able lors prince du monde surmonte
glorieusement au ciel a la dextre de di
eu son pere transuola et de sa propre ver
tu monta. Les quelz sens ia soit ce quilz
soient par diuers noms appellez toutes
fois peuent ilz tous estre appellez sens
allegorique Pource que allegorique est
ditte de alleos en grec qui nous represente autant comme diuers ou estran
ge a ceste cause peuent les sens dessus-
dicts estre allegoriques nommees. Car
ilz sont tous estranges et diuers au sens
hystorial ou litteral: Ce neantmoins

mon intencion nest point les fables en
ce volume contenues selō to⁹ les dessus
dis sens exposer mais me semble assez
suffire lung diceulx poursuiuir et expo
ser cōbien que peut estre que ie en mete
aucunefois plusieurs. Maintenant
soubz peu de parolles me conuient ex
poser ce que pronapides a par les dessus
dictes fables entendu Il me semble q̃
ledit pronapides par la fable cy deuant
recitee a voulu entendre la creation du
monde selon lopinion errone ⁊ fabuleu
se de ceulx qui dient que dieu a produit
les choses par lui crees de matiere pre
iacente ⁊ preparee que demogorgon ait
sentu que tumultuacion ⁊ bruit se fai
soit dedens le ventre de chaos. Je ne
entens autre chose fors la diuine sapiē
ce pour aucune cause elle mouuante.
cest assauoir la maturite du ventre cest
adire leure du temps par elle propose
estre venue en laquelle elle vouloit la
creation du monde faire ⁊ segreger et
separer par certain ordre les choses qui
meslees estoient Lors auoit estendu sa
main cest adire auoit mis a executiō sa
voulente/affin que de la matiere ia par
luy sans forme cree il produisist vng oeu
ure beau ⁊ ordonne. Et que icelluy
demogorgon tira litige du ventre de
chaos nest autre chose que apres la crea
tion des choses labeur de confusion/
souffrantes auoir dicelles este les cau
ses de discorde en leur imposant ordre
conuenable ce que dieu deuant toutes
choses fist. car il separa et ordonna les
elemens qui estoient entre eulx confuz
pource que les chaulx elemens repu
gnoient auec les frois ⁊ les secs auec
ques les moites ⁊ les legiers auecques
les pesans. Et pourtant comme le pre
mier fait de loperacion diuine appa
rust en aiāt lesdis elemens quant a le⁹
qualitez discordables separe ⁊ ordonne
Ont le poetes conuenablement faint
litige estre le premier filz de demogor
gon qui pour sa face vilaine fust gette
pource que cest chose villaine que de li
tige et noise Quil soit vole en hault ce
semble plus auoir donne beaute a lor
dre fabuleux que vouloit autre chose si
gnifier

Et que ledit litige ait este par les Homere
dieux gette du ciel en bas Homere dit
ce auoit este fait pource que par le labe⁹
dudit litige euristeus fust ne deuant Euristeus: Hercules:
Hercules ainsi quil sera dit en son lieu
Touteffois quant au sen⁹ intrinseque
il me semble que litiges noises ⁊ discor
des viennent ⁊ naissent souuēt enuers
les mortelz du mouu ement des corps
superiores ⁊ celestes. Et peut on dire
litige auoir este des cieulx en terre en
uoie pource que es cieulx toutes chose⁹
sont faictes par ordre certain ⁊ perpetu
el ⁊ toutefois enuers les hommes mor
telz de ce monde a peine trouuera len
aucune chose concordable sans debat
ne estrif. Quant le petit dit apres que
chaos decouroit toute de sueur ⁊ quelle
gettoit grans souspirs enflambes / Je
nentent autre chose comme ie croy que
la premiere separation des elemens. af
fin que nous entendons par la sueur/
leaue/Et par les enflambes souspirs
lair ⁊ le feu Et les autres corps qui en
hault sont Et par la grosseur ⁊ pesan
teur dicelle chaos la terre la q̃lle par le

conseil du pan fust incontinent faicte la maison & siege de son createur. Et quant les anciens poetes dient que pā fust apres litige ne. Jentens par ce nature naturee laquelle eut en la dessusdicte separation des elemens commencement & principe et fut lors faicte maistresse de la maison de demogorgon cest a dire du monde aussi cōe si par loeuure de nature dieu ainsi le voulant toutes choses mortelles soient produictes Et quant le poete dit oultre que les parces & deesses fatales furent auecques ledit pan tout a vng coup enfantees & pour chamberieres audit pan par demogorgon baillees ie croy ce auoir este fainct affin que nature soit entendue auoir este soubz telles loys & pactions producte/affin quelle procree engēdre & nourrisse & quelle maine et conduise les choses a leur fin destiner qui sont les trois offices des parces & deesses fatales/es quelles choses elles font continuel seruice a dame nature ainsi que il sera cy apres plus amplement declare:

Pan filz second de Degorgon Chapitre iiii.

La este par cy deuant ia suffisamment monstre que Pan est filz de demogorgon du quel theodonce recite vne telle fable. Car il dit que ledit pan irrita cupido dieu damours par parolles et estriua auecq ledit cupido tant quil le vainquist au moien & pour vengance de laquelle victoire pan fust contraint par cupido aimer vne nimphe archadienne nommee syringa laquelle ainsi quelle auoit autre fois deceu les dieux satires pareillement elle desprisa le mariage dudit pā Or auint ainsi comme ledit pan par amour contrainct icelle deuant luy fuiante suiuoit quelle fut par le fleuue de ladon contraincte soy arrester & empeschee doultre passer. A ceste cause elle implora & requist laide des nimphes: par le labeur & aide desquelles fut en tueaux & roseaulx de marest muee. Quant pā eut aperceu lesdis roseaux aīsi que par le mouuement du vent sentre hurtoient faire aucun son icelluy pan tāt pour laffection quil auoit a la pucelle de luy amee que pour la delectacion de son esmeu print lesdis tueaux & roseaux & diceulx composa et fist vne fleute a sept chalumeaux & accors differens & dicelle premierement sonna et fleuta ce que virgile semble confermer quant il dit pan a este le premier qui īstitua ioindre plusieurs chalumeaux auecques cire. Les poetes et autres nobles hommes ont ledit pan soubz vne merueileuse figure descrit. Car rabane au liure de la naissance des choses dit que pan entre autres choses a cornes au front tendantes au ciel longue barbe et pendante sur sa poetrine & en lieu de manteau vne peau de diuerses macules & taches Laquelle par les anciens est nebride appellee en sa main tient vne verge & vne fleute a sept chalumeaux: Dit aussi que il est par les parties de bas horrible et peleu & a les piedz de chieure/et ainsi que adiouxte virgile Il a la face

Theodonce.

Rabane Siluanus Vermeille Rabane croie que pan est vne mesme chose auecques siluanus. mais
Uirgile Uenit vt agresti capiti siluanus honore Virgile les descrit estre differens quant il dit a sa buccolique siluanus est venu auecques lhonneur de sa teste rurale ⁊ a casse les grandes fleurs de lis ⁊ autres fleurs. Et dit tantost apres pan dieu darchadie y est venu. Et en autre lieu dit pan et le vielart siluanus ensemble. Les choses ainsi preuises il nous conuient aux choses itrinseques venir. certes nous auons cy deuant dit par pan nature naturee estre entēdue et p peut facilement estre entendu quelle chose ont voulu entendre ceulx qui ont faict pan auoir este par cupido surmonte car aussi tost que nature fut par le createur produite elle commenca incontinent a ouurer / et prenant delectacion en son oeuure elle print ⁊ commenca a icellui aimer et par ce irritee et esmeue par de-
Syringa lectacion elle succumba a amour. syringa laquelle ilz dient de pan auoir este a-
Leonce mee ainsi que disoit leonce est dit de syrin en grec qui vault autant a dire comme chantant a dieu Et par ce no⁹ pourrons dire syringa signifier la melodie des cieulx ou des speres. Laquelle ain-
Pithagoras si quil plaisoit a pithagoras est faicte ⁊ causee de diuers mouuemēs de cercles et de speres celestes: et par consequent icelle melodie ainsi comme a dieu et nature aggreable est de nature qui faicte la aymee. Ou autrement elle peult estre mieulx entendue. Nous pouons par syringa entendre loeuure de nature organise par si grant ordre les corps celestes ce faisans par leurs mouuemēs et le quel oeuure de nature nous voyons chascun iour par traict continuel / entendre et aller a sa fin certaine ⁊ determinee: Et non point aultrement que ceulx qui par deue et ordonnee proporcion chantent faire et causer vne armonie et melodie ce que nous pouons croire estre a dieu aggreable: Et quant ilz ont dit ceste nimphe estre archadienne ⁊ en tueaux ⁊ chalumeaux gūtie le croyce auoir este aīsi dit po᷑ce q̄ aīsi ql plaist
a theodōce les archadiēs furēt les p̄mi Theodonce
ers q̄ p chant excogite lesperit vocal p chalumeaux longs ⁊ cours p̄mieremēt hors boutterent ⁊ la differēce de .iiii. voix trouuerēt ⁊ depuis .iii. y en adiousterēt

Finablement mirēt en vne fleute ce qlz faisoiēt auecq̄s plus⁹⁹ chalumeaux en excogitāt ⁊ trouuāt de ptuis a la bouche soufflante tres pchains ⁊ les
autres de la bouche elongnez. Macro- Macrobe
be dit q̄ pithagoras trouua lesdis acors ⁊ ɔsonances de voix au son des marteaux pesās ⁊ legiers. iosephus au liure de Josephus
lantiq̄te iudaique dit ce auoir este trop plus anciēne īuention de iubal au tinemēt ⁊ trimbalemēt des marteaux de sō frere tubulcain q̄ estoit forgeron. mais po᷑ce ql a sēble aux faignās les archadiens pl⁹ veritablemēt ce q̄ ence tēps peut estre qlz excedoient to⁹ autres au sō de la fleute ilz ont pareillemēt dit syriga auoir este nimphe archadienne icelle auoit trompe les satyres ⁊ icelle deuant ledit pan fuyante / et par le fleuue de ladon retardee par le suffrage et aide des nimphes auoir este en chalumeaux cōuertie ⁊ muee: Certes le poete a mō iugemēt muce qlq̄ chose de bōne cōsideracion enuers nos chās ⁊ armonies car p ce ql dit q̄ syringa desprise les satyres

nest autre chose donnee a entendre fors que musique et le son armonieux dicelle fut les engins rudes. Et aussi fait elle pan nompas quelle fuye realement comme conuenable a la science de musique: Mais selon lestimacion et iugement de celuy qui la conuoite auoir auquel pour la dilacion de son desir semble ce quil desire de soy eslongner et fuire. Dit oultre que ladicte syringa est par le fleuue ladon arrestee iusques a ce que linstrumet pour le son medite hors mettre soit parfait:

Ladon

Ladon est vng fleuue en sa riue nourrissant roseaulx esquelz ilz dient syringa auoir este muee desquelz apres fut vne fleute faicte: Par quoy deuons entendre que ainsi que la racine des roseaux est en la terre fichee pareillement la meditation de lart de musique et le chant qui par ladicte meditacion est trouue/se tapist et muce si longuemet en la pensee de linuenteur et iusques a ce quil ait trouue ogre et instrument pour le mettre hors lequel est de tueaux procedant de la racine de la terre fait par le suffrage et aide de lumidite qui lesperit hors met et enuoie Car si lesperit et le son estoient secz aucune doulceur de sonorite ne sen ensuiuroit mais plus tost mugissement et horrible dissonance ainsi que voions aduenir du feu qui par tueaux est boute hors Et a ceste cause semble syringa auoir esteen chalumeaux et tueaux muee pour ce que elle resonne par tueaux. Peut aussi bien estre que les chalumeaux de la fleute furent par linuenteur trouuez aupres du fleuue de ladon et que a ceste cause il auroit par ledit fleuue este detenu. Nous auons maintenant a veoir ce que les poetes ont peu sentir de limage du dit pan par laquelle ie croy les anciens auoir voulu descrire le corps vniuersel de nature tant des choses faisates que souffrantes et que par les cornes tedas au ciel ont sentu et voulu entendre la demonstration des corps celestes laquelle nous aperceuons en deux manieres Cestassauoir par art et science par laquelle en acquerant nous congnoissons le cours des corps celestes et en nous les infusions et influences diceulx aperceuons: Par sa face rouge come feu nous entendons lelement du feu au quel lelement de lair est annexe et tout au tour de luy enlace. Et les quelz elemens ainsi ioints ensemble plusieurs ont iuppiter appelle. Et par la barbe par la quelle virile est signifie/ie entens la vertu actiue des deux elemens dessusdits/ ainsi ioings comme dit est. Et aussi ie entens leur operation en la terre/et en leaue par ce quilz dient ladicte barbe estre sus les parties dembas traictee et entendue. Mesmement ilz ont icelluy pan descrit estre dune peau plaine de macules et taches couuert/affin que par ce fust monstree la merueilleuse beaute de luithiesme spere painte de tres grande et frequente resplendisseur de laquelle spere lomme est ainsi couuert et orne comme dung manteau et aussi sont pareillement toutes choses qui a la nature appartiennet couuertes Par la verge dudit pan ientens le gouuernement de nature: Par lequel toutes choses principalement celles qui de raison sont priuees et defailantes sont couuertes et leur fin determine conduites Et lui ont auecques ladicte verge vne fleute baillee par laquelle larmonie celeste est signifiee. Que ledit pan soit enuers les parties de bas pelu et aspre ientens par ce la bossue et aspre superfice des montaignes et rochers des forestz buissons et herbes couuerte. Autres aucteurs ont autrement sentu et entendu/et dient le soleil par ceste image de pan deuoir estre entendu Le quel ilz ont creu estre pere et seigneur des choses entre lesquelz a este macrobe. Et par ses cornes entendet les cornes du croissant et lune nouuelle. Par sa face

Vermeille ilz entendent le regart de laiz qui rougist au matin et au soir. Par sa longue barbe ilz entendent la clarte di celuy soleil descendante iusques a terre. Par la peau qui est de diuerses couleurs ilz entendent lornement du ciel procedant de la lumiere du soleil Par le baston ou verge ilz entendent la puissance et attrempance des choses Par la fleute ilz entendent larmonie du ciel. Laquelle est cognue du mouuement du soleil ainsi comme dessusdit est: Je croy Roy magnifique que tu congnois combien ie suis brief en exposant. Ce fais ie pour deux causes. La premiere car iay esperance pour ce que tu as noble engin par le quel tu peulx penetrer en quelconques tresprofons sens les tu dices tant soient petis donnees. La seconde car il fault croire a ce qui sensuit Car se ie vouloye descrire toutes les choses que pourroient estre amenees a lexposition de ceste fable il sembleroit par auanture que ie leusse fait a lenuie de ceulx qui viendront apres moy. Et aussi icelle seule fable a peu pres occuperoit le volume pourpense: Le quel aussi ie vueil estre dit des autres. Et affin que ie retourne aux choses laissees: icelluy pan singulierement ont honnore: ainsi que dit theodonce pour ce que les archades cuidoient icelluy estre eupres auec demogorgon. Ou pource que icelluy despraise et contenu tournoient tous leurs courages et pensees a cestui cy aussi aux choses sacrees qui estoient horribles sacrifient le sang humain de leurs propres enfans Et lont singulierement honnore et nomme pan. De pā nom grec le quel nous represente tout. Pour la quelle chose veulent que toutes les choses quelles quilz soient sont encloses consummees eu geron de nature Et par ainsi quelle soit tout. Apres les plus ioeunes: Pour ce que les noualites plaisent lont appelle louuin les autres le nom de tout excepte: lont seulement nomme louuin. Et aucuns iuppiter louuin cuidans par loperaciō de nature ou de iupiter les loups estre des tropeaux segregez: ausquelz a peu pres ilz vacoient tous. Et par ainsi Il semble des loupz chasses auoir merite son sournom: Car lupus qui est adire lou est appelle en grec: Mais saint augustin la ou il escrit en son liure de la cite de dieu dit nauoir pas pour ceste cause este appelle tout louuin. Mais plus tost pour la frequente mutaciō des hōmes en lous Laquelle auenoit en archadie Et ne la croyent pouoir estre faicte que par loperacion de la vertu diuine. En oultre macrobe semble auoir pris pana cest adire tout pour le soleil et non point pour iuppiter. Pource que le soleil est le pere de toute vie mortelle: et pource que quant il se lieue les loups ont de coustume de eulx en aller aux bois quant ilz ont laisse a faire le guet. contre le tropeau de brebis. Et ainsi pour cest office ilz lont appelle louuin.

Theodonce. | Saint Augustin | Macrobe.

De clotho de lachesis et de atropos filles de demogorgon Chapitre v.

Clotho Lachesis et atropos ainsi que dessus est dit la ou nous auons parle de litige premier filz de demogorgon ont este filles dicelluy demogorgon Mais cicero les appelle forsenenies infernales la ou il escrit de la nature des dieux Et dit quelles ont este filles dēfer et de tenebres. Pour ceste cause ie suis plustost de lopinion de theodōce qui dit icelles auoir este crees auecques la nature des choses. Laquelle chose semble trop plus estre conforme a la verite. Cestassauoir quelles sont dung mesme aage et la nature des choses. icelles mesmes la ou tulles les appelle en singulier nombre destinee/

Cicero. | Theodonce

et la ou il dit icelle chose estre filz denfer et de tenebres. laquelle chose diray plustost estre filz de demogorgon que parces et deesses fatales ainsi que apres sensuiura quant au regart de ce que on escrit de destinee. Seneque en ses epistres au lucille les appelle destinees en allegant le dit de cleanus disant les destinees menent et conduisent les voulans et tirent ceulx qui refusent et qui point ne veulent. En laquelle chose ne descrit point seulement leurs offices Cest assauoir que icelles seurs menent tout mais aussi tirent comme toutes choses auenoient de necessite. Ce que semble entendre beaucoup plus euidamment Seneque poete tragique en ses tragedies et singulierement en celle qui est intitulee Oedipus la ou il dit nous sommes menez et conduitz par les destinees Cest adire par la disposition des dieux. Et pourtant croies tous aux dispositions et responses diuines Car les industries des hommes ne peuent changer le filz du ferme et incommutable faisseau quelque chose que entre nos hommes qui suiuons le gerre mortel souffrons et quelque chose aussi que nous facons il procede de la disposition des choses superiores. Et la quenouille de lachesis laquelle file et dispose les vies des hommes icelle reuoluee en filant dune dure main de lathesis. La quelle par dons menasses ou prieres ne flechir point mais garde ses dispositions. Toutes choses vont par certain ordre et constant: Et par le premier iour de la natiuite daucun est dicelluy prefix le dernier. Et nest point licite a dieu qui la dispose auoir change icelles chosesque il a ordonnees. Car celui qui toutes choses fait mouuoir et qui est tousiours constant et immuable: Et les choses qui sont liees par leurs causes courent a la fin determinee: Lordre ferme et immuable chiet a vng chascun selon sa destinee / et non point par priere que aucun

Seneque. Ducunt volentem fata nolentem trahunt

Seneque. Fatis agimur redite fatis

puisse faire. Et a beaucoup nui a plusieurs auoir craint leur destiner Et plusieurs sont venus a leurs destinees quant les craignoient: Et ouide aussi semble auoir ce entendu quant a la personne de iupiter luxurieux en son grant volume il dit. Tu es seulle qui es destinee insuperable. Ja soit ce que tu cuides mouuoir Icelles choses nees par trois seurs: en regardant leurs maisons par vng grant efforcement. Aussi les sieges des choses de air et ferme fait: lesquelles ne craingnent limpetuosite du ciel ne aussi lire du fleuue. Et pareillement les choses seures et eternelles ne craingnent aucunes ruines. Tu trouueras la de ton gerre les destinees perdurables incisees dung aremant pdurable. Esquelles sentences oultre lopinion ia condamnee on peult prendre et dire icelles trois seurs estre destiner: et destinees combien que tulles les ait distinguees en furies infernales et destinees. voulant plustost aussi que ie cuide monstrer par la diuersite des noms / la diuersite des offices: que la diuersite des personnages: Voyons finalement ce que aucuns entendent de vouloir rediger icelles trois en vne. Nous auons dit deuant icelles estre consacrees par leur pere au seruice de pan / et aussi auons demonstre la cause Mais la ou fulgence parle des mitilogues dit icelles estre attribuees a laide de pluto dieu des enfers ce que ie croy. Affin que nous saichons les actions delles seulement frequenter entour les choses terrestres. et est pluto interprete la terre. Et icelluy fulgence dit que clotho est interprete euocation. Pource quil luy appartient quant on a gette la semence daucune chose: de tirer en telle facon celle chose en croissement quelle soit conuenable a apparoir a la lumiere. Lachesis comme icelui mesmes dit est interprete protraction. pource que aucune chose est composee de clotho / et euoquee a la lumiere

Ouide. Tu sola insuperabile fatum

Fulgence.

Pluto.

Fulgence. Clotho.

affin quelle receue de la chesis ⁊ alõgne
en la vie. Atropos est interpretee de a
qui signifie sans / ⁊ tropos qui est a dire
conuersion: cest a entẽdre sans conuer
sion pource que toute chose qui naist
soudainement dechiet en mort / de la
quelle par ouure naturelle ny a derriere aucune conuersion. Car elle aura cõ
gneu estre venue a la fin q̃ lui est prede-
stinee. Mais apuleius de medanreuse
qui est vng philosophe de grant aucto
rite escript dicelles en son liure lequel
il nõme cosmographie ainsi q̃ il sensuit
Ilz sont en nõbre trois destinees q̃ sont
auec la raison du tẽps. Si tu raportes
la puissance delles a la similitude diceluy temps / car ce q̃ est parfait au fuyse
au a lespece du tẽps passe: ⁊ ce qui est
tors aux dois demõstre les espasses du
mouuemẽt present ⁊ ce qui nest pas en
cores tire de la quenoille et soubmis a
la cure et sollicitude des dois / semble
mõstrer les posterites du tẽps aduenir
et suiuant. Telle cõdicion ⁊ ppriete de
noms leur eschoit que Atropos est du
tẽps passe. Laq̃lle dieu ne fera pas non
faicte ⁊ tẽps aduenir / mais lachesis est
surnõmee de la fin pource que dieu a
donne la fin aux choses q̃ sont futures
Clotho a la solicitude ⁊ cure du tẽps
present affin q̃lle amõneste audis icelles acciõs q̃ la sage solicitude ne faille
a toutes les choses. Dela les parolles
de apuleius: auec ce aucũs veulẽt dire
q̃ lachesis est celle q̃ no⁹ appellõs fortu
ne: ⁊ q̃lle agite toutes les choses q̃ vien
nẽt aux mortelz / mais maintenant il
fault veoir ce q̃ les aucũs entendẽt par
destinee. Ja soit ce q̃ ilz ne diferẽt point
Tulles moult aux precedẽs. Tulles dit ainsi
de destinee en son liure q̃l escript de diui
nacion Je appelle destinee ce q̃ les grecz
appellẽt marmedinẽ / cest a dire ordre ⁊
teneur des causes cõe il soit ainsi q̃ la
cause delle mesme engendre la cause el
le est verite sempiternelle pcedente de
toute eternite. Et puis que ainsi est il

nest riẽs futur de quoy nature ne cõtiẽ
ne les causes efficientes dicelle mesme
chose. Parquoy on cõgnost q̃ destinee
nest pas ce q̃ est dit superstitis / mais ce
qui est dit philosofiquemẽt la cause eter
nelle des choses. Et pourquoy les cho
ses passes sont faictes ⁊ q̃ lors sont fai
ctes. Parquoy les choses q̃ sensuiuent
sont futures / dela les paroles de cicerõ
Mais boece hõme tres discret ⁊ catholiq̃
en son liure de la cõsolacion de philoso
phie quãt de ceste matiere diffusemẽt il
dispute auecq̃s philosophie maistresse
des choses dit ainsi. Entre les autres
choses de destinee / la generation de
toutes choses: ⁊ toute nature muables
et tout ce qui anciennement meut acquiert et sortit causes ordre: formes de
la stabilite de la diuine pensee Icelle cõ
posee en larche de sa simplesse a establi
diuerse maniere aux choses portees.
Laq̃lle maniere q̃ est veue auec ycelle
nettete de diuine intelligẽce est appellee prudẽce / mais quãt elle est raportee
aux choses lesquelles elle meut ⁊ dispo
se les anciens lapellẽt destinee. Aussi
ie pouoye adiouster ce q̃ apuleius deter
mine de destinee en sa cosmographie ⁊
les sentences des autres / mais pource
quil me semble q̃ cest asses dit Je descri
ray briefuemẽt pourquoy les filles de
demogorgon / ou denfer et de tenebres
sont dictes destinee ou destinees. Cõe
il soit ainsi q̃ es choses suiuãtes souuẽt
doiuẽt aduenir / ⁊ cõbien aussi q̃lles es-
cheẽt aux pcedẽtes que la cause soit dit
filz du causant. No⁹ pouõs dire maintenãt ses trois seurs diuersemẽt appel
les estre filles de dieu ainsi cõe causes
dicelui q̃ est la pmiere des causes cõe p
la parolle de ciceron ⁊ de boece dessusdictes facilemẽt on peult ꝯgnoistre ⁊ lõt
dit les anciẽs ainsi cõe dessus dit est
icelup demogorgon estre dieu. Et
quil soit ainsi quelles soient nees den
fer ⁊ de tenebres ainsi cõme dit tulles
on peult donner telle raison. Enfer

ainsi cōme plus aplain on dira apres est vng lieu de terre tresparfōt & mucé lequel par sens allegorique pouōs prendre pour la profundite de la diuine pēsee laquelle loeil mortel ne peust penetrer. Et cōme il soit ainsi que la diuine pensee ainsi cōme soy voyante entēde ce quelle doit faire: & que apres les aiēt pduictes actuellemēt auecques la nature des choses. Nous pouons donc facilement dire quelles sont nees denfer Cestadire du secret & tresparfonde interiore maison de la diuine pensee/ quāt au regart de nous elles peuent estre dictes filles de tenebres. Car toutes les choses q̄ la veue de noz yeulx ne peult penetrer sont de nous appellees choses obscures et les semblables naiant point de lumiere de nuyt. Et ainsi doncques quant nous ne pouons passer aux choses intrinseques par lentendement de la diuine pensee offusquees p lobscurite mortelle. Considere que il soit ainsi que mesmes elle soit tresnoble: et aussi resplendissante de viue et indeficiente lumiere. En la nommant nous luy attribuōs dice de nostre qualite en appellant la nuyt la perdurable lumiere. Et ainsi seront filles de tenebres. Ou nous voulons dire pource que les dispositions dicelles nous sōt incongnues que nous les appellōs obscures et filles de tenebres. Puis que ia nous auons parle des propres noms Il nous fault parler des appellatifz &
Tulles communs. Tulles doncques les appelle parces et furies infernales ainsi comme ie croy tout au cōtraire pource quelles ne pardonnent a personne. Car certainement enuers elles nya aucune acception de psonnages: & peult le seul dieu peruertir les forces et ordre dicelles. Mais fatum ou fata qui est adire destinee ou destinees est dit de for faris qui nous represēte parler/ ainsi comme ceulx qui ont impose ce nom vouloient dire: que dicelles doncqs leur dit soit quasi irreuocable ou preueu ainsi comme par les parolles de boece facilement on congnoist pareillement comme il semble que saint augustin lentēt en son liure de la cite de dieu Mais il a horreur du mot admonnestant que si aucun appelle la voulente ou puissance de dieu par le nom de destinee quil congnoisse la sentence & chastie sa langue.

De polus siziesme filz de demogorgon Chapitre. vi^e

Aulcuns dient que polus fut filz de demogorgon & afferme pronapides auoir dit icelle chose en son protocosme de ce recitant telle fable q̄ quant demogorgon estoit en son siege au pres les eaues & cōposoit vne rotondite dune tenure terre icelle appella polus. Lequel apres en desprisant les cauernes & paresse de son pere sen vola en hault. Et pource quil estoit encores mol en si grant corps a este foule en sen volant p telle facon que il auirōne tout ce que le pere auoit par deuant ɔpose. Mais il nauoit encores aucun ornement. Cōe il soit ainsi quil estoit en presence quāt son pere forgoit vng mōceau de lumiere & vist aps de ce les flamesches voler moult alumees au coup du marteau forgant lesquelles cueillit en son girō & les porta en sa maison/ & dicelles la orna totalemēt. Je diroye icy aucūe chose pour rire/ voiant vng ordre si inepte de la cōposicion du mōde. Mais iay deuant pmis que riens ie ne reprendray. Certainemēt pronapides ainsi cōme aux autres choses ensuit lopinion de ceulx q̄ dient q̄ la terre a este produite de la voulēte diuine enclose aux terres quāt il dit q̄ polus par leq̄l ientēs le ciel a este fait de la terre extēsible. Mais q̄l soit ainsi q̄l ait orne sa maison des flamesches procedantes de la lumiere. Je croy que il soit dit pour ceste cause.

Pronapides Protocosme

Car les seulz rays du soleil resplendis sans les estoilles qui sōt au ciel fichees par leur nature nayant poīt de lumie re sōt faictes cleres. A ceste cause polu^s ainsi comme ie croy est dit daucunes de ses meillieurs parties. Car il est ain si comme mō venerable precepteur an dalo et aussi les anciens auteurs da strologie dient que tout le ciel tourne sur deux firmamens desquelz ilz ap pellent le plus prochain de nous arti que / mais loppositе lantartique. Tou tesfois aucuns appellent icelluy polux dont ie ne vois point la cause. Andalo

De phiton septiesme filz de de mogorgon Chapitre. vii^e.

Phyton ainsi comme tesmoigne pronapides fut filz de demogor gon et de la terre. De la natiuite du quel il recite vne telle fable. Car il dit ainsi que demogorgon plain dennuy monta aux montaignes acroceranne^s et quil arracha dicelles vne trop gran de et enflambee meule et que inconti nent la arrondit par tenailles de fer et apres auec le marteau la fonda et afer mist en la montaigne de caucase puis Pronapides

apres la porta oultre traprobane ⁊ get ta par six fois aux eaues ce mōceau de lumiere et autant de fois auoit trou ue en vau le vent : ⁊ tout pour cause affin que parquelconque circuicion ia mai^s ne peult estre diminue: ou par suc cession de temps macule de roullieu re. Et affin que luy estāt legier fust porte de toutes pars. Lequel tout sou dainemēt en soy esleuant en hault en tra en la maison de polus ⁊ ēplit tout le siege de son pere de lumiere / mais de ses plungemens les eaues qui par auant estoient doulces ont prins vne amertume de saline: ⁊ lair pour apar ceuoir les rays de la lumiere a este fait vng oeuure de roes. Orpheus qui est quasi de tous les poectes le plus ancien comme lactance dit en son liure des institucions diuines Je cuide que phiton fust le premier tresgrant ⁊ vray dieu. Et que dicelluy toutes choses fussent produites et crees / laquelle cho se par auanture lui eust trouue lieu en ceste oeuure attēdu si grant tesmoing Comme il soit ainsi que cōme ie croy orpheus ny aduertissoit guieres ou po^r ce que il ne scauroit concepuoir en son courage aucun auoir este non engēdre eust escript prothogonus: phyton: pery metheos. neros: ⁊ pos. Laquelle chose tournee en latin signifie phiton au cō mencemēt engendre et naistre par lōg. air Et aīsi il nest point premier cōe il auoit dit. Sil est engendre dair en oul tre plus au dessus lactance lapelle pha neta Lordre ia sirius desire que nous voions q̄ ce nest que fiction mussee / la quelle chose apparetra clerement mais que la signification des nōs soit expli quee. Vguce au liure des vocables dit q̄ phiton est le soleil ⁊ ce nom phiton a prins dun serpent nomme ainsi dicelui surmonte. Tout ne plus ne moins dit polen son liure lequel il intitule des collections Phanos ou phaneta nestre autre chose que apparicion: ⁊ la lactāce Orpheus Lactance Vguce Pol ainsi nomme phiton lequel nom cõuiẽt tresbien au soleil. Car il est celuy qui apparoit en se leuant et q̃ quant il cesse ne sera aucune apparicion de toutes les autres creatures morteles ou aussi destoilles. Et pourtant pronapides veult demonstrer la creacion du soleil enuirõ laquelle affin quil ensuiue leur oppinion qui veullent que tout soit de terre compose. Il introduit dieu ou la diuine pẽsee de la terre auoir prins ma tiere des acroceraunes montagnes: et a cuide que la terre enflambee soit plus conuenable a composer vng corps res plendissant. Mais ce quil a arrondi ce ste meule par tenailles de fer Jentens le diuin art par lequel le monceau du soleil est fait si ront que par nulle su perfluite la superfice dicelluy est bos sue. Par vne maniere semblable aus si le marteau peult estre dit la conside racion du souuerain artifice par lequel en la montaigne caucase. Cest adire en la sommite du ciel a forme ce corps la si solide que en nulle facon ne peult estre veu deffait ou diminue. Et pour tant dit il apres quil a este porte oultre trapobane affin quil monstre le lieu ou on cuide quil peult estre cree. Trapobane est vne isle orientale en hostie op posite du fleuue ganges de laquelle partie nous nasquit le soleil aux equi nocties. Et par ainsi il semble que il veulle quil soit compose en orient / et dit q̃ la par six fois a este gettee aux eaues en ensuiuant les operacions fabriles. Lesqlles gettent aux eaues le fer chault pour le endurcir Et en ce ie croy que pronapides a voulu entendre la perfection et eternite dicelluy corps. Veritablement six est nombre pfait soy cõpo sant de toutes ses parties / de quoy il veult que nous entendons la perfectiõ de lartifice et de lartifiement. Quil soit trouue par six fois Je cuide que ilz aiẽt voulu descrire le nombre parfait de lenuironnement et rotondite dice

Trapoba ne

luy cercle et non deffaillant mouuemẽt du quel iamais na este trouue desuoier ou defaillir que les eaues qui premie rement estoient doulces soient faictes ameres pour la diuersion du grant et enflambe corps. Je ne croy point que pour au tre chose il soit dit fors que af fin que on demonstre que pour la con tinuelle percussiõ des eaues de la mer des chaulx rays du soleil. Les eaues iusques a la superfice sõt faictes salees ainsi comme les phisiciẽs la prouuent

De huitiesme terre des filz de demogorgon laquelle a de parens incongnus cinq filz en gendre Desquelz le premier est la nuyt: le second enfer: le tiers renommee: le quart taigetes: le quint antheus Chapitre. viii^e.

Ainsi que il appert par dessus la terre a este le siege et fille de demogorgon de laqlle stace en sa thebaide escript aĩsi O eternelle creatrice des dieux et des hõmes q engẽdre les fleuues et les forestz des ames toutes les semẽces du mõde / et les mais pmethees et pierres

Stace

pyrrhees: et qui as donne les premiers elemens aux pasteurs: et qui as mue les hommes: et aussi qui portes et enuirons la mer q chieux toy as gens et bestes doulces et aussi cruelles et la vertu du monde qui est le repos des oyseaulx ferme et immobile. Et aussi la legiere fabrique du ciel cheant qui te circuit et aussi lung et lautre chariot qui en lair vuid et vacu est pendante. Celle qui est le moyen de toutes choses et qui point nest diuisee des grans freres. Et aussi doncques qui par tant de gens est seincte et qui est suffisante a tant de haultes et nobles cites. Et aussi a tant de peuple assemble dessoubz et dessus. Ausquelz mettres veritablement sont suffisamment demonstrees leuure et louenge de la terre. Et pource que deuant est faicte mencion de sa generacion la ou nous auons parle du litige. Il me semble que ie ne le dois point reiterer.

Toutesfois les anciens ont dit quelle est femme de titan de la coniunction du pere / ainsi comme deuant on a monstre quelle a receu aucuns enfans pareillement comme en son lieu dieu en monstrera quelle en a eu de son nepueu occean et dacheronte fleuue infernal / auec ce de plusieurs autres q nous sont incongnus. Ilz ont aussi appellee par plusieurs noms Cestassauoir terre fructiferante tellu mene: terre moite aride. La bonne deesse la grande mere faune. folle Et auec ce elle a ses communs noms cy auec aucunes deesses / car elle est dicte cybeles: berecynthia: rhea: opis: iuno: ceres: proserpine deesse des vierges Isis: maia: medea Il fault veoir ce q sur telles choses ont voulu entendre les anciens theologiens Ilz ont appellee femme de titan qui est le soleil pource q le soleil oeuure en elle a produire toutes choses qui ont ame et metaulx et pierres precieuses et toutes autres choses tout ne plus ne moins que en matiere disposee. Aucuns veulent et entendent que titan a este vng homme de grande puissance / et a este dit mari de la terre pource que il possedoit beaucoup de terre et pource quil auoit eu des filz de si grande estature et de si grande corpulence quil sembloit quilz ne fussent point receus de vne femme mais dung plus grant corps. Cest assauoir de la terre. Et affin que nous parlons et venons aux noms Rabane dit en son liure de la naissance des choses quelle est nommee terre pource que elle est froissee et comminuee. Laquelle chose seulement appartient a la terre q est dessus Elle est dicte tellus aussi comme tesmoingne Rabane pource que delle nous ostons les fruictz. Rabane

Seruie dit que cest la terre qui est froissee et tellus est vne deesse. Et aillieurs aussi dit que tellus est vne deesse et terra est vng element. Mais tellus est aucune fois mis pour la terre / ainsi que vulcan est mis pour le feu: et ceres pour le ble. Mais ainsi que ie puis par coniecture aparceuoir ilz ont dit que tellumene est vne partie de la terre / laquelle nest ne comminuee ne aussi conuenable aux racines des herbes ou des arbres pource quelle est beaucoup moindre que tellus. Humus ainsi comme afferme Rabane est icelle partie de terre laquelle a beaucoup de humidite comme les marais: et celles qui sont pres des fleuues. Ilz ont appellee aride seiche non pour que au commencement de sa creacion / la creature lait ainsi appellee affin que il demonstrast la vraye complexion dicelle mais pource quelle est seiche. Elle est appellee bonne deesse ainsi comme tesmongne Macrobe en son liure des saturnales pource que elle nous est cause de tous biens pour la vie. Comme il soit ainsi que celle terre nourrice les herbes et arbres et les fruicts: et que celle donne la viande aux oyseaulx: et les Seruie Macrobe pastures aux bestes brutes desquelles nous mesmes sommes nourris / mais ceulx la ont voulu quelle soit appellee la grande mere comme dit pol qui ont cuide que elle fust creatrice de toutes choses. Je crois pource que par sa grande abundance et fertilite come une mere debonaire nourrit toutes choses mortelles et recoit en son geron toutes choses qui meurent. Macrobe en son liure des samonalz descript la cause pour quoy ilz ont appellee fama en disant ainsi quelle aide et donne secours a tout lusage des creatures. Laquelle chose est si manifeste quelle na point de besoing destre expliquee par les escriptures / les anciens ont voulu quelle soit dicte fatua de ce verbe icy for faris ainsi come icelluy Macrobe dit pource que les enfans qui sont partis du ventre de leur mere ne mettent point la voix plus tost hors quilz aient touche la terre. Quant est des noms qui sont communs avec les autres sera faicte mention aux consequens / la ou nous dirons diceulx ce quon en devera cognoistre et entendre et viendrons a expliquer des filz lesquelz les anciens ont dit estre engendrez de pere incertain.

Pol

Macrobe.

Macrobe

De la nupt premiere fille de la terre Chapitre .ix^e.

Pol

Pronapides

Pol dit que la nuit fut fille de la terre dung pere incertain. De laquelle Pronapides en son proto cosme descript une telle fable quele fut aimee dung pasteur nomme phanetes qui la demanda quant sa mere la voulut marier. Laquelle dit quelle auoit vng homme incongneu / lequel oncques nauoit veu / mais elle auoit bien ouy quil estoit contraire a ses meurs. Et pource elle aymeroit mieulx mourir quelle fust marie a lui. A ceste cause phanetes qui fut courrousse dauny est fait aduersaire. Et quant il la poursuiuoit a tuer / elle se maria a herebus et nosoit hanter ne se monstrer la ou hantoit phanetes. Auec ce theodonce dit que iupiter luy octroia vng chariot pource quelle lui fauorisa quant deuant laube du iour de venoit a alcimene. Auec tout ce combien quelle fust noire ilz lornerent dung manteau. Stace en sa thebaide pour monstrer en partie les effectes dicelle a escript des vers desquelz la substance est telle. Nupt qui embrasses les labeurs de la terre et aussi du ciel / et qui enuoies par diuers decours les estoilles enflambees et qui metz peine de reparer lame quant le soleil qui est le prochain aux malades espand les agilles apparicions aux humains. Voyons maintenant quelle vertu ses fables contiennent. Ilz disent deuant toutes choses que la nupt est fille de la terre sans pere congneu. Laquelle chose ie croy estre dicte pour ceste cause pource que la terre oeuure par lespesseur de son corps affin que les rays du soleil ne puissent penetrer en lopposite partie. Et ainsi quant la terre donne la cause Il est faicte aussi grande vmbrage comme la moitie du corps dicelle terre occuppe despace. Laquelle vmbrage est appellee la nupt. Et ainsi on croit que seulement la fille de la nupt dung pere incongneu soit causee de la terre et non point dautre chose. Quil soit ainsi que elle soit mere dung pasteur nomme phanetes Je croy que il doit estre ainsi entendu. Je cuide que phanetes soit le soleil lequel pour ceste cause est dit pasteur / car par son operation tous les viuans sont refectionnez et nourris. Je croy que cest vne chose saincte dire quil ait aime la nupt. Car come aymee et la desirant veoir la suit dung merueilleux cours et semble quil appete lauoir a ma riage. Mais elle ne veult pas et ne le fuist point moins auec toute diligēce quil la suit Pource quil a meurs cōtraires aux siennes. Cōme il soit ainsi quil enlumine: ⁊ quelle face et rēde tout obscur Et ne dit point sans cause q̄ elle mourra si elle la en mariage. Conside re que le soleil par sa lumiere deslie toute obscurite et aussi il est son aduersaire. Finalement la nuyt est mariee a herebus. Cest a dire a enfer auquel la nuyt a vigueur / veu que les rais du soleil ne le penetrēt / ⁊ lors demeure a seurete. Quil soit ainsi quelle ait dōne faueur a iupiter la fable le manifeste ainsi quil appert par plaute en la comedie intitulee amphitrion / car quāt iupiter vint au point du iour a alcinēt la nuyt se eslongna tout ne plus ne moins que celle eust cōmence en asoirant affin q̄lle luy dōnast aide ⁊ secours. Par la quelle chose a merite auoir vng chariot a quatre roes / par lequel ientens quil face la cōtinuele circuicion de la terre / mais p̄ les quatre roes desq̄lles est fait le chariot. Je croy que ce sont les quatre tēps de la nuyt lesq̄lz seruent seulemēt au repos dicelle nuit. La nuit ainsi cōe dit Macrobe en son liure des saturnalz est diuisee en sept tēps Desquelz le p̄mier cōmence quāt le soleil entre ⁊ est dit crepusculum. Cest a dire ce quon dit commēcemēt entre chien ⁊ lou / cest a entendre leure q̄ est entre le iour ⁊ la nuit. Il est doncq̄s dit de ce verbe crepeo q̄ nous represente chose doubteuse: pource q̄l semble quō doubte: si on doit attribuer celle heure au iour passe ou a la nuit aduenir / ⁊ cela ne sert point au repos. Le second tēps cōe il soit ainsi q̄ ia soit obscur: est dit le premier brādon de feu po' ce que lors on alume les torches: ⁊ nest point cela cōuenable au repos. Le tiers temps est quāt la nuit est plus espesse. Si est appellee la nuyt cōcubine pource q̄ quāt nous no' voulōs reposer nous en allons ensemble coucher. Le quart est appelle la nuyt hors de saison ⁊ incōgrue pource q̄lle nest conuenable a aucune oeuure faire. Le .v^e. coqs chātans pource q̄ les coqs chātent du meillieu de la nuyt tēdante vers le iour. Le .vi^e. est dit silence q̄ est ia p̄chain a laube du iour: ⁊ pour ceste cause est ainsi dit po' ce q̄ souuent lors est le cōuenable repos ⁊ pour ceste cause toutes choses taisēt ⁊ sont ces quatre choses dōnees a repos Le .vii^e. est appelle le point du iour q̄ ia luit la ou les sages se leuent pour besōgner / lequel tēps nest nest point cōuenable a dormir. Et ainsi ilz sont autāt de roes de la courte nuyt cōe ilz sont de tēps q̄ seulemēt seruēt au repos. Ou si no' voulōs diuiser la nuit en quatre parties ainsi cōe ont de coustume les nauteurs ⁊ ceulx q̄ veillent aux chasteaulx. Cest assauoir en la premiere: secōde: tierce: ⁊ quarte veilles. Et par ainsi no' cōposerons quatre roes au chariot tout ne plus ne moins q̄lz sont quatre vigiles. Quil soit ainsi quelle soit couuerte dung vestemēt paint il est facile a cōgnoistre q̄ cest lornemēt du ciel de quoy nous sōmes couuers. Car cōe papias dit La nuit est ainsi appellee pource q̄lle nuit aux yeulx / car elle leur oste loffice de veoir / veu que de nuit nous ne voions riēs. Auec ce elle nuit pource q̄ elle est cōuenable au mal faisans / car nous lisons que celui qui mal fait hait la lumiere. Parquoy sensuit quil ame les tenebres cōe plus cōuenables a mal faire. Et aussi dit orace q̄ les larrons se lieuent de nuit pour coupper la gorge aux hōmes. Oultre homere en son iliade lappelle domitrice des dieux affin q̄ congnoissons que de nuit les hardis et fors tournēt les grādes choses p̄ courage. Toutesfois la nuit q̄ a telz nest pas cōuenable opprime les esperis boullās ⁊ les cōtraint estre a la lumiere cōe chastiez et apriuoisez. Elle a eu aussi plusieurs enfans tāt de son mary que des autres cōe apres on descrira.

Plaute

Macrobe

Crepusculum

Nuit de sesson

Coqs chātans

Silence

Le point du iour

Papias

Orace

Homere

De renommee seconde fille de la terre Chapitre .x°.

Il plaist au poete Virgile qui a engin celeste que renõmee soit fille de la terre quant en son eneide il dit La terre mere de renommee irritee par lire des dieux engendra illec renõmee ainsi quon dit pour derniere seur a ces deux Mais affin que la cause de sa naissãce apparoisse pour la couuoitise du Royaulme recite vne telle fable. Vne fois fut faicte bataille entre les geans : lesquelz par leur prouesse enluminerẽt le monde / et lesquelz estoient filz de terre Et dautre part iupiter en puint a telle fin que tous les enfans de la terre qui estoient aduersaires a Jupiter furent tues par iupiter et par les autres.

Virgile Elle par ceste douleur irritee et desirant vengance / veu quelle nauoit souffisantes armes contre si puissans ennemis Et ainsi quelle pouoit leur nuisit elle cõtraingnit son ventre et enfanta et getta hors renõmee rapporteresse des crimes superieurs. Virgille en descriuant son croissemẽt et forme / dit ainsi

Quelle fu renõmee Renõmee est vng mal lequel entre les autres est le plus legier. Laquelle a vigueur et acquiert ses forces et vertus en allant Laquelle aussi est au cõmẽcement petite par crainte et finablement se esleue aux vens. Et semblablemẽt sen va sur la terre et mure son ciel entre les nues. Et apres dit ycelluy Virgile quelle est legiere des piedz et aussi des elles et que cest vng grãt et horrible mõstre lequel a dessoubz autant de peulx ouuers et veillans : quelle a de plumes au corps qui est vne chose merueilleuse Et dautãt quelle a de langues autant a elle de bouches resonantes et doreilles ouuertes. Elle volle de nuit au milieu du ciel et par lombre de la terre ne diuertit les lumieres en facon quelcõque par doulx repos. La garde se siet au tour ou a la souueraine hautesse de la couuerture de la maison ou aux autres tours / et espouante les grandes citez / et est de fiction et de toute mauuaistie aussi couuoiteuse cõme elle est noncieresse de verite. Appert par combien grant ornement de parolles et suauite et plains de substance et industrieuse fiction Virgile sefforce et efforce de mõstrer son operacion. Il dit doncques premierement que par lire des dieux la terre est irritee. Enuirõ laquelle chose pour les dieux irritez Jentens loperacion des estoilles. Car en verite les estoilles ou les corps supercelestiez nous gouuernent par la puissance qui leur est dõnee du createur selon les dispositions de ceulx qui recoiuent les influences diceulx corps celestielz. Et pourtant lenfant est veu estre augmente par leur viure que celui qui senuieillit se diminue Et semblablement que iamais nest separe de la raison du bon gubernateur Aucuneffois font que par le soudain et faulx iugement des mortelz les corps celestielz semblent auoir fait ainsi cõme silz estoient courroucez cõe quant ilz deduisent en leur fin vng roy iuste vng eureux empereur vng gendarme vigoureux. Et pour ceste cause il dit q̃ les dieux sõt irritez pource que ilz ont fait mourir les nobles hõmes lesquelz ilz cuidoient deuoir viure a perpetuite. mais il est irrite de ceste oeuure pource quilz appellent lire des dieux. La terre cest a dire lhomme plain de courage. Car tous sommes de terre/ et il est irrite affin quil enfante une renommee vengeresse de la mort aduenir. Cest adire affin quil face chose par la quelle naisse la renommee de son nom affin que quant lire des dieux sera destainte le nom de ses merites moyennant renommee puisse demourer tout ne plus ne mois aussi ne veullent point ceulx qui se sont efforcez de oster la vie de lhomme en le tuant. Et ad ce nous enhorte ycelup mesme Virgile quant il dit. Ung chascun a son iour et brief temps irreparable mais leuure de vertu a tous viuans est daugmenter sa renomme par faictz. Pour ceste cause Virgille dit que renommee est mal/ car nous nalons point tous dung pie pour la tracer. Combien que communement nous voulons que les souuerains offices des eglises soient obtenus par fraude/ et les victoires aussi par deception Les seigneuries sont possedees par violence/ et semblablement toutes autres choses par fas et nefas. Lesquelles singulierement souloient extoller les noms iusques a la lumiere. Car si par vertu on se gouuerne mauuaise renomme ne vit point / toutesfois lauteur a improprement parle qui vse de ce mot renommee pour infamie. Comme si ainsi est que nous regardons la fiction/ ou que mieulx est la cause dicelle. Nous congnoistrons assez que dicelle sen est ensuiui infamie et non pas renommee. Auec ce il dit que au commencement elle est petite par crainte et aussi est il ainsi / car combien soient les maulx grans desquelz elle est engendree: toutesfois elle semble commencer daucune craincte que ont les auditeurs pource que nous sommes premierement esmeuz par ce que auons ouy daucune chose. Et si elle plaist nous craignons que elle soit faulce si elle desplaist/ tout ne plus ne moins nous craignons quelle soit vraye. Et finablement elle se eslieue aux vens. Cest adire quelle sen vole par lampliacion de la parolle de gens / ou quelle se mesle auecques les moyennes gens Et apres elle vient sur la terre. Cest a entendre entre les vulgaires et peuple. Et lors elle musse sa teste entre les nues quant elle se trouue entre les Roys et maieurs Aussi elle est legiere comme ycelui Virgile le tesmoingne. Il nest chose plus legiere. Et afferme aussi que cest vng grant monstre et horrible par la raison du corps quil luy descript voulant que toutes les plumes dycelle aient toute la face dhomme. Come il soit ainsi quil lapelle oyseau pour le legier mouuement qui est en elle. Affin quon entende que vng chascun qui parle daucune chose adiouste vne penne a renommee / ainsi renommee est faicte de plusieurs plumes et non point de peu come les oyseaux en aient plusieurs. Ou Virgile lapelle monstre digne que de luy on ait horreur/ car a bien grande difficulte le peult on surmonter/ car dautant plus que aucun sefforce de lopresser dautant plus icelle renommee est faicte plus grande qui est vne chose monstreuse. Auec ce il dit que tous les yeulx delle sont veillans pource que renommee ne resonne point fors que des veillans/ car si la parolle tent a repos renommee est nulle. Pour ceste cause il dit que par nuyt elle volle au milieu du ciel. Car souuent on trouue au soir que aucune chose est faicte aussi au matin aux parties fort loingtainnes on ne la trouue pas autrement faicte que se ycelle mesme nuyt auoit iusques la volle. Ou il dit ce affin quil demonstre la velle et guet des porteurs. Il dit ycelle estre de tour la garde du siege affin quil demonstre que pour ses rapors les gardes soient mises aux portes et aux citez de toutes les terres et aux tours a exciter ceulx qui font le guet/ ou a faire le guet de loing. Et come pource quelle ne distingue point

le drap du faulx. Elle est contente de rapporter tout ce quelle oyt dire pour verite. En oultre ouide en son grant vo- Ouide
lume descript la maison delle en ceste maniere. Il ya ung lieu au milieu du monde entre les terres et la mer et les celestielles regions voisines et prochaines du monde triple dont on regarde ce qui est a aucun lieu combien quil ne soit point aux regions/et ceste voix penetre les caues et se tient aux vens et aux haux lieux et se esluit lieu en larce et a des entrees innumerables. Elle apparoit iour et nuyt/elle est toute par la bouche reso- nante/elle est qui toute fremit et qui rapporte ce quon dit et recomence tout ce quel le oyt. En elle nya repos ne aussi en aucune part quelque pou de silence. Et nya point seulement clameur/mais dau cune petite voix ya grant murmure come ont decoustume destre ceulx que au cun de loing peult ouyr des undes et vagues de la mer/ou ung semblable son a celluy qui fust fait quant iupiter rompit les noires et merueilleuses nuees/ laquelle chose rendit ung extreme to- noirre/et lors la grande compagnie des gens se tient aux grandes et espacieuses maisons. Et plusieurs autres choses de renomee dit icelluy ouide come tu pourras veoir en le lisant. Et aussi icel les choses sont a ung homme moins erudit assez faciles et congnues. Pourtant il reste auoir veu que cest que pol veult entendre quant il a adiouste a la fable que renomee est nee affin quelle racontast les lais faitz des dieux/laquelle chose ne croys point estre autre chose fors que les moindres par force ne peuent riens aux grans apres que par paroles on a aux grans monstre leur infamie ilz sesforcent de eulx courroucer. Pour icelle cause ilz ont voulu quelle soit fille de la terre/car renommee nest point dautre lieu que des gestes qui sont faitz sur la terre/et quelle ne ait point de pere ce nest pas mal dit/car combien que souuent on ignore lauteur de la renomee des choses faictes lesquelles comunement sont faulces lequel trouue pourroit estre descrit au lieu du pere.

De tartare tiers filz de la terre. chap. xi.

Theodore dit et afferme que enfer fut filz de la terre sans auoir eu pere. Barlaan escript quil estoit paresceux et nonchalant/et quil estoit encores ou ventre de sa mere pource que la sage femme ne voulut doner secours a lenfantement pource quelle auoit enfante renomee au deshonneur des dieux. Ceste fiction a prins sa cause de leffect/car la sage femme nestoit point a celluy qui ne deuoit point naistre/ou elle ne deuoit point donner faueur a lenfantement qui ne deuoit point venir. Certainement aucuns anciens ont cuide quil y eust ung lieu parfont et creux au milieu de la terre et que les ames des pecheurs fussent la affligees et tormentees de peines ainsi come virgile assez le demonstre a la descente de enee es enfers. Et veulent quil soit dit enfer cest selon lopinion de Isidore en son liure des ethimologies qui dit que ainsi est appelle de la treme

Theodore

Barlaan

Virgile

Isidore

du froit/car en son lieu on ne peut penetrer les rais du soleil/& nya aucũ mouuement dair par la confrication/duquel il puisse estre eschaufe. Et quil soit ainsi quil puisse estre paresseux au ventre de sa mere il appert assez/car il ne peut monter aux superieurs lieux/& sil y mõte il ne sera plus enfer. Et est improprement appelle filz de la terre/car quelque chose que la mere concoiue si ce qui est conceu ne vient a la lumiere/ne peut p droit estre dit filz mais es dit estre sans pere cõceu. Car nous croyons le corps de la terre auoir des concauitez. Toutesfois nous ne sõmes point assez certains si elle aura eu cõmencement depuis la creation/ou de ce qui sen est ensuiuy apres la creation. Mais virgile pour le tesmoing des choses deuantdictes dit ainsi icelui enfer seulemẽt par deux foys apparoit trebuchier & va soubz les vmbrages autant que le soupecõnemẽt du ciel tend au ciel de air &c

De tages quart filz de la terre. chap. xii.

Tages ainsi cõme ont afferme les gentilz & principalement les tusques/est filz de la terre sãs pere cõgneu duquel pol perusin recite que quãt aucunemẽt il enfla la terre au champ tarquinense enuers les estrusques. Icelui rustique a qui estoit le petit champ fort esmeu dicelle noualite & qui estoit couuoiteux de veoir quelle chose a aduenir icelle enfleure de terre deuoit monstrer attendit aucun peu a la fin cõe vng impatiẽt print vne beche & petit a petit cõmẽca a fouyr icellui lieu & ne fouyt pas grãment que incontinẽt saillit du gasson de terre vng petit enfant/& tantost fut dicelui monstre moult esbahy/& appella ses voisins & ne fut point longuement qui maintenãt enfant estoit veu estre daage anciẽne & pfaite & apˢ vieil Et quant il eut enseigne le diuinemẽt aux estrangiers soudainement ne comparut en aucũ lieu. Les auditeurs ont cuide que ce fust dieu/& lont aussi creu estre filz de la terre/& lont nõme tages: lequel nom anciẽnement en langue ethrusque autant signifioit que ce que nous est signifie par la lãgue latine dieu. Et icelui apres ont honnore ou lieu du souuerain dieu. Isidore dit icelui enfant estre trouue du rustique quant il eut oste son soc soubz le gasson de la terre/& depuis ne fut veu des etrusques. & en icelle leur auoit enseigne le diuinement/& aussi dicelle auoit laisse des liures lesquelz apres trãslaterent les Rõmains en la propre langue. De laquelle fiction ie croy tel sens auoir este/cest assauoir aucun pouoir auoir este qui lõguement estudiant enuiron le diuinement & pour le prouffit & vtilite de contemplation des hõmes la compaignie desprisite et laissee comparut la ou lon ne le cuidoit point soubdainement erudit & lettre. Et pource que par aduẽture en a veu daucune fosse de la terre lenfantement est chose feincte fut en p̃sence & deuãt les yeulx de celui qui le chãp labouroit ainsi cõme sil fust apparu desˢ gassons de terre. Et a este souuent nõme du rustique le filz de la terre Et po celle cause a este dit sans pere pource q naissance a este incongnue. Oultre plˢ les anciens ont acoustume appeller leˢ estrangiers qui a eulx par terre venoiẽt filz de la terre. Cõe ilz appelloiẽt ceulx qui estoient apportez par mer les filz de la mer. Mais il est dit enfant pource ql est nouueau & soubdainemẽt vieil & ancien pource quil est trouue prudent & erudit/laquelle chose appartient aux vieulx & anciens. Quil soit aduenu au champ tarquinense cest ou pource que ainsi a este en ce lieu la tages premierement cõgneu. Ou pource que les etrusques ont fait/mais au brief terme de la demeure est signifiee la grãde affectiõ des estrãgiers ql ont a lui car la demeure de la chose aimee ia soit ce quelle soit longue touteffois elle semble estre tresbriefue a celui qui layme. Mais ie cuyde que pour celle cause est aduenu quil a este nõme dieu affin quilz ennoblissẽt moyennant laide de dieu la doctrine laquelle souuerainement ilz honnoroiẽt.

De antheus cinquiesme filz de la terre. chap. xiii[e].

TOus dient que antheus est filz de la terre. Et pource que aucun ne lui attribue pere il a este necessite le mettre entre les filz qui sont engendrez de pere incertain/duquel lucan escript ainsi. La terre de ses forces euacuee ne conceut point encores es fosses apres q les geans furent engendrez vne si terrible lignee aux libiques/ne aussi fut typhon des terres si iuste gloire/ou tytios & aussi briareus cruel au ciel pardonna que il ne supporta point antheus aux champs phlegrees Aussi ce tant deserte par don assembla la terre les vertus de son fruict lesquelz quant toucherent le parent/les membres qui de force & vertus ia estoient euacuez se rauigouroient apres que la force fut renouuellee icelle lui bailla pour maison vne fosse. Et dient que les viandes estoient mucees soubz vne haulte roche. Doncqs il appert par les vers de lucain combien grant & fort & cruel fut antheus. Auql vint hercules cõme icellui mesmes lucain tesmoigne victorien des labeurs pour luiter auec lui quant ilz furent a la luite & bataille & regardast icellui q le plus souuent a terre gette estoit/qui plus robuste fort & puissãt se releuoit aduertissant ql recouureroit ses forces de la terre il esleua en hault icellui qui ia las estoit par ses bras/& la le tint iusques a ce que il mourust. Dicelle fable le sens est double/cestassauoir hystoriq & moral/car il semble que Pomponius mela veult dire en son liure de cosmographie icellui roy auoir este aux extremes parties de ethiopie/affirmant quil tendoit vers ampelusie montaigne en la grãt mer athlantique/& quil y auoit vne fosse consacree a hercules et oultre le chasteau tinges tresancien/lequel cõme ilz dient fut fait par antheus. Et pour tesmoing dicelle chose est demonstre des estrangiers vng grant bouclier de lelefant & pour la grandeur nest po[r] lors a aucun conuenable laquelle dient & afferment dicelui estre portee & souuerainement lhonnorent. Et aussi par yceulx est monstree ayant la representãce dung homme couche a reuers comme vne petite coste lequel ilz dient auoir este son tombeau & sepulture. Cõtre cestui cy dit theodõce que denis thebeus lequel pour sa noble vertu a este appelle hercules auoir eu guerre. Et quant souuent il apperceut cellui auoir este gette a terre en ethiopie & soubdainement restaurant & assemblee leust feignant quil sen fouyst sen alla iusqs en libye pour le persecuter & la le surmõta & occist. Mais leonce disoit icelui hercules auoir este filz de nilus leql ie cuyde estre vng mesme auec cellui qui dessus dit est. Eusebe ou liure des temps dit que ãthe[us] auoit este tresdocte a lart & science de luiterie & de toutes aultres batailles qui en la terre sont exercites Et pource il se monstre croire cela estre chose feincte quil a este filz de la terre/& que dicelle seroit de forces & vertus restaure. Certainement fulgence demõstre que soubz ceste fiction ya vng sens moral disant que antheus qui de la terre est ne estre luxure/laquelle seule naist quist de la chair/& quant elle est touchee combien quelle soit lasse elle retourne a ses vertus. Mais elle est superee de lõme vertueux quant il nya point de tou

Lucan

Nondum post genitos &c.

Põponius mela

Theodõce

Leonce

Eusebe

S. augustin chement de chair. Et fut icelui cōe salt
Eusebe augustin dit du temps que regnoit ar
gis danaus. Mais eusebe dit quil fust
du tēps que regnoit egeus a athenes.
Et leonce dit que cestoit du temps que
argis regnoit enuers les argines.

De herebus neufuiesme filz de demogorgon qui eut xxi. filz/desquelz le premier fut amour. La seconde grace. Le tiers labeur. La quarte enuie. La cinquiesme peur Le vi^e. deception. Le vii^e. fraude. La viii^e. obstinatiō. La ix^e. soufrete. La xe. misere. Lonziesme fain. La xii^e. complainte. La xiii^e. maladie. La xiiii. vieillesse Le xv^e palleur. La xvi^e. tenebres. Le xvii^e. repos. Le xviii. la mort. Le xix^e charon. Le xx^e le iour Le xxi^e lair. chap. xiiii

Puys que les filz de la terre sont expediez le stile doit estre reduit a herebus lequel cōme dit pol allegant
Chrisippus chrisippus fut filz de demogorgon et de la terre. et croy icellui estre ungmesme auec enfer Cōe il soit ainsi que to' les anciens semblent croyre icellui estre es entrailles de la terre denfer. Nous auons dit les coupables et vicieux estre punis par tormens. Toutesfois les anciens en ont escript plusieurs choses/et singulieremēt virgile au siziesme liure de ses
Virgile eneydes/lesquelles choses briefuemēt ie passeray pource que es choses suyuātes sera a peu pres de tous faicte plus prolixe mention. Dit doncques virgile que es ioes dicellui sōt ses formes terribles a veoir/cessauoir pleurs et cures vēgeresses/maladies/estans palles et triste vieillesse/et aussi crainte/fain/et pourete terrible et la mort et le labeur et le sommeil et les mauuaises ioyes de lame. Et une bataille portant mort/et les furies infernales/et la discorde et lome des songes. Les sieges de centaurus le briaree de scylla et le serpent lerneus/et la chimere armee de flambes auec les gorgones harpies. Et aussi gerion de trois corps et cerberus de trois ioes gardant les huys denfer. Oultre icelui herebus estre arrouse de quatre fleuues/cestassauoir de acheronte/de phlegeton et de styge/et de cocytus. Et dit charon estre le maistre matenot dacheron leql porte les ames des mors au plus parfond dēfer. Auec ce mino est et radamātes et des eaues qui versent aux ames les merites des entrās/et gectes aux fleuues les fors geans/et aussi salmeon et ticion decire de la vaultour/ision qui est dune roe perpetuelle circonuoisin Et aussi sisyphus boutant lyens en hault les grandes pierres et roches de sa poitrine/et tantalus entre les undes et les hōmes mourant de fain et de soif. et theseus qui est condāne dune perpetuelle oesiuete et les autres et tous ceulx cy dedens les murs de fer de pluto soubz la vengeresse tisiphon cruciez et tormētez Semblablemēt ilz ont icelui mesmes appelle par plusieurs noms sans ce nō cy herebus. Cestassauoir tartarus/orcus/dis/auernus/baratrū/et infernus. Et ainsi dict quil est pere de plusieurs filz Oultre ces choses veues il fault venir au descouurement de la verite mussee. Ilz veulent doncques icellui estre filz de la terre et de demogorgon pource quilz ont cuide que demogorgon fust le createur de toutes choses. Ilz dient qlz est filz de la terre/car ainsi quil appert il est musse au ventre delle. Et nōpoit seulement les gentilz ont cuide icellui estre le lieu des peines et tormens/mais aussi aucuns nobles crestiens esmeuz par aduenture par ceste raison/car cōme il soit ainsi que dieu soit la souueraine bonte et celui qui cōmet aucun peche lequel par aduēture est mauuais et par ainsi soit fait mauuais il est de necessi-

te quil soit treseloigne de dieu ainsi cōe
de son contraire. Nous croyons q̄ dieu
est es cieulx & que du ciel nest aucune p
tie plus loingtaine que le cētre de la ter
re. Et pource ainsi cōe au lieu tresloin
gtain de dieu nest point par aduenture
ineptemēt creu que les poures pecheurs
Tulles seuffrent peines & tormēs. Toutesfois
tulles de ce se mocque appertement en
ses tusculanes questions / parquoy on
peut assez croire que les anciēs eruditz
ont autre chose entendu Et pource q̄t
ilz ont dit quilz sont deux mondes / cest
assauoir le grant & le petit. Le grant est
celui lequel generalement nous disons
le monde. Le moindre cest lhōme affer/
mans toutes choses estre au moindre/
lesquelles sont diceulx descriptes estre
au grant. Je croy quilz ont cuide icelui
herebus & iceulx tormens estre dedens
le petit monde / cestassauoir lhōme: & a/
uoir voulu icelles horribles formes les/
quelles virgile descript estre a lentree
dēfer estre les causes exteriores par les
quelles sont iceulx tormens la dedens
causez. Ou celles choses lesquelles sōt
des intrinseques causees apparoissent
dehors Lequel sens ie croy estre le meil
leur. Il est de necessite que en exposant
ie change lordre des choses dessusdictes
Je cuide que cest chose feincte que au p
fond de herebus y ait vne riche cite de
fer. Affin que par icelle nous entendōs
la partie profonde de cueur obstine / en
laquelle en verite nous sōmes obstinez
& de fer aucunesfois. Les illuminateurs
du monde / cest adire les hōmes donnez
au choses terriennes / & les geans cest a
dire les orgueilleux a terre degetez sont
dis pour icelle chose estre trauaillez. Af
fin que nous congnoissons enuiron ce/
cy ceulx qui sōt de terre estre angoissez
& les hōmes orgueilleux en leur coura/
ge quant tousiours desirent estre extol
lez / ilz croiēt estre deprimez & mesprisez
par leur iugement aueugle / & sont au/
cunesfois de hault mis au bas qui leur

est vng aigre torment. Mais par ticien
dessir & destruit de la vaustour est entē
due la pensee dung chascun labourant
affin quil ne congnoisse point ce quil ne
lui appartient point. Et est a prendre
dicellui qui par continuelle pensee est a
gite en acumulant tresors. Mais ision
qui est circonuolue dune roe perpetuel
le demonstre les agitations qui viēnēt
de coste & dautre autrōnez dicelui q̄ desi
re le royaume. Et aussi sisyphus pa/
reillement en reuoluant les pierres es
efficax & labourieux efforcemens decla
re la vie du meneur. Par tātalus entre
les vndes & hōmes mourās de fain nous
deuōs entendre les cures & sollicitudes
des hōmes auaricieux & les estrifz enui
ron les infames par simonies. Theseus
oesif monstre les labeurs inutiles des
folz & temeraires par lesquelz ilz sōt mi
serablement tormentez. Ilz diēt iceulx
estre vexez & trauaillez soubz le moleste
ment & inquietation de thisiphon / laq̄l
le chose ie croy deuoir estre ainsi enten/
due. Certainement thisiphon est inter
prete la voix des ires & courroucemens.
Et ainsi il appert que ceulx qui de tel/
les choses sont tormētez se courroucēt
a eulx mesmes / & aussi boutent hors au
cūesfois les voix diceulx ires & courrou
cemens. Par ces trois iuges ientens ce
cy / car certainement nous pouons bles
ser & offenser trois p̄sōnes mal faisāt / di
eu nr̄e p̄chain / & nous mesmes Et ainsi
no sōmes redarguez & cōdānez de triple
iugement de conscience. Par le portier
qui trois fois est chien dēfer duquel lof
fice est de mettre & logier leans dedens
ceulx qui veulent entrer / & prohiber et
defendre le partir a ceulx qui entrent.
Je cuide quon doiue entendre trois cau
ses. les mordans dung aigre mors. les
pensees morteles des decepteurs & trō
peurs: cestassauoir les flateries des as/
sentateurs & adulateurs. la faulse opi/
nion de felicite: & la resplendisseur de
vaine gloire lesquelles en verite conti/

nuellement blasment et vituperent les non sauans aux nouueaulx disciples a croissent les miserables cures/et icelles acreues ne permettent point diminuer. Herebus est auirõne et arrouse de quatre fleuues affin que par ce nous entendons que ceulx qui se permettent tirer aux non cõmencees concupiscences la raison mise au bas premierement passẽt le fleuue acherõtes la liesse du droit iugemẽt pertrouble lequel est interprete napant point de ioye Et puis que la ioye est ainsi deboutee il est de necessite que tristesse occupe son lieu de laquelle pour le bien de liesse qui est perdue souuẽteffois est engẽdree vne ire vehemẽte de laquelle nous sõmes boutez en furie. Lequel est phlegeton cest a dire ardant/aussi de la fureur nous chedõs en tristesse qui est la boe et la fenge denfer/de tristesse en pleurs et lermes par lesquelles le fleuue cocytus doit estre prins pour le quart filz. Et ainsi entre no⁹ poures meschãs mortelz sõt demenez/seduitz par vne opinion aueuglee dung apetit concupiscible et portons dedens ce que les folz croyent des poetes estre ẽclos es entrailles de la terre. Certainemẽt

Hugüce herebus est dit ainsi comme dit huguce pource quil hert trop fort a celui ql prẽt Mais dis est dit de son roy ainsi nõme lequel est dit enuers les poetes le dieu de richesses et a ceste cause/car il est riche: cest a dire abondant en ce lieu. pource que en icellui descendent au iourduy cõmunement ceulx qui se meurent. Le temps passe tous y descendoient. Tartarus est dit de torment pource quil tormẽte ceulx qui hume et engloutit/mais tartarus est le lieu tresparfond des enfers. Duquel ainsi cõme opine huguce Jesucrist iamais aucun ne racheta ou deliura Orcus est ainsi dit pource quil est obscur. Baratrum est creu estre dit de la forme/car veritablement baratrũ est vng vaisseau fait dosier fort large par hault en la partie dẽbas est agu duquel vsent les agrestes champanois quant ilz vendengent et cueillent les raisins des vignes et que les arbres sont annexez. Et est pour icelle chose ainsi dit affin que nous entendons que enfer a les ioes tresamples a receuoir les damnez et pour iceulx retenir a vng lieu profõd et treseſtroit a les garder. Enfer est dit pource quil est le plus bas de toutes les parties de la terre. Auernus est dit de a qui est a dire sans et vernos qui est a dire ioye pource quil na aucune ioye et quil pleure et lamente par vne sempiternelle tristesse.

De amour premier filz de herebus. chap. xv°.

Des filz de herebus le premier est amour lequel il a receu de la nuyt ainsi que tules afferme la ou il parle de la nature des dieux/laquelle chose sembleroit par aduenture monstrueuse sil nestoit monstree par raison possible. La sentence des anciens a este q̃ amour est la passion de lame. Et pourtãt tout ce que nous desirons est amour. Mais pource que noz affections sont portez a diuerse fin ainsi cõme amour il nest pas de necessite que vne mesme chose soit en viron toutes choses. Pour ceste cause les anciẽs ont dit des mortelz les desirs redigez en petit nõbre estre triple amour. Et deuant tous les autres tesmoings apuleius ou liure lequel il a escript de lenseignement de platon. Platon afferme quil ne sont que trois amours et nõ plus. Desquelles amours il dit la premiere estre lamour diuine conuenant auec pensee non corrompue et la raison de vertu. Lautre amour estre vne passion et affection de courage degenerant a voulẽte corrompue. La tierce estre mesle de ses deux. Apres lequel platon aristote son auditeur muant presque plus les paroles que la sentence voulut pareillement estre trois amours. Disant la premiere estre pour honnestete. La seconde pour delectable. Et la tierce pour vtile tirant a soy et mouuant ceulx qui estoient par lui prins. Mais pource que lamour de laquelle nous parlons nest diuine ne pour hõneste chose ne meslee des autres deux ou pour delectable/mais est de courage degenerant et par vtilite A bõne cause nous le dirons selon la sentence de ciceron auoir este filz de herebus et de la nuyt. Cest a entendre dune pensee aueugle et dung courage obstine/car nous sõmes par cestui impellez en lexecrable fain et desir dor. Et par cestuy sõmes nous pitiables et en desir quil ne se peut contenter et saouler. Par cestuy cy sõmes au fol desir de gloire que perira/et en loccision mortele de noz amys. Par cestui cy sõmes impellez aux perditions des citez/larrecins/deceptions/violences/et conseilz pleins de deceptions: et nous miserables sõmes par luy tirez. Par ceste peste sõt affectez les flateurs/les adulateurs/les gesticulateurs Et telle pernicieuse maniere de gens folz suyuans fortune/et de ce vsent les gloirieux sotz par blandisses et faulces louanges. Doncques si nous pensons bien toutes choses nous le nommerõs nompoint amour/mais plus droitemẽt veine.

Appuleius

Platon

Aristote

Ciceron

De grace fille de herebus et de la nuyt. chap. xvi.

Tulles en son liure de la nature des dieux escript que grace fut fille de herebus et de la nuyt/mais toutesfois il me souuient auoir ailleurs leu les graces auoir este filles ou de iupiter et de auctonie: ou de liber et de venus. Mais affin que nous ayõs ce quilz ont en ce entendu il fault sauoir ce quilz õt feingt. Cest assauoir grace estre vne affection de pensee non serue principalement des maieurs ou mineurs et nul merite precedent par laquelle sont donnez les dons/benefices et obseques encore a ceulx qui ne les demandent poĩt. Toutesfois ie cuide estre moult despeces de ces graces/car les autres sont de dieu immorteles lesquelles ostees nous ne sõmes point. Les autres sont des hõmes entre soy: et ceulx cy peuent tẽdre a bien et a mal. Combien que grace semble tousiours sonner et signifier en bien Toutes ceulx cy nous pouons monstrer estre filles de herebus et de la nuyt touteffois par variable sens de leurs parens. Et affin q̃ nous venons a ceste pr cy en laissant les autres a leur temps. Je cuide ceste grace estre celle qui est faicte et causee pour aucun detestable fait ou pour les laides et ordes meurs daucun hõme et laquelle est en vng paruers et detestable hõme. Et ainsi que la grace est fille de herebus cest dung courage obstine/et de la nuyt cest dune pensee aueuglee.

Tulles

De labeur tiers filz de herebus. chap. xviie

Labeur est par cicero nescript filz de la nuyt et de herebus/la diffinition duquel est ainsi par ciceron descripte. Labeur est vne oeuure ou de lame ou du corps de oeuure ou de don plus grief/laquelle diffinition bien regardee il est a bonne cause dit ou peult estre dit filz de la nuyt et de Herebus. Car il est dommageux et est par bonne cause digne destre reprime/car ainsi que le trauail et non repos des pecheurs est en herebus et en perpetuele nuyt pareillemēt est au fons des secretz des cuers de ceulx qui sont agitez trauaillez et tirez par aueuglee auarice aux superflues et non oportunes et bonnes continuelles cogitations. Et pource que telles pēsees et cogitations sont causees et faictes en lobscure poitrine tel labeur a bōne cause est dit filz de la nuit et de hereb'

Ciceron

De inuidence ou enuye quatriesme fille de herebus. chap. xviiie.

Tulles dit inuidēce auoir este fille de herebus et de la nuyt/lequel tulles en ses questions tusculeines fait ceste differance entre inuidence et enuie disant. Inuidence tantseulemēt semble appartenir a lenuieux/et enuye aussi semble appartenir a celui qui est enuye et concluant delle dit ainsi/inuidence estre passion prinse pour les choses heureuses dautruy lesquelles ne nuysent en aucune chose a lenuiant. Ouide descript les cōdicions et meurs dicelle ainsi Elle quiert et demande incontinent les logis denuie qui sont ortz par porriture noire. La maison de ceste est mussee en basses valees desquelles les vnes nont point de soleil et les autres sont au chemin du vent tristes paresseuses et tres pleines de froit et qui tousiours a faulte de feu et tousiours abonde dobscurte Et peu apres dit les portes escroulees sont ouuertes et voit dedens enuye mā gant chers de serpēt nōme vipera et mā gant elemens et nourritures de ses vices. Et qnant il la veue de ses yeulx il se retourne arriere/mais elle se eslieue de la terre et laisse paresseusement les corps des serpens a demy mangez et va par pas laches et paresseux. Quāt il la vit deesse ornee par forme et armes il gemit et amena le regart de la deesse a souspirs et plours palleur et blancheur seyoiēt en la face et maigreur a tout le corps Les armes et batailles nestoient oncques bonnes ne iustes. les dēs ordes de rouil apparoissoiēt. les poitrines verdoyoiēt de fiel. La langue est arrousee de venin toutes risees estoient hors si non quāt les douleurs veues faisoient rire. Elle ne ioyt point de someil tāt est excitee par les cures et pensees qui leueillent/ mais elle voit les ingrates successions de biens aux hōmes et meurt en voyant Elle detrait et pareillement est detraicte/et cest son supplice et torment. Celui qui pleinement considere ses vers congnoistra sans difficulte inuidence laquelle par plus ample licence disons enuye estre fille de herebus et de la nuyt.

Enuie et inuidēce

De peur. ve. fille de herebus. chap. xixe.

Comme tulles souuent afferme peur fut filz de Herebus et de la nuyt. Car comme icelui tulles dit que peur est vne caution contraire a raison Il cuide cestui estre filz desditz parens/ pource quil naist en noz courages p̄ les

Tulles

choses ostees de nostre congnoissance. Toutesfois ie cuide deux peurs estre. Lune qui peult cheoir ꝛ estre iustement en ung homme discret/comme creindre les tonnoirres. Lautre qui sans aucune raisonnable cause impellante esbahyt ꝛ estõne aucuns/ainsi cõme les femmes de petit courage. Ceste creinte soubz le nom et vocable de peur est ung des ministres de mars ainsi quil est mõ-

Stace

stre par stace disant. Elle cruelle apres commande aller deuant a quatre piez Peur compaignon du peuple ꝛ leur cõmande insinuer ꝛ monstrer nompoint autrement les peurs quilz hanelent et oster leurs courages des choses vraies ꝛ estre plus propice a monstrer ꝛ signifier a ce monstre les voix ꝛ les mains/ꝛ faisãt croire tout ce que plaist a son auteur ꝛ trauailler ꝛ deffaire par horribles courses les citez si les planetes persuadent leur vouloir ꝛ deux soleilz ou trembler la terre ou descendre les anciẽnes forestz. Helas ilz cuident auoir ce veu miserablement. Oultre ce tulles en ses tusculeines questions non aduisãt adiouste a cestui plusieurs ministres. Comme paresse/honte/terreur/creinte/peur espouantement/conturbation ꝛ fremeur desquelz tous sayent vilement leur.

De dol ꝛ fraude siziesme filz de herebus. chap xx^e.

AInsi quil plaist a tulles dol ꝛ fraude fut filz de herebus ꝛ de la nuit

Barlaã

duquel Barlaan auoit coustume de ainsi narrer ql estoit ale a la guerre troienne auec les grecz. Et veu que les armes precedoient moins quilz ne desiroient ꝛ que aucuns des plus grans cõsultoient des choses que vlixes deuoit faire/pource que icellui dol estoit tresfamilier de vlixes il fut amene audit cõseil. quant il eust ouy les orgueilleux ꝛ vantans courages ꝛ conseilz daucuns/et quil eust par aucuns petis temps vis en soymesmes ꝛ quil fut requis de dire son opinion laquelle fut receue combien que ne fut point honneste/mais pource quelle sembloit estre oportune ꝛ conuenable selon laffaire/ꝛ incontinẽt lui fut commis ꝛ baille le negoce de faire auecques epons le cheual/par lequel apres aduit que les grecz ia las ꝛ trauailez obtindrent ce que desire auoient.

La couuerture de ceste fiction est assez tenue/ꝛ pource voyons pourquoy il a este dit filz de herebus ꝛ de la nuyt Ce que selon mon iugement est monstre par les sacrees lettres par lesquelles sommes enseignez/que herebus prenant la forme dung serpent vint en terre ennemy de lhumain lignage ꝛ offusca par nuyt infernale ꝛ suggestions doleuses ꝛ mauuaises les pensees de noz parens. Et de la auoir gette semence mortele comme en ung champ laboure Et quant les fruitz eurent commis cõtre la loy soudainement vint en lumiere. Et ainsi dol ꝛ fraude qui encores nestoient congneuz en terre des le cõmencement vint de Herebus ꝛ conceu ou ventre de la pensee aueuglee par nostre mort ꝛ par la manifestation de lexil du royaume celeste. Il monstra clerement soy estre filz de la nuyt ꝛ de herebus certes/car les gentiles ne pouoiẽt feindre ce que nauoient congneu. Je cuyde les auoir entendus pour Herebus le secret intime du cueur humain/Car la est le siege de toutes cogitations. Et pource si le courage est malade en negligeãt vertu/Et si les puissances lui faillent

Il dirige et dresse son engin et entendement aux ars affin quil parueignet a le desir. Et pource que les folz sont plus facilement prins par dol et fraude / icellui dol et fraude fabrique et fait autres mauuaises cogitations / il liedun las et ceulx quil prent et soymesmes. Et ainsi icellui dol et fraude est cree et naist de nuyt cest a entendre de la cecite et aueuglemet de la pensee par laquelle il tend a son desir par la voye qui nest point decente et par courage mauuais et feruent par ignominieuse concupiscence. Et le plus souuent il ne vient point en lumiere deuant quil soit cheut au trebuchement auquel il est dispose.

De fraude septiesme fille de herebus. chap. xxi^e^.

Fraude est iustement dicte fille de herebus et de la nuyt par ciceron en son liure de la nature des dieux / laquelle certes est mortele et indicible peste et vice exsecrable de pensee inique. Cicero
Entre fraude et dol est ceste difference / car dol aucuneffois peult ouurer en bone ptie / mais fraude ne peult si no tousio^r^s en mal. et nous vsons de dol cotre noz aduersaires et deceuos noz amys par fraude. Dantes alliger florentin descript la qualite de fraude en son poemate et vers lesquelz il a escript en langaige florentin / et la descript ainsi entre les aultres poemates et vers qui ne sont point de peu de vtilite disant ai si que fraude a la face dung homme iuste et le residu du corps serpentin distingue et couloure de diuerses macules et couleurs / et la queue delle estre terminee en laguillon de escorpion / et quelle noue dedens les vndes de cocite et tant que y cueuure tout son horrible corp^s^ excepte la face delle / et la surnomme gerio

Fraude

Dentes

Icellui auteur opine et donne a entendre par la face plaisante et semblable a vng home iuste lextriseque fraude des hommes / car ilz sont doulx et paisibles par regart et parole / et modestes en abillement graues en marchant / nobles et renommez en meurs et par pitie spectables / mais ilz sot miserables en euures et couuers soubz la gelee diniquite sont paruers et changans propos malicieux par astuce et couuers de macules de pechez / et tant que toute la conclusion de leurs euures est pleine de venin pernicieux / et pource elle est dicte gerion. Car ledit gerion regnant sur les isles baleares par doulx regars et suaues paroles et par toute ciuilite et humanite auoit de coustume receuoir ses choses Et finablement les tuer quant estoient soupis et endormis soubz celle benignite. Pareille raison est a celle q de dol est dicte par laquelle fraude est dicte fille de herebus et de la nuyt. Gerion

De pertinacite huitiesme fille de herebus. chap xxii^e^.

Selon tulles pertinacite qui est mortel crime des folz est fille de herebus et de la nuyt / et nest pas difficile a entendre la cause / car toutessoys que lindigeste rigueur de la paresse de^s^ mortelz ne peult se parforcer quant elle est offusquee a lobscurte de lentendement entremesle aux grandes raisos / et la ferueur de la chaleur diuine il est necessite que obstination ou pertinacite de ce naisce / mais q plus est scault ia de ce trescertain argumet dignorace. Doques ilz ont bien dit pertinacite estre fille de Herebus lequel ilz ont souuent

...plein de gelee & fille de la nupt/la...
...elle auons souuent monstre estre lob...
...curte de la pensee.

De egeste & pourete neufuiesme fille de herebus.chapitre.xxiii^e.

Egeste fut fille de Herebus & de la nupt. Nompoint celle egeste laquelle plusieurs cuident estre faulte de choses oportunes & necessaires Car ceste icy les hommes vertueux ont surmontee par tollerance/comme Caton es libiques:cest a dire du pais de libie. Mais plustost celle par laquelle abondans par faulx iugemens traitz succodent. Ainsi que midas Roy des frigiens & gardien dor lequel mouroit de fain tandis que tout ce quil touchoit estoit conuerty selon son desir en or. Ceste cy doncques est vraye fille de Herebus: cest a entendre dung cueur gelle & inutile:& aussi de la nupt/cest a entendre de conseil aueugle cuidant estre chose tres bonne augmenter Richesses & ne user point delles.

Caton

Midas

De misere.x^e.fille de herebus.chap.xxiiii^e.

Tulles

Il plaist a tulles misere auoir este fille de Herebus & de la nupt. Certes ce est si extreme defortune quil peult conuertir a misericorde les Regardans/& lequel certes nous faisons a nous mesmes quant nous laissons la lumiere de verite nous gemissons & pleignons les choses perir comme perpetueles/lesquelles en toute maniere sen vont. Et ainsi le cueur frape par le iugement de la pensee offusque il gette misere par souspirs & lermes en publique tellement que de ce elle peult estre dicte fille de Herebus & de la nupt.

De la fain.xi^e.fille de herebus.chap.xxv^e.

Pol

Pol selon lopinion de Chrisippe dit fain auoir este fille de Herebus & de la nupt. Ceste fain est ou publique comme celle qui iadis fut demonstree a pharaon. Ou priuee comme celle de erisoton. La publique fain a coustume de venir par luniuersele faulte de blez. La cause de laquelle est lire diuine ou la longue guerre.ou la disposition contraire des corps celestieux.ou les vers soubz terre Rongeans les semences. Ou les locustes & sauterelles qui deuorent les choses semees qui commencent ia a naistre. La cause premiere de ceulx cy peult estre congneue daucun mortel homme/& ainsi pourra estre dicte fille de herebus & de la nupt/mais nompoint de herebus musse aux entrailles de la terre/ou quil Reside aux vicieux & malades courage des hommes.mais est entendu de celle qui est au parfont du secret de la tressaincte secrete & veillant pensee diuine/lequel lentendement des hommes offusque par lobscurte de mortalite ne peult Regarder/ne aussi la nupt la diuine pensee en laquelle oncques ne fut chose obscure/mais clarifie toutes choses & tousiours par sa lumiere.mais cest par les erreurs de nostre imbecilite. Les mathematiciens cest adire les astrologiens afferment pouoir deuant veoir & pouruoir par leurs ars les causes & autres especes de fain Sil est doncques telle fain elle ne peult estre dicte fille de Here-bus et de la nuyt Et si elle nest point tel le ainsi que auons dit de dieu. Conside re quelle ne peut point estre veue au se-cret mis en la fosse de nature. Reste que telle fain soit fille de la nuyt et de here-bus par la raison ia dicte. La fain pri-uee le plus souuent aduient ou pour faul-te de viande/ou aucuneffois par le fa-chement des estomacs repletz. Sil aduient par faulte ou paresse ou negli-gence du patient ou par crime de poure te ainsi comme nous voyons aucuns plus vaquer a choses lasciuieuses et a paresses et oysiuetez que auoir le soing et la cure de la chose familiere. Certes ceste cy est fille de Herebus et de la nuit ainsi que les aultres superieures. Si cest par crime de pourete mais que cel lui qui la seuffre ne soit point poure par intemperance. Je ne repute point ceste estre fille de Herebus et de la nuyt/si ie ne la ditz pource quelle procede dung estomac qui par dehors a fain. Si la fain est pour labondance et fastidiement des viandes ainsi que nous auons con gneu aucuneffois aduenir a aucuns pe titz platz de viandes/ et a aucuns qui par mauuaise coustume vomissent si on ne leur baille viandes exquises saul ces et pouldres acureement composees comme viande de roys/et precieux vins et choses estranges et nouuelles. Ilz mes prisent et refusent les viandes vulgai-res et communes quilz se permettent plus tost estre tormentez par fain quilz men geassent dicelles viandes. Il nest point doubte que ceste cy ne soit fille de He rebus et de la nuyt. Le lougis et qua lite de ceste cy Ouide descript ainsi. Ouide

Il a trouue la fain quil queroit en vng champ plein de pierres en arrachant les herbes des vngles et de peu de dens. Le cheueil estoit erisse les yeulx enfoncez La face palle et effacee. Les bailieures estoient dedens mises. La gorge estoit rude de rouil et ordure. La peau estoit dure/et par laquelle on pourroit veoir les entrailles. Les os estoient secz de-soubz la rondeur des genitoires. Le li eu du ventre estoit pour le ventre telle ment que tu eusses cuide quil pandoit/ et que la poitrine estoit tenue tant seule ment de lespine du doz et des grosses costes. La maigreur auoit agrandy les arteilz et la rondeur des genolz et les ta lons sailloient peu hors par apparence.

De querele douziesme fille de herebus. chapitre xxvi^e.

Tulles dit que querele fut fille de Herebus ce que facilement sera concede/sil est a regarder de loeil de la seine pensee que cest que querele. Car elle est vne affection comme dung cou rage qui auecques soy mal conuient/et a ceste cause venant en vng courage vi-cieux pource que lhomme sans conseil cuyde lui estre soubzstrait ce que lui est deu. Ou il porte aigrement ne lui estre point baille ce quil desire. ou il ne peut ce quil desire. Et ainsi lui qui est priue de la lumiere de la pensee cuyde estre daultres ce qui est son crime. De la vi ent que lamoureux lasciuient se plaint Et lauaricieux dor. et cellui qui desire les biens. Et cellui qui a soif du sang. et autres plusieurs. Et le mal que eulx mesmes ont introduit. et les sages et les prudens plourans pourroient auoir get te hors. Tulles

De maladie. xiii^e. fille de herebus. chap. xxvii^e

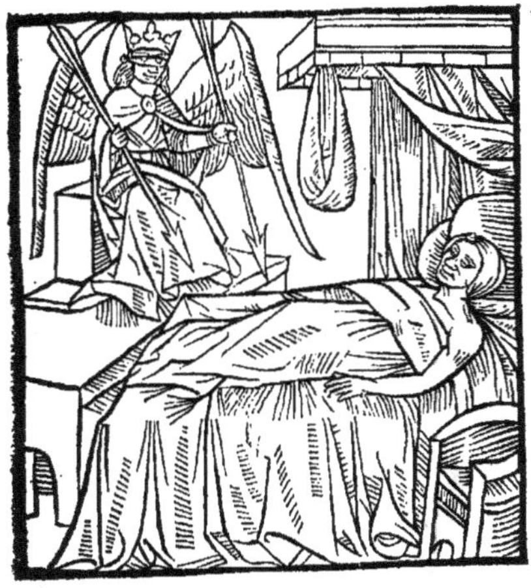

Tulles Ainsi ql plaist a tulles & a chrisippus maladie fut filz de herebus & de la nuyt. Ceste maladie peult estre faillance de pensee & de corps/car ainsi que la discordance des humeurs est cause au corps/ pareillement la inconuenience & disconuenience de amours et desirs est en la pensee/& lors il est iustement appelle filz desditz parens. Cest a entendre de intrinseque aueuglance. Et pource quil semble tendre a la mort de salut il est ainsi quil plaist a plusie's appelle morbus. cest a dire maladie.

De vieillesse. xiiii^e. fille de herebus. chap. xxviii.

Vieillesse la derniere des aages & prochaine a la mort aduient seulement au seul corps/veu que lame raisonnable tende a eternite par perpetue le verdeur. Ceste cy comme tulles dit fut fille de herebus & de la nuyt/ce que facilement peut estre concede veu quelle est conforme a elle par complexion/ Car elle est froide & seiche/& les filz par coustume sont semblables a leurs parens. Oultre ce herebus est lache/inutile & tremblant a qui ne degenere poit vieillesse. Considere que cōme voyons elle est tremblant & tardiue. Considere aussi q̄lle a le^s sens corporelz hebetez et offusquez parquoy ne lui ont point incongruement attribue la nuyt po^r mere. Touteffois elle a ce en elle singuliere & noble que autant que lui est soubstrait des puissances corporeles tāt pl^9 lui est acreu de conseil. Parquoy sensuit quelle est venerable/& que les cheueux chenuz delle deuoiēt estre preferez aux puissances corporeles des ieunes.

De palleur. xv^e. fille de herebus. chap. xxix.

Palleur est couleur de la face & de tout le corps sans aucun sang. ou certain tesmoing de paour mauuaise ou repētine & soudaine. Cestui cy tesmoingnāt chrisippus fut filz de hereb^9 & de la nuyt. Et ce pource q̄ toute chose qui nest point regardee du soleil ou que a tout le moins nest poīt nourrie par bōne vegetation elle est facilemēt occupee de palleur/& ainsi ql est la hault dit po^r ce ql ne voit le soleil & ne sent la chaleur il est dit herebus. Et a ceste cause le sāg se refroidit la ou ces choses aduiēnent & corromp le sang par mauuaise digestion/& par cōsequant il est necessaire q̄ palleur naisce & viengne ainsi que assez voyōs en ceulx q̄ ont este long tēp^s cloz en vne prison obscure quāt ilz viennent a la clarte. ou en ceulx qui sont releuez moult fatiguez par maladie corporele. Ou en ceulx qui sont reprins soudainement par paour pallissent.

De tenebre. xvi^e. fille de herebus. chap. xxx.

Il est creu sans aucun suruenant tesmoing que tenebres fut fille de herebus & de la nuyt. Mais affin que vne mesme chose ne semble estre mere & fille elles ont en ce difference/

Car en la nuyt on voit aucune chose aucunement lumineuse ⁊ clere comme la lune les estoilles ⁊ le feu. Mais en tenebres nappert aucune chose de lumiere et se elle appert ny aura pl' de tenebres.

De someil ⁊ dormition dix ⁊ septiesme filz derebus. chap. xxxie

Someil ⁊ dormition selon aucuns est lassemblee du chaut interieur ⁊ ung repos diffus par les mēbres mollifiez ⁊ relaxez par labeur. Mais selon les autres cest ung repos des vertus animales ⁊ corporeles avec

Ovide la continuation des naturelz. De cestui ovide escript ainsi. O someil et repos des choses tresplaisant. O someil des dieux paix du courage qui chasse les cures ⁊ sollicitudes/qui reposes les corps travaillez par durs services/⁊

Senecque repares a labeur les corps Mais plus pleinemēt Senecque le poete descript en sa tragedie nommee hercules furieux les biens de repos disant. Tu someil ⁊ dormition es le dormiteur des maulx ⁊ le repos du courage ⁊ la meilleur partie de lhumaine vie. Lignee voulant de la mere astree frere de la dure ⁊ languissant mort/qui mesles faulces choses futures aux vrayes/⁊ qui es auteur certain ⁊ tres mauvais pere des choses/⁊ port de la vie/repos de la lumiere/compaignon de la nuyt/qui viens pareil a roy ⁊ au serviteur/sopes plaisant ⁊ doulx ⁊ vueilles nourrir le lasse. Tu contrains lhumain lignage creignant la mort a aprendre la mort lōgue/vueilles presser le vaincu. Et cupido oultre ce descript a cestui une chābre assez convenable pour dormir disant. Il ya aupres des cimeriens une fosse de longue alee/une montaigne cauee ⁊ chambres de la maison de someil paresseux lequel logis ne peult attaindre ⁊ entree oriant levant ou le soleil au milieu du ciel resplendissant ⁊ qui est iuste ⁊ remplie dobscurte de nue.

De la terre exhalent ⁊ sourdent matinees de lumiere doubteuse: La nya oiseau veillant ⁊ qui aguise son bec aux roches/ne qui anonce laube/ne qui entrerompe par ses champs la silence/ne chiens sollicitez envers les chiens/ ne oye pl' astute ⁊ garruleuse/⁊ ne de mulce ⁊ apaise les poitrines de progne rōflant. Il nya point de beste sauvage ne de beste privee ne de branche darbre mue par vent ou langue humaine par ces langaiges someil vent. La habite repos muet. Toutesfois la sault ung ruisseau du fons dune roche/lequel cheant avecques soef bruit invite ⁊ excite par unde sonnant entre les pierres le someil lente ⁊ tardif. les pavotz fecondes florissent devant la porte de la court de la dicte maison/⁊ innumerables herbes du let desquelles someil la nuyt collige ⁊ seme par les terres obscures ⁊ humides affin que la porte ne rēde strideur ⁊ son en tournant le gom dicelle En toute la maison na aucun gardien ne en lentree. Au milieu delle y a ung lit hault en la fosse ebane de plume ⁊ couvert dune couverture noire/dune couleur ou couche celui dieu quant il a ses membres par langueur lassez ⁊ dissolus/⁊ aupres de cestui bien dreu gisēt divers someilz ressamblans diverses formes/⁊ autant de someilz quil ya despies en la messon. La forest y porte ⁊ dōne arbres ⁊ branches gettees ⁊ areines les rivages de leaue. Tulles dit Tulles ce dieu tant spectable par logis ⁊ chambre ⁊ tant decore par cubiculaires avoir este filz de hereb' ⁊ de la nuit. Noyōs la cause de ce/ ⁊ de la pourrons veoir des ministres considere quil appert assez du sens ⁊ entendement du logis dessus descript. Doncques le someil ⁊ repos est dit filz de herebus ⁊ de la nuyt/car il est fait des vapeurs humides sourdans de lestomac/ ⁊ opilans les arteries ⁊ par obscurte paisible. Mais si nous voulōs entendre de someil ⁊ repos mortel il ne sera point difficile donner la cause de telz parens/car il est assez manifest que quant nous auons perdu la chaleur de charite ⁊ que auons laisse la voye de raison/il est necessaire que nous aillons au someil ⁊ dormition letifere ⁊ mortel.

Voyons maintenant des assistans et quelz songes sont de moult despeces/ desquelz macrobe sur le liure de cicerō du songe de scipion monstre tantseulement estre cinq. (Macrobe) De ceulx cy la premiere est nommee fantasme/laquelle ne se mesle point auec les mortelz sinon lentendement quant le someil se aconuenance a la chair. (Les especes des songes) Et quant nous cuydōs encores veiller elle aporte a la veue horribles formes ⁊ le plus souuent discrepantes a nature par espece ⁊ grandeur. Elle aporte aussi noisifz debatz ou merueilleuse ioye/grandes tempestes/vent tournans ⁊ telles semblables choses. (Macrobe) Macrobe dit que ces choses sōt emactes ou ephiactes ou ephialtes. cest adire en latin lucubes quon dit en francois cauquesmares. Lesquelz la commune persuasion de gens cuident quil assaillent les dormans ⁊ quilz se sentent p̄ssez ⁊ agrauez de leurs pois. Plusieurs opinēt la cause de ce estre lestomac qui est greue de trop de viande ou de boisson ou qui est vuide par long ieune/ou aucuneffois vne humeur predomināt sur les autres. Aucuns adioustent hesitations ⁊ peines. Et dient virgile auoir entendu que dido auoit veu fantasme quant elle se complaignoit a sa seur disant. Quelles visions en sōges me tiennent suspendue ⁊ me territent. ⁊ ce mot insomniū pour fantasme estre mis improprement par virgile par licence poetique.

La seconde espece est appellee ĩsomnium/ laquelle est faicte ⁊ causee par premeditation aīsi quil semble que tulles afferme en son liure de la chose publicque disant. Il aduient souuēt que noz cogitations ⁊ paroles font aucune chose en songe/ ⁊ telle que escript de homere le poete ennius. Cestassauoit quil souloit parler de ce que en veillant il auoit souuent cogite. (homere) Doncques en ceste espece de songe il semble a lamoureux quil voit la fille quil ayme venir pour lembrasser. Ou que luy courrousse ⁊ miserable la voit fuyr ⁊ la prie. Et le marinier cuide veoir la mer carme ⁊ paisible ⁊ la nef tracher la mer auecques les voilles espandues. Ou le peril ⁊ perdition dicelle par tempeste. Pareillement le laboureur par ce sōge sesiouyra sans cause cuydant veoir les blez haultz ⁊ beaulx aux champs et pleurera iceulx estre rongez ⁊ mangez par les bestes. Le gouliart haurira ⁊ a grāde force predra les beuurages. Celui qui sera iun desirera les viandes ou les deuorera mises deuant lui auecques la gorge vague. Aucuns veulent que dido blessee en lesperit entende des choses premeditees pource quil semble par virgile estre monstree la premeditation disant. Grande vertu est au courage de lhomme/ ⁊ grant honneur de la gēt recoit. Et les regards ⁊ les paroles sont atachees ⁊ mises dedens la poitrine. Et par ainsi insomnium semble venir comme de premeditation. Mais pource quil procede daffection ilz euanissent en vent auecques la dormition (Virgille) comme virgile dit ainsi. Mais les esperitz enuoyent les faulx songes au ciel.

La tierce espece est appellee songe par

lequel plaist a macrobe estre certaine-ment songe. Mais soubz couuerture ainsi que tesmoigne moyse en ses cinq liures q̃ ioseph vit les gerbe^s de ses fre re^s q̃ ladoroient Et ainsi que dit vale-re que a estyages vit la vigne et lurine saillant du lieu naturel de sa fille. Et ce ilz veulent estre fait ⁊ aduenu quãt lhomme est sobze et ainsi que cõmu-nement sommes quãt le iour aprochе. La quatriesme espece est nõmee visiõ laquelle ne aporte aucuns troubles. mais monstre par clere manifestacion ce qui est a aduenir. Et ainsi que dit ar terius Rufus cheualier rommain dor-mant a siracuse quant il regardoit les ieux ⁊ dons des gladiateurs / ⁊luy sẽ bla quil fust trespercе par la main dũg porteur de file. Laq̃lle chose quant il eut a plusieurs nõce et dit. Le iour en-suiuant aduint. La cinquiesme et der niere espece des songes est celle que les anciens ont nommee oracle. Laquelle espece macrobe veult estre quãt nous sõmes endormis par repos: ⁊nous sem ble veoir noz parẽs noz maieur^s ou vng grãt homme / ou vng euesque / ou dieu. Disant aucũes choses / ou nous admõ nestant comme ioseph fut en songe de uant amonneste par lange que il praint lenfant ⁊ la mere de lui. Et quãt auec eulx se eslongna ⁊ alla en egypte. Cer tes ainsi que nous pouons asses enten dre par les paroles du Philosophe Homere porphire aucuns des ancien^s ont cuide que les choses qui estoient par telz son ges veues estoiẽt vrayes / mais le plus souuent nestoient pas entendus. Et pource il semble Porphire auoir opine de ce moult autrement que ne font les autres. Ce que est dit premierement par homere ⁊ apres par virgile. Et po^r ce que les vers ⁊ ditz de virgile sont plus familiers que ceulx de homere. A ceste cause nous le alleguerõs. Car vir gile dit ainsi. Someil et dormicion a deux portes: desquelles lune on dit estre de corne par laquelle est donnee facile yssue aux vmbres ⁊ songes vrais Lautre est parfaicte resplendissant par elefant cheant. Mais les dieux soubz terriens enuoyent au ciel les songes faulx. Porphire veult par ses vers tou^s les songes estres vrais. Entendant q̃ quant le corps est assoupi de someil. lame comme vng petit plus deliure se parforce tirer a sa diuinite ⁊ quelle dres se tout son entendement en la clarte de lumanite lactente ⁊ voye aucunes cho ses et discerne: ⁊ voit plus de choses q̃l le ne discerne ou pl^9 loing mussees ou mussees p plus espesse couuerture. Et de la vient q̃ ce quelle discerne cõbiẽ que la nue de lobscurte de la mortalite ne obsiste pleinement soit dit estre en uoye par la porte de corne. Considere que la nature de la corne est / que quãt elle est extenuee on peult veoir p le mi lieu de elle / ⁊ quelle permete veoir les choses en elle mussees comme en vng corps diaphane. Et nous disons ce es tre couuert de elephant qui ne peult estre veu obstant lobscurte de la chose Los duquel elephant est p nature tãt condẽce qui puisse estre reduit a telle tenuite que il permete veoir les choses dessoubz lui mises. Lesquelles virgile dit pource estre faulses. Car elles ne sont point entendues comme prophire dit. Reste maintenant veoir des Porphir ministres lesquelz combien que a laue ture soiẽt plusieurs. Toutesfois nous congnoissons tantseulemẽt estre trois noms diceulx. Le premier desquelz ilz veulent estre nomme morphee Le quel est iterprete formacion ou simula cre. Du quel loffice est par le comman-demẽt du seigñr feindre tous viaires ⁊ regars des hommes: les voix parol-les: meurs ⁊ languages comme ouide

descript disant. Morphee artificiele simulatresse est excitee par le pere du peuple de mile siens enfans/ et lautre plus artificiel sans le commandement de luy exprime/ et represente la leure: le regard et le son de la voix: les robes et vestemens/ et les paroles tresacoustumes a ung chascun. Mais cestuy seul represente et ensuit les hommes. Le second est nomme Jtachone ou phabetora/ desquelz noms ie ignore la signi-
Ouide fication. Touteffois ouide en son carme dit loffice de cestuy cy estre tel. Lautre est fait beste cruelle et fait oyseau: et fait long temps serpent/ et le populaire mortel le nomme Phabetora. Jlz ont dit et nomme le tiers Pautus quasi tout loffice duquel est feindre sibilations tesmoingnant ouide quant il dit pautous est aussi de diuerse facon de art. Car il passe en la terre: en la roche: en la unde: et en la tref. Et toutes choses qui nont point dame. Jl passe falacieusement comme sil vouloit p ces choses nous estre ostees les choses que en dormant nous voyons par exterieure vertu et puissance. Mais iceulx voient et considerent sil est ainsi.

De la mort dixhuitiesme fille de herebus Chapitre.xxxii.e

Ainsi q̄ tulles et crisippe ont voulu/ la mort fut fille de la nuyt et
Aristote de herebus: laquelle aristote tesmoingne estre de toutes choses la plus terrible. Car des leure que nous miserables sommes entres au monde petit a petit et tellement que ne lapercevons point sommes continuellement par elle prins. Et cōbien que tous les iours mourions/ touteffois par commune et vulguer parole/ nous disōs lors mourir quant nous desistons de mourir. Les anciēs ont voulu la mort estre ou violante ou naturelle. Combien que nous miserables soyons rauis par mile manieres. La mort violente est qui est inferee par fer ou feu ou autre aduēture a lhomme qui la suit ou qui la qert Mort violente
La naturelle est selon macrobe en son liure sur le songe de scipion par laq̄lle Mort naturele
lame est delaissee du corps et point le corps de lame. Auec ce les anciēs ont nōme la vieillesse mort meure ou veue Et celle de ieunes non meure: et celle des enfans aigre. Et est aussi appellee par autres plusieurs noms cōme atropos: parca: letum: nex: et fatum. Stace Stace
descript briefuement la cruele oeuure de la mort ainsi. La mort enuoye des tenebres stigies loing du ciel et en volant ceuure le bataillant et le champ: et inuite les hommes de ouurement de bouche noire: et ne prent aucune chose vulgaire et cōmune. Mais les choses tres dignes de vie: et note dung serpēt cruel les funerailles et ceulx qui sont p̄cipues et meilleurs par age et courage

Descouurons maintenant peu de choses que en ce sont feinctes. Jlz diēt que la mort fut fille de herebus: pource quelle est enuoyee dudit herebus ainsi que ledit stace a dessus touche disāt Elle est enuoyee des tenebres stigiennes/ ou pource que herebus a faulte de chaleur et aussi la mort. Et lont dicte fille de la nuyt: pource quelle semble obscure et horrible. Et ainsi que vguce dit elle est appellee mort/ car elle mort ou par la morsure de nostre premier pere: par lequel mourons/ ou par mars q̄ est interfecteur des hommes. Ou est dicte mors cōme amaror. Car elle est amere/ car il ny a chose aux hommes si amere quelle et qui leur semble si amere S. Jehā
excepte ceulx desquelz saint Jehan en lapocalipse dit. Bien heureux sont

ceulx qui meurent en dieu ainsi que il
Seruie semble que seruie veulle la mort a dif
ferance a la dessusdicte atropos. Car
par la mort devons entendre la viola
te/ainsi que on peult assez colliger par
les vers de stace dessusditz. Et par
atropos il veult estre entendu la naturelle disposition des choses. Car atro
pos est dicte comme celle qui nest poit
couvertie. Et parca est dicte par con
traire sens pource quelle ne pardonne a
aucun. Pareillemet leton par contrai
re sens est dit. Considerequelle est la
tres triste des choses. Je cuide que nex
est proprement quant lesperit est inter
clus par eaue ou par las et lie col ou au
trement. Faton est ainsi dit pource ql
est par la prouidece divine devant mo
stre que tous ceulx qui naiscent doiuet
mourir.

De charon. xix^e filz de herebus
Chapitre. xxxiii^e.

Charon nautonnier de a charon
est dit par crisippe filz de hereb'
et de la nuyt duquel virgile dit ainsi
Charon horrible nautonnier par terrible laideur garde ses eaues et fleuues.
qui a en son manton plus's cheueulx
chenus gisans sans estre agences. Et
les lumieres de luy sont de flammes
Labillement de luy ort pend par vng
neu des coustes. Il nage et gouuerne la
nasselle dung auiron et la ministre par
voile et passe les corps en nassele pouil
lee et orde qui est ia plus viel. Mais la
vieillesse du cueur est a dieu crue et ver
de. Charon est le temps le quel seruie
reuolue en cronon. Herebus est icy en
tendu pour lextrinseque conseil de la
pensee diuine. Par laquelle le temps et
toutes autres choses sont crees. Et
ainsi herebus est pere de charon. La
nuyt est dicte sa mere pource q devat
le temps cree nestoit aucue lumiere se
sible. Et pource il est fait en tenebres.
et seble estre produit en tenebres. Cha
ron est mis en enfer pource que les cele
stielz nont aucu besoig de temps ainsi
que nous mortelz q somes inferieurs
deulx auons besoing de temps. Que
charon porte les corps dung riuage a
lautre de acheron est pource feingt affin
que nous entendons que le teps nous
prent en son giron des que somes nes.
et nous porte au riuage oposite/cest a
entendre a la mort. Laquelle certes est
contraire a la natiuite. Considere que
la natiuite no' meine a estre: et la mort
oste aux corps lestre. Nous sommes
partis et passes par charon: et p le fleu
ue nomme charon. Pource quil est interprete sans ioye affin que considerös
que nous somes tires par le temps par
vie labile et pleine de miseres. Virgi- Virgile
le aussi le dit viel/mais robuste et plain
de vieillesse verte. Affin que congnoi
sons que le temps ne pert point ses ver
tus et puissances par annosite. Car il
peult au iour duy ce quil peult quant
fut cree. Labillement diceluy est descript sordide et ort pour aparoir et mon

strer que il converse au tour des choses
terriennes qui sont ordes.

Du iour .xx^e. fille de here-
bus Chapitre .xxxiiii^e

LE iour fut fille de herebus et
de la nuit ainsi que escrit tulles
Tulles — en son livre de la nature des dieux.
theodō. — Theodonce dit quelle fut ioincte par
mariage a son frere nomme ether. Au
cuns rendent ceste raison pourquoy el
le fut fille de herebus et de la nuyt.
Ilz prennent du pere tout icelluy here
bus/⁊ lont voulu prendre pour luniver
sel corps de la terre. Et lextremite de
laquelle les grecz nomment orizon: de
laquelle partie sans doubte le soleil
vient et le iour lieve: la nuyt luy donnant lieu. Et dit que herebus la produi
sit de la nuyt. Ilz lont dicte ioincte p
mariage a ether. Car ilz entendent par
ether le feu: lequel ne peult avoir faul
te de clarte. Et pource que le iour est
cler/ ilz ne veullent autre chose entendre que la clarte estre ioincte au feu Et
de puis quil fut dit par dieu que le ves
pre et le matin est fait vng iour la gran
deur dicelluy est par les anciens desi-
gnee/affin quil soit dit vng iour le tēps
qui chet le soleil levāt et circuisāt tout
le monde et retournant audit lieu dōt
Jour naturel — il est leve encomprenant le iour avec la
nuyt. Et ce iour est nomme naturel le
quel ont divise en vingt ⁊ quatre equa
les parties quilz ont nomme heures.
Apres ainsi quilz ont advise ilz ont ad
iouste le iour artificiel/lequel est divi-
Jour artificiel — se en iour et en nuyt. Et ont ꝯcede et
baille douze heures au iour et autant
a la nuyt. Combien quelles soient ine
quales. Ilz ont nomme artificiel iour
par les choses excogitees par artifice

Les astrologiens usent communemēt
et plus souvent de ce dit iour en leurs
iugemēs. Les medecins ont de la trou — Jour cretique
ve iour nomme cretique ⁊ usent dicel
luy envers les observacions des maladies. Le commencement des iours
naturelz nest point prins pareillement
par toutes nacions. Les Rōmains cōme dit marcus varro lont commence
a mynuit et lont termine et fini a lau — Marcus varro
tre mynuit suivāt. Laquelle divisiō
les ytaliens gardent encores. Et prin
cipalement aux causes iudiciales. Les
atheniens iadis acommensoient le io^r
au soleil couchant: ⁊ le finissoient au so
leil couchant du iour suivant. Les ba
biloniens prenoient ce au soleil naissāt
que les atheniēs prenoient au couchāt
Les umbriens qui sont les etrusciens
faisoient le commencement du iour a
midy ⁊ le finissoient a lautre midy du
iour suivāt. Laquelle coustume est encores observee par les astrologiens.
Le iour naturel est distinct par divers
noms selon ses diverses qualitez /car
cōme Macrobe sur les saturnaulx af- — macrobe
ferme le premier temps du iour a com
mencant des le commencement du
iour des Rōmains dit linclinacion de
la minuyt pource q̄ la nuyt a commen
ce de decliner au iour Apres ilz ont ap
pelle galicinium au chant du geau. Et
la tierce partie ilz ont nommee contici
nium: pource que toutes choses lors as
soupies semblent lors ensemble se taire. La quatriesme ilz ont nommee di-
luculum: pource que la lumiere du io^r
semble apparoir. Subsequēment ilz
ont voulu mommer matin la cinquies
me partie du temps le soleil ia levant
pource que il semble que le commence
ment de la lumiere sort des ames in-
fernales/ou pour vng heure de bon nō
Car les lanubiniens dient matin po^r
bien. Ilz ont dit le siziesme temps estre

nomme midy. Cest a entendre la moyenne partie du iour. La septiesme partie est nomee occiduum: pource quelle semble cheoir de midy tendant a nuit. Huitiesme partie du temps est nomee tempestas pource quelle est la derniere partie du temps du iour ainsi quil est escript aux douze tables disant. Le coucher du soleil soit la derniere tempeste. Le vepre est dit le neufuiesme temps ce qui est prins des grecz: lesqlz dient hesperam a lestoile hesperus/ laquelle appert au coucher du soleil. Le dixiesme temps qui est le commencement de la nuyt est appelle la premiere fax/ cest adire torche pource que lors les estoilles commencent dapparoir/ ou comme il plaist aux autres: pource que lors nous acommẽcons a alumer les torches. Pource que lors la lumiere du iour cesse affin que vainquions par lumiere les tenebres de la nuyt. Le vnziesme temps est appelle la nuit cõcubia/ pource que les hommes ont de coustume icelle heure apres aucũe veillee faicte aler coucher. Le douziesme temps du iour: lequel est le tiers de la nuit est nomme intempestum: pource que ce temps est a commode a ne faire aucunes choses/ la fin du quel temps est vers laprochement cõme auõs dit de minuyt. Oultre ce lindustrie humaine ayant regart au nombre septenaire. Le quel nombre les anciẽs ont voulu par aucunes causes estre pfait ont dispose tout le temps courir ⁊ estre diuise par sepmaines de iours: et les iours des sepmaines estre nommes par diuers noms. Aucuns ont coustume de demander les causes diceulx nõs lesquelles ie cuide estre ceulx cy. Les v premiers estre denommes enuers nous par les cinq planetes. Le siziesme iour est dit par les hebreux samedy. Et icelluy nom na point este change apres par les chrestiens pource que ilz dient quil signifie en latin repos. Affin que il appere que quant dieu eut tout cree en six iours/ le septiesme iour il reposa de toutes ses oeuures. Le dimenche qui est a nous chrestiens le septiesme iour est ainsi nomme. Car iesuchrist filz de dieu ne reposa pas tant seulement ce iour de tous labeurs/ mais aussi resuscita des mors victeur. Et ainsi noz peres nobles et renommes nommerẽt ce iour dominique et dimenche par nostre dit seigneur. Les autres veulẽt quelle soit ainsi nomme du soleil pource quil est premier des planetes: ⁊ par ce soit dit seigneur. Et pource aussi ql a la seigneurie de la premiere heure di celuy iour. Et pource veullent icelluy iour estre nomme dimenche: Et considere que il ya moult autre orde des planetes quil nest eu au nom des dieux deuons scauoir que la domiacion ⁊ seigneurie dune chascũe heure du iour est donnee selon lordre successiuemẽt des planetes. Et auoir la seigneurie dicelluy iour du quel il a la seigneurie de la premiere heure/ ⁊ ce iour est nomme de luy. Cõe si tu attribues a venus la secõde heure du iour du dimenche. Laquelle est incontinent subgete au soleil. ⁊ la tierce a mercure qui est dessoubz venus: ⁊ la quarte a la lune qui dessoubz mercure: ⁊ la cinquiesme a saturne auquel lordre se retourne quãt il fault en la lune: ⁊ la siziesme la attribues a Jupiter. Et pareillemẽt de chascune des autres vingt ⁊ quatre heures du iour du dimenche Et soubz le nom ou dominacion de mercure: la. xxiiii^e. heure sera trouuee / et la. xxv^e. heure: laquelle est la premiere du iour ensuiuãt est soubz le nom ⁊ dominacion de la lune: ⁊ pource il est nomme de la lune le secõd iour de la sepmaine/ ou trop mieulx pmier io Et q̃ le iour du dimenche soit le septieme iour de la sepmaine & le iour de repos. Si tu cõptes bien depuis la premiere heure du iour de la lune tu trouveras la .xxiiii^e. heure de luy estre constituee soubz la seigneurie de iupiter. Et la .xxv^e. heure soubz la seigneurie de mars/ du ql icelle seconde heure est nõmee de mars/ car a icelle pmiere heure est soubz la seigneurie de mars: & ainsi successiuemẽt en chascun iusques que tu deuiendras a la derniere heure du samedy laquelle est subgete a mars. Et sensuit la premiere heure du iour du dimẽche/ laqlle est attribue au soleil duquel ainsi q̃ auons dessus dit ce iour est nõme. Le iour naturel deu ql est ẽpose du iour & de la nuit/ il est nõmee & dit de la partie du iour cõe de la plus digne & noble: & est souuent nõme des dieux dies. Car dios en grec signifie en latin dieu/ car ainsi q̃ selon lopinion des anciẽs les dieux imortelz sont adiuteurs Pareillemẽt les iours sõt adiuteurs: & pour ceste cause les iours sont ainsi p les dieux nommez.

Apres q̃ par laide dieu nous sommes deuenus des latebres & mussetes de dessoubz la terre a la lumiere du io^r. il reste descrire ce q̃ les anciẽs ont opine de ether. Cest a dire de lair qlz ont voulu auoir este filz de herebus affin q̃ pareillemẽt de tous nous ayons dit.

Le second liure de la genealogie des dieux commence.

De lair. xxi^e filz de herebus & de la nuyt lequel engendra le premier iupiter: & celie ou le ciel. Chap. i.

Tulles

Car ainsi que il plaist a tulles en son liure de la nature des dieux fut filz de la nupt et de he rebus / lequel combien quil soit aucuneffois et proprement prins pour le ciel. Toutef fois il semble estre repute de plusieurs le feu elementaire. Et ainsi tesmoingne vguce. Et ainsi semble auoir voulu ouide au commencemēt de son maieur volume disant. Volle mist dessus lair cler sans grauite / et qui nauoit aucune boe terrienne. Aucuns ont cuide lair estre cause de toutes choses ainsi ql est dessus dit. Et pronapides par sa fiction le monstre estre semblablemēt filz de demogorgon quant il dit que caos plain de feu exala et gecta souspirs Mais il a semble a ciceron estre de croi re. Et combien que plusieurs le facent moult sterile. Toutesfois il le descript auoir este fecond: et auoir premieremēt engendre iupiter et celie / desquelz emana la tresmunereuse et grande psapie de tous les dieux

Pronapides

Ciceron

De iupiter premier filz de lair qui engendra treze filz ou filles desquelles la premiere fut minerue / le second apis / le tiers le soleil / la quatriesme dyane / le cinquiesme mercure / le siziesme tritopatreus / le septiesme ebuleus / le huitiesme dents / le neufuiesme hercules / la dixiesme proserpine / le vnziesme le pere liber / le douziesme epaphus la treziesme scitha Chap. ii^e.

Theodoce dit que iupiter fut premier filz de lair et du iour. Il ne me souuient point auoir aucune chose leute dudit iupiter cōbien quil soit ennobli de si grāt et si cler quon voudra nom et renommee. Toutesfois il me souuient bien auoir ouy trespetit de chose de luy: et aussi louables. Car leonce hōme grec et treshabundant en telles choses dit q ledit iupiter ains quil eust acquis plus grant nom auoit este nōme lisanie / et quil estoit de arcadie et hōme noble / et que de arcadie estoit alle a athenes. Et pource quil estoit de tresgrāt engin et quil vit les atheniens viuās en age rude et en maniere presque bestialle deuant toute oeuure il leur cōposa des loix et les enseigna viure par publique institucion et ordonnance. Et pource quilz auoient les fēmes presque cōmunes / il fut le premier q leur monstra qlz deuoiēt celebrer les mariages Et quāt il les eust ia reduitz aux meurs humaines il les monesta a coldre et celebrer les dieux: et leur ordonna temples: autiers et prestres. Et auec ce leur monstra plusieurs choses vtiles. Quant lesditz atheniens silluestres et rudes eurent veu et emerueille les choses dessusdictes ilz le louerent et le reputerent dieu / lapellerent iupiter et le firent leur roy. Ciceron aussi ledit auoir este tresancien roy des atheniens. Jay ces choses des dessusditz auteurs. Maintenant voyons pourquoy ilz se feindrent filz de lair et du iour. Et pource que son nom de iupiter fut tres celebre par les tantiles. Voyons la signification de son nom et quelle cause peult estre de limperfectiō et deification dicelup. Doncques il dit quil fut filz de lair / affin quilz la noblissent par pere noble / car ilz cuidoient le feu estre la premiere cause des choses et ainsi ne luy pouoient donner plus noble pere / ou pource qlz le cuidoient estre hōme celestiel ou estre dieu venu du ciel Acause et raison de la profundite de son engin / ou pource quilz luy veoiēt

Leonce

Ciceron

auoir nature de feu. Et tendre tousiours en maniere de feu a choses haultes. Tellement que on pouoit de luy dire ce dit Virgilien. Vigueur ignee est en iceulx et naissance celestielle. Je cuide icelluy auoir este dit filz de dieu Pource que combien que aucun soit ne idoine et conuenable a tresgrandes choses Toutesfois il ne peult point incontinent que il est ne faire les choses ausquelles il est ne. Il fault que les vertus et puissances soient par temps augmentees / et que le courage croisse a faueur des choses que on doit faire / et finablement que il les face. Et pource que les oeuures de icelluí iupiter sont veues et congneus en iour. Il semble que icelluy Jupiter soit ne par le iour par enfantement nouueau. Affin que de telz puisse estre dit ce que Valere escript de Demosthenes disant. Pource la mere a enfante vng autre Demosthenes. Et industrie en a enfante vng autre. Pareillement la mere a enfante vng autre lysanie. Et lautre le iour tesmoing des choses. Oultre ce ce dit lysanie a este nomme par les atheniens Jupiter. Lequel nom iusques lors nauoit este par les hommes concede a aucun. Et la gentillite nauoit point encores icelluy nom a dieu impose. Et nest point assez sceu dont a este prins ce nom iupiter ne quelle cause si non par les imposeteurs. Toutesfois ie cuide que la cause de ce nom iupiter a este pareille aux autres que trouuons aduenir aux autres plusieurs planetes. Cest assauoir par la similitude des operacions de cest homme conformes a Jupiter. Car albumasar en son introductoire maieur dit que la planete dudit Jupiter est dessus nature chault et humide / de nature dair tempere / modeste / honneste: et moult louable / obseruateur et gardeur de pascience. Et apres pascience audax et hardi en perilz / liberal / misericordieux chault / amateur. Mais auide et desirant / magistratz et offices feal. moult parlant / amy des bons et ennemy des mauuais / amateur des princes / et des plus grans. Et autres choses plusieurs de luy escript / ausquelles choses adiouste que il signifie lame naturelle vie / beautte / hommes sages / docteurs de loix / iuges iustes / le seruice diuin Religion / victoire / Reaume / Richesses noblesse / ioye et semblables choses. Lesquelles considerees et les meurs de cest homme finablement ponderees nous discernerons et dirons quil conuient auec iupiter tellement que ne le pouons dire raisonnablement auoir este appelle iupiter. Et croyons ceste conuenience auoir este cause de limposition de si grant nom

Valere

Certes apres ce q̃ par les anciens ce a este concede a ladicte planete et aussi a lysanie noꝰ aussi lisons ce auoir este atribue a aucũs autres apres Cest assauoir au second iupiter filz du ciel q̃ fut homme de archadie ꝛ roy des atheniens. Et aussi au tiers iupiter qui fut homme de crete filz de saturne. Pareillement fut attribue a pericles qui fut grant gouuerneur et prince de atheniẽs Lequel pericle plusieurs ont nomme iupiter olympien. Auecques ce les poetes ont mesle en leurs fictions lelement du feu et aucunesfois le feu et lair soubz le nom de iupiter. Et cedit a nō monte si treshault q̄l a este attribue par les plus prudens au treshault et tressouuerain dieu Et non poit sans cause et sans bonne raison si exquis et louable nom compete et appartient a dieu. Lequel nom lhomme chrestien nabhorre point Cest adire na poit en horreur sil cōsidere la signification dudit nom. Sil ne fut que ledit nom a este impose et trouue par les gentilz

Car aucuns scientifiques et graues hommes veulent que ce nom Jupiter sonne et signifie autant que Juuant pere Cest adire aidant ou secourant le pere. Laquelle chose conuient et est raisonnablemēt attribuee au seul et vray dieu. Car il est vray pere et eternellement la este et spirituellement le sera. ce que daucun autre ne peult estre dit

Semblablement il est iuuant et aydant a tous et ne nuyt point a aucū et est tant aydant que par necessite toutes choses periroient se il retiroit son aide et la denyoit aux corps humains et terriens. Auecques ce ce nom Jupiter en grec langaige/ est dit zephs qui signifie en langaige en latin vie. Qui est celluy autre que dieu qui est vie/ et qui la donne aux choses crees. Luy mesmes de soy le tesmoingne/ car il est escript en leuangile Saint iehan la ou il dit ainsi. Je suis voye/ verite/ et vie Et certes il est ainsi. Car toutes choses viennent a luy et par luy et en luy Et hors de lui na aucune chose si non mort confusion et tenebres. Et combien que les anciens Rommains nont point deuement colu et honnore dieu Toutesfois lesditz Rommains se sont parforcez lappeller par ce nom Jupiter tresbon et tresgrant. Et par peu desdictes parolles ont voulu monstrer et declairer que il excedoit en ses operacions les autres dieux par grandeur et puissance: et que luy mesmes seul estoit souuerain bien/ et que toute ayde et cōfort est de luy/ et que lui mesme est laide vniuerselle. Oultre ce ie pourroye icy adiouster plusieurs choses lesquelles ont este audit Jupiter attribuees par les poetes. Cest assauoir porteur darmes: oyseaux: cheines: guerres/ et Juno sa femme et autres. Mais pour ce que ces choses semblent pleinemēt appartenir aux choses lesquelles sont faingtes de iupiter de crete. Jay delibere les reseruer a luy. Certes il nest point assez certain si les atheniens ont eu cedit Jupiter pour dieu/ ou silz lont fait. Silz lont fait dieu. nous deuons scauoir la coustume des anciens auoir este pour augmenter la noblesse de la ligne mettre et escrire au nombre des dieux les condicteurs de leurs cites par certes et dessortunees cerimonies Et les seruir et honnorer par temples et sacres serimonies. Pareillement les parens de leurs princes et les mesmes princes pour aucun benefice que ilz auoient de eulx receu/ affin que ilz ne se monstrassent nestre point ingratz. Et que ilz animassent et excitassent les autres a bien faire pour la cupidite et desir de si clere gloire. Auecques ce les anciens estriuent auoir este plusieurs filz de iupiter. Desquelz ie cuide aucuns auoir este vrays filz dudit iupiter. Mais il nest pas assez certain duquel iupiter ilz furent filz. Ou du premier/ ou du secōd/ ou du tiers. Pareillement autres plusieurs auoir estre atribuez par les theologiēs gentilz a iupiter pour la noble preeminence de vertu extoller par la gloire de la ligne. Et iceulx ie attriburay a Jupiter deu quilz semblet estre plus dung mesme temps.

De la premiere minerue premiere fille du premier iupiter chapitre troisieme

Celon ledit presque de tous les poetes et partout commun. Minerue fut fille de Jupiter. De la naissance de laquelle Minerue est dicte vne telle fable. Que quant iupiter vit que sa femme iuno ne portoit point de filz. Affin que ledit Jupiter ne fust de tout en tout sans enfans Il frapa et excita son serueau et mist hors et gecta minerue armee. Ce que lucan semble confermer disant. Pallas aime ceste cy qui est nee du hault paternel.

Et claudien dit que on dit q en la natiuite de ladicte minerue. Le dit Jupiter conceda et donna roses dorees en facon de rays. Auecques ce seruie dit que ladicte minerue fut nee en la lune quinte comme les autres / lesquelles furent steriles. Oultre ce ilz veulent que lartifice de faire les laines fust par ladicte Minerue trouue. Lequel artifice par auant estoit incogneu Pareillement aussi lart de tistre et et ordir. Et a ceste cause il plaist a Ouide que ladicte Minerue eust debat et victoire de lart de tistre et ordir auecques araques colophonie. Et pareillement auecques Neptune pour limposition du nom de la cite dathenes. Aucuns feingnent la dicte Minerue armee / et presider dessus la forteresse et haultesse dathenes. Tite liuie luy attribue linuencion des nombres et les figures de iceulx. Considere que les anciens deuant ce vsoient de figures et de signes en lieu de nombres. Vne autre fable est de ladicte Minerue ainsi recitee que quant elle eut propose garder perpetuellement sa virginite / et que vulcan eust grant desir de elle Ladicte Minerue demanda et requist a son pere en lieu de don que il lui donnast en mariage les fouldres faitz en la guerre et bataille des geans. A laquelle requeste et priere le dit Jupiter scauant le desir de ladicte Minerue conceda et octroia ce quelle lui demandoit si le pouoit pour ladicte minerue obtenir. Et au contraire fut conceде et octroie a ladicte minerue que quant elle desprieroit ledit vulcan que il la defendroit de toute sa puissance Par ainsi quant vulcan de toutes ses puissances se parforca en elle / et que elle au

Claudian

Seruie

Titus liuius

contraire se parforcoit. Aduint que Vulcan geta en terre sa semence: et fut ne vng enfant: et Minerue laissee en paix. Ilz ont dit que elle estoit vestue de trops robes. Et luy consacrerent vne cote simple peincte: et mirent en la tutelle de elle la chouete: et chasserent la corneille: et la nommerent de plusieurs noms comme minerue pallas/athene: et tritone. Les choses dessus expliquees lordre prins requiert que descouurions ce que les anciens ont entendu soubz ces fictions. Mais nous deuons icy aduertir et considerer que toutes les fictions icy mises ne appartiennent point a ceste minerue. Mais que la similitude du nom laquelle les poetes nont point gardee les a ad ce impelles. Car ainsi que Leonce afferme les armes ne appartiennent point a ceste minerue ne la bataille contre Neptune. Mais sont de celle minerue qui fut fille du second iupiter. Et a ceste cause ces choses laissees descouurirons les autres et adiousterons aucunes choses historiales. Doncques ilz ont voulu Minerue Cest adire sapience estre nee du serueau de iupiter Cest a entendre de dieu. Car les phisiciens ont voulu la vertu intellectiue consister au serueau comme en la haulteur et forteresse du serueau Et pource ilz feignent minerue Cest adire sapience estre nee du serueau. Cest a entendre du serueau de dieu. Et tout entendement et sapience infuse venir du parfont secret de la diuine sapience. Laquelle chose Juno. Cest a entendre la terre quant ad ce sterille ne pouoit et ne peult donner. Ce tesmoingnant la sacree escripture. Toute sapience vient du seigneur dieu. Et elle mesmes en elle dit. Je suis saillie de la bouche du treshault. Et ainsi certes ilz lont faingt industrieusement nee du serueau de iupiter. Et non point ainsi que nous sommes nes affin que ilz monstrassent la singuliere noblesse de elle separee de toute terrienne boue et ordure. Et de la luy est attribuee perpetuelle virginite. Et par ainsi sterilite affin que par ce on cognoisse que sapience nest vncques labefactee et corrumpue par aucun atouchement et contagie mortelle. Mais est tousiours pure/tousiours clere/tousiours entiere et parfaicte. Et est sterille quant aux choses temporelles. Veu que les fruitz de sapience sont eternelz. Labas sera escript la ou nous parlerons de erictonie ne de ceste bataille. Ce que ilz ont entendu par la bataille de minerue et de Vulcan. Elle est couuerte de trois robes. Affin que nous entendions que les parolles des sages Et principalement des feignans ont plusieurs sens Et luy ont dedie et sacre le corset peingt affin que entendons les parolles des saiges estres ornee florissans facetes et decorees par tresgrant venuste. La chouete en chassant la corneille luy est pource attribuee pour monstrer de sage auguristre par premeditation les choses separees et mises en obscur. Ainsi que la chouete voit en tenebres et ostee locacite et garrulite: il parfasse par oeuure les choses: et regarde les lieux et les temps. Car ainsi que Albertice dit minerue est dicte a min que signifie non et erua qui est mortel. Et de ce resulte et vient sapience estre immortelle. Pallas et athene appartiennent aux autres minerues. Et pource la exposerons ou ferons dicelles mention. Elle est nommee Tritone pour le lieu auquel premierement elle apparut/lequel est dit Triton en afrique. Doncques les fictions ainsi exposees

Leonce

Albertice

venons a listoire. Nous devons scavoir que Minerue fut une vierge / de laquelle la naisance fut incongneue. Et pource quelle estoit de tresgrand engin et entendement comme eusebe dit et du temps que Phoroneus regnoit sur les arginiens. Elle apparut premierement au lacz et marestz nommes Tritone / ou au lac dafrique. Et tous ignoroient de quel pais estoit venue. Toutesfois pompoine mela en sa cosmographie escript que ceulx dudit lieu la cuidoient estre la engendree.

Pōpo.

Et font foy ainsi a la fable. Car ilz celebrent par ieux de vierges entre soy combatant et iouant le iour que ilz cuident estre le iour de sa natiuite. Elle est eue pour celestielle deesse: pour ce que elle trouua lartifice des leines et de tistre / coudre / et plusieurs autres choses artificielles. Et pource que toutes les inuencions dicelle sembloient proceder de la vertu et puissance de lengin et de sapience / lieu a este trouue a la fable. Cest assauoir que elle sembloit estre engendree du cerueau de iupiter. Saint augustin au liure de la cite de dieu dit de elle que quant ogide regnoit a athenes que elle apparut en abillement virginal au lac Triton comme dit est. Et pource quelle estoit inuenteresse de plusieurs oeuures / elle fut de plus eue et creue deesse de tāt q̄ sa naiscance estoit moins congneue. Et ledit Saint augustin na point de differan e en temps auecques eusebe. Car icelluy eusebe monstre phoronee et ogige estre en ung mesmes temps. Et a ceste cause iay escript et fait ceste minerue fille du premier iupiter. Pource que iceulx semblent mieulx conuenir en temps que tous les autres

Les artz q̄ minerue trouua

S. aug^s.

De apis Roy des arginiens et second filz du premier iupiter Chapitre .iiii^e

Eusebe en son liure des temps escript que api^s qui apres fut roy des arginiens fut filz de iupiter et de Niobes fille de phoronee. Et icelluy eusebe escript que Jupiter sassembla charnellement auecques elle deuant que a tout autre / et ainsi Jupiter fut premier. Considere que les autres sont moult inferieurs par temps.

Eusebe

Leonce dit que cestuy apis fut filz de phoronee et de Niobes seur et femme de luy / et quil succeda a luy heritier au Royaulme des sicioniens. Mais que apres il fut fait par les egyptiens et dieu et filz de iupiter. De ce apres sont plusieurs choses narrees. Car ainsi que aucuns recitent quant il eut par aucun petit de temps impere sur les arginiens apres la mort de Phoronee Il nauigea par mer aux egyptiens meu par cupidite de gloire et de plus grant Royaulme. Et quant il eut obtenu le Royaulme et que il eut plusieurs choses enseigne aux hommes rudes. Et principalemēt lusage du vin Il acommenca estre eu et repute pour dieu. Et ia assembla a luy par mariage isis. Mais eusebe lescript auoir este Roy des sicioniens. Et la ou il est parle de luy les escripteurs des annales et histoires ont variablement et diuersement opine du temps de luy. Car aucuns dient que au temps de habraham grece fut nommee par ledit apis apie. Les autres dient que il fut repute et eu pour dieu des egyptiens Jacob ia ne. Bede en son liure ql a escript des tēps q̄ au tēps de iacob la cite nommee memphis fut par ledit api^s edifiee

Bede

Eusebe en egypte. Eusebe auecques ce dit que selon les autres apis fut Roy des arginiens. Et apres Jacob cent ans auoit Regne. Et la mesmes dit que quant apis eut faict son frere egialee Roy de achaye il nauigea en egipte et fit ladicte cite de memphis. Il est assez creu de tous que il sen alla en egypte et que il eust pour femme Isis. Mais ainsi quil est doubte du temps de luy Pareillemet diuerses choses sont aussi Recites de sa mort. Car les autres veulent quil soit mort et enterre en egypte. S. aug°. Duquel saint augustin ou liure de la cite de dieu dit ainsi. Quat apis Roy des arginiens fut par nauires trasporte en egypte et quil fut la mort il fut fait et eu serapis le tresgrant dieu de tous les egiptiens. Varro rent Varro. tres facille Raison du dit nom de apis Pourquoy apres sa mort ne fut point appelle apis/mais serapis. Car larche en laquelle lhomme mort est mis. Laquelle ia tous nomment sarcophagum est dicte en grec soron. Et ainsi que le temple dicelluy fust fait ilz commencerent la le honnorer mort. Par ainsi soron et apis premierement fit sorapis. Et apres ainsi que est de coustume vne lettre muee/il fut dit serapis. Les autres dient que il fut occis par son frere cyphee: et dessire par membres et quil fut long temps quis par sadicte femme Isis. Et finablement trouue: et ses membres furet colliges en vng vant. Laqlle chose apres fut conuertie en Religion. Cest assauoir que on vse de vng vant aux sacrifices faitz pour toutes purgations Ladicte Isis porta les membres quelle recuillit de luy oultre les marestz et larstigien/lequel est en afrique en vne insule hors de pays/et la les enterra.

Ceulx qui cuident ce estre vray veulent ce auoir eu inuencion par la logue exquisition de Isis. Laquelle exquistion les egyptiens firent long temps. Et ne desisterent point deuant que ilz eussent trouue le taureau blanc. Lequel trouue ilz luy aplaudissoyent et le nommerent osiris. Et pource que tous les ans ce estoit fait. Juuenal dit Juuenal Osiris qui ne fut oncques assez quis/ mais en quelque temps que icelluy apis alla en egipte/ou en quelque facon que il soit mort/ou en quelque lieu que il soit enterre/il fut en si grande veneracion et honneur enuers les egyptiens que de ce ilz vindrent atant quilz creurent que la diuinite dicelluy ne pouoit estre labefactee et contaminee par aucune infection humaine. Et fut par publique institucion ordonne/que si aucun le disoit auoir este home/que il eust la teste tranchee. Et a ceste cause en tous temples lymage de icelluy auoit le doit mis sur les baulieures et icelles cloyant pour monstrer et amonnester silence. Oultre ce rabane dit Rabane que dudit taureau lequel les egyptiens cuidoient estre serapis. Le commencement furent les iuifz delirans et sotoyans qui le honnorerent et venereret au desert en lieu de dieu. Macrobe en son liure des saturnaulx oultre ce dit que ledit apis par merueilleux honneur et seruice estoit colt et honnore en egypte en la ville nommee alexadrie. Et que ilz afferment que ilz faisoient icellui honneur au soleil: et aussi semble quon ait cuide et repute ledit apis estre le soleil

Du premier soleil filz tiers du premier Jupiter Chapitre. v^e

Tulles la ou il traicte de la nature des dieux escript / le premier soleil auoir este filz du premier Jupiter Toutesfois il nedit point de quelle mere. Aucũs veulent que ce fut apis Pource comme il est icy dessus dit Il estoit colt et honnore par les egyptiẽs au lieu du soleil Je ne me recorde point auoir trouue quelle autre chose il fut Toutesfois ie suis certain que il fut hõme. Et ainsi il fut autre que ledit apis Il est de croyre que il fut vng homme noble et resplendissant / et de tresgrant et royal courage. Et auoit este decore par son cler et noble nom cõme semblablement la hault a este dit de iupiter.

De la premiere dyane qu a triesme fille du premier Jupiter Chapitre .vi^e^.

La premiere dyane fut fille du premier iupiter et de proserpine ainsi que Tulles au liure dessusdit afferme. Je cuide ceste cy auoir este vraye fille de Jupiter / et non point adioustee et reputee. Et cõsidere que icelluy nom est assez vsite des femmes. Il est possible quil a este propre / et non point appose. Mais quelque elle ait este / elle na point este celle que les poetes ont voulu noble et renommee par perpetuelle virginite. Veu quil est leu ceste cy auoir conceu cupido empenice de mercure filz de liber et de proserpine

Du premier mercure cinquiesme filz du premier iupiter Chapitre .vii^e^.

Leonce afferme mercure auoir este filz du premier iupiter et de cilene nymphe de arcadie. Les poetes le descriuent auoir este messagier et interpretateur des dieux: et lenrichissent de diuers ornemens affin que par iceulx soit entendue la verite et diuersite de ses offices. Car virgile escript ainsi de luy. Premierement mercure a robes longues dor iusques aux pies / lesquelles le portent hault et par elles soit sur les mers ou sur les terres par souflement et eleuemẽt soudain. Apres il prent la verge / et dicelle euoque et appelle denfer les ames palles Et les autres enuoye aux tristes enfers. Il donne et oste les someilz et dormicions et sarre les lumieres par mort. Et vsant dicelle vergeil meut les vens et transperce les nuees troubles. Orace auecques escript ainsi de lui en ses odes. O mercure nepueu facond de athlas qui as forme les regards et viaires des hommes fres par voyes chant et beaute de vraye et pure palestre. Oultre ce stace luy adiouste vng chapeau de mercure / obscurcit et queuure sa come et cheueux et atrempe les estoiles de son chapeau

Virgile

Orace

Stace

Certes combien que nous lisons plu⸗sieurs hommes auoir este nõmes mer⸗cures. Et combien que les choses q̃ prochainement dessus auons de luy dit ⁊ considerees: et par les poetes des⸗criptes. Combien que elles puissent estre refferees et raportees a homme.

Touteffois nous presumerons icel⸗les estre plus tost escriptes de la pla⸗nete mercure. Et principalement si nous regardons cõme les ditz des poetes conuiennent auec les choses q̃ sont escriptes par les astrologiens. Al⸗bumasar homme de tresgrant auctori⸗te entre les anciens afferme mercure e⸗stre de si tresflexible nature que il con⸗uertit sa nature en la nature de celluy a qui il est adiouste. Et ce pour la trem⸗pance de luy en sechieresse ⁊ fredeur. Le venerable andalo mon precepteur le dit estre chault ⁊ sec par complexion / ⁊ dit. quil signifie la delectacion des cõcubi⸗nes la clarte ⁊ oracles des pphetes e lo⸗quence est memoire des histoires: cre⸗dulite: beaulte: bonte de discipline: en⸗gin agu prescience des choses futures / arismetique ⁊ geometrie ⁊ astrologie. Et par ainsi le dit estre la description des choses tant celestielles que terrien⸗nes: ⁊ le dit estre augures: doulceur: pro⸗lacion: velocite: ⁊ desir de principaul⸗te ⁊ seigneurie. Et pource estre louage ⁊ renõmee: auec ce estre tonsure de par⸗ruque signifier scripteurs ⁊ liures: mã⸗terie ⁊ tesmoingnage faulx speculatiõ des choses separees / paucite de ioye et desolation de substance: negociaciõs ⁊ foires: larrecins: contenciõs: calliditez pfondites de conseil: modulacion de chanssons et de fleutes: plusieurs ⁊ di⸗uerses coloracions: obeissance: cõcorde: pitie: pourete: retencion damitie: arti⸗fice par les mains. ⁊ plusieurs autres choses. Et ainsi que icelluy andalo il est masle auec les masles ⁊ feminin a⸗uec les feminis. Par lesquelles choses facilement pouõs entendre que les poe⸗tes en leurs dessusditz escriptz ont vou⸗lu de luy entendre. Considere quil est de si conuertible nature. Combien q̃ ce mesme puisse estre dit des hommes mercuriaulx. Et soit aussi dit ainsi q̃ apres apparestra. Certes il nous plaist expliquer plus amplement lintencion des poetes affin quil appere magnife⸗stement combien ilz conuiennent auec les astrologiens. Doncques ilz dient affin que nous prenons le commence⸗ment au chef quil est couuert dung chapeau affin que par ce entendions q̃ ainsi que celluy qui est couuert dung chapeau fait les rosees et eaux et ray[s] du soleil / ainsi Mercure couuert des rays du soleil: ausquelz presque sou⸗uent il est ioinct Il fait estre veu des mortelz. Car il est tresrarement veu et congneu de peu de gens. Et ainsi lhõme mercurial queuure son conseil par callidite. Les robes longues quil a iusques aux tallons couuertes de les denote / la velocite de luy non point seu⸗lement en son mouuement qui est tres soudain et legier autour de lepicicle. Mais aussi pour la legiere assumption et tradicion des proprietes des autres corps celestieux. Par laq̃lle est denotee la legiere et changante et mauuaise cir⸗cunflexion des hommes mercuriaux La verge luy est attribuee et dõnee po[ur] les dimensions ⁊ mesures des corps en⸗semble se ioingnans selon lesquelles il dispose incontinant ses effectz. Aussi lhomme mercurial mesure son seruice enuers chascune oeuure. Quant a de ce quil reuoque les ames denfer p sa ver⸗ge. Cest a entendre par sa puissance il fault icy plus aguement entendre: car aucuns sont qui ont cuide toutes les a⸗mes des hommes ⁊ des femmes auoir este crees ensemble ⁊ au commencemẽt

Albuma.

Andalo pceptuer d bocace

Et apres q̃ les corps humains estoiẽt cõceuz estre infondees ⁊ mises/⁊ icelles ames quãt no⁹ mourõs descẽdre aux enfers/⁊ la estre cruciees ⁊ tormentees iusques ad ce que les choses que nous aurons cõmises en nostre vie fussent purgees/⁊ de la passer aux champs elysees Et de la apres mille ans estre menees par mercure au fleuue nõme lethes affin que quant ilz auroient beu dicelluy fleuue ilz obliassent les labeurs de la p̃sente vie. ⁊ ainsi doncques desirassent autreffois retourner aux corps ausq̃lz mercure reuoquoit. Laquelle ridiculeuse opinion virgile tresbien touche q̃t il dit. Chascun seuffre ces ames ⁊ apres lenuoie par le grant ⁊ ample champ elisie. Et peu de nous tenons les champs ioyeux ⁊ fructueux iusques ad ce que le long iour ⁊ temps apres le temps parfait oste la tache mise ⁊ laisse le sans et lesperit de lair ⁊ ciel pur ⁊ le feu simple devent Et le dieu euoque au fleuue nõme lethes auec grãde assemblee toutes les ames quant la roue du ciel a reuolue par lespace de mille ans affin que ycelles non racordes ⁊ memorantes retournent veoir les choses dessus ⁊ conuexees contenues sur le ciel/⁊ acõmencent de rechief vouloir retourner aux corps. Ilz ont voulu loffice de reuoquer les ames aux corps auoir este attribue a mercure pource que aucuns diẽt que mercure preside au fruit estant au ventre de la mere ⁊ au mois siziesme / auq̃l aucuns opinent lame raisõnable estre infuse au corps conceu/⁊ ce par leuure de mercure predominant. Et ainsi lame est reuoquee par mercure denfer/ cest a dire du lieu inferieur au corps de cellui qui naistre doit. Ce qui est dit q̃l enuoye aux enfers cest chose phisicienne/car faillant au corps humain la chaleur ⁊ humidite radical par froit ⁊ sec q̃ est la vraye complexion de mercure lame est separee du corps Et iouste la vraye opinion elle tend aux enfers quil dõne ⁊ oste les someilz ⁊ dormitions/cest vne mesme chose ad ce qui est dit q̃ meine les naiscẽs a vie Qui est oster someil ⁊ dormition ⁊ dissouldre le corps a mort qui est donner someil ⁊ dormition Il est ppre a mercure faire ⁊ conieter les vẽs Car aucuneffois par sa froideur il les suscite par lesquelz suscitez ⁊ impellez ⁊ boutez les nuees sont portees sa ⁊ la. Oultre ce ilz le veullent estre dieu de eloquence/dieu des marchans/dieu des larrons ⁊ autres choses desquelles toutes sera plus amplemẽt apres dit la ou on parlera des hõmes mercuriaulx.

Virgile

Quant ad ce quil a este dit estre filz de iupiter ce a este a ceste cause feingt/ car il est creature de dieu. Il a este dit cylenis pour coulourer/ou pource quil a este premierement coult ⁊ honnore en arcadie en la montaigne nõmee cylenes.

De tritopatreus siziesme ⁊ de ebuleus septiesme/⁊ de denis huitiesme filz du p̃mier iupiter. chapitre. viii^e.

Tritopatreus ebuleus ⁊ denis aisi que tulles en son liure de la nature des dieux escript furent filz du tres ancien iupiter: cest a entendre du premier roy des atheniens ⁊ de proserpina. ⁊ furẽt a athenes appellez ⁊ nõmez ariarches. Et combien que ie ne trouue aucune chose deulx ie les repute auoir este hõmes notables. Considere que ce nom ariarches sonne prince darmes. Car aris en grec sonne en latin autant que mars ⁊ archos signifie prince. doncques ilz furent princes darmes ou de guerres/laquelle chose en ce tẽps ⁊ en-

Tulles

Leonce coces au iourdhuy est tresgrande. Leonce dit q̃ quant ebuleus desirant Pendmee fut alle pour luiter contre anthee filz de la terre ꝛ quil eust surmõte ꝛ gaigne il acquist ꝛ deseruit le nom de hercules lequel aucũ autre deuãt luy nauoit deserny ne acquis. Mais ie cuyde que ebuleus fut mõlt plus antique que antheus. Pareillement dit que denis assẽbla les fẽmes en guerre ꝛ bataille contre les yndes ꝛ obtint victoire/ꝛ la edifia vne cite nõmee nyse. Et quant il retourna victorieux il fut le premier qui excogita ꝛ trouua la pompe de triũphe ꝛ aussi enseigna aux atheniens lusage de vin/ꝛ quil fut par iceulx atheniẽs appelle liber ꝛ pere/pource quilz se reputoient estre en liberte luiuiuant/ꝛ estre gardez cõme soubz la tutelle dung tresbon pere. Lesquelles choses certes ie ne nye point auoir peu estre ainsi. Mais ie cuide toutesfois que ce fut long temps apres.

Du pmier hercules.ix^e filz du premier iupiter. chap.ix^e.

Il plaist oultre a tulles que hercules fut premier filz ꝛ tresanciẽ du premier iupiter de lisique/ꝛ afferme cestui auoir eu contention cõme apollo a cause dũe espece de laurier quõdit tripodes. Et po^r ce quil obtint ladicte victoire Pol dit que combien quil fut appelle denis Il deseruit ꝛ acquit quil fut nomme hercules ce que aussi leonce afferme mais il ne monstre point la cause. Et pource ie nay chose que croire puisse. Je cuide que ladicte contention ꝛ noise de ladicte espece de laurier fut de diuination Car pol dit lesdictes tripodes de phebus estre especes de laurier qui a tãtseulement trois racines. Et a ceste cause sont dictes aux liures des pontifices tripodes. ꝛ a ceste cause estre dediees ꝛ sacrees a apollo/car deu quil est dieu de diuination il semble auoir la pareille vertu dudit laurier/considere quil est leu que si les branches de ceste espece de laurier sont mises soubz la teste dung dormant que sans aucun doubte il dera drays songes.

Tulles

De la premiere proserpine dixiesme fille du pmier iupiter. chap.x^e.

Tulles monstre que Jupiter eust aucuns filz de proserpine ꝛ apres auoir eu delle vne fille/ce que est possible honnestete seruee ꝛ quil ait eu pour fẽme pserpine ꝛ quil ait eu de ceste mesmes ou dune autre fẽme vne fille nommee proserpine laquelle tulles semble tesmoigner auoir este fẽme de son frere nõme liber/veu ql ne me souuient poĩt auoir autre chose leu delle.

Du premier liber vnziesme filz du premier iupiter qui engendra le second mercure. cha.xi^e.

Tulles en son liure de la nature des dieux clerement tesmoigne le premier liber auoir este filz du premier iupiter. Leonce cuide cestui ꝛ vng mesmes auoir este celui qui dessus est dit denis ꝛ se parforce le monstrer oultre ses autres freres auoir este homme notable. Mais eusebe le descript auoir este long temps apres ces tẽps soit ql parle de cestui ou dung autres cõme plus ie cuyde. Aucuns veulent que proserpine ait este seur ꝛ fẽme de cestui ꝛ quil a eu del Leonce le le second mercure.

Du second mercure filz de liber & de proserpine q̄ engendra cupido & autolie. chap. xii^e.

Theod. Ainsi que theodonce & cornelie dient ung autre mercure que le superieur fut filz de liber & de proserpine / duquel theodonce recite une telle fable Que quant il eust amble les vaches de apollo & que aucun ne le vit sinon ung qui estoit nōme bachus il dōna une des vaches audit bachus affin quil ne reuelast a aucun le larrecin. Et pour experimenter la foy dudit bachus apres il se transforma en une autre espece & retorna audit bachus & lui promist ung taureau sil lui monstroit & enseignoit les vaches quon lui auoit amble. Bachus lui reuela toutes les choses quil auoit veu. A loccasion de ce mercure trouble & course mua icellui bachus en une grā de pierre laquelle les anciens ont nommee demonstrateur. Et nous vulgairement lappellons parago Finablemēt quant apollo usant de sa diuinite eust se congneu il print son arc & de ses fleches voulsist occire mercure / mais mercure par prestige & enchantement se fit inuisible & ainsi ne peut estre blesse. Finablement concorde & paix entre eulx faicte mercure conceda & donna a apollo la herpe laquelle il auoit trouuee / & apollo conceda a mercure la verge. Pol auec ce disoit quil auoit ailleurs leut q̄ mercure deuant cogitant lire de apollo lui auoit euaque secretement sa trousse de fleches affin quil ne peult par luy estre blesse / & que quant apollo courrousse eust ce congneu il se rit de lastuce de mercure & vint a concorde auec lui comme dessus est dit.

Leonce Leonce en ceste fable dit ce mercure auoir este filz de denis q̄ icy dessus a este nōme liber & quil fut nōme en sa natiuite nysus pource quil fut ne a nyse faicte en inde ung peu deuāt par son pere. Lequel quant il fut deuenu grant il fut si legier de piedz quil surmontoit & passoit tous les autres de sō aage par courir. Et a ceste cause il laissa le premier nom & fut appelle stylbon lequel en latin signifie hōme legier. Finablement veu quil auoit aprins les illusions magicques & quil se delectoit grandement il ambla le bestail de phoronides prestre de apollo delphique / lequel en ce temps estoit en merueilleuse autorite / & auoit ce dit bestail amene et musse derriere une grande eleuation de pierres qui estoit nōmee bathos. Mais quant ung taureau soudainement fut separe des autres & que en vagant sa et la cherchant ses compaignons par fortune monta sur icelle assemblee de pierres & mugissoit & les autres respondoient en mugissant. et par ce le bestail fut trouue par ceulx qui le cherchoient Et icelle mōtaigne de pierres qui par auāt estoit dicte bathos fut dicte index: cest a dire demonstrateur. Et quant stylbon par ses ars & inuentions eust fuy la fureur & assault dudit phorondes finablement fut fait son amy. Mais pource q̄l perseueroit en telles choses nonpoint p̄ auarice mais cōme il disoit par limpulsion de nature veu que autrement il estoit hōme beau & treseloquent & de tres grant engin enuers toutes euures manuelles par ces causes fut nōme mercure & le larron des dieux. Et ainsi que leonce afferme combien que ce eust commencement par ieu touteffois il perseuera ainsi comment ce estoit enuers les athenienes & archades / tellement que apres sa mort ilz lui dedierent temples & sacrifices / par lesquelz se parforcoiēt sa grace acquerir ceulx qui auoient aucūe chose substrait par larrecin affirmant p sa puissance plusieurs choses estre obseruees ⁊ gardees ⁊ auoit este recouurees / ⁊ le disoit estre orne ainsi que les autres. Je nay point eu cure de escrire icy les ornemens de lui / car amplement ie̅ parleray la ou ie escriray du tiers mercure.

Du premier cupido filz du second mercure. chap. xiii^e.

Ainsi q̄ theodonce auec tulle^s dit le premier cupido fut filz du secōd mercure ⁊ de la p̄miere diane lequel dient auoir este empenne / a laquelle chose les feingnās ont peu deux choses entendre. La premiere au regard du nom pource quil fut tresbeau enfant ⁊ semblable de cupido filz de venus. Lequel enfāt les peintres ont tousiours peinct tresbeau cōme sil estoit dit presque vng autre cupido Je le cuide po^r ce auoir este surnōme empenne / car il estoit adolescent courant treslegierement.

De autolie filz du secōd mercure qui engendra le premier synon. cha. xiiii^e.

Ouide

Ainsi quil plaist a ouide auctolie fut filz de mercure ⁊ de lychion lequel ouide recite vne telle fable de la naiscence de lui. Car il dit que lychion fut fille de dedalion ⁊ fut tresbelle / ⁊ tellement quelle pleust a apollo ⁊ a mercure. Et quant elle fut requise de lung ⁊ de lautre ⁊ en vng mesme iour lun toutesfois ignorant de lautre ⁊ quelle eust promis son couchement en la nuyt suiuante Mercure natendit point ladicte nuyt mais la toucha de sa verge ⁊ ainsi fut endormie ⁊ en ceste facon coucha auec elle. Apollo de nuyt vint a elle ⁊ de ces deux elle conceust deux enfans ⁊ enfanta mercure a autolie ⁊ apollo philomene. Auctolie deuint entre les larrons moult renōme ⁊ tellement quil ne sembloit point degenerer a son pere.

Phylemon quant il fut fait harpeur il se demonstra par ce estre filz de apollo La naiscence diuerse de ses gemeaulx donna cause a ceste fiction / ⁊ ainsi lung ⁊ lautre de eulx a este attribue filz a icellui dieu duquel il a imite les meurs. et par aduenture mercure fut significate^r de auctolie naiscent / ⁊ ainsi il est dit son filz / ⁊ apollo pour ceste mesme cause a gaigne phylemon.

De synon premier filz de auctolie qui engēdra sissimon ⁊ auctolie. cha. xv^e

Ainsi quil plaist a Pol synon fut filz de auctolie Et Seruie le dit Pol auoir este vng larron / ⁊ po^r excercer ses larrecins se transformoit ⁊ chāgeoit en si diuerses especes quil decenoit facilement ceulx quil vouloit. Il engendra sissime ⁊ auctolie mere de vlixes / ⁊ habita en la montaigne nōmee parnase / cōme il appert par homere en son odyssee / Homer ⁊ la ou il recite cōment vlixes fut naure par vng porc sanglier en la iambe en la dessusdicte montaigne parnase

De sissime filz du p̄mier synon ⁊ pere du second. chap. xvi^e.

Seruius

Comme seruie dit sissime fut filz du premier synon / ⁊ ne me recorde point auoir leu autre chose de lui si nō quil fut pere du second synon / car par sa fraude & deception / il mena les troyans a extreme misere & destruction

De auctolie qui fut fille du premier synon & eust mere Ulixes. chap. xvii.

Servie — Auctolie cōme il plaist a Servie fut fille du premier synon Et cōme il plaist a aucuns quant elle eust espouse laertes Roy de erachie & alant deuers son mary / elle fut prinse & robee p ung larron nōme sisyphe qui eut la cōpaignie charnele delle. Et y a aucuns qui dient que de cedit atouchement elle conceut de lui Ulixes & que ainsi enseinte espousa le dessusdit laertes / & dit icelui enfant estre dudit laertes lequel elle auoit cōceu du dessusdit sisyphe Laqlle chose aiax thelemonie en ouide lui obisse en la question quil a contre lui po' les armes de achilles disant que Ulixes engendre & ne du sang sisyphien fut tressēblable au pere par larrecins fraudes et deceptions. Ceste auctolie ainsi quon dit quant elle eust ouy & entēdu p faulx messagier & rapoꝛt que Ulixes auoit este occiz a troye elle ne pouāt poꝛter la doulleur dune coꝛde & las se estrangla / laqlle apres ainsi que ledit homere en son odissee escript Ulixes trouua & congneut aux enfers. Et par elle sceut & cōgneut plusieurs choses desquelles lauoit interroguee.

Du second synon filz de sissyme. chap. xviii.

Le second synon tesmoignant seruie fut filz de sissyme / & fut nōme du nom de son grāt pere synon. Cestui Virgile — synon ainsi quil apert par Virgile ala auec les grecz a la destruction troyenne Et quant les affaires des grecz ne succederent point bien & quilz feignoiēt se retourner il fut par eulx suboꝛne & de son vouloir se fit prandre des troyans & fut mene au Roy priam. Quant il fut deuant lui il se esleua & loua par merueilleuse sagacite & astuce / & finablemēt par ses paroles fallacieuses & decettantes il impella ledit roy & autres troyās a pernicieuse & tresmauuaise crudelite a cause de la simulee feincte des grecz / & a receuoir le cheual dedēs les murailles de la cite. Je ne scay quil conquist & acquist apres par ce fait. Toutessoys pline en son liure de la naturele hystoire escript que linuention de cestui cy fut la signification de speculer & guetter / & par ce assez appert quil ne fut point hōme de petite estimation & utilite. Plinius

De epapho douziesme filz du premier iupiter q engendra libye & belus. chapitre. xix.

Apres ce que nous auons expedie toute la lignee du premier pere liber & du premier filz de iupiter nous tirerons arriere nostre langaige a epaphe egyptien & a la tresgrande generation dicellui. Lequel epaphe cōme ouide tesmoigne fut filz de yiones fille de iupiter dit inache. Mais theodonce & leonce le dient auoir este pareillemēt filz de iupiter / mais auoir este filz de ysis fille de promethee cōme il apparestra pl amplement la ou nous parlerons de icelle ysis. Eusebe en son liure des temps dit quil fut filz de thelegone qui aps la moꝛt de apis espousa ladicte ysis. Ung nōme geruais telliberiense ou liure des imperiaulx oiseux escript epaphe auoir este filz de helenus & de ysis / & quil fit babiloine en egypte. Mais les plus certains auteurs affermēt que ce fut cā- Ouide

dises Roy des perses. Et ainsi les auteurs entre eulx discrepent du pere et de la mere de lui/mais iay suiuy la Renōmee plus vulgaire et cōmune. Je dis ql fut filz de iupiter. La fable de la conception de lui sera Recitee entierement la
Lactācī⁹ ou sera escript de iupiter. Lacteur dit que cassiopie fut fēme de cestui nō poīt celle qui fut mere de la fēme de perseus mais vne plus ancienne et quil eut delle aucūs filz ainsi que apres apparestra Les anciens sont discordans nonpoint moins du temps de lui que aussi du pere et de la mere/Car eusebe en son liure des temps escript que aucuns dient que iupiter fut assemble auec iones la fille de inaches Regnant cecropes a athenes lequel Regna enuiron lan du monde trois mille sixcens quarantesept. Veu quil est manifeste que inaches Regna iusques en lan du monde trois mille et troiscens nonantesept. Et selon ceulx icy il failloit estre vng aultre iones que celle de inaches. Icelui eusebe peu aps dit icelle iones estre allee en egypte lan quarantetroiziesme du Regne de cecropes/lequel fut lan du monde trois mille sept cens et dix. et quelle fut la nōmee ysis et quelle espousa vng nōme thelegone et quelle conceust de lui epaphe. Mais ie laisse toutes les discordances et lay dit filz du premier iupiter pource q son temps semble plus conuenir auec iones fille de inaches et auec ysis fille de prometee/par lesquelles chascun pourra lui donner la mere quil vouldra.

De libie fille de epaphes chap. xx.

Ainsi quil plaist a lactēce libye fut fille de epaphe et de sa fēme nommee cassiopie/laquelle quāt elle fut denue a lassemblee charnele auec neptune: cest a dire dautre hōme que de egipte elle conceut et enfanta de lui busirides qui apres fut tresgrant et cruel tirant. Et ainsi que Isidore en ses ethimologies dit elle fut Royne de la partie dafriq laquelle est de son nom nommee libie

De belus prisque filz de epaphe qui engendra danae et gisthe et agenor. chapitre. xxi.

Belus lequel les anciens ont surnōme prisque fut filz selon pol de epaphe et Regna apres lui en la superieure egypte/et ainsi quon dit il fut fait la inuenteur docteur de discipline celestiele. Et cōme icellui pol afferme il deseruit des egyptiens que vng temple lui fut edifie en babiloine/et fut consacre a la guerre de iupiter. Mais theodonce Theod.
dit que ce dit temple fut fait long tēps aps la guerre par lastuce de iupiter cretense. Lequel quant il eut acquis les amitiez des princes fist edifier aux Royaumes diceulx temples cōme pour conseruer et garder icelles amitiez/et fit plusieurs temples intituler de son nom et de son amy. Par laquelle astuce le nom et deite dicelui fut grandement amplie Il en ya des autres qui dient que ce dit temple ne fut point edifie par icellui belus prisque ne en la babiloine de egypte mais pour belus le pere de nynus Roy des assyriens en la babiloine des caldiens. Ou il fut long temps honnore par sacrifices et diuers seruices/et soubz le nom de saturne. Oultre ce icelui belus prisque eut aucūs filz/mais il nest poīt certain de quelle fēme il les eut.

De danaus filz de bel prisque qui engendra cinquante filles desquelles en sont par noms congneues seulement hypermestra & amimon & bona. chap. xxii^e.

Ainsi que Pol asseure danaus fut filz de belus prisque. Et ce mesmes afferme lactence/lequel aussi devant pol orose dit que icelui danaus fut filz dudit belus & avoit eu de plusieurs femmes espousees cinquante filles. Et quant egistus son frere requist lesdictes cinquantes filles pour femmes a cinquante filz que pareillement il avoit et de meilleure condition danaus eut & trouva par responce de loracle quil devoit perir par les mains de son gendre. A ceste cause voulant eviter le peril il monta en navire sur mer & sen ala en argos. Pline de la naturele hystoire asseure que icellui danaus navigea sur mer premierement par nef ou navires/Car par avant avoit este navige en la mer rouge par le roy nomme eritra par trefz & hais lyez ensemble. Combien quilz soient aucuns ainsi que pline escript qui croient que les misiens & troyans en hellespont premierement excogiterent iceulx vaisseaulx quant ilz passerent contre les trasses.

Paulus Lactãcius Orosius

Oracle

Plinius

Le dessusdit egistus indigne & courrousse de ce quil avoit este mesprise commanda a ses filz quilz le suyvissent & leur donna ceste loy quilz ne retournassent point a la maison iusques ad ce quilz eussent occiz ledit danaus. Quant lesditz filz guerroyoient en argos leur oncle fut prins par fraude dudit danaus lequel ne si fioit point/car il leur offrit & promist que selon le desir de son frere egiste il leur donneroit lesdictes filles en mariage & leur tint sa foy a ladicte promesse/car lesdictes filles furent subornees par leur pere/& toutes se armerent secretement & musserent chascune ung couteau & attendirent temps propice pour entrer dedens les chambres desditz iouvenceaulx Et quant ilz furent facilement endormis par chantz par vin & ioye lesdictes filles obeyssantes a leur pere une chascune delles coupa la gorge a chascun diceulx iouvenceaulx/excepte hypermestre laquelle pardonna par pitie quelle eust a son mary nomme linus ou linceus. Eusebe dit que ce dit danaus lequel fut aussi nomme armais fut lan du monde troys mille sept cens & seze. commencant a regner aux egyptiens/mais apres il fut de egypte chasse & sen alla en argos/& la expellit & chassa de son royaume premierement scelene roy des arginiens qui avoit unze ans regne. Et apres les arginiens chasserent hors de lempire gelaurres son successeur/& receurent danaus qui les fit abonder deaux. Car ainsi que pline en sa naturele hystoire dit il fut le premier qui monstra de egipte les puis fouyr & faire en grece/& monstre que presque en ces temps par son euvre & labeur de ses cinquante filles furent occiz cinquante filz de son frere egistus excepte linus ou linceus. Finablement quant il eust regne cinquante ans il fut occiz par linceus.

Eusebe

De cinquante filles de danaus en general. chapitre. xxiii^e.

Les filles de danaus meurtrieres de leurs freres sont presque incongneues par leurs propres noms veu que les nons seulement de trois sont iusques a nous venus. Et ainsi que nous avons perdu les noms avons aussi perdu les fortunes ꝛ fais apres le meffait mauuais perpetre Toutesfois les poetes les ont feingtes estre damnees aux enfers ꝛ estre tormentees de ce continuel supplice ꝛ labeur quelles se parforcẽt en puisant les eaux ⁊ amplir les cruches sãs fons ainsi que ouide dit. Elles ont ose entreprendre ꝛ faire la mort des filz de leur oncle/ꝛ elles belides continuellement ⁊epetent ꝛ ⁊eprẽnẽt les eaux ql les perdẽt. Et le tragicien senecque en la tragedie nõmee hercules furieux dit Les demãdes portẽt en vain ꝛ sãs cause les cruches plenes. Je cuide ce dit supplice leur estre enioinct affin que la singuliere cure ꝛ sollicitude des fẽmes soit descripte lesquelles perdent leur labeur quant elles se parforcent par trop de necete ꝛ de ornement augmenter leur beaulte. Et est diminue ce que elles entẽdent augmẽter par vaine industrie/ou est plus tost monstre quel est le labeur des hõmes fẽmes ꝛ fluans lesquelz se treuuent euacuez quant cuident par desir non obtenu ce acomplir par habitation charnele souuent ⁊epetee.

De hypermestre lune des cinquante filles danaus. chap. xxiiii^e.

Hypermestre cõme ouide dit en ses epistres fut fille de danaus/laqlle seule des cinquante seurs negligeãt le cõmandement de son pere pardonna a son mary linceus. Et pource disant ouide elle fut boutee en prison ainsi que eusebe dit ou liure des temps aucũs lõt cuidee estre ysis. Toutesfois elle vsa de office de nonnain ꝛ de femme ecclesiastique ⁊egnant son pere danaus.

De amimon vne des cinquante filles de danaus chap. xxv^e.

Ainsi que lactence dit amimon fut fille de danaus/ꝛ vne des cinquãte seurs. Ceste chassant studieusement en vne forest dung dart frapa vng satyre quelle ne sen aduisoit point. Quant icellui satyre voulsist faire force ꝛ violẽce a ladicte amimon elle implora layde de neptune. Neptune chassa icellui satyre/ꝛ souffrit dicellui dieu ce que elle vierge nauoit voulu souffrir du satyre ꝛ conceut ꝛ enfanta nauplie. Il sera la bas mis la ou lon parlera de la naiscence de nauplie ce que deuons entendre ꝑ ceste fiction. Lactãc⁹

De bona vne des cĩquãte filles de danaus. chap. xxvi^e.

Ditis cretence dit la ou il escript lentreprise de la guerre des grecz cõtre les troyans que bona fut fille de danaus/ꝛ cõme il afferme elle espousa athlas/ꝛ enfanta de lui electre/laquelle apres enfanta de iupiter dardane. Ditis cretence

De egistus filz de belus prisque qui engendra cinquante filz desquelz fut lynceus. chap. xxvii^e.

Egiste fut filz de belus prisque et frere de danaus cõme il est assez dessus monstre. Lequel eut cinquante filz ausquelz quant il eut ⁊equis a son frere danaus ses filles pour fẽmes Ilz furent par icelles ꝛ par le commandement de danaus tous occiz la nuyt de leurs nopces/excepte lynceus ainsi ql est deuant dit.

De lynceus vng des cinquãte filz de egistus qui engẽdra abas ⁊ iasius ⁊ acrisius chap̄ xxviii^e.

Ouidius Lynceus lequel Ouide appelle linus fut filz de egistus/ ⁊ lequel seul de cinquante freres par la misericorde de hypermestra sa fẽme euada la mort. Cestui ainsi quil plaist a aucuns apres que son parrin danaus fut chasse regna pour lui en argos. Ou cõme les autres diẽt apres quil fut tue Et enquelque facon quil ait este eusebe mõstre ou (Eusebi⁹) liure des tẽps que lynceus succeda au royaume apres que danaus eust regne cinquãte ans. Et apres quil eut cinquãte ⁊ vng an il laissa troys filz: cest assauoir abas ⁊ iasius ⁊ acrisius/ ⁊ mourut

De abas filz de lynceus qui engendra pritus. chap̄. xxix^e.

Barlaam Paulus Ainsi que barlaam afferme Abas fut filz de lynceus ⁊ de hypermestra sa fẽme. Combien que pol le die auoir este filz de belus prisque. Il fut hõme belliqueux ⁊ de cruel engin/ il succeda au Royaume de son pere lynceus. et ainsi que eusebe dit impera vingt ⁊ huit ans sur les arginiens ⁊ mourut.

De pritus filz de abas qui ẽgẽdra meran ⁊ les seurs. chapitre. xxx^e.

Lactãci⁹ Seruius Pritus ou cõme il plaist a lactenc ⁊ seruie pret⁹ fut filz de abas roy des arginiens Et ainsi que presque to⁹ asseurẽt sa femme fut sthenoboe/ mais (Homer⁹) homere dit que ce fut antiope de laquel il eut trois filles lesquelles quant elles furent grandes/ ⁊ pource quelles estoyent tresbelles elles orgueilleusemẽt entrant au temple de iuno se prefererent a iuno. Laquelle pource troublee le' enuoya ⁊ getta telle fureur quelles se cuidoient estre vaches/ ⁊ que creignans la charrue desiroient les forestz cõme Virgile ainsi dit. Les pretides remplirẽt les champs de mugissemens faulx. (Virgili⁹ Pretides iplẽt falsis mugitib⁹ agros) Ouide recite a autre cause estre de ceste folie ⁊ enragement disant/ quelles se cuydoient estre vaches en lisle nommee cea pource quelles auoient donne consentement au larrecin fait du bestail de hercules/ mais par quelq̃ cause que ce fust fait pretus porta aigrement linfortune ⁊ proposa ⁊ dona vne partie du Royaume ⁊ celle quil aimeroit mieulx pour fẽme de ses filles a celLui qui les retourneroit au sens quelles estoiẽt par auãt Melampus filz de amithaon attrait p̄ la cupidite de la remuneration les prīt a guerir. Et ainsi que vetrimie en son liure (vetrimi⁹) de architecture ⁊ art de edifier escript dit quil les mena en vne cite de arcadie nõmee clytores/ Car la est vne fosse de la quelle sort eaue de laquelle si aucun boit il est fait abstinant de vin. et pource y a en elle vne pierre en laquelle est escript par vers grecz vne epigrãmee testifiant que leaue nest point ydoine ⁊ bonne a lauer/ ⁊ quelle est ennemye des seps. Il fist la aucũs sacrifices lesquelz parfaitz il les purgea ⁊ les restitua au sens ⁊ raisons que par auãt elles auoient. Et parce il conquist vne partie du Royaume/ ⁊ le mariage de lune. Ledit pretus comme eusebe dit regna dix et sept ans/ auquel succeda son frere acrisius. Si ie arregarde la medecine dicellui melãpus ie cuide icelles filles auoir este desirantes plus que nappartenoit vin. Et quant elles auoient trop beu elles osoient aucunesfois se preferer au roy leur pere. parquoy elles acquirẽt et deseruirẽt lire de iuno: cest adire de le' pere regnãt. ⁊ chastete dune p̄t ⁊ le vin de lautre istigãt elles deuindrẽt en muliebre furie/ et souuent crioyent et pleignoient quelles estoient vaches et serues et subgectes au ioug Et quant ce par aduenture souuent aduint ledit pretus dexe de linfortune les bailla a melāpus po^r les guerir/ lequel quant il les fist boire leau dessusdicte il les fist hair le vin/ et la fureur acoustumee sen ala

De mera fille de pretus chapitre: xxxi^e

Leonci^o Mera cōme leonce dit fut fille de pretus et de anthie fille de amphianeste/ laquelle mera adōnee aux chasses suyuoit par les bois diane/ et veue par iupiter fut par lui aymee Et en prenāt la similitude et forme de diane il eut sa compaignie. Et pource que finablemēt elle eut honte de son peche cōmis et creignoit quelle ne fust autreffois deceue/ quant diane lappella elle ne voulut respōdre. A ceste cause diane iree et esmeue la occist de ses fleches. Pol la dit auoir Paulus este fille de stenoboes cōme les autres/ et estre venue pour obeyr et seruir a diane apres quelle fut guerie. Par laquelle fiction cōme icellui leonce dit sōmes admonnestez/ les ypocrites souuēt mener par les fraudes les gēs credules au mal et perdition quilz dissuadēt. et quāt lhōme vray se parforce aucuneffois releuer les cheutz en ce dit mal iceulx qui sont faictz incredules pource quilz ont este vnefois deceupz et que a ceste cause ilz creignent toutes choses Ilz refusēt le salut offert et cheēt en ꝑpetuele mort

De acrisius filz de abas qui engendra danes mere de perseus. chap. xxxii^e.

Lactāci^o Eusebi^o Acrisius fut filz de abas ainsi q̄ lactence dit/ et cōme eusebe escript en son liure des tēps/ il succeda au royaume a son frere pretus. Cestui cy ainsi que lactence afferme et seruie ne discrepe point en ce cōtre lui/ eut vne seule fille nōmee danes. Et eut par respōce de loracle quil deuoit mourir par la main dicelui qui de sa dicte fille naistroit Lui pour fuyr la mort prenonciee mist sa dicte fille en vne tour separee de gēs/ et ordōna quelle fust gardee que aucun homme ne vint a elle. Doncques aduint q̄ iupiter ouyt la renōmee de la beaulte delle eust delle cōcupiscance et desir. Quant il dit quil nauoit point dacces et dentree a elle il se transforma en vne goute dor et se parmist cheoir ꝑ les tuilles au giron delle et ainsi elle fut faicte grosse. Ledit acrisius fut de ce courrousse et cōmanda quelle fust prinse et quelle fust mise en vng coffre et gettee en la mer. Et quāt les ministres et seruite^rs de lui eurent ce fait et acomply ledit coffre fut porte par les vndes de la mer iusques au riuage des apuliens/ et dauenture fut prins par vng pescheur/ et quāt il eut en icellui coffre trouue ladicte danes et vng petit filz quelle auoit enfāte il la mena au roy nōme piliminus/ lequel piliminus quāt eut congneu la lignee et le pais delle il la print voulētiers en mariage. Le filz delle fut nōme perseus/ et quāt il fut venu grāt il osta la teste a gorgonus/ et de la sen ala en argos et mua et trāsforma ledit acrisius en vne grāde pierre. Laq̄lle permutation selon eusebe signifie que quāt icellui acrisiu^s eust regne en argos. xxxi. an il fut occiz par ledit perseus son nepueu. mai^s non point de sa voulēte/ et fut conuerti en pierre. cest a entēdre en froideur perpetuele. ce que de ceste fiction reste sera declara la ou sera parle de danes.

Seruius (margin, beside "que lactence afferme et seruie ne discre")

Eusebi^o (margin, beside "eusebe signifie que quāt icellui acrisiu^s")

De danes fille de acrisius chapitre. xxxiii.

DAnes fille de acrisius comme il
a este dit au pchain chapitre des-
sus/elle enceinte fut mise par son pere
en la mer ⁊ laissee. Et quant elle fut ap
pliquee ⁊ paruenue en apulie elle espou
sa piliminus Roy de apulie ⁊ de la sẽ a-
lerent aux Rutules/⁊ la edifierent vne
cite nõmee ardee ou elle enfanta audit
piliminus vng enfant qui eut nom dã-
nus. Certes ce que a este dessus laisse/
cest assauoir que iupiter fit gouter or p
les tuilles est a entẽdre quil corrompit
la virginite dicelle par or. Et quant ice
lui adultere ne pouoit auoir chemin et
passage a elle par huys secretemẽt il mõta sur le tect ⁊ de la il descẽdit en la chã
Theod. bre dicelle vierge. Toutesfois theodõce
dit que quant icelle danes estoit aimee
de iupiter ⁊ quelle sceut que pour la cruel
te du pere elle estoit condemnee a perpe
tuele prison affin quelle peult euader et
fuyr/elle marchanda secretement ⁊ cõ
posa auec iupiter par or donne quelle se
abandonneroit a lui/⁊ prepara vne nauire ⁊ auec les richesses quelle peut por
ter ⁊ enceinte par iupiter sen fuyt.

De iasius filz de abas le
quel engendra athlante/
amphion/⁊ thalaon.
chap. xxxiiii^e.

AInsi quil plaist a theodõce iasius
fut filz de abas/duquel ie nay au
tre chose leu si non quil a este nõbre tres
souuent entre les Roys arginiens ⁊ ql
eut aucuns filz.

De athlante fille de iasius
⁊ mere de parthenopee. chapitre. xxxv^e.

Lactãc⁹ Insi que dient lactence ⁊ theodõ
Theod. ce athlante fut la plus ieune des
filles de iasius/laquelle estoit tresbelle
vierge/⁊ lune des compaignes de diane. Elle fut appellee par meleager po²
venir auec toute la noblesse des iouuẽ-
ceaulx de achaye pour vener ⁊ occir le sã
gler calidonien. Et elle premiere de to⁹
en icelle chasse frapa dune fleche le sangler. Elle fut aymee par sa beaulte de
meleager ⁊ acquist pour hõneur la teste
dicellui sangler par elle occiz/⁊ par ce el
le vint en lamitie de lui ⁊ souffrant la
compaignie charnele dicellui lui enfan
ta parthenopee.

De amphion filz de iasius q
engendra cloris. cha. xxxvi^e.

VNg autre amphion que celluy q
cloupt de murs la ville nommee Leonce⁹
thebes fut filz de iasius. ⁊ ainsi q leonce
dit il regna en orcomene minie ⁊ en py
lus. ⁊ fut autrement nõme argus. Et
eut vne seule fille nõmee cloris.

De cloris fille de amphion
⁊ fẽme de neleus cha. xxxvii

CLoris ainsi quil est dessus dit fut Homer⁹
fille de amphion. Et cõme home
re en son odissee dit elle espousa neleus
⁊ lui enfãta nestor ⁊ autres plusie²s filz

De thalaon filz de iasius q
engendra euridices / flegeus
⁊ adrastus. chap. xxxviii^e.

POl dit q thalaon fut filz de iasi⁹
⁊ regna en argos/ce que par mõ
iugemẽt doit estre entendu sainement.
quãt les anciẽs appellẽt Roys telle ma
niere de hõmes/car cõsidere que telz hõmes ne sont trouuez au catalogue des
Roys. Mo⁹ deuõs reputer qlz ont este
de lignee royale ⁊ qlz ont tenu aucune
petite partie du royaume ⁊ qlz ont este
appellez Roys plus pour lhõneur de le²
lignee que pour royaume quilz ayent
possede. ⁊ ie cuide de telle cõdition auoir
este ce thalaon ⁊ amphion ⁊ iasius

De euridices fille de thalaon
⁊ fẽme de ãphiaraus. cha. xxxix

theodōce

Euridices comme theodonce afferme fut fille de thalaon ⁊ fēme dūg ancien poete nomme amphiaraus auquel elle enfanta amphiloce ⁊ almeon. Quant adrastus pour laffaire de sō gendre polynicis print guerre ⁊ disposa contre eteocles ⁊ les thebaniens et que icellui amphiaraus entendit par la responce de loracle que sil alloit a ladicte guerre il ne retourneroit point dicelle. Il se mussa en vng lieu secret ⁊ cōmunica tantseulement a sa fēme sa mussete. Pendant le temps que icelui amphiaraus estoit quis par le dit adrastus et autres ⁊ que on ne le pouoit trouuer en aucun lieu aduint que ladicte euridices vit a argie femme dudit polynices vne bague laquelle auoit este iadis donnee a hermioe femme de cadmus ⁊ ladesira ⁊ dit lors a ladicte argie que si elle lui dōnoit icelle bague quelle luy mōstreroit amphiaraus/ce que fut fait. Et a ceste cause amphiaraus ala a la guerre ⁊ fut ēglouty de la terre. Icelui amphiaraus enioingnit la vengence de sa mort a son filz almeon qui apres ala occir icelle euridices.

De flegeus filz de thalaon. chap. xl.

Flegeus cōme theodonce dit fut filz de thalaon. Et pource ql mourut ieune il ne laissa aucūe chose digne de memoire.

De adrastus roy filz de thalaon qui engendra deiphiles ⁊ argie. chap. xli.

Lactāci⁹

Comme lactence escript adrastus fut filz de thalaon ⁊ de eurimonies. Il eut deux filles : cestassauoir deiphiles ⁊ argie. Il ouyt par loracle quil donneroit lune dicelles en mariage au sangler ⁊ lautre au lyon. Il estoit mōlt afflige de linfortune du mariage aduenir. Aduint par cas de fortune que polynices de thebes par composition exille applica en argos de nuyt/⁊ pour fuyr ⁊ euiter les pluyes il entra en vne petite maison de plaisance du roy/⁊ sās aucun espace de temps thideus par homicide ⁊ meurtre par lui commis fuyant calidonie la vint/⁊ a cause dudit logis vindrent a eulx deux en noise ⁊ en debat. A ceste cause le roy adrastus qui vieux estoit vint deuers eulx/⁊ par ces paroles ⁊ autorite apaisa les ires ⁊ courroux diceulx ieunes hommes ⁊ les amena en sa maison royale. Et quāt il eut veu ledit polynices vestu dune peau de lyon/laquelle icellui royal iouuēceau portoit pour signe ⁊ tesmoignage de la vertu de hercules thebanien. Et ql vit lautre nomme thideus auecqs la peau dung sangler qui la portoit pour lhonneur de son oncle meleager qui le sangler occiz auoit. Il entendit lambiguyte de la responce du dessusdit oracle/⁊ congneut que ses deux icy lui estoyent enuoyez pour estre ses gendres. Quant il eut ce veu ⁊ quil fut content de la affinite il donna en mariage deiphiles a thideus ⁊ argie a polynices Et pource que le royaume qui auoit este promis a polynices par eteocles ne luy estoit point restitue. Adrastus assembla ses puissances ⁊ meut guerre cōtre les thebaniens. Et quant par icelle guerre ⁊ bataille tous les capiteines de adrastus furent mors ⁊ que polynices ⁊ eteocles par mutuelles plaies furent cheutz/icelui polynices mis en fuyte sē ala en argos. Et ie nay point trouue ql le fut la fin de lui.

De deiphiles fille du roy adrastus ⁊ femme de thideus chapitre. xlii.

Staceus DEiphiles cõme stace dit fut fille du roy adrastus ⁊ fẽme de thideus calidonien / auquel elle enfanta diomedes.

De argie fille de adrastus ⁊ fẽme de polynices. chap. xliiie.

ARgie selon stace fut fille du roy adrastus ⁊ fẽme de polynices / Et quant elle lui eut enfante thessandre et quelle eut entendu quil estoit occiz par son frere elle vint de argos a thebes affin quelle rendist lermes extremes ⁊ fist funeralles au corps du mort / ⁊ pource quelle se faisoit contre le cõmandemẽt de creon elle fut prinse auec antigone seur de polynices / ⁊ par le cõmandemẽt dicellui creon elle fut tuee.

De agenor tiers filz de belus prisque qui engẽdra sept enfans / desquelz la premiere fut taygete. Le secõd polidorus. Le tiers cylix Le quatriesme phenix. La ve. europe. Le vie. cadmus. Le viie labdacus. chap. xliiiie.

APres que nous auons explique et declare les successions de danaus et de egistus filz de belus prisque nous reuoquerons nostre stile a la plus grãt lignee de agenor roy des pheniciẽs filz dudit belus comme theodonce ⁊ pol dient. Et combien que les dessusditz aucteurs dient que ce agenor ait este filz de belus Toutesfois il en ya aucuns qui dient quil fut filz de belus non point de legyptien / mais du phenicien. Et diẽt que le grant pere dicelui agenor fut aussi nõme agenor / ⁊ que ce premier agenor fut cõtraint par trop grande peste estãt en assyrie auec grãde multitude de gẽs laisser les paternelles demourances lesquelles il auoit eu en lextreme ⁊ meridionale egypte / ⁊ que nilus menant la peregrination par nefz il paruint au riuage syriaque / ⁊ loccupa en chassãt les anciens habitans ⁊ la auoit regne / ⁊ auoir laisse son successeur son filz belus lequel ilz veullent estre pere de cestui agenor / ⁊ les autres quil soit nepueu par phenix filz. Par lesq̃lles choses on peut congnoistre ⁊ entendre par la similitude du nom par aduenture du temps erreur estre en venu q̃ cellui qui est creu auoir este filz de belus cyriaque soit belus egyptien. Mais de quelque belus q̃l soit ne mon entention est icy suiure lopinion de theodonce ⁊ de pol veu que dit superieur napert point assez certain auteur. Doncques ilz diẽt cestui auoir alle de egypte au riuage sirien que auoir regne ⁊ impere sur les pheniciens. ⁊ q̃l a este renõme par tresample ⁊ genereuse lignee.

De thaygete premier filz de agenor. chap. xlve.

DIctis de crete dit thaygete auoir este fille de agenor / ⁊ q̃lle pleust a iupiter ⁊ quil coucha auec elle / ⁊ quelle conceut ⁊ enfanta lacedemon. Combien que aucuns dient quil nasquit de semeles. Dictis de crete

De polydore second filz de agenor. chap. xlvie.

COme lactence escript polydore fut filz de agenor duq̃l ie cuide nestre autre chose que le nom. cõbien que theodonce face de cestui cy vne legiere mẽtion / mais il le dit estre moult plus antique que cestui agenor.

De cylix tiers filz de agenor q̃ engẽdra lampsacie ⁊ pigmaleõ ⁊ pyrodes. chap. xlviie.

CYlix selõ lactẽce fut filz de agenor Lactãce Theodõce le dit auoir este hõe de aigre engin ⁊ de corps robuste / ⁊ po^r ce q̃l mesprisoit ses freres lui estre superieurs / ⁊ q̃ aussi il desperoit de la successiõ du royaume en mesprisāt lobeissance ⁊ subgectiō des souuerains Il print vne ptie de la puissance des gensdarmes / ⁊ pres de la occupa pour lui le pais. Et icelle Region nomma de son nom cylicie / ⁊ laissa la suruiuans deux filz : cest assauoir lampsacie ⁊ pigmaleon. Aucuns dient ceste prouīce de pais auoir este occupee par cadmus deuant quil fust enuoye par son pere en europe / ⁊ quelle fut aps possedee par cylix quant cadmus ne retournoit point.

De lampsacie filz de cylix. chap. xlviii^e.

theodōce LAmpsacie ainsi que theodonce et pol apres lui dit fut filz de cylix. et lui succeda au Royaume. Et oultre ce nest aucune chose trouue de lui.

De pigmaleon premier filz de cylix ⁊ Roy des cypriens qui engendra paphus. chap. xlix^e.

PIgmaleon comme theodonce escript fut filz de cylix / duquel Recite que lui estant ieune meu ⁊ sollicite par la gloire de ses predecesseurs lesqlz il auoit ouy auoir penetre iusqs en occidant / ⁊ auoir aussi occupe le Riuage dafrique. Il assembla armee des ciliciens Et assembla aussi de pheniciens armee par mer / ⁊ passa son armee en cypre / ⁊ de la chassa les anciens syriens qui par la force du tresancien agenor estoient chassez de leurs anciēnes demeures ⁊ la se estoient fuys / ⁊ occupa ⁊ tint toute lisle ⁊ en elle Regna. Certes ainsi que ouide en sō maieur volume tesmoigne po^r ce que la il trouua tresmauuaises femmes ⁊ de tout abandōnees a luxure lui irrite par ce vice auoit dispose de mener vie celibe / cest entēdre sans fēme. Toutesfois pource quil estoit ingenieux ⁊ ql auoit mains artificieuses / les poetes lont feingt quil entailla lymage dune femme de iuire tresblanc ⁊ cler ⁊ la fit selō son desir en tout ⁊ par tout ses mēbres ⁊ beaulte de faire. Quant lui qui estoit homme ingenieux esmerueilloit en elle son art ⁊ quil louoit la beaulte de lymage il cheut en lamour delle / ⁊ par tresgrant desir vouloit quelle fust femme: ⁊ pria venus qui en ce temps estoit tresrenommee deesse de ceste isle quelle la animast ⁊ la fist sēsible de ses amo^rs Les prieres de lui ne faillirent point a auoir effect / car elle fut faicte vraye fēme. Ce voyant pigmaleon fut Rampli de ioye pource quil auoit obtenu son desir / il vsa delle ⁊ incontinēt elle fut faicte enceinte / ⁊ lui enfanta vng filz q̄ fut aps nomme paphe / ⁊ en sa mort le laissa son heritier. Voyons maintenant que signifie ceste ymage diuire laquelle est plus formee ⁊ faicte par engin poetique que par artifice dhomme. Je cuide que pour ce que la chastete des vierges aagees estoit suspecte a Pigmaleō quil choisit pour lui vne petite vierge q̄ par aage ne pouoit auoir suspition ⁊ sēble a iuire par blancheur ⁊ doulceur. Laquelle quant il eut faicte conuenable a ses meurs la concupiscence de lui creut deuant laage de la fille ⁊ commenca a desirer ⁊ Requerir par prieres quelle fust tost faicte meure pour lhomme. Quant finablement fut faicte telle il paruint a son desir.

De paphe filz de pigmaleon qui engendra cynare. chap. l.

PAphe comme theodonce escript fut filz de pigmaleon / ⁊ de mere ditaire/lequel quant il eut succede au Royaume a pigmaleon il nomma lisle de cypre de son nom paphe. Pol toutesfois dit que icellui paphe fut vne ville p lui tantseulement edifiee et nommee de son nom et laquelle il voulut estre consacree a venus / et quil fit faire la a ven' vng temple et autier ouquel long tēps a este sacrifie encens seulement.

De cynare filz de paphe qui engendra mirre et de mirre adon. chap. li^e.

Cynare fut filz de paphe ainsi que ouide monstre quant il dit. Celluí est engendre dicelle qui eut este sans lignee/et eut peu estre entre les heures cynares. Cestui cy cynare est vng autre a cellui cynare qui est dit Roy des assyriens et conuerty en pierre en plourant les infortunes de ses filz. De ce cynare cyprian nous nauons que peche et mesfait/car cōme ouide recite il eut de sa fēme vne fille nōmee mirra/laquelle fut belle: et quant elle fut meure pour lomme oultre chose deue elle ayma son pere/et par le moyen et ayde de sa nourrisse quant sa mere celebroit les sacrifices de la deesse ceres ausquelz sacrifices failoit abstiner par neuf iours de atouchement dhōme/elle selon son desir coucha auec son pere/et par ce fut faicte enceinte et nasquit delle vng filz nōme adon.

De mirra fille de cynare et mere de adon. cha. lii^e

Mirra ainsi que dessus appert fut fille du Roy cynare cōme ouide dit. Et quant elle aymoit par deshōnestete et indicible amour sondit pere par le seruice de sa nourrisse elle eut la compaignie de sondit pere. Toutesfois fulgence dit que quant elle leut enyure q̄l Fulgēce^9 le eut compaignie charnele auec lui/laquelle fut faicte enceinte par ceste infame habitation charnele. Quant cynare la voulut congnoistre et quil cōgneut q̄ cestoit sa fille frape de douleur la supuyt et la voulut occir. Aucuns dient q̄lle sen fuit aux sabiens et que cynare la suyuit iusques la/et quāt il leut frapee de son glaiue lenfant quelle auoit conceu sortit de la playe. Toutesfois ouide dit que par la misericorde que les dieux eurēt delle/elle fut muee en cedit pays des sabiens en vng arbre de son nom/et que par la chaleur du soleil lescorce dudit arbre se ouurit et getta vng filz leq̄l les nymphes oingdrent des liqueurs maternes. Je cuyde que le nom de larbre a donne cause a ceste fiction/car p cellui arbre est nomme des sabiens mirre/lequel arbre frape du soleil gette gouttes desquelles on fait vng pigmāt quō nōme adon que en latin sonne suaue et souef/car il est de oudeur suaue et bonne. Et comme il semble que petronius Petroni arbiter veulle elle confere moult a luxure entāt quil afferme auoir beu vng beuurage de mirre pour augmenter en lui luxure. Mais fulgence comme en autres plusieurs choses trop pl^9 hault entent/et en ce dit que larbre nōme mirre est en ynde et quelle est chauffee des chaleurs du soleil. Et pource quilz disoient le soleil estre pere de toutes choses pource disoient le pere auoir ayme la mirre/et pource que le soleil la chaufoit plus feruentement. Les Pagades la gettoiēt du parfont des escorces. et par ainsi vulneree et blessee par son pere elle getta adon: cest a entendre suauete de oudeur.

De adon filz de mirre et nepueu de cynare. chap. liii^e.

Ovidius A Don fut filz du Roy cynare son grant pere et de mirre seur ainsi que par plusieurs vers ouide tesmoigne en son maieur volume duquel il recite tel le fable que quant adon fut deuenu tres beau iouuenceau que venus par cas dauenture fut frapee de son amour et fut grandement delle ayme Quant elle par tres grande delectation le suyuoit par les bois et forestz et quelle vsoit de ses plaisances auec lui elle ladmonnesta souuent quil se gardast et euitast les grandes bestes sauuages et armees et quil suiuist les desarmees / mais vng iour oblieux par desfortune des admonestemens de venus il assaillit vng sangler et par ycellui sangler fut occiz. Venus le ploura amerement et le conuertit en vne fleur Rouge. Macrobe en son liure des saturnaulx se parforce desprouer ceste fiction par raison merueilleuse / car il dit adon estre le soleil qui nest chose plus belle et iuno dit estre la partie de la terre que nous habitons et lemispere dessus la terre estre venus. Et celui qui est inferieur estre appelle par les phisiciens proserpine. Et ainsi la grande religion et obseruation de venus et de adon fut aux assyriens et pheniciens. Et lors venus se delectoit par adon qui estoit delle ayme / quant le soleil par son circuit plus grant tourne au tour et au pres du superieur emispere: et est par ce fait plus orne / car en ce temps la terre produit les fleurs branches et fruitz / mais quant le soleil fait plus brief cercles sur la terre il fait par necessite plus grans cercles en lemispere inferieur / par ainsi autonne et liuer par continueles pluyes rendent la terre priuee de sa beaulte et la font lermeuse et pleine de plours ce que delecte le sangler qui est beste couuerte de gros poilz Et ainsi par le sangler cest a entendre par la qualite par laquelle le sangler se delecte. Et adon cest a dire le soleil semble estre oste a la terre / cest a entendre a venus. et par ce venus est faicte luctueuse. Quant a ce que adon a este transforme en vne fleur ie cuide ce estre feigt pour monstrer la briefuete de nostre beaulte / laquelle fleur est au matin rouge et au soir languissant palle et fanee. Pareillement nostre humanite est belle et fleurissant au matin / cest au temps de iouuence et au soir cest a entendre en vieillesse nous pallissons et cheons aux tenebres de la mort. Certes quelque chose que les assyriens ou macrobe opinent Macro. Tulles touteffois lystoire semble vouloir et tulles le tesmoigne la ou il tracte de la nature des dieux / que venus fut conceue par syrie et cyprian. cest a entendre par homme de syrie et femme cyprienne. Les syriens lont nommee astarten et lont dicte auoir espouse adon ainsi que lactence escript en son liure des diuines institutions Lactancius En la sacree hystoire est contenu quelle institua lart meretricial et quelle persuada aux femmes stupre et adultere et quelles fussent publiques par argent Et dit lystoire dessusdicte quelle leur impera et commanda ce affin quelle ne fust veue oultre les autres femmes impudique et desirant les hommes Et par ce sen est ensuiuy et a este par long temps perseuere que les pheniciens enrechissoient leurs filles de telle abandon vil et luxurieux deuãt q̃lz les mariassẽt aĩsi q̃ sait augustin tesmoigne en sõ liure de la cite de dieu. ⁊ iustin en son epithoine de trongue põpee mõstre la ou il ple ⁊ dit q̃ dido rauit et print soixante ⁊ dix vierges/lesquelles estoient venues pour ce dit vil office au riuage cipzien. Doncq̃s adon fut Roy de cipre et mary de venus/lequel ie cuide estre substrait a venus/ou par vng sangler/ou par autre mort. Veu que les anciens ont a coustume plourer la mort de adon par anniuersaire plainte a limitacion des lermes de luy/lesquelz ysaie en ses visiõs increpe et redargue.

De pyrides filz de cilix Chapitre.liiii^e.

Ainsi que pline afferme en son liure de la naturelle histoyre pyrides fut filz de cilix. Et combien que nous nayons de luy autre chose tesmoingnant icelluy pline. Toutesfois auons nous quil fut le premier qui getta feu dung caillou.

De phenix quatriesme filz de agenor: et engendra philistene ⁊ belus Chapitre.lv^e.

Phenix comme lacteur dit fut filz de agenor. Eusebe en son liure des temps dit que regnant aux arginiens danaus ⁊ son frere cadmus phenix vint des thebes de egypte en syrie. Et quil domina et seignoria a thyrus ⁊ a sidon. Ce que peult estre enuiron lan du monde mil sept cens quarante et six. Peu apres il dit que ledit phenix fist faire la cite dicte bithinie lan premier du roy lynceus. Laquelle par auant estoit nommee mariendine Ce que fut lan du monde mil.vii^c.lx. ⁊ xix. Toutesfois laduenement de luy en syrie ne conuient point auec les choses dessusdictes. La ou il discrepe de agenor auec theodonce. Et aussi auec ouide que il semble quil vueille agenor estre venu et non point phenix. Considere quil descript cadmus estre mis a chercher europe par agenor et non poit par phenix. Mais ie lasseray voulentieres ces varietes a ceulx q̃ les vouldrõt acorder et poursuiuray ce que iay troue dudit phenix. Eusebe le monstre auoir este homme artificieux. Veu que luy premier a donne certaines lettres ou charctes aux pheniciens. Apres il institua le petit ver: du sang duquel on fait vne tainture pour escrire ⁊ former icelles lettres/duquel ver est nõmee la couleur q̃ on dit phenicienne Je cuide que ce a este pour linuenteur. Laquelle couleur apres a este appellee punicien par la mutacion dune lettre Eusebe

De philisthenes filz de phenix qui engendra siree Chap.lvi^e.

Theodonce dit que philisthenes fut filz de phenix/lequel estoit prestre de hercules qui estoit tresaínctemẽt colu et adore des pheniciens. Theod. Quant il dit que son dit pere Phenix estoit mort/⁊ que son frere ayne Belus regnoit/il laissa loffice de prestrise a son filz siree/⁊ print vne partie de gẽs darmes et monta sur mer. Et apres plusieurs aduersites quant il eut par courses surmonte les coulonnes de hercules. La il print au Riuage de la mer perpetuele demeure. Et edifia vne cite laquelle les siens nommerent gades. Et affin quil ne semblast quil auoit du tout habandonne et laisse loffice de prestrise/Il edifia la vng temple a hercules: ⁊ innoua la toutes les cerimonies sacrees selon la coustume et maniere des tyriens

De siree filz de philisthenes et mari de dido Chap. lvii.

Siree selon theodonce fu filz de philistenes auquel ainsi que dessus est dit quant son pere sen alla loffice sacerdotal luy fut laisse. Lonneur duquel office estoit tresprochain a lonneur royal. Seruie dit quil fut deuant nomme sicarbe. Combien que virgile tousiours lappelle siree. Et iustin tousiours le nomme acerbe. Ainsi quil plaist a theodonce cestuy cy par thesors a luy laissez ou dailleurs quis et estat moult en autres choses puissant et copieux. Quant belus fut mort/il print en mariage elise sa fille/laquelle apres fut appellee dido: et laquelle il ama singulierement. Mais pigmaleon filz de belus qui auoit succede au royaume a son pere: et qui estoit auaricieux dor et desirat les richesses de siree luy pourchassa embuches secretes: et lui ne sen guetant le tua.

theodonce

Seruius Virgilius

De belus filz de phenix qui engendra pigmaleon et dido et anne Chapitre. lviii.

Belus fut appelle selon Seruie metres: et comme theodonce escript il fut filz de phenix: et fut noble et renomme homme en guerre et armes Tellement quil subiuga les larrons et pirates de mer des phiniciens infestas et molestans les riuages cyprians. Ce que virgile en la personne de dido legierement touche disant. Lors le pere belus gastoit cypre la fertile et luy victeur la tenoit en sa dicion et seigneurie.

Genitor tum belus

De pigmaleon filz de belus Chapitre. lix.

Ainsi quil plaist a theodonce Pigmaleon fut filz de belus roy de tyrie. Et ainsi que iustin escript par la mort de son pere il fut laisse auecques ses seurs aux tyriens. Le peuple lui bailla le royaulme paternel lui estant encore ieune enfant. Il auoit courage tres auaricieux/lequel il dressa contre les richesses de siree son cousin germain. Et par traison le tua. Les anciens nous ont seulement laisse de ce Roy ce seul meffait

De dido fille de belus et femme de siree Chap. lx.

Dido principal honneur de chastete matronale comme il plaist a virgile fut fille du Roy belus. Quat belus fut mort les tyriens donnerent icelle dido vierge de tresgrant beaulte au prestre de hercules nomme acerbe: ou cicarbe: ou siree/lequel par auarice fut occis par pigmaleon. Ceste cy apres les longues manteries du frere fut amonnestee par son mari en songeant et dormant et print le courage de homme et attira a son opinion secretement plusieurs de ceulx quelle scauoit hair pigmaleon. Et en emportant auec elle les tresors par mer senfuit. Et quant elle fut paruenue au riuage dafrique ainsi quil plaist a tite liuie. Elle marchanda auec les habitans de la qui lui persuadoient quelle print la demeure et telle et si grade quelle pourroit occuper sur le Riuage de la mer selon la quatite et grandeur dung cuir de beuf. Elle redigea et coupa en pieces et lanieres icellui cuir Et par ainsi occupa tresgrand deplace Lors elle monstra a ses compaignons ses thesors/par lesquelz les anima. Et apres edifia la vne cite nommee carthage. Et nomma le chasteu et forteresse dicelle byrse ainsi dicte et nommee par

Virgilius

Titus liuius

lecuit dung beuf. Il plaist a virgile que eneas fuiant et impelle par la tempeste de la mer vint la a elle et fut par elle receu pour oste et coucha auec elle. Et que pour ce que eneas sen alloit de elle/⁊ quelle ne peut souffrir limpacience de lamour/elle se tua. Mais iustin et les anciens historiographes autremēt opinent. Car iustin dit quelle fut requise a femme des princes carthaginiēs par le roy des musitaniens soubz condicion de denonciacion de guerre.

Justin.

Quant elle eut ce sceu et q̄lle se estoit par auant condempnee par sa sentēce a toute aduēture pour le salut du pais elle porta ce aigrement/⁊ impetra terme dedans lequel elle promist aller audit roy. Quant ledit iour fut venu elle fist faire vng grant feu en la plus haulte partie de ladicte cite. Comme si elle vouloit sacrifier et apaiser lame de sitree/⁊ monta en vng hault lieu. Et en la presence de tous les cytoiens et atēdans quelle feroit: elle gecta vng cousteau quelle auoit porte secretement/⁊ lors dist. O cytoiens tresbons puis q̄ vous le voules ie menuois a mon mary: ⁊ ce dit elle se tua et eleut plus tost la mort que maculer et ordoyer sa chastete. Qui est loing de la description dudit virgile.

De anne fille du roy belus Chapitre.lxi.

Virgili.

ANne comme il semble a virgile fut fille de belus/lequel virgile lappelle tressouuent seur de dido. Ceste cy fut compaigne de la fuite de dido/laquelle apres elle vit morte: ⁊ vit carthage estre prinse et occupee par le roy iarbe comme ouide dit en son liure des fastes. Elle fut au roy barche roy de lisle corise se confiant de la iustice ⁊ honneste de lancien hostelage. Finablement quant elle entendit que Pigmaleon assembloit armee contre elle. A ceste cause elle print congie et licence de bathe et entra en la mer. Et quant elle tendoit a aller en vng lieu nomme cameron/elle fut chassee par tempeste et fut portee au riuage laurente. Lors en cedit riuage eneas auec achates se esbatoient ⁊ deambuloient. Lequel eneas auoit ia deffait turnus. Quant ladicte anne vit en ce lieu eneas elle sen fuit. Finablemēt elle se arresta quant eneas luy ꝓmist sa foy Et par luy fut menee en la maison royale. Lauinie pour laduenement de anne se souspesonna et luy ptēdit ambuches et traisons. Mais anne amonnestee de nuyt en son repos par la dessusdicte dido de nuyt sen saillit dicelle maison royale Et si on le peult asses cōceuoir par les paroles de ouide. Elle se precipita en vng fleuue nomme munice. Certes ouide feignant et procedant oultre dit que quant apres elle fut charcee et que les querans vindrant audit fleuue munice. Il leurs sembla quilz ouyrēt vne voix venir dicelluy fleuue disant. Je suis nymphe du plaisant fleuue munice et suis en celluy mussee. Et suis appellee anne par annees perpetuele. Apres icelluy ouide macrobe dit en ses saturnaulx que au moys dauril ilz sacrifient publiquement et priueement/affin quil leur soit licite anner et peranner a comodus.

Ouidius

De europe cinquiesme fille de agenor Chapitre.lxii.

Ouidius

EUrope fut fille de agenor comme il plaist a ouide par lequel de elle est vne telle fable recitee. Que po[ur] ce que Europe pour sa beaulte estoit moult amee de iupiter/icelluy iupiter

envoya mercure et lui commanda quil chassast tout le bestial quil verroit aux montaignes des pheniciens vers le riuage de la mer. Ouquel riuage icelle europe auoit de coustume se iouer auec les petites filles. Quant mercure eut ce acompli iupiter se transfigura en vng toreau blanc et net / et se mesla auec le bestial. La vierge europe le regarda et se delecta a la beaulte et purete dicellui. Et premierement acommenca a le toucher des mains: et de la elle mõta sur son dos. Icelluy taureau tout bellement sen alla vers leaue et vndes dicelle. Quant il sentit que elle estoit espouantee et quelle se tenoit aux cornes et doz de luy en nouant il la transporta en crete / la ou il se reduisit a sa vraye forme et eut la compaignie charnelle de elle / et lengroissa / laquelle apres lui enfanta comme il plaist a aucuns minoes radamantus et sarpedon. Iupiter pour la sempiternele memoire de elle nomma la tierce partie du monde en nom dicelle europe. La fiction de ceste fable est couuerte de si tenue escorche que facillement il appert ce quelle veult. Car ientens par mercure chassant le bestial au riuage leloquence et sagacite dug maquereau duisant et menant vne vierge de la cite au riuage / ou vng marchant feingt quil doit mõtrer ioyaux et ainsi lui promettant si elle entre en la nef. Jentens par iupiter transforme en vng taureau / le delateur et traditeur de la vierge. Il est ia diuulgue et publie enuers les vieillotes delirantes et sotes auoir este vne nef. Laquelle auoit pour enseigne vng blanc taureau. Et quant la vierge est entree par quelque fraude dedans icelle nef. Incontinant il est fait par les mathelos quelle est portee en crete ou elle est
Eusebi⁹ ioincte par mariage auec iupiter. Ou selon eusebe en son liure des temps au roy asterie. Par lequel il afferme les dessusditz filz auoir este procrees. Toutefois il plaist a saint augustin cestuy ny nauoir point este appelle asterie. Mais sante. Auecques ce les acteurs ont grande discrepance du temps de ceste rapine. Car il en y a ainsi que eusebe recite quilz dient que Jupiter fut mesle charnellement auec ladicte europe lan quarantiesme de danaus roy des arginiens. Et que apres asterie roy des cretenses la print a femme lan du mõde mil huit cens soixante et neuf. Les autres dient que elle fut rauie par les cretenses regnant sur les arginiens Acrisie enuirõ lan du mõde mil huit cẽs soixante et quatorze. Aucuns veulẽt quelle fut prinse quãt pandion regnoit a athenes. Cestassauoir lan du mõde mil huit cẽs et seze. Lequel tẽps mieulx conuenoit aux choses qui sont leutes de minoes filz de la mesme europe.
Varro en son liure de la naiscence de la langue latine escript que pitagoras mist en tarente limage de europe tres exquisement faicte en metal. Varro

De cadmus sixiesme filz de agenor qui engendra semeles aganes auctonoes et inoes Chapitre .lxiii.

Cadmus par la diuulguee renommee de tous les anciens fut filz de agenor. Eusebe en son liure des Eusebi⁹
temps lescript estre venu auec son frere phenix des thebes degypte lan .xvii. de danae roy des arginiens et auoir regne en tyre et sidone. Veu que ainsi quil est dessusdit et manifeste agenor chasse par peste vint la long temps deuant. Duquel aucuns veulent agenor le pere auoir prins naiscence. Icellui eusebe apres ce escript que cadmus

occupa larmenie lan seziesme du Roy synceus. Ce que nous auons dessus recorde auoir este fait par cylix. Toutefois ainsi que ouide escript / que quant Jupiter eut raui la vierge europe / que cestui cy fut enuoie par agenor son pere pour le charcher / ⁊ lui enioingnit ceste loy et condicion que sans elle il ne retournast point au pais. Il print des gens auec lui pour la charcher. Et quãt il ne sceut ou la charcher / il ordonna et delibera quil charcheroit habitacion ⁊ lieu pour lui. Quant il fut aprouche

Oracle

assez pres de la montaigne nommee parnase. Il consulta et print conseil de loracle: ou il eut respõce quil suiuist vne vache non domtee: ⁊ quil print sa demeure et habitacion la ou elle sarresteroit. Lui mene au lieu a lui destine sarresta. Et la fonda vne cite et nomma icelle Region boecie par le nom de vng beuf. Et pource que ces predecesseurs estoient venus des anciennes thebes en egypte Il nõma la dessusdicte cite thebes. Certes ainsi que ouide dit quãt il vouloit sacrifier et quil eust enuoye aucuns de ses compaignõs pour aporter de leaue: et quil ne retournoit poĩt Il les suiuit et trouua quilz estoient deuorez dung grant serpent. Quant il regardoit ledit serpent / il ouyt et congneut que icelluy serpent congnoissoit quon le regardoit. Touteffois icelluy serpent finablemẽt occis et prins amonestement il lui arracha les dens et les sema. Et soudainement hommes armes sourdirẽt la. Et en la presence dudit cadmus eurẽt bataille / laqlle ne cessa point deuant que cinq seulement diceulx resterent en vie. Lesquelz firent paix ensemble quilz se ioingnirẽt auec ledit cadmus: ⁊ lui aiderent a leuure ql

Palefa.

auoit commancee. Oultre ce palefatus escript quil eut pour femme vne nõmee spinge: et quelle sen alla de luy pour le zele de hermione. Et entreprĩt guerre cõtre les cadmiens. Ilz sont aucuns auteurs qui veulent que cadmus seant au pres dune fontaine nommee hippocrenes ⁊ pensant auoir trouue les charates et formes de seze lettres / des qlles apres toute la grece a vse. Pline en son liure de sa naturelle histoire escript / que cadmus trouua a thebes les mines de pierre: ⁊ la maniere de fondre lor et les metaux. Cõbien que theophrastus die quil trouua ce en phenicie Mais apres long temps designe ce ql escript de luy fut enuiron lan du monde mil. viii^c. v. Et ces choses furent enuiron lan mil neuf cẽs trẽte huit. Oultre dit quil eut a femme hermione fille de mars ⁊ de venus. Et est certain ql eut delle quatre filles: ⁊ que vulcanus victricien cõceda a icelle hermione vne bague mortele. Apres ce que plusieurs defortunes vindrent de ses nepueus et filles. Cadmus ia vieil fut chasse par amphion et zethus et sen alla aux illiciens. La par la misericorde des dieux et lui et hermione furent transformes en serpens. Ceste histoire aucunes choses fabuleuses meslees reste veoir le sens ⁊ entendement dicelles.

Nota
Cadmus troua les mines de pierre et la maniere de fondre lor et les metaux

Doncques pour le serpẽt sacre a mars entens vng homme vieil et prudent iadis portant armes et beliqueux / leql par ses parolles et inquisitions detint les compaignons dudit cadmus. Par les dens ie prens le conseil de luy par lequel il sema discorde entre les habitãs / lesquelz par limpulsion de spinge se eleuerent contre lui. Par laquelle ilz prirent soudainement armes contre luy: ⁊ vindrent en bataille. Les princes desquelz habitans vindrent en concorde ⁊ paix auec ledit cadmus quant ilz eurent meutri par occision les populaires: ⁊ firent des habitans et des estrãgiers vng peuple. Quãt ad ce que luy exille avec sa femme soit fait serpent/ signifie quilz sont faitz de longue age Car les anciēs sōnt en maniere de serpens prudēs et sont caultz par lexperiēce des choses/et sont anneux par age. Et silz ont aussi acompli leur age et que laide leur faille/ilz marchent et vont at ant la poitrine courbe en la facon de serpens. Les anciens aussi sont dis corbane du temps du regne de cestuy cy Eusebi° Car eusebe en son livre des temps dit que cadmus fut chasse de son royaulme par amphion et zetus lan huitiesme du regne de abas roy des arginiens qui fut lan du monde mil huit cens vingt et sept. Et peu apres dit que cadmus regna a thebes quant acrisius regnoit sur les argiens. Veu que acrisius succeda a abas ce que peult estre environ lan du monde mil huit cens soixante quinze. Auquel temps concorde ce que apres icelui eusebe dit. Cestassavoir q̄ les choses quon recorde des spartes furent quant acrisius regnoit aux argiēs Lesquelz ledit palefatus escript q̄ soudainement ilz se mirent contre cadm⁹ Veu quilz estoient des tresprochaines regions et sont faingtz comme nes de la terre pour les soudaines assemblees diceulx. Et estre nommes spartes po^r ce quilz estoient par affluances venus de toutes pars. Toutesfois ce ne convient point bien avec le temps auquel avons dit dessus europe avoir este ravie. Mais ceulx qui ont plus ceste chose au cueur trouveront la verite. Car ie nay peu autre chose trouver.

De semele fille de cadmus Chapitre.lxiiii°

Ouidius Semeles comme il appert assez par ovide en son maieur volume fut fille de cadmus et de hermion Juno pourtoit aigrement ce que icelle semeles estoit par iupiter engroissee. A ceste cause la transforma en une noble et vieille femme de la cite nommee epidaure. Et pour experimēter si elle estoit amee de Jupiter lui persuada q̄l le requist audit Jupiter quil couchast avec elle comme avec iuno. Et quant icelle semeles eut compelle iupiter iurer par les undes stygies quil lui concederoit ce quelle lui demanderoit/elle lui requist quil couchast avec elle cōme avec iuno. Jupiter fut dolant de ce q̄l avoit iure: et print la moindre fouldre et la frapa et mourut. Et du ventre di celle fut tire hors mi⁹ ung enfant qui encores parfait nestoit. Lequel fut apres bacus. Je cuide la verite de ceste fiction estre ceste femme grosse/ainsi q̄ la fable sonne estre frapee de fouldre. Car le feu cest a dire iupiter nest point mesle avec lair/ cest a dire avec iuno si non que la fouldre descende aux choses inferieures

De aganes fille de cadmus Chapitre.lxv°

Ganes ainsi quil est assez notoire fut fille de cadmus et de hermion. Cadmus la donna en mariage a echion lung des compaignōs qui lui avoit aide a faire thebes. Elle conceut de lui et enfanta ung filz de elene de orguilleux courage lequel nommerent pentheus. Lequel mesprisoit et contēnoit les sacrifices et solennites de dieu Bachus quant sa mere: sa seur: et tous les autres les celebroient. Parquoy il fut mis en furie et fut occis. Leonce di Leonce° soit que cedit pentheu⁹ ne buvoit point de vin: et que a ceste cause sa mere qui estoit yuroigne et les autres aussi locci rent Pource quil leur est bien souvēt reproche la buverie et yuroignerie delles

De auctonoe fille de cadmus et de hermion Chap. lxvi^e

Actonoe comme ouide dit fut fille de cadmus et de hermion. Elle fut femme de aristee: et de luy enfanta atheones

Ouidius

De Ino fille de cadmus Chapitre. lxvii^e.

Ino comme ouide dit fut pareillement fille de cadmus & de hermion. Elle espousa athamantes filz de eolus et lui enfanta learcus & melicertes. Quant elle vit que le pere fol athamantes avoit occis son filz learc⁹ Elle ayãt peur de soy & de son autre enfant/dune haulte roche se precipita et getta en la mer. Par ce fut faicte par la misericorde de neptune deesse marine lentocoes: & melicertes palemon. Je cuide ce estre les lieux ausquelz la mer porta lesditz corps occis. Et que po² le soulagement et consolacion des suruiuans leur furent imposes noms de deites / ou plus tost comme apres sera leu de learcus et de melicerte

De labdacius septiesme filz de agenor qui engendra laius Chapitre. lxviii^e

Theod.

Labdacius comme theodoce dit fut le plus Jeune filz de tous ceulx de agenor. Quant il eut ouy et entendu que hercules avoit chasse son frere: et que amphion sestoit occis: et q̃ ledit hercules avoit tue licus/il fut sollicite par prieres de ses amis: quil laissast syrie & quil vint en grece. Et pource que il estoit tropt inhabile a labeur p ancienete il envoia le plus ieune de ses filz nomme layus. Lequel incontinãt occupa le royaume et fut dit roy. Pol

Pol

dit que ledit labdacius fut filz de phenix: & que lui vieil appelle vint a thebes. et la regna par aucun temps & engendra vng filz nomme laius.

De laius roy de thebes et filz de labdacius qui engendra edipus Chap. lxix^e

Laius fut roy de tebes: & comme il est assez monstre il fut filz de labdacius/lequel envoya a thebes par phenix ou la ne regnant print a femme Jocaste fille de creontes de thebes. Quant il entendit quelle avoit cõceu et quelle estoit enseincte. Il demanda conseil a lozacle quelle seroit sa future lignee. Il eut par responce dicellui quil mourroit de la main de celluy qui naistroit. Luy voulant resister au peril du dit ozacle/commanda a sa femme iocastes quelle exposast & habandonnast q̃lque chose qui naistroit delle. Elle triste exposa son dit enfant. Lequel fut nourri par vng estrangier. Quant il fut devenu adolescẽt. & quil charchoit son pere/& quil eut ouy parler lozacle q̃l le trouveroit en vng lieu nomme phocis. Quant il vint la/son pere separoit la sedicion dentre les citoyẽs & les estrãgiers: & quil ne congnoissoit point son pere/il le tua: & ainsi laius fut occis

Ozacle

De edipus filz de laius qui engendra antigone et isme ne et etheolles et polinices Chapitre. lxx^e

Stacius

Edipus roy de thebes fut filz de laius et de iocastes ainsi que stace en sa thebaide tesmoingne/ainsi q̃l est dessus dit il fut porte par le commãdement de son pere des lors que il fut ne du ventre de sa mere et fut gette & habandõne aux bestes aux bois Quãt les seruiteurs de luy selon son commandement le pourtoiẽt aux bois/ilz eurẽt compassion de lage innocente de lenfant .Et ne le getterẽt point ainsi que commande leur estoit. Mais luy percerent les piedz et auec de losier le lierẽt en icelluy arbre. Ledit enfant breyoit ꝛ crioit. Et a ceste cause vng pasteur de polibius roy des corynthiens losta dicellui arbre Et le porta audit polibius Lequel pource quil nauoit point denfant le receut par affection paternele ꝛ le nourrit en lieu de filz. Quant icelluy edipus fut en lage de adolescence ꝛ quil eut entendu quil nestoit point filz de polibius. Il se disposa de chercher son pere. Et quant il eut requis cõseil a loracle de apolo. Il luy fut respondu quil trouueroit son pere en vng lieu nõme phocis. Et quil prendroit sa mere pour femme. Quãt il fut venu au dessusdit lieu/il y eut contencion ꝛ sediciõ contre les citoyens dudit lieu et les estrangiers. Ledit edipus fauorisoit aux estrangiers. Et laius se parforsoit de pacifier le tumulte. Edipus non congnoissant ledit laius occit icellui laius Finablement ainsi que sil eust este deceu et moque par le dessusdit oracle de apollo sen retourna a thebes: ꝛ trouua spinges: ꝛ en esclarcissant et delassant les problemates la occit. Et entra a thebes/ ou il fut creu et repute filz du dessusdit polibius. Et la Jocastes sa mere lui fut baillee en mariage Laq̃lle meroes iadis femme de polibius receut voulentiers souspecionnant quelle fust sa mere et craingnant le mariage. Edipus fut fait Roy de thebes: et eut quatre filz de ladicte iocastes. Grãde peste fut a thebes: ꝛ eut par responce dudit oracle que icelle peste ne cesseroit iusques ad ce q̃ le mariage incestieux dicelle iocastes seroit purge par lexil du regnant. Certes quant icelluy ia maleureux doubtoit ce q̃ dit est/ vng corynthien vint qui lappelloit ꝛ denoit querre pour succeder au royaume de polibius qui mort estoit. Quant il disoit quil craingnoit les nopces de sa mere: il ouyt dung homme vieil et ancien comment il estoit venu a chorinthe. Quant iocaste ce ouyt luy vint en memoire ce quelle auoit ouy de ses seruiteurs qui lauoient porte. Elle regarda les piedz de luy: et incontinãt le recongneut son filz. Quant edipus eut ce ouy: ꝛ recongnoissant quil auoit occis son pere laius: il fut frape de si grãde douleur quil se arracha les yeulx ꝛ se condempna a perpetuelles tenebres Les filz dicelluy mesprisans lumilite de luy sen allerent et firẽt guerre mortelle lung contre lautre. Et Jocastes estoit ia par glaiue occise. Edipus triste et doulant prĩt auec luy lautre des filles / ꝛ exille de lempire et seigneurie de creon: sen alla a la mõtaigne nõmee cyterum. Il est a moy incongneu ou il alla dela. Toutesfois les atheniens par ie ne scay quel merite luy constituerent: ꝛ firent vng tẽple et sacrees cerimonies comme a vng dieu ainsi que valere escript Valerius

De antigone fille de edipus Chapitre .lxxi.

Atigone ainsi que stace tesmõgne fut fille de edipus et de iocastes. Elle ayant mercy de son pere aueugle et par creon mis en exil ministroit guide. Quant elle fut venue por rendre les dernieres lermes a ses freres ꝛ a iceulx faire leurs funerailes et de nuit contre le commandemẽt de creon et quelle eut la trouue argie femme de polinices: ꝛ quelles deux. brullassent les corps mors des freres. Elle fut Stacius prinse auec argie. Et par le commādement dudit creon fu tuee.

De ismenes fille de edipus Chapitre.lxxii[e]

Stacius Ismenes fut fille de edipus ainsi que stace afferme / De laquelle nest autre chose escript. Si non quelle estoit fiancee a vng ieune homme cyrrien nomme athis. Lequel deuant les nopces fut par tydeus occis.

De etheocles filz de edipus et de iocaste Chap.lxxiii[e]

Etheocles filz de edipus mesprisant lumilite et condicion paternele: fist paix et concorde auec son frere polinices du gouuernement du royaume soubz ceste loy et condicion / q̄ lung apres lautre regneroit par fois tous les ans lung regnant et lautre estant dehors. Quant il fut mādé venir par polinices tydee amy du royaume. Il ne voulut point tant seulement non garder la loy et condicion entre eulx faicte Mais que pis est il disposa ambusches et trahisons audit tydee ambassadeur. A ceste cause il fut assiege de sept roys Et finablement vint en guerre contre luy. Et ia vaincu par lui tua son frere dune espee. Et ainsi tous deux par mutueles playes moururēt: et les feux qui brulerent les corps mors de eulx ne furent point encores en concorde.

De polinices filz de edipus qui engendra thessandre Chapitre.lxxiiii[e]

Il est tresnotoire q̄ polinices fut filz de edipus et de iocaste. Ainsi q̄l est dessusdit cestui polinices fist auec son frere paction du gouuernemēt du royaulme: et sen alla le premier en exil et dehors. Et par la violēce des pluies et des vens il entra de nuyt en vng lieu nomme argos. Et quant il reposoit la en vne maison de plaisance / tydee vint qui exille fuioit le pais: et entra en icelle maison. Polinices se eleua cōtre luy par noise. Et ainsi quil est deuant dit ilz furent apaises par le roy adrastus et amenes a sa maison royale: et furent faitz ses gendres. Apres aucun petit de temps quant tydee soubz le nom de legacion et de ambassade eut en vain requis a etheocles le royaume pour polinices. Et quil eut trouue q̄ ledit etheocles luy auoit mis ambusches mortelles contre le droit de toutes gens. Aduint pue quant vng petit fiz fut ia ne a polinices de argie que adrastus assembla les princes arginiens contre etheocles et les thebaniens. Et vint en guerre / en laquelle guerre amphiarans fut angloti de la terre Et tydee fut frape dune mortelle fleche et playe. Et tous les autres roys furent occis en bataillant par diuerses manieres de mortz. Par quoy aduint q̄ les freres vindrent en singuliere bataille: en laquelle quāt polinices sembloit ia estre victeur. Il fut secretemēt transperce dung glaiue par son frere qui abatu estoit. Et ainsi tous deux par mutuelles playes perirent. La haine desquelz fut si efficace et inflexible / quelle apparceura aussi entre les corps diceulx mortz. Car quant lesditz corps furēt mis en vng mesme feu selon la facon de leur sepulture par argie femme dudit polinices: et par antigone sa seur / le feu ne se voulsist poīt alumer iusques ad ce que les flambes furent diuisees. Tellemēt q̄l apparoissoit clerement que lesditz corps refusoiēt estre brullez dung mesme feu.

De thessandre filz de po
nices Chap. lxxv^e

Stacius

STace tesmoingnãt thessandre fut filz de polinices & de argue lequel veu quil estoit ieune homme robuste entre les autres principaulx & nobles / il alla auec les grecz a la destruction troyẽne. Et comme virgille dit il fut lung diceulx q̃ entra auec vlixes dedans le cheual de bois. Je nay poît trouue quil a este fait finablemẽt de lui

De scyta treziesme filz du premier iupiter Chap. lxxvi^e

Plinius

AInsi quil plaist a pline en son liure de la naturelle histoire scyta fut filz de iupiter. Duquel nous ne lisons autre chose / si non ce que icelluy pline afferme. Cest assauoir quil fut le premier qui trouua larc et les fleches. Lequel trop plus ancien tesmoingne les sacrees lettres / desq̃lles est prins q̃ lamech fut sagitaire et archier

Il reste parler de celius de la lignee de lair / lequel nous a semble deuoir estre reserue pour faire le commancement du liure suyuant.

Du ciel filz de lair et du iour leq̃l engẽdra vnze filz: cõbien q̃ en ce pñt tiers liure ne soit traicte seulemẽt que de huit. Qui sõt opis: tethides la grande: ceres la premiere: vulcan le premier: mercure le tiers: venus la grã de: ⁊ venus la seconde: ⁊ toxius. Chapi tre premier du tiers liure

DAr le ciel nous entēdōs non point ce tresgrant corps orne destoilles / lequel orpheus disoit cōpose par phanetes pour son domicile et des autres dieux. Et lequel nous voyons p vng mouuement ⁊ circuit nous atourner. Mais nous entēdons icelluy ciel estre vng homme ainsi appelle comme au liure de la nature des dieux Tulles a dit. Ilz sont filz de lair et du iour Cest a entendre da la vertu du feu ⁊ exquise clarte. Desquelles proprietes sondit nom proceda en vsage Et que il fut homme / appert assez par lactence au liure desinstitucions diuines / car il dit auoir trouue en la sacree histoire vng puissant homme nomme vranie auoir eu a fēme veste. Et delle auoir eu saturne. et opis / et les autres. Lequel saturne quant il fut fait puissant par royaulme il nomma ledit vranie ciel et sadicte mere terre / affin que il multipliast par tout par ceste mutation de noms la clerte ⁊ noblesse de sa naiscence. Et ainsi que ennius en la sacree hystoire dit. Jupiter nepueu dudit vranie fist et ordonna premierement vng autier en la mōtaigne nommee panee audit vranie. Et ordonna sacrifice: et de icelluy nomma le vray ciel. Euemerus touteffois dit ce ciel ou celie estre mort en la mer / et estre enterre en la ville nommee aulacie

Tulles

Lactācius

Euemer

De opis premiere fille du ciel et femme de saturne Chapitre .ii^e

OPs ou opis ainsi quil plaist a lactence au liure des institucions diuines fut fille du ciel et de veste: et femme du frere de saturne: et mere de Jupiter et dautres plusieurs dieux. Par laquelle chose il obtint moult de honneur du circuit du monde enuers les orbes. Laquelle chose les anciens theologisans ont feingt: ou pour palir leurs erreurs ou comme il a este touche pour musser par fictions / au peuple la verite des grādes choses / ou plus tost pour flater Jupiter le roy tresgrant en laissant listoire. Laquelle ilz ont orne p merueilleusses fictions. Et par icelles sont eleuee a tant quil fut par plusieurs honnore et adore cōme tresgrant dieu Et lui furēt cōstitues en diuers lieux temples seruices et prestres. Pour lesquelles choses veoir et entendre plus clerement nous adiousterons aucunes choses. Ilz dirent premierement ladicte opis estre mere des dieux: et luy ordonnerent vng chariot tire ⁊ mene par lyons: ⁊ lui firent et peindrent en sa teste vne couronne de petites tours: et lui mirent en sa main vng sceptre. Et lornerent dune belle robe enuironnee de rainceaulx darbres et derbes: ⁊ mirent autour delle allant les prestres. Lesquelz nommerent iaulx. Pource q̄ par linstitucion faicte ilz estoient eunuques / lesquelz prestres suiuoient les tabourins et demonstroient preceder les sons dareins. Au tour delle mirent les sieges vuides ⁊ les corybantes armes. Voiōs maintenāt q̄lz ont entendu par tant de choses: elle fut dicte mere des dieux pource q̄ ceulx q̄ sont faitz de hōmes dieux sont a terreur ⁊ peur aux hōmes. La courōne faicte de petites tours dōt elle est anoblie mōstre la prinse de terre. Veu q̄ la tour est vng circuit de la terre fait ⁊ forme a la forme dune courōne au tour des cites ⁊ villes. La robe formee des rainceaulx et erbes mōstre les forestz iardins ⁊ infinies especes de erbes / desquelles le dessus de la terre est couuert Le sceptre q̄lle porte a la main mōstre les royaumes richesses ⁊ puissāce de ceulx q̄ regnēt ⁊ ēpirēt sur terre: ⁊ cōbien q̄lle soit imobile q̄lle soit portee par vng chariot / ilz ont entẽdu lordre aux euures de la terre / par les quatre temps de lan estre garde par vng mouuement circulaire. Ceste raison peult estre rendue / pour quoy elle est tiree a quatre lyons. Ilz ont voulu monstrer la coustume des laboureux en semant la terre. Les lyons ont de coustume cõme solin dit en son liure des merueilles que silz cheminent en terre poudreuse ilz effacent de leur queue les vestigies & marches de leurs piedz / affin quilz ne laissent aux chasseurs indice de leur chemin / laqlle chose les laboureurs font: quant ilz ont gete les semances dedãs les rayes de la terre / incontinant apres ilz les couurẽt dicelle que les oyseaulx ne prengnent icelle semance. Auec ce considere que les os des lyons sont plus durs que des autres bestes Ilz ont voulu dõner a entendre que les outilz qui tournent la terre doiuent estre plus espes et fortz que autres. Ou pour mieulx monstrer par les lyons: lesqlz nous disons estre roys des bestes de quatre piedz les princes du mõde estre subgectz au ioug de ladicte opis: & estre submis aux loix de la terre. Je iuge les sieges vuides au tour de elle ne monstrer si non que les maisons & citez des habitans qui sont leurs sieges sont faictes souuent vuides par peste ou guerre / ou que au dessus de la terre vague sont plusieurs sieges & lieux inhabitez Ou que la terre tousiours garde lieux vuides aux choses qui doiuent naistre ou pour demonstrer que ceulx a qui il appartient le labeur de la terre Non point seulement les laboureurs / mais aussi les princes qui poscedent aux cites et royaulmes ne se doiuent point adonner a repos et a oisiuete inutile. Mais doiuent continuelement veiller & labourer / considere que tousiours viennent de nouueau choses qui ont

Solinus

besoing de lexercitacion de iceulx. Les corybantes qui sont au tour delle armes signifient vng chascun mortel deuoir prendre armes pour le salut du pais / & se exposer pour luy a la guerre. Que les prestes delle soient nommez Jaulx dient estre pour ce aduenu que la mere des dieux amoit moult vng beau filz nomme athis: elle le trouua auecques vne concubine: et par ialozie luy trancha les genitoires. Et a ceste cause elle desire prestres a ce semblables / lesquelz ilz ont nomme par contraire sens et entendement iaulx. Macrobe en son liure des saturnaulx veult le soleil estre entendu par ledit Athis ayme de elle. Lequel semble chascun an reiouuenir: et estre tant aime de la terre quil enfante les herbes / fleurs / et fruitz que nous voyons estre gectes et receuz en elle. Que ledit athis ait este chatre. Je croy pour ceste cause estre feing / pource q̃ par aucun certain tẽps de lan les rayes du soleil sont veues steriles: et principalement en antonne et en yuer. Au quel temps on ne voit aucune chose estre par eulx engendree. Athis comme porphire dit est la fleur aymee de la terre comme son ornemẽt Laquelle fleur est lors chastree par la terre / quant elle chet par laduenement du fruit / ou si elle chet deuant le fruit elle nest plus apte ne ydoine au fruit Que les prestes dessusditz portent tabourins et instrumens darain veulent estre entendu deux hemisperes. Cest adire deux dempes serpens demies rotondites de la terre aux quelz deux comme aucuns ont opine est mõstree leuure de la terre. Et ce signifie les tabourins qui sont vaysseaulx semi esperiqs: & tousiours sont portes deux a deux. Par les arains ont voulu entẽdre les instrumens apliques au labourage Lesquelz deuant que lusage du soc fut

Porphi.

tadis trouue estoiēt par coustume fais darain. Ceste desusdicte deesse opis ilz ont nommee par moult denoms / desquelz aucūs ont este cy dessus exposes la ou a este parle de la terre / ⁊ icy il en ya aucuns speciaulx ⁊ communs auec les noms des deesses desquelz nous dirons. Et pource iay delibere dadiouster icy les noms qui sont ppres a elle / Doncques on la nōme opis: berecinthie: ree: cybeles: alme ⁊ grande: ⁊ pales Ilz lont appellee opis pource q̄ comme rabane dit elle fait secours aux messons / et est faicte meillieure par operacion. Fulgēce dit quelle est nommee berecinthie cōme dame des montaignes: pource q̄lle est mere des dieux / lesquelz sont entendus par les montaignes / cestadire les hommes eleues / ou cōme il plaist aux autres ⁊ amy est ainsi dicte pour la montaigne nōmee berecinthie / ou po[2] la ville de frigye en laquelle elle est tres saincteme[n]t honnoree par les habitās Elle est dicte Ree / pource que ce nom sonne autāt en grec q̄ fait ops en latin. Aucuns lont voulu nommer cybeles pour vng nomme cybales lequel dient auoir premieremēt vse enuers elle doffice de prestre / ou ainsi que les autres dient pour la ville nommee cybale en laquelle dient les sacrifices delle auoir este trouues. Aucūs dient ce nom estre dit a cybel / lequel sonne mouuement de teste / leq̄l mouuement estoit moult fait et exerce aux sacrifices delle. Aucuns ont creu elle estre dicte alme / po[2] nourrir: pource quelle nourrit tous p ses fruitz. Les pasteurs lont appellee pales ⁊ lont dicte deesse des pasteurs / pource q̄lle ministre les pastures aux brebis beufz ⁊ semblables bestes

Raban[9] Fulgēci[9]

De tethis la grande et fille seconde du ciel ⁊ de ocean Chapitre .iii[e]

Pol dit estre escript ⁊ baille par crysippe tethis la grande auoir este fille du ciel et de veste ⁊ femme de ocean Laquelle chose lactence afferme et la dit auoir este mere des nymphes Mais seruie la nomme doris / laquelle chose ie cuide q̄l a prins de virgile quāt il dit. Ainsi quant les fluctz cheent soubz les sicanes / doris amere ne entremeille point son vnde. Pource que en ces parolles il nya aucune chose de histoire Nous deuons veoir ⁊ entēdre le sens allegorique. Tethis sans aucū doubte est leaue / laquelle crysippe dit estre tiree des entrailles de la terre par la force de la chaleur celeste. Et ainsi estre nee du ciel et de veste: cest a entēdre de la terre et non point de homme Doris est interpretee amertume / laq̄lle est adioustee et faicte a leaue marine ainsi que les philosophes tesmongnēt par la chaleur du soleil. Laquelle chose est veue manifeste par experience.

Paulus Lactāci[9] Seruius Virgili[9] Sic vbi cū fluct[9] subter labere ⁊c. Crispp[9]

Car comme les nautonniers dient icelle saleure du hault de leaue de la mer est seullement la faicte et meslee. Veu que dedans lespace de dix piedz la doulceur de leaue est trouuee / mais que dirons nous quil a dit quelle estoit femme de ocean Considere que icellui ocean est eaue. Et par ainsi vne chose est veue homme ⁊ sa femme. Je croy q̄ ce feignans ilz ont cuide ocean deuoir estre prins po[2] le simple elemēt de leaue lequel certes est creu agent ⁊ faisant la ou laction de leaue est requise Mais ilz ont cuide tethis auoir la mixture ⁊ assēblee des autres elemēs / ⁊ estre cōe eaue elemētee. Leuure de laquelle mixtion peult cōceuoir ⁊ nourrir cōme ilz descriuēt les dieux auoir les deux sexes masculin ⁊ femenin / ainsi q̄l appert par les vers de valere serraī disāt Jupiter tout puissāt roy ⁊ inuēteur des roys pgeniteure ⁊ engēderresse des dieux vng et

Valeri[9] Jupiter omipotēs regū rex ⁊c.

mesme dieu. Ilz veullēt lappeller eau quant elle fait aucune chose et lapelle tethis quant elle seuffre Mais seneque la ou il escript des questions naturel les semble opiner autrement. Car il dit/ilz nomment la mer eaue viri le et toute autre eaue muliebre. Ilz la nomment tethis maieur pour la diffe rance de tethis mere de achiles. Laql le les anciens ont voulu estre nymphe et non point la deesse tresgrande. Si non quant nous dirons aucunes fois les nymphes estre deesses. Ceste grā de tethis enfanta plusieurs enfans de ocean: desquelz apres dirons.

Seneca

Aquam virilem vocant

De la premiere ceres secon de fille du ciel: laquelle en fanta acheron. Chap.iiii[e].

Lactācius

Theod.

CEres comme il plaist a lactence au liure des diuines institucions fut fille du ciel et de veste. Teodon ce dit quelle fut femme de sican tresan cien Roy de sicile et les siciliens auoit enseigne premierement lusage du fro ment. Et auoit enfante a icellui sican plusieurs filz. Mais il nennomme au cun. Et dit par le tesmoingnage de p napides celle auoit enfante le fleuue nomme acheron Et pource il recite de elle vne telle fable. Que elle conceut et par vergoingne de son ventre croissant sen alla musser en vne fosse hors de gēs en crete: et la auoit enfante acheron: le quel ne osa regarder la lumiere et cheut aux enfers/et la est fait fleuue infernal. Icelluy mesmes theodonce baille telle raison de ceste fiction. Car il dit estre pour tout vray et manifeste/que ceres persuada a saturne quil ne restituast en aucune maniere a son frere titan le roy aume. Et contre la condicion et parte entre titan et saturne fait auoit furti uement et secretemēt prins les filz ne lesquelz saturne auoit engendres. Et auec vesta la mere les auoit nourris/ laquelle chose quant elle fut descou uerte et quelle ouyt saturne et opis e stre detenus captiz par titan: elle eut peur de soy et sen fuyt en crete charchāt les mussetes et ne osa comparoir ius ques quelle sceust certainement que iu piter par victoire auoit deliure les pa rens. Duquel la dicte Ceres comme veult Pronapides conceut douleur/ pour la captiuite des freres: et enfan ta la dicte douleur en mussetes et en vne fosse. Et la mist et laissa iusques quel le esiouye de la victoire de Jupiter vint en lieu publique. Et dit icelluy ache ron estre ainsi nomme. Ab a qui signi fie sans et cheron qui denote ioye com me sans ioye. Car celluy qui se deult est sans ioye. Et pourtant dit quil ne voulut point veoir la lumiere. Car la plus part des doulans gectent les yeulx vers terre: et quierent les lieux secretz et obscurs. Et la il fut fait fleu ue infernal. Car aux enfers oncques nya aucune ioye. Et ne luy est point attribue de pere: pource quil est pro cree et fait tantseulement de nostre exi stimatiō et reputacion.

Pnapi.

De acheron fleuue infer nal et filz de ceres/lequel engendra six filz. Cestassa uoir alecto: tisiphones: me gere: victoire: asthalphum: et styges Chapitre.v[e].

ACheron fleuue infernal sans pe re fut filz de ceres ainsi que il est dessus monstre. Polle disoit filz de Titan et de la terre. Et pource estre degete par Jupiter aux enfers. Pour ce quil auoit ministre et donne eaues cleres et nectes aux titans ayans soif. Certes nostre dante en la pmiere ptie

Paulus

Dantes

de sa poetrie: laquelle est dicte enfer sẽble autrement entẽdre de la naiscẽce de cestuy. Car il dit vne grande statue dung grãt vieillart estre au plus hault de la montaigne en crete nommee ide De laquelle le chief est dor/la poitrine et les bras dargent/le corps ⁊ les reins sont faitz darain/⁊le pie dextre de terre cuite: ⁊ tout le faitz du corps pres q̃ en icellui pie:⁊ sapioit tournee vers rõme. Et toutes lesdictes parties fors le chief dor auoir en elles faictes par lesquelles sailloient goutes deaue comme lermes/lesquelles assemblez par cauernes et fosses descendoient aux enfers: ⁊ faisoient ledit fleuue acheron.

Voyons maintenant que signifient tant diuerses fictions. Il est deuant monstre pourquoy il est dit filz de ceres. Et quil soit filz de titan et de la terre on le peult conceder. La ou nous vouldrons entendre titan estre le soleil Comme aussi les anciens ont voulu ⁊ aucuns ont opine que les eaues de la mer estoyent atires par la chaleur du soleil dentre les veines de la terre: et la par la froideur de la terre estre adoucies et sortir. Et par ainsi veu que le soleil lui a donne ceste cause. Il peult estre dit son filz comme dicellup du ventre du quel il est veu saillir. Quil soit fleuue des enfers. Il peult estre ainsi entẽdu. Il y a deux fleuues qui ont nom acheron. Lung court par les molosses

Titus liuius

comme tite. Liuie dit et entre aux estangz qui sont nommes enfers Et de la fault a lentree de la mer dicte thelesponte. Lautre court par les lucains p la mort dalexandre noble de epirote et chiet en enfer: Et ainsi chascun de ces deux descent en enfer. Car celui qui est aux molosse' est au royaume du feu pluton/qui a este dit dieu denfer. Pource quil est fait du soleil oriãt inferieur et vagabunt. Et par ainsi ql est au royaulme de pluton/il est en enfer. Toutesfois du second acheron aucuns ont ainsi opine. Ilz afferment la coustume des grecz au temps passe estre de bannir par exil les condamnez en ytalie,ou pource que les exillez ⁊ bãnis y venoient de leur voulẽte/ou qlz disoient que cestoit la mer inferieure/ou quelle soit linferieure grece de lorient. Et pource disoient et tesmoingnoient icellui fleuue ⁊ damnes estre aux enfers. Pource ont voulu trouuer lieu et maniere de fable. Veu aussi que la etimologie du nom dudit fleuue est ydoine a la fiction. Car elle sonne ⁊ signifie sans ioye ou salut. Car les exilles qui ont perdu leur pays sont sans ioye ou salut. Ceulx qui ont autrement cuide comme Seruie ⁊ apres lui

Seruius

alberice dient quil ny a point de fleuue nomme acheron. Mais que cest la terre de ytalie. Et de ce nous parlerons plus amplement autresfois. Toutesfois nostre dantes entend du vray

Dantes

acheron infernal en disant que en lisle en crete y a vne vieille statue de diuers metaulx. Laquelle tourne le dos a la dannee cite de ctrie vers Romme. Par lesquelles parolles il entend signifier la congruite du lieu et de la naiscence du temps et des causes Voyons donc premierement du lieu. Il dit doncques le statut du vieillart/ou le vieillart est de bout. Et par cestui entẽdre lumain lignage/lequel est encores de bout/cõbien quil soit antique/et demeure en la mõtaigne nommee ida Car ida sonne autant que formosite. Par laquelle il veult entendre la formosite des choses temporelles. Et pour monstrer quelle doit perir/il dit celle mõtaigne auoir este iadis ioyeuse ⁊ maintenãt deserte ⁊ triste: ⁊ ledit estre en la mõtaigne cretẽse. Pource que lisle de crete semble moienne du monde deuise en trois parties

Car il a vers septẽtrion la mer nõmee egium/ ⁊ vers occidant la mer dicte ionium ou myrtenum lesquelles sont en europe. Elle a vers oriant la mer dicte ichareum ⁊ carpacium ou egyptien/lesquelles sont mers asiatiq̃s. Et est no⁹rie devers midy ⁊ devers occidant de la mer de afrique/par aĩsi est fin des trois parties du monde. Affin que nous entẽdons non point seulement vne partye des dessusdictes/mais aussi toutes la bourrer ⁊ aider que acheron soit concree ⁊ fait/car il est compose ⁊ fait ⁊ au tẽps passe ⁊ au iourduy par cheantes goutes Cest adire par crimes ⁊ oeuures mauuaises fluans par aages anciennes ⁊ p̄sentes. Affin que nous entendons la ioye eternelle estre perdue par les crimes des mortelz/mais affin quil aparoisse q̃ tous aages ne conuiennent pas ad ce il dit le chief dicelle statue estre massif et dor. Pour entendre le temps dinnocence de nostre premier pere ⁊ le nr̃e quãt sõmes autreffois nez par baptesme ⁊ par seuerons innocens en nostre enfance. Apres vient celle dargent laquelle combien quelle semble meilleur par les forces ⁊ vertus corporelles/toutesfois elle est faicte plus vile par vices. Parquoy celle dargẽt est trãchee par fantes/cest a dire par crimes. Finablement vient la tierce plus sonoreuse que les precedẽs ⁊ grandement plus deterieure ⁊ pire p̄ oeuures. Et ceste est equalement fandue ⁊ besõgne a laugmẽtation ⁊ acroissement de misere. Apres est celle de fer plus forte que les autres/⁊ aussi pire et plus obstinee. La derniere est de terre sur laq̃lle panche tout le faitz du corps Par laquelle est designee la fragilite et vieillesse des mortelz. Et ceste icy est fandue/par lesquelles fantes est fait q̃ lermes sordent ⁊ saillent qui font ledit acheron/cest a dire perdition de ioye. p̄ laquelle par necessite sensuit acquisitiõ de tristesse affin que la naiscence du lac infernal soit faicte: ⁊ par tristesse le feu de douleur qui est dit phlegeton Et par cestui le pleur de misere ⁊ froideur eternelle laquelle cocitus signifie. Quelle est tournee vers rõme signifie ⁊ descript lhumain lignage lequel eut son cõmencement ou champ damascene ⁊ regarde de loing sa fin/cest Rõme la derniere des royaumes du monde.

Des furies filles dacheron en general. chap. vi^e.

Tous les poetes semblent vouloir trois furies estre/desquelles nous plaist peu de choses en general dire/affin que des particulieres nous preignons plus facile entendement. Premierement doncques ilz ont dit les furies auoir este filles de acheron ⁊ de la nuyt. Theodonce tesmoigne que acheron fut leur pere. Quelles soient nees de la nuyt leur mere les vers de virgile le monstrent qui dit. Les dires ainsi surnõmees sont dictes deux pestes lesquelles megere infernale/la nuyt inutile ⁊ sans euure a fait par vng mesme enfãtement. Oultre ce lesditz poetes ont voulu icelles furies auoir plusi⁹ nõs Car ilz les ont voulues estre appellees chienes en enfer comme il semble que lucan a voulu disant. Je vous getteray hors a la lumiere superieure par vray nom chienes infernales ⁊ la vous laisseray. Elles sont appellees enuers les mortelz furies cõme que par leur effect appert ⁊ par les vers de virgile disant. Elle gette vng serpent de ses cheueux bleux ⁊ met au sein iusques au parfont des entrailles iusques que elle furibonde mesle par ce monstre toute la maisõ Nous les appellõs aussi eumenides aĩsi quil appert par ouide disant. Les eu-

Theod⁹

Virgili⁹

Dicũtur gemine pestes cognoie

Lucanus Jam vos ego nomi ne

Virgili⁹ Ceruleis vnũ de cri nibus

Ouidius Eumenides tenuere faces de funere raptas

Virgilius

menides ont tenu les brādons ⁊ falotz rauis ⁊ prins des funerailles. Et ce appert assez estre fait entre les nostres en mariage infortune. Elles sont aussi appellees dires / ⁊ ce enuers les superieurs ainsi que virgile dit. Mais quāt la maleureuse inturne eust de loīg congneu les eles ⁊ lestrideur ⁊ son des dens de la dire elle trancha ses cheueux qui estoient deliez / car la deesse inturne cōgneut ladicte estrideur de la dire en lair ⁊ non en la terre Elles sont aussi nommees volucres cōme virgile dit. Je laisse ia les batailles / ne me faictes poīt de terreur ⁊ peur qui ay peur. O volucres ordes ⁊ soullees / ie congnois les batemens de voz eles. Theodonce oultre ce dit que ceulx qui hantent les riuages les appellent harpies / ⁊ apres les dient estre deputees au seruice de iupiter ⁊ de pluto ainsi que virgile tesmoigne escriuant delles. Ceulx cy apperēt a la chaiere de iupiter ⁊ a lentree de luys du cruel roy / ⁊ acroissēt la peur aux mortelz malades si aucūesfois le roy fait mort orrible ou maladie des dieux / ou espouante par guerre les citez. Voyons maītenant que signifient ces choses. Dōcques ilz dient quelles sont filles de acheron ⁊ de la nuyt / ⁊ la raison est veue telle. Quant noz choses ⁊ affaires ne succedent ⁊ aduiennent selon noz desirs / ⁊ que la raison est tant abandonnee que la pensee est toute perturbee / ⁊ tāt que la perturbation perseuere par la pensee aueuglee / la perseueration acroist iusques quelle saille ⁊ vienne en effect leq̄l effect sās raison ainsi fait fault par necessite quil appere furieux. Et ainsi les furies naiscent de acheron ⁊ de la nuyt Elles sont dictes chienes en enfer voire ⁊ enuers les hōmes de condition infime ⁊ basse / lesquelz quant ilz viennent en perturbation ⁊ quilz nont force pour resister a la fureur ilz rēplissent ⁊ sōt toutes choses par clameur aboyans cōme chiens. Elles sont dictes furies ou eumenides des moyens hōmes / pource quelles blessent les furieux par plus grāt feu ⁊ ambrasement. Aucūes furies sōt que lhōme mediocre perturbe face contre soy ⁊ dedens se rōge ⁊ consume. car la loy publique defend quil ne face aucune chose contre les mineurs ⁊ inferieurs de lui / ⁊ la puissance defend quil ne face contre les maieurs ⁊ plus puissans que lui / ⁊ lindignation defend q̄l ne gette ⁊ face clameurs cōme le petit populaire Doncques il enrage en soy ⁊ sil sault ⁊ declaire sa fureur a grant peine desistera quil ne tende a tresgrāt feu ⁊ dōmage / plusieurs choses aydans a sa fureur Elles sont dictes eumenides pour ceste interiection de hōme dolant qui est heu / ⁊ ce mot mene qui signifie faulte / pource que cellui qui seuffre est a luymesmes poine. Ou au contraire sont dictes pour ces motz heu ⁊ mane / lesquelz deux sonent ⁊ signifient bien / ⁊ icellui a faute de tout bien. Elles sōt appellees dires enuers les superieurs / pour la fureur des maieurs contre les mineurs / a laquelle incontinent sault ⁊ vole la fureur des maieurs ⁊ plus grās Elles sont appellees volucres pour la velocite ⁊ soudainete de la fureur / veu que les hōmes viennent soudainemēt de mansuetude ⁊ de pasiblete en fureur / car ceulx qui hantent les riuages de la mer sōt esmeuz par telle fureur a la potope quilz nont aucune differance a fureur. Elles sont nōmees seruantes et obsequieuses a pluto / pource q̄l est dit dieu des richesses. Affin que nous voyons ⁊ considerons souuent que les perturbations ires ⁊ noises sont suscitees ⁊ faictes par limmoderee cupidite de lor. Il nest point merueilles si elles assistent a iupiter / combien que layons dit piteux ⁊ tractable / car il conuient a vng iuge piteux avoir ministres qui vangẽt ⁊ punissent les meffaitz/lesquelz sil na vse ou diceulx ne vse facilement lautorite des loix sera anichilee. Oultre ce est la divine permission pour les crimes ⁊ meffaitz du peuple que la fureur soit mise ⁊ meslee avec les elemens/ par le discord desquelz lair soit infait ⁊ viẽnẽt pestes mortelles par lesquelles no⁹ miserables hõmes consumez Et ainsi par lorgueil diceulx naissent les guerres p lesquelles sen ensuyvent brullemẽs de populations ⁊ destructions de gens

De alecto premiere fille de acheron. chap. vii.

Alecto est la premiere des furies fille de acheron ⁊ de la nuyt. Laquelle virgile ainsi descript. Alecto faiseresse de pleurs movera ⁊ fera du siege des dires seurs tenebres aux enfers/ et movera guerres tristes ires ⁊ embuches ⁊ crimes noisifz au cueur. Le pere pluto la hait ⁊ les seurs la heent cõme mõstre infernal qui se convertit en tant de facons/tant crueles faces ⁊ couleuvre si cruel qui pullule tant de choses. Et peu apres icelluy virgile dit. Tu peulz armer en bataille les freres dung courage ⁊ tomber par heures les maisons ⁊ par eversions/⁊ peulz faire ⁊ donner brandons ⁊ torches mortelles. Tu as mille puissances des dieux ⁊ mille arcs pour nuyre. Par ces vers virgiliens apperent assez les offices de ceste furie ⁊ la puissance ⁊ la crudelite quãt elle est odieuse ⁊ en la haine de pluton ⁊ des seurs Car alecto selon fulgence sõne autant que impẽsable. Affin quon entende toute furie a cõmencer a non repos ⁊ travail de courage/lequel travail tant de fois entre dedens les pensees quantes

Virgili⁹ Tu potes vnanimes armare in otelia

fois nous desistons cõgnoistre no⁹ mesmes ⁊ dieu.

De thesiphone furie fille seconde de acheron chapitre. viii.

Thesiphones est des furies la secõde fille de acheron ⁊ de la nuit Laquelle ovide a aĩsi descrit. Thesiphones importune sans aucune demeure prent brandon ⁊ torche trempee en sãg ⁊ rougie de sang cheant ⁊ publiquemẽt est vestue ⁊ ceinte dũg tortueux serpẽt Quãt elle sault de la maison les plo⁹s lacompaignent en chemin en alant et terreur ⁊ regart peureux par enragement. Claudien adiouste a ces paroles ce qui sensuit. Les serpens nõmees cerastes lui assistent ⁊ gettẽt cent gorges ⁊ la mineur tourbe des crueles demeure dedens. Elle a aux yeulx lumiere de fer ainsi que le soleil par les nues. Elle rougit par art atracienne ⁊ est couloree de couleur de venin Stace adiouste ce qui sensuit. Elle tend couloree de venin ⁊ sa peau est glissante par boe et porriture. La vapeur ⁊ aleine de sa bouche est feu ort ⁊ puant par lequel lõgue soif maladies/famines ⁊ mortz pareillement viennent aux peuples. Ainsi doncques est mõstree par virgile la qualite de alecto. et par ces trois poetes celle de thisiphon Fulgence oultre dit que thisiphones: cest autant que tritoniphones: cest a dire la voix des ires a laquelle est facilement venue quant le non repos ⁊ travail fait nostre poitrine enflee Et pource ovide dit tel proces estre falot ⁊ torche trampee en sang/veu que lire du feu ne sault point si non en sang. Et pource la dit estre rouge par flux de sang. Pour la couleur de la face de lhõme ireux ⁊ courrse/⁊ pour monstrer ⁊ declarer la disposition du courage. Et ne

Ovidius Thesiphone madefactã sanguine

Claudia⁹

Centũ illi stãtes vibrãt ore ⁊c.

Stace

Suffusa veneno tenditur ac sanie gliscẽs cutis

se lieue ne gette deuant de ceste ire que ne viennent les lermes de ses amis qui ont peur de lui cõme moins sain et en bõ sens / et lequel est acompaigne de terreur et peur / pource que tout homme ireux et course semble terrible. Les serpens qui lui sont adioustez denotent la fureur de lire / parquoy lhõme ireux et course qui est a tant deuenu gette par sa voix vapeurs cest a dire paroles par lesquelles souuent naiscent desolations de lieux pouretez miseres et mortz de peuples.

De megere tierce fille de acheron. chap. ix^e.

Megere furie fille tierce de acherõ et de la nuyt est ainsi descripte p claudien la ou il tracte des louanges de stillicon. Megere desloyale et mauuaise soudainement sort de son siege triste Laquelle suiuent mouuemens de courages folz et erreur prophane / et ires exundans par escumes furiales. elle boit le sang illicite lequel lespee a mys hors par la mort des affins / et lequel les freres ont fait. Ceste esbayst la face et courage de hercules. ceste a ordoie les corps et coustes des defenseurs des terres et pays. Ceste adresse les dars a la dextre de athamentee. Ceste cy a moque et deceu les chambres et maisons de agamenon entre les banquetz et buueries. Ceste fauorisant a ioinct et ensemble mis / thieste edippode a la mere et a la fille. et pource que megere signifie autant que contention et noise nous pouons assez congnoistre par les dessusditz vers les faitz delle cõuenir a son nom. Parquoy ainsi aduient que par inquietude et non repos de courage nous deuenons a clameur et cry / et de cry a haine et noise / par lesquelz nous sõmes faitz furieux et cheons souuent a mort et perdition.

Claudia

De victoire quarte fille de acheron. chap. x^e.

Pol dit que victoire fut fille de acheron / et quil leust de sa fille nõmee styx / et que pource quelle fauorisa a iupiter en la guerre des geans il lui dõna pour remuneration et don que les dieux iureroient par styx mere delle. Et si aucuns deulx faisoit aucune chose cõtre ledit iurement et serment il abstineroit par aucun temps de leur beuurage q est dit nectar. Claudien la ou il tracte des louanges de stillicon descript ainsi de ladicte victoire. Victoire manifeste et baille au duc et seigneur les sacrees elles / et se esiouyt de la palme verte / et est vestue de signes de triumphe. Elle est gardienne de lempire et vierge seule guerissant les plaies. Tu enseignes non sentir aucun labeur. Theodonce presque cõcordãt a claudien en ladicte descriptiõ / oultre ce la orne de triumphans ornemens. Mais pol discorde a ce et dit quelle est ioyeuse mais quelle est vestue de aillons pleins de puante sueur pleins de pouldre et de poil / et quelle est vestue darmes / et auec ses mains pleines de sãg racompte maintenant les captifz et

Paulus

Theod.

prisonniers/et maintenant les despoul
les diceulx/et les ornemẽs que ledit the
odonce attribuoit a son filz/et lequel on
dit toutes choses exhiber et faire Enque
rons maintenant quilz ont par ces cho
ses entendu. Je croy les anciens auoir
voulu victoire estre dicte fille de acherõ
pource quelle nest point acquise par oysi
uete et paresse/mais per continues cogi
tations et pensees/lesquelles quant el
les expriment et tirent de lengin cõseilz
plus utilz/certes elles trauaillent le pẽ
sant et cogitant et lui ostent toute ioye et
ainsi acheron est la auec lui. Auec ce vi
ctoire nest point trouuee ne en bãquetz
et mangeries/ne en ieux et ioyeusetez/
mais en vigiles circuitions et labeurs cõ
tinuelz par pensee constante et force de
corps/douleur de plaies et souffrãce das
saultz victoire est choisie et acquise. Les
quelles choses dessusdictes ne peuẽt ad
uenir/ou estre souffertes sans tristesse
du pacient. Mais affin que ceste tristes
se ait differance a la tristesse des furies/
ceste tristesse le plus souuent vient du
corps/et celle des furies de la passiõ et dou
leur de la pensee. Et ainsi que acheron
est fait a aucun pere ainsi incontinent
styx vient a lui pour mere. Au contrai
re les hastis et qui ne premeditent et pen
sent aucunes choses deuiennent facile
ment en ruyne. Troye estant en anxie
te et trauail ne peult estre prinse/ mais
Claudiẽ incontinent quelle fut hors de ce et quel
le fut ioyeuse elle fut prinse. Claudien
dit victoire auoir eles/car obmise et lais
see vne opportune vigile et sollicitude/
aucuneffois facilement elle vole a lau
tre partie. Victoire naist de palme/ car
le bois de palme iamais nest corrompu
Les branches delle gardent longuemẽt
verdeur. Affin que nous entendons le
non puissance et acroissance du victeur
doit viure long temps. Elle est vestue
de tropheees cest a entendre de signes de
victoire. Pour monstrer la secõde espe
ce de hõneur fait au victeur/car cestoit
le mineur triumphe. Et pource que le
victeur en ce triũphe auoit sacrifie vne
brebis il estoit appelle ouacion. Ainsi q̃
les anciens nommoient le tropheevng
trone fait a la forme dũg hõme gaigne
et vaincu. Et le trophee abille des ar
mes dudit vaincu est plus ydoine et pro
pre abit de victoire de signe par pol que
nest cellui qui est escript par theodonce
Car le victeur nest pas incontinent or
ne de ornemens triumphaux/ et ses or
nemens ne sont point apres donnez a
victoire mais a lui pour victoire.

De honneur filz de victoire chapitre. xie.

Theodonce et pol dient honneur a
uoir este filz de victoire/mais ilz
ne dient point de quel pere. Touteffois
ie cuide que honneur est dit pource filz
de victoire/car pour victoire acquise sẽ
suit honneur/lequel est fait en la presen
ce du receuant quant louanges sõt fai
ctes en labsence de lui. Et pource anci Nota
ennement par les Romains fut fait tẽ
ple a hõneur et aupres du temple de ver On ne peult venir a honner q̃ par vtu
tu/auquel on ne pouoit entrer si non p
le temple de vertu/affin quil appere au
cun ne pouoit acquerir hõneur si nõ par
vertu. Et sil est fait a aucun par autre
cause il nest point honneur mais blan
disses et flateries ioyeuses et ridiculeu
ses. Ilz ont voulu la fẽme de honneur
estre reuerance et dicelle estre nee maie
ste. Touteffois aucuns dient reueran
ce et honneur nauoir point de differance
mais ilz different ainsi/car honneur est
publique et priue. Publique quãt la lau
ree ou triũphe est a aucũs decerne. Pri
ue honneur est cellui qui est faict a pri

uees personnes/quant nous faisons reuerance a vne priuee personne & le mettons deuant nous/& donnons lieu premier ou temple ou a la table. Reuerance est que nous faisons aux souuerains & maieurs/non point par loy ou ordonnance/mais de nostre voulente ou par coustume quant nous parlons la teste descouuerte & les genolz ploiez aux venerables hommes/lesquelles choses sont deues a dieu seul/combien que les princes ambicieux de honneur les ayent occupees.

Nota Les honneurs q sont deubz a dieu estre vsurpez p les seigneurs

De maieste fille de honneur chapitre .xii^e.

Ouide dit maieste estre fille de honneur & de reuerance/de laquelle il parle ainsi en son liure des fastes quant honneur & deue reuerance par regard ioyeux mirent leur corps en litz legitimes delles vint sacree maieste laquelle regit & gouuerne tout le monde. Elle fut grande quelque iour quelle ait este nee. Et sans demeure elle a siege hault eleue en la montaigne nommee olympe ayant la poitrine couuerte de pourpre & au demourant aparoissant toute dor. Je cuide maieste auoir este dicte fille de honneur et de reuerance. Car par honneur & reuerance exhibee/au reuerant est fait aucun estat de maiorite par lequel maieste est appellee/laquelle competee & apartient a dieu seul.

De aschalaphe cinquiesme filz de acheron. chap. xiii^e.

Ouidius. Aschalaphus auditque em quod am diciturr.

Aschalaphe fut filz de acheron et de la nymphe nommee orne/comme ouide dit ainsi. Aschalaphe lit lequel on dit que orne iadis trescongneue entre les nymphes infernales enfanta de son acheron soubz les vndes blondes. On dit que quant pluton eut rauy proserpine & quon demanda a aschalaphe sil auoit autre chose gouste en enfer il accusa ladicte proserpine & dit quil auoit gouste trois greins de pomme de grenate du iardin du riche dieu nomme dis/parquoy fut fait que proserpine ne fut point du tout restituee/& aschalaphe fut par la deesse ceres mue en vne suete. En ceste fiction ie croy les poetes nauoir voulu autre chose que monstrer loffice de accuser estre tresodieux/& pource ilz dient aschalaphe estre mue en ladicte suete/car ainsi que ladicte suete est oyseau funeste & contamine de mortalite/& est reputee tousiours estre signe de augure mauuais/ainsi laccusateur est tousiours nonciateur a cause de labeur & anxiete auec ce ladicte suete est oyseau breant/pour monstrer les accusateurs estre criars/& ainsi que ledit oiseau soubz moult de diuerses pennes & plumes a peu de corps/pareillement soubz la longue verbosite de laccusateur souuent est trouue peu de verite. Doncques ledit aschalaphe a bonne raison est dit filz de acheron/aumoins pour la similitude de loffice/car ainsi que acheron priue de ioye ceulx quil passe sur son fleuue/ainsi laccusateur remplist de tristesse ceulx contre lesquelz il inuehit & parle. Que ladicte orne est dicte sa mere il est prins selon la coustume de ladicte suete/laquelle comme dient ceulx qui ont escript des proprietez des choses souuent hante & habite aux sepulcres des mors/lesquelz sepulcres comme papias dit sont nommez orne. Et lucan dit. celluy qui na point de orne:cest a entendre de vaisseau pour estre mis mort sera couuert du ciel. Les choses appartenans a ladicte ceres & a proserpine seront mises & traictees apres la ou lon parlera delles. Lucan^s

De styx sixiesme fille de acheron. chap. xiiii^e.

Styx est dicte lac infernal ꝛ est repute de tous fille de acheron et de la terre. Et selon alberice est nourrisse ꝛ hosteliere des dieux. Et côme il est dessus dit les dieux iurent par elle. Et ainsi que virgile dit ilz ne osent grandement iurer doubtant la peine delle. Les paroles de virgile sont telles Les dieux creignent iurer le lac nôme styx / ꝛ creignent deceuoir la puissance dicelle / car ceulx qui grandement iuroient estoyēt priuez par aucun tēps du dessusdit beuurage des dieux / ꝛ ce veullent lui estre concede pource que victoire la fille delle fauorisa aux dieux bataillans contre les titanes Styx est interpretee tristesse / ꝛ pource elle est dicte fille de acheron qui est sans ioye A ceste cause ainsi que alberice dit pource que celui qui na poît de ioye chet facilement en tristesse ꝛ necessairement y chet la terre lui est attribuee pour mere. Car comme ainsi soit que toutes eaues procedent dune mer qui est la fontaine deaues il est necessite quelles soient tyrees par les voines de la terre iusques a ce lieu dôt elles sordent / ꝛ ainsi la terre est dicte mere de la dicte styx. Ou selon vng autre sens entre les humeurs ipimees des elemens aux hômes ꝛ fêmes / la melencolie est imprimee ꝛ mise par la terre / laquelle sans doubte est mere ꝛ nourrisse de tristesse. Ilz ont voulu ladicte styx estre nourrisse ꝛ hostelliere des dieux ꝛ nô sâs mistere. Et sur ce deuons entêdre deux tristesses estre. Nous nous contristons ou pource que ne pouons acquerir par quelque cause que soit noz detestables desirs. ou nous contristons congnoissans q̄ no^9 auons fait ꝛ perpetre moins iustement aucuns ou plusieurs. La premiere tristesse ne fut oncques nourrisse ou hosteliere des dieux. La seconde tristesse a este ꝛ est la nourrisse ꝛ hosteliere diceulx / car ce trister ꝛ douloir des choses cômises moins bien nest autre chose que bailler ꝛ ministrer alimens ꝛ nourritures a vertu / par laquelle les gentiles se rebellerent contre leurs deitez / ꝛ nous crestiens allons a beatitude eternelle en laquelle sômes dieux ꝛ nô poît ames errans ou qui perir doiuent. Ces especes de tristesse virgile a tresbien entendu ꝛ môstre en son sixiesme liure de eneides / ou il descript les hômes qui diole ont la foy ꝛ qui sont obstinez en mal ꝛ les enuoye aux enfers ou il nya aucune redemption. Les autres qui apres leur coulpes ꝛ pechez ont fait penitence il meine aux champs elysiens Ou no^9 voulons dire ce que pour aduenture les poetes ont plus entendu les dieux: cest assauoir le soleil ꝛ les estoilles estre aucunesfois aler vers les egyptiens / ce q̄ aduient en temps diuer quant le soleil esloigne de nous tient sa demeure vers le lieu antartique lequel fait lors la oultre les meridionaulx egyptiens son zenich / cest son point ꝛ regart sur la teste de ceulx qui la habitent. Et lors les estoilles planetes se paiscent du lac stygien / selon lopinion de ceulx qui cuidoyent les feux des corps superieurs estre peux de lumidite ꝛ vape^r de leaue hault eleuee / ꝛ elle demourer ꝛ loger tant que ne flechissent point leurs cours vers le pole artique. Senecque en son liure ql escript de choses sacrees des egyptiens demonstre ladicte styx estre soubz la region australe disant ainsi. Le lac nôme styx est aux souuerains lieux / Cest en ceulx qui sont ou superieur emispere / p ce monstrant que pres de syenes extreme ꝛ derniere partie de egypte vers auster ya vng lieu lequel les habitans nômment phyales: cest a entendre ampes / ꝛ la estre vng grant lac ou maretz tresdif

Alberici

Seneca

Stygem paludem apud superos ec.

ficile a passer/car il est trop limoneux et empesche de certains ionctz quon nomme papier. Il est appelle styx pour la tristesse & labeur trop grant quil fait aux passans. La raison pour laquelle les dieux iurent par ledit styx peult estre telle. Nous auons acoustume iurer p les choses que nous creignons ou desirōs/ certes celluy qui sesiouyt grandement ne semble point auoir chose quil desire veu quil na faulte de chose quil creigne. Et de ceulx icy sont ceulx lesquelz les dieux font eureux. Parquoy reste qlz iurent par tristesse laquelle cognoissēt leur estre cōtraire. Ce q les dieux mōlt iurans sont priuez dudit beuurage diuin. Je cuide estre dit pource que celluy qui deuient de felicite en misere a mōlt iure/cest a entendre moins bien fait/ et par ainsi est deuenu dudit beuurage diuin a lamertume dinfortune.

De cocyte fleuue infernal filz de styx & lequel engēdra flegeton chap. xv^e.

Alberici — Cocyte est infernal fleuue lequel alberice dit estre ne de styx & de palus. laqlle chose ie repute pour ce estre dicte que le plour lequel est entēdu par cocyte viēt de tristesse/laquelle est styx

De flegeton fleuue īfernal filz de cocyte qui engendra lethes. chap. xvi^e.

Theod. — Flegeton est fleuue denfer/& selō theodonce est le fleuue dit cocyte que ie cuide pource estre dit/car par continuel plour on vient facilemēt a fureur. Laquelle cose cōme il plaist a aucuns aduient par nature. Car quant le serueau est atire & seche par lumidite des lermes les mouuemēs chaultz & eboullans du cueur ne peuent estre refrenez & ainsi on chet en fureur. Certes flegeton est interprete ardeur pour comprendre que par trop de chaleur de cueur les fureurs des hōmes sont excitees & emanees.

De lethes infernal fleuue filz de flegeton. chap. xvii^e.

Ilz dient lethes estre fleuue denfer & filz de flegeton/ce que ie cuyde pource estre dit/car oubliance naist de fureur: car nous voyons les furieux oublier leur qualite & dignite & des siens aussi. Et lethes est interpretee oubliance. Virgile met ce fleuue aux chāps elysiens/& dit ceulx estre la portez/lesquelz mercure veult retorner aux corps De ce est dessus dit la ou nous auons parle du premier mercure. Nostre dantes descript icelui fleuue estre ou hault de la montaigne de purgatoire/& dit les ames nettes & qui sont dignes du ciel boire dicellui fleuue affin quelles oublient les maulx passez/la memoire desquelz feroit empeschement a la felicite perpetuelle. — Virgil. — Dantes

De vulcan premier et quatriesme filz du ciel lequel engendra apollo. chap. xviii^e.

Tulles en son liure de la nature des dieux tesmoigne vulcan premier estre ne du ciel/duquel nest aultre chose trouuee si non que cōme dit theodonce il engendra le premier apollo de minerue seconde fille de iupiter Je croy cestui auoir este homme chault & de vigueur & puissance grande & frere de saturne. — Tullius — Theod.

De apollo premier filz de vulcan. chap. xix^e.

Cicero. Theod. Apollo cõme il plaist a cicero ⁊ a theodonce fut filz du premier Vulcan ⁊ de minerue. Et cõme icelui tulles asseure en son dit liure de la nature des dieux cestui fut le plus ancien des apolliens. Theodonce le dit auoir este inuẽteur de lart de medecine ⁊ le premier des hõmes qui cogneut la vertu ⁊ puissãce des herbes. Combien que pline de la naturelle histoire asseure chiron filz de saturne ⁊ de philare auoir este le premier inuenteur des vertus des herbes ⁊ des medecines.

Nota Que appollo fust inuẽteur de lart de medicine. Plinius

De mercure cinquiesme filz du ciel. chap. xx^e.

Comme tulles en son liure de la dicte nature des dieux escript / mercure fut ne du ciel pere ⁊ du iour mere / ⁊ nature touteffois fut plus impudiquement excitee ⁊ esmeue / pource que le dit pere fut esmeu pour le regart de proserpine. Les ornemens quon baille aux autres furent a cestui cy baillez. Touteffois theodonce dit les egiptiẽs auoir enuelope le serpent a la verge de cestui. Ce que tesmoigne valere marcial en son septiesme liure de ses epigrammes disant. O cyllenes lhõneur du ciel ⁊ ministre de facunde a laquelle verdoie la verge dor le dragon tortille. Oultre ce dient quil eust de sa seur ven^us son filz hermophrodite. Les choses deuant mises enquerons que ont voulu entendre les ãciens par ces fictions. Et premieremẽt po^r quoy ilz le dient engẽdre honteusemẽt du ciel. Leonce disoit plusieurs choses enuers ceste matere / comme le regart du ciel ẽuers la terre ⁊ lapparition rare de la planete mercure et autres choses semblables / lesqˡles laissees pource quelles semblent estre friuoles nous plaist mettre ce que barlaã a dit / car il disoit que ce mercure auoit des sa natiuite nom hermes ou hermias / ⁊ le disoit engendre de stupre: cest a entendre de illegitime assemblee de pere ⁊ de mere / par lassemblee de phylõ archadien ⁊ de proserpine sa fille / laquelle se baignant il auoit impudiquement regardee. Et aĩsi assez appert que nature esmeue impudiquemẽt est veue proserpine. Il le nõma hermes pource q̃ quãt hermes fut ne phylon interroga ⁊ cõsulta auec les mathematiciens: cest a dire les astrologiens des successions ⁊ aduenemens de lui. Ilz lui respondirent qˡ deuoit estre hõme diuin ⁊ tresgrant interpreteur de choses diuines / parquoy phylon qui auoit propose de labãdoner ⁊ getter le fit garder / ⁊ auec diligẽce nourir ⁊ le nõma hermes / pource que hermena en grec sõne ⁊ signifie en latin autãt que interpreteur / lequel herme^s quãt il fut paruenu en lage de adolescence sen ala en egypte pour la hõte quil auoit de sa scelerete ⁊ infame generation. Auquel egypte il profita merueilleusement en plusieurs choses / ⁊ sur tout en arismetique / geometrie / astrologie: ⁊ tant quil estoit prefere a tous les autres egyptiens. Et quant pour lexellence des sciẽces dessusdictes il eust ia acq̃s le nom de mercure / il estudia en medicine / ⁊ tãt qˡ fut fait en icelle grãt ⁊ renõme ⁊ nõ laissant le nõ de mercure fut repute apollo ⁊ grandemẽt ⁊ ꝓfondemẽt instruit aux choses sacrees egiptiẽnes. Il fut repute de to^9 merueilleux hõe / ⁊ la il fut dit filz du ciel ⁊ du io^r. cõe enuoye du ciel ⁊ cõe fait cler ⁊ noble a la lumiere du iour. et ce pour anoblir sa naiscẽce ou plus tost po^r couurir lignominie dicelle. Herme^s trimegeste q̃ se tesmoigne auoir este son nepueu oultre ce fait de ce mẽtion en sõ liure qˡ escript de ydole a asclepie disãt q̃ cõbiẽ qˡ soit mort il aide ⁊ serue ceux q̃ viẽnẽt ou sepulcre de lui. cõsiderõs ⁊ voiõs maĩtenãt q̃ veulẽt ces chose^s ⁊ ce^s notes en ce quant il demõstre ⁊ signifie aultre chose estre en planete / aultre en

Tullius

Theod. Valeri^9 Marcial Cyllenes celicq̃ de facũde ⁊c.

Leonci^9

Barlaã

medecin/autre en Rheteur ou orateur/ & autre en marchant/ou mercure larrõ Doncques ilz dient ainsi quil est deuãt monstre de mercure pmier couuert dun chapeau que nous entẽdions par lui le ciel duquel combien que soyons tous couuers toutesfois principalemẽt doit estre par le medecin congneu les variables mouuemens des planetes & leurs dispositions & icelles speculer/affinque ainsi que icelles planetes influent aux corps humains & font plusieurs choses le medecin puisse cognoistre les causes des maladies & les acces & les opportũs Remedes/& puisse disposer les choses q sont monstrees necessaires pour le salut des malades. Ilz lui baillent les robes lõgues iusques aux talons couuertes de pennes & plumes affin que p ces choses nous sachons & congnoissons ql fault que le medecin soit pour auoir Remede aux maladies suruenantes affin que le malade en sa maladie ne faille deuãt que la medicine du tardif medecin viẽne a lui/auec ce affin que les medecins cognoissent que pource qlz sont ministres de nature ilz doiuẽt voler toute autre cure & sollicitude laissee aux necessitez de ceulx qui les appellent. Il a aussi vne verge laqlle nous auons dessus dit lui auoir este cõcedee p apollo affin q entendons pmierement qlle est cõcedee par apollo auteur de medecine. cest a entendre p autorite de medecin expert & erudit & ce prouuant sans laquelle aucũne doit tel office exercer. Auec ce ilz diẽt ql Reuocque des enfers p ceste verge les ames palles/affin ql appere q plusieurs par le iugemẽt & lart de plusieurs qui se mellent de medecine q ia estoiẽt en voie de mort/iceulx par laide du medecin sanant estre Retenus en vie/ou plus tost estre Reuocquez de mort: cest adire denfer. Et au cõtraire quãt les causes des maladies ne sont poĩt cõgneues p ceste mesme verge cest adire autorite ou office moins que deuemẽt exerce les ames que demourassent en leurs corps sõt enuoyees aux enfers/cest adire a mort. Le medecin aussi par ceste verge/cest adire art dõne les sõmeilz & dormitions souuant a ceulx qui ne peuẽt prendre sõme ou loste a ceulx qui trop dorment a leur perdition. Le medecin aussi par ceste verge oste les vens quant par drapes psuasions & Raisons il oste les foles opiniõs des malades en ostãt la peur. Ou aussi quãt les vẽtositez sõt griefue doule aux boyaulx & entrailles du malade le medecin par ses bruuages ou autres remedes les Resoult en nyent. Et ainsi ilz passẽt les nuees quãt ilz gettẽt hors les humiditez superflues cõme passans cest adire a soy trapans du corps qui lãguit. Le serpent pource est enuelope en la verge affin que entẽdons q loffice medicinal sans naturelle & deue discretiõ tant par aduenture non point moins a mort que a salut/car les Remedes aucunesfois viennent non point moins p la cõsideratiõ & cõgnoissance du medecin q par lart dicellui/car lart de medicine cõmãde les choses supflues estre mises hors du corps p reubarbe leql sil est trop dõne a vng corps debilite facilemẽt il gettera hors la vie auec les supfluitez. & pource la discretion & sagesse du medecin est moult opportune a telles & autres choses. Laqlle par le serpẽt tresprudẽt autremẽt est signifie en la verge pour ce estre ẽuelopee affin q telle autorite ne soit excercee sãs discretion. Pol dit ql nest poĩt Paulus
vray q hermes engẽdrast hermophrodite/mais ce a este mis & feingt pource ql a le pmier mõstre aux egyptiẽs q cuydoyẽt les hermophrodites naistre estre chose mõstrueuse/& pour ce cõe chose ꝯtre nature ilz les gettoiẽt quant aucunesfois auenoit qlz nasquissẽt. & icelui hermes leur monstra quilz pouoient estre

engendrez par raison naturelle en laql le partie de la matris de la mere ilz estoyent receuz.

De hermophrodicte filz de mercure & de Venus. chap. xxi^e.

Theodonce dit que hermophrodite fut filz de mercure & de Ven⁹ laquelle chose ouide tesmoigne disãt. Les nayades nourrirent soubz fosses des ydees lenfant ne de mercure & de la diuine harparresse/ouquel estoit la ressemblance par laquelle on pouuoit cõgnoistre le pere & la mere de lui/& desquelz il print son nom. Oultre ce icelui Ouide recite de luidne telle fable.

Ouidius Mercurio puerũ et diua cythareide natũ ℞c.

Quant hremophrodite fut nourri en la mõtaigne de phrygie nõmee yde & ql laissa ce dit lieu vagabont il vint iusqs en carie ou il vit vne fontaine clere en laquelle fontaine habitoit la nymphe nommee salmace/ laquelle quant elle leut veu tresbeau incontinant layma & se parforca par doulces & blandissantes paroles lattraire a sonopinion. finablement ledit adolescẽt eust vergoigne & desprisa les paroles & les acolemens de ladicte nymphe. Elle en feignant sẽ aller se mussa derriere vng buisson & arbillon. Ledit iouuenceau cuidant que la nymphe sen fust allee se despouilla & entra deden⁹ icelle fontaine. Ce voyãt la nymphe incontinent elle osta ses abillemens & se mist toute nue dedens icelle fontaine & retint ledit iouuẽceau resistant a elle/ mais quant elle le vit inexorable elle lui pria q̃ eulx deux fussent faitz vng/& ainsi fut fait. Par ainsi cellui qui hõme estoit entre dedens ꝑcelle fontaine faillit dicelle homme & feme. Lors il pria que cellui qui apres se baigneroit en celle fontaine raportast dicelle pareille ignomenie/lequel il obtint fauorisant lung & lautre des parẽs aux prieres de lui. Alberice veult hermophrodite engendre de mercure & de Venus estre sermon & parole lasciuiente & voluptueuse oultre opportunite/lequel qui doit estre virile & honneste semble estre effemine par trop moles & voluptueuses paroles Mais ie raporte a la nature de mercure que hermophrodite ait lung & lautre sexe. Lequel le venerable Andalo disoit po^r ce quil estoit masle auecques les planetes masculines & femine auec les feminines Et inferoit ẽtre les autres choses que ceulx aux natiuitez desquelz il presidoit estoyent tenus & liez de concupiscence de lung et de lautre sexe/si autre planete ou lieu du ciel ne resistoit. Mais aucuns ont voulu ledit poete auoir vng peu plus hault entendu disans sept cellules & lieux a la matris des femmes ou elles cõceuent qui sont propices a conceuoir/desquelles trois sont en la destre partie du ventre & autant en la senestre et vne au milieu. Et de ceulx icy chascune peut conceuoir deux. Combien que Alberice dit ou liure de la nature des bestes quil a aperceu & congneu par lanortement dune femme elle auoir cõceu ensemble cent & cinquante filz. Et de ceulx cy ceulx qui sont en la destre partie quant ilz concoiuent la semence ilz enfantent masles/les autres q̃ sont a la senestre concoiuent femelles. Et quant ilz concoiuent en la partie qui est au milieu ilz naiscent ayans lung & lautre sexe/lesquelz nous diõs hermophrodites. Et ainsi en la cellule & lieu cõme en la fontaine de lung & de lautre sexe est faicte luite & debat. & quãt lũg & lautre sexe se pforcent de veincre affin q̃ lautre ne succombe il aduient que les vestiges & signes de la victoire des deux sõt veues / ainsi le dessus, cuyde langage

Alberici

Andalo

demeure que si aucun entre dedens icelle fontaine il saille dicelle demy hõme. Certes ie cuide que les poetisans ont autrement entendu/car ladicte salmace est une fontaine tresrenommee en carie laquelle affin q̃lle ne demeure pollue et souillee de ceste tache ilz nous plaist la purger et adiouster la cause de chascune chose qui a este feingte. Vitriuie en son liure quil escript de la maistrise des euures et edifices dit que ladicte salmace est fontaine en carie pres de alicarnase/laquelle est tresclere et exquise en saueur/aupres de laquelle les cariens et leleges iadis habitoient/lesquelz furẽt chassez de la par les archadiens nõmez nyde et Peuanpe/par lesquelz fut la faicte une habitation et compagnie cõmune dautres gens/et fut nõmee troezen. Iceulx doncques ainsi chassez fuyrent aux mõtaignes et acõmencerent de tous molester par courses et larrecins. Et quant ung nõme archas qui estoit diceulx de la dessusdicte assemblee fut atteint dauarice de proufit il edifia une maison et ouurouer pres dicelle fontaine cuidant que la bõte dicelle eaue fauorisast aux commencemens de lui. Aduint que les cruelz barbares aucuneffois tant par la delectation dicelle eaue que aussi pour lopportunite des viandes descendoyẽt et venoient en icellui logis/et par accoustumance petit a petit laissoyent leurs faulce barbarie et crudelite/et commencoient sassembler auecques les aultres par plus doulces et humaines meurs iusques ad ce que de trescruelz semblassẽt estre faitz doulx et paisibles. Et pource que mansuetude et familiarite semble enuers ferocite estre femme a ceste cause est dit que ceulx qui vseroient dicelle fontaine seroient effeminez.

Vitruuius

De venus la grande sixiesme fille du ciel. ch. xxii.

Ainsi que ciceron escript en son dit liure de la nature des dieux venus la grande fut fille du ciel et du iour. Apres quil a monstre estre trois autres oultre cestui cy il asseure ceste icy auoir este la premiere de toutes Toutesfois combiẽ que plusieurs fictions indistintement soient trouuees enuers venus et ses delectations/nous prendrons celles q̃ nous semblent appartenir a elle et laisserons aux aultres les autres non point quon ne les puisse toutes applicquer a ceste ycy/mais pource quil sera plus decẽt de les mettre quant nous parlerõs delles et de celles qui leur sont attribuees. Ilz ont voulu doncques deuãt autres choses amour estre le filz de venus/cõme ouide tesmoigne quant il dit. Iay dit saincte mere des vnes et autres amours fauorisent a moy/mais du pere ilz ont discenti/car les vngs dient quil est engendre de iupiter/les autres du pere liber/comme aussi les graces lesquelles dient estre filles de cestui. Oultre ce ilz dient que venus a une ceinture quon nomme ceston/duquel laffermẽt estre ceinte aux legitimes nopces. Les autres dient quelle est sans icelle ceinture aux coniunctions et assemblees des hõmes et des fẽmes. Dient aussi quelle a grãdement en haine la lignee du soleil. pour ladultere du soleil auecques mars descouuert et manifeste par vulcane. Oultre ces choses ilz adioustent les coulombes estre en sa tutele et lui attribuent et donnent ung chariot quilz veulent estre tyre par cygnes/Et luy sacrifient larbre nommee myrte/Et entre les fleurs la rose. Theodonce doncques

Cicero

Ouidius Alma faue dixi geminorum mater amorum etc.

Theod.

apres ces choses dit quelle logea les furies en la maison de sa mere et sassẽbla a
uec elles familieremẽt. Ainsi qlz nomment les autres dieux p plusieurs nõs
pareillemẽt font aussi elle/et la nõment
Ven⁹ cytheree/acidalie/hespere/lucifer
et Vesperugo. Et ce ie en ay aucuns autres oubliez. Venons maintenant au
sens et entendemẽt de ceulx que nous a
uons mis. Mais pource que to⁹ les des
susditz noms ou la plus part deceulx p
les feignans sont prins a la ppriete de
la planete Venus. Iay delibere deuant
autres choses mettre ce que les astrolo
giens ont entendu de eulx affin que len
tendemẽt des poetisãs soit plus facilemẽt prins des choses dictes Et pource
Albuma. que iay autreffois suiuy albumasar et le
Andalo Venerable andalo ie descriray selon le⁹s
opinions presque ses meurs sa puissan
ce enuers les choses quelle besoigne.
Doncques ilz ont Voulu que Ven⁹ soit
fẽme de cõplexion fleumatique et femme de nuyt ayant pensees agues en la
cõposition des chansons en se Deriant
des pariuremens mãteresse croyant de
legier liberale pariẽte moult legiere hõ
neste/toutesfois en meurs et de Regard
ioyeuse Voluptueuse et grãdemẽt doul
cement parlant/mesprisant la puissan
ce corporelle et debilite de courage. Auec
ce elle signifie beaulte de face et Venuste
de corps et beaulte et hõnestete de toutes
choses lusage des pcieux oignemẽs les
espices fleurans/les ieux des tables et
des pierretes ou des larrons/auec ce le⁹
ebrietez et mãgeries/les Vins/le miel/et
toutes choses qui sẽblent appartenir a
doulceur et a chaleur/pareillement tou
tes manieres de fornications et de lasci
uies et la multitude de habitation charnelle. Ilz lui atribuent aussi les maistri
ses enuers les statues et peintures/les
euures des cousturiers et manieres de
Vestemens meslez dor et dargent. grãde
delectation enuers chans et Risees et dã
ceries dinstrumens de cordes et fleutes/
nopces et autres plusie⁹s choses. Mais
en laissant ces choses Venons a oster les
corce et couuerture de la fiction. Ilz la
dient fille du ciel et du iour/quant ilz en
tendẽt deuemẽt la planete/ car pource
quelle est Veue fichee au ciel et mouuoir
auec lui/il semble quelle soit produite et
faicte de lui. Elle est dicte fille du iour
pour sa clarte par laquelle elle est plus
Resplandissant q autre planete. Quel
le ait enfante double amour nest point
sans mistere/pour leuidence de laquelle chose nous deuons sauoir aĩsi que le Andalo
Venerable andalo a acoustume aucũes
fois dire que quãt dieu le pere trespuissant forgea et fist toute la machine du
monde il ne fit aucune chose superflue
ou sans Vtilite des creatures aduenir.
Pareillement deuons croire quil cõpo-
sa et fist les corps celestieux tant grans
tant Reluisans et tãt mouuans ordõne
ment par leur mouuement et dautrui
Lesquelz corps il fist non poĩt seulemẽt
pour le ornemẽt lequel nous negligon⁹
et mesprisons presque par le Regart cõ
tinuel que auons auec icelui/mais que
aussi ilz attribuent a ceulx corp⁹ moult
de puissance sur les corps inferieurs.
Cestassauoir ad ce que par leur mouue
ment et influance les temps de lan se re
uoluant fussent Variez/et que les chose⁹
mortelles fussent engendrees/et les engendrees nasquissent et les nees fussent
nourries et par temps fussent menees a
leur fin Et ne deuons point cuider icel
le leur puissance estre confusement adioincte au corps/ mais auoir constitue
et ordonne a Vngchascun son propre of-
fice/et auoir Distingue leur autorite en
uers les choses ql besoigneroient. Et a
uoir Voulu toutes choses lune enuers
lautre selon plus et moins de leurs cõ-
iunctions et aultres puissances selon

la variete des lieux deuoir mener loeuure a fin ⁊ ētēdre p mutueles fois apdre
Icellui andale afferme que entre tous
Andalo les autres effectz plusieurs q̃lz tesmoignent estre concedez a la planete venus
il lui a este cōcede pource que semble ap
ptenir a amour amitie/dilection/cōiun
ction/societe/vnion ētre les choses ani
mees/⁊ principalemēt les choses q̃ app
tienent a la procreation de lignee affin
q̃l eust aucune chose qui cōtraignit nature par aduēture oysiue ⁊ paresseuse a
la cōtinuation ⁊ ampliation delle Et a
ceste cause il peult estre cōcede les volu
ptez des hōes estre faictes ⁊ causees/la
quelle chose cōcedee les poetes ont exq̃-
sēmt feingt amour ou cupido auoir e-
ste filz de la dicte ven⁹. Mais il fault en
tēdre pourquoy ouide la dit gemeau ou
double. Je cuide q̃ amour est seulemēt
vng/mais ie cuide icelui tāt defois mu
er ses meurs ⁊ nouueau surnon ⁊ acq̃rir
pere quātesfois q̃l parmet se tirer en affections diuerses. Et po^r ce que ie cuide
Aristote aristote auoir mis troys affectiōs pour
hōneste pour delectable ⁊ pour vtile Et
affin q̃ aristote ⁊ ouide ne soiēt veuz di-
scordās ouide p aduēture faisoit des .ii.
derniers tant seulemēt vng/veu que de
lecter sēble estre vtilite. Mais pource q̃
ceste matere sēble plus partenir la ou
no⁹ ferons mētion de amour ou de cupi
do/venons maintenāt aux autres cho
ses q̃ appartiēnent a venus. Doncq̃s
ilz dient que venus enfāta graces/laq̃l
le chose nest pas merueille/car amo^r ne
fut oncques sans grace. lesquelle^s troi^s
⁊ autres choses appartenās a elle nou^s
mettrons aps quant no⁹ ferons mētiō
delles. Ilz ont aussi dit q̃ venus auoit
vng seinct q̃lz ont nōme ceston/leq̃l ne
lui auoit poīt este dōne p nature ne par
les poetes si p la tressaincte ⁊ venerable
autorite des loix ne lui eust este mis po^r
refrener p aucūe cohertion la lasciuie ⁊

volupte trop vagabonde. Homere en Homer⁹
son iliade descript q̃ cest q̃ ceston. Lentē
demēt desq̃lles paroles grecques de ho
mere trāslatees en latin ⁊ de latin enfrā
cois est tel. Elle delie de sa poitrine le
seingt large ⁊ en vain ceston ou toutes
choses lui estoiēt ordōnez a sa voulente
ou certes amitie ⁊ cupido ⁊ facūde ⁊ fla
teries robees estoiēt a ceulx q̃ studieuse
mēt le vouloiēt sauoir. enuers laquelle
chose si no⁹ voulons biē ɔsiderer le^s cho
ses en elle descriptes no⁹ verrons assez
les choses q̃ aduiēnent en mariage/car
il dit la estre cupido po^r entēdre le desir
deuāt les nopces de lespoux ⁊ de lespou
se aps lamitie laq̃lle naist de lassemble
deulx/⁊ des meurs q̃ a lung ⁊ a lautre
cōuiēnent/pquoy lamo^r se estand a lōg
tēps. Mais si les meurs diceulx sōt discordables no⁹ voyons aucunesfois nai
stre inimities debas/mesprisemēs ⁊ sēblables choses. Mais cōbien est oportu
ne ⁊ bōne facunde il appert cleremēt/car
p elle les affections du cueur sōt manifestees ⁊ les oreilles des amās sōt adou
cies. Les noises q̃ tressouuēt viēnēt en
tre les mariez sont p facunde ⁊ beau p-
ler apaisees ⁊ sont iceulx animez ⁊ affectez a souffrir ⁊ tolerer les choses surue
nans. sont aussi en elle blādicies qui at
traient ⁊ lyent les courages cōprimēt
les ires/⁊ reuocquēt aussi lamour aliē-
ne. ⁊ certes les puissāces delle sōt si grā
des q̃ non poīt seulemēt les ignares sōt
prins p elle/mais aussi cōe icellui home
re dit elles ont tressouuēt amble lenten
demēt des sages. Lactēce cōe no⁹ auōs Lactāc⁹
dessusdit escript q̃ venus ne porte point
ce seingt si non aux nopces hōnestes. et
pource dit tout aultre assēblee de hōme
⁊ de fēme estre nōme iceste ⁊ illegitime
assemblee pource que ceston nest point
porte a ceste assemblee. Que elle ait
loge en la maison de sa mere les furi-
es/ Et quelle ait este familierement

affectee a elles/ie cuide estre dit pour ce
Andalo ste cause/car le venerable andalo disoit
deux signes celestes estre qui par les a-
strologiens sont attribuez a mars pour
lieu/cestassavoir aries ⁊ scorpion/mais
no⁹ navons point en quelle maison des
deux venus les meine/mais si elle les
a menees en aries ie cuide estre signifie
par aries le cōmencemēt du printemps
veu que lors icelui temps a commence
quant le soleil entre audit aries envirō
lequel temps toutes les bestes sont en
clinees a concupiscence ⁊ volupte ainsi
que dit virgile elles ruent ⁊ cheent en
furies ⁊ feux/non point seulement les
bestes brutes mais aussi les fēmes/ la
complexion desquelles le plus souvēt
est froide ⁊ humide/laquelle est pl⁹ fort
excitee a volupte charnelle par latrēpē
ce du printemps duisant a chaleur. Et
si honte ne mettoit le frein lexcitation
dicelles sembleroit estre tournee en furie. Je me taitz ⁊ laisse les chaleurs ⁊
abolitions des ieunes hōmes lesquelles
si nestoient assoupies par lautorite des
loix ou plus coherceez ⁊ sarrees certes
elles excederoient ⁊ assailliroient en fu
reurs pestiferes. Ainsi les furies sont bi
en menees par venus en la maison de
mars/⁊ venus est faicte familiere aux
deesses quāt elle devient immoderee et
sans frein. Si nous voulons q̄lle meine a lescorpion pource que cest vne beste
fraudulāte ⁊ portāt venin/ētens aucu
nesfois les āgoisseuses amertumes des
amans vng peu meslee avec doulceur.
Pour lesquelles amertumes les miserables amans sont tressouvēt tāt ardē
tement vexez que cōme furieux ilz tour
nent cōtre eulx leur fureur par glaive ꝑ
las ⁊ p̄cipitation ⁊ trebuchemēt deux.
ou pour les iniures quilz ont receues
pour les amours ou deceues ou muees
Ou pour les iuremēs rompus/pour
les deceptions q̄lz y ont trouve ⁊ māte

ries par les q̄lles ilz sont travaillez/ou ꝑ
desperation ou cōme furieux sont p̄cipi
pitez en noises ⁊ homicides ⁊ meurtres
Et ainsi les furies sont receues en scor
pion ꝑ venus. Que ven⁹ ait en haine la
lignee du soleil/ie cuide cela estre prins
de amour illicite/car cōe la bas sera leu
ou no⁹ parlerons du soleil filz de hiperiō
Le soleil ꝓduit tresbeaulx ⁊ biē formez
hōmes ⁊ fēmes/laq̄lle beaulte sās dou
te attrait la cōcupiscence delle les pensees des sotz/⁊ ceulx q̄ sont attraitz biē
souvēt par ars diverses tirent/laquelle
chose certes est creue estre le fait ⁊ loeu-
vre de venus. certes ceulx icy sont subgetz a innumerables perilz/car quāt par
pareilz desirs ⁊ cōsentemēs ilz ꝑviēnēt
a leur libidineuse voulente. Les vngs
sont occiz/les autres sont po²suyvis ꝑ
haine mortelle/les autres tresriches de
viēnent en extreme povrete. Et aucunes fēmes ont denigre par ꝑpetuelle ⁊
laide infamie lhōneur resplendissāt de
chastete. Et affin que ie laisse plusieurs
autres choses/finablemēt sont mortes
⁊ finees ignominieusemēt. Aīsi appert
clerement venus infester ⁊ ꝑsecuter ꝑ hai
ne anciēne la lignee du soleil/⁊ la oppri
mer ꝑ ses venins couvers de miel. Ou
tre ilz ont mys les coulōbes estre en la
garde de ven⁹ pource q̄l est aīsi leu estre
advenu. Que venus ⁊ cupido se esba-
tant aux chāps vindrēt en cōtention/le
q̄l de eulx avoit pl⁹ a lui assēble de fle²s
Cupido sembloit en avoir plus assarre ꝑ
laide de ses eles Et il vit la nymphe pe
ristere venir a laide de venus/parquoy
indigne cupido trāsforma ⁊ chāga incō
tinant ladicte nymphe en vne colombe
Lors venus incōtinēt print en sa tutele
icelle nymphe ainsi chāgee. ⁊ po²ce sen
est ēsuivy q̄ les colōbes sont tousiours
attribuees a ven⁹. A ceste fable no⁹ pou
ons donner tel sens. Car theodonce Theod.
dit que peristere fut vne noble fille par

signee en corinthie & plus grandement
fẽme amoureuse trescõgneue. Et a ceste cause Ven⁹ peult estre dicte icy agẽt
en peristere pacience / & limpression de la
gent est amour ou pacient / Duql amo²
icelle vierge stimulee & agitee sassẽbla
avec Venus / cest a dire avec operation
charnelle / laquelle est presque lintention finale de lagent / si cupido molestant
pource pouoit estre vaincu. Mais veu
que tel desir est plustost embrase que e-
stainct par tel acte / a ceste cause elle est
ad ce venue quelle na point este conten
te de la cõpaignie de laymant / mais en
la maniere dune coulombe tressouvent
experimentant nouvelle⁵ amours / elle
devint en lembrassement & iouyssance
de plusieurs / pour laqlle cause les poetes lont voulue estre changee en vne co
lõbe. Par cupido cest a entendre laguil
lon de luxure. Peristere en grec signifie
en latin colombe / lesquelles colombes
sont baillees a la tutele de Venus / pour
ce quelles sont oyseaulx de grande ope
ration charnelle & presque de cõtinuele
generation affin que par elles q̃ dru sas
semblent charnellemẽt soient entẽdu⁵
ceulx qui sadonnent a Venus / car ceulx
cy vienent en la tutele de aucun ql nest
point encores cõgneu leur faire choses
opportunes & bõnes & ayant tuteur ilz
parfont par son cõmandement les choses cõmandees. Aussi les libidineux sõt
ditz estre soubz la tutele de Venus / Car
tousiours sont plongez en lasciuites &
delices Venus imperãt & gouvernant.
Le chariot est a ceste cause designe a Venus / car elle est menee par mouvemẽt
continuel au tour de ses cercles cõe les
autres planetes. Que le chariot delle
soit tire par cignes on peult deux raisõ⁵
donner. Cest ou que par leur blãcheur
signifiẽt la nettete muliebre & feminine. Ou pource que les cignes chantẽt
tresdoulcemẽt & principalemẽt quant
ilz sont prochains a la mort / pour monstrer q̃ le courage des aimãs est attrait
par chant / & que les aimans mourãs n
trop de desir presque par chãt declairẽt
leurs passions. Larbre nõme myrte est
dedie a Venus / car cõme dit rabane myr
te est dicte a la mer & de la mer / car elle
naist aux rivages. Et Venus est dicte
engendree en la mer / pource que ledit ar
bre est odoriferant & de bon fleur / & Venus se delecte en bõnes oudeurs. ou po²
ce que aucuns cuidẽt loudeur de cest ar
bre emouvoir les choses voluptueuses
& luxurieuses. Ou ainsi que les phisici
ens dient dicelle arbre sont faictes plusieurs choses bõnes aux fẽmes. ou que
du fruit dicelle est faicte certaine cõposition par laqlle luxure est exitee & aussi
fortiffiee / ce que le poete cõmique nõme
futurie semble tesmoigner quãt dioge
nes introduit la fẽme amoureuse disãt
Tu maporte⁵ le myrtine affin que vng
peu plus forte & puissante ie coure par-
mes cõtre Venus. La Rose pource est di
cte la fleur de Ven⁹ / car elle est de oude²
suave & doulce De ses plusieurs nom⁵
ces raisons peuent estre mõstrees. Premieremẽt elle est nõmee Venus laquelle les philosophes stoiciẽs intrepretent
chose vaine cõme abominãs voluptez.
Et ce no⁹ devons entẽdre qlle est dicte
deulx chose vaine entant qlle decline a
la partie voluptueuse & attrapant aux
lasciuitez de luxure Mais les epicuriẽs
la exposẽt & diẽt bõne chose cõe ceulx q̃
sont professeurs de voluptez / car ilz re
putẽt le souverain biẽ estre en volupte.
Mais ciceron dit q̃ Venus est ainsi nom
mee po²ce qlle vient a toutes choses / la
qlle chose certes nest poĩt dicte imptinẽ
tement / considere q̃ Ven⁹ est par aucũs
dicte bailler la cause de toutes amitiez.
Elle est nõmee cytheree po² lisle ou mõ
taigne nõmee cytheree / ausquelz lieux
par coustume elle estoit principallemẽt

Dioge. Myrtinũ michi af-fer q̃ ve-neri ar-mis &c.

honoree.. Elle est nõmee acidalie po[2] la fontaine dicte acidalie/laqlle est en boecie en la cite nõmee orcomeno/laquelle fontaine est sacree a Venus et a graces. Et en laquelle les sotz iadis cuidoient lesdictes graces pedisseques et seruantes de Venus se lauer. Ou elle est ainsi nommee pource quelle a commance cures ⁊ solicitudes Certes nous voyõs de quant de cures et solicitudes elle rẽplit les amans. Et les grecz appellent les cures acides. Hesperus est propre nom de planete enuers les grecz. Et principalement quant elle chiet et couche apres le soleil. Et de ce aussi est dicte Vesper/ainsi quil appert par Virgile disant. Vesper composera deuant le iour lolympe clos. Mais Varro la ou il traicte de la naiscence ⁊ proprete de la langue latine dit que elle est appellee Vesperugo/par leure en laquelle apert Car plaute la nomme ainsi disãt. Ne Jugula ne Vesperuge: ne les Vergilies cheent ⁊ couchent. Ainsi que tulles en son liure de la nature des dieux afferme lucifer est ainsi latinemẽt appellee et grequement bosphoros. Lucifer est dit cõme aportant lumiere: ⁊ ce quant il est veu en oriant deuant le soleil a laube du iour tant resplendissant que par bonne cause il est appelle lucifer. Les idiotes et nautonniers tressouuẽt lappellent Diana. Car il est veu deuãt nuncier le iour.

Virgili[9]

Ante diẽ clauso cõponet ⁊c

Varro

Plautus Nec iugula nec nec vesperugo nec virgilie occidunt

Tullius

De la seconde Venus septiesme fille du ciel et mere de cupido Chap. xxiii[e]

PLusieurs veulent la seconde Venus auoir este fille du ciel. Et toutesfois nestre point engendree en la maniere que toutes les autres sont engendrees. De laquelle est ainsi recite Saturne auoir forcene cõtre son pere le ciel: ⁊ auoir prins vne faulz/⁊ lui auoir trancher les genitoires ⁊ geter en la mer/et nest point declare ou ilz cheurent/mais dict icelle faulz estre gectee en vng hault eminent ⁊ apoissãt lieu en la mer de lilibee secilien. Et auoir appelle icelui lieu doepane en grec qui signifie en latin vne faulz. Mais lesditz genitoires gectes en quelque partie que soit de la mer qlz soient cheutz il gecterent sang. Duquel sang et de lescume de la mer ilz ont voulu ceste Venus estre engendree. Et lont voulue aussi estre deriuee ⁊ nommee de lescume de la mer. Laquelle en grec est dicte aphrodos: ⁊ ceste icy est ainsi dicte Macrobe en son liure des saturnaulx dit que Venus est nee du sang des genitoires du ciel. Mais quelle est nourrie de lescume de la mer. Et oultre ainsi que põponius me la recite/ceulx qui habitent pres de la ville en cypre nommee palepaphos dient que Venus fut en leur pays ainsi nee. Et estre soudainement sallie premieremẽt sur terre: ⁊ la feignent nue et souuent nouãt Laquelle chose noz poetes aussi aucũe fois tesmoingnent. Certes ouide en la personne delle dit ainsi. Adiouste aussi a tes dieux/car aucune grace iay en la mer Toutesfois si iay este cõceue au fons de la mer et ay este escume: et nom agreable me demeure delle. Et Virgile escript neptune dire a Ven[9] aĩsi O cytheree il est du tout iuste ⁊ licite que tu te fies a mes royaulmes desqlz tu as prins ta generacion. Oultre ce ilz dient les roses estre desdiees a ladicte Venus. Pource quelle porte en ses mains vne oystre de mer dedans sa coquille. Et ainsi veullent hermophrodite estre ne delle et de mercure et cupido delle seule. Certes il ya icy plus[rs] fictions. Mais delle nous pouons exprimer tel sens. Car ientens pour ceste Venus la vie voluptueuse et en toutes choses appartenans a volupte et luxu

Macro.

Pompo. ni us mela

Ouidius

Virgili[9]

re estre vne mesme venus auec la des susdicte. Et ainsi aussi semble que ful Fulgēci⁹ gence vueille. Et la veulent estre nee pour ceste cause du sang des genitoi res tranches a saturne. Car ainsi quō peult prendre de macrobe / les temps Macro. nestoient point quant chaos estoit / car le temps est certaine dimension ⁊ me sure laq̄lle est colligee par la circuicion du ciel. Et ainsi le temps est ne de la circuicion du ciel. Et apres du temps est ne carones qui est aussi nōme crono⁹ Lequel nous disons saturne: et toutes les semēces des choses qui apres le ciel deuoient estre engendrees / sont descē dues et cheutes du ciel. Et tous les elemens qui doiuent faire la perfectiō du monde sont fondes en celles semen ces / ou le monde est parfait en toutes ses parties et membres. Et ia par cer tain temps la fin est de pceder les semē ces du ciel. Et ainsi les genitoires sē blent estre tranches a saturne cest adi re au temps. Et estre gectes en la mer affin quil apparust / la faculte ⁊ puissan ce dengendrer et de multiplier / laq̄lle on prent par venus estre translatee en humeur par coabitacion charnele de hō me et de la femme. Laquelle humeur est entendue par lescume. Car comme lescume sort du mouuement de leaue ainsi par confricacion en vient a la coa bitacion charnele. Et comme lescume est facillement dissolue Pareillemēt la luxure est par brefue delectacion fi nie. Ou comme il plaist a fulgence / q̄ la commotion et consitacion de la se mence soit pleine descume. Et pource nous disons lescume estre marine po² la saleure de la sueur qui est mise ⁊ ge ctee en lacte charnel. Ou que la semē ce soit salee. Et ainsi ceste venus est nee et faicte de humidite: ⁊ est nourrie Cest adire augmentee de lescume de la mer / cest adire de la saleur de humidi te iusques ad ce quelle est duicte ⁊ me nee a la fin de leuure acommencee. Certes nous deuons veoir quelle est ceste humidite / affin que la naiscence originelle de ceste venus soit plus cle rement denuee. Doncques fulgen ce veult ainsi entendre ce qui est des au tres dit / saturne auoir trancher les ge nitoires au ciel et Jupiter a saturne. Et expose ainsi son oppinion: ⁊ dit q̄ saturne est appelle en grec cronos qui signifie temps en latin. Auquel les for ces et vertus / cest a entendre les fruitz sont tranches par vne faulx / lesquelz fruitz sont gectes aux humeurs des voines ⁊ entrailles comme en leur me re. Desquelz il dit necessairement ain si procreer ⁊ venir luxure. Venus sans doubte pcede dicelle humidite qui vi ent de viāde et de boisson. Veu que ceulx qui ieunent rarement se gectent ⁊ abandonnent a luxure. Et venus lors tresgrandement se meut quant la chaleur de la viāde ⁊ de la boisson meut et suscite les vertus naturelles. Et vrayemēt il naist en la mer / cest assauoir en vng goufre sale de sang eschauffe ⁊ est nourri descume dicelui esboulant Cest a entendre de chaleur excitant a grater ou a froter. Considere que luxu re cesse quāt icelle chaleur est refroidie. Aucuns veulent la faulx dessusdicte estre gectee en vng lieu nomme drepa ne. Pour monstrer que ainsi que icelle faulx a aucune chose ouure et fait en la naiscence de venus. Pareillement la bondance des bles / desquelz finable ment les viandes sont composees be songnent aussi grandement en ce. La quelle abundance ⁊ autres moultz din citemens sont en lisle de sicile en laq̄l le est la cite nomme drepane. Mais ie cuide que de ce dit nom de ville qui est dit de ce ⁊ de la forme du riuage laquelle est semblable a vne faulx a at tribue & donne cause & occasion a ceste fable. Et a ce que les citoiens de paphos veulent & dient Venus estre soudainement saillie de la mer de leur pais/la cause peult estre telle. Lisle de cypre est par renommee congneue/ou par linfluance du ciel/ou par quelque vice des habitans/& est tant encline a Venus quelle est renommee & tenue lo stolerie & le nourrissemet de toutes lasciuites & voluptez. Pour laquelle cause nous deuons croire a ceulx de paphos/& premierement Venus estre en leur pais ainsi sortie de la mer. Mais ce appartiet plus a listoire que a autre sens. Ainsi quon le peult prendre de cornelius tacitus. Lequel semble vouloir dire que ladicte Venus par sort & diuinalles voyseaux informee & persuadee auec armee monta en lisle & fist guerre au roy nomme cynare. Lequel finablement fist paix & concorde auec Venus. Et pmist quil edifieroit a elle vng teple/ou ceulx q succederoiet a la royale famille & a la sienne ministreroiet a elle sacrifices. En ce temple on faisoit sacrifices de bestes masles tantseulemt & estoit peche de maculer les autres de sang. Mais ilz brusloient lesdictes bestes seulement de feu pur auec prieres quilz faisoiet. Et dit icelluy tacitus q le simulacre & ymage delle na aucune forme humaine. Mais estre la vne rondeur continuele plus large au commacement et plus estroicte en la rondeur eleuee a la maniere dune fin. Et de ce nest randue aucune raison:elle est peincte nue pour mostrer tousiours a quoy elle est preste et appareillee. Ou pource quelle fait souuet nudz ceulx qui la imitent & suiuent/ou pour monstrer q combien que le crime de luxure perseuere long temps occult & cele finablement il fault en publique toute palliacion et couuerture ostee. Et ce quant

Cornell[us] tacitus

les ortz & soulles moins cuident ce aduenir/ou pource que elle ne peult estre exercee sans nudite & descouuerture Ilz la peignent nouant pour monstrer la vie des maleureux amas estre meslee damertumes/& estre agitee de diuerses vagues: & pour monstrer leurs continuelz naufrages et perdicions. A ceste cause porphyre en son epigramme dit Je suis nu poure qui ay tout pdu par naufrage en la mer de Venus. Mais beaucoup mieulx ce dit plaute en sa comedie nommee cistellaria aisi. Je croy que amour trouua pmieremet enuers les hommes vne boucherie. Je faitz en ma maison de ce en moy couuerture affin que ne me pleigne hors de ma maison/car ie surmonte tous hommes & deuant tous suis par tourmes de courage. Je suis gecte/crucie/agite vexe/& tout miserable par la force damour. Je suis examine/porte/differe/distraict en diuerses pars tire: & ainsi ie nay aucune pensee de courage. Je suis la ou ie ne suis poit/mon courage est la ou ie ne suis point. Ainsi tous engins & inclinacions naturelles sont en moy. Ce que me plaist me desplaist & ce continuellement:amour ia me moque qui suis lasse: & me chasse:boute:et desire:tire:retient:et gecte: & me donne: & ce que me donne ne me done poit et me moque: & maintenant me dissuade ce que ma persuade: & affecte & desire ce q ma dissuade & experimete auec moy par manieres de fortunes de mer & ainsi romp mon courage amant et amoureux. Certes cest home estoit bie gecte & vexe de vagues en la mer de Venus. Maintenant parlons des autres choses. Les poetes dient les roses estre donnees et baillees en la tutelle de Venus. Pource quelles sont rouges et poignantes. Laquelle chose certes seble estre propre a luxure/car nous auos

Porphi[rius]

Plautus

honte de la turpitude et laideur du peche: et sommes vexes de la guillon de la conscience du peche. Et ainsi que la Rose par petit temps delecte / et par brief cours de temps elle fane / ainsi luxure est de petite et briefue delectacion et cause de longue penitence. Veu que ce que plaist et delecte chet en brief temps. Et ce que nuyt vexe long temps. Venus porte aux mains vne moule de mer / affin que par ce soit signifie latraiance et corruption delle. Car vng nomme Juba recite que quant la moule sassemble par acte de generacion / elle est toute ouuerte en son corps.

Juba

De cupido filz de Venus Chapitre.xxiiii^e.

Simonides Serulus

Ainsi quil plaist au poete nomme simonides le tesmoingnant Cupido est ne de Venus seullement se ruie pour ceste heure souffira faire de ce seullement mencion / veu que ailleurs en dirons plusieurs choses.

De toxie neufiesme filz du ciel Chapitre.xxv^e

Plautus

Ainsi que pline dit en son liure de la naturelle hystoire / et que aule gellie afferme Toxie fut filz du ciel: et ledit auoir este inuenteur de edifice de limon terre et boue / en prenant exemple des irundeles. Car les macons et edifieurs nauoyent encores edifie palais. Pource appert que toxie fut homme antique et industrieux / et a bonne cause nomme filz du ciel cest a entendre de clarte Chapitre.xxvi^e

Bestoient des filz du ciel titan iupiter le second: occeane: et saturne. Mais pource que la posteriorite et lignee deulx est tresgrande Nous auons voulu faire fin a ce tiers liure / et reseruer ledit titan au quart liure / et iupiter au cinquiesme et sixiesme: ocean au septiesme: saturne a huitiesme et autres suiuans.

De titan huitiesme filz du ciel qui engendra plusieurs filz desquelz icy sont nommes quatorze / Desquelz le premier est hyperion: le second briareus: le tiers ceus: le quart typhon / ou typheus: le.v^e.encheladus: le vi^e.egeon: le vii^e.aurora: le viii^e iapetus: le.ix^e.astreus: le dix^e alous: le.xi^e.pallenes: le.xii^e rucus: le xiii^e purpureus: le xiiii^e licaon. Oultre ceulx il engendra les geans / desquelz nauons point les noms Chapitre premier.

Au precedent liure est assez dit du ciel filz de lair et du iour / mais quant on explique sa lignee & generacion / on dit titan auoir este son filz de Veste. Et ce dict les anciens theologiens comme lactence tesmongne en son liure des diuines institucions. Theodoce dit et asseure q̃ la terre fille de demogorgon fut fẽme

dudit titan. De laquelle il eut plus²s
filz comme apres apparestra / lesquelz
tous estre nes en la cinquiesme lune,
Virgili⁹ Tum lu/na scili/cet quita paru ter ra ⁊c. Virgile sẽble vouloir dire ainsi. Lors
cest assauoir en la cinquiesme lune la
terre crea et fist par mauuais enfante/
ment oete et iapete et le cruel typhe: et
les freres qui coniurerent recinder ⁊ de
faire le ciel. De ce titan sont recitees
toutes choses fabuleuses. Entre les/
quelles la principale est quilz diẽt que
ledit titan auec ses filz auoit fait guer
re contre iupiter ⁊ les autres dieux / se
parforcans leur oster le ciel. Et pource
faire ilz mirent montaignes sur mon/
taignes pour faire voye enuers icelluy
ciel. Finablement ilz furent occis ⁊ par
fouldres defaitz par les dieux. Et fu/
rent lies de cheines en enfer ⁊ condem
nes a mort perpetuele. Ainsi que au si/
ziesme de leneide Virgile mõstre assez
conuenablemẽt ce q̃ est contenu soubz
ceste fiction a histoire ⁊ sens moral mix
te ⁊ mesle auec le naturel. Touchant
ce que apartient a listoire nous metrõs
les parolles formellement / lesquelles
sont leutes delle en la sacree hystoire
laquelle dit ainsi. Saturne ap̃s print
a femme opis. Titan qui estoit leisne
des dieux requiert quil regne / la mere
deulx veste ⁊ les seurs ceres et ops p/
suadẽt a saturne quil ne cede point du
Royaulme ⁊ ne le baille point a son fre
re. Titan estoit plus let de face que sa
turne / parquoy sembloit que lesdictes
siennes mere et seurs labouroient que
saturne regnast. Titan leur conceda q̃
saturne regneroit. A ceste cause Titan
fist tel pac et promesse auec saturne / q̃
si saturne auoit aucun enfant masle /
quil ne le nourriroit point. Laquelle
chose ⁊ pacte il fist affin q̃ le Royaulme
retournast a ses enfans. Apres ilz occi/
rent le premier filz qui fut ne a saturne
Apres nasquirent gemaulx: iupiter: et
iuno / apres ilz presenterent et monstre
rent ladicte iuno a saturne: ⁊ musserẽt
secretement Jupiter: ⁊ le celerent a sa/
turne ⁊ le baillerent pour nourrir a ve
ste. Ops aussi enfanta neptune sans
le sceu de saturne et le mussa secrete/
ment. Pareillement au tiers enfante/
ment ladicte ops eut deux gemeaulx
Cest assauoir pluton et glauce. Plutõ
en latin est dit dispiter / les autres le
nomment orchus. Lors ilz monstrent
a saturne ladicte fille glauce ⁊ lui cele/
rent et musserent pluton. Apres icelle
glauce petite mourut. En icelle des/
susdicte histoire vng peu apres sensuit
ainsi. Apres que titan eut sceu que sa/
turne auoit engendre des filz: ⁊ quilz
estoient secretemẽt nourris ⁊ sans son
sceu Titan seduit auec luy ses filz qui
sont nommes titans: et prindrent son
frere saturne ⁊ ladicte ops: ⁊ les emmu
rerent et mirent garde au tour Et peu
de parolles apres sensuit. Quant iu/
piter finablement eut ouy son pere et
mere estre enserres murez et gardez / il
vint auec grande multitude de cretan
ses et deffist titan et ses filz: ⁊ gecta des
dictes prisons son pere et sa mere Resti
tua le royaulme a son pere: et ainsi sen
retourna en crete. Les parolles lactã/
ce recite de ladicte histoire / lesquelles Lactãci⁹
parolles comme vrayes comme par sẽ
blables parolles recite la sibylle erithree
Peu maintenãt le sens historial / peu
de choses dirons touchant les autres
choses. Et premierement que signifie
ce quilz ont voulu dire titan estre filz
du ciel et de veste. Je cuide oultre la
verite de ladicte histoire ce estre dit de
tout homme mortel. Car nous auons
corps terrestre ⁊ ame celestiele / desq̃lz
lhomme est compose. Mais ce titan est
par luniuersele assemblee des mortelz
extole et eleue par grandes parolles: et
appelle titan / lequel comme il plaist a

Lactãci⁹ lactence sonne et signifie ulcion et vengence. Et il est dessus monstre que veste est la terre: et que la terre irritee par lire des dieux enfanta les titanes po² sa vengẽce. Et pource quil est assez mõstre la ou nous parlions de fame et renommee quelle est lire des dieux po² laquelle la terre fut irritee: et commẽt ses filz pour la vengence dicelle se leuerent. Il souffira icy dire ce titan auoir este vng exquis et excellant hõme entre les autres qui cest parforce ꝑ ses oeuures sa renõmee estandre ⁊ sa mort surmonter. Que la terre ait este sa fẽme. Par ce tu dois entendre le grant courage de cest homme et de tout autre a luy semblable/par lequel courage il met soubz luy et labeure la terre aĩsi que le mary sa femme/⁊ sur elle domine ⁊ seigneurie/au moins de courage si la possession lui fault. Ilz veulent le dit titan auoir engendre de sa femme la terre plusieurs filz/ce que aussi listoire monstre. Combien aussi quil est possible par la conuenance et propriete aucuns lui estre attribues cõme sont aux autres. Et selon le sens secret ⁊ musse aucun ne doit doubter que plusieurs hommes nobles ⁊ vertueux nayent este au temps passe et soient de present Lesquelz peuent estre ditz son filz/po²ce quil a este descript le premier. Oultre ce ilz dient ces nobles et vertueux hommes auoir este ⁊ auoir eu guerre cõtre les dieux. Affin que nous considerõs que de magnanimite nous passõs facilement en orgueil. Et pource souuent quant les grans font moins considereemẽt quelque chose: ilz cheent de tresglorieuse vertu en detestable vice Et lors ilz sont faitz steriles: cest a entendre sans le fruit de vertu. Et affin que nous entendions les filz de titan estre telz/ilz les dient estre nes en la qnte lune. Car en la superstition ancienne estoit creu estre sterile ⁊ dõmageux tout ce qui naistroit en la quinte lune. Et sans doubte les orguilleux sont dõmageux/pour ce quilz sont semance de guerre: par laquelle sont euacuez ⁊ destruitz les champs aux laboureux ⁊ les cites et les royaulmes desolez. Auec ce ilz dient quilz eurent guerre contre les dieux ce que les magnanimes et orguilleux ont. Car les magnanimes ꝑ bonnes oeuures se parforcẽt estre semblables aux dieux: ⁊ les orguilleux se reputẽt autres quilz ne sont/se parforcent de mespriser ⁊ soubz mettre dieu par parole et silz pouoient par oeuure ⁊ fait. Parquoy sen ensuit quilz sont degectes et rediges en neant. Toutesfois nous deuons scauoir deux guerres auoir este faictes par les hommes cõtre les orguilleux/desquelles lune fut ceste par laquelle Jupiter deliura ses parens et tua les filz de titan. Lautre fut quant les geans qui sont ditz filz de titan voulurẽt oster le ciel a Jupiter: et mirent montaignes sur montaignes. Laquelle chose apres nous exposerons quant parlerons des geans

De hyperion premier filz de titan/lequel engẽdra le soleil et la lune Chapitre second

Theod. Paulus

Theodonce et pol ont voulu hyperion auoir este filz de titan et de la terre. Je croy de ce nestre autre chose leue/si non quil a engendre le soleil et la lune. Toutesfois ie le cuide auoir este homme de grant preeminẽce Et ce tant pour la signification de son nom qui sonne et signifie toutes choses que aussi pour les noms des filz si nobles ⁊ vertueux

Du soleil filz de hyperion qui engendra les heures / lesquelles ie metz pour vne fille / la premiere engendra eonas / lesquelles pareillement ie escriptz pour vne fille : et ainsi la seconde: la tierce phetuse : la quarte salemperit: la quinte dirces: la vi^e. miletus: la vii^e. pasiphes: la viii^e. boete: la. ix^e. cyrces: la xe angine Chap. iii^e

Tres publique renommee est le soleil auoir este filz de hyperion Toutesfois nous nauons point de quelle mere il fut. Ilz dient non point seulement quil ne fauorisa point a son pere et freres contre iupiter. Mais aussi que il suiuit la bande de Jupiter. A la cause de ce il obtint de Jupiter apres la victoire chariot couronne court galerie et sale et plusieurs autres dons / lesquelz apres pareillement explicqurons. Je croy cestuy auoir este en son temps tres cler et renomme homme et vrayement magnanime : et pource auoir este dit quil ne fauorisast point a ses freres / mais a iupiter Car il ne fut point orguilleux. Parquoy la renommee luy fut si fauorisable et propre / que par les poetes tout honneur luy fut fait Lequel doit estre defere au vray soleil et non point communement autrement ple de luy que du vray soleil. Mais pource que aucunes choses ne semblent point estre veues icy mises que appartient a lhomme. Nous parlerons du soleil estant planete. Doncques ilz lont deuant toutes choses feingt Roy / et fut par fortune: et luy assignerent vne sale royalle. De laquelle ouide en son second liure de son maieur volume dit ainsi Maison royale estoit au soleil haulte par coulonnes esleuees et haultes. Et apres sept vers quant il a descript ladicte sale il descript la maieste royale et les premiers et nobles en icelle assistant disant. Il seoit couuert dune Robe de pourpre: et apres sept vers quil a descript la maieste royale / il descript son chariot disant. Lessieu estoit dor et le limon et rondeur de la haulte roue et lordre des bastons en maniere de rayes de soleil estoient dargent: et au hault par ordre estoient pierres precieuses mises et topasses de couleur dor Lesquelles a la reuerberacion du soleil randoient et faisoient clere lumiere. Et peu apres ouide descript les cheuaulx disant. Entre ce estoient les cheuaulx ligiers nommes pyrous: eous: et ethon: le et quart phlegon. Lesquelz amplissoient lair de hengnemens et des piedz gettans feu frapoient les barres et huis. Oultre comme alberice monstre ilz lont baille a ce Roy vne couronne ornee de cent et trente deux pierres precieuses. Et dient que quant laube du iour vient que les heures luy apprestent son chariot: et y atelent les cheuaulx. Auec ce ilz veulent quil soit pere de plusieurs filz / desquelz il est possible quil soit pere daucuns vrais filz Considere que nous le disons auoir este homme. Et est possible aucuns luy estre attribues par raison conuenable aux meurs / si nous disons le soleil estre planete Joinct que ainsi que les philosophes dient le soleil est de si grande puissance aux choses qui sont crees et engendrees quil est repute pere de toute vie mortelle. Et quant il expelle et surmonte encontre les autres planetes / les autres corps supercelestielz en la natiuite daucun homme il produit et fait tresbeau et bien forme / amiable / bel et ioyeux de face / noble de meurs et resplendissant par generosite. Pareillement lappell et par plusieurs noms.

Ouidius Purpurea velatus veste sedebat infra per septem et suo desi gnata &c.

Ouidius

Alberici.

Par lesquelz assez appert les poetes auoir entendu du soleil planete / et non point du soleil homme. Maintenãt expliquerons que signifient les choses dessusdictes Premieremẽt ilz le dient estre filz de hyperion. Ce quil est de cõceder. Car nous auons dessus dit que ce nom hyperion sonne et hault autant que sur toutes choses. Et par ainsi il sera prins pour le vray dieu. Lequel veu que luy seul a cree de rien toutes choses / peult estre dit pere du soleil. Considere q̃ lui seul est sur toutes choses. Apres ce ilz luy ont pource assigne si clere et excellante royale maison. Affin que nous entendons par les choses adioustees et attribuees en icelle puissance et oeuure de cestuy / toutes choses estre et luy auoir la cure et solicitude de toutes choses. Et entre toutes les autres choses qui lui sont plus procheines et antour mises sont les temps et qualites diceulx. Pour estre entẽdu que luy par son mouuement a toutes choses descriptes. Combien que moyses en ses cinq liures escriue / aucuns iours auoir este deuant lui au cõmancemẽt. Lesquelz cellui qui a toutes choses cree a par son art fait / ains q̃ cestuy fut cree et que aucune puissance lui fut attribuee. Apres par la voulente du createur il a este cree. Et par son mouuement descript les temps et toutes choses / et les heures / et le iour / et les moys et lan / et les siecles / comme apres apparestra plus amplement. Et ainsi par son mouuemẽt il fait les qualites des temps estre diuerses : donnant a lũg branches et fleurs / a lautre messons. Apres donne les fruitz murs. Et a cõmance doster les feulles des branches et en sa derniere qualite baille la rigueur de froidure et la blancheur de la nege. Le chariot et le cler et bel ornement dicellui monstre sa volubilite / qui nest iamais lassee / mais perpetuelle auecqs vne lumiere sãs iamais faillir au tour de la rondeur de la terre. Laquelle est en quatre roues / pour designer les dessusditz quatre temps estre faitz par sa circuiciõ. Et ainsi les quatre cheuaulx dicellui pour monstrer par eulx les qualites de sa longue circuicion. Car le premier cheual de luy qui est nomme pyrous est peint et en temps rouge pource que au matin par loperaciõ des vapeurs se leuans de la terre / le soleil oriant rougit. Le second cheual qui est eous veu quil est effigie et fait blãc il est dit cler. Pource que les vapeurs ia dissolues et exalees / le soleil est fait resplendant. Le tiers cheual nomme ethon est rouge. Mais tendant a iaune brun / et est expose ardant. Car la lumiere du soleil est clere / et est veue et sentue de tous plus chaude quant le soleil est au milieu du ciel. Le quart cheual qui est nomme phegon tend de ladicte couleur de iaune en noir. Et p temps amant et desirant la terre et mõstrant que le iour vient au vespre signifie le soleil demander la terre / cest assauoir le couchãt. Combien que fulgẽce nõme ces dessusditz cheuaulx p semblables significacions / mais p autres nõs Cest assauoir: erichree: actheone: lãpos et philegee. Alberice par longue verbosite mõstre par la couronne des douze pierres p̃cieuses deuoir estre entendu les douze signes du ciel: et signifie les engins et meurs des mortelz chascũ encourir p iceulx signes. Les choses deuant dictes reste delier le neu et assẽblee des nõs dessusditz / desq̃lz nous exposerons le plus brief q̃ pourrõs ceulx q̃ seulemẽt appartiennent a lui. Et pource q̃l en ya aucũs q̃ sont cõmũs aux autres dieux noꝰ les reseruerõs au lieu ou diceulx dieux noꝰ plerõs / donc il est premieremẽt nõme soleil / pource q̃ cõme planete

Fulgẽce

Alberici

il est seul. Ainsi que il semble que Macrobe veulle tesmoingner disant Car latin qui obtint si grande clarte le nomma soleil. Platon en son liure nõme thimee / et la ou il traicte des speres dit Apres que il est congneu certaine mesure de celerite et tardite par les huit circuitz. Dieu a aflambee la lumiere des estoilles ou circuit dessus la terre. Laquelle lumiere nous appellons maintenant le soleil. Tulles aussi en ses liures de la chose publique lappelle prince et duc: disant. Apres le soleil obtient la moitie de la region de la terre duc et prince et moderateur des autres lumieres / la pensee et temperatiõ du monde de si grande magnitude ql enuironne et remplit toutes choses de sa lumiere. Macrobe sur le liure dudit tulles du songe descipion et sur ces mesmes parolles dit ainsi. Il est dõcques duc. Car il precede de to⁹ autres par maieste de lumiere. Et prince / car il appert tãt que pource il est comme tel apparant nomme et appelle soleil. Et apres peu de parolles sensuit. Il est appelle la pensee du monde / tellement que les phisiciens le nomment le cueur du ciel. Car certes le cours et la raison du soleil / toutes choses que nous voyõs estre porte par le ciel par raison ordonnee le iour la nuyt et toutes les fois et operacion allãs entre lune et lautre prolixite et brieuete et pareille mesure des dieux par certain temps. Apres au prin et nouueau temps la trempence doulce et benigne Et au temps dulyon et cancer le chault boullant. En autonne le temps moyte / les ventˢ et la force du froit entre les deux dictes atrempences. Lesquelles toutes viennent du soleil. Doncques a bonne raison il est dit le cueur du soleil / par lequel sont faictes toutes choses q̃ no⁹ voyons par raison diuine. Ceste autre cause y est pour laquelle il est appelle le cueur du ciel. Pour ce que la nature du feu est tousiours en mouuemẽt et perpetuelement agitee. Et no⁹ auõs dit le soleil estre la fontaine du feu de lair / doncques le soleil est en lair ce est le cueᶻ en la beste animee / duquel cueᶻ la nature est telle quelle ne cesse iamaiˢ a ce mouuoir. Ou si par aucun cas elle cesse a se mouuoir par quelque brief tẽps: la beste animee incõtinãt meurt ainsi que macrobe dit. Par lesquelles parolles nous pouons assez parceuoir quil a repute le soleil estre la cause de toutes choses. Ung nomme lexias cõme Macrobe dit lappelle cenopides. Pource que venant doccidant en oriãt il fait ung cercle oblique. Il aussi appelle et principalemẽt des poetes phebus Lequel nom est impose a la beaulte et clarte de luy. Ou cõme les autres diẽt il est dit phebus. Car il est neuf pource que chascun matin on le voit neuf / et nouuellement leuer et salir de son orizon / cest a entendre a la veue de lui. Il est aussi nomme lycus: et ainsi que aucuns dient a prins ce nom du temple de ly dit lycie. Macrobe monstre que cleantes rent de ce autre raison disant ainsi. Cleantes escript lycie estre appelle apolle / pource q̃ ainsi q̃ les loups rauissent les bestes. Pareillement le soleil rauit et attrait par ses rays lumeur Macrobe aussi dit que le soleil est aussi nomme des syriens soconias / pour la clarte de ses rays / lesquelz ilz nomment les armes et cheueleures doreeˢ du soleil. Pareillement est nomme argitorosus / pour ce que naiscent par la circuicion du monde il est figure comme ung arc de couleur blãche et argẽtee / duquel arc saillent les rays comme flechez. Il est nomme aussi imbricitor: pource que sa lumiere naiscent est amiable aux yeulx par veneracion

Macro. Nam et latin⁹ eũ q̃ tãta. etc.

Tullius Deinde subitus mediam terre etc.

Dux ergo quia oẽs luis etc.

Lexias

Cleãtes

et reuerance tresamiable: ⁊ est dit soleil ainsi repute p les phisiciens. Il est aussi dit horus comme grant ou geant / car il est tresgrant ainsi comme le pouons veoir. Il est ainsi nomme des egyptiēs finablement il est nomme par plus[r]s autres noms cōme il apert par macrobe en son liure des saturnaulx.

Des heures fille[s] du soleil ⁊ de cronis chap. iiii[e]

Theod. Theodonce dit les heures auoir este filles du soleil et de cronis ⁊ auoir prins de luy ce nom / pource ql est appelle horus des egypciens. Homer[us] Homere dit ces dictes heures appareiller en temps au soleil cheuaulx et charios et ouurir les portes du ciel quant le iour veult venir. Doncques ie les cuides estre dictes filles du soleil / po[r]ce que cronis est le temps: ⁊ les heures sont faictes p certaine mesure de tēp[s] et progression du soleil. Quelles appareillēt au soleil les cheuaulx ⁊ le chariot est pource dit. Car elles succedent a eulx mesmes / la nuyt chiet ⁊ le iour vient. Auquel iour le soleil vient p succession de heures comme en vng chariot a luy prepare A la commancemēt de laquelle venue les heures du iour luy euurent les portes du ciel / cest adire le cōmancement de ladicte lumiere.

Des eones filles du soleil Chapitre v[e]

Theodonce dit les eones estre plusieurs et estre seurs et filles du soleil ⁊ de cronis grandes de courage et estre logees soubz les piedz de iupiter. Il ne me recorde poīt auoir oncques ailleurs leu de ces eones / si nest p auenture quil vueille entēdre ceulx cy les siecles. Veu que eon en grec est interprete en latin siecle. Sil veult ce estre dit ⁊ entendu des siecles Certes elles sont faictes par longue dimensiō de tēps au mouuement du soleil cōe dessus auons monstre auoir este descriptes par claudien en la fosse deternite. Mais les anciens ont eu grande discrepance entre eulx de la quātite du siecle. Car aucuns disoient cōe censorin Censorin au liure quil a escript a vng nōme cerelle de la natiuite du iour les siecles estre en ceste maniere descriptz par ceulx q principalemēt suiuoient les liures des coustumes des etrusciens / ainsi que le siecle acōmencoit par aucūe chose mōstree ⁊ signifie p les celestielz: ⁊ durer iusques ad ce quil suruint autre chose monstree ⁊ signifiee cōme dit est p les celestielz. Lequel fut fin du siecle passe ⁊ cōmancement de celluy qui sensuiuoit. Et par ainsi le siecle nestoit point cōpose et fait par aucun certain ⁊ determine nombre dans. Mais aduenoit ⁊ estoit aucūeffois long aucūeffois brief Apres ces choses il monstre les autres auoir de ce autrement opine disans lespace de ce temps estre le temps qui auoit couru entre vne celebracion des ieux seculiers ⁊ lautre suiuant. Et par ce sen ensuiueroit tres grande inequalite de temps. Finablement apres plusieurs opinions recitees il dit le siecle ciuile des rommains estre termine ⁊ fini par cent ans du soleil. Lequel siecle il me souuient estre fini et termine par ce mesme espace / tres souuent par le venerable andalo. Oultre ce il en y auoit qui vouloient le siecle ⁊ age estre tout vng. Laqlle chose nest poīt vraye Combien q les anciens aucuneffois escriuent non pp[r]ement le siecle po[r] lage

Car lage contient en elle plusieurs siecles: si nous la prenons en la maniere/ en laquelle les escriptures des saintz ꝛ aussi des poetes la descriuẽt. Que les siecles soient descriptz ꝛ mis soubz les piedz de iupiter. Je cuide pource estre fait affin que entendions que les tẽps fluent ꝛ vont par lẽpire ꝛ cõmandemẽt dung seul vray dieu: ꝛ que lui seul cõgnoist la diuturnite des temps et des choses que en iceulx sont aduenir. Et
Claudie la description de claudien ne discrepe point en ce qui dit les tẽps demourer en la fosse deternite. Veu que eternite consiste en la trinite des persões ꝛ vnite de deite. Et ainsi tout ce qui est ꝛ cõsiste en eternite est necessaire que en dieu soit.

De phetuse et salempecii tierce et quarte fille du soleil Chap. vie

Phetuse et salempecii nymphes de sicile furent filles du soleil et de neree cõme homere en son odissee es
Homer⁹ cript disant que ceulx cy garderent en sicile les assemblees des brebis ꝛ bestail du soleil. Et vlixes fut prohibe par cyrce de paruenir a iceulx. Enuers laquelle ꝓhibicion homere recite vne telle fable. Que quant vlixes vint des enfers pour retourner en son pais il fut deuant amonneste par cyrce que quãt il seroit paruenu auec ses compaignõs oultre les dangereux passages dictz scylle ꝛ charybdis ꝛ q̃ ilz trouueroit les assemblees de brebis ꝛ autres bestes du soleil par phetuse ꝛ salempecii ses filles que de tout en tout luy et ses compaignons se abstinassent de elles. Car si aucun deulx en mengoit il seroit tue. Quant icellui vlixes auecques ses cõpaignons eust mis derriere son dos/ tous autres perilz/et fut la venu las ꝛ ennuye. Aduint par le conseil de eurilon que il couchast la/mais lendemain au matin les vens furent mues. Et a ceste cause ne sen peurent aller: ꝛ furẽt detenus la trop plus longuemẽt que ilz ne cuydoient. Parquoy ilz furent compellez par faulte de viandes. Et vlixes dormant ledit eurilon persuada aux compaignons de vlixes quilz allassent sur ledit bestal duquel ilz saulerent leur fain. Mais quant ilz sen allerent/ilz furent vexes par grieue tempeste. Et finablement furẽt fulmines par Jupiter et perirent tous. Excepte vlixes qui nauoit point menge ne gouste du dessusdit bestail. A ceste fable on peult donner tel sens. La chaleur ꝛ humidite/cest a entẽdre le soleil ꝛ neree qui est vne nymphe engendrent les forestz et pasturages. Lesquelles deux sont nymphes et filles du soleil ꝛ de neree. Lune de ces deux/cestassauoir les forestz ꝛ bois sont vmbrages. Et lautre cest assauoir les pasturages dõnent aux brebis et bestes a viure. Et ainsi elles sont celles qui gardẽt les assemblees des brebis et autres semblables bestes du soleil. Lesquelles de tous les viuans sont composes de ame vegetatiue et sensitiue. Car par leuure du soleil elles sont nees: et par la couuerture et nourriture des dessusdictes nymphes gardiennes delles
elles sont gardees. Homere toutesfois Homer⁹
dit icelles assemblees desdictes bestes estre en sicile. Non point toutesfois q̃ telles assemblees ne soient ailleurs. Mais la principalement pour la grande abundance des choses: et pour la trempance du ciel Et les delices ilz semblent auoir plus de vigueur pour les meurs corrompus du lieu.

lesquelles meurs sont plus la que alleurs pestiferes. Et toute ame raisonnable est phibee de telz delices. Toutefois entendu qlle ne vse delles immoderemet qlle ne viengne a mort / ou en vie pire q mort. Laquelle chose aduiet touteffois q nous laschons les freins & brides ou desir & nous plongons en voluptez. Laquelle chose plusieurs ont fait entre les siciliens / lesquelz aps qlz ont degouste les delices sont faitz debiles & nõt peu souffrir les labeurs ne a iceulx souffire. Mais eurilocus / cest a dire la doulce persuasion de la sensualite dormant / vlixes. Cest adire la force de la raison gecte les auaricieux sens sur lesdictes assemblees: de bestail / cest a entendre sur les delices Parquoy affoiblis par voluptez ilz ne puret souffrir & porter les labeurs de la mer fluctuant / cest adire de ce monde. Et ainsi par le fouldre de Jupiter cest le iuste iugement de dieu ilz furent gectes en la mer. Cest a entendre en les amertumes & miseres de la vie mortelle. & trauailles & icogneus falliret & moururet Ou que par aduenture peult aduenir quant vlixes vint en sicile: & que il fut la par temps contraire detenu / & quil ne luy en chaloit. Les compaignõs de luy furent par viandes: boicons & femmes tant debilites / que en retournãt en la mer ilz negligerent toutes choses oportunes: & par ce periret en mer. Laquelle chose nous ne lisons point seulemet estre aduenue a vlixes / mais aussi a hannibal carthaginien trespuissant duc & oduiteur darmes. Car combien q les gens darmes dicellui ne peusset estre superes et vaincus par aucun long & tresdifficille chemin passans de espaigne en italie. Touteffois les delices & voluptez de la ville nõmee capue les rompirent & deffirent.

De dirce. v[e] fille du soleil & femme du Roy Lycus Chapitre. vii[e]

Dirce fut fille du soleil & feme de lycus roy de thebes. Contre laquelle cõe fulgence dit cõme cõtre les autres filles du soleil venus forcenade laqlle est ceste histoire dicte. Anthiopa fille du roy nicteus fut rauie p force par epapho ainsi quil plaist a lactence / ou par Jupiter cõme il semble q plusieurs veulet / elle fut repudiee & abandõnee par ledit lycus roy des thebes son mari & print la dessusdicte dirce: laqlle incõtinãt se doubta & souspecõna que ledit lycus par fortune ne reuocast en sa grace icelle anthiopa. Et par ainsi quelle fut abandonnee / elle impetra dudit lycus qlle peust tenir prisonniere & liee la dicte anthiopa / quelle estoit grosse de iupiter de deux enfans. Et aduenãt le temps denfanter elle fut deliuree par iupiter dicelle prison & liens: & sen fuit secretemet en la mõtaigne nommee cytheron: & la enfanta amphion & zetus lesqlz gectes & abandõnez vng pasteur nourrit cõme siens. Quãt ilz furet de uenus grans & cogneus de leur mere: & certifiez de leur generacion et lignee / ilz furent facillemet irrites cõtre ladicte dirce. Et pour venger leur mere / ilz tuerent le roy lycus: & lieret la dicte dirces a vng taureau non domite. Et tandis que ledit taureau la trainoit / elle ainsi miserable par pleurs requist laide des dieux. Et p laide diceulx elle fut muee en vne fontaine nõmee cõe elle: laqlle estoit pres de thebes / & ainsi elle saoula lire de venus. Ce q en ceste histoire est fabuleux sera facillement explique Theodoce dit q anthiopa fut p iupiter deliuree de prison au tẽps de son enfantemet. Pource que quãt dirces vit p le

Fulgẽce. Lactãce. Theod.

ventre de ladicte anthiopa gros et enfle que le tesmoignaige de son adultaire assez apparoissoit que pource elle le cuidoit estre en haine de son mary dirces. pour ceste cause delle mesmes laissa la dicte anthiopa ainsi. Quant ad ce que dirces fut mue en vne fontaine/assez pouons ce cõprandre tant par le royaume perdu q̃ aussi pour le tourmẽt a elle fait. Par quoy elle fut pleine de larmes. Elle fut pource dicte fille du soleil/car elle fut fille daucun notable et renõme homme ainsi nõme/ou pour sa tresgrande beaute elle estoit de tous nõmee fille du soleil.

De milete .vi^e^ filz du soleil lequel engendra caune et biblis Chap. viii^e^

Theod. Ouidius

Milete tesmongnãt ouide fut filz du soleil. Mais theodonce dit q̃l fut filz des rayes du soleil: et auoit este frere de pasiphes. Jupiter espaonta cedit milete entrepenant et voulãt se esleuer p guerre contre le vieulx minoes A ceste cause il sen alla en vng pais nõme lesbon: et la edifia vne ville: laq̃lle il nõma de son nom militene/mais apres en muãt les lettres de militene elle fut nõmee mitilene. Ap̃s il sassembla charnelemẽt auec cyanes nymphe du fleuue menander: et delle eut deux filz/cest assauoir caune et biblis.

De caune et biblis filz de milete chapitre .ix^e^

Ouidius Hic ubi võ sequitur patrie rc.

Caune et biblis furent filz de milete et de la nymphe cyanes tesmõgnãt ouide disant. Quãt la mesme fille de menander tãt souuent retournãt icy suiuãt les riuages courbes du pais et congneue estre cyanes estre nymphe de tresbeau corsage/elle a enfante gemelle et double lignee/cest assauoir biblis et caune. Et pource q̃ de ces deux ie nay aucũe chose leut/si non cõmune a eulx deux. A ceste cause escriray des deux ensẽble/dõc il est leut ledit caune auoir este vng tresbeau iouuẽceau. Et auoir este ayme par defortunee amour de la seur de biblis: et estant venus irritee et faisant et pourchassãt choses iteu ses ẽtre la lignee du soleil Certes quãt biblis eut descouuert a son frere les flãbes et ardeurs de ladicte execrable luxure/il negligea et mesprisa la detestable cõcupiscẽce de la seur et sen fuit. Et en pais et terre estrãge il edifia nouueaulx murs et ville. Biblis miserable incontinãt le suiuit: et ap̃s quil fut alle et passe les pais nõmes carie: lycie: et les leleges elle fut vaincue par labeur et douleur: et la sarresta Et cõgnoissant q̃lle estoit mesprisee/elle se mist toute en larmes Pource fut fait quelle miserable par le benefice de nayades/cest a dire des deesses des fontaines elle fut cõuertie en vne fontaine cõme ouide dit. Biblis phebie deffaicte par ses larmes est conuertie en vne fontaine/laq̃lle en icelles valees a le nõ de la dame: et flut et court soubz vng cheine noir. Mais la fiction de ce appert assez/car p continuel pleur semble estre faicte vne fontaine de larmes fluans.

Ouidius Sic lacrimis cõsũpta suis rc.

De pasiphes viii^e^ fille du soleil et femme de minos Chapitre .x^e^

Seneca

Pasiphes fut fille du soleil cõme le poete seneque dit en sa tragedie nõmee hyppolite. Que fait celluy parent de la mere infondãt sa lumiere aux choses. Cest parolles sont de la nourrisse parlãt a leurage phedre fille de pasiphes pour la mout de hyppolite Mais theodõce dit quelle ne fut point fille du soleil hyperion/mais de vng rhodien. Elle fut femme de minos de crete. Et cessant la guerre contre les magarences et atheniens pour locasion de son filz nomme androgee/elle print les flambes de fortunee amour de Venus coursee contre la lignee du soleil elle ama vng tresbeau & biẽ forme taureau: & par lartifice de dedalus elle coucha auec lui et cõceut et enfanta de luy vng qui estoit moitie homme & moitie taureau. Les autres dient autre cause estre de ceste dicte amour/que quãt minos estoit dispose de partir pour aller a la guerre. Il ora et pria son pere ql lui pleust lui administrer & preparer cho chose et sacrifice qui lui fust digne pour sacrifier. Incontinant luy fut prepare vng taureau. Minos luy prins de la beaulte dicellui taureau/il le prefera et mist auec ses vaches & autres taureaulx & en consacra & sacrifia vng autre. Parquoy Jupiter fut ire & courouce: & fist q̃ en labsence de luy le taureau fut reserue & ayme par sa femme. Et par ainsi veulent q̃ minos ne se ose courcer et irriter cõtre sa femme pour le peche q̃lle a commis. Quant ad ce que pasiphes fille du soleil conceut du taureau Seruie veult ce taureau auoir este le scribe de minos ainsi nommee: lequel en la maison de dedalus eut cõpaignie charnelle auec pasiphes & auoir eu de elle vng filz/et finablemẽt elle auoir enfãte deux gemeaux. Desquelz lung apparoissoit par signes & notes estre engẽdre par minos/& lautre pareillement p le iugement des signes estre engẽdre par ledit taureau. Et cousidere quil ne stoit point aucune certaine foy du dessusdit second enfant. Et que le nom estoit propre a tous deux/il fut nomme minotaure et fut nourri. Mais ie cuide quil ya trop plus hault sens et entendement soubz ceste fable. Car ie cuide les anciens auoir voulu monstrer comment le vice de bestialite est en nous fait & cause par ceste raison Je croy icelle pasiphes auoir este femme tresbelle et fille du soleil/estre nostre aymee fille du soleil. Cest adire du dieu tout puissant/par lequel elle est cree tres resplendissant par toute beaute de innocence. Ceste est faicte femme du Roy minos faiseur de loix Cest a entendre quelle est ioincte a humaine raison. Laquelle par ses loix la doit regir & gouuerner et diriger au droit chemin. Venus est ennemye de ceste raison. Cest a entẽdre lapetit concupiscible/lequel estant auec la sensualite est tousiours ennemye de rayson. Et si lame consent audit apetit concupiscible. Par necessite il est separe de rayson. Et lame separee de raison se permet facilement estre tiree par blandisses et suasions de la chair. Et ainsi se gecte en cheant en la cõcupiscence du taureau dõne par Jupiter affin que minos face de ce aucune chose sacree. Jentens icellui taureau les delices & les voluptes de ce mõde belles & delectables par premiere face estre p dieu concedees/affin que il ministre par elles et par certaine moderacion les choses oportunes & necessaires de nostre vie/car quãt nous vsõs deuemẽt diceles/nous faisõs droictemẽt delles chose sacree a dieu/mais quant nous suiuõs le iugemẽt de la sensualite & abusons dicelles voluptes ou desirons de abuser nous deuenõs en cõcupiscence bestiale Et lors lame est ioincte ordemẽt au taureau en vne vache de bois: quãt nous apliquõs aux choses natureles p lartifice de nostre engin oultre les loix de nature Et par ainsi ledit minotaure/cest a entẽdre le vice de bestialite est ne & fait du desir attrayant & de ladiction deinducible & mauuaise volupte. Ilz ont feingt la forme de ce minotaure estre dõme & de taureau Pource que ceulx qui sont trauailles de tel dice sont au premier regard deus et cruptez hommes. Mais se nous regardons au fons leurs oeuures et leurs interieurs et musses desirs nous congnoistrons telz hommes estre bestes. Il est clos en une prison labyrinthiene moult impliquee de circuicions. Et ce pource quil est beste tres forte et tres feroce et cruele En quoy est monstre quil est intrinque et mesle en lumain courage par mauuais desir. Et que quant nous osons entreprendre et faire quelque mauuaise et deshonneste chose / nous y metons par limpulsion de luy courage fort et grant. Laquelle oeuure si nous ne la parfaisons selon nostre desir Inconti nant nous deuenons en furie. Oultre cestui est occis par thesee : et le sage ariadna. Cest a entendre de ung homme prudent / auquel la dirilite monstre estre detestable estre subget a tant infame dice. Et lequel doit estre deffait par les armes de luy. Jentens par dirilite arcadue estre prinse Pource que andres en grec signifie en latin homme

De oeta roy des colches et filz huitiesme du soleil qui engendra medee et absyrthie et calciopes Chapitre unziesme

Homer⁹ — Oeta roy des colches comme homere en son odissee tesmoingne fut filz du soleil et de perse fille de ocean. Mais tulles en ses liures de la nature des dieux le dit estre engendre de asterie seur de larene. Laquelle asterie semble que tulles deulle dire estre par luy tuee. Car il dit ainsi. Que respondras tu a medee / laquelle est procree par deux grans peres le soleil et ocean et le pere murtrier de la mere. Lantiquite tesmongne cestui auoir este en ce temps ung tres cler et renomme Poy. Considere que Seneque le tragedien en la tragedie intitulee medee descript quil auoit ung tresgrant royaulme. Ung nomme frixus filz de athamaus vint a luy fuiant les deceptions et trō peries des merastres / et lequel estoit abille dune toison dor. Ledit oeta entendant ce lui venir par oracle et sort / il me toit tresgrande diligence quil ne fust prive de son royaume / mais lui ia diel fut restitue par elle au royaume. Theodōce dit que cestui oeta ne fut point filz du soleil hyperion / mais de celluy qui fut tres grant et regna aux colches.

Marginalia: Tullius Quid me dee respō debis q̄ duobus — Seneca — Theod.

De medee fille du roy oeta et femme de iason Chap. xii^e

Medee fut fille du roy oeta et de sa femme nommee ipsee. Comme il appert assez par les vers de ouide disant Oetes nestoit point tel auquel Ipsee mere mesprisee retourna / De ceste medee est recitee une grande histoire aucunesfois meslee de fables. Ilz dient que apollonie qui escriuit ung liure des argonalites dit que deuant autres choses Jason fut enuoye par son pere pelia / et vint en lisle nommee colchos ou il fut receu familierement et benignement par ledit oeta. Et quil plut a medee que lors vierge estoit. Contre laquelle Venus fut iree et courcee comme contre toute lautre lignee du soleil. Parquoy elle fist getter par son filz toutes les flambes amoureuses. Laquelle medee amant congnoissant les perilz du iuuenceau quelle amoit / et qui alloit pour prendre la toison dor: elle eut pitie et misericorde de luy quant il lui eut fait promesse de mariage et lui enseigna comment il pourroit furtiuement prendre sans dangier ladicte toison dor

Marginalia: Ouidius Non erat oetes ad quem despecta rediret

Laquelle toison furtiuement prinse el
le sen fuyt auec lui. Et attrait ⁊ print
pour compaignon en sa fuyte son tres
petit frere nōme absyrthie ou egyale.
Ledit pere oeta les suiuit Il y auoit vne
isle a lētree dung pais nōme phasis nō
mee thomitanie / pour le peche ⁊ cri
me en elle perpetre ⁊ laquelle isle fut a
pres renōmee par lexil en elle de ouide
nason / par laquelle failloit que passast
ledit oeta qui les suiuoit Et affin quilz
eussent temps ⁊ espace de fuyr elle mist
en pieces ledit enfant absyrthie. ⁊ icel
lui en pieces diuise getta les pieces par
certaines distances par les champs af
fin quelle peust arrester ⁊ tarder ledit pe
re en colligeant ⁊ amassant les mēbres
⁊ pieces de son filz. Et icelle entreprin
se ne deceust point la deffortunee fēme
car il fut ainsi fait / car tandis que le pe
re qui auoit perdu son filz plouroit ⁊ as
sembloit les membres dicellui / ⁊ lui fai
soit les funerailles / elle auec son rauis
seur sen fuyrent / ⁊ selon aucuns apres
longues circuitions de pais elle vint en
thessalie. Et la par les prieres de iason
elle retira en plus forte aage le pere nō
me eson qui estoit par aage decrepite.
Quant elle eut enfante deux filz a Ja
son elle esmeut ⁊ arma ses filles a la
mort de pelie. Finablement pour quel
que cause que ce fust elle fut separee et
abandōnee de iason / ⁊ il fianca vne nō
mee creuse fille de creunte Roy des co
rinthiens. Medee portoit ce tresgriefue
ment / ⁊ pource excogita ceste malice.
Elle enuoya ses filz cōme pour apaiser
leur merastre auec aucuns dōs cloz en
vng coffre lequel coffre ne fut point par
ladicte creuse plus tost ouuert que tres
grande flambe de feu ne fust par toute
la Royale maison / par le quel feu icelle
creuse ⁊ toute la maison furent bruslez
Mais lesditz enfans qui de ce auoient
este deuant admonnestez auoiēt ia eua
de le feu. Et quant iason course contre
elle venoit pour lui faire peines ⁊ tor
mens pour si cruel fait la cruelle fēme
tua deuant lui les enfans innocens. et
esleuee par ses malefices sen ala a athe
nes / la ou elle espousa egeon ia viel Et
lui enfanta vng filz lequel elle nōma de
soy medus. Quant theseus retourna
de la longtaine ⁊ longue guerre elle lui
appareilla vng bruuage venimeux pour
lui bailler par les mains de egee incon
gneu. Et quant elle eust veu que ledit
egee filz eust cōgneu le dit bruuage ⁊ o
ste / elle pour euiter la fureur ⁊ ire dudit
theseus sen fuyt. Et finablement on
ne scet par quelle maniere elle fut recō
cillee a iason ⁊ sen retourna deuers lui
en colchos / ⁊ de toute sa force ⁊ puissan
ce elle restitua au royaume le pere de
iason viel ⁊ exille / combien que le gra
ue celius dit ainsi / que solin recite en sō Celius Solinus
liure des merueilles du monde que me
dee fut par iason enseuelie en vng lieu
nōme biteore / ⁊ mede son filz auoit em
pire ⁊ domine sur les peuples dytalie
nōmez marses. Doncques medee ornee
de ces malefices trouua lieu premier en
uers les grecz qui la deuoiēt mieulx cō
gnoistre / ⁊ apres enuers les Romains
quelle fut prise pour deesse / ⁊ estoit par
eulx honnoree par sacrifices / cōme ma Macro.
crobe manifestement tesmoigne. Les
fictions qui sont meslees en ceste histoi
re seront ouuertes ⁊ declarees la ou se
ra escript de eson ⁊ de pelie ⁊ de iason / ⁊
la ou il semblera estre oportun / car elles
semblent appartenir a eulx.

De absyrthie ⁊ calciope filz de oete. chap. xiii.

Absyrthie ⁊ calciope frere et seur
furent enfans de oete Roy des col

Tullius Quid hu-ius scelз medee ꝛc. ches / car tulles ou liure de la nature des dieux tesmoigne de absyrthie ainsi. Que diray ie de ce absyrthie frere de medee qui est en paruuie egylaus. Mais de calciope ouide en ses epistres dit ainsi. Oetes
Ouidius
nestoit point tel auquel deust retourner calciopes mere ꝛ seur mesprisee.
De ceste calciopes ie nay point trouue autre chose estre leute si non quelle fut femme de phrix ꝛ lui enfanta ung filz nomme cycoro. mais de absyrthie ou egylae il est ia dessusdit comment il a este tue par sa seur. Et sont aucuns qui dient ce des colches absirthie estre nomme du nom du dit enfant:

De cyroes fille du soleil chap. xiiii^e.

Homer^9. Cyroes ainsi que homere en son odissee tesmoigne fut femme malefique ꝛ fille du soleil ꝛ de perse. Mais ie nay en aucun lieu leu en quelle facon elle laissa les colches ꝛ vint en ytalie. toutesfois il est manifeste quelle habita pres de caiete cite en champaigne en vne montaigne iadis estant isle laquelle montaigne est nomee par elle iusques au iour duy cyrcee / autour de laquelle montaigne les habitans dient les lyons crier ꝛ mugir ꝛ plusieurs autres bestes cruelles lesquelles elle a fait de hommes par chancons paroles ꝛ enchantemens. Virgile
Virgili^9 Diues in accessos vbi ꝛc.
escript ainsi delle. Quant la riche fille du soleil resonne continuellement au bois hors de voie par chant / ꝛ quelle brusle les maisons orguilleuses ꝛ le cedre adoree en lumieres noturnes / ꝛ quelle discourt les tenues teles auec vne plume bien faicte / icy sont oyes iusques a la nuyt bien tart les gemissemens ꝛ ires des lyons fuyans les cordes ꝛ lians / et les pourceaulx portant sayes / ꝛ sont oyes les ours crier apres des estables ꝛ vler en maniere de grans loups / lesquelz la deesse cyrces par puissances dherbes a mue de forme de homme en face ꝛ forme de bestes cruelles. Homere en son odissee dit que vlixes auec ses compaignons egarez sur les champs vindrent a ladicte cyrces ꝛ que elle mua ꝛ transforma en bestes cruelles les compaignons de vlixes / mais elle ne peult point transformer ledit vlixes pource quil auoit este par auant de ce admonneste ꝛ enseigne par mercure / ꝛ que ladicte cyrces fut esbahye ꝛ territee par vlixes / parquoy elle reforma en hommes tous les dessusditz compaignons / ꝛ quelle tint la vlixes par lespace dung an / ꝛ quelle lui enfanta vng filz nome thelogonus. Et ainsi que plusieurs adioustent vn grant filz qui fut nomme latin / qui apres fut roy des laurentes. Et finablement quant elle leut bien enseigne plusieurs choses elle len laissa aler. Oultre ce il recite de ce stut cy quelle ayma le dieu marin nomme glauce. Et pource quil aymoit la nymphe nomee scylle frape de ialouzie elle empoisonna par venins la fontaine en laquelle ladicte nymphe se souloit lauer. Parquoy quant icelle nymphe entra dedens icelle fontaine soudainement elle fut rongee iusques aux eignes par les chiens marins / ꝛ fut transformee en vng monstre marin. Il dit oultre quelle fut mesprisee ꝛ abandonnee du roy picus / pource quil aymoit vne aultre nomee pomone / ꝛ pource elle le transforma en vng oyseau nome dicelluy nom. Voyons maintenant que nous deuons opiner soubz ces fictions Theodonce tresingenieux ꝛ subtil inquisiteur de ces choses dit que ladicte cyrces ne fut point fille du soleil hyperion mais de celluy qui est creu ꝛ repute regner sur les colches / mais quelle fut pource creue ꝛ reputee estre fille dudit soleil Car comme seruie dit elle fut tresbelle femme ꝛ renommee femme amoureuse / ce que

ilz feingnēt estre aduenu pour la haine de Venus contre la lignee du soleil/de laquelle haine apres sera dit la ou len parlera de ladicte Venus. Ce que dit est les bestes sauuages & crueles braire autour de la montaigne/& pource car ladicte montaigne est enuirōnee de grādes & haultes libes roches & cauernes. Et les undes de la mer p limpetueux mouuement de vens sont esleuees & esmeues & retirees & frapees contre lesdictes roches/& de sa & de la sont la froissees/& ainsi est fait par necessite ung son diuers/sēblable maintenant a bestes mugissans/& maintenāt rugissans & brayans. Et a ceste cause ilz feingnent ouir les lyons & sangliers. Quant ad ce qlz dient les hōmes estre transformez en bestes par herbes ou paroles & enchantemēs/ce semble a plusieurs possible pour estre concede par illusions magicques quant nous croyons les magiciens de pharaon auoir fait ces choses par leurs ars/lesquelles moyse par vertu diuine faisoit. Et quant aucuns croyent les hōmes estre faitz loups en archadie. & apulee estre trāsforme en ung asne. Mais ie cuyde plus tost ceste cyrces auoir attrait plusieurs hōmes a lamour delle p sa beaulte/lesquelz pour acquerir sa grace laquelle grace des fēmes amoureuses on ne peult acquerir sans pecune/se sont meslez a diuerses plaisances attyrans pour porter a elle aucuns dons. et ainsi auoir prins en eulx aucunes conditions & formes conuenables aux offices quilz exercoient/lesquelles qualitez Ulixes cest a entendre lhōme prudent et sage na point vestues & prinses. Elle apres ayma glauce qui est pource dit selon que aucun plaist & principalement a leruee. Glauce sōne & signifie autant que terreur/& car il est terrible ouyr les mugissemens & hulemens de eaues autour de la dicte montaigne nōmee cyrceus ainsi quil est dessusdit/& icelle terreur semble estre la continuelement. A ceste cause il est dit que cyrces est ayme de cyrce/cest a dire de ce lieu. Et par ceste mesme cause est dit que glauce a ayme scylle/car ou peril de mer nōme scille le ronflement de la mer fait cōtinuele terreur & peur Et pource quil demeure la continuelement il semble quil ayme ladicte scille. Que ladicte scille soit prinse & rōgee iusques aux eignes aux eaues infectes par les chiens marins/ceste fiction a prins sa cause de leffect/car scylla est ung rochier pres de la mer sicilienne si hault au milieu des eaues quon le voit saillir des eaux iusques au milieu/& lautre moitie estre occupee des eaues Et veu quil est tout droit & hault & cauerneux la mer cōtinuelement flue & reflue la auec tresgrāde force & bruyt quant elle entre en icelles cauernes. & apres sen sault faisant son en maniere de chiens latrans & aboyans. Et ainsi ce roc est dit estre prins des chiens de mer Nous escrirons apres la ou nous parlerons du pic les choses qui appartiennent audit pic. Je ne croy point ceste circes auoir este seur de oeta pource que ceste cyrces fut du pais de colches & deuāt la guerre troyēne/mais ces choses dun mesme temps & conuenables aux nōs & par aduenture aux ars on peult faire des deux une.

De angicie fille du soleil. chap. xv.

Theodonce dit que angicie ou au Theod.
trement agernie fut seur de ladi
cte cyrces & fille du soleil/& quelle ne de
mouroit point loīg du territoire de chā
paigne/mais quelle besoignoit p meil Celius
leurs ars. Celius le graue qui ne cōcor
de point en toutes choses delle auec lui

afferme quelle fut seur de cyrces/ et que la hanta les lieux voisins du lac fucin/ et la par vtile et seine science cōtre les maladies/ elle deseruit aux habitans que apres sa mort elle fut eue et reputee deesse deesse. Macrobe en son liure des saturnaulx appelle ceste deesse engeronie/ et dit que les Rōmains au temps des douziesmes calendes de ianuier lui celebrent feries et lui font sacrifices par les pontifices ou petit temple de volupie. Mais

Verius flacc⁹ Verius flaccus dit quelle est apellee angeronie pource quelle sequeurt et oste les

masurius douleurs et sollicitudes des ames Masurius adiouste que le simulacre delle cōme deesse est fait de metail signe et to⁹ noye mis en lautier de ladicte volupie. Et ce que si aucun dissimule par le benefice de pacience ses douleurs et anxietez il aduiendra en tresgrande delectation. Certes iule modeste dit temple e-

Julius modest⁹ stre fait a la dicte angeronie pource que le peuple Rōmain par veu ql fit deuant est dit deliure de la maladie nōmee angine. Lart de medecine et de guerir les maladies lui peult donner cause po⁹ laquelle elle fut creue et appellee fille du soleil.

De la lune fille de hyperion. chap. xvi^e.

Pour retourner a la lignee de hiperion il est trescōmun et manifeste la lune auoir este fille dicellui hyperion et seur du soleil. Les anciens ont opine moult de choses de ceste lune/ et deuāt toutes autres choses ilz ont dit lui estre ocede vng chariot a deux cheuaux pource quelle auoit tenu les parties de iupiter cōtre les oncles du couste du pe

Acclus en baccis re. Le poete nōme accius en baccis dit quelle vsoit dudit chariot ainsi. Phebe saincte vsoit de chariot vagabont de nuyt. Et virgile/ ia le iour estoit venu au ciel et la saincte phebe auecq̄s chariot vagabōt de nuyt touchoit et frapoit au milieu de lolympe. Isidore en son liure des ethimologies dit ce chariot estre tire par deux cheuaux desquelz lung est blanc et lautre noir. Le poete nōme nicander dit quelle fut aymee du dieu de arcadie dit pan/ et quil la attrapt a coucher auec lui par don a elle fait de laine blance et clere/ ce que aussi virgile afferme en ses georgiques disant. O lune le dieu de archadie dit pan te deceut et prīt par don de laine blanche cōme neige/ sil est digne de croire/ et tapella aux haultes montaignes et tu ne le mesprisas point en tappellant. Ilz dient aussi quelle fut aymee du pasteur nōme endymion/ lequel dient estre premierement repulse delle/ et finablement estre receu en sa grace apres ql eut par aucun petit tēps repeu ses brebis blanches. Touteffois tulles dit ledit pasteur auoir dormy en la montaigne dicte lamie ou latinie tonie et en dormant et songant auoir este blaice par la lune. Il ya des auteurs qui lui attribuent des filz/ car le poete lirique nōme alcyna dit la rosee estre engēdree de la lune et de lair. Pareillemēt ilz lappellent par plusieurs noms. Cest assauoir lune/ hechates/ lucine/ diane/ proserpine/ triuie/ argentee/ phebe/ ceres/ artene/ menan et autres plusieurs. Entendons et considerons quilz ont entendu par tant de noms. Ad ce quelle a este dicte fille de hyperion peult estre dit ce que dit est du soleil. Je cuide icelle auoir este fēme noble et renōmee par clarte de meurs/ et auoir este nōmee lune pour la preminence singuliere delle/ et quelle estoit seur du soleil/ a laquelle les choses qui sensuiuent point napartiēnent mais a la vraye lune/ et pource est dit ql le fauorisa a iupiter contre les titanes: cest a entendre contre les orgueilleux po⁹

Nicāder

Virgil⁹ Munere si c niueo lane si cre dere dig-nū est ꝛc:

Tullius

la complexion delle froide ⁊ humide/p laquelle complexion les fumositez des hômes sont moult repellees ⁊ abatues. Elle est dicte vser dudit chariot pour designer son cours de iour ⁊ de nuyt/lesql les couleurs des cheuaulx grandemêt le monstrent. Auec ce elle par son humidite nourrit dessus les choses qui germent ⁊ dessoubz aide aux racines. Quelle ait este aymee du dieu de arcadie par aduenture on pourra ad ce donner tel sens/que pour icellui dieu de arcadie soit prins chascun pasteur/car les arcadiens estoient tous cômunement pasteurs. Et les pasteurs aymêt la lune: cest adire sa clarte/pource que dicelle ilz reccuent vtilite. Et a ceste cause ilz ont acoustume par deux lappeller aux bois ⁊ forestz pour garder leur bestail de nupt/⁊ euiter plus facilement les ambuches des mauuaises bestes. et pource quant la lune venoit clere ilz lui sacrifioiêt en son sacrifice vng aigneau femelle bien blanche. Et ainsi la disoient estre prinse par toison blanche. Et a ce quelle fut aymee de endymion fulgence dit ce pouoir estre aduenu pource que endymion fut pasteur/lequel côme les pasteurs font ayma lumeur de la nuyt/laquelle humeur les vapeurs des estoilles ⁊ la lune suent ⁊ gettent pour animer ⁊ faire le suc de herbes/⁊ ainsi apres elle est conuertie aux vtilitez des pasteurs. Ou aultremêt dit icellui fulgence que icellui endymion trouua le pmier la raison ⁊ doctrine du cours de la lune/⁊ fut dit dormir trente ans Car p les iugemês des folz ceulx qui vaquêt a meditation dorment: cest adire perdêt le temps. Ou que cellui qui est donne a meditations certes ne se mesle point aultrement aux euures actiues que sil dormoit/laquelle chose est dicte de endimion/car lui viuant il ne fit autre chose que estudier ⁊ vaquer a ceste meditatiô

Fulgêcius Endymion fut le pmier q trouua le cours de la lune

Ainsi que tesmoigne minastas en son liure quil escriuit de europe/laquelle chose ie cuide estre vraye/⁊ quil ny ait aucun qui esmerueille le long espace du temps veu quil y a plusieurs choses a considerer autour du cours de la lune côme en sa theorique des planetes monstre le venerable andalo. Mais quelle ait devent peu ⁊ nourry les brebis blanches/ie cuide ce este adiouste pour monstrer la qualite du lieu de sa meditation lequel fut ou hault dicelle montaigne/lequel lieu il choisit pour pouoir aisemêt prendre les eleuatiôs côme en vng lieu a ce propice/⁊ que les haultz des môtaignes ⁊ principalement haultes la plus partont par coustume estre pleines de neige. Et pource quil garda long têps les neiges il fut dit pasteur des brebis de neige. Quil a este baise de la lune/ie cuide pource estre feingt que ainsi que ceulx qui ayment quelque fille reputêt le baiser estre le don damour/pareillement cest le don ⁊ remuneration de longue meditation auoir trouue le cours de la lune/⁊ ainsi semble auoir receu le baiser damour. Reste maintenât de oir des noms delle. Ilz la veulent estre nômee lune pource quelle luyt ⁊ principalement quant elle luyt au tart/Car quant elle luyt de matin ilz lappellent diane. Elle est nômee hechates qui est interprete cent/auquel nombre en met tant nombre finy pour infiny Ilz veulent ainsi estre declaree la multiplicite de sa puissance. Aucuns la nôment triuie. Combien que senecque le poete la dit triforme en sa tragedie nômee hippolitus. Et la veulent estre dicte ainsi pour son principal nom. La lune est aussi appellee diane ⁊ proserpine. Ilz dient aussi quelle est nômee lucine côme orace en ses odes ainsi dit. Tu te loues estre appellee lucine/laquelle ilz dient la deesse des fêmes qui enfantent/⁊ peu

Andalo

apres sera dit pourquoy elle est ainsi nõmee / pource ilz la dient argentee / car sa vertu est de engendrer largent / ou que ou regart du soleil qui est cõme doze elle semble argentee. Ilz lappellent phebee car elle est souuent neuue Arthemie ou arnothemis en langue grecque nõmee attique signifie autant que lune Et est ainsi dicte recitant macrobe / car arthemis est dit quasi arnothemis: cest a dire tranchant lair. Elle est inuoquee & requise des fẽmes q̃ enfantent / car la propriete delle est de descẽdre aux fentes du corps & donner voye aux conduitz / laql le chose est salutaire pour auancer & accelerer les enfantemens cõme le poete thimoteus a elegãment declare. Elle est nõmee mena / car elle seuffre aucunesfois les faultes & faillances ainsi q̃ aux eclipces. Et mena en grec signifie en latin faulte ou faillance. Ou pource que naturellement elle na point de lumiere / & celle quelle a elle lemprunte du soleil cõme les autres planetes. Iay par cõseil entremis & laisse en ce lieu les autres noms delle pource quilz appartiennent aux autres deesses / desquelles sa faicte singuliere mention en ceste oeuure.

Macro.

Thimo.

De la rousee filz de la lune. chap. xvii^e.

Alcyne poete lirique dit que la rousee fut filz de la lune & de lair Macrobe tesmoignant. Laquelle fictiõ a este prinse de nature / car les vapeurs humides de la terre par loeuure & vertu de la lune en labsence du soleil ne peult monter plus hault / & par la froideur de lair & de la lune alterees sont conuertis en eaue bien deliee / laquelle cheant en tẽps deste est appellee rousee & en tẽps diuer quant elle est condensee & espessie par froit & gelee elle est dicte broullact.

Alcyna

De briaree filz de titan chap. xviii^e.

Briaree est creu de to⁹ estre filz de titan & de la terre / & presque tous les poetes latins lafferment estre tresgrant & mauuais ennemy de iupiter et mespriseur des dieux / & pource le veulent estre gette aux enfers. Et virgile lescript faire le guet entre les mõstrueux a lentree denfer disant. Brairee beste de lerne deux fois cent. Certes homere en son iliade le monstre auoir este amy de iupiter disant ainsi. Tu as appelle tost centimane au grant olympe / lequel tous les dieux & hõmes le nomment briaree la meilleure partie de lui engendree de terre. En ces ditz vers homere legierement touche vne fable / laquelle theondonce recite vng peu plus au long disant que les dieux esmeuz cõtre iupiter: cest assauoir iuno & neptune & pallas & aucuns autres delibererent en la maisõ de neree pere de tethis faire vne chaine & en lier iupiter dormant et tous ensemble le tirer & getter hors du ciel / la quelle entreprinse thetis raporta a iupiter. Et pource il appella ou ciel briare pour lui fauoriser. Quant les dessusditz coniurateurs eurent ce veu ilz desisterent incontinant de leur entreprinse pource quil estoit repute tresfort & ainsi iupiter fut asseure. Par ces choses appert briaree auoir este amy de iupiter. Leonce voulant ouurir & declarer le sens de ceste fable disoit que les elemens inferieurs discordoient auec les elemens superieurs deuant la resolution de chaos & les euures de humeur auoir fait paix & concorde / & disoit icelui leonce plusieurs autres choses plus dignes de risee que descrire. Mais theodõce dit listoire estre couuerte dune tenue couuerture soubz ceste fable. Car il dit que iupiter apres la victoire des

Virgil.

Homer.

Leonc.

titans ⁊ geans eue par lui fut fait si orguilleux ql ne pouoit estre souffert de amis. A ceste cause iuno sa fēme ⁊ neptune son frere conuoquerent secretemēt en lisle nōmee nerithos aucuns de les amis / ⁊ tindrent conseil ⁊ entreprīdrēt quilz chasseroient iupiter hors du royaume quant il ne sen doubteroit point Mais quant ce fut reuele a iupiter par vng nautonier ce sachant auec les aultres iupiter appella ⁊ enuoya querir briaree qui seul resistoit des titans / et qui encores estoit trespuissant hōme / ou le filz de briaree filz de titan qui estoit appelle dung mesme nom cōme lautre / et auec lui aliance de societe: ⁊ espouanta tant les dessusditz coniurateurs ql nosoiēt aucunemēt faire aucune chose cōtre lui. car briaree est dit cent deuxfois / car il auoit presidence ⁊ seigneurie sur plusieurs hōmes. Et est icy mis nōbre finy pour nombre infiny. Il fut gette aux enfers ⁊ non poīt en la cite du dieu nōme dis cōme sont les autres / car il estoit ēcores garde a laide des souuerais celestieux. Affin que nous entendons ql nya point aucūs si paruers quilz ne soient par dieu gardez a la meilleure vie / quant la conuersion deulx aduenir est par dieu congneue.

De cee tiers filz de titan lequel engendra latone ⁊ asterie. chap. xix°.

Paulus Pol compte cee entre les autres filz de titan. Et virgile monstre la mere de lui auoir este la terre disant ainsi quilz dient la derniere seur estre a cee ⁊ enchelaide

Leoncius Leonce dit quil fut roy trespuissāt de lisle nōmee cee ⁊ hōme de extreme crudelite ⁊ orgueuil / pour laquelle cause il est compte entre les filz de lui deu quil estoit plus ancien que titan / car il fut pere de latone ⁊ de asterie vierges de tresexquise beaulte. Pol aussi disoit que la guerre des titans contre iupiter auoit este mue pource que iupiter auoit corrompu ⁊ eu compaignie charnelle auec latone / mais il est faulx ainsi que la hault auons mōstre par les choses qui sont leutes en la sacree hystoire

De latone fille de cee laquelle enfanta apollo et diane. chap. xx^e.

Il est prins ⁊ entendu par les vers de ouide que latone fut fille de cee quant il dit. Je ne scay par quel vēt eoe vous osez preferer a moy latone engendree des titans. Ouidius Les anciens veulēt ceste latone auoir este aymee de iupiter ⁊ auoir eu sa compaignie ⁊ auoir eu delle deux enfans: cestassauoir apollo ⁊ diane Laquelle chose iupiter print si amerement ⁊ indigneement qui lui interdit ⁊ defēdit toute la terre pour oster le faitz de son ventre / ⁊ lui enuoya ⁊ mist phytō vng serpent moult grant pour la chasser ⁊ empescher. Elle ayant peur dicellui serpent ⁊ fuyant ⁊ ne pouant trouuer lieu qui la peult retenir elle aproucha de lisle nōmee ortygie ⁊ fut delle receue / ⁊ enfanta en elle p̄mierement diane / laquelle diane excerca ⁊ fist incontinant loffice de sage fēme a sa mere a sō frere naiscent / ⁊ receut apollo naiscēt. Lequel incontinent apres p flesches occit phyton / ⁊ acōmenca donner ⁊ bailler responces ⁊ oracles a ceulx qui les demandoient. Oultre ce ilz dient le nom de ceste isle estre mue par ce present enfantement. car elle estoit premierement nōmee ortygie ⁊ apres fut appellee delos. Auec ce dient que quant ladicte latone portoit ses filz petis par lycie par la chaleur du temps elle eust grant soif / ⁊ pour boire elle se aproucha dūg lac. Le voiāt les Rustiques gens des champs q̄ pres estoient/ilz entrerent diligēmēt dedēs icellui lac ꝛ troublerent de leurs piedz toute leaue Latone pource courroussee ꝛ esmeue ora ꝛ pria quilz fussent exterminez ꝛ defaitz/parquoy icelles gēs des champs Rustiques furent soudainemēt muez en Raines demourans tousiours en icellui lac. Barlaam disoit a ces fictions que quāt le deluge cessa lequel fut au temps du Roy ogige ilz sordirēt nuees si espesses par la trop grande humidite de la terre meslee a la chaleur que les Rays du soleil de iour ꝛ les Rays de la lune de nuyt nestoiēt aucunemēt deuz des habitans en plusieurs lieux de la mer egee ꝛ achaie. Finablement lesdictes exalations se diminuerent ꝛ principalemēt aux isles ausquelles les exalations de la terre se pouoiēt moins esleuer pour Raison de la mer. Aduint q̄ vne nuyt enuiron lheure tresprochaine du iour que les Rays de la lune furent deuz premierement de ceulx qui estoyent autour de lisle dessusdicte ortygie/ ꝛ subsequēment furent deuz au matin les Rays du soleil. Et pour ceste cause par grāde ioye de tous cōme silz eussēt Retrouue ꝛ acquis ceulx quilz cuidoiēt ia auoir perdus Il est dit diane ꝛ apollo estre nez en ortygie/ ꝛ pource estre mue le nom de lisle/car premierement ortygie fut nōmee delos/lequel sōne autāt que manifestation/pource que la manifestatiō du soleil ꝛ de la lune fut faicte en elle. Et les feignans voulurent latone estre icelle isle en laquelle fut faicte la manifestation/ꝛ prindrent principalement pour faire ceste dicte fiction vne fēme/car il estoit aduenu quelle auoit enfāte gemeaulx/desquelz il auoit appelle le masle apollo/ꝛ la femele diana. Et feindrent ledit phyton suiure y celle latone quelle ne peult enfanter. et voulurēt les nuees espesses des vapeurs esleuees pour oster que les Rays du soleil ꝛ de la lune ne peussent estre deuz p les mortelz hōmes. Ilz nōmerent lesdictes nuees cōuenement serpent/car q̄t elles sont impellees ꝛ boutees par quelque esperit cōme legieres sa ꝛ la ilz semblent quelles grauissent en maniere de serpent/ꝛ le dient pource estre enuoie p iuno pource que aucūeffois iuno est entendue pour la terre ꝛ pour la mer. Par lesquelles icelles euaporatiōs sont faictes ꝛ enuoyees. Et dient pource diana estre deuant nee/car extenuees ꝛ chassees les vapeurs de nuyt les Rays de la lune premierement apparurent. Elle est pource dicte auoir dse en la natiuite de son frere de office de sage femme/car ai si que les sages fēmes ont coustume de Receuoir les naiscens. Pareillemēt la lune est deue les cornes estādues prendre le soleil orient quāt elle est vng peu leuee deuant le soleil. Ilz ont pource feingt ledit phyton estre occiz par apollo de flesches/car icelle euaporation de la terre est toute dissolue ꝛ deffaicte par laction des Rays du soleil. Que apollo ait cōmence a bailler les Respōces aux demandeurs a este prins de ce que apres est aduenu. Car en icelle isle par le malefice dung diable soubz le tiltre ꝛ nom de apollo acōmenca ꝛ donna long tēps Responces aux choses a lui demandees Les Rustiques ꝛ paysans estre muez en Raines a este pource dit que phylochorus escript que iadis guerre fut des rhodiens contre les lyciens/ꝛ que ceulx de lisle delos vindrent a laide des Rhodiēs lesquelz quant ilz venoient prendre eau en vng lac des lyciens les paysans ꝛ rustiques la habitant leur prohiberent les eaues. Et ceulx de delos assaillirent les lyciens ꝛ les tuerent tous/ꝛ getterent les corps des mors dedens icellui lac.

Finablement par tret de temps quant les lyciens habitans aux montaignes vindrent audit lac/ꝛ quilz ne trouuerent point les corps desditz Rustiques occiz ꝛ quilz virent les Reines autour du lac crians en leur facon acoustumee/iceulx rustiques montaignes et ignares cuiderent estre les ames des corps la occis. Et quant ilz rapoꝛterent ainsi la chose aux autres/par ce ilz trouuerent cause et inuencion de fable.

De asterie fille de ceus et mere de hercules. Chap. xxi^e.

Asterie fut fille de ceus ꝛ de titan cõme il plaist a theodõce. Et aisi que fulgence dit elle fut amee de iuppiter aps que latone fut coꝛrumpue. Elle fut pꝛinse et cõgneue de iupiter mis ꝛ fait en la foꝛme dune aigle. et cõceust et enfanta hercules a iupiter. Et cõme il plaist a aucuns finablement elle fut cõtre iupiter. Et fuyant lire de luy/elle fut par la misericoꝛde des dieux conuertie en vne caille. Laquelle en grec est appellee oꝛtigie. Par ainsi elle donna icellui nom a lisle en laqlle sen estoit fouye La ou elle fut par iupiter muee en vne pierre/et gettee au fons des vndes et p elles ca ꝛ la agitee/ꝛ celle pierre finablemẽt fut arrestee. Par ladicte latone receue par elle. Ceste raison peut estre dõnee de ceste fable. Theodõce dit que ceus deffait et occis par iupiter Lequel ceus pource que latone auoit este charnellement coꝛrumpue auoit fait guerre cõtre luy/iupiter vint en lisle nõmee cee. Et la il cogneut charnellement la vierge asterie fille de cee. Finablement elle fut contre luy. Et pꝛemieremẽt par legiere fuite sen ala a oꝛtygie. Et de la nauigea iusques a colchos. ꝛ espousa le soleil qui la regnoit/et luy enfanta vng filz nõme oete. leql apꝛes la occist. Ou aisi que barlaam dit/elle mourut a lenfantement dudit oete. Il est icy faingt q̃ iupiter en foꝛme daigle coucha auec elle/car laigle estoit signe et armez de iupiter quãt il alloit en guerre. et pour ce quil auoit pꝛins p guerre cee/il a este feingt quil fut mue en aigle quãt il coucha auec asterie. Que asterie fut muee en vne caille/est dit pour la legiere fuite delle veu q̃ les cailles volent legieremẽt Ou pour la longue nauigation delle/laquelle icelles cailles font aucun certain temps de lan. Quelle soit conuertie en vne pierre/napartient point a elle: mais a lisle alaquelle pꝛemierement elle fuit. laqlle en grec est dicte oꝛtygie. et en latin caille. Et est pour ce dicte cõuertie en pierre pour designer et monstrer sa nouuelle stabilite/car on dit que la coustume de ladicte oꝛtygie est de floter auec les vndes/laqlle chose est pour ce feingte/car elle a de coustume estre agitee ꝛ vexee par continuelles concutions de la terre tremblant ꝛ mouuant. Laqlle finablement veult estre firmee et arrestee/cest a dire deliure de ladicte concution/pour ce quil fut respondu p apollo que on nenterrast en elle aucun coꝛps moꝛt. ꝛ auec ce quõ luy celebꝛast aucuns sacrifices. Lesquelz deuement celebꝛes cessa linfestation du tremblement de la terre et ainsi fut faicte pierre/cest a entendꝛe stabile ꝛ firme. Je cuide ce estre aduenu pour lair iclus ꝛ mis dedens les cauernes pleines de luy et faisant le tremblement de la terre. Et quilz furent deceuz par ladicte respõce du dyable. Aucuns adioustent les isles micones et gyares estre adioustees ꝛ arrestees auec icelle oꝛtygie. Laquelle chose ne doit point estre absoluement ainsi entendue/mais que les habitans aux isles qui estoient pꝛochaines a ladicte oꝛtygie laisserent leurs isles et vindꝛent en icelles habiter pource quelle estoit ia arrestee et asseuree.

Theod. Fulgẽci^9

Barlaam

De typhon ou typhee quatriesme filz de titan qui engendra aeos et chimere. chapitre .xxii^e^.

Typhon ou typhee theodonce tesmoignant fut filz de titan et de la terre. Combienque lactence le die estre Lactãci⁹ engendre de tartare: cest adire denfer et de la terre. Auec ce icellui lactence dit ql prononca pour le Royaume bataille cõtre iupiter. Et a ceste cause iupiter courouce contre lui labatit par fouldre Et pour opprimer son orgueil mist sur son corps trimacrie: cest a entendre sicile. ce Ouidius que tesmoigne ouide disant. Lisle grade est mise sur les mẽbres gigantiens. et de ce apres parle par diuers. Mais Uirgili⁹ Virgile ne dit point auoir este mie sur lui la montaigne nommee ethna / mais inarrine qui est montaigne en sicile Voisine a baies quest au iour duy appellee isda / pres de lisle nõmee prochita. et dit ainsi Prochita haulte fait grant son imposee par les cõmandemens de iupiter a typhee et au lit dur de inarine Ce que aussi Lucan sẽble auoir tenu lucan disant. Le hault de champaigne Rend vndes et son / auquel typheus musse en inarine par eternel fais euapore et gette grans caillous Põpom Pompont⁹ mela en son liure de cosmographie / et apres lui solin des merueilles dient en sicile estre vne tresgrande fosse pres de la ville nõmee corpce / car ilz diẽt en la montaigne estre vne tresparfonde fosse par deux mille et cinqcens pas longue et moult plaisante et delectable par lombrage des arbres et du son des Ruisseaulx la fluans. Apres aussi la lõgue descendue est trouuee vne autre fosse et valee laquelle en alant oultre est obscure / et yest la le temple sacre de iupiter. Apres les habitans en ce lieu afferment dedẽs icelle fosse en la fin estre mis le lit et couche de typhon. Les choses dictes de typhee meslees soubz fictions maintenant declarerons. Doncques ilz ont dit que ce typhee fut filz de titan / pour le hault et orguilleux esperit de lui et de la terre pour sa puissance / Sela que theodonce le dit auoir este tresancien Roy de cilice / et auoir surmonte et deffait par bataille son frere nõme osiris / et lauoir detrache par membres / et auoir meu guerre cõtre le premier iupiter / mais par lui fut deffait et occiz. Nous expliquerons ce et apparoistra assez en ceste histoire la cause des fictions / car il appert mõstrer et declarer en ce la nature et cause a ce conuenablemẽt / mais couuerte du tremblement de la terre quilz ont feingt / car papias dit que typhon ou typhee sonne Papias autant que gettant flãmes. Affin que par ce nous puissons assez veoir qlz ont voulu monstrer premierement le feu clos aux entrailles de la terre / et de la exale et sailly. En tant quilz dient les mõtaignes estre dessus mises par iupiter / cest a entendre par la nature des choses Et en ce quilz ont dit typhee se parforcoit se eleuer ilz monstrent la cause du tremblement de la terre / car la terre en la plu⁹ grande partie delle est caverneuse / et est necessite que aucuneffois lair soit clos dedens icelles cauernes. Et aduient aucuneffois la que par les veines et entrees soubz la terre leaue penetre / et fault que lair aussi soit la meu par aucũ mouuement / et lequel air par son mouuement et par Repercution quil a de sa et de la des choses qui lui Resistẽt excite a plus grant mouuemẽt deuient chault Et quant il est ainsi eschauffe le mouuement de lui est fait de telle puissance quil bat et meut tout ce qui est autour de lui et le fait mouuoir. Et sil y a terre grasse et pleine de souffre pres de tel lieu par necessite incontinent elle se alumera et afflambera. Et nesteindra point ce feu tant que celle matere durera: et veu que le feu ne peult estre tenu clos et que icellui boullant lair soit molt multiplie et que le lieu ne soit point lors assez grant/il est fait nonpoint seulemēt grande concution de la terre prochaine mais aussi la terre est contrainte de se ouurir et de mistrer et faire yssue et voye au feu aflamble/lequel euapore fait typhon: cest a entendre lieu gettant flammes. Et veu que sicile et inarime sont de ceste nature les sages ont feingt typhon estre dessus mis.

De aeos filz de typhon. chapitre. xxiii.e

Isidorus

Isidore en ses ethimologies dit aeos auoir este filz de typhon/ et quil a fait la tresancienne cite de cypre nommee paphos/laquelle ie auoye la dessus dit auoir este faicte par paphon filz de pigmaleon/ et estre nomme de son nom: laquelle chose ie nay point pour certain si elle est vraye.

De chimere fille de typhon chap. xxiiii.e

Papias

Ouidius

Quiq; chimera iugo mediis in partibus rc.

Virgilius

Horrendum stridens flammis q; armata chimera

Papias dit que chimere fut fille de typhō et de chedrie/mais ie ne voy point la cause pourquoy ce a este dit/si non quelle vomit et gette les flāmes de feu. Toutesfois aucuns la descriuēt estre tresmonstrueuse/car ouide dit ainsi delle/chimere auoit feu au milieu et hault des deux parties/et auoit poitrine et face et queue dune lyōne et serpent Et virgile dit ainsi delle. Chimere armee de flāmes sone horriblement. Les autres dient quelle a eu la teste de feu et la poitrine de lyon/et le ventre de chieure/ et les cuisses de serpēt/et auoit este molt moleste et mauuaise aux liciens / mais finablement auoir este deffaicte et tuee par bellorophon. Fulgence a ceste cause quiert ouurir le sens et entendement musse en ceste fable/ et par tresgrandes paroles/et lesquelles selon mon iugemēt ne sont poīt importunes et vaines/veu que soubz la significatiō historiale a plus de chose mussee que dautre chose soubz la tenue escorce de fiction Car chimere est vne montaigne en lycie/laquelle au hault delle brusle aīsi que la mōtaigne nōmee ethna/iadis elle apres descēdāt au bas souloit nourrir les lyons/ subsequēment elle habondoit en chieures/ et au fons et cōmencent delle/elle abōdoit en serpens. Mais par bellorophon homme de renōmee ceste mōtaigne fut purgee de mauuaises et nuysantes bestes/ et fut faicte habitable.

De enchelade cinquiesme filz de titan. chap. xxv.e

Paulus

Virgilius

Theod.

Oratius Sed quid typheus et validus

Paule dit enchelade auoir este filz de titan et de la terre. Combien q̄ virgile le die estre ne seulemēt de la terre aīsi. La terre mere irritee par lire des dieux produisit celle seur derniere cōme on dit a cee et enchelade. Et ainsi q̄ theodonce afferme cest hōme fut trespuissāt et cruel. Et virgile le dit auoir este frape de fouldre et mis dessoubz la mōtaigne ethna ainsi. Il est renōmee le corps denchelade auoir este demy brusle de fouldre et estre pssé de ce fais de la mōtaigne tresgrāde ethna mise sur lui/ et espirer et getter flāme des cauernes rōpues/ et toutesfois quil tourne son coste las toute la sicile autremēt dicte trimacrie treble par murmuration/et queure dessoubz par fumee le ciel. Je diroie ce estre typhee si nō q̄ orace en ses odes le mōstre estre diuers quāt il dit. Mais quest ce q̄ typhee et minias grāt et puissant/et q̄ est porphiriō par estat menassant q̄ est rethus arrachez le trōc et enchelade archier hardi. Doncqs puis quilz sont diuers et q̄ nous auons dit par raison phisicienne ⁊ naturelle typhee estre le feu soubz terre designe ⁊ signifie le feu elementaire mys et gecte par le fouldre de iupiter/⁊ fait ⁊ cause p le mouuemēt de lair soubz terre/⁊ estre euapore par dehors. Ainsi par morale demōstration nous dirons estre signifie cest hōme orguilleux/la cōdition duquel est en maniere de feu par folle eleuation/⁊ orgueil tousiours contendre a choses haultes/⁊ getter parolles de feu/⁊ toutes choses consumer par sa fureur/lequel est ethna tant de fois presse quantes fois il est impelle ⁊ surmonte par la puissance de la iustice diuine/⁊ est soubzmis a estre conculque des piez des humbles. Oultre si telz ne sont abaissez par autre fais ilz sont touteffois deprimez par leur rage quant par la voulente de dieu ilz ne peuent obtenir leurs desirs.

De egeon sixiesme filz de titan. chap. xxvie.

Seruius SI nous croyons les anciens egeon fut filz de la terre ⁊ de titan p semblable raison comme les autres. Seruie semble vouloir estre vng auec briaree/pource ql est surnōme deux fois cent. Mais pol contredit a ceste opiniō

Paulus disant que egeon fut vng tresgrant et cruel pirate/⁊ estre nōme egeon/par lisle deserte laquelle est en la mer egee/et est nōmee ege/en laquelle il habitoit a la maniere des pirates/lesquelz ne peuent licitemēt hanter par leurs larrecins leurs citez. Theodonce ad ce adiouste q̄

Theod. la dicte mer egee ne fut point ainsi nōmee par ege/mais par ce egeon/pource que en icelle mer ⁊ du temps dicelui ne stoit aucun qui osast faire chose que a sō plaisir. Oultre ce les fables anciēnes dient cestui auoir este lie par iupiter de cent chaines. Oultre ce ouide dit ainsi de lui. Egee sarroit la puissance ⁊ coustes des baleines tresgrans de ses coustes/affin quon puisse par ce comprendre quil a este trespuissant. Quant ses forces ⁊ puissances sont liees de tant de chaines ⁊ quil auoit la continuelle cure ⁊ sollicitude de la mer ⁊ des nauigages ausquelz il vaquoit Il est dit ⁊ nomme pource deux fois cent/car il auoit cent hōmes en ses nauires seruans au ramage cōme nous voyons estre requis aux longues nauires.

De aurore/cest a dire laube du iour septiesme fille de titan. chap. xxviie.

POl dit aurore auoir este fille de titan ⁊ de la terre. Si nous la voulons cuider auoir este fēme/pour ce q̄ ouide la dit auoir este fēme de titan frere de laumedō/nous la pouōs reputer auoir este vne fēme de grāde puissance et de merueilleuse beaulte. Mais ie cuide les poetes auoir entendu pour elle la aurore cest a dire laube que tous dient la resplēdeur du soleil/par laquelle nous voyōs deuant le soleil leue le ciel blanchir/laquelle ilz dient estre fille de titan. Non point pource quilz croyent quelle soit nee de titan/mais du soleil/lequel soleil ilz nomment souuent titan par le nom de son ayeul/car du soleil ainsi ql est dit procede celle clarte du ciel/laquelle nous nōmons aurora. Elle est dicte pour ce fille de la terre/car elle est reputee ⁊ cuidee saillie de la terre quant elle est veue surmonter lorizon: cest a dire la veue de lup orientale. Paulus Ouidius

De iapet huitiesme filz de titan qui engendra hespere ⁊ athlas ⁊ epymethee ⁊ pmethee. chap. xxviiie.

Theodonce afferme les parens de iapet estre titan & la terre / qui le dit auoir este en son temps grant & puissant enuers les thessaliens. Mais quil fut de mauuais engin & nature & quil fut congneu de nous plus par la clarte & vertu de ses filz que par la sienne. Varro en son liure De la naiscence de la langue latine Dit que la nymphe asie fut sa femme / & par elle asie est nommee. Et certes pour la grandeur de ceste dicte asie on peult prendre argument & coniecture pourquoy aucuns ont voulu delle estre pains hespere athlas epimethee et promethee. Varro

De hespere filz de Japet qui engendra trois hesperites. chap. xxix^e.

Theodonce dit hespere auoir este filz de asie & de Japet / & quil fut premierement appelle de ses parens philote. Mais quant il estoit ieune il sen alla auec son frere athlas aux derniers moriens & ethiopes qui demeurent oultre le port nomme ampulesie de la mer grande. Et auoit empire & regne aux isles prochaines du riuage dicelle mer. Il est appelle des grecz hesperus pource quilz nomment toute la region occidentale hesperie par le nom de hespere occidant & cheant. Et par ainsi il a este perpetuelement nomme par les siens ainsi par le nom de la region a laquelle il sen estoit ale Toutesfois de ce nest autre chose escripte si non que ses trois la furent filles de cleres & renommees par la rapine & pillerie de hercules. Theod.

De egle heretuse & hesperituse filles de hespere. c. xxx^e.

Es hesperides furent filles de hespere ainsi que leur nom patronymique sone / combien que aucun die elles estre filles de athlas Elles furent en nombre. iii. cestassauoir egle / heretuse & hesperuse / desquelles est ainsi narre / quelles auoient vng vergier auquel naiscoient pommes dor / & pour icelles garder y auoient mis vng serpent tousiours veillant. La renommee de ce vergier par nuyt iusques a eurischee / lequel ayant desir desdictes pommes enuoya hercules pour icelles furtiuement prendre. Hercules venant la endormit ou occit ledit serpent / & entra audit vergier & emporta les pommes / & les porta & bailla audit euristhee. Il ne sera point difficile ouurir & declarer le secret de ceste fiction Ainsi quil plaist a pomponie en la mer occidenta le furent certaines isles / lesquelles auoyent au contraire delles riuage desert & abandone du coste de lisle & terre ferme qui estoit entre les peuples hesperes ethiopes & athlantes. Lesquelles isles estoient possedees par les hesperides filles / & estoient tres abondantes de laine de berbis / laquelle laine estoit tresprecieuse come or. Et ainsi les dictes isles hesperies ayant telles brebis & pasturages furent le vergier des hesperides / & les brebis furent les pommes dor. car les berbis sont nommees par les grecz male ou mala. Tesmoignant varro en son liure de agriculture le serpent veillant estoient les vents eurupes / lesquelz sans intermission par merueilleuse tempeste circuioient icelles isles commouuans la mer iour & nuyt. Et ainsi gardoient le passage ausdictes isles. Mais hercules choisit temps a ce propice & passa & emporta & amena les pommes dor. cest a entendre le bestail / & ainsi sen retourna en grece. Mais fulgence comme il a de coustume se efforce tirer lentendement de ceste fable dabisme en lair / lequel iay delibere laisser obmetre pource que ie ne lay point cuide estre selon la pensee des feignans. Toutesfois il y a aucuns qui veulent que cest hercules soit de perse / & ces hesperides auoir este gorgones / mais ie men raporte a eulx. Pompone Fulgenci^o

De athlas neufuiesme filz de titan qui engendra hya et sept hyades aisi nõmez. endore/ambrosie/piridile/crõphyto/polyxo/⁊ thyenes. ⁊ ainsi engendra les plyades ainsi nõmees. eletra/maya steropes/celeno/taygete/alcion/meropes. ⁊ engendra la nymphe calipsone. cha. xxxi

Lactãci° Comme lactence dit athlas fut filz de iapet ⁊ de climenes. Mais theodonce dit quil fut filz de iapet ⁊ de asie. Pline en sa naturele histoire dit q̃ la mere de lui fut libye/mais ceulx cy ne semblent entendre vng ⁊ semblable considere quilz sont ditz estre trois/desquelz le premier est creu estre de arcadie Lautre premierement de thassalie et apres de mauritanie ⁊ le tiers cellui qui nauigea ⁊ passa aux moriens auec son frere hespere. Auec ce athlas est ytalien qui ainsi que le vulgaire dit tresancien impera ⁊ regna a fesules. Lequel ie nay point pource adiouste/car ie nay point trouue ses parens. Il nest point assez certain duquel de ceulx icy les auteurs ont entendu enuers les choses qui sont trouuees deulx/parquoy iescriray ainsi comme si toutes les choses estoyent faictes par vng. Athlas doncques fut comme il est dit filz de Japet ou de climene ou de asie ou de libye mere/duquel celle fable est recitee. Lactẽce dit que quant perseus filz de iupiter par le commandement du roy polidorus ala pour occir gorgone ⁊ quil leust vaincue ⁊ lui eust tranche la teste ⁊ quil fut retourne victeur/il aduint quil arriua au logis de athlas. Icellui athlas fut deuant admonneste par oracle diuin/quil se gardast des filz de iupiter/car par aucuns deulx il seroit priue de son royaume. Quant il entendit que icellui ꝑseus estoit filz de Jupiter il le voulut prendre. A ceste cause perseus fut trouble ⁊ descouurit le chief de ladicte gorgone/⁊ mua ⁊ transforma icellui Athlas en vne montaigne nommee de son nom. Et le condemna a perpetuelemẽt soustenir le ciel de ses espaules/ce quil fut fait. Les anciens ont voulu hystoire estre mussee soubz ceste fiction.

Fulgẽci° Fulgence dit que Perseus quant il eut deffait meduse tresriche il inuada le royaume de athlas/⁊ renforcy de larmee ⁊ richesses de meduse il cõtraignit athlas sen fuyr aux montaignes. Et par aisi ꝑ fuite il fut fait de roy mõtaigner. Cecy dõna cause q̃ icelui athlas fut dit conuerty en vne montaigne par layde dicelle par les richesses de laquelle il auoit este chasse aux mõtaignes Mais autre chose fut ꝑ laquelle on le dit auoir soustenu le ciel de ses espaules. car sait Augusti Augustin en son liure de la cite de dieu afferme athlas auoir este tresgrãt astro Raban° logien. Et rabane dit quil excogita p̃mierement lart dastrologie/ce que ie cuyde estre prins de pline/car il dit en sa naturelle histoire cestui auoir trouue astrologie. Et est dit quil porte sur ses coustez le ciel/pour les sueurs ⁊ labeurs quil a prins en cest art. Mais le vulgaire peuple ignare a creu quil soustint le ciel de ses espaules/car il veoit le hault dicelle montaigne estre eleuee si hault quil sembloit que le ciel se ẽclinast a luy Les anciens oultre ce ont dit quil eust moult de filles/lesquelles ie cuide estre nees de diuers athlas/⁊ estre attribuees a ce seul ainsi quil apparoistra plus clerement en la particuliere descriptiõ delles.

De hyas filz de athlas chap. xxxiie.

Affin que nous faisons cõmencemẽt de ung de meilleur sexe/hyas fut filz de athlas et de ethra cõme il plaist a ouide en son liure des fastes disant. Athlas nestoit point encores charge de lolympe sur ses espaulles quant hyas est engendre beau par forme. Ethra de la lignee de ocean lenfanta par parforce mẽs meurs/et aussi les nymphes/mais hyas fut premier ne. Lequel estant ieune fut chasseur et fut tue en la chasse p une lyõne comme le dit ouide a la hault tesmoigne disant. Quant la nouuelle barbe et cheueleure suyuoit les cerfz creingnans par peur/et ce qui apres par huyt vers ouide dit.

Ouidius Dũ noua lanugo pauidos etc.

Des hyades sept filles de athlas.chap.xxxiii^e.

Les hyades furent sept seurs et filles de athlas et de ethra/desquelles voyes cy les noms/endoro/ambrosie/pitidile/cron/phyto/polyxo/et thienes. Il a este necessite escrire delles/considere que dicelles nest aucune chose leute en particulier/delles ouide escript ainsi Les heures tardiues du iour ensemble obscures ameneront la nuyt. Et aucune partie de toute lassemblee des hyades nest mussee. Les faces du taureau resplendissent par sept flammes rayãs/lesquelles le nautonier graue po^r la ville les nõme hyadas. Une partie de gẽs cuident quelles ayent nourry bacchus et une partie les croyent estre tethyos et niepces du vieil ocean. Nous pouons par ses vers congnoistre que ainsi que ouide a dessus dit elles furent prinses et receues au ciel/et logees au front de taure pour la pitie de leur frere mort. Toutesfois ouide semble croyre en la fin de ses vers une partie delles auoir este filles de hyas. Mais theodonce conferme elles toutes auoir este filles de athlas Anselme en son liure de limage du mõde dit quelles sont appellees succules.

Ouidius At simul inducẽt obscura etc.

Theod.

Anselme

Mais voyons maintenant que veulent ces choses signifier. Et premierement ie cuide estre aduenu quelles ont este receues au ciel pource que le nombre delles conuenoit et pareil estoit auec les estoilles mises au front du taureau et par ceulx auoir este acommence qui congnoissoit le nombre des filles de athlas/et par ieu auoir appelle icelles estoilles du nom des filles/et eulx perseuerãt tant que ce dit nom a este adiouste aus dictes estoilles/et a dure iusques a ce io^r Ou que plus vray semblable est/lesdictes filles de athlas ont este nommees de ce nom par la conuenience du nombre comme dit est. Et ainsi ont baille et administre matere a ceste fable/car ie cuide celles estoilles estre nommees hyades par leur effect entendu et congneu par longue obseruation. Certes hyas en grec sonne en latin pluie/lequel nom leur est pource impose/Car les pluyes autonnales acommencent quant icelles estoilles apperẽt. Elles sont dictes aussi succules comme pleines de suc: cest a entendre de humiditez de pluyes Quant ad ce quelles sont dictes auoir nourry Bacchus/ie cuyde pource estre dit que pour leur humidite ou du signe auql elles sont estant en la vierge elles sont moult utiles et font moult de bien de nuyt aux vignes qui sont sechees p longue chaleur et secheresse.

De eletra fille de athlas et mere de dardane.chapitre.xxxiiii.

Electra fut fille de athlas et de pleyon. Et ainsi que ie cuyde elle fut fille de athlas de tusque Pource que aucuns veulent que elle ait este fême du Roy de corinthe/lequel plusieurs cuydent auoir este tusque/et sil ne fut point filz dudit tusque/il fut touteffois filz de archas Car iupiter ne fut poīt alle aux maures pour coucher auec elle. Ilz veulent quelle fut congneue charnelemēt par iupiter dardane auteur de troye et a son mari iasie. Auec ce ceste icy auec ses six seurs sont appellez pleades par leur mere pleiones Et pource quelles nourrirent iupiter ou le pere liber elles deseruirent le ciel/et sont logees cōme estoilles ou genoil du taureau/et sont appellees par les latins vergilles/desquelles toutes ouide ainsi escript. Les pleades acōmoncent ouurir et monstrer les paternelles espaules/lesquelles par coustume sont sept dictes/et touteffois nen sont que six/ou que six delles vindrent du monde pour estre des dieux ambrassees/car ilz dient que sterope coucha auec mars et alcione et la belle celeur auec neptune. Et maye et eletre et taygere auec iupiter La septiesme merope espousa toy mortel sisiphe Elle seule se pleit et repent dauoir ce fait et se musse p hōte. Ou que eletre ne voulut veoir les ruines de troye/et mist deuāt ses yeulx sa main. Les astrologiens dient que lune de ceulx icy est nebuleuse et quon ne la peult veoir. Expedions en peu de motz les fictions delles/quant ad ce q̄ appartient au nom et a la reception delles au ciel cōme il est dit des hyades. cōbien que anselme vueille ces pliades estre nōmees non point a pluralite mais de leur mere/veu quil dit que plion en grec sōne en latin pluralite. Elles sont dictes vergilies/car elles faillēt et naissent pareillemēt auec le soleil quant il est au taureau/car lors les iardins augmentent. Elles sont dictes auoir nourri iupiter pource que aucuns ont opine que le feu qui est en lair est nourri de humidite terreste/laquelle humidite les pluies font. du pere liber est dit la hault la ou est traicte des hyades.

Ouidius

Anselme

De maya fille de athlas et mere de mercure. ch. xxxv[e].

Maye fut fille de athlas cōme virgile dit disāt. Si no⁹ croyons aucunemēt aux choses ouyes athlas q̄ porte les estoilles du ciel a engendre maye Je cuide q̄lle fut fille de athlas de arcadie. Cinigius dit q̄lle espousa vulcane/et ainsi q̄ macrobe en son liure des saturnaulx dit icelui cinigius vse de ceste raison/que le p̄stre de vulcan fait aux calendes may sacrifice a ceste deesse. Mais piso dit q̄ la fême de vulcan est appellee maiesta et non point maya. Touteffois to⁹ afferment q̄lle coucha auec iupiter/et q̄ de lui enfanta mercure Auec ce dict que iuno aima grādemēt ceste cy entre les dames amoureuses de iupiter. Et Marciane afferme q̄ iuno a alecte mercure son dit filz. Et rendent la cause de

Virgil⁹

Marcian

de ceste amour disant que quant elle se elieue le printemps et leste viennent parquoy lair est fait plus beau et se esiouyr. Mais que dirons nous de ce quilz nauoient pas ainsi de celene et letre et autres / lesquelles pareillemēt se eslieuēt auec maya. La raison peult estre ceste icy / car les anciens ont entē du la terre par maye / en laquelle les roches et royaulmes sont / sur lesquelz Juno preside. Ceste maya fut en tres grande reuerance enuers les rōmains.
Macro. Car ainsi que Macrobe dit les marchans luy faisoiēt et a mercure son filz sacrifice au moys de moy. Pource quilz cuidoient quil eust prins le nom delle et par elle. Ainsi que ouide escript en son liure des fastes. Et aussi comme cornelie labeo semble vouloir affermer ilz
Cornelius labeo la cuidoient estre la terre / et auoir prins le nom de maya a la magnitude et grādeur de la terre / et lui sacrifioient vne truye preis. Lequel sacrifice ilz disoiēt estre propice a la terre / ainsi que ie cuide pour la fecundite de la truye. Oultre icellui labeo dit le temple de maya cest a dire de la terre estre dedie aux calandes de moy soubz le nom de la deesse bone / et estre vne mesme deesse maya et bone: et faune: et ops: et fatua estre vne mesme deesse. Il dit estre mōstre par les liures des pontifiques les raisons sont la hault mises la ou nous auons escript de la terre.

De sterope fille de athlas Chapitre.xxxvi.e

Sterope fut fille de athlas et de pleion Et ouide ladit auoir este aymee de mars de luy enfanta Parthaon qui fut roy de caldoine presque opposite a arcadie.

De cyllenoes fille de athlas Chapitre.xxxvii.e

Cylleno fut pareillement fille de athlas et de pleyon. Et fut congneue charnellement par iupiter / et lui enfanta mercure autre a cellui qui est dessusdit: lequel fut surnomme cyllenie pour sa mere / ou pour la mōtaigne en arcadie en laqlle par fortune fut ne.

De taygete fille de athlas Chapitre.xxxviii.e

Ilz veulent que athlas ait este pere de taygecte et sa mere pleyones. Laquelle ilz dient auoir plu a Jupiter et auoir en sa compaignie celperucle et auoir de lui conceu lacedemon. lequel les autres ont dit estre filz de taygecte fille de agenor / et aucūs lont voulu estre ne de semele.

De alcione fille de athlas Chapitre.xxxix.e

Alcione est nee de athlas et de pleione. Elle plut a neptune: et eut de lui alcione femme de ce roy de trachinie.

De merope fille de athlas Chapitre.xl.e

Apres fut comme les autres pleydes fille de athlas et de pleyon Et espousa sisyphe roy des corinthiēs Tesmoingnant ouide. Et est creu que elle enfanta audit sisyphe laertes pere de vlixes et glance et creon

De calipso fille de athlas Chapitre.xli.e

Calypso nymphe ainsi q̃ priscien en son maieur volume dit fut fille de athlas. Mais il ne dit point de quelle mere/ce que devant priscien Homere tesmogne en son odissee disãt Certes calypso pleine de dol & de fraude fille de athlas. Mais il est ignore duquel athlas elle fut fille. Ainsi que homere tesmongne Ulixes q̃ avoit tout perdu en mer vint a ceste icy/&fut chez elle detenu sept ans Elle fut dame dune isle nommee ogygie ou nommee de son nom calypso

Homerus Ubi et e athlantis filia dolosa

De epimethee filz de iapet qui engendra pyrrhe Chapitre .xliie.

Epymethee fut filz de iapet & de sa femme asie comme dit leoncius. Cestui fut homme ingenieux & q̃ le premier feingnit et forma de boe ou de terre ymage dhomme. Et dit iupiter estre courrouce a cestuy: et lavoit transforme en ung cinge. Et lavoit relegue aux isles pitaguses. La manifestacion & clarte de ceste fiction est telle Les cinges sont bestes qui ont entre autres choses ce mis & donne par nature que tout ce quilz ont veu aucun faire/ ilz veulent faire/ & le font aucuneffois Ainsi a semble que epimethee a la facõ de nature a voulu faire lhomme. Et ainsi incontinant & ressemblant le cinge & sa nature il est nomme cinge. Ilz ont dit le cinge estre relegue aux isles pitaguses/pource que iadis celles isles abundoient en cinges ou par aventure de hommes ingenieux & qui imitoiẽt nature en leurs oeuvres

Leoncius Epymethee fut le premier qui trouva & fit de terre la similitude de hõme

De pirrhe fille de epimethee et fẽme de deucalion Chap. xliiie.

Pyrrhe fut fille de epimethee & fẽme de deucalion comme ovide dit ainsi. Pyrrhe parle a deucalion ainsi lermes faillans. O seur: o femme espouse: o femme seule restant/combien mest cõmune la generacion & la naiscẽce de oncle de par pere/apres le lit marital ioingnit et maintenant les perilz ioingnent. Ceste cy pour ce quelle estoit trespiteuse femme eut et souffrit avec deucalion le deluge et lui enfenta quatre filz

De promethee filz de iapet qui fit pandore et engendra isis et deucalion Chapitre xliiiie.

Promethee fut filz de iapet & de la nymphe asie sa femme: ainsi que varro tesmongne la ou il traicte de la naiscence de la langue latine: & plusieurs autres le tesmongnent. Ovide dit que cestui devant tous autres forma lhomme de terre/disant ainsi. Ou la freche terre et maintenant separee & tranchee du hault air retenoit et gardoit les semences du ciel avecq̃s elle ne/laquelle la cure & solicitude des dieux formane&metant en forme et q̃ Japet sema et mesla aux undes fluviales et feingnit. Mais orace adioustant aucune chose dit en ses odes. On dit que promethee adiousta par force au limon prince une petite partie tranchee de toutes pars/et adiousta en nostre stomac la force de ung lyon enrage. Mais claudien en son panegeriq̃ quatriesme du consulat descript ceste fabrique plus clerement que tout autre/ et par long ordre de paroles/disant. Apres que chascũ composoit a lui les coustis et parties du monde. Et apres par vingt et six vers dit et explique ce

Varro

Ovidius Sive recẽs tellus seducta q; nuper ab alto &

cy au long. Certes ad ce que dit est / est adiouste une fable par seruie & fulgence. Car ilz dient que quant promethee eut feingt et forme lhomme sans ame de la boe et de la terre Minerue se esmerueilla de lexcellance de leuure de lui. Et luy offrit tout ce ql voulsroit des biens celestieulz pour parfaire son dit ouurage. Et quant promethee luy respondit quil ne scauoit quil deuoit vouloir pour ce faire / sil ne voyoit les choses qui lui estoiet necessaires et que estoient la hault aux cielz. Il fut eleue aux cielz par elle. Ou lui estant quant il vit toutes les choses celestielles estre animes par flambes. Lors il applica secretemēt une petite vergete aux roues de phebus. Et par icelle aflambee / il roba du feu et lemporta labas aux terres. Et applica ledit feu a la poitrinete de lhomme quil auoit feingt & forme et ainsi le randit anime & le nōma pandore. Les dieux a ceste cause ires & courrouces firent par mercure que il fut lie en la montaigne nommee cancase. Et abandonnerent et baillerent aux voultours & aigles le foye ou le cueur de lui pour le dilanier et ronger perpetuelement. Le poete eschile pitagorien descript la plainte de lui quil fait en ceste roche et mōtaigne par assez longz vers Affermant le cueur dicellui estre rompu et ronge par le bec de laigle: & incōtinant estre autreffois restaure: & de rechief estre dilanie par ledit oyseau / et ainsi sans cesse estre vexe. Saphos et esiode dient que les dieux a ceste cause ont gecte & enuoye aux hommes les maladies et megreur et les femmes. Orace dit que tant seulement ilz leur ont enuoye la maigreur et la fieure / disant ainsi en ses odes. La lignee audace de iapet enuoya et mist par mauuaise fraude le feu au gens. Apres le feu amble et surprins en la maison de lair

Eschyle pytagorien

Saphos

Oratius

maigreur & nouuelle assemblee de fieures hant a aux terres. Il ne sera point legiere chose ouurir et descouurir lescorce de ces fictions enuelopees. Car il ya plusieurs choses qui requierent lōgues parolles / lesquelles si ne sont mises / ceste matiere sera peu oportune et entēdue de plusieurs engins. Doncques ie feray ainsi que dieu me aidera et tāt que pourray retrancheray les paroles / desquelles passer me pourray.

Je cuide que deuant toute chose nous deuons veoir qui fut ce promethee / lequel certes sont deux ainsi que deux hommes sont quil a produit. Le pmier est dieu vray et tout puissant qui composa premier lhomme du limon de la terre. Ainsi quon a feingt auoir fait pmethee ou la nature des choses. Laqlle en la maniere du premier produit les autres de la terre / mais par autre art que dieu. Le second est icellui promethee / duquel verrons qui fut icellui pmethee et selon le simple sens et entendement deuant que escriuōs autre allegorie. Doncques theodōce dit auoir leu de ce promethee que pource que il estoit le plus ancien de ses freres / la succession de son pere iapet lui estoit deue Laquelle de son mouuement il laissa a son frere epimethee: & laissa et abandonna les autres deux petis filz deucalion et iside. Et lui estant ieune & attrait de la doulceur des estudes / sen alla en assirie. Et apres quil eut la par aucun petit temps ouy les caldees qui en ce temps estoient renommes / il sen alla hors du peuple au hault de la mōtaigne cancase. Et p lōgue meditatiō et experiance quant il eut conceu et entendu le cours des estoiles et planetes et la nature des fouldres / & la cause de plusieurs choses / il retourna ausditz assiriens et leur enseigna astrologie & la generacion des fouldres / & les meurs

ciuiles des hõmes/lesquelles du tout
ignoroient. Et fist tant que ces hõmes
la quil auoit trouue rudes ꝛ du tout sil
uestres: et viuans en maniere de bestes
sauuages. Il les fist et laissa hommes
ciuiles et comme composes et faitz de
nouueau. Ces choses ainsi deuant mi
ses/ voyds qui est cest homme produit
Lequel auons dessusdit estre deux.
Certes ilz sont deux. hommes/lung
naturel et lautre ciuil. Toutesfois to9
deux viuans par ame raisonnable. Le
naturel hõme premier est cree par dieu
Ovidius Claudiẽ du limon de la terre. Duquel ouide
ꝛ claudien entẽdent/combien quilz ne
lentendent ainsi religieusemẽt ꝗ font
les chrestiens. Et quant prometheus
le fist de terre premier cestuy insoufla
en lui une ame viuant/laquelle ie en
tens raisonnable: et auecqs ceste cy les
puissances sencitiues et vegetatiues/
ou ame selon les autres. Mais ceulx
cy eurent nature corporee. Et si lhom
me ne eust point peche elles fussẽt eter
neles cõme la raisonnable par celle na
ture diuine. Nous deuons croire ce
stuy auoir este parfit homme en tous
actes terriens. Et ne doit aucun opi
ner auoir este necessaire a icellui aucun
promethee mortel/pour lerudicion des
choses temporelles. Mais ceulx ꝗ sont
produitz par nature: viennent rudes ꝛ
ignares Et qui plus est silz ne sont in
struitz: sont terriens agrestes ꝛ bestes.
Enuers lesquelz le secõd prometheus
se eslieue. Cest a entendre lhomme doc
te ꝛ entẽdu et les prenant comme pier
res/comme de nouueau les cree ensei
gne et instruit: et par ses demonstra
cions les fait de naturelz hommes ci
uilz nobles et renõmez par meurs sciẽ
ce et vertus. Et tant quil appert clere
ment nature auoir produit autres hõ
mes et doctrine auoir autres hommes
reforme. Auec ce ilz dient que minerue
esmerueillant leuure de cestuy le tira
au ciel: ꝛ lui offrit lui donner ce que il
deuroit estre oportun ꝛ necessaire pour
parfaire son oeuure. Laquelle chose ie
cuide deuoir estre ainsi entẽdue. Pour
minerue lhomme sage qui esmerueille
leuure de nature/cest lhomme produit
du limon. Et quant il le voit impar
fait quant aux doctrines et meurs de
sirant le aminea/cest a entendre parfai
re. Il monte au ciel par expeculacion ꝛ
sapience conduisant et la voit toutes
choses estre animees par feu. Affin que
nous entendons que au ciel/cest adire
au lieu de pfection toutes choses sont
animes par feu/cest a entendre par la
clarte de verite. Et ainsi lhomme par
fait nest point offusque daucune nuee
dignorance ꝛ demeure au ciel par cõ
tinuele meditacion Apres il robe icy le
feu de la roue du soleil ꝛ le porte aux
terres et le met en la poitrine de terre
de lhomme qui est lors fait vif. Cer
tes il nest point dit incongruement et
impertinement/que nous naquerons
point la clarte de verite aux theatres
ou aux places/ou aux lieux anciens et
communs. Mais plus tost aux lieux
solitaires et separes des autres lespe
culons par taciturnite exquise. Et en
querons par continuele meditacion les
natures des choses. Et par ce que ces
choses sont faictes secretement/nous
sommes vens comme si les Rodions.
Et affin quil apere dont vient la sapiẽ
ce aux hommes mortelz. Il dit que la
Roue du soleil/cest a entendre du gi
ron de dieu: du quel vient toute sapi
ence. Car il est le vray dieu et soleil ꝗ
enlumine tout homme qui vient en ce
monde. Et ont voulu signifier son e
ternite prr la roue qui na poĩt de com
mancement ne de fin. Et ce adiouste
affin que ne preniõs ce estre dit du vray
dieu et non point du soleil cree. Il en

uoye et met en la poitrine de lhomme
de terre cest adire ignare. La flambe
cest a entendre la clarte de la doctrine
Car combien que icellui largiteur ⁊ do-
neur de tous biens infonde et donne
a tous bonne ame ⁊ parfaicte Touteffois le faiz et pesãteur corporele corrũ-
pue par lobscurte terrestre rabat tant
les vertus de lame que souuent si elle
nest aidee par doctrine et excitee. Les
hommes sont tant hebetes et inutiles
que ilz semblent plus bestes que ames
Raisonnables. Donc lhõme prudent
par doctrine de sapiẽce prinse de dieu
anime cest adire excite lame sopie de lõme de terre / cest a entendre de lhõme
ignare. Lequel est lors dit viure quant
il est fait de beste brute homme raisonnable. Ilz dient que quant lhõme fut
fait / les dieux ires et courrouces firẽt
que ledit promethee fut lie en vne Roche et enuoierent fieure: maigreur et la
femme aux hommes. Sur ce premier
point nous deuons scauoir les poetes
auoir icy parle improprement a la maniere des vulgaires. Car le peuple vulgaire ignare cuyde dieu estre courrousse contre aucun quant il le voit malade
Combien quil soit trauaille ⁊ fatigue
enuers quelque oeuure tant soit louable. Comme si autre chose que Repos
nestoit donne par dieu / quant il nest
point courrousse contre nous / ou q̃ est
enuers nous rapaise. ⁊ a ceste cause ilz
ont cuide dieu estre courrousse contre
promethee / pource quil trauailloit par
continuel estude cõgnoistre les choses.
Ou les ont dit estre courrousses pour
ce quilz enuoient aux hommes choses
laborieuses. La hault ou nous parlions
de renommee est dit quelle est ceste ire
Touchant ce quilz ont dit promethee
auoir este par mercure mene et lie en la
mõtaigne caucase. Lordre est en ce par-
uerti. Car promothee fut premieremẽt
en icelle montaigne que il animast lhõme du feu amble. Doncques il fut a-
pres mene Et lhomme prudent la par
ce desir impelle par mercure interpreteur des dieux Cest a entendre par le
rudicion daucun declairant les secretz
de nature: sest absente en caucase / cest
adire en tout lieu solitaire selon listoire
Et la lie en la roche / cest adire detenu
par sa propre voulente. Ou ilz dient
les antrailles dicellup estre par laigle
lacerees et Rompues Cest a entendre
trauailles par les haultes meditacions
Lesquelles antrailles rõgees par le labeur de meditacion sont Restaurees /
quant par diuerses ambages la verite exquise daucũes choses est trouuee
Et ce souffise quant a la fiction dudit
pmethee. Lequel certes les anciẽs ont
asseure auoir este vng tres exquis docteur de sapience. Car saint augustin Augusti
au liure de la cite de dieu. Et apres lui Raban⁹ Luon
Rabane ⁊ luon de chartres par preil cõ- carnotẽsi
sentement le confessent auoir este homme noble et renõme par science. Auec
ce Eusebe au liure des temps dit que Eusebi⁹
promethee fut regnant argo sur les arginiens. Par lequel ilz memorent et
dient auoir fait les hommes. Et de
vray veu quil estoit sage homme / il trã-
figura et chãga la ferite et la trop grãde ignorance diceulx hommes en hu- Seruius
manite ⁊ sciẽce. Apres cestui seruie tesmongne de lui que il fut tres prudent
homme et nomme de prudence. ⁊ quil
enseigna le premier astrologie es assiriens. Laquelle il auoit aprins auec tres
grande cure et sollicitude residẽant au
treshault lieu de caucase. Lactence en Lactãci⁹
son liure des diuines institucions a aussi dit quil trouua premierement la facon de composer les ymages de boe ⁊
de terre. Et q̃ p aduenture a donne cõ-
mancement a la fable de la cõposicion
de lhomme de boe et de terre. Ausi

pline en sa naturele histoire dit que p͂methee enseigna premierement le feu estre tire dung caillou et estre garde en verge de bois. Oultre ilz ont voulu les dieux courousses auoir enuoye aux hommes maigreur fieure et les fēmes Jentens par maigreur les labeurs corporeulz / par lesquelz sōmes extenues et ausquelz nous naissons par le crime dicelluy a qui a este dit. Tu vseras et mengeras ton pain auec la sueur ton viaire &c. Et de la il a donne voye pour entrer maigreur. Je cuide eulx auoir voulu entendre p fieures lardeur de concupiscence / par lesquelles concupiscences nous sōmes continuelement trauaillez et vexez. La fēme a este cree au soulagement de lhōme / mais par sō inobediance elle a este faicte aguillon et non point peu si bien le voulons pēser. ce que ie monstreray mieulx par autres paroles q̄ par les miēnes. Jl me plaist icy adiouster ce que mon trescler et reuerend me precepteur Francois petrarque a opine delles en son liure quil a escript de la vie solitaire ou il dit ainsi. Jl ny a venin si pestifere aux gens qui suiuent ceste vie que est la compaignie muliebre. Car la beaulte feminine est de tant plus pleine de peur et de mort de tant quelle est plus blādissant. Je me tais de leurs meurs desquelles nest aucūe chose plus nuysante a lestude de repos. Tu qui quiers le repos euite la fēme perpetuelle botique et ouuroer de noises et de labeurs / car repos et fēme habitent rarement en vne maison. La parole et dit satirique est tel. Le lit des mariez a tousiours noises et debatz dung couste et dautre le lit ou couche la femme mariee. Jl nest point dormy en ce lit. Si par aduenture le couchement de la cōcubine nest plus paisible / mais la foy delle est moindre et linfamie plus grande et la noise pareille. Ce dit du cler orateur est prudent et mondain. Cellui qui ne noise poīt est celibe / cest a entendre sans fēme. Peu apres sensuit en icellui. Tu quiconques veux doncques fuyr noise fuy aussi la fēme / car a grant peine tu fuyras lung sans lautre. Car combien que les meurs delles soient paisibles et doulx / laquelle chose est bien rare / toutesfois la presence delles affin que ie le die est vne vmbre nuysante. Et si iay en moy aucune foy les regars et les paroles delles sont ainsi a euiter et fuyr a ceulx qui quierent paix solitaire cōme vng couleuure / et cōme le regart et sibilation et siflet du basilique / car elles ne tuēt poīt autrement de leurs yeulx que le basilique et enueniment deuant leur atouchement. Ce sont les paroles dessusdictes lesquelles choses combien quelles soyent vrayes et que ie en eusse plusieurs telles que peusse dire a ce men passe / car lintention de la presente euure point ce ne requiert / pource suffise auoir dit ces choses de laguillon de lhumain lignage.

Francisc⁹ petrarch

De pandore hōme fait par promethee. chap. xlv^e.

Fulgēci⁹

Fulgence dit pandore estre nōme le premier hōme que prometheus fit et fōrma de la boe et de terre. Ce que ie cuide estre dit par fulgence pource que pandore signifie en latin moins de tous. Pource que le sage nest pas fait et compose par la cognoiscence et science seulement dune chose / mais de plusieurs / et plus vrayement de toutes / mais dieu seul est tel. Pandore aussi peut estre dit de ceste diction grecque pan qui signifie en latin tout / et doris qui est amertume Ainsi pandorus est cōme plein de toute amertume / car lhōme en ceste presante vie ne peult aucune chose faire sans amertume. Vngchascun pense en soy si ce est vray et il le verra / car iob homme

Job vir sanctus saint et exemple noble et renomme de pacience voulāt ce reprocher a lumain lignage dit Lhomme ne de femme vit brief temps / et est rempli de moult de miseres.

De isis fille de promethee Chapitre .xlvi.

Isis comme theodōce dit fut fille de promethee: et fut laissee petite par son pere a son oncle epimethee Theod. De laquelle icelluy theodonce recite telle histoire / que quant isis vierge fut devenue grande et de tresexq̄se beaulte et ia meure et digne destre mariee / elle pleut a iupiter / et quil fist ou par puissance ou par persuasions que elle luy consentit. Et dit quelle enfanta audit iupiter epaphe. Finablement elle estant ieune et se confiant a si grant amoureux / ou que elle estoit de nature de courage ardant elle tumba et devint en desir et cupidite de royaume. Et print aide de gēs de iupiter et dailleurs attira puissāce darmes: et mist son courage cōtre le roy cōe debilite de puissance / cest a entendre contre le roy des arginiens nomme argus: et par age decrepit Mais qui autrement estoit homme ocule cest cler et bien voyāt: et la tira et contraingnit a guerre. Quant elle fut venue en guerre et bataille cōtre luy / advint quelle fut deffaicte en ceste bataille et prinse prisonniere et gardee captive par icelluy argus. Mais stilbō qui apres fut nomme mercure homme tres eloquent et plain daudace: et dindustrie par le commandement de Jupiter pere delle fist par ses disciples q̄ ledit argus fut tue: et elle fut delivree de captivite. Mais elle a qui les choses du pais ne succedoient point bien confiant a son industrie et cautele monta en vne navire: en laquelle lenseigne dune vache estoit / et navigea en egypte. et avec elle ledit stilbon / qui fut chasse de grece pour le crime quil avoit perpetre Et espousa le roy apis q̄ estoit la tres puissant. Et quant elle eut baille et enseigne aux egyptiens les characteres des lettres et eut monstre et enseigne le labourage de la terre / elle devint en si grande reputation des egyptiens q̄lle estoit reputee deulx: non point femme mortele / mais deesse. Et luy furēt faitz honneurs divins / elle encore vivant. Mais leonce disoit quil avoit ouy dire a barlaam / que ceste isis avoit espouse ledit apis devant que apis navigeast en egypte. Et apres avoir couche avec iupiter. Et pource quant apis eut ce sceu / il fut indigne et courousse / et laissant le royaume des arginiens sen alla en egypte. Et apres quant elle vit a luy il la receut sans estre prie ne requis Leonci° Barlaan En ces choses et narracions dune partie et dautre ya tant de choses non cōvenans aux oeuvres et au tēps que la foy nest point seulemēt ostee a listoire Mais aussi on ne peult appliquer aux choses aucūe verissimilitude. Et principalement pour lobstacle de Jupiter du quel les temps conuenables auec ledit apis ostent moult de foy a ceste histoire. Laissons doncques aux ingenieux linquisition de ceste verite.

De deucalion filz de pmethee qui engendra ellane psitaque et venis et pheatrate Chapitre.xlvii^e

Par le tesmonnage de tous les anciens deucalion fut filz de pmethee. Epimethee oncle espousa la fille pyrrhe. Desquelz ouide dit. Aucu homme ne fut meilleur ne plus amat iustice que deucalion fut ne autre femme plus honnorable deesse que pyrrhe Au temps de cestui deucalion fut en thessalie vng moult grant deluge / du quel presque to9 les auteurs anciens font mencion. Ilz feignent plusieurs choses et par la croissance des eaues deucalion seul auec pyrrhe sa femme dedens vne petite nauire auoir euite icelluy deluge : et estre paruenus a la montaigne nomee parnase. Et quant les eaues sabaisserēt ⁊ cesserent ilz sen allerent a themes pour auoir cōseil de lidole qui la estoit de la restauracion de lumain lignage. Et par le commandement dicellui eulx la teste couuerte ⁊ les robes desseintes getterent derriere leur dos les grosses pierres comme le os de la grande parente. Et que icelles pierres furent conuerties en hōmes et en femmes. Pol recitoit ceste fiction estre ainsi expliquee ⁊ declaree par barlaan. Car il disoit quil auoit leu aux annuales ⁊ histoires tresanciēnes des grecz les hommes auoir este espouātes par ledit deluge : ⁊ sen estre fuis iusqs au hault des montaignes et estre entre dedans les cauernes ⁊ fosses auec leurs femmes attendans la fin. Et q̄ deucalion et pyrrhe cessans les eaues vindrent a eulx auec habillemens de tristes et de supplians. Et que deucalion aux hommes et pyrrha aux femmes auec tresgrāde peine persuaderēt les eaues estre cessees. Et quil ne failloit plus auoir de peur / ⁊ que eux deux deuant allans reduirent les hommes et femmes des haultz des mōtaignes ⁊ des fosses pierreuses en leurs maisons et habitations. Certes theodonce ne dit point ainsi. Car il dit deucaliō auec sadicte femme ⁊ autres plusieurs en vne nef estre porte audit parnase. Et quant les eaues furent cessees / il ordonna la le siege de son royaume. Quant il regnoit premieremēt sur les thessaliens et par le conseil commun il ordonna la ledit siege / comme pour les hommes et femmes reuoquees des dictes cauernes. Le nombre des femmes excedoit moult le nombre des hōmes. Pource que quant les eaues vindrent / elles espouantees long tēps deuant les hommes sen fuirent aux mōtaignes. Et par ainsi aucune delles ne perit / combien que plusieurs des hōmes fussēt neyes / adioustee ⁊ mise vergoigne. Lequel il entent pour la teste couuerte. Car nous nauons point de vergoigne / si non quant nous voyons les hommes estre meslez indistinctemēt auec toutes femmes. Lequel il dit estre entendu par les robes desseintes. Car ceston est le ceint de venus cōme il est dit la ou auons parle de venus Lequel ceint ven9 porte aux legitimes assemblees par mariage dhomme ⁊ de femme. Mais quant elle va aux illicites assemblees diceulx elle laisse icellui ceint. Et ainsi monstroit par icelles robes desseintes aller aux illicites assemblees dessusdictes. Et ce pour multiplier lignee. Considere que la paucite des hommes peult prendre de la mul

Ouidius

Paulus Barlaan

Theod.

titude des femmes lignee tres grāde. Quant ad ce quil les nomme les os de la parente. Je croy estre pour ce dit / q̄ ainsi que les pierres retiennent le faitz de la terre quelle ne flue et chee. Pareillement les os gardent les corps des hōmes en leur force. Les laboureurs des chāps par leurs labeurs font ainsi qlz p̄duisent de la terre les choses / desqlles sommes nourris et viuons / comme sil semble ceulx estre prins des champs qui apres habitent les cites. Mais ie cuide eulx auoir dit les os de la parēte / car des cauernes et fosses des montaignes / ilz sont gectes affin que en facions pierres. Et pour leur durte sont nommez pierreux

De ellane filz de deucalion Chapitre. xlviii[e]

Theod. Barlaā. Theodonce dit ellane auoir este filz de deucalion et de pyrrhe. barlaā le dit auoir ap̄s la mort de sō pere tant amplie son nom et son empire a grādi que presque toute la grece / laq̄lle est tournee vers la mer egee soit nōmee ellade de son nom et les grecz ellades.

De psytaque filz de deucalion Chapitre. xlix[e]

Theod. Theodonce dit que psytaque filz de deucalion et de pyrrhe instruit des doctrines de son grant pere p̄methee sen alla aux ethyopiens / ou il fut en tresgrande reuerence et honneur. Quant il fut euade et paruenu a tres long eage / il pria et requist quil fust tue Les dieux furent benignes a ses prieres et le muerent et transformerent en vng oyseau nomme comme luy. Je cuide la cause de ceste fiction estre la renommee de son nom et de sa vertu Laquelle dura perpetuele par verdeur a luy chenu et mort / ainsi que iceulx oyseaulx sont vertz. Il en ya eu qui ont creu ce psytaque auoir este celluy qui est dit lung des sept sages. Mais theodonce dit quil fut trop plus ancien

De denis filz de deucalion Chapitre. l[e]

Eusebe. Ainsi que eusebe au liure des tēps tesmongne denis fut filz de deucalion / et que ses fais fleurirent par renommee enuiron le commancemēt de la duche de moyse. Je ne me recorde point auoir en aucun lieu leut quelz faitz il fist / si non que quant il vint au pais nomme attique / et quil fut receu en la maison dung nomme semacus Il donna liberalement la peau dune petite chieure sauuage a la fille de luy.

De phentrate filz de deucalion Chapitre. li[e]

Paulus Tullius Phentrate ainsi que pol et aucūs autres cuides fut filz de deucalion. Par ce que tulles en son liure des tusculeines questions parle ainsi de lui Dicearchus en ce sermon et disputacion eu en corinthe quil descript par trois liures des eruditz hommes disputans Il introduit en icellui premier liure plusieurs parlans a deux / et vng nomme phentrate et phiote ancien. Lequel il dit estre issu de deucalion et lintroduit disputant / par lesquelles disputacions oultre la naiscence de luy appert quil a este philosophe.

De astree neufiesme filz de titan qui engendra astree et les vens Chap. lii[e].

Pol afferme que astree fut filz de titan et de la terre. Seruie et

Lactãci⁹ lactence lafferment auoir coucher auec auroze / ꝛ auoir en elle engendre la vierge astree et aussi tous les vens. Et pol Paulus dit que icelluy astree estant ancien / et quant ses freres eurent meu guerre cõtre Jupiter quil arma tous les vens et les enuoya contre les celestieux. Combien que lactence dit iceulx estre armes par athlas ie cuide astree auoir este vng puissant et orguilleux homme. Et po² ce ilz le dient estre pere des vens. Car il presida et seigneuria sur aucune region venteuse. Que il les ait armes contre les celestielz. Il a este prins au cours des vens. Lesquelz filz viennẽt des concauites de la terre par necessite ilz souldront en hault

De astre fille de astree Chapitre.liii^e

Il est assez commun ꝛ diuulgue que astre fut fille de astree et titan laqlle fut receue au ciel et logee ou zodiaque en celle partie qui est nommee par elle la vierge. Et ce pource quelle fauorisa aux dieux contre son pere et ses oncles. Voyons maintenant que veult ceste dicte fiction. Je entens icy astree pere dastree nestre point vng hõme / mais le ciel portant les estoiles Lequel engendre de luy iustice / quant ꝑ perpetuele ordre a luy par don diuin donne concede choses opportunes sans faillir aux corps inferieurs selon la qualite dung chascun. Et les legislateurs a cest exemple tant quil est possible a engin humain ont ordonne nostre iustice. Elle est dicte nee de auro re / pource que ainsi que la clarte de lauroze precede le soleil. Pareillement la iustice ou iugement doit venir et saillir de la notice ꝛ congnoissance de certeines choses faictes. Elle est dicte auoir fauorise aux dieux / car iustice tousio⁹s fauorise aux bons : ꝛ regecte les mauuais ꝛ reprobes. Elle est mise en icelle partie du ciel qui est contigue a equinocial. Affin que pource soit monstre que par la iustice des choses / lequite dicelle sen ensuit. Et ainsi que le soleil la estant equale partie du temps de la nuyt ꝛ du iour par icelluy soleil est concedee. Pareillement il est rendu par iustice plus equalemẽt aux hommes de condicion basse que nest aux haultz et puissans.

Des vens filz de astree et en general Chap.liiii^e

Comme seruie et lactence dient les vens furent filz de astreee : et titan et de auroze. Lactence les dit estre incitez et esmeuz contre iupiter po² epaphe q̃ estoit ne. et a ceste cause ilz furent clos par iupiter en vne cauerne et soubz lempire ꝛ seigneurie de eolus q̃ estoit lie Mais theodonce dit autre cause auoir este monstree et declairee par pronapide en sõ protocosme / laqlle est telle. Car il dit que pronapides portoit moult aigrement / que litige fut gecte hors du ciel par iupiter. Et pource il descendit aux enfers : ꝛ la il cõuoca les furies / ꝛ les pria que si iamais au tẽps aduenir son labeur pouet faire chose plaisante a leurs desirs / elles allassent ꝛ getassent ꝛ missent leurs venins aux vens rapaisez / affin que eulx infestes ꝛ molestes des furies troublassent le royaume ꝛ repos de iupiter. Icelles furies incontinant y allerent / et quant elles trouuerent les vens en la maison paternele seans pacifiquemẽt elles gecterẽt entre eulx non point seulemẽt furies mais aussi heines Et tellemẽt que incontinãt chascũ sen alla en sa regiõ po²

Seruius Lactãci⁹

courir contre lautre/et commancerent de fraper tout le ciel & la terre. Jupiter par ce fut premierement esbay et apres esmeu contre eulx Et quant il les eust prins sans aucun labeur/& quil les eut enclos aux cauernes de eolus/il les ordonna estre soubz lempire et seigneurie de eolus. Desquelz Virgile en son premier liure de leneyde escript ainsi Les dieux firent les broullars & gresles aux pays les vens australz furieulx et ainsi par douze vers apres. Se nous voulons auoir le sens et entendement de ces fictions/deuant toute chose est necessaire que nous croyons astree estre pere de ceux cy et portant estoiles/ainsi toutesfois que il soit vng ciel tout ce que est contenu entre le courbe de luptiesme spere et la concauite de la lune Car par le mouuement du ciel et des planetes comme a celluy qui est vng peu plus arriere Je cuide estre cause et fait. Ou si nous voulons que astree soit homme et pere des vens. Il est ia dessusdit que il impetra et seigneuria sur les lieux/Desquelz plusieurs vens naiscoient. Et a ceste cause auoir este dit pere des vens. Ilz sont ditz filz de aurore/pource que quant ladicte aurore aprouche/les vens communement ont coustume de saillir. Ce que lauctorite et coustume des nautonniers apreuue. Car ilz dient quilz seslieuent a ceste heure. Et pource plus souuent ilz acommancent a celle heure leurs nauigacions. Et de ce sont nommez filz de aurore. Quilz ont este armes par iuno contre Jupiter pour ceste cause a este feingt. Car ilz sont creuz estre gectes de la terre/laquelle est iuno. Et sont boutes par aucune respiracion de la terre. Et veu quilz ne peuent ailleurs que en lair estre boutes/il est feingt quilz sont armes/cest a entendre impetueux contre lair/cest a dire Jupiter. Ce qui est dit que litige par laide des furies a vexe le royaulme de iupiter/& a fait entre eulx ennemis. Ce est prins du mouuement et oeuure des vens/car si le vent se lieue dorient & pareillement de occidant. Il est necessite quilz concourent par lair et entre eulx mesmes Parquoy sont veues estre ennemis et inquieter le Royaulme de Jupiter.

Virgilius

Quilz sont soubz lempire et seigneurie de eolus et lies en cauernes est pource dit que les isles nommees eolides sur lesquelles iadis eolus seigneurioit sont pleines de cauernes. Et les cauernes sont pleines de air et de eaue. Par lequel mouuement est faicte la chaleur/et par la chaleur sourdant de leaue sont faictes vapeurs/& icelles vapeurs la chaleur resoult en air Lequel air veu que il ne peult demourer en lieu qui ne luy est assez grant fault quil saille. Et sil est la serre/de necessite quant il est sailli il est plus impetueux et plus sonnant et plus diuturne. Et ainsi doncques veu que les vens engendrez aux cauernes des isles des eolides sailent Il est feingt quilz sont lies aux cauernes de eolus/& queilz sont mis soubz lempire de luy. Mais Virgile soubz ceste fiction a moult autre opinion. Laquelle ie ne metray point/pource quelle napartient point au propos. Oultre les fictions dictes/il ya vne tres grande puissance. Car il ya distinctes Regions et noms/et selon aucuns moindres et selon les autres plus/& ne sont point par mesmes noms de tous nommees. Il ne sera point impertinant dire deux peu de choses/deuant que nous venions a parler de chascun deux. Ouide en sa plus grande oeuure succintement escript la puissance des vens les noms deulx et Regions disant. Les vens faisans froidures auec souflemens et le fabricateur du monde ne permist

Ouidius

point que ilz eussent de tous coustes
lair. Mais maintenant a grant peine
ilz leur resiste. Veu q chascunn deulx
gouuerne ses souflemens par diuers
trait que a peu quilz ne lanient et des-
font le mõde. Telle est la discorde des
freres. Eurus sen est alle a laurore et
aux royaulmes nabathiens ⁊ persides
et au hault des mõtaignes subiectes
aux rays des matins. Le vespre et au
temps que le soleil va coucher/les riua
ges refredissent ⁊ sont tres pchenes au
zephire scythien ⁊ septentrions: boreas
horrible a assali. La terre est contraire p
continueles nues ⁊ eaues ⁊ moiteur p
Ysidor⁹ le vent austre. Isidore en son liure des
etimologies dit qlz sont douze vens/
⁊ les nomme et dispose ainsi. Celluy
qui dorient en prim tẽps tend en occidant est pource dit subsolane. Car il
naist soubz la naiscence du soleil. Il ad
iouste a cestuy deux collateralz a la p-
tie senestre eure/le quel il dit estre ainsi
nomme. Car il vient de eoo/cest a entẽ
dre de lorient deste Du coste dextre il
dit estre vulturne qui est ainsi appelle
pource quil tonne hault Austre viẽt de
mydi ⁊ est ainsi dit pource ql haurit ⁊
puise les eaues/⁊ est appelle en grec no
thus. Au couste destre de luy doit e-
stre euroaustre ainsi nomme pource ql
est entre eure ⁊ austre. Et ainsi celluy q
est a la partie senestre austreaphre Car
il est entre austre ⁊ aphre/⁊ celluy est ai
si nomme libonothus pource Car dun
coste est libs ⁊ de lautre il a nothus. ze
phyre subsequẽment soufle de occidãt
et est ainsi appelle pource que les fleurs
et les grains sont viuifies par son espe
rit ⁊ souflement. Lequel est aussi appel
le en latin fauonie pource quil fait ⁊ dõ
ne faueur aux choses qui naiscent. Et
a la destre afrique ou libyn ainsi nom
me de la region dont il vient. Du co
ste destre il a choro ainsi dit pource quil

clost le cercle des vens comme sil faisoit vne dance. Lequel il dit auoir e-
ste deuant nõme chaure et par aucũs
argestor. Il dit septentrion estre ainsi
nomme pource quil se elieue du cercle
de sept estoiles A cestui cy il met a la de
stre circie ainsi nomme par la vicinite ⁊
procheinete quil ha a chore. De la partie senestre il lui assigne aquilon/⁊ dit
la cause dicellui nom estre quil esteinct
les eaues et deffait les nues. Et le dit
estre aussi nomme boreas/pour ce quil
semble saillir des montaignes hyper-
borees. Le dit Isidore oultre ces douze vens ainsi designes escript aussi au
tres vens estre. Lesquelz ie cuide estre
ceulx mesmes. Mais estre appelles p
autres noms Comme ethesias/lequel
il dit certain temps ordonne soufler
par boreas en egypte. Et ainsi aure et
altane: et que aure est dicte et nommee
de lair. Car il est legier et legierement
agite Et que altane est faicte en la mer
et si est nomme de hault. Turbon il
dit estre appelle de la terre. Turbil-
lon est vne circũuolucion de vens sou
uent pernicieuse. Frageur est dicte
au son des choses rompeues. Procel
le est dicte: pource quelle soufle et arrache auecques pluye. Vitruuie la ou Vitruui⁹
il escript de science dedifice et de ar-
chitectonique escript estre vingt ⁊ qua
tre vens. Car il dit que austre a colla
teralz leuconothe: et altane: et libone-
the: aphrique et soubz le vespre de fauonie a ergastes et ethesias. Caurricir-
cion et choro a septentrion tharcie ⁊ gal
lique Aquilon supernas et cecias sola-
rio turbas et orinthias: eurocircias: et
vulturne. Icelluy Vitruuie ailleurs
dit estre seulement huit vens. Et
escript que cyrrestes pour monstrer lo
pinion de ces vens edissia a athenes
vne tour ayant huit coustes. Et en
chascun couste fist tailler en pierre

la pourtraicture dicelluy vent et mist icelle pourtraicture en la ptie et regard qui estoit contraire au vent. Et finablement mist dessus la tour vng bort et fin de marbre. Et dessus mist trion qui luy bailloit de la main destre vne verge. Et quant icelluy trion estoit tourne des vens/il monstroit dicelle verge le vent qui souffloit. Et par celle facon dit estre trouve le vent eure estre entre solane et austre. Et aphricane estre entre austre et favonie/et chauro ou chore estre entre favonie et septentrion et aquilon estre entre septentrion et solane. Laquelle description comme tres bonne et vraye les nautonniers et mariniers tous ceulx de la mer mediteranee gardent/et principalement les genevois qui certes excedent les autres par engin de lart des navires

Du vent soubsolane et vulturne et eure ses collateralz filz de astree Chap. lv^e

Puis que nous avons expedie en general des vens nous diron^s peu de choses en particulier de vng chascun vent selon la description de isidoire. Et premierement de subsolane vent oriental. Ce vent comme bede dit est chault et sec. Mais tempereemet et pource il est chault/car il demeure long teps soubz le soleil: et il est pource sec que la mer orientale est moult distate de nous. Et dicelle il est repute predre humidite/laquelle il laisse venant a nous. Je ne croy point ceste chose ridiculeuse/cest assavoir que tout vet qui vient a nous de la partie orientale quil naisce de lextreme oriant. Veu que iay pour tres certain plus^rs vens naistre aux eolides ainsi q devant est dit/desquelz aucuns souflent vers nous. Lesquelz nous disons et a bonne cause ori

Isidor^s Beda

entaulx. Et pour ceste cause ie cuide saulve tousiours la reverence de bede estre dit que pour la loingtaine naisce ce deulx qui muent leur coplexion et nature en venant a nous/car ilz sont dune mesme complexion a cestuy cy vulturne sechant toutes choses/et a la senestre eure qui assemble ou engedre les nuees

Du vent nothus et de ses collateralz euroaustre et austroaphre filz de astree Chap. lvi^e

Nothus est vent austral naturelement froit et sec/mais quant il passe en venant a nous par la torride zone/il prent chaleur et prent humidite de la multitude des eaues estans en mydi/et ainsi muant sa nature vient a nous chault et humide. Et par sa chaleur euvre les pores de la terre/et a de coustume moult multiplier humeur et amener nues et pluies. La forme et nature dicellui ovide descript ainsi. Noth^9 volle hors avec elles moites aiant couvert la veue terrible par obscurte de poix. La chienne barbare grieve flue p vnde de cheveux nymbeux. Au front delle sieent nues et les pennes et plumes et sein delle sont moites. A la destre de cestuy est auroauster de mesme complexion qui engendre tempeste en la mer. Pource que comme bede dit il soufle du fons de la mer. Et austraphre est a la senestre/lequel aucuns dient chault et tempere.

Ovidius Madidis evolat alis

De septentrion vent et circion collateralz de luy et filz de astree Chap. lvii^e

Septentrion est vent nomme du pais du quel il vient/il naist en lieux aqueux et congeles et aux haultes montaignes. Desquelles soufle par

⁊ net iusques a nous. Pource que il ne resoult aucune vapeur aux lieux par ou il passe par la grande froideur. Cestuy fait lair cler/et les pestes et mauuais bair lequel auster auoit concite/il purge et repelle. Il est de complection pareille a ses collatesteralz/il froit ⁊ sec Le vent qui est a la dextre est appelle circius qui produit neges et greles. Aqlo ou boreas est a la senestre duquel sen ensuit plus ample sermon

De aquilon ou boreas vent ⁊ filz de astree ⁊ collateral a septentrion qui engendra cethus calais et arphalice Chapitre .lviii^e

Ouidius

Boreas ou aquilo est vent collateral et de sa nature dissipe et dissoult les nuees et lie les eaues p gelee. Ouide en sa personne parlant descript les puissances et operacions de luy disant. Puissance conuenable est en moy par laquelle ie chasse les tristes nuees et escous les mers ⁊ tourne les arbres noueux ⁊ endurcis les neges et frape les terres de gelee. Je suis celluy euphratres qui suis ne du ciel ouuert. Car il mest champ et ie luyte par si grande force que lair du milieu sonne par noz courses/⁊ que les feus faillent tires des nues concaues. Et moy mesmes quant iay entre les trous de soubz la terre/et que ie cruel ay soubzmis mes doz aux parfondes cauernes Je sollicite et trouble les ames basses et tout le monde par tremblemens Et de ce sont dictes plusieurs fables. Car seruie dit quil ama vng enfant nomme iacinthe/lequel estoit aussi ame de apollo. Et quant il congneut lamour dudit enfant estre plus enclin a apollo que a luy il fut courrousse/et par courroux il tua de vng plat ledit enfant iouant. Oultre ce ouide dit que ledit boreas ayma orithie fille de ericthonie roy des atheniens et quil la requist a femme. Quant elle luy fut refusee/il fut indigne et courrousse/⁊ se disposa a la rauir/⁊ la rauit. Et eut delle deux filz lung nomme cethus: et lautre calain. Homere auec ce en son iliade introduisant enee parlant en bataille a achiles/dit que boreas ayma les tres belles iumens de dardane/et quil eut delles douze cheuaulx tres legiers.

Apta mihi vis ē qua tristi a nubila

Seruius

Homerus

Si nous ostons lescorce de ces fables nous congnoistrons premierement le dit boreas aymer Jacinthe qui est vne fleur. Et pource est dit enfant/car aucune fleur ne vit et dure point long temps. Elle amoit en ceste forme de fleur. Car boreas a laventure souffloit tres souuent par les lieux tresabundās dicelle fleur pour veoir ceulx quil amoit cōme nous allons souuent veoir ceulx que nous amons. Icelluy iacynthe estoit ayme de apollo/cest a entendre du soleil qui est dit producteur de telles fleurs ⁊ regardeur et amateur de icelles. Et pource il est dit estre aime de Jacynthe pource quil est nourrisseur de telles fleurs. Car vne chascune chose semble aimer ce parquoy elle est deduite et menee a estre: et par laquelle perseuere en estre. Car les fleurs ⁊ autres choses naiscent par laction du soleil. Et par luy viuent tant que ilz viuent Jacynthe est dit estre occis par boreas Pource que icelluy boreas pour lorribilite de son souffler priue toutes choses de humeur ⁊ les deseche. Quāt ad ce quil a ayme orithie/cest vraye hystoire. Car theodonce dit que boreas fut vng ieune homme noble de thracie et courageux ⁊ attrait par la fēme ⁊ renōmee du mariage cōtrait et fait p theree qui auoit a femme la fille de pandion

Et quil eust ouy que orithie fille de ericthome roy des atheniens estoit tres belle fille / prins de desir la demanda en mariage. Laquelle luy refuserent po^r linceste et rauissement commis par theree en la personne de philomene / comme si icelluy boreas deust estre semblable audit theree. Et pource il fut ire et courrousse et attendit et choisit temps au quel il la print et rauit lannee neufiesme du regne dudit ericthee. Et eut delle des filz. Et ainsi luy ieune par ce trouua lieu inuencion et nom de fable. Je cuide les cheuaulx de dardane estre ditz engendrez de boreas / Pource quil est possible quil ait au desir des cheuaulx dicelle region. Et que a ceste cause y enuoya po^r en auoir des beaulx pour saillir ses iumens / par lesquelz mis auec ses iumens il eust des cheuaulx tres bons et legiers. Et les successeurs diceulx en garderent la generacion. Et de la fut prins qui furent ditz estre filz de boreas.

De zethe et calais filz de boreas Chapitre .lix^e.

Zethe et calais furent filz de boreas et de orithie / lesquelz ouide tesmongne auoir este en lisle colches auecques iason et les autres argonantes. Mais ainsi que seruie dit pource que phinees roy de arcadie auoit aueugle ses filz par la persuasion de sa nouuelle femme / il fut aussi aueugle par les dieux. Et luy furent mis en sa table les ordz oyseaulx nommez arpies pour luy ordoyer ses viandes / et icelles luy ambler. Lesditz zethe et calais furent receuz par honneur en la maison dudit roy. Et pource quilz auoyent elles / et par remuneracion de ce que ilz les auoit ainsi receuz / ilz furent enuoyes po^r chasser lesditz oyseaulx / lesquelz ilz chasserent auec glaiues tires / et les poursuiuirent iusques aux isles nommees plotes. Par lamonnestement de iris disant quilz ne poursuiuyssent plus oultre et desistassent a poursuiure les chiens de Jupiter / et sen retournerent a leurs compaignons. Le retour de ces deux ieunes hommes mua le nom des isles. Et la ou elles estoient nommees plotes / elles furent dictes strophades Car strophe en grec signifie en latin conuersion. Il me racorde auoir ces choses leues de ceulx icy: maintenant il fault descouurir la fiction qui est couuerte soubz ses parolles. Doncques ouide dit que ces deux icy apres leur enfance eurent pennes et plumes / pour lesquelles ientens barbe et velocite. Lesquelles viennent aux hommes en adolescence. Au regard de la allegorie. Je dis lesdictes arpies estre par eulx chassees pour ce que par le don diuin nous naissons tous bons. Et la premiere femme des mortelz est bonte ou innocence Mais finablement quant nous sommes faitz vng peu plus grans la plus part de nous sommes depraues en gectant et laissant innocence. Et lors est adioustee la seconde femme quant aucun se permet estre tire par le iugement de lappetit concupiscible. Ledit phinee est tesmoing en combien de pernicieuses choses il meine. Car celluy qui est occupe par cupidite dor quant il croit a auarice laquelle a este sa seconde femme / il priue deulx ses filz / noz filz sont les faitz louables. Lesquelz lors nous priuons de lumiere / quant nous les deturpons par laides et ordes oeuures Car que est ce que nous pouons plus ordement faire que abandonner bonne pensee pour acquerir richesses. Laquelle chose le philosophe Seneque

Ouidius

Ouidius

Seneca

escript de methrie auoit dit a vng sien seruiteur qui luy demandoit facile et aisee voye pour aquerir richesses. Auql il dit que lors ce iour il se repentiroit & abandoneroit bonne pensee. Pareillement nous somes faitz aueugles quat par tropt grant desir de richesses cheons en rapines et deshonestes rapines Car lesdictes arpies ords & puans oyseaux et de rapines sont lors mis deuat telles gens. Lesquelz oyseaux ientens les mordantes cures et solicitudes des auaricieux. Par lesquelz oyseaux ilz dient les viandes diceulx auaricieux estre ambles et prinses. Pource q quat ilz sont detenus de telles affectios cogitacios & pencees ilz viennent en si grat de oubliance quilz sont faitz oublieux aucuneffois de predre la viande. Ou que quant ilz se parforcent de croistre lassemblee de lor / ilz diminuet a eulx mesmes la viande. Et par leur misere font ladicte viande orde. Les argonantes qui loger et en la maison de cestuy pource quilz estoient vertueux & renommez iouuenceaulx. Je pres pour les salubres et bons conseilz. Lesquelz combien quilz soient receuz aigrement par telz auaricieux. Toutesfois aucunes fois ilz les receuent et recompensent linquisicion du bien comme prins en lieu de don. Lesquelles choses selon
Fulgeci° fulgence sont entendus par zethe et calais. Ceste inquisicion de bien / cest a entendre de verite fait que les chiens de iupiter / cest adire les mordantes cures et sollicitudes desirant continuellement autres biens sont chasses iusques aux strophades. Cest a entendre iusques a la conuersion du courage et desir querant bien. Laquelle conuersion ne peult estre si non quon laisse les vices et concupiscences contre les vertus. Par lesquelles vertus il dresse ses pas et operacions. Et lors il demeure net des ordures des laitz desirs et de la table dudit phinee. Certe leonce expedie beaucoupt plus briefuement le Leonci°
sens et entendement de ces choses. Car il dit ceste hystoire auoir este telle Phinee auoir este tres riche et auaricieux roy de arcadie / & que quant stenoboe sa femme fut morte de laquelle il auoit eu deux filz. Cest assauoir palemon et phinee / il espousa arpalice fille de boreas et seur de zethe et de calais A la requeste de laquelle il auoit aueugle ses filz. Quant les pirates qui demouroyent et hantoyent aux isles nommees plotes sceurent que il auoit fait ses filz aueugles ilz vindrent contre luy comme contre celluy qui estoit destitue daydes et odieux aux siens par le crime commis contre ses filz / et lassegerent et dresserent artillerie et eschelles iusques a la maison royale. Et gettoient dedas icelle choses pourries et ordes. Finablement il appella a son ayde zethe et calais / lesquelz vindrent en carraques et le deliurerent du siege et rechasseret iceulx pirates iusques aux isles nommees strophades

De arpalice fille de boreas et femme de phinee Chapitre .lx.

Arpalice ainsi que leonce dit fut fille de boreas / Mais il ne dit point de quelle mere Elle fut mariee a phinee roy de arcadie come il est incotinant dessusdit: & fut ennemie des enfans nes du premier mariage.

Du vent zephire occidental et de aphrique & choro & collateralz filz de astree Chap. lxi.

Zephire est vent occidental q est nõme des latins fauonie. Il est par complexion froit ꝛ humide/toutesfois temperemẽt. Il dissoult les yuers ꝛ produit les grains ꝛ fleurs. Il est dit zephire a zeph en grec qui en latin sõne vie. Il est dit fauonie pource quil nourrit les germes ꝛ les choses qui germent car il souffle suauement ꝛ doulcement ꝛ de midy iusques a la nuyt/ꝛ du commencement du printemps iusques a la fin de leste. Aphrique est mis a la destre de lui qui est tempestieux/ꝛ engendre fouldres ꝛ tonnoirres. Chorus est mis a la senestre de lui/lequel ainsi que bede a dit fait en orient lair nubileux/ꝛ en occidant cler ꝛ net. Une telle fable est recitee de zephire/quil y auoit vne nymphe nõmee coris/laquelle fut aymee de zephire ꝛ par lui prinse en mariage. Et lui dõna toute puissance ꝛ autorite sur les fleurs par don damour ꝛ de la virginite delle violee et de coris quelle auoit nom la nõma flora. Oultre ce homere en son iliade recite cestui auoir engrossi tyelle arpie ꝛ auoir eu delle xeuthe et balion cheuaulx de achilles. Lentendement de ces fables est tel. Lactence ou liure des diuines institutiõs dit que vne fẽme nõmee flora acquist grandes richesses par le mestier damour/ꝛ que elle mourant fit dicelles richesses heritier le peuple romain. Toutesfois vne partie dicelles richesses gardee ꝛ mise en vsure annuelle de laquelle vsure elle volut que le iour de sa natiuite fut celebre tous les ans par ieux faitz/lesquelz seroient nõmez floraux/ꝛ ladicte solennite floralies prenãs delle son nom/Laquelle chose apres que par aucun trait de temps semblast au senat estre flagicieuse ꝛ deshonneste/ꝛ quil ne la pouoit damner ꝛ retracter pour creste du peuple il leur pleut nõmer ladicte feste dicellui nom meretricial. Et pour adiouster dignite ꝛ autorite a la chose honteuse ꝛ deshonneste ilz feingnirẽt icelle flora presider aux fleurs/ꝛ quil la falloit plaquer ꝛ apaiser par ieux affin que les fruitz ꝛ messons auec les arbres ou vignes florissent bien ꝛ prosperemẽt. Et icelle couleur ꝛ fiction a suiuy ouide disant/vne nymphe noble auoir espouse zephire/ꝛ elle auoir receu de son espoux pour don de doua ire quelle presideroit aux fleurs. Et ainsi que lactence dit y ceulx ieux conuiẽnent a la memoire de la fẽme amoureuse/car icelles sollennitez sont celebrees auec toute lasciuie et volupte ꝛ toute licence de paroles/par lesquelles toute obscenite ꝛ ordure est gettee/ꝛ desirant le peuple les fẽmes amoureuses despouillent leurs vestemẽs ꝛ en iceulx ieux elles seruent ꝛ vsẽt doffice de menestriers. Quant a ce que homere dit ladicte tyelle arpie auoir eu lesditz deux cheuaulx ie ne scay quil veult entendre sinon ce par fortune que nous auons leu en pline dit second/q les iumens ont de coustume de faire en la ville nõmee elisbene en loccidãt espaigne/lesquelles il dit que par concupiscẽce de prendre ꝛ auoir generation ont coustume de beer leurs gueules ꝛ respirer ꝛ prendre les zephires soufflans ꝛ de eulx conceuoir ꝛ faire cheuaulx treslegiers/mais gueres. Ainsi par fortune dune iument laquelle estoit nõmee tyella laqlle est interpretee assault ou procelle est fait cõme dessus est dit des cheuaulx de dardane conceux en boreas.

Homer⁹ Lactãci⁹ Ouidius Lactãci⁹ Homer⁹

De alous cinquiesme filz de titan.chap.lxii^e.

Theodonce dit que alous fut filz de titan ꝛ de la terre/duquel fut aussi fẽme hyphumedia cõme aussi seruie afferme. Laqlle quãt neptune leust violee eust de lui deux filz: cestassauoir

Theod. Seruius

othe & ephyaltee/lesquelz alous nourrit cōme siens. Et lesquelz cōme seruie
Seruius dit croissoient neuf fois tous les mois
Quant les geans disposoient guerre contre les dieux/& que ledit alous p sa vieillesse ne peut aler a ladicte guerre il enuoya ses deux adiuteurs desquelz no⁹ dirons la ou nous escrirons des filz de neptune.

De pallene vnziesme filz titan qui engendra minerue chapitre.lxiii^e.

Paulus Pol dit que pallene ou pallante fut vng des filz de titan. Et quil eust & tint vne isle en la mer egee/ & fit nōmer pallene par son nom/ & quil fut
Lucan⁹ hōme cruel & moult contraire aux sou
Pallēea uerains dieux/duquel lucan parle ain
toui mu si. Cyclops a mue les fouldres palleni
tauit ful ens a iupiter. Icellui pol dit que cestuy
mina &c. fut occiz par minerue en la guerre faite contre iupiter. & que pource elle fut nōmee pallas. Et icellui pol ailleurs dit que icestui fut occiz de fouldre par iupiter deuant ladicte guerre pour sa crudelite. Certes theodonce dit quil eut vne
Theod. fille nōmee minerue & quil fut par elle occiz quāt il se parforcoit de lui oster sa virginite.

De minerue fille de pallante: chap.lxiiii^e.

Ainsi quil est incontinent dessus dit & selon theodonce minerue fut fille de pallante qui fut par elle tue po² garder sa virginite/cōme tulles en son
Tullius liure des natures des dieux escript. Ceste icy entre plusieurs autres mineruē⁵ cinquiesme fut. Et dit que les anciens lui ont adiouste & fait robe longue iusques aux talons & figuree au bort en facon de creneaux en vne muraille Et ce pource quelle fut legiere a fuyr quāt el le leust tue ou pour autres aucunes causes.

De runce & purpuree douziesme & treziesme filz de titan.chap.lxv.

Runce & purpuree aīsi que presciē en son maieur volume escript furent filz de titan & de la terre. Et dit pri Priscia⁹ scien le poete nomme nenie ainsi parler deulx. Runce & purpuree filz de la terre auoient signes expres cōme athlantes de deux corps & de titan Et orace en Oratius ses odes dit/ou porphirion qui fut de estat menassant. Il ne me recorde point auoir de ceulx cy leu autre chose.

De lycaon quatorziesme filz de titan qui engēdra calisthone.chap.lxvi^e.

Theodonce dit que lycaon fut roy de arcadie/ce que ailleurs ie nay point leu/& quil fut filz de titan & de la terre. Ou pour la resplendeur & clarte de lui roy. ou par aucun fait renōme ou que ie croy plus tost pource quil fut tresmauuais hōme & mesprisant & negligeant les dieux/ainsi que souuent auons leu auoir este les titanes. Ouide recite de lui vne telle fable. Quant la clameur & pleinte des mortelz monta aux cielz pource que toutes choses estoient mal faictes en terre iupiter voulut experimenter les choses presentes/ & print la forme & espece dung hōme/ et vint en la maison royale de lycaon/ et fit q̄ les peuples cōsidererent & cōgneurent quil estoit dieu en terre. Et quant lesditz peuples faisoiēt sacrifices & choses diuines/ilz furent tous mocquez p lycaon. Toutesfois icellui lycaon voulut experimenter si ainsi quon disoit/iupiter estoit son oste. Il cōspira a la mort dicellui iupiter/& laquelle on feroit de

nuyt. Et quant il ne peult ce parfaire
incontinent il myst son courage a vng
autre malefice / & fit tuer vng des osta-
ges des molosses & le fit cuire ptie bou-
lie & partie Rostie sur la breze / & le myst
devant iupiter pour menger. Quant
iupiter eust congneu ce malefice & quil
eust mesprise icelle viande il geta le feu
en la maison Royale de lycaon & sen ala
Lycaon espouente sen ala aux forestz &
fut converty en vng loup. Et gardant
la pmiere maniere quil avoit de Rapine
il cōmenca a enrager sur les assemblees
du bestail par avidite & desir de sang.
Leonci⁹ Leonce disoit soubz ceste fable estre telle histoire. Que iadis controversie fut
entre les epyriēs desquelz aucuns apres
ont este ditz molosses par molosse filz
de pyrrhe & les pelasges qui apres ont
este ditz arcades. Et quant dicelle controversie fut venu a cōcorde lycaon qui
lors presidoit sur les pelages demanda
que pour la confirmation de la concorde entreulx faicte que au moins lui fut
donne & baille pour ostage vng des epy
riens / pource que diceulx estoit pmierement veue la discorde / par lesditz molos
ses lui fut baille a certain tēps vng iou
venceau des nobles. Et pource que y-
cellui iouvenceau nestoit point au tēps
assigne Renvoye par lycaon il fut Requis
de ses gens par ambassadeurs. Lycaon
fut trouble & courrousse pource quil lui
sembloit quon lavoit Requis orguilleu
sement ou pour aultre cause / considere quil estoit tresmauvais homme & de
courage enfle / & Respondit aux ambas
sadeurs quil leur Rendroit le iour ensui
vant ledit ostage / & cōmanda que lende
main ilz fussent avec lui au disner / & fit
secretement tuer ledit ostage / & cōman
da que icellui cuyt fust mis devant les
ābassadeurs & autres qui en icellui disner estoient. Par fortune entre iceulx
cōvivans & mengeans estoit la vng nō
me lysanie qui estoit encores ieune qui
fut apres appelle iupiter / & qui estoit hō
me en ce temps de tresgrande existima
tion envers les arcades / lequel quant il
eut veu les mēbres humains il fut trou
ble p la crudelite du meffait / & getta la
table abas & soudainement saillit en lieu publique / & incontinent conspira a-
vec le populaire qui lui favorisa contre
lycaon / & assembla armee & cōtraignit
lycaon venir en bataille / & le deffit & pri
va de son Royaume. Lycaon ainsi degette hany & povre avec peu de gens sē
fuyt aux forestz / & acommenca estre bri
gant de chemins / & viure de Rapine.
Et ce fist la fable ql estoit converty en
loup. Car si nous voulons Regarder &
cōsiderer aucun ne doit doubter que in
continent que nous appicons nostre pēsee & courage a avarice & Rapine nous
despouillons toute humanite & vestōs
incontinent la nature dung loup / & tāt
que tel desir persevere en nous / nous p-
severons a la nature du loup / reservee
seulement en nous la forme humaine.
Avec ce icellui leonce disoit les aultres
affermer & asseurer ledit lycaon avoir e-
ste cōverty en vng vray loup. Affermās
vng lac estre tel en arcadie que si aucun
le passoit en nouant incontinēt il estoit
transforme en loup / combien quil se ab
stinast de menger chars humaines / et q̄
si lannee neufuiesme apres passee il Re
tournoit passer en nouant icellui lac la
forme pristine & que devant il avoit lui
estoit Rendue. Laquelle chose lycaon
sachant & doubtant grandement lire de
iupiter & des siens & pour sa foy violee
& mauvaistie ignorant ou il pourroit a-
voir mussete assez seure pour attendre
sans souspecon & dangier de sa vie lissue
de ceste chose / il passa nouant le lac & fut
fait vray loup habitāt ētre les bestes de
ceste espece aux forestz. & laissa vne fille
vierge nōmee calisthone. Avec ce plinius Plinius

en sa naturelle histoire escript que pendant les induces et treues de la guerre pce lycaon furent trouuez en arcadie les ieux gymniciens ausquelz se exercoyent nudz oingz.

De calistho fille de lycaon et mere de arcade. chap. lxvi^e

Omme assez appert par Ouide calistho fut fille de lycaon Pol escript que ceste calistho quant le pere delle fut mis en fuyte elle estant encores vierge entre le tumulte et debat des gens salit de la maison royale et sen fuyt aux bois ou elle se mist compaigne auec les vierges dediees a diane. Et la iupiter se transforma en la forme et abit de diane et eust compaignie charnelle auec la dicte calistho Quant ce crime apparut par le ventre delle engrossi et enfle / elle fut hors mise et enfanta archades / mais de ces deux dirons clerement apres la ou nous parlerons de archades / et dirons principalement les choses que de ceste fiction sont recitees par leonce. Certes ceste calistho est appellee par plusieurs noms. Car elle est dicte en grec artos qui sone en latin autant que vrsa.

Ouidius
Paulus

Oultre elle est nomee elyce a la circuitio du giron / car elyaces en grec sont ditz girons. Elle est aussi appellee cynosura / lequel nom auoit este deuant deux noms: cestassauoir cynos en grec qui en latin sone autant que chien. Car limage et signe celeste estoit dit chien qui apres a este nome vrsa / lequel signe encores par aduenture est par aucuns nome vros. lequel en latin signifie beuf siluestre / car elle est ainsi nomee pour la queue esleuee quelle a a la maniere et forme dung demy cercle / laquelle chose a plus de regart a vng beuf siluestre que a chien ou a vrse. Car come on dit le beuf siluestre semble par sa queue esleuee faire vng demy cercle. Elle est aussi appelle phenix ainsi que a voulu linuenteur thalete / lequel fut aussi phenix: cest adire aussi du pais de phenice: ou pource que les pheniciens qui sont nautoniers et mariniers tresinstruitz et sauans premiers vserent dudit signe celeste en leurs nauigatios Elle est aussi dicte septentrion / lequel nom est done aussi a archade ou a la maieur vrse pource quelle est dicte de sept estoilles / car trion ou teron est interprete estoille

Des geans qui furent engendrez du sang des titanes et de la terre. chap. lxvii^e

Omme pol et theodonce tesmoignent les geans furent nez du sang des titanes et de terre / ce que aussi ouide semble auoir testifie en son maieur volume ou il dit. Quant les corps cruelz gisoient couchez rompuz et deffaitz par leur pesanteur et apres par six vers theodonce dit quilz auoient piedz de serpes et quilz meurent guerre cotre iupiter come les peres auoient fait / mais ilz noserent aucune chose contre lui faire iusques a ce que egle tresbelle feme et feme de

Paulus
Theod.
Ouidius

panis fut mussee & celee en vne fosse par la terre mere desditz geans. Laquelle ainsi mussee ilz firent incontinent assault contre les dieux & les espouanterẽt tellement quilz leurs firent muer leurs formes & les expellerent iusques en egipte
Ouidius Desquelz ouide dit ainsi. Typhee gete du siege bas de la terre fit peur aux celestielz & tous sen fuyrent iusques ad ce q̃ la terre egyptiẽne les Receust tous las & le nile separe en sept entrees. Et narre aussi typhee engẽdre de la terre estre venu la & les souuerais & celestielz en mantant & muant leurs figures se celerent la/ & dit que iupiter fut conducteur de lassemblee/ & de la il fut forme en lybie De cornes courbes/ & fut nõme ammon. Et semelete lignee Deluis fut muee en vng cheureau corne & phebe la seur de phebus fut muee en vne vache saturniene blanche cõme neige. Venus fut changee en vng poisson/ cyllenius fut muee en vng oyseau nõme ibis. Toutesfois theodonce semble dissentir a ouide en aucunes choses. Quant theodonce dit ce estre fait par les geans/ & ouide le dit estre fait par typhee venãt du fõs de la terre. Et aussi semble dissẽtir touchant les formes des dieux/ car theodõce dit iupiter estre mue en vne aigle/ & cybeles en vne merlesse/ & venus en vne anguille/ & panse estre presque tout gette en vng fleuue. Et la superieure partie q̃ demeura sur la Riue dit estre mue en vng bouc/ celle qui entra dedens le fleuue fut muee en vng poisson Et dit que iupiter fit apres dicelle figure le signe capricorne. Finablement il afferme iupiter auoir eu par oracle & Respõce diuine que si vouloit auoir victoire q̃l couurit son pauais de egle fẽme de pan & sa teste de gourgone/ ce quil fit/ & en la presence de Pallas furent par iupiter les geans chassez deffaitz & gettez aux enfers. Si nous voulons Resouldre les

(Theod. in margin beside "teffois theodonce semble dissentir a oui-")

ambages & diuerses paroles des fictiõs Il fault plusieurs choses adiouster aux choses dessusdictes/ & deuãt toutes choses entendre nestre point du tout feigt ce que a este dit des geans. Cest a entẽdre dhõmes excedens par forme ou stature oultre la maniere cõmune des autres hões. Mais est certain & tout vray & de fait monstre clerement es iours prochains en la ville nõmee drepane en sicile/ car au fons & cõmencement de la mõtaigne qui excede & Regarde ladicte ville drepane/ & assez pres de ladicte ville aucuns paysans fouyssent pour faire fondement pour edifier vne maison pastorale/ la apparut lentree dune cauerne/ les foceyeurs desirant sauoir & veoir ce que dedens estoit alumerent des brandons & entrerent dedens/ & trouuerent vne fosse moult haulte & grande/ & par icelle alerent/ & dedens virent en la partie opposite de lentree vng hõme seant qui estoit de tresgrande estature/ & a ceste cause furent grandement espouantez/ & soudainement sen fuyrent & saillirent hors dudit lieu/ & ne se arresterẽt de courir & fuyr deuant quilz fussent venus en ladicte ville en nonciant & disãt a ceulx qui deuant eulx venoient. Les citoiens moult de ce se esmerueillerent voulurent aler veoir quelle chose mauuaise cestoit/ & se armerent & cõme dun courage saillirẽt hors de la ville cõme cõtre leur ennemy/ & plus de trois cens auec torches alumees entrerent dedens ledit lieu/ & tout ainsi que les premiers virent ce que dit est/ & furẽt esbahys de ce que lesditz gens de village leur auoyent Raporte Finablement saprocherẽt dudit tresgrant hõme/ & apres quilz eurent cõgneu que ce nestoit point vng hõme vif ilz saprocherent au pres de lui/ & virent vng hõme assis en vng siege & lequel sapuioit a la dextre main a vng baston lequel estoit de si tresgrande haulteur & grosseur quil excedoit tout mas & arbre de grande nauire/& estoit en forme de hõme de grãdeur qui nauoit este veue ne oupe/& laquelle ne estoit en aucune partie de lui diminue ou rompu. Quant lung diceulx hõmes eut estandu son bras & touche de la main ledit grant mas & baston incontinent icellui mas & baston cheut dissoult en cendre/& demoura vng autre baston de plomb qui estoit couuert dicellui de bois qui estoit cheut/& qui de terre venoit iusques a la main dudit hõme qui le tenoit. Et cõme ilz aparceurent que cestoit plomb fondu dedens icellui mas pour le faire plus peser. Apres il fut par eulx poise & ainsi que asseurent ceulx qui ce virent il poisoit quinze cintariens drapansiẽs desquelz vng chascun poise le poix commun de quatre liures finablement q̃t lestature dudit hõme fut touchee pareillement elle cheut & presque toute fut cõuertie en pouldre. Quant aucuns diceulx hõmes manioiẽt ladicte pouldre ilz trouuerent trois dens qui estoiẽt encores entieres/lesquelles estoiẽt de grãdeur monstreuse/& pesoient trois rouples/cest a entendre cent cõmunes vnces. Les drepaniens en tesmoignage de ce geant trouue & en memoire posterieure & longue lierent lesdictes dens de filz de fer & les pandirent en vne eglise de la cite edifiee en lhonneur de la nonciation de nostre dame/& laquelle est par tiltre tel decouree. Auec ce lesditz hõmes trouuerent lanterieure partie du tetz de la teste qui estoit encores entiere et ferme & laquelle contenoit plusieurs muys de froment. Pareillement fut trouue los dune des cuysses/lequel combien que partie dicellui fut venu en porriture p trop grant laps de temps. Toutesfois par la partie dicellui os fut congneu par ceulx qui cõgnoissent toute la haulteur de lõme par le moindre os de tous quil auoit este de la grandeur de deux cẽs coudees ou plus. Et fut souspecõne par aucũs des plus prudẽs que cest hõme eust este vng nõme erices trespuissant roy dicel lui lieu/& filz de butes & de venus/& occis par hercules/& auoit este mis en icelle fosse dicelle montaigne. Et aucuns iugerent que ce eust este erithelle qui iadis tua de son poing vng taureau aux ieux qui furent faitz par eneas pour son pere anchises. Les autres cuiderẽt que ce fut vng des cyclopiens & principalement polyphemus duquel homere plusieurs choses dit. Et apres lui virgile ainsi quil appert vers la fin du tiers liure des eneides. Doncques les geans furent de grande stature. Ce que aussi tesmoigne la sacree escripture desquelz en icelle au moins deulx sont nõmez. cõbien q̃lz nayent point este de si merueilleuse grandeur. Lung a este nembroth qui excogita la tour contre dieu. Lautre a este gouliath philistien qui fut vaincu par dauid auec la fonde & pierre dicelui Josephe hõme autrement circonspect & erudit reputa ceulx cy estre telz cõme geans/ainsi quil escript au liure de lentiquite iudaique disãt que les anges de dieu ayans compaignie charnelle auec les fẽmes mortelles engẽdroiẽt telz geans/laquelle chose certes est ridiculeuse/veu & cõsidere que les estoilles & planetes & certaines reuolucions du ciel est cause des grans corps. Par laquelle aussi en nostre aage est fait que aucuns presque de toute la teste ou plus p grandeur excedent aussi les hõmes grans de corpulence. Certes ie cuide les poetes auoir parle de ceulx cy/silz ont este paisibles hõmes priuez & humainement viuans. Mais macrobe en son liure des saturnaulx la ou il parle des geans sẽble entendre ceulx auoir este vne maniere de gens & dhõmes sans pitie qui nyoyent estre les dieux/& a ceste cause ont

Homer[us]

Nembroth fut le premier excogita la tour de babilone

Macro[bius]

este reputez avoir voulu chasser dieu
de son lieu & demeure / & que a ceste cause les piedz diceulx estoient en maniere
de piedz de dragons / qui signifie que en
toutes leurs aleures & operatiõs de toute leur vie ilz ne cogitoient aucune chose haulte ou souveraine / mais toutes
choses descendẽs aux enfers Il ne doit
doncques point sembler a hõme erudit
chose estrange / les dessusditz hõmes a-
voir este produitz du sang des titanes &
de la terre / cõsidere que semblable naist
de son semblable / & que pource des orguilleux titanes hõmes orguilleux sõt
nez / & silz ne sont nez de sang toutesfoi[s]
sont nez de meurs ou de vice / & ainsi le[s]
povons nõmer filz Et aucune mere ne
peult estre plus droictement dicte mere de telz que la terre p[ar] la raison ia bail
lee par macrobe cestassavoir que telz ne
peuent cogiter ou penser aucune chose
celeste saincte & iuste / desquelz leur vie
& operations est toute plongee aux cho
ses inferiores & terriennes. Toutesfois
il nest poĩt du tout chose fabuleuse telz
hõmes ou que nous nõmons telz avoir
eu guerre avec Jupiter hõme & roy de
cretenciẽs / car il est manifest par les an
ciẽnes histoires que iupiter fist deux re
nõmees guerres. La premiere cõtre les
titanes pour delivrer ses parens dete-
nuz aux prisons. La seconde contre son
Lactãci⁹ pere saturne. Et ainsi cõme lactẽce dit
il machina la mort de son pere. Et ceste
guerre a este dicte & nõmee la bataille
des geans. Et selon lopinion daucuns
ladicte bataille & conflict fut en thessalie en ung lieu nõme phlegie. & la saturne fut deffait & vaincu. Quant ad ce
quon dit le pavois dicellui hercules devoir estre couvert du cuyr de egle & lui a
voir este cõmande par oracle divin & sõ
chief de gourgone / & que ladicte egle fut
mucee en une fosse soubz terre Toutes
ces choses ie entens ainsi que les despẽ
ces tresgrandes des guerres furent su-
stentees soustenues & portees par laide
& secours du grãt & petit bestail / ausq[ue]lz
bestailz estoient les richesses des anciens. Ce qui est entendu par egle en grec
qui en latin signifie chievre. Et par ladicte gourgone ie prens les fruictz des
champs. Et par ainsi entens le pavois
de iupiter avoir este couvert / cestassavoir avoir eu defencion / & le chief dicellui avoir este couvert / cest a entendre a-
voir este garny de cõseilz aux choses o-
portunes. Et quant les fruitz des substances cesserent egle fut dicte mucee /
& lors les ennemys osent se eslever con
tre les ennemys / cõme contre lennemy
desarme / car les dessusditz estans & aus
si pallas laquelle ie prens & entens icy
po[ur] la discipline militaire ou sault & va
en victoire. Quant ad ce quilz sont plõ
gez en enfer. Les feingnans ont voulu
monstrer lostination des orguilleux e-
stre humiliee & degettee. Toutesfois en
ceste guerre des geãs sont plusieur[s] cho
ses adioustees qui ne sont point icy mises: cestassavoir q[u]lz mirent mõtaignes
sur montaignes pour monter au ciel. &
aucunes autres choses quon doit rapor
ter aux faitz des guerroiens / car ilz dre[s]
sent bastilles & tours / & mettent tours
sur mõtaignes pour occuper le ciel / cest
a entendre le royaume de leur ennemi
Lesquelles choses finablement sont a-
batues par celui qui vaincq / ainsi que p[ar]
iupiter fut fait. Varro sembloit avoir Varro
autre opinion de ceste guerre des geans
& des dieux / car il disoit ce avoir este q[uan]t
le deluge cessa / disant aucuns avec le[ur]s
utenciles sen estre fuys p[ar] le deluge aux
mõtaignes / lesquelz apres p[ro]vocquez a
guerre p[ar] ceulx q[ui] estoient descendus des
autres montaignes estoient facilemẽt
repellez par leurs superieurs & plus
haultz. Et ont este ditz avoir eu piez de
serpẽs / car ilz ont semble gravir en ma-

nieres de serpens en deuant la poitrine de uant les valees aux montaignes. Quant a ce que les dieux pour la crainte quilz eurent de typhee ilz muerent leurs formes et sen fuyrent en egypte / ce comprent et signifie autrement que listoire ou moralite / car la terre et principalement ceste partie laquelle est habitee de nous septentrionaulx est entendue pour typhee qui fut filz de la terre. Et les dieux cest a entendre le soleil pour lequel comme il plaist a macrobe en ses saturnaulx est entendue toute lautre multitude de dieux. Lors fuyt la terre quant le soleil acommence de decliner de le equinocial autonnal vers le pole entarctique / et lors le soleil est eslongne de la terre / cest a entendre de nostre region qui sommes septentrionaulx et tend en egypte / cest adire en austre ou aux regions australes. Que les dieux ont mue leurs formes / pour aduenture ce a este mis et adiouste plus pour orner la fiction que pour autre cause. Car ainsi que saint augustin en son liure de la cite de dieu dit / toutes les choses sont narrees auoir este faictes ne doiuent point estre reputees aussi signifier aucune chose. Mais celles qui ne signifient aucunes choses sont adioustees pour celles que aucunes choses signifient / Car le barezau de fer que aucuns en francoys disent soc lui seul trenche la terre. Et affin que ce puisse estre fait les autres membres et pieces de la petite charue sont necessaires / et aux harpes et autres instrumens de musique les seuls ners et cordes sont applicquez au chant / mais affin quilz peussent estre applicquez a de ce ilz y a des autres choses en la assemblee aussi des orgues lesquelles ne sont point frapees ne touchees de ceulx qui chantent / mais icelles qui resonent et qui sont frapees et touchees sont ioinctes aux autres.

Macro.

Augusti

Les paroles sont dudit saint augustin Et combien que ce semble napartenir point a ce propos / toutesfois nous ioindrons ce quilz ont peu entendre en icelles formes / affin quil ne semble point que nous fuyons et euitons le labeur. Doncques ouide dit que iupiter fut mue en ung ran qui est ung mouton non chastre pour monstrer en ce la nature dudit iupiter / car le dit ran est une beste priuee et benigne sil est laisse en ce son repos sans estre infeste. Auec ce il est moult utile / car pour engendrer lignee lui seul souffist a une tres grande assemblee de berbis. Oultre ce il nest pas seulement le masle de lassemblee / mais aussi le ducteur / car quant il ny a point de pasteur il se offre pour pasteur deuant lassemblee desdictes berbis / et le droit chemin les maine au parc Lesquelles choses dessusdictes entre autres plusieurs semblent conuenir et appartenir a iupiter / car iupiter est planete bening et doulx sil nest depraue par la coniunction dautre. Et est semblablement utile / car il meut les fruitz des femmes a salir meurs et les gette en lumiere / et les aide tous ainsi que son nom sonne. Et ainsi le ducteur de lassemblee / cest a entendre le roy et seigneur des dieux comme toute lerreur des gentiles afferme Je cuyde le soleil estre conuerti en ung courbeau pour monstrer pareillement les proprietez du soleil. Les anciens ont creu le corbeau auoir une puissance de presagier et signifier / et car le soleil est dit dieu de diuination comme il appert la ou il sera dit de apollo. A ceste cause ilz consacrerent ung corbeau au soleil / lequel comme fulgence dit entre tous les autres oyseaulx a soixantequatre mutacions de voix. A ceste cause elle estoit oyseau tres agreable aux augures anciens pour augures exercer. Que bachus soit mue en une chieure / il est conuenable au temps diuer / car le vin cest a entendre bachus contraint par la fredeur de liuer collige et assemble en soy ses vertus. Et lors

Ouidius

Fulgentius

pource quil semble estre de moindre vertu quil nest et pour la froideur il est plus facilement beu des folz. Mais quant il est beu par la chaleur de lestomac il est augmente et sestend/et a la maniere dung bouc il tend vers les lieux haultz/et fait que les hommes par lui eschaufez sont faitz plus courageux et contendent a plus haultes choses. Quant ad ce que la lune est muee en pheles/cest a entendre en ung dein ce est dit pour designer sa velocite et legierete/veu que le dein est treslegiere beste. Et ne lui a este concede par nature autre baston de defence que fuyte. Ainsi la lune entre les planetes est treslegiere. Ilz ont voulu que iuno fust muee en une vache blanche et nette/a ceste cause que la vache est beste fertile. et ainsi la terre laquelle ilz ont aucunesfois voulu estre iuno/et pource estre blanche et nette/car la terre est couuerte de neiges en hyuer. Que venus soit faite ung poisson est monstre la grande humidite delle/ou quelle est puissante par humidite. Mercure a este fait ibis pource que le cigogne est oyseau social/et par ce est signifie la conuenience de mercure auec tous. Et ainsi que le cigogne est ennemy des serpens/pareillement mercure est dissipateur dastuces. Comme theodonce dit. Jupiter est conuerty en une aigle pour entendre les haultz effetz de lui comme laigle vole plus hault que autre oyseau Je cuide cybeles muee en une merlesse pource que cybeles est dicte la terre/et la merlesse vole continuellement aupres de la terre pour designer la terre par icelle merlesse. Pour lenguille en laquelle dit estre conuertie venus deuons prendre le glissant et cheant dicelle venus. Par pan conuerty et mue en la superieure partie de lui en ung bouc et linferieure en ung poisson / ientens tout le monde auquel preside la nature des choses/cest a entendre pan/et laquelle

Theod.

nature des choses en sa superieure partie/cest a entendre en la terre laquele est superieure de leaue paist et nourrist les boucz et aultres bestes. En linferieure partie/cest a dire en leaue le poisson est pource feingt/car elle produit et nourrit les poissons. Puis que maintenant auons expedie toute la lignee de titan/nous ferons maintenant a ce liure fin.

Sensuit le cinquiesme liure de la genealogie des dieux.

Du ſecond iupiter.ixe.filz du ciel q̃ engendra.xv.filz. Desq̃lz le p̃mier fut diane.le.iie.apollo.le.iiie.tityus.le.iiiie bachus.le.ve.amphyon.le.vie.cethus.le.viie.calathus.le viiie pasythee.le.ixe egiales.le.xe euprosmne.le xie lacedemo le xiie tatalꝰ.le xiiie hercules.le xiiiie.minerue.le xve.arcas.chap̃. I

La hault au tiers liure est dit du ciel: duquel ciel le secõd Jupiter fut filz tesmoignant tulles en son liure de la nature des dieux/ et le dit estre ne en arcadie/ mais il ne dit point de quelle mere/ combien que ie croye grans faitz auoir este acomplis par cestui iupiter sans lesqlz il neust peu deseruir et acquerir nom si grãt et renõme. Touteffois peu de choses dicellui ou pour la renõmee de luy ou pour les escriptures des anciens sõt venues a nous. Et si aucunes par aduenture sont iusques nous venues/ il nest point assez certain si elles ont este de ce second iupiter ou plus tost du premier ou tiers. Touteffois ie expliqueray et diray peu de choses/ et lesquelles theodonce afferme auoir este de ce iupiter. Icellui theodonce veult ce Jupiter auoir este homme bien renomme et noble premierement enuers les siens. Et la pource que lycaon roy des arcadiẽs en vng conuy mist membres humains cuitz pour menger. Icelui iupiter le desfit et vainquit par bataille et le priua de son royaume. Et lors il commenca pmierement destre nõme iupiter pour la iuste vengence quil print de linique roy Touteffois leonce la hault ou il parle de lycaon lappelle lysanie/ lequel nous auons dit auoir este le premier iupiter et roy des atheniens. Et pource ie nay chose que ien die si nõ que vng plus prudent que moy sil peult reduire a cõcorde ces opinions tant discrepantes entre elles. Apres ce theodonce dit que ce iupiter se transporta a athenes/ et ql fut la en tresgrande haulteur et puissance/ et auoir eu grande guerre contre cee pour latone stupree et corrompue. Et quant il eut surmonte et deffait il sen retorna a athenes auec tresgrande gloire/ et sacrifia vng beuf au premier iupiter. Et institua aux atheniẽs plusieurs choses apartenans a la louange de la cite Par lesquelles causes il fut nomme iupiter du consentement commun de tous/ mais du temps il nest point certain. Touteffois aucuns sont qui dient que ce fut cecrops le premier roy des atheniens. Mais la diuulguee opinion discorde a ce. Cõsidere que icellui cecrops fut egyptien et iupiter fut arcadien. Les autres dient quil fut plus ancien/ et ne adioustent point aucun prefix/ et pource nous laisserons ceste matere.

Theod. Leonci.

De diane premiere fille du second iupiter. chap. ii^e.

Selon le tesmoignage de psque tous les poetes diane fut fille de iupiter et de latone/ et nee dung mesme enfantement auec apollo/ comme il est la hault monstre ou est parle de latone Les anciens lont voulue estre noble et renommee par perpetuelle virginite Et pource quelle auoit abandonne la compaignie des hommes et quelle habitoit es forestz et vacquoit aux chasses ilz lont descripte ceinte dune trouce de flesches et dung arc. Et la dient de esse des bois et des montaignes/ et voulurent quelle vsast dung chariot tire de cerfz blans. Et seruie obsequieusemẽt par societe et offices de nymphes. Ce q claudien tres amplement monstre la ou il tracte des louanges de stylicon disant. Elle est soudainement et legierement portee de la haulte montaigne pleine de bois. Et apres par plusieurs vers. Oultre ce ilz ont voulue presider aux voyes et chemins/ et lont nommee auec la lune par plusieurs noms.

Seruius Claudiẽ

Doncques ses choses deuant mises nous deuons considerer les choses qui sont par elles entendues. Certes elle fut femme de iupiter homme et fille de latone. Et est possible quelle fut une vierge comme aucunes sont qui abhominent du tout la compaignie des hommes/et par ainsi auoir este renommee de virginite perpetuelle/et auoir vaque a chasses. Et veu que ces choses semblent conuenir et appartenir a la lune/laquelle refreine et retarde par sa froideur les concupiscences charnelles et enuironnoit de sa lumiere de nuyt les bois et les montaignes qui sont choses apartenans a la lune. Ilz les ont adioustees a elle comme si elle estoit la lune. Ou plus tost les sotz lont creu estre la lune ainsi que la hault est dit souuent daucuns autres. Et pource que la hault ou nous auons parle de la lune na este comme rien dit de ceulx cy/nous les poursuiurons ung peu plus amplement

Doncques diane est ceincte dung arc et dune trousse/affin que pource cest entendu la lune laquelle gette ses rays qui sont entendus en lieu de flesches/et pource sont ditz flesches. Car ilz sont aucuneffois pestifereux. Elle est dicte deesse des bois et des montaignes pource quil semble apartenir a la lune donner fecundite aux plantes et herbes par leurs humiditez et les garder en vigueur/et les donner croissance. Ilz lui ont adiouste ung chariot non point seulement pource que par ce soit prinse la circuition du ciel/et que aussi elle parfait icelle circuition plus legierement que les aultres planetes/mais aussi quelle designe et signifie aux chasseurs les circuitions des montaignes et des bois. Icellui chariot est dit tire par les cerfz pource que le desir des chasseurs semble estre trait et tire des bestes siluestres. Lesditz cerfz sont pource descriptz blans/car les phisiciens attribuent la couleur blanche entre les couleurs de la lune. Quant ad ce quelle a pour compaignes les nymphes on doit ce prendre pour lumidite continuele de laquelle elle abonde/veu que la nymphe nest autre chose que eau ou complection humide/comme la bas apparoistra plus clerement la ou nous parlerons des nymphes. Que office soit attribuee aux nymphes a este adiouste pour la beaulte et ornement de la fictiō comme si voulons dire les humiditez vouloir faire seruice aux influances de la lune. Et lont voulue presider aux voyes et chemins/car par sa lumiere elle enlumine les tenebres de la nuyt/et par ainsi elle expedie aux viateurs les voyes et chemins/ou que lesdictes voyes et chemins sont semblables par sterilite a diane vierge. Rabane dit en son liure de la naiscence des choses que les anciens lont voulue nommer diane/comme presque duane pource quelle appert de nuyt et de iour. Et ainsi semble deseruir a tous deux. Mais theodonce ainsi que autrefois a este dit autrement dit. Car la planete est nōmee lune quant elle luyt de soir/et est nommee diane quant elle tend et va par sa lumiere au iour. Et lors est plusconuenable aux chasseurs et viateurs/et lors est dicte vierge. Car apres quelle a couru la moitie du cercle du ciel elle naporte aux planetes aucun vallable nutrimēt/et naporte ne fait de nouueau aux planetes aucune utile croissance/ainsi quelle fait quant elle va en lopposite sē alant du soleil. Elle est dicte cynthie par la montaigne cynthie en laquelle principalement estoit celebree. Il est ailleurs dit des autres

Rabanus

Theod.

Du second apollo filz du secod Jupiter qui engendra ou filz ou filles seze/desquelz icy sont les noms. La premiere laphita. La seconde eurymones. Le tiers mopsus. Le quatriesme linus. Le cinquiesme philesthenes Le sixiesme garamas. Le septiesme brancus. Le huitiesme phylemon. Le neufuiesme orpheus Le diziesme aristeus. Le unziesme nomius. Le douziesme auctous. Le treziesme argeus. Le quatorziesme esculape. Le quinziesme psyce. Le seziesme arabs. chap. iii[e].

Apollo fut pareillemet filz de iupiter et de latone/et dung mesme enfantement auec diane ainsi quil est deuatdit la ou est parle de latone. De cestui apollo sont plusieurs choses dictes lesquelles par aduenture nont poit este moins dautrui que siennes. Considere que tulles escriue que trois autres apolles oultre cestui cy ont este. Mais pource que tous les poetes se reduiset a cestui come sil auoit este seul apollo/et que a ceste cause les choses des autres ne apperent pas assez il est necessite raporter toutes les choses a cestui apollo Doncques ilz ont dit apres la fable de la natiuite dicellui quil estoit dieu de diuinite et de sapience/et inueteur de lart de medecine. Auec ce dient quil occit les cyclopes et que pource il fut ung peu de temps priue de diuinite/et quil peust et nourrist les beufz et vaches et aultre bestail du roy de thessalie nome admet. Oultre ce ilz ont voulu que quant mercure lui dona la harpe quil presida aux muses et chans des montaignes nome eselicon/affin que lui sonnat et touchat la harpe les muses et chancons chatassent. Semblablemet ilz le dirent et peingnirent sans barbe/et lui sacrifierent larbre nome laurier/et les grifons hiperborieus et le corbeau et le chant bucolique des bergiers/et le nomeret de plusieurs noms/et lui assignerent plusieurs filz. Lordre de ces fictions est long/et si nous voulons extraire le sens dicelles nous deuons deuat toutes autres choses cosiderer quil fut unefois home et pour tel lentendre. Et lentendre aussi aucunesfois pour le soleil. Doncques il fut home et le second filz de iupiter et de latone come il a este souuent dit. Mais tulles en son liure de la nature des dieux dit quil fut filz de Jupiter cretence et estre venu en delphos des montaignes hiperborees. Et sil estoit ainsi plusieurs choses dessusdictes seroiet frustrees/mais sauuee tousiours la reuerence de ciceron ie ne croy point cecy. Veu que eusebe en son liure des temps die que apollo et diane furent nez de latone regnat sur les argiens sthelene/et lan quatriesme de son regne lequel fut lan du mon de trois mille sept cens et unze. Considere que on comprehende par les escriptures dudit eusebe icellui iupiter cretence auoir este long temps apres Theodonce dit cestui Jupiter auoir este filz du second Jupiter/et auoir regne sur les arcades/et leur auoir trouue et faict nouuelles loix. Et auoir este nomme nomius/et auoir este chasse du royaume par les subiectz/pour la trop grande seuerite et rigueur des loix. Et sen estre fuy a admete roy de Thessalie/Et auoir impere et seigneurie par la permission dudit Admete sur les peuples estas pres du fleuue nomme amphrise. Par lesquelles choses fut nee et trouuee la fable disant que admete auoit nourry les beufz et vaches et tel grant bestail

Tullius

Eusebi[us]

pource quil estoit priue de diuinite par ce quil auoit occiz les cyclopes. Certes icellui eusebe dit que apollo fut ne de latone et nestre point cellui duquel les anciens auoient acoustume prendre oracles et responces. Mais cellui qui seruit a admete. Et ainsi cellui apollo duquel tulles dit quil vint des hyperboriens en delphes peult estre filz de iupiter cretence. De la natiuite de cestui et des choses appartenas a elle est escript aux choses precedentes la ou plusieurs choses sont dictes de latone. Et trop plus en peuent estre leutes par Macrobe escriptes en son liure des saturnaux Lesquelles certes sont vtiles / et qui ne discrepent gueres au dessus escriptz. Et a ceste cause ne les ay point adioustees. Oultre ce ce dit apollo comme Theodonce afferme fut le premier qui congneust les vertus et puissances des herbes / et qui applicqua les vertus dicelles aux opportunitez et necessitez des hommes. Et pource il a este repute seulement inuenteur de medecine / mais aussi dieu / veu que plusieurs malades ont par ces remedes acquis sante Et pource quil auoit trouue la paix et concor de des hommes chassez et expellez ilz dient que mercure prince des nombres et mesures lui conceda et donna la harpe voulans entendre que ainsi que par diuerses voies sourdans de diuers touchemens de cordes soit faicte vne melodie si les cordes sont bien touchees / pareillement de diuers mouuemens de poulz silz sont bien ordonnez / laquelle chose appartient au medecin est faicte la sante du corps bien dispose. Et pource que deux les signes des maladies il auoit predit a plusieurs la mort et a plusieurs la sante. A ceste cause la diuinite de diuination lui fut attribuee. Et ainsi le laurier et le corbeau lui furent desdiez. Car ainsi que autrefois a este dit / si les branches du laurier sont liees a la teste du dormant ilz dient quil verra vrays songes Laquelle chose est espece de diuinite / Pareillement ainsi quil a este dit dient le corbeau auoir soixante quatre mutations de voix desquelles les augures asseuroient quilz comprehendoient tresbien les choses futures / laquelle chose aussi est adioustee pour signifier diuination. Oultre ce alberice disoit ce estre feingt quil auoit occiz phyton pource que phyton est interprete foy ostant / laquelle remocion de foy est lors du publique ostee quant la clarte de la verite est manifestee qui est fait par la lumiere du soleil. Mais lors il est planete et non homme / Par lequel soleil aussi ainsi que les mathematiciens et astrologiens asseurent plusieurs choses futures sont monstrees aux hommes mortelz. Il est pource repute dieu de sapience pour les conseilz salubres quil bailloit aux demandeurs Et aussi que si lon entent du soleil il demonstre par sa lumiere les choses quon doit euiter et fuyre qui est oeuure de homme sage. Ilz dient le soleil planete estre sans barbe / car il est tousiours ieune comme naiscent et saillant tous les iours nouueau. Ilz ont voulu sonner et chanter de la harpe et presider aux muses et chancons Car ilz ont cuyde modulateur et prince de la melodie celeste / et donnant modulations et armonie par notice et demonstration diceulx entre neuf diuerses circuicions de speres comme entre neuf muses et harmonies. Disons maintenant de ses noms. Il est dit apollo / car ainsi que fulgence dit il est interprete perdant / et pour ceste cause aucuns ethiopiens le mauldissent tresgrandement et de toute leurs affections quant il lieue / pource quil pert en leur pais toutes choses par sa trop grande chaleur / et de ce est comme fuie dit que porphire en son liure quil appelle soleil escript que apollo a trois puissances. Cest assauoir

Eusebius

Tullius

Macro.

Theod.

Apollo fut le premier qui congneust les vertus et puissances des herbes

Alberici

Fulgencius

quil est soleil aux superieurs & pere dit liber en terre / & apolle aux enfers. Et a ceste cause les anciens ont adiouste au simulacre & statue dicellui trois enseignes: cestassavoir la harpe pour laquelle ilz ont voulu entendre limage de larmonie celeste. Le pavois par lequel ilz ont opine estre entendu quil fut la puissance de la terre. Et les fleches par lesquelles il est iuge & dit dieu des enfers & qui nuysoit. Pource semble homere avoir dit quil estoit auteur tant de pestilence que de salut. Ce que aussi semble avoir opine orace en ses vers & chancon seculiere disant. O apollo doulx & paisible remetz & musse ton dart & oys les enfans supplians. Avec ce il est dit nomius qui en latin signifie paste[r] qui est prins de ce quil est feingt pasteur de admet Et po[ur]ce la chancon bucolique lui est consacree comme a pasteur / car elle est chancon pastoralle. Il est nome cynthie pour la montaigne cynthie en laql le il estoit tresdiligemment colu & honnore.

Oratius Cōdito mitis placidus ꝗ telo suplices audi pueros appollo &c

De laphite premiere fille de apollo. chap. iiii[e].

Isidor[us]

Ainsi quil plaist a Isidore en son livre des etimologies laphite fut fille de apolle. Combien que papias die q̃ ce fut ung homme. Les peuples en thessalie sont du nom de ceste femme nomez laphites. Il y a grande coniecture quelle fut une femme noble pource que lesditz peuples exquis et de grande renommee sont nommez du nom delle Quant a ce quelle fut fille de apollo il peult estre vray si nous entendons dung homme. Mais si nous entendōs comme du soleil nous pouons iuger estre feingt pour la beaulte ou sagesse delle. Ou pour lindustrie & savoir delle en augurant.

De eurymones seconde fille de apollo. chapitre. v[e].

Paulus

Pol perusien afferme eurymones avoir este fille de Apollo Et quelle espousa Thalaon / & lui enfanta adrastes roy des arginiens / & Eurydices laquelle ap̃s espousa amphiarae.

De mopsus tiers filz de apolo. chap. vi[e].

Theod.

Mopsus comme theodonce dit fut filz de Apollo & de hymantes / et fut ioinct par tresgrande et stable amitie avecques Jason / aīsi que tesmoigne Stace disant. Mopsus est souvent ouy en choses doubteuses de Jason. Comme il plaist a Lactence ledit Mopsus fut tresexperimente en armes / & fut prefect & prevost du bois nōme grineus ou estoit loracle de apollo comme servie dit. Il fut homme en son aage si venerable que apres sa mort temples lui furent dediez. Et aux lieux separez et secretz dudit temple estoient responces rendues aux demādans. Pol dit quil ne fut point filz de ladicte Hymantes mais de manthone fille de tyresie de thebes Oultre ce Pomponie mela dit quil fonda & edifia aux fins de pamphilie la cite nōmee Phaselis. Et peu apres icellui Pomponie dit que Manthone fuyant les victeurs de Thebes il statua et ordonna le temple nomme clarius en ung pays et peuples nommet Jones libediens. Et lequel temple estoit tresprouchain au fluue nome cayster. Et pres de la mopsus filz de lui ordonna et fonda une cite nomee celophones. Eusebe dit que mopsus regna aux cyliciens quant agamenon regnoit aux miceniens. Et que de lui sont nomez et ditz les peuples nommez mopsicroniens et mopsiciens. Ilz contredisent a ceulx qui dient que manthone fut sa mere. et dient que icelle manthone apres la guerre des thebaniens se ala en ytalie / et quelle paruint en la galle et france qui est de la les montaignes de sauoye. Eusebius

De linus quatriesme filz de apolle. chap. vii.

Lactance escript que linus fut filz de apollo et de psamates duquel il recite telle fable. Que quant apollo eut occiz le serpent nome phyton et quil queroit le purgement de loccision plusieurs commise il fut receu par erotope roy des arginiens en sa maison ou il coucha secretement auec psamate vierge et fille dudit crotope / laquelle conceut de lui et en temps deu enfanta occultement au pres dung fleuue nome nemee ung filz lequel elle appella linus. Et lequel comme il plaist a aucuns elle getta et abandonna / et par ainsi il fut trouue et deuore des chiens. Les autres dient que elle le bailla a nourrir a ung pasteur. Toutesfois quant icellui enfant petit gisoit sur lerbe ung iour en la court dudit pasteur quil fut deuore des chiens. Stace ce tesmoigne en disant. Les chiens mortiferes resplendissent et linus mesle estant au milieu. Apollo fut ire et courrousse son filz estre deuore par les chiens et enuoya en icelle region ung monstre qui tout gastoit / lequel monstre Corebus apres occist. Je cuide aucune pestifere beste laquelle par fortune en ce temps apparut auoir donne cause a ceste fiction / par lequel monstre cedit enfant a este dessire des chiens. Et pour ce que ce semble chose cruelle et non piteable a ceste cause il a este feingt ung monstre enuoye. Oultre ce il fut ung autre Linus qui fut aussi filz de apollo / et qui fut repute merueilleux en musique. Duquel virgile dit ainsi. Orpheus de thracie ne me vaincra et surmontera point par chancons ne aussi linus. Lactancius Stacius Virgilius

De philisthenes cinquiesme filz de apollo. chap. viii.

Philisthenes comme il plaist a seruie fut filz de apollo et de cantilene / et lequel il dist auoir fait en lisle nomee crete la ville nommee oaxes et lauoir nommee de son nom. Et a ceste cause varro dit cantilene trauaillee par douleur denfantement et desirant les grans gemissemens ont tranche et diuise la douleur de oaxes. Doncques sil lappella par son nom oaxes / par necessite il fut de deux noms. Je lexistime auoir valu en chant / et par ainsi auoir este feingt filz tant de cantilene que de apollo. Seruius Varro

De garamas siziesme filz de apollo. chap. ix.

Rabane en son liure de la naiscence des choses dit que garamas fut filz de apollo / et de lui comme il dit furent nomez en ethiope dix garamantes. et la ville garamas fut par lui en ethiope edifiee et faicte. Je cuide cestui pource auoir este feigt filz de apollo. car il seigneurise Rabanus la. Ou certes le soleil par tres grande chaleur occist presque toutes choses. Et pource quil eleust & choisit cesditz lieux comme se delectant en sterilite & chaleur il fut repute filz de apollo

De branchus septiesme filz de apollo Chap. x[e].

Lactāci[9] Lactence dit que bachus fut filz de apollo et de la fille de ioncis et de la femme de surrones. De laqlles est une telle fable recitee selon Varro (Varro) en son liure des choses diuines. Ung nomme cyus dixiesme en la generacion de apollo quant il diuoit en ung riuage en alant par pais. Et apres par cas dauenture moins saoul se mist en chemin/il oublia & laissa son filz qui enfant petit estoit et nomme surron. Lequel enfant quāt il eut adire son pere egare par le pais vint en ung pasturage dung nomme ioncis/& la par lui fut receu/et mena auec les enfans & seruiteurs de luy les chieures au pasturages Aduint quilz prindrēt ung cigne lesditz enfans le couurirent dune robe. Et entre eulx debatoiēt qui seroit celluí deulx qui le deuroit offrir a leur seigneur par maniere de don. Finablement quant ilz furent fatigues dudit debat/ilz osterent la robe de dessus icelluí cigne. Et en lieu du cigne trouuerent une femme. Par laquelle chose espauantes sen fuirent/mais eulx rappelles par elle furent amonestez/quilz deissent a leur patron et seigneur ioncis quil voulsist honnorer & cherir lenfant nomme surron. Ilz reciterent audit patron et seigneur les choses qui estoient aduenus et quilz auoient ouys Lors ioncis se esmerueilla et print icelluí surron et leut en lieu de filz/ & luy bailla en mariage sa fille. Laqlle quāt fut enceinte en repos de nuyt en songe vit que le soleil lui entroit par la bouche & yssoit du ventre. Apres ce elle enfanta ung filz. Lequel ilz nommerent branchus/lequel quāt il leut baise les machoueres de apollo il fut par lui receu. Et receut de lui une couronne et une verge. Et acommenca de prophetiser/& soudeinement fut perdu quon ne le trouua en aucun lieu Apres ce lui fut edifie ung grant temple/lequel est nomme branchiadon. Et po[r] ceste cause les temples sont consacrez a apollo phylesien/lesquelz temples sont nommez philesiens/ou par le baiser de branchidon/ou p la contencion des enfans Lactence ailleurs escript que brāchus fut ung adolescent thessalien ayme de apollo. Lequel apollo voulut aigremēt loccision dudit branchus. Et le consacra par sepulcre et par temple: et la est ditbranchiades apollo. En ceste precedente fable les enfans/cest a entēdre les ignares prennent le cigne/cest a entendre laugure & prophecie du prophete aduenir Car loyseau q̄ est cigne est dedie au soleil pource quil cōgnoist la mort a lui procheine. Et deuant la dit par chant tres suaue et delectable Et de augure prins & receu on vient en loquacite et a ceste cause onle feingt estre mue en une femme. Et par ceste loquacite est fait q̄ ledit surron est fait plus cher audit patron et seigneur & deuint son gendre. Et que sa femme enceinte en songant vit q̄ le soleil entroit par sa gorge/cest a entendre linfluance celestiele pour produire une chose cree apte et conuenable a prophecie. Ce q̄ est entendu par le soleil/lequel finablement sault du ventre quant il naist. Et lors il baise les machoueres de apollo/quant par delectacion sans laqlle nest aucune chose parfaicte/il vaque a lestude de prophecie: et prent lors de apollo la couronne et la verge / quant luy estant erudit prent les enseignes et ornemens de docteur. Car premiance est designee et signifiee par la couronne qui est ornement du chief / laquelle on acquiert par science par estude conquise. Par la verge est entendu la puissance de excercer les choses acquises par estude. Ce qui est dit que apres il ne cõparut en aucun lieu / a este po^r ce feingt Car par mort il fut oste de la compaignie des viuans.

De phylemon huitesme filz de apollo Chap. xi^e

Ouidius Comme ouide tesmongne phylemon fut filz de apollo et de lychion. Car comme il recite dedalion filz de lucifer eut vne fille tresbelle / laquelle apollo et mercure en vng mesme temps aymerent et auec elle coucherẽt Elle conceut de eulx deux et enfanta a apollo vng filz nomme phylemon Lequel fut cler et renomme en musiq̃ et a la harpe. Je cuide ce q̃ a este feingt estre prins par ce qui est aduenu. Car ladicte lychion enfanta ensemble deux enfans. Lung diceulx fut vng renomme larron / lequel ilz dirent estre engẽdre par mercure / pour ce que les astrologiens dient que mercure a son influãce et operacion enuers telles choses. Lautre fut vng exquis harpeur / et en ce lesditz astrologiens diẽt le soleil auoir ouure. Et pour ce lont appelle filz de apollo.

De orpheus neufiesme filz de apollo Chap. xii^e

Orpheus comme lactence escript fut filz de apollo et de calliopes muse. Rabane dit que mercure donna et bailla a orpheus la harpe que il auoit naguères trouuee. Orpheus eut si grant excellence en icelle harpe / que par elle il pouoit mouuoir les forestz et arrester les fleuues / et faire priuees les bestes sauuages. De ce virgile recite vne telle fable. Que orpheus ayma la nymphe eurydices / laquelle il attrait a lui par son chant et la grace delle adst et la ioingnit a lui pour femme. Vng pasteur nomme aristeus acommenca de lamer. Et vng iour quant elle sesbatoit au long du riuage dung fleuue nomme hebrus auec les dryades. Ledit pasteur la voulsist prendre. Elle fuiant pressa du pie vng serpent mussé entre les herbes. Lequel se entourtil la au tour de sa iambe. Et de sa morsure venimeuse loccist. A ceste cause orpheus gemissant et plourant descẽdit aux enfers et sonna / si doulcement de sa harpe et pria q̃lz lui restituassent ladicte eurydices. Et tellement que il tira a luy non point seulement les ministres infernaulx quilz eurent de luy pitie. Mais aussi que les ames furent ad ce menees quelles oublierent leurs peines. Et pource aduint que proserpine luy restitua ladicte euridices / par telle loy quil ne la regarderoit poĩt iusques ad ce quil seroit paruenu aux celestieulx sil ne la vouloit perdre. Quant orpheus fut tres prochain dudit lieu touche de tropt grant desir de regarder ladicte eurydices. Il tourna ses yeulx vers elle qui a son dos le suiuoit. Par quoy aduint que incontinãt autrefois il perdit sa aymee. A ceste cause il ploura long temps et delibera de viure sãs femme. A ceste cause comme ouide dit Ouidius po^r ce quil refusa plusieurs femmes q̃ requeroiẽt son mariage / et quil suadoit

aux autres hommes viure chastement
sans femme. Il encheut en la haine des
femmes. Et quant les matrones / cest
adire les femmes honnestes & de mesnage celebroient les festes de bachus
quon dit en latin orgia au pres dung
lieu nomme hebrus / il fut frape tranche et vilanie des femmes auec ser-
foetes et rasteaux. Et gecterent sa
teste et sa harpe dedans icellui fleuue hebrus. Lesquelles teste & harpe furent par ledit fleuue portees iusques a
lesbon / ou vng serpent voulut deuorer ladicte teste. Mais apollo la conuer
tit en vne grande pierre. La harpe ain
si que rabane dit fut du ciel receue et
logee entre les autres ymages celestes

Les fictions certes sont belles & ar
tificieuses. Acommencons a la premie
re & voyons pourquoy orpheus est dit
filz de apollo et de caliopes. Orpheus
est dit comme vent phogni / cest a dire
bonne voix de eloquence / laquelle est
fille de apollo / cest a dire de sapience
& de caliopes qui est interpretee bon sō
La harpe luy fut donnee par mercure
par laquelle harpe ayant diuerses dife
rances de voix / deuons entēdre la fa
culte oratoire. Laquelle nest point faicte dune voix / cest adire dune demō
strance / mais de plusieurs. Elle ainsi
composee ne conuient point a tous.
Mais a vng homme sage et eloquent
et ayant bonne voix. Et pource que
toutes icelles choses conuiennent a or
pheus / elles sont dictes lui estre con-
cedees par mercure mesureur des tēps
Icellui orpheus par eloquēce meut les
bois q̄ ont racines tres fortes & fichees
dedans la terre / cest a entendre les hō
mes de opinion obstinee. Lesquelz ne
peuent estre ostez de leur pertinacite /
si non par la vertu de eloquence. Il ar
reste les fleuues / cest a entendre les hō
mes fluans et lasciuieux / lesq̄lz ne sont
point arrestes & fermes en puissance vi
rile / si non par tres puissantes demonstracions de eloquence. Ilz fluent & cou
rent iusques a la mer / cest a entendre a
perpetuele amertume. Il fait les sauuages bestes paisibles et priuees / cest
a entendre les hommes de sang et de
rapine / lesquelz tressouuent leloquēce
dung sage homme reduist a mansuetude et humanite. Auec ce orpheus a
a femme euridices / cest a entēdre naturele concupiscence sans laquelle aucū
mortel nest. Aristeus cest a dire vertu
ayme euridices vagāt par les pres / cest
a entendre par les desirs temporelz / et
la desire tirer a desirs louables / mais
elle fuit / car naturele concupiscence cō
tredit a vertu. Et quant elle fuit vertu elle est du serpent tuee / cest a entēdre par fraude mussee et latente entre
les choses temporeles. Car il semble a
ceulx qui ne regardent et considerent
bien droictement et iustemēt / que les
choses temporelles verdoyent / cest a
entendre quelles peuent donner beatitude. Et si aucun croit a icelle appa
rēce / il se trouuera estre mene a la mort
ꝑpetuele. Et finablement quāt naturele concupiscence est cheute du tout
aux enfers / cest a entendre enuers les
choses terriennes. Lhomme prudent
se parforce par eloquēce / cest adire par
vrayes demonstraciōs la reduire aux
choses superieures / cest adire vertueu
ses. Laquelle aucuneffois est finablement restituee / & ce quāt le desir est di
rige aux choses plus louables. Mais
elle est restituee par condicion / cest assa
uoir quelle ne rechee en aregardant der
riere iusq̄s ad ce quelle sera paruenue
iusques aux superieurs / cest a entēdre
q̄lle ne rechee autre fois en la concupiscence de telles choses iusques que p
congnoissance de verite et par lintel-
ligence des biens superieurs fortifiee

il puisse baisser & tourner ses yeulx a cõ
cupiscence pour damner et detester
lordure des euures des scelestes & mau
uais. Que orpheus pource soit descẽ
du aux enfers/deuõs entendre les hõmes prudens pour raison de contemplacion aucuneffois tourner leurs yeulx
de meditacion aux choses qui doiuẽt
perir & aux laschetez des hommes. Af
fin que quant ilz verrõt les choses qui
doiuent danner/ilz desirent par plus
feruent desir les choses quilz doiuẽt
appeter et demander. Mais fulgence
Fulgẽcius a moult autre opinion. Car il dit que
la signification de eurydices aymee &
perdue/& finablement reprinse est mu
sique. Veu que orpheus est dit en grec
cõme orcaphogni qui est interprete en
latin tres bõne voix. Et eurydices est
interpretee profunde diiudicacion. Et
pource que en musique autre chose est
la harmonie des sons/et autre chose
est leffet des teneurs et la vertu des
parolles. Mais affin que nous voyons
que semblent appartenir a la mort dor
pheus. Nous deuons scauoir q̃ ainsi
Theod. que theodonce dit que orpheus trouua
premierement le seruice et sacrifice de
bachus. Et lordonna en vng pais nõme thracie estre fait par dances mena
dum/cest a entendre des femmes ma
lades de leurs fleurs/affin que en ce
temps il les separast de la commixion
des hommes. Veu que cest chose non
point seulement abominable. Mais
aussi pernicieux aux hommes. Apres
aucun temps quant les femmes con-
gneurẽt et iugerent ceste inuencion e-
stre pour descouurir et deceler aux hõ
mes leur turpitude. Elles firẽt vne cõ
iuracion contre ledit orpheus Et quãt
il ne sen guetoit et souspeconnoit poĩt/
elles le occirent auec des sarfouetes &
Lactãcius des picz/et le geterent en vng fleuue
nomme hebrus. Lactence en son liure
des diuines institucions dit ainsi du
dit orpheus quil fut le premier qui in-
duisit les serimonies du pere liber en
grece/& le premier qui les celebra en the
bes en la montaigne boecie/& au pres
de la est ne ledit liber. Et pource que
icelluy orpheus sonnoit souuent de la
harpe/il fut appelle cytheron. Et lesdictes serimonies sont maintenant nõ
mez orphiques/ausquelles apres il fut
dislanie et dessire. Que la teste de lui
et sa harpe ont este portees en lesbos.
Leonce disoit que ce nestoit point fable. Car la renommee estoit que lung
de ses auditeurs qui estoit lesbien par
deuocion auoit porte lesdictes teste &
harpe iusques a lesbos. Que le serpẽt
qui vouloit deuorer la teste dorpheus
fut conuerti en pierre. Je entens pour
le serpent la reuolucion des ames/les
quelles se sont parforcees cõsumer cõme les autres choses le chief dorpheus
Cestadire le nom ou les choses compo
see par lengin de luy. Veu que les ver
tus et forces de lengin ont leur puissã
ce au chief. Que le serpent ait este conuerti en vne grãde pierre ce a este feigt
pour monstrer que le temps ne luy a
peu resister/& que na peu encores faire.
que ledit orpheus auecq̃s sa harpe ne
soit fame et renomme. Veu quil est re
pute des poetes presque le plus anciẽ
Il ya des autres entre lesq̃lz pline est Plinius
en son liure de la naturele histoire: di
sans que linuencion dudit orpheus fut
de prendre augures de toutes les autres bestes. Lesquelles augures premi
erement on prenoit seulement des oy
seaulx. Pareillement aucuns ont opine et cuide que orpheus premier excogi
ta la harpe Combien que les autres la
tribuent a amphion ou a linus. Orpheus fut ne en thracie de la gent cico
nie. Et ainsi que solin des choses mer
ueilleuses du monde afferme quil pr

noit ce en son tresgrant honneur iusqs a son age. Du temps de luy semble quil ny ait point de difficulte/car plusieurs tesmongnent comme stace que luy estant entre les argonautes alla auec Jason en colchos. Toutesfois lactence en son liure des diuines institucions de ce escript ainsi. Orpheus fut aux mesmes temps/ausquelz fut faunus. Mais on peult doubter leql preceda par age. Certes latinus et priamus regnerent en cellui temps Et aussi leurs peres faunus et laumedon. Et icellui regnant orpheus vint auecques les argonautes au riuage de grece. Ce sont les parolles de lactence. Mais eusebe dit en son liure des temps que orpheus fut du temps que egeus regnoit a athenes/lesquelles parolles seblent assez conuenir. Mais leonce disoit que cestui nestoit point celluy qui trouua les serimonies dessusdictes nomez orgies. Car il est afferme icellui estre trop plus ancien.

Lactancius

Eusebius

De aristee dixiesme filz de apollo qui engendra acteon et iolaus Chap. xiii^e

Virgilius
Mater cyrenes mater q̃ gurgitis

Aristee fut filz de apollo et de cyrenes fille du fleuue nomme peneus comme virgille en georgiques en la personne de aristee tesmongne/disant. O cyrenes mere qui tiens le fons et le bas de ce fleuue/pour quoy mas tu engendre/o dieux de la clere lignee des dieux/sil est ainsi comme tu afferme que apollo tymbrien soit mon pere Ce que aussi Justin en son abrege de trogne pompee conferme recitant vne telle histoire. Que cyrus roy de lisle coramis eut vng filz/lequel pur la langue quil auoit liee fut nomme bathos. Quant icelluy cyrus pour le deshonneur de son filz adolescent fut venu a loracle delphos orer et prier eut en responce/que bathos iroit en afrique. Et quil edifieroit la cite cyrenes/et que la il recouureroit lusage de la langue. Ce q̃ fut obmis et delaisse po² la solitude et faulte dõmes qui estoiẽt en lisle coramis comme silz nauoiẽt point de habitans pour mener en afrique. Finablement par tret de temps ilz furent cõpelles par peste/et enuoierent si peu de gens que a grant peine ilz en remplirent vne nauire. Les gens icy allerent en afrique et prindrent et occuperent la montaigne nommee cyrus/po² ce quilz furent la prins et detenus par la delectacion du lieu/et la bondance et bonte des fontaines. Bathos qui estoit leur duc et conditeur delia la sa langue/et acommenca premierement a parler. A ceste cause eulx estans certains de la promesse dudit oracle edifierent la cite nommee cyrenes. Apres par ceulx q̃ succederẽt fut ainsi feingt que cyrenes estoit vne vierge de tres exquise beaulte. Laquelle fut rauie et prinse de apollo et de la mõtaigne en thessalie nommee pelie. Et fut menee au hault de ladicte montaigne: laqlle descente delle auoient occupe ceulx qui auoient suiui le filz. Et quelle fut enceinte et enfanta quatre filz. Cest assauoir aristee: nomie auctous: et argee. En ceste histoire nya comme rien de fiction/si non en ce quil dit quelle fut fille de peneus roy de thessalie. Par lequel furẽt enuoyes ceulx qui quirẽt la ou elle estoit allee. Lesquelz la trouuerent et furent attraitz de la plaisance du lieu. Et a ceste cause demourer es dictes terres auec ladicte cyrenes/et dient que trois de ses filz grans deuenus se trouuerent en thessalie et recouurerent les pais et seigneuries de

Aristee fut le premier qui bailla et enseigna lusaige des mouches a miel & aussi dassembler le lait et faire les formages

lettres apeulz. Entre lesquez dient aristee auoit regne en grande estandue de pais en archadie Et quil fut le premier qui bailla lusage des mouches a miel et du miel: et de assembler le lait po² faire formage: et metre dedans gros caneuops les oliues pour les presser et luile tirer. Comme pline en son liure de la naturele histoire recite. Apres ce fut fait sauant: & trouua premieremēt la naissence de la planete solsticiale. Lesquelles choses considerees virgile descript bien en la fin de ses georgiqs la fable de aristee de la recuperacion des mouches a miel. Ilz veulent oultre ce quil print a femme auctonoes la fille de cadmus/& ql eut delle acteon

Salustius

Certes comme il plaist a saluste par le conseil de sa mere il laissa les thebes et sen alla en lisle nommee chee qui auoit este iusques lors inhabitee dhommes. Et la tint/combien que apres la laissast et sen alla auec dedalus en sardinie. En laquelle comme solin des merueilles dit edifia la cite nommee caralie. Il ne me recorde poīt auoir leu quil deuint apres

De acteon filz de aristee Chapitre.xiiii^e.

ACteon fut filz de aristee et de sa femme auctonoe/ainsi que stace et ouide tesmoingnent. Lequel ouide escript que il fut aussi nomme ianthie La ou il dit quant Janthie ieune contraint par plaisante face. Aucuns diēt que ce nom lui fut impose par vne fille en terre au lieu ouil fut ne. Et comme

Ouidius

ouide mōstre acteon fut chasseur & vne iournee lasse par la chasse Il descendit en vne vallee nommee gargaphie po² ce que en icelle valle y auoit vne fonteine clere & freche. Quant il vint en icelle fonteine pour boire/il vit en elle diane nue qui se lauoit ce que diane receut aigrement/et print en ses mais de leaue & la getta en la face de acteon disant. Va & dis cecy si a peulx. Acteō incontinant fut conuerti en vng cerf. Quant les chiens de lui le virent incontinant se getterent sur luy et le cōtaingnirent a mort/& le dislanierent & mengerent. Fulgence en ceste fiction escript. Anaximenes qui disputa des anciēnes peinctures dit en son second liure que Acteon ayma la chasse. Et quant il paruint a son age meur & parfait/il considera les perilz de la chasse voyant la raison de son art estre nue. Il fut fait craintif et peureux. Et peu apres dit icelluy maximenes/mais cō bien quil fuist le peril de la chasse/toutesfois il ne laissa point laffection & desir des chiens/& iceulx folement nourrissant perdist presque toute sa substāce et biens. Et pource il fut deuore p ses chiens mesmes

Fulgēcius

De iolaus filz de aristee Chapitre.xv^e.

Solinus

SOlin des merueilles du monde dit que iolaus fut filz de aristee et quil tint la seigneurie et dominacion apres luy en sardinie. Mais la vault en son volume il a dit que iolaus fut filz de iphiclee filz de amphitrion Et pareillement auoit seigneurie en sardinie. Je ne scay si cest cestui ou vng autre

De nomius vnziesme filz de apollo Chap.xvi^e.

AInsi que Justin en son abrege escript nomius fut filz de apollo &

Justinus

de cyrenis. Leonce dit quil fut appelle quelque chose que la hault theodonce ait dit. Et quil seignorisa sur les archadiens / et leur fist et donna loix. Et pource quelles sembloient offendre aucuns des plus grans: sedicion saillit entre les archades / et aristee leur fauorisa Et par ce nomius fut chasse / et en son lieu regna aristee. Icelluy nomius sen fuit a admete roy de thessalie: et garda le bestial de lui sept ans. Finablemet il reprint ses puissances et chassa aristee et obtint de rechief la seigneurie des archadiens. Quant icellui aristee sen fut fuy en lisle nomme cee. Et pource que il auoit garde et peu les bestes aux champs / il fut appelle nomius. Qui cen la langue des archades signifie pasteur. Et de la dit la fiction auoir prins lieu / cestassauoir que pource que apollo auoit occis les cyclopes il auoit este expolie de diuinite. Et quil auoit garde et peu le bestial du roy admetus Je ne scay quelle chose ie croiray plus tost / considere que les cayers et liures par antiquite et par la paresce et lachete des escriuains et libraires sont tat peritz et corrumpus que tout entendement est sustrait et oste que ne pouons veoir et entendre de plusieurs choses. Et par ce tres grande occasion est donnee et laissee a manterie pour vaguer. Et que vng chascun escriue ce que il luy plaist des choses anciennes

De auctoe douziesme filz de apollo Chap. xvii[e]

Auctoe fut filz de apollo et de cyrenes comme il a este dessus mostre. Aucuns dient que quant les freres descendoient dafrique et venoiet en grece il resta et demoura a cyrenes et que la il seigneurisa. Lesquelz dessusditz freres demourerent la auec lui

De argee treziesme filz de apollo Chap. xviii[e]

Comme il est la hault monstre par iustin argee fut filz de apollo et de cyrenes / il ne laissa de luy a posterite que iaye sceu / sinon seulement son seul nom. Iustinus

De esculapie quatorziesme filz de apollo qui engendra machaon Chap. xix[e]

Comme presque tous les anciens tesmongnent esculapie fut filz de apollo et de la nymphe coronides Car ouide dit quelle fut fille de larisse et de phlegie. Laquelle quant apollo eut tresgrandement aymee / et quil eut sa compaignie charnele elle fut enceinte. Apres le corbeau qui estoit loyseau de apollo luy raporta quil auoit trouue que ladicte coronides auoit compaignie auec vng iouuenceau nome emonius A ceste cause apollo trouble et courousse de ses fleches la tua. Et quant finablement se repentit de lauoir tuee et quil vit que par ses remedes il ne la pouoit reuoquer des enfers. Il lui trancha le ventre / et lui tira hors lenfant quelle auoit de luy conceu. Et lappella esculapie / et ainsi quon dit le bailla et commist pour nourrir a chiron centaure Quant archiroes fille dudit chiron / laquelle estoit erudite en vaticinacion vit ledit enfant / elle vaticina et prophetisa quil reuoqueroit des enfers lhomme mort en vie / et quil seroit fouldroye et gecte aux enfers. Laquelle chose neust point faulte de effect. Car ilz dient que esculapie deuint vng tres grant & expquis medecin. Et par son art & par les prieres de diane il restitua en vie & sa te pristine hippolite par les mẽbres di cellui colliges et ensemble mis. A ceste cause iupiter courrousse loccit par fouldre comme clerement virgille tesmongne disant. Tu pere tout puissant indigne & courrousse aucũ estre reuoque des enfers par les herbes peonies et p lamour de diane. Et est icelluy mortel fourdre et veeir des enfers a la lumiere de vie. Icelluy fut inuenteur de medicine et de tel art. Lequel pere tout puissant gecta par fouldre aux vndes infernales la lignee de phebus. Lesquelles choses dessusdictes sont tellement escriptes quil appert assez que lystoire a este meslee auec fictions poetiques. Et affin que la pure histoire apere / il fault descouurir les fictions. Je prens icy pour le corbeau qui acusa coronides apollo qui par la science de augures congneut la fornicacion de coronides. Et quant par son ire il la tua enceinte. Ce que a este dit que esculapie par son art & herbes reuoqua en vie hippolitus. Ou comme il plaist a pline castre filz de tyndare pour les filles rauies a lyncee et fiancees par luree a ide ou ledit ide occis Je repute estre ainsi aduenu que ceulx cy ou aucuns de ceulx cy ne furent point mortz. Car reuoquer a aucuns de mort a vie. A dieu seul appartient. Mais pour les grandes plaies & le grant sang quilz auoiẽt perdu ilz furent reputez mortz. Et esculapie par son art et solicitude le reuoqua et reduisit en leur pristine sante. Pource est dit quil les retira denfer en vie. Ce que a este dit que a ceste cause esculapie fut par fouldre frape de iupiter nest point credible. Mais ie le cuide pour ceste cause estre feingt. Car il est possible que pour ceste cause esculapie laboura moult a chercher les herbes et aux autres opportunites ad ce necessaires. Et a ceste cause fut fatige plus que sa puissance ne pouoit porter / & en cheut en fieures. Laquelle certes est moult mortel fourdre et plain de feu. Et que de ceste fieure il mourut ou a la voeture par cas de fortune il fut fouldroie. Et que pour ce il fut opine & cuide par les ignares que ce luy fut aduenu / pource quil auoit reuoque denfer les mortz. Et dela vint le commancement de ceste fable. Certes theodonce nye que apollo aimast coronides & quil ait en elle engendre eusculape / & afferme quil fut engẽdre dudit iouuenceau emonius & coronides. Mais que il fut dit et appelle filz de apolo. Pour lune de ses deux causes / lune que quãt sa mere fut morte deuãt lenfantemẽt & q le ventre delle fut tranche / il fut hors mis. Ce que nest point fait sans louurage de medecin. A ceste cause apolo est feingt comme inuenteur de medecine. Et est ainsi dit filz de apollo / pource quil est ne pour lart et labeur de apolo. Ou pour vne autre raison. Car ceulx qui sont ainsi nez / les anciẽs ont voulu estre dedies a apollo. Pource que comme il est dit ilz semblent estre sortis et venus en lumiere par louurage de apollo. Et pour ceste cause ont dit la familie des cesares auoir curieusement garde et obserue les sollennites de apollo Car le premier q de la familie de iulie fut dit cesar Receut / et eut pour ceste cause ce surnom. Et fut sacre a apollo / lequel estoit venu en lumiere du ventre tranche de la mere.

Oultre ce il peult estre repute filz de apollo. Pource quil cuida et fut tres renomme medecin. Loppinion de theodonce est aucunemẽt corroboree par le dit de lactence qui en son liure des diuines institucions dit ainsi de luy.

Virgilius Peoniis reuocatũ herbis et amore diane &c.

Plinius

Theod.

Hunc tarde illustribus viris differens ait i certis &c.

Tarquinus diputant des illustres & nobles hõmes dit esculapie estre ne de parens incertains / & quil fut expose et abandonne / & ql fut trouve des chasseurs / & nourri de let de chien. Et fut baille a chiron ou il aprint medecine / et quil fut ne a messene / mais quil demoura en epidaure. Et lactence dit cestuy estre celluy qui guerit hyppolite / mais nous devons entẽdre & considerer que les scripteurs ne soient reputes menteurs pour la diversite des choses referees & dictes la ou il nest point oportũ

Tullius Asculapie le premier quõ dit filz de appollo fut le premier qui trouva le miroir

Tulles en son livre de la nature des dieux escript qlz furẽt trois esculapes desquelz il dit le premier avoir este filz dapollo & ql trouva linvencion du miroir / & fut le premier q̃ trouva la facon de lier au tour les playes / & afferme cestuy estre moult venere des arcades. Le second cõme il dit fut frere du secõd mercure q̃ eut pour pere valente / & pour mere coronides. Et qui par foudre frape mourut / & fut enterre a cynosure. Le tiers dit avoir este filz de asippus et de carsinoes / & ql fut le premier qui trouva la maniere de purger les ventres & de arracher les dẽs. Le sepulchre duql est en arcadie assez pres du fleuve nõme lusius. Au pres duql est monstre le bouchet de lui / & par ainsi sera possible aucun de ceulx cy avoir este tire du ventre taille de la mere / & aucun avoir este ne de pere incertain. Et avoir este expose & abandõne. Et ad ce ne contre dit que tulles a narre les parens de tous ceulx cy. Jay veu aucuneffois au pais ung hõme des princes du pais q̃ estoit expose & abandõne enfant qui finablemẽt avoit este surnõme par son nourricier cõme p son pere. Pour abreger ql conq̃s & de quelq̃ condicion il ait este de ceulx cy. Toutesfois il a este en si grant honeur envers les epidaures q̃ les Romains aussi persecutes / & presq̃ toute litalie p pestilence de toutes maladies qlz envoierẽt orateurs & ambassadeurs aux epidaures cõme pour singuliere et certaine aide. Affin quilz leur secourissent de remede opportun / & qlz permissent q̃ esculapie cõe salutaire aide fut porte a rõme. Leql en forme dung serpent par loperacion du diable ilz porterent en une nef a rõme / & lui cõstruirẽt & firẽt en lisle de tybre ung renõme tẽple & le colurent & honorerẽt long tẽps comme ung dieu salutaire. Combien que denis siracusan avec ung rasouer luy osta la barbe dor / & sans punicion. Esculapie est interprete besoingnant durement. Lequel nom par adventure fut conforme au labeur quil eut pour la cure quil fist de hippolite

De machaon filz de esculapie qui engẽdra asclepie Chapitre .xx.

Papie dit que machaon fut filz de esculapie et fut en son tẽps tres renomme medecin. Ce q̃ ie ne scay si croyray atout lemonis quil fut medecin. Veu que isidore escript que loffice de medecin fut interdit apres que esculapie fut fouldroie. Comme pline escript en son livre de la naturele histoire. Veu aussi que les oeuvres dudit esculapie furent en usage et renommee au temps des troyans. Et les consequẽces de luy furent adirees et celees iusques a la guerre penolopeare. Et lors hippocras la reduisit en usage & renõmee. Lequel temps comme isidore dit dura presque cinq cens ans. Et de ce ie cuide estre prinse la fiction que le soleil ne voulut muer par aucun tẽps le chariot de la lumiere pour ce q̃ esculapie estoit fouldroye pour nous mõstrer q̃ linvẽcion du soleil / cest a entendre medecine auoit par plus[rs] siecles souffert eclypce. Et finablemēt auoit este reuocq en lumiere. Je neusse point mis ⁊ appose ce machaon p lauctorite de papie / lequel iay trouue tressouuēt en plus[rs] choses teles peu curieux / ⁊ auoir escript choses dissones a verite / mais la solercie ⁊ industrie de pol matire a le metre / leql escript non point seulemēt ledit machaō auoir este filz de esculape. Mais aussi afferme vng nomme asclepie auoir este filz de machaon

De asclepie filz de machaon Chapitre.xxi[e]

Augusti. Auus enī tuus o asclepi medicine primus

Asclepie cōme pol dit fut filz de machaon. Je cuide ql a suiuy saīt augustin q en son liure de la cite de dieu escriuāt semble vouloir dire q asclepie fut neueu desculapie / quāt il introduit hermes trimegiste plant a asclepie aīsi Ton grāt pere o asclepie fut pmier inuenteur de medecine / ⁊ vng tēple luy fut ɔsacre en la mōtaigne lybie pres le riuage de cocodriles / auquel gist lhōme mondain cest adire le corps. Et le surplus ou le tout en qualite de meilleure vie retourna au ciel qui donne ⁊ baille maintenāt aussi toutes aides aux hōmes malades p sa puissance. Lesqlles aides a de coustume bailler p lart de medecine. Et peu apres icelluy augustin dit ainsi. Regarde les hōmes diēt deux dieux auoir este / cestassauoir asculapie et mercure. Mais iay veu ce liure de hermes trimegiste / leql il intitule de lidole Et touteffois ie nay peu perceuoir ⁊ entendre p les paroles precedentes ⁊ sequētes dicelui hermes dictes ⁊ recitees par ledit saint augustin / cōment asculapie fut grāt pere de asclepiades Touteffois ie suis certain que mon entendemēt plus tost fault que ie puisse acuser la congnoissance et intelligence dudit saint augustin.

De psyches quinziesme fille de apollo Chap.xxii[e].

Marcial capella

Ainsi q marcial chapele dit en son liure ql a escript des nopces de mercure ⁊ de philologie psiches fut fille de apollo ⁊ de endelichie. Lucie apulee en son liure metamorphosien q vulgairemēt est nōme lasne dor / recite de elle vne te le fable. Que vng roy ⁊ vne royne furēt q eurent trois filles. Les deux plus aynees estoient assez belles La tierce plus ieune qui estoit nōmee psyches passoit toutes autres en beaute / ⁊ tāt qlle ne tenoit poīt seulemēt p admiratiō les regardās / mais auec ce elle fichoit au courage des ignares par emerueillāce de ce credulite qlle fut venus descēdue en terre. Et p icelle renōmee au long ⁊ au large diuulguee de beaute non veue Elle fist q non point seulemēt les cytoyēs / mais aussi les estrāgiers venoiēt po[r] veoir venus / ⁊ p sacrifices lhōnorer en laissāt ⁊ negligeāt les temples de la vraye venus. A ceste cause venus ce portāt aigremēt enflābee dire cōtre ladicte psyches cōmanda a son filz cupido / ql afflambast icelle psyches damour tres feruente dung hōme de extreme cōdicion Ce pēdāt le pere de psyches print cōseil de apollo milesien des nopces de la vierge sa fille Lequel apollo respondit ql la menast au hault dune montaigne. Et la elle trouueroit ⁊ auroit mary venu de lignee diuine. Combien ql fust tresmauuais ⁊ serpētin. Les parens delle par ceste respōce troublez auec larmes ⁊ tristesse de toute la cite menerent ladicte vierge a la pdestinee haultesse de la mōtaigne ⁊ la laisserēt. Et cōbien quelle fust angoisseuse par la solitude ou elle estoit ⁊ incertaine peur du mary quelle deuoit auoir. Touteff[ois] elle ne demoura point longuemēt ainsi. Car zephir[us] vint q par souflement paisible ⁊ suaue

la print et la mena en vne valee pleine
de fleurs/en laquelle par vng petit so
meil elle apaisa son desplaisir. Quant
fut leuee elle vit vng bois plaisant a
veoir/& vne fontaine sourdant par vn
des argenteuses/& vit vng palais non
point seulemẽt royal/mais aussi diuin
& orne de merueilleuses richesses.
Quant elle fut dedans icelluy palais
entree elle trouua merueilleuses riches
ses & sans garde/& se merueilla moult
des voix quelle oyoit des seruãs ou ser
uantes sans veoir aucun corps/Elle
entra en vng bain/mais elle ne voyoit
point ceulx qui luy assistoiẽt obsequi
eusement. Apres quant elle eut soupe
& de viãdes diuines/elle entra en vne
chambre pour coucher/& monta sur le
lit des nopces. Et quãt elle fut endor
miee le mary vint Et quãt il eut eu la
compaignie sa fẽme deuãt le iour sen
alla sans estre veu delle/& ꝯtinua ainsi
plus souuant auec grãde cõsolacion de
ladicte psyches. Aduint que quant ses
seurs ouirẽt linfortune delle/elles par
tirẽt des maisons de leurs maritz & al
lerent a leurs parẽs tristes & peureux
po' plourer auec eulx les maleureuses
nopces de leur seur/mais cupido pscã
uant ce q̃ leuure desdictes seurs prepa
roit a psyches/il lamõnesta deuãt q̃lle
negligeast de tout en tout les larmes
delles/& q̃lle ne fut piteuse & credule en
sa destruction Quãt icelle psyches eut
ce offert & pmis. Elle a cõmẽca de plou
rer sa captiuite/& q̃lle ne pouoit veoir
ses seurs ne auec elles parler. Et quãt
cupido vint a elle/elle se redargua et p
prieres la tira a ceste opinion q̃lle peult
pler auec elles/et q̃l cõmandast audit
zephire q̃ auec legier souflement les a
menast a elle ce q̃ cupido luy octroya &
auec ce q̃l leur permetoit q̃lles puissẽt
porter des thresors ce que leur plairoit
mais q̃lle ne creust aucunemẽt aux sua
sions delles/& q̃lle ne desirast p aucun
cõseil sa beaulte estre veue. Finablemẽt
quãt les seurs eurent ploure en la mai
son de celle psyches/elles monterẽt en
vng rochier hault/& la p dolemẽs femi
nins repris furẽt ouyes p psyches/& p
peu de motz & paroles cõsolees. Et fi
nablemẽt par le cõmãdemẽt de psyche'
fait a zephirus/il les amena a vne va
lee delectable/ou elles furẽt receues p
icelle psyches par cõgratulacion ioyeu
se/& leurs furent demõstrez tous les de
lices/par lesquelz icelles seurs furent
faictes enuieuses/& de tout le' pouoir
luy psuaderẽt q̃lle se parforcast veoir
la forme & qualite de son mary. Elle
creut a elles & auec grãs dons les ren
uoya/& prepara vng rasouer et mussa
sa lumiere sur vng petit vaysseu pour
veoir la nuyt suiuãte/q̃ estoit celluy q̃
vsoit de son couchement pour loccir/
sil auoit forme semblable aux parolle'
de ses seurs. Doncq̃s cupido en la ma
niere acoustumee entre dedans le lit &
sendort. Lors psyches desqueuure sa
lumiere/& vit vng iouuenceau de tre'
merueilleuse beaulte orne de esles legi
eres & a ses piedz vng arc & vne trousse
pleine de fleches. Quant elle en eut
tire vne elle le merueilla et la voulsit
experimenter Et pressa tant la pointe
delle a son det que aucun sang saillit
de la playe. Ce fait encores elle ardoit
de merueilleuse amour dicelluy dor
mant Et quãt elle esbaye le regardoit
vne estincelle de sadicte lumiere saillit
et voula au destre couste du dormãt. A
ceste cause cupido fut esueille & soudei
nemẽt sen fuit. Mais ladicte psyches
le print p la fesse & le tint fort/& mesme
ad ce q̃lle fut muee par luy par ler. Et
iusques quelle fut lassee et le laissa/et
cheut. Cupido sen vola en vng cypres
qui la prochein estoit. Et par longue
querele la redargua. Et se dannoit

soy mesmes quil auoit este enuoye par sa mere pour la enflamber de la mour dung homme extreme. Et que luy mesme se estoit naure pour la beaulte delle / et de la sen vola. Psiches angoisseuse de son mary quelle auoit perdu voulut mourir. Et finablement p fraude mena a perdicion ses deux seurs / par le conseil desquelles estoit venue en ceste misere. Apres elle fut tancee aigremant par Venus: et par les chambrieres delle fut batue par hourions et mise par le commandement de Venus en labeurs inexplicables a mortel. Et elle non vaincue et aidee par leuure de son mary se partist. Par les prieres du quel finablement a iupiter faictes aduint / que elle retourna en la grace de Venus. Et fut receue au ciel et iouyt perpetuelement du mariage dudit cupido / et luy enfanta volupte. Se nous voulons ouurir le sens parfaictement de ceste si tres grande fable. Certes ce viendroit en vng grant volume. Et pource il deura souffire dire pourquoy psyches soit dicte fille de apollo et de eudelichie. Et qui furent ses seurs / et pourquoy elle est dicte femme de cupido auec peu de femmes. Doncques psyches est interpretee lame. Laquelle est dicte fille de apollo / cest a entendre du soleil. Cest assauoir du soleil qui est la vraye lumiere du monde cest dieu. Peu qui nest point dautre puissance / si non celle de dieu q puisse creer lame raisonnable / et ainsi q calcidius dit sur le thimee de

Calcidi⁹ platon / eudelichia est interpretee pfaicta age. De laquelle lame raisonable est du tout en tout dicte fille / car combien q nous receuions au ventre de la mere par le pere des lumieres / toutesfois les oeuures delle naperent point si non en lage parfaicte. Peu q des lors iusques a lage parfaicte nous sommes plus formes par vng naturel instinct que par le iugement de raison. Et en lage parfaicte nous acommancons de songner par raison. Doncques elle est bien appellee fille dapollo et de eudelichie. Elle a deux seurs ainees delle / nō point quelles soient plus tost nees q elle. Mais pource quelles vsent premierement de leur puissance. Dicelles seurs lune est dicte vegetatiue / lautre sensitiue. Lesquelles ne sont point ames ainsi que aucūs ont voulu / mais sont les puissances de ceste ame. Et psyches est pource dicte la plus ieune Car long temps deuant elle la puissance vegetatiue est concedee au fruit et apres par tret de temps la sensitiue. Finablement est concedee a psyches raison. Et pource quelles sont premierement mises en oeuure. A ceste cause elles sont dictes estre premierement mariees / laquelle chose est reseruee a ceste raisonnable de la lignee diuine. Cest a entendre amour honneste et a dieu. Et entre les delices par zephire cest a dire par lesperit vital qui est fait elle est portee et ioincte en mariage. Cestuy defend a sa femme quelle ne desire le veoir / si non que elle le vueille perdre. Cest quelle ne vueille veoir par les causes lesquelles sont a luy seul manifestes leternite de lui et des commancemens des choses et de toute la puissance de luy. Car toutesfois que no⁹ mortelz enquerons telles choses en deuiant nous perdons dieu / mais plus nous mesmes. Les seurs aucuneffois deuiennent iusques aux premieres metes des delices de psyches. Et en raportent de ses thesors tant que vegetation par raison viuant parfait mieulx son oeuure. Et que les vertus sensitiues perseuerēt plus longuement et sont plus cleres. Certes elles ont enuye de leur seur. Laquelle

quelle chose nest pas nouuelle que sensualite discorde auec raison. Et quant elles par doulces parolles ne luy peuent persuader quelle voie son mary / cest adire quelle veuille par raison naturele veoir ce quelle ayme / et non point par soy congnoistre / elles se parforcent linduire par espauantemens et dient et afferment quil est vng grant serpent et quil la deuorera laquelle chose toutes et quantes fois est faicte que sensualite se parforce de assoupir raison et monstrer la contemplacion de lame et des choses congneues par cause / et ne oster point seulement les delectacions sensitiues. Mais aussi bailler tres grans labeurs et angoisses non opportunes. Et ne aporter finablement aucune chose de plaisante retribucion. Quant la me moins prudente adiouste foy a telles demonstracions / et desire veoir ce que lui est refuse disposee a mourir / si la forme et qualite ne satiffait a son desir elle voit la forme tres belle dung homme / cest adire les oeuures de dieu par dehors Et ne peult veoir la forme / cest adire la diuinite / car oncques homme ne vit dieu. Et quant la petite estincelle blesse et naure. Cest a entendre par orguilleux desir par lequel elle est fait inobediente et croiant a sensualite / elle pert le bien de contemplacion. Et ainsi elle est separee du mariage diuin. Finablement quant elle se repent et quelle ayme la destruction de ses seurs : et que par astuce elle le procure / elle les oprime tellement que elles nont aucunes vertus contre raison / et elle purgee de pouretes et miseres de presumptieux orgueil et desobeissance reprent autre fois le bien de la dilection diuine et contemplacion et se ioint a lui perpetuelement quant en laissant les choses que perir doiuent se porte en la gloire eternele Et la damour elle enfante volupte / cest adire dilection et ioye sempiternele

De arabs filz de apollo Chapitre .xxiii^e.

Pline en son liure de la naturele histoire escript que arabs fut filz de apollo et de babiloine lequel il dit aussi auoir este inuenteur de lart de medecine. Je cuide quil ait este de babyloine et la auoir deuant monstre et enseigne medicine ou lauoir la aprise et la uoir premier porte aux arabes. Et ainsi auoir este dit filz de apollo : pource quil fut medecin et auoir este dit babylonien. Car il fut ne ou erudit en babiloine Plinius

De tycius tiers filz de iupiter Chap. .xxiiii^e.

Apres ce que la longue posterite de apollo est expediee / lordre requiert que nous retournons aux filz de iupiter. Entre lesquelz deuant les autres tycius se offre. Leonce dit quil fut filz Leonci^o de iupiter et de hellarus fille de orcomenus. Laquelle iupiter creingnant lire de iuno mussa en terre pource quelle estoit grosse. Parquoy aduint que lenfant naiscent sembla estre ne de la terre ainsi que seruie affermoit. Laquelle Seruius terre apres le nourrit. Et ainsi fut non point sa mere / mais sa nourrisse. Toutesfois quant il fut paruenu en age par faicte il ayma latone mere de apollo et la requist de stupre et de sa compaignie charnele. A ceste cause apollo trouble loccist de ses fleches. Et le lia en enfer et abandonna aux voutours le foye di cellui pur lanier et dessirer. Par ceste loy que incontinant il fut restaure des lors quil seroit consume : et ainsi les voutours ne cesseret de le dislanier ne luy de souffrir. Reste maintenant oster la couuerture de ceste fiction po᷑ veoir ce qui est dessoubz musse. Car il dit q̃ Jupiter la mussa enceinte en terre / car il nest chose plus occultement mussee que celle qui est enfouye. Pource deuons entendre quelle fut tressecretemẽt gardee. Et ce pour la peur de Juno. Cest a entendre de plus grande puissance. Veu que iuno est la deesse des Royaumes. Il nest point nouuelle chose que la terre ait nourri tycie. Veu q̃ tous sommes nourris delle. Ce quil a ayme latone mere dapollo / monstre le grant courage de luy. Car il desire haultesse / laquelle est mere de clarte. Mais il a este deiecte par apollo. Cest a dire de lhonneur royal aux enfers / cest adire aux plebeyans. Ou il fut tousiours plain de cures et sollicitudes comme il pourroit remonter au degre du quel il estoit degecte. Leonce recite de cestuy vne briefue histoire. Et dit que il fut vng grant et renomme homme aux boeciens. Et qlessaya par ses forces gecter apollo hors de delphos / et que il fut par celluy apollo degete et presque vedige a vie priuee. Macrobe la ou il traicte du songe de scipion dit de la poine a icelluy atribuee & baillee ainsi. Nous ne vouldes autre chose entẽdre pour le voutour q̃ ronge le foye de tycie / si non les tourmẽs de la consciẽce subiecte & contaminee de peche qui brulẽt les entrailles interieures & dislanient & dessirẽt par admonicions q̃ ne cessent les entrailles du peche cõmis. Et si p fortune il essaye de reposer icelle admonicion tousiours solicite & excite les cures: & se tient tousiours a lui cõme fieure qui renaist: & ne lui pardonne par aucune misericorde. Par ceste loy par laq̃lle que aucũ malfaicteur ne st absoult par son iugemẽt & ne peult euiter sa sentence de luy

Leonci᷒

Macro.

De bachus quatriesme filz du second iupiter qui engendra hymeneus: thyoneus: et thonas. Chapitre .xxv

Bachus par ouide & les autres poetes est dit filz de iupiter & de semeles / de la naiscence duquel est narree vne telle fable. Quant iupiter auoit semeles fille de cadmus & quelle eut conceu de lui iuno en forme & figure dune vielle de epidaure nommee beroes vint a ladicte semeles: & print auec elle pler / & linterroga se iupiter lamoit. Semeles luy respondit quelle cuidoit estre de luy aimee. Lors iuno dist. Ma fille tu ne peues point ce cognoistre / si non par vne maniere / cest assauoir. Sil te promet par sermẽt entremis & baille par les stygies que il se ioindra a toy en telle facon q̃l se ioinct a iuno Semeles desira faire de ce experience. Et quant iupiter vint a elle / elle lui requist ledit serment & apres aucun don Jupiter fut de ce doulent. Et affin quil ne fist cõtre ledit serment la fouldroia & tira le filz hors du ventre delle morte: & la iousta et mist en sa cuisse et giron iusques au temps / lequel loportunite requroit q̃l fust au vẽtre de sa mere. Juno seur de la mere de luy premierement secretemẽt le nourrit. Ap̃s le bailla aux nymphes. Lesquelles aussi lui donnerent nourritures comme ouide dit. Et affin que il ne fust trouue par iuno qui le queroit / le musserent derriere les liarres. Oultre ce dient que sylenus fut son nourrissier / lequel prins par les Rustiques et hommes des champs fut p midas reuestue a vapus. Auec ce ilz le honnorerẽt par chariot & compaignõs desquelz Stace ainsi narre. Il se meult effroye & les lynces loups seruiers

Ouidius

le suyuent a la destre et a la senestre Et les tygres lechent les retinacles moictes de vin. Ilz portent apres par exultation les despoulles du grant bestail et les loups a demy mortz. Et les ourses de la montaigne qui est en la mineur asie nõmee minastranchees et les compaignons de luy sont la tra ueillans qui sont ire fureur peur et ver tu et ardeur qui oncques nest soubre et de gres succedãs et chasteaux tres sẽ blables a royaulmes. Oultre ce ilz dient que bachus premierement plan ta la vigne. Ainsi que le poete nomme
Accius accius dit en bachis. O denis tres bon pere semeur et inuenteur du vin qui es engendre des semeles / et pour ce laffermant estre dieu du vin. Et a sa tutelle attribuent et donnent le liar re sacre / et le van et marcye. Et lui bail lent pour femme archadie fille de mi nos. Rabane dit que le baston fut par bachus trouue et nomme affin que les hommes graues et pesans par vin vsas sent et se aydassent de luy. Ilz le nom ment aussi par plusieurs noms / des quelz ouide dit ainsi. Ilz donnoient
Ouidius encens et le nommoient bachus et bro mius / lieus qui seul auoit autres fois engendre bunatres engendree du feu A ces noms sont adioustes ceulx cy. Nyseus et thioneus sans tonsure / et leneus plantateur de vigne naturele et nytilius: et eleus: pareus: et iapus: et enhan / et tu as auec ce nom liber plu sieurs noms enuers les gens grecques Car la ieunesse te est cõsumee. Tu es enfant eternel et tres beau. Tu es re garde du hault ciel / lors quant tu es sans cornes. Alberice luy adiouste au
Alberici tres noms / et le dit estre nõme euchius
Lactãci9 briseus: et bassareus. Lactence aussi le dit estre nomme dityrambus. Oultre ce seruie escript que orpheus dit que bachus a este dislanie par membres p les geans. Ce que alberice afferme / et adiouste quil fut trouue par eulx yure et dit quil fut enterre / et apres ressus sita tout antier. Les anciens aussi le peingnoyent en abillement de fẽme et nu et comme vng petit enfant. Et lui celebroient ses cerimonies en tẽps de nuyt: et en clameur et son de fleu tes et cloche. Et iceulx sacrifices nõ moient orgia. Plusieurs autres choses sont aussi de ce recitees. Mais pource que celles quon quiert et desire ne sont point trouuees / nous verrons de celles qui sont adioustees et trouuees. Donc premieremẽt et deuãt toute autre cho se / les historiens semblent po9 tout cer tain tenir que cestui denis fut ne de iu piter et de semeles. Mais grande va riete a este entre les anciens du temps Car aucuns lappellent denis / et les autres le nomment pere liber. Et po9 ce que il nest point manifeste duquel iupiter il fut filz. Je lay escript et attri bue au second iupiter / pour ce que son age semble mieux conuenir auec le se cond que auec aucuns des autres Iu piters Car eusebe en son liure des tẽps Eusebi9
escript que aucuns cuidẽt que quãt da naus regnoit sur les arginiens q̃ le dit denis fist en indie la cite nommee nise et la nõma de son nom / et que en ce tẽps il exerca les armes en indie: et que en son armee furent les fẽmes quon sur nommoit baches plus pour la fureur q̃ pour la vertu delles. Ce que fut enui ron lan du monde trois mille sept cẽs vingt et neuf. Peu apres icellui euse be escript que quant le dessusdit da naus regnoit comme dit est. Cad mus regna a thebes / de la fille duq̃l nommee semeles nasquit denis. Cest a entendre le pere liber. Et ce fut selon la description de lui enuiron lan du mõ de trois mille sept cẽs soixante et seze. Et peu apres escript que lan .xxxv.

de liceus roy des arginiens nasquit de semeles denis qui en latin est dit le pere liber. Ce quil semble estre aduenu lan du mōde trois mil. viii^c. xiiii. De la sensuit que quāt acrisius regnoit sur les arginiens. Denis qui est dit le pere liber guerroiant contre les indes ordonna et fist faire au pres du fleuue nōme indus la cite dessusdicte nise. Laql le chose est colligee estre faicte lan du monde trois mille huit cens soixante et dix. On peult facilement comprendre et colliger par les cōmentaires des anciens / et par eusebe. Combien grande est ceste diuersite de temps. Et nostre charge est iuger par coniectures le temps. Lequel par les escriptz pourra estre plus vrayement attribue a lage de bachus. Mais en laissant les causes me mouuans ie cuide que le temps de bachus fut enuiron le tēps plus ancien de ceulx cy. Ou au moins en celluy qui procheinement venoit. Et que en ce temps il fut ne: et feist les choses qui de luy sont narrees. Nous laissrons ces choses aux plus curieux et viēdrons aux fictions. Je cuide que ladicte semeles par cas daduenture fouldroiee ou menee a mort par fieure chaude. Lesquelles deux lhomme erudit ne emerueillera pour auoir este enuoyees par iupiter / cest a entendre par lelemēt du feu. Et ce quon dit que le fruit fut arrache et tire du ventre de la mere morte / et applique aux cuisses et giron de iupiter / signifie le tres notoire et manifeste office des sages femmes. Car il est necessaire que ceulx qui sont ostez de leurs lieux intrinceques deuant temps soient nourris par chaleurs extrinceques / lesquelles doiuent estre entendues par iupiter. Mais ceste exposition est phisique / cest adire naturele.

Pōponius mela

Pomponie mela en sa cosmographie escript et recite listoire disant. Entre les cites et villes q̄ plus^{rs} sont. Lesq̄lles les indes habitent et tiennent / nise est la tres grande et renommee cite. Et la montaigne des montaignes nommee meros sacree a iupiter. Et de la les indes ont principale renommee / et y cuident icellui liber estre engendre en icelle nise en vng lieu bas et secret et la estre nourri. Parquoy les grecz auteurs de ce quilz deissent que icellui liber estoit hante en la cuisse de iupiter. Donna de ce matiere ou erreur. Alberice adiouste disant que Remigius afferme q̄ en ladicte nise sont les barceaux du pere liber / en tesmonnage quil est la nourri. Laquelle chose si elle est ainsi: ie la cuide estre plus tost entendue de lautre denis que de celluy qui fut ne de semeles. Car ainsi par ce sen pourroit suiure diuersite de temps prouenāt de diuers denis. Orose dit de cestui cy / cest cestui q̄ le pere liber trempa en sang indie subiuguee par lui et la replit de occisions et la ordoya de luxures. Laquelle gent certes estoit cōtente seulement de repos domestique. Et qui oncques nauoit fait a aucūs hommes iniure ne dommage. Mais affin que nous retournons aux sens phisiques musses soubz la fable. Je dis que aucuns veulent pour bachus estre entendu le vin. Et ainsi semeles sera prinse pour la vigne. Laquelle se fait enceinte / cest adire enflee de Jupiter / cest adire par la chaleur exhalante tirant par les pores de la vie humeur meslee a la terre. Lequel elle enuoye comme au fruit conceu. Mais il est foudroye quāt la chaleur du tēps dautōne vient / laqlle meine et du it le fruit conceu non poīt a plus grande maturite mais plus tost a corruption et pourriture. Que il est necessite que il soit oste et applique a la cuisse de Jupiter. Cest a entendre a la chaleur de aultruy. Laquelle cho

Alberic

Oratius

se est faicte quant le vin presse des raysins quant il est autreffois mis pour boulir dedens icelle mesme vendenge ou sur le feu iusques ad ce quil soit purge par telle boulition & rendu conuenable pour boire. Apres ino/cest a dire le vaisseau garde dicelluy vin musse/cest a dire couuert qui ne soit trouue par iuno cest a dire quil ne soit corrompu par lair Ou nous disons lors semeles estre enceinte par iupiter quant au commencemẽt du nouueau temps nous voyons la vigne engrossie par la chaleur/mais lors elle est fouldroiee quant par la chaleur de leste oultre la coustume & necessite elle est bruslee/& lors ladicte vigne ayant les pores ouuers gette son fruyct aux bourgons/lequel fruit est applique a la cuisse de iupiter/cest a entendre a la chaleur du iour affin quelle prengne la meurte de son pere laquelle na eue de sa mere. Et lors ino le garde musse quant il est couuert des fueilles qui ne soit offẽce de lair trop chault/& lors les nymphes le nourrissent quant ce que a este de iour par la chaleur exhauri & seiche & est restaure par les humiditez nocturnes Silenus lancien est dit selon alonne & de par lui nourri pource que les vieilz sont substantez presque plustost par boicon que par viande/lequel lui est restitue par midas hõme auaricieux/pource que lauaricieux ne se delecte point en boicõs. Il est dit par les poetes vser de chariot & de compaignons pour monstrer aucũs de ses effectz/car pour le chariot nous deuons prendre la volubilite des yures. Les lynces lui sont attribuees pour entendre que le vin moderement prins augmente les forces laudace & la perspicacite. Les tygres tirent le chariot pour mõstrer la crudelite des yures/car lomme charge de vin ne pardonne a aucun Les yures sont aussi tant temeraires qui se gettent inconsiderement en chascun peril/lesquelz ientens par les loups demi mors & les orces tranchees qui estoient portez au pillage de bachus Que facilement ilz se courroussent & que par ce ilz viennent en fureur. Il appert assez clerement/& aĩsi ne sont poĩt acõpaignez de ardeur soubre. Les violans aussi sont peureux/car quãt ilz ont perdu le droit iugement de raison ilz creignent tressouuent les choses qui ne sont point de creindre. Il est deuant touche la ou nous auõs dit de lynces pourquoy vertu est adioustee au chariot de bachus. Les degrez succedans sont enumerez & mis cõpaignons entre les cõpaignons de bachus pour signifier les branlemẽs & trebuchemẽs des yures/lesquelz marchent si trebuchans quilz semblent continuelement cheoir. On adiouste a icellui bachus les chasteaux estre tressemblables au roys & non sans cause/car si nous regardons les tauernes & la les tabernacles des branches les acheteurs/les frians/les mãgeailles/les beuueries nous verrons la dung couste & dautre les tumultiens & combatans qui sont choses tressemblables aux chasteaux ou ostz & tẽtes des roys. Il est possible q̃ bachus ait plante la vigne premier aux grecz & auoir fait vin/veu que nous auons pour tout certain que long temps deuãt noe auoit ce fait aux hebreux. Toutesfoys aucuns dient que bachus ne plãta point la vigne mais quil introduisit aux thebains lusage du vin qui leur estoit incõgneu/et icellui auoit mesle en diuerses liqueurs affin quil fust plus ayme. Et pource que ce sembloit estre chose merueilleuse il a este creu & repute premierement des rudes & ignares le dieu du vin. Ilz dient que le liarre estoit sacre a bachus/& ie croy que cest pource que les ceps brãchez & sentiers du liarre mõlt abondans & grans ressẽblent les bourgons & lieures des vignes Aussi pource

que ledit liarre perpetuellemēt verdoie
par laquelle verdeur est monstree la cōtinuele vertu du vin/lequel quant a ses
vertus nenueillit poīt. Les poetes aussi ont de coustume estre couronnez de
liarre pource que pour leur facunde ilz
sont sacrez et dediez a bachus/et pour mōstrer aussi la perpetuite de leurs vers.
Le van lui est sacre et dedie par raison
Seruius mistique/car seruie dit que les sacrifices
du pere liber appartiennent a la purga
tion de lame. Et ainsi les hommes par
ses misteres sont purgez/ainsi que les
blez sont par vng van. Touteffois aucuns ont este qui ont voulu que ces pur
gemens fussent faitz aux hōmes viuās
par ebriete extreme/laquelle ebriete est
le sacrifice de bachus disans et affermās
que si aucun procedoit a si grande ebriete quil vint iusques a voumir que apres
la stupeur du cerueau et oste apres les
cures et sollicitudes tedieuses aux courage il retourneroit a tranquilite. Se
neque le philosophe en son liure quil a
escript de la tranquilite du courage sē-
Senecca ble auoir adhere a ceste opinion. Je cuide que marcias fut pource mis en la tu
telle de bachus/car il fut audax et teme
raire contre apollo/par laquelle temerite ientens la temerite et loquacite vio
lante contre chascun/par laquelle les
hōmes prudens en la presence des rudes et ignares sont souuant confondus
lesquelz ignares ne considerent et netē-
dent point que le langage de telles gēs
violantes na aucun ordre/mais cōme
vng satirique ainsi que marcias fut sa
et la santant il procede. Finablement
marcias venue en la presence des hommes eruditz/cest a entendre quant la presumption de ses gens eschauffez est ma
nifestee/elle est cōuertie en fouldre/cest
a dire en cheute/et le lāgage de telles gēs
est laisse et abandonne cōme silz nauoy
ent aucune chose dit/ce que appartient
a la fable de arriadne espouse et fēme se
ra declare apres la ou sera parle delle.
Maintenant ie cuide que ce que bachus
a este feingt auoir este dislanie et enterre par les geans que sa este a ceste cause
que eusebe en son liure des tēps escript Eusebius
que quant pandion regnoit a athenes
quil fut lan du monde trois mille huyt
cens nonante et six tesmoignant aussi
le poete marcus varro que ce pere liber
combatant en bataille contre perceus
fut en icelle bataille occiz. Et ce quil est
dit quil fut enterre en delphos au pres
de apollo dor/ce est dit au pres de listoire
Mais aucuns adioustent a la fiction q̄
icellui liber pere combien quil fut ainsi
dislanie et enterre quil resuscita entier
ce que ie cuide et iuge deuoir estre enten
du pource que ebriete et yurongnerie re-
uient et se eslieue par plusieurs engorge
mens par les boissons faictes et esleuees par la chaleur du vin/par lesquelles
appert assez que bachus vit et fait aucu
cune chose. Touteffois alberice en ceste Albericus
matere dit que pour bachus est entēdu
lame du monde laquelle combien quel
le soit diuisee par mēbres par les corps
du monde touteffois elle semble re rein
tegrer quant elle sault des corps et se re
forme/et perseuere tousiours vne et pareille sans auoir en elle aucune diuisiō
de sa simplicite. Mais ie cuide ce bachus
dequoy alberice parle signifier le soleil
duquel macrobe parle/lequel macrobe
transporte les deitez de tous les dieux
Il est peingt en abillement de fēme pour
ce que en lentreprinse de sa guerre contre les yndes il eut auec lui les fēmes
ainsi quil est dessusdit/ou pource que les
beuueries continuees enervent et de-
struisent les vertus et rendent les beu
ueurs finablement debiles. Il est peīgt
pource nud que lyurōgne desqueuure
et manifeste tous les secretz/ou pource
que lyuroingnerie a ia mene plusieurs

a pourete & iusques estre nudz/ou pource que les beuueries ameynent et font chaleurs. Il est dit & nôme enfant/Car les yuroingnes ne sont point moins ne autrement lasciuieux que les enfans q nont point encores entier entendemẽt

Maintenant reste veoir des noms de lui. Doncques il est premieremẽt nôme bachus qui signifie autant que fureur/pource que le vin & principallemẽt le nouueau est de si feruente fureur ql ne peult estre contenu par aucun lieu clos/& quil fait furieux côme il est dessus dit ceulx qui le prenent immoderement. Il est aussi dit bromius a bromin qui signifie consumer/Car la moderee boicon de vin consume les superfluitez des viandes & aide a la digestion côme il psaist aux phisiciens/mais le vin immoderement prins seiche la bonne humidite & hebete & debilite tant les vertus & force des ners que le plus souuẽt elle rend les yuroingnes debilitez & trãblans. Auec ce il est nôme lyeus pource que lyen signifie traict pource que de traict en traict on boit. Ou il est dit lyeus a lyer/car quant il est modestemẽt prins il collige & augmente les vertus & puissances/& immoderement prĩs lie les sens & la raison. Ou selon fulgẽce il est pource dit lyeus/car il donne suauite & lenite/car nous sômes plus exorables & faciles a croire apres aucune beuuerie. Il est nôme aussi ignigene/ou pource quil est engendre du feu ou pource ql engendre feu/cest a dire chaleur/car nous voyons les testes des beuueurs fumer & les voyons aucuneffois oster leurs robes & habillemens pour la chaleur. Il est aussi dit & nôme autrefois seme/et q pource il est dit dityrambe qui signifie autant & pareillement côme lactẽce escript. Il est dessus monstre quil est autreffois ne & que a ceste cause il est dit bimater. Oultre ce il est nomme nyseus pour la cite de nyse ou il est cole & hônore. ou pour lune des parties du hault de la montaigne nômee parnasus/laquelle partie est nômee nyse a lui consacree Il est aussi dit thyoneus qui signifie nô tondu pource que les vertus & puissances dont il vient ont longues branches Ou côme ie cuide mieulx pour monstrer son enfance/car les enfans ne sont poĩt tondus. Il est aussi dit plantateur de la vigne pource que premieremẽt il la plãta. Il est nôme nictilus/Car il ameyne aux sens du corps la nuyt/cest a entendre les tenebres. Il est appelle eleus pour la cite nômee elec en laquelle il estoit principallement serui. Il est pource dit hyacus/car il fait bailler les hommes. Euhan est interiection dung qui loue bachus/& signifie bon enfant. Il est dit briseus côme alberice dit pource que lui premier pressa le vin du raisin. ou il est dit briseus côme hirsutus/cest a dire orguilleux. Et a ceste cause il eut en lanciẽne grece deux statues/lune pileuse & ericee/laquelle on nômoit briseis/lautre statue estoit pleine & onye/laquelle estoit nômee lenea. Il est appelle bassareus pour la forme des abillemens que auoient ceulx qui lui ministroiẽt en ses sacrifices/& par ses abillemẽs les fẽmes q lui ministroiẽt estoient appellez bassarides. Il est dit pere liber pource quil sẽble quil ministre liberte aux hômes. car ceulx qui sont de serue condition & qui ont bien beu durant leur ebriete cuidẽt quil ayent rompu les lyens de seruitude. Auec ce il deliure les gens de cures & sollicitudes & les fait pl seurs en leurs affaires. Il rend les poures sans charge de leurs opportunitez & elieue aussi en hault les abatus. Et alberice dit q aux cô mencemens quon edifioit les citez & villes/& quõ faisoit sacrifices aux autres dieux pour le bon heur du cômẽcemẽt dicelles on faisoit sacrifice au pe

Fulgẽcius

Alberici

re liber/affin quil conseruast la liberte du pais aduenir/auec ce quant les Romains estoiet seigneurs du monde les citez estoient ou stipendiaires ou confederees ou en liberte. Les citez qui estoyent en liberte en signe dicelle liberte auoient en elles lestatue de marcie/leql nous auons la hault dit estre en la tutelle du pere liber. Auec ce la maniere & coustume des Romains fut bailler aux adolescens la robe de liberte pour signifier au teps aduenir la vie de plus gran de liberte estre concedee/lesquelz seruices seruie dit estre premierement transportez a Rome par iulie cesar/ausquelz sacrifices on sacrifioit vng bouc. Et ce car aucunesfois les chieures gastent les bourgons des vignes qui croissent. Et marc terance varro en son liure quil a escript de agriculture dit icelui bouc lui estre sacrifie come a linuentoire de la vigne affin que par leur mort ilz receuet les peines par eulx deseruies. Mais ie cuide que les sacrifices de cestui bachus ne furent point premieremet par ledit cesar a Rome transportees/mais les sacrifices dicellui pere liber duquel seble auoir entendu tulles en son liure de la nature des dieux quant il dit. Je dis cestui le pere liber q fut ne de semeles & no point cellui lequel noz maieurs & predecesseurs ont prosperemet & sainctemet cuide le pere liber. Lequel selon la sentece de macrobe ie cuide estre le soleil leql ilz ont cuide estre pere de toutes choses Et pource auoir este dit pere liber. Et ainsi aussi ie cuide virgile auoir entedu quant il dit/les lumieres cheates du ciel que vous menez lan liber & la saincte ceres/car bachus ne meine point mais le soleil lan cheat du ciel/& certes ceulx cy furent les deux puissances diuines que les estrusiens principalemet coluent. Mais quiconques a este cestui liber sainct augustin en son liure de la cite de dieu monstre que les anciens luy celebroient sacrifices ordz & honteux/& entre autres choses dit que pour lhonneur de lui on celebroit & monstroit publiquement les honteux membres virilles/& tellement que au iour des festes dudit liber on portoit par les carrefours vng membre virile eleue/& toute licence concedee a paroles tresflagicieuses & deshonnestes on le portoit a rome/& la on le portoit parmy le lieu publique des courtz & iugemens. Et quant il estoit mis au lieu a lui depute. Il failloit que la treshonneste mere de famille de toutes les aultres lui imposast & mist vne couronne. Finablement il est aussi appelle denis come nous dirons la ou parlerons de denis.

Servius

Marcus terenci[us] varro

De hymeneus filz de bach[us] chap. xxvi[e].

Hymeneus coe alberice escript fut filz de bachus & de venus/& par lauctorite de remy pource il a cest adit/Car par trop de petulence la luxure se excite. hymen en grec signifie en latin vne petite peau laquelle est propremet au sexe muliebre/en laquelle peau on dit les enfantemens estre faitz. A ceste cause hymeneus est dit dieu des nopces. Certes lactence tirant de lystoire escript que hymeneus fut vng enfant de athenes ne de mediocre lignee/lequel quant il eust passe laage de puerilite et quil nestoit point encores en laage dhome on dit quil fut de si exquise beaulte quil estoit repute pour feme. Vne vierge de sa cite noble laymа/& pource ql nauoit point desperance de la pouoir auoir en mariage/touteffois il aymoit tresextremement dautre part icelle fille/& a tout le moins il satiffaisoit a son courage par la regarder. Quant les nobles femes auec les vierges celebroient

Alberici

Lactanci[us]

les sacrifices de cere⁹ eleusine soudainement elles furent Ravies par ladvenement des pirates / cest a dire des larrōs de mer / ⁊ avec elles fut aussi prins hymeneus qui avoit la suivy ladicte fille quil aymoit. Doncques quant lesditz pirates portoient sur mer par loingtaines mers leur proye ilz se Retirerent en vne certaine Region / ⁊ la par travail furēt prins ⁊ opprimez de someil / parquoy furēt tous tuez par ceulx qui les suivoient. Ledit hymeneus laissa lesdictes vierges ⁊ sen fuyt a athenes / ⁊ eut promesse avec les parens de ladicte fille quil aimoit tant quil lauroit a fēme se il le⁹ Restituoit les filles peu devant cōe dit est Ravies / laquelle chose quant il eut selō son desir fait ⁊ quil les eut Restituees il eut a fēme sa tresdesiree Et pource que ce mariage fut heureux il pleut aux atheniens que le nom de hymeneus fut mis ⁊ mesle aux nopces Touteffois aucuns sont qui dient que icellui hymeneus vng iour de nopces fut par Ruyne opprime / ⁊ que ce advint a cause du peche affinque son nom fut celebre aux nopces.

Servius

Ce que servie du tout en tout dāne. Mais ie cuide quil a este dit pource filz de bachus ⁊ de venus pource q̄ les nopces sont faictes po⁹ deux choses / ou q̄ deux choses sōt en elles / cest assa͏̄ feste ⁊ assēblee charnele. Bachus est entēdu p la feste cōme il appert par virgile quāt

Virgili⁹

il dit soit present bachus dōneur de liesse. Et par venus est entendu la charnele assemblee / veu quil semble appartenir a venus a assembler lhōme ⁊ la femme po⁹ lignee procreer Et de ces deux les nopces sont faictes Ou hymeneu⁹ qui est entendu pour les nopces.

De thyoneus filz de bachus. chap. xxvii^e.

Ovidius

Ovide dit que thyoneu⁹ fut filz de bachus / ⁊ de lui Rec[…]te vne brefve fable / car il dit que quant thyoneus eut emble vng beuf ⁊ que les rustiques a ceste cause loppressoient / il invoca et Requist par fortune laide de son pere. Advint que thyoneus fut par ledit bachus converty en vng chasseur / ⁊ le dessusdit beuf en vng cerf. Je cuide que ce thyoneus fut vng larron ⁊ quant lesditz rustiques eurent tresbien beu ⁊ qui cherchoient ⁊ demandoient leur beuf il leur monstra facilement ⁊ fit croire q̄l estoit vng veneur / ⁊ le beuf estoit vng cerf.

De thoas filz de bachus qui engendra hipsyples. chap. xxviii^e.

Ovidius
Cum primū sese trepidus sb nocte thyone⁹.

Ovide thoas fut filz de bachus les vers dovide le monstre disans. Thyoneus peureux lors premieremēt se descouvrit de nuyt en portant les extremes aides a thoas ne. Mais pol tesmoigne quil fut filz de arriadne fille de mynois / mais ie me merveille cōment ce a peu estre considere que thoas cōme il sera abas mōstre engendra hipsypile⁹ laquelle servoit ou temps de la guerre de thebes cōme nourrisse ophelteis a ligurgue nemee / ⁊ ladicte arriadne fut ravie par thesee devant quelle espousast bachus / apres quil eut prins hippolite lequel vng peu devant le cōmencemēt de la dicte guerre de thebes sen ala en ytalie / ⁊ par ainsi ledit thoas fut trop pl⁹ ancien que ladicte arriadne. Et ainsi q̄

Stacius

stace tesmoigne il fut Roy sur les lēniades / ⁊ quant les fēmes par leur cōmun conseil voulurent tuer le⁹s maris il fut sauve par sa fille hipsypiles quāt le feu fut fait / ⁊ fut envoye de nuyt secretement en lisle nōme thais.

De hipsypiles fille de thoas chap. xxix^e.

Stacius Cui regi um geni tor thoas &c.

Hipsipile^s fut fille de thoas tesmoignant stace quant il dit. Le pere thoas et euan cler et renōme grant pere du royaume. Et ainsi que ledit stace recite quant lesdictes fēmes lēniades eurent baille consentemēt publique de tuer leurs masles et viure selon leurs loix. La nuyt que icellui malefice fut ꝑpetre par lesdictes femmes / hipsypiles mist son pere thoas en vne nauire et le bailla et recōmanda a son pere bachus / et lenuoya en lisle nōmee thais / et fit faire vng feu en la maison royale / et feignant sondit pere estre en icellui feu le^r monstra ledit feu / et impera et seigneuria en icellui lieu aux fēmes homicides Et ainsi que stace monstre elle la regnant quant les argonantes auec iasō aloient en colchos / et quilz eurent abor de ou riuage dit lenmon / et pource ou quilz ne furent point receuz / ou pource quilz estoient venus pour venger le dessusdit crime ilz prindrent par force lisle. Et ainsi receuz iason entre les autres fut receu par hipsypiles et eut son amitie et amour. Et a la requeste de ses cōpaignons et pour lexigence du temps il lui promist quil retourneroit et sen entra en la nauire et sē ala et la laissa ēceinte / laquelle apres enfanta deux gemeaux / cestassauoir thoas et euneus. Et quant icellui iason point ne retournoit et quil fut congneu par cas dauenture par lesdictes fēmes lēniades quelle auoit enfante ledit thoa^s elle fut chassee du royaume / et fut prinse des pirates ou riuage de la mer / et fut menee au roy nemee pour seruir / lequel roy lui bailla pour nourrir sō petit filz nōme opheltes. Quant elle vaquoit audit office et que les arginiens venoient contre ceulx de thebes et quilz perissoient de soif en la forest dicte nemea elle fut trouuee ou ꝑ ceulx qui queroient eaue po^r boire / ou par le roy adrastus et fut interrogue / laquelle incontinant leur mōstra le fleuue nōme langia / et lesditz roy et ceulx q̄ les suiuoient saoulerent la leur soif. Quant ilz eurent quis et demande q̄lle elle estoit et quelle eut recite ses aduentures aduint que du milieu de lassemblee thoas et euneus ses ieunes filz saillirent au milieu quant eurent congneu leur mere / et consolerent ses douleurs. Mais quant elle recitoit ses fortunes elle oublia le petit enfant quelle nourrissoit / lequel elle auoit laisse iouant entre les herbes et fleurs. Aduint par desfortune que lenfant fut occiz par le frapement de la queue dung serpent / par laq̄lle chose toute larmee fut troublee. Mais quant le dessusdit licurgus portoit aigrement la mort de sondit filz et quil venoit contre elle impetueusemēt elle fut gardee par adrastus et les autre^s roys et par ses filz. Il ne me recorde point auoir en aucun lieu leu finablement quelle deuint.

De amphion roy de thebes cinquiesme filz du second iupiter qui engendra sept filz et autant de filles. chap. xxx^e.

Ainsi que homere tesmoigne en sō odissee / amphion fut filz de iupiter et de anthiope / la generation de laq̄lle est recitee fable la ou il est escript de ladicte anthiope. Toutesfois ouide dit et quil nest poīt la escript que iupiter en forme dung taureau eut la compaignie charnelle de anthiope et quil lengroissa Et ailleurs dit. Jupiter musse soubz limage et forme dung satirique ramplit la belle nicteyde de double fruit. Auec ce homere la ou dessus dit q̄ iupiter eut

Homer^s

Ouidius

trois filz de anthiope / cestassauoir amphion / zetus / et calatus. Auec ce ilz veulent ces trois filz auoir este exposez et abandonez par leur mere chassee et abandonee par lynceus Roy de thebes p ladultere delle comis auec epaphe / ou auec iupiter. Et que iceulx trois enfans furet nourris par vng pasteur / et quat ilz furent deuenus grans ilz se leueret contre ledit lynceus et locciren auec sa feme dyrces / et finablement chasserent cadmus qui estoit vieil et ancien et regnerent a thebes. De ceulx icy selon seruie amphion fut tant instruit en musique q selon lactence il deseruit auoir de mercure la harpe. Auec laquelle come senecque le poete escript en sa tragedie nommee hercules furieux ordonna et fist les murs de thebes / disant amphion ne de iupiter construit et fit les murs de thebes trayant et tirant les grosses pierres par modulation et chant sonoureux Et ainsi que pline escript il trouua les modulations des lydiens. Auec ce niobes fille de tantalus fut sa feme. Et come homere en son iliade escript il eut delle douze filz / mais selon les poetes latins et principalement selon ouide il en eut xiiii. lesquelz quant il vit occiz pour lorgueil de sa dicte feme niobes par appollo et diane / il se tua lui mesmes de so glaiue. Maintenant declarons lesdictes fictions. Doncques ilz dient quil fut engedre ou de iupiter taureau ou satire / ce que ie cuide estre feingt pour moftrer la ferueur de luxure opprimante et deuorante. Considere que ailleurs il est escript anthiope auoir este opprimee et rauie violentement. Toutesfois theodonce dit que amphion et ses freres furent filz de anthiope et de epaphe et non point de iupiter / et que pour ladicte anthiope fut repudiee par lyncee roy des thebes de egipte / et que a ceste cause lesditz enfans deuenus grans se esleuerent cotre icelluy

Seruius

Plinius

Theod.

lyncee / et le tuerent et sen fuyrent en grece / et furent receuz par cadmus ia ancien / et le priuerent de son royaume / et se dirent filz de iupiter. Et ainsi q eusebe escript en son liure des temps icelui amphi o flourit et triumpha en musique qt lynceus regnoit sur les argiens. Alberice dit que ce qui est dit quil mouuoit les grosses pierres par sa harpe en ordonat et faisant les murs de thebes ne fut autre chose q auoir psuade par doulce et melifflueuse oraison aux homes ignares et rudes et qui diuisez en diuers lieux viuoient qlz conuenissent et se missent ensemble en vng lieu / et qlz vesquissent ciuilemet / et qlz fortifiassent de murs vne cite pour la deffece publique / ce qui fut fait / Ce qui est dit ql prit de mercure la harpe est pource ql eut de mercure come les mathemathiciens dient linfluance deloquence.

Eusebi⁹

Des quatorze filz de amphion chap. xxxi^e.

De amphion et de niobes vindrent sept filz et autant de filles / desqlz voycy les noms archemorus / anthegorus / et tantalus / et aussi phadimos / sipolos / semarchus / et eppnitos. Apres les filles furent ainsi nomees asticracie / pelopie / et chelozis. et apres ceulx icy cleodoxe / et ogune / phycie et neree. Ouide dit q les filz de ceulx icy parlans oultrageusemet et cotre latone pour lorgueil de niobes furent occiz par apollo / et les filles par diane voyant icelle niobes leur mere. Certes ouide discorde auec lactence de aucuns noms / car il pour archemore et athegore semarche et opinitos met ilaneneus / alphenores / damasicon / et ilioneus Et de ceulx cy homere nome ie ne scay quel vng amaleas. lesql homere dit ceulx cy auoir este neuf ans occiz et sans terrer / et que finablemet par iupiter les peuples furēt conuertis/ilz les couurirent de pierres. cōbienq̄ ailleurs il die q̄lz furent enterrez en la montaigne nōmee siphyle. Je cuide que ce fut p peste q̄ ceulx icy perirent si soudainemēt veu que apollo est exterminateur de ce. Et de ce la est peu aduenir q̄ par faulte des hōmes mors par peste ilz demeurēt enterrez. Lesquelz hōmes mors conuertis en pierre/cest adire en pouldre les couuertirent qui la resolus en pouldre estoient ou est de croire q̄lz les couuertirent. ou q̄ ie cuide estre mieulx dit que ces peuples faitz pierres/cest a entendre endurcis p maulx cōme homere dit dedens potz de terre les enseuelirent en ladicte mōtaigne siphyle. car aucuneffois pour trop de pitie no⁹ ne pouons faire ce q̄ no⁹ deuōs Ou peult autremēt aduenir que ceux cy pour la grande peste furent enterrez en ma niere populaire/ et furent negligez ainsi p neuf ans/ et finablemēt auoir este mis en sepultures de pierres selon la maniere et facon royale.

De zetus di^e. filz du secōd iupiter qui engendra ithilus et thais chap. xxxii^e.

Zetus fut filz de iupiter et de āthiope cōme il est dit la ou seulemēt est parle de amphion. Lactence dessus la achilleide et seruie semblablemēt dient q̄ ce zetus fut vng hōme rustique/ cōbiē quil regnast auec son frere.

De ithilus et de thais filz de zetus. chap. xxxiii^e.

Ithilus et thais cōme homere en lodisse tesmoigne furēt filz de zetus roy et de sa fēme aidone/ laq̄lle aidone mere tua p erreur de nuyt itilus/ cuidant q̄l fust le filz de amphion nōme amalea/car elle auoit enuie cōtre la femme dudit amphion pource q̄l auoit six filz. Laq̄lle cōme leonce escript cōgnoissant son crime desirāt mourir. Toutesfois p la misericorde et pitie des dieux elle fut quertie en vng chardōneret et pleuroit et lamētoit ledit ithilus. De thais ne reste si non le seul nom. Leonc⁹

De calatus di^e. filz du second iupiter. chap. xxxiiii^e.

Calatus fut filz de iupiter et de anthiope/ainsi que homere descript en son odissee/duquel ne me recorde auoir leu si non son seul nom.

Des graces nōmees pasithee egyale et euphrosyne filles du second iupiter. chap. xxxv^e.

Pasithee/et egyales/et euphrosyne lesq̄lles sont appellees graces ou cheritez/cōme il plaist a lactence furēt filles de iupiter et de anthoneis. Jlz diēt q̄lles furent seruantes et pedisseques de venus. Et diēt q̄lles se lauent en la fōtaine atydalie/laq̄lle est en boecie en la cite nōmee orchemenus/et dicelle fōtaine elles vont nues et liees ensēble. Et delles les deux ont la face tournee vers no⁹/et la tierce tourne le doz. Jl fault declarer ce q̄ en ce les anciens ont entēdu Elles sont pource bien dictes filles de iupiter po^r ce que graces tousiours sōne en bien/et les effetz delles tousiours tēdent en bien: Et ainsi q̄l est la hault dit venus par puissance attribuee a elle est cause de toutes cōiunctions/et a bonne cause doncq̄s elle lui obeissent/veu que vng chascun sēble venir a la vnion et amitie de lautre tousiours p aucūe grace p̄cedente cōme p raison et cōsideration de aucun bienfait/ou p cōformite de cōplexion et de meurs/ou similitude destudes ou autres choses sēblables/et po^r ce Lactāc⁹

cōme il plaist a fulgēce pasithee qui est
la premiere des graces est interpretee a
ctrayante/po^r ce que deuant toutes cho
ses nous sōmes atirez par aucunes cau
ses a desirer aucune chose. La seconde q̄
est nommee egiales est interpretee de-
mulcente/pource que nous auons deuant desire sil ne nous delectoit a la po^r
suite nous ne perseuererions point en
lamictie/mais incontinent seroit dissoulte & rompue. Et pource fault que
ce que nous a par auāt actrait no^s plaise & delecte. La tierce est appellee em-
phrosyne/laquelle signifie retenant af
fin que nous entendions par ce que au
cun est en vain trait & tire a delectation
daucune chose/& que vainement il se de
lecte estre ainsi trait sil ne tient par fait
& oeuure ce quil a atrait & delecte. Et
ainsi tu peuz congnoistre deux graces
a toy venantes/& la tierce qui de toy va
a elles. Et ainsi deux nous tournēt la
face & la tierce le doz. Ou autrement si
tu as mis aucune chose agreable en au
cun hōme tu verras le double ou plus
par lui retourner en toy. Et pource en
virgile ilioneus dit a dido. Ne te semble point estre peu si tu as tache & combatu premier. Comme sil vouloit estre
entendu/si tu nous as fait aucun bien/
& eneas dit tu receuras de lui le double. Elles sont dictes & feingtes se bagner en la fontaine acydalie/pource q̄
acyda en grec signifie en latin cure & sol
licitude/qui est pource feingt affin que
nous entendions que nous sōmes an-
gustiez & trauaillez de diuerses cures &
sollicitudes tandis que sōmes traitz et
demulcez tandis que nous parforcons
de retenir. Ilz ont voulu entendre po^r
les dictes graces qui sont nues que en
desirant & prenant les amitiez ne doit
entreuenir aucune chose feingte fardee
ou palliee/mais deuons aler a lamictie
par pensee simple & pure & ouuerte/car
ceulx qui aultrement les requierent
peuent estre mieulx ditz marchans de
amictiez que facteurs dicelles.

De lacedemon vnziesme filz du second iupiter qui engendra amiclares. cha. xxxvi^e.

Comme ditis cretence escript en
son liure quil composa de lexposi
tion des grecz contre les troyans lacedemon fut filz de iupiter & de taigete fil
le de agenor roy des phenitiens. Com
bien que eusebe en son liure des temps
die quil fut filz de semeles en ne nōmāt
point pere/& quil fit & constitua la cite
nōmee lacedemon du temps que croto
pon regnoit sur les arginiens.

De amiclas filz de lacedemon qui engendra argulus chap. xxxvii^e.

Comme le dessus nomme ditis es
cript amiclas fut filz de lacedemō
Combien quil y ait des liure^s ausquelz
il est leu que icellui lacedemon fut fem
me/& que delle nasquit amiclas. Toutesfois ie le cuide auoir este hōme.

De argulus filz de amiclas qui engendra oebalus. chapitre. xxxviii^e.

Ainsi que icellui ditis escript argu
lus fut filz de amiclas. Theodon
ce le dit auoir p̄mier ioinct ensemble le^s
cheuaulx a charete a quatre roues aux
atheiens/mais ie doubte ql soit p̄sque
deceu p la similitude du nom/car celui
qui p̄mier en grece trouua chariot a qua
tre cheuaulx fut nomme argilus/& si il
trouua quāt arges phorbantes regnoit
lequel fut long temps deuant ledit argulus.

De orbalus filz de argulus qui engendra tyndare et icare. chap. xxxix^e.

Ditis Theod.

COmme ditis et theodonce escriuent orbalus fut filz de argulus Lequel poldit auoir regne sur les latones/lesquelz il nomma de son nom orbales. Et nous trouuons deux filz auoir este descendu de lui/cestassauoir tyndare et Icare.

De tyndare filz de oebale chap. xl.

AInsi que ditis et theodonce escriuent tyndarus fut filz de orbalus et lui succeda au royaume/et combien que nous ayons peu de choses de luy. Toutesfois nous auons leu de lui quil eut pour femme vne nommee leda. La quelle enfanta toutesfois si non de lui au moins de Jupiter en la maison royale castor et pollux et heleine et clitemestre. Combienque aucuns dient que castor et clitemestre ne furent point engendrez de iupiter/mais de tyndare ie cuide que les quatre dessusditz furent filz de tyndare/mais ia ainsi ne soit que ie oste les enfans au dieu trespudique lesquelz lantiquite liberale lui est dedie.

De icare filz de oebale qui engendra origones hiptime et penelope. chap. xli^e.

Leonci^o Lactanci^o

LEonce dit que icare fut filz de oebale. Et lactence dit icellui auoir este compaignon du pere liber/et auoir prins de lui quil donast et administrast le vin aux hommes et femmes Et quant il eut done et administre a ses pasteurs ou messonniers quant ilz en eurent trop beu ou pource quilz ne lauoient acoustume boire sen yurerent. Et a ceste cause cuidans quon leur auoit done venin quant icellui icare chassoit en vng lieu nomme marathone ilz loccirent. Seruie dit quil fut longuement garde mort par son chien. Et finablement comme theodonce escript icellui chien compelli de fain retourna a la maison dudit icare. Erigones vierge fille dicellui Icare donna pain a icellui chien/lequel incontinent sen retourna au corps mort de sondit maistre. Ladicte erigones le suyuit et trouua sondit pere mort. Et finablement par les prieres delle icare fut receu au ciel et conuerty en vne planete du ciel nommee en grec booetes/laquelle est nommee autrement arctophilax. Et auec lui ledit chien qui est nomme assyrius. Il est possible que pource quen la huitiesme espere y a plusieurs ymages figurees par les astrologiens par aucunes significations des estoilles quil en y ait aucunes dicelles qui ont este nommees par la consolation de ceulx qui retournoient dudit icare estre nommee du nom dicellui icare et du chien/mais ie ne croy point que cest Icare fust cellui qui fut filz de oebale ou pere de penelope

Seruius Theod.

De erigone fille de icare chap. xlii^e.

Lactanci^o Seruius Ouidius

ERigone fut fille de icare comme lactence et seruie dient. Et comme ouide escript quant bachus fut amoureux delle en lespece et forme dung raisin il la deceut et viola. Ceste cy comme seruie escript suyuant comme dit est le chien trouua en la forest marathonie son pere qui estoit occiz par les paisans. Quant elle eut longuement ploure la mort de sondit pere finablement elle se pendit dune corde en vng arbre/et apres tomba morte a terre/ou pour le trop grant pois de son corps / ou pour la debilite de la branche ou de la corde Toutesfois les dieux ayans pitie delle la transporterent entre les planetes et au zodiaque firent delle ung signe lequel nous appellons encores la vierge Et ainsi que lactence escript quant par aucun traict de temps lombre delle infestat et molestat icelle Region / il fut trouve pour mitiguer et apaiser son ire quon feroit la forme humaine en cire / et quon la pendroit en la dessusdicte arbre / et quon feroit celebrer le iour delle par les pasteurs et par les chiens / dequoy virgile dit ainsi. Tes petites bouches et manieres de face moultz et delicatz te pendent et sont suspenduz en ung hault pin. Mais seruie dit autrement que quant par aucun petit temps apres une telle maladie fut enuoyee aux atheniens / que les vierges aussi par une fureur estoient compellees a se pendre. Et quil fut respondu par loracle que icelle peste pouuoit estre sedee et apaisee silz queroient les corps mortz de erigones et de Jcare / lesquelz les quirent long temps. Et quant ilz ne les peurent trouuer lesditz Atheniens pour monstrer leur deuotion comme silz les queroient en ung autre element / ilz pendoient des cordes aux arbres et se tenans a icelles se branloient et gettoyent sa et la / comme silz semblassent chercher par lair les dessusditz corps. Et pource que plusieurs cheoient ilz trouuerent et firent des formes a la semblance de leurs bouches et face / et les pendoient et branloient comme dit est auditz arbres. Et de la est dit les petites bouches / pource que en elles estoient les viaires cilies / cest a dire menez. Et par ceste maniere fut purgee. Ce que est dit dessus que erigones fut par Bachus deceue par lespece dung raisin Je cuyde pource auoir este feingt que elle qui nestoit point acoustumee a boire vin en mengeant des

Virgili⁹ Tibi⁹ oscilla ex alta suspendunt mollia ⁊c

raisins elle cheust en ebriete

De hiptime fille de icare chap. xliii^e.

Hiptime fut fille de Jcare comme homere escript en son odissee disant. Hiptime fille du magnanime Jcare espousa eumilus demourant en la maison de son frere.

Homer⁹ Hiptime puelle magnanimi icari.

De penelope fille de Jcare et femme de Ulixes. chapitre. xliiii^e.

Penelope fut fille de Jcare ainsi que Homere tesmoigne en son odissee disant. Penelopes grandement sage fut fille de Jcare. Et comme il est assez commun elle espousa Ulixes / Et eut de lui ung filz nomme thelamacus Apres Ulixes ala a troye / et apres icelle troye destruicte il ala par diuers lieux errant. Et pource icelle penelopes souffrit moult / tant pour garder sa chastete laquelle les amoureux moult sollicitoient et poursuiuoient / que aussi pour la creinte des ambuches et traisons que lesditz solliciteurs delle faisoient contre celui thelamacus. Et souffrit aussi moult de douleur / pource que icelui Ulixes ne retournoit point. Finablement elle et ledit filz furent gardez / elle receut son mary Je nay point assez pour certain quelle fin eut penelopes. Toutesfois Leonce lycophron poete grec escript que penelopes souffrit tout latouchement charnel des amoureux delle / et quelle engendra de ung diceulx ung filz nomme panes / et pour ce que Ulixes en son retour sceut ce que dit / elle sen ala en lisle nommee gortine / et la mourut Ainsi ne soit que ie croie la chastete de penelope celebree

Homer⁹ Filia icari valde sapiens penelope. hec qde.

Leonci⁹ licophro

de tant & si excellans auteurs auoir e-ste maculee daucun/quelque chose que icellui mauldisant lycophron die

De tantalus douziesme filz du second iupiter chapitre.xlv[e].

Apres que nous auons expedie la generation de lacedemon/nous retournerons aux autres filz du secod Jupiter. Desquelz theodonce escript que Tantalus fut le douziesme filz du second Jupiter. Car il fut tresancien roy des corinthiens & piteux homme & lequel estoit souuent en la table des dieux. Ce que ie cuide a ceste cause e-stre feingt pource que le dongeon des corinthiens est treshault. Et si hault q̃ si aucun y monte il lui semble quil mõte au ciel & est auec les celestielz. Theod.

De hercules quatorziesme filz du second iupiter qui engendra carthage.chap.xlvi[e].

Cicero Cest hercules est surnomme par Ciceron en son liure de la nature des dieux quatriesme filz de Jupiter & de asterie seur de latone. Et dit quil fut grandement coulte & honnore par les tiriens/& quil engendra vne fille nommee carthage.

De carthage fille du quatriesme hercules. chapitre.xlvii[e].

Carthage cõme il est incontinant dessus monstre fut fille du quatriesme Hercules/laquelle nous nommons carthage/laquelle est pource di-cte fille de Hercules/car elle est faicte selon leur & bonne fortune de hercules/lequel comme leur dieu les pheniciens grandement couloient & honnoroient.

De minerue quatorziesme fille du second iupiter.chap.xlviii[e].

Minerue non point celle qui est surnõmee tritome fut fille du secod Jupiter ainsi que tulles escript en son liure de la nature des dieux/lequel afferme icelle minerue auoir este inuenteresse & princesse de guerres. Et a ceste cause elle est appellee par aucuns bellone & seur de mars. Et menant le chariot dicellup comme il semble que stace veulle entendre quant il dit. Bellone pleine de sang regist & gouuerne les chariotz de sa main cruelle/& les fatigue dung long aguillon. Et ceste cy ne fut point celle la/laquelle les anciens affermoient & disoient estre vierge & sterile. Car ainsi que icelui tulles escript elle enfanta premierement apollo engendre par le tresancien vulcane filz du ciel. Oultre ce leonce dit que cest ceste la laquelle ilz feirent noble & renõmee par armes. Ayant les yeulx bicles & regardant de trauers & portant vne tres longue lance auec vng pauoys cristall. Et ce plus pour monstrer quelle estoit inuenteresse de guerre que pour autre chose signifier. Ce que ie ne croy point mais cuide plustost ses dictes ẽseignes auoir este adioustees pour mõstrer & signifier aucun mistere/car cõsidere que nous sõmes infestez par cõtinuelles batailles & guerres. Je cuide q̃lle fut feingte armee pour nous enseigner que les hõmes sages & pouruoyãs doiuẽt tousiours estre en armes Cest a entendre en conseilz par lesquelz puyssent resister aux choses qui soudainemẽt aduiẽnẽt Tullius Leonc[e]

Ce quelle a les yeulx bicles mõstre que Vng homme sage ne peult estre facilement deceu/Veu que le plus souuent il monstre par ses exterieurs faitz moult loing de ce quil a en son courage/ainsi que le bicle arregarde ailleurs que ceulx qui arregardent sa face ne cuident. Ilz lui dedient & baillent Vne longue lance affin que nous entendions que lomme prudent congnoist aussi les choses loingtaines/& que de loing il frape les cops & repulse & chasse de lui les insidiateurs. Ilz lui ont donne & attribue Vng pauoys cristalin/affin quil appere au cristal transparent & au corps solide & ferme que le sage hõme pareillement Voit les oeuures & faitz de son ennemy & se scait luimesmes couurir par remedes opportuns. Oultre ce lactence escript que quant contention & question fut auec neptune presens les dieux en ariopague qui estoit le lieu iudicial de limposition du nom de la cite de athenes fut conclud que icellui imposeroit le nõ de celle cite lequel en frapant la terre produiroit le plus louable effet Neptune frapa de son ceptre la terre & produisit Vng cheual. Minerue getta a terre sa lance & produisit Vng oliuier. Et pource que icellui oliuier fut congneu & dit plus Vtile que le cheual par le iugemẽt des dieux Minerue nomma icelle cite de son nom. Et la nomma de son nom athenes. Car minerue par les grecz est nomme athene. Albertice expose icy la fiction de ce/car il dit que cecrops cõducteur fut aussi dung mesme temps auec minerue. Et selon theodonce fut pere/doubta par aucuns temps si ladicte cite auroit nom atribue & aproprie a la commodite de la mer/pource que le lieu estoit moult propisse. Ou a la commodite de la terre laquelle estoit autour delle moult fertile & bõne. Ilz ont voulu designer & signifier par le cheual la cõmodite de la mer/pource que la mer porte comme le cheual & le cheual est ligier comme la mer/& aucuneffoys impetueux & plein de trop grande fureur comme la mer. Par loliuier ont voulu entendre la terre. Ou pource que le terrouer ou les oliuiers sont est abondant Ou pource quil est gras & fertile. Finablement icellui cecrops homme prudent Voyant & considerant les commoditez de la mer pouuoir estre soustraictes & ostees par diuerses causes/& les commoditez de la terre quelles quelles fussent estre continuees. Il iugea & delibera nommer athenes des perpetuelles commoditez de la terre. Car athenes en latin signifie & sonne autant q̃ immortelles. Mais ie cuide que pource que athenes est cite maritime/ceste discẽsion Vint entre les nautoniers & mecaniques/car les nautoniers remonstroiẽt que par leur nauigage estoit grãdement augmente le bien & Vtilite de la Ville. Lesquelles choses estoient signifiees par le cheual. Mais les mecaniques au contraire disoient que les citez estoient substantees & augmentees par les ars mecaniques & le labourage champestre. Lesquelles choses estoiẽt demonstrees par loliuier/Veu que la bõne liqueur dicellui est doulx/paisible & ampleatif. Par ces raisons la sentence fut adiugee pour les mecaniques ꝑ les dieux/cest a entendre par les iuges a ce donnez & deputez. Neptune doncques a este bien & opportunement introduit icy. Et minerue pour les mecaniques/laquelle fut inuẽteresse presque de toutes les ars. Aucun pourroit icy obisser que Jupiter fut premier roy dathenes. Et fut dit trop plus ancien q̃ le dessusdit cecrops. Et que nous auons ycy escript que ycelluy Cecrops fut condicteur dicelles Athenes.

Leonce soult en peu de paroles ceste ob iection que athenes ne furent point edi fiees nouuellement par ledit cecrops. Mais quelles furent faictes plus pro- chaines a la mer. Et que en icelui tēps nasquit de lui mesmes ung oliuier ou songeon dathenes.

De arc has quinziesme filz du second iupiter qui engendra ionius.c.xlix^e.

Archas fut filz de Jupiter & de la nymphe calistone/comme ouide clerement tesmoigne/laquelle calisto- ne comme pol recite apres que son pe- re fut expulse du royaume par iupiter elle se assossia auec les autres de diane. & usa sa uie en chasses. Et po^r ce quelle estoit excellante par aage & par beaulte elle fut aymee de iupiter. Et cōme oui de recite elle fut deceue & congneue et engrossie entre les umbres des bois par iupiter mue en lespece de diane. Quāt elle eut par ce conceu & que le uentre ia croissoit elle fut appellee & requise par ses compaignes les aultres filles aux bains quant diane se lauoit. Mais elle creignant que son crime apparust si el- le se despouilloit elle refusoit se bagner finablement elle fut despouillee par autres uierges. Et diane uoyant le uē- tre dicelle estre engrossi incontinent la separa de la compaignie des autres. A- pres elle enfanta ung enfāt nomme ar chas. Quant iuno eut congneu & entē du ledit meffait elle fut grandemēt co^r roussee contre elle/et long temps p les cheueulx/& finablement la transforma en une orse. Quant ledit archas fut de uenu grant & uoyant icelle orse uenir a lui/&laquelle il ne congnoissoit point il la uoulut occir. Et ainsi que theodonce escript elle ayant peur senfuyt au tem- ple de iupiter/les portes duquel estoiēt tousiours ouuertes. Et touteffois po^r ce ny entroit aucunes bestes feroce ou oyseau. Archas la suiuit dedens icellui temple/parquoy les habitans dautour le uoulsirent tuer/mais ilz furent pro- hibez par iupiter/& mua pareillemēt le dit archas en ung ors/& les transporta tous deux ou ciel/& les logea aupres du pole artique. Calisto est dicte nōmee la mineur orse & archas est nōmee la ma- ieur Juno fut pource iree & troublee po^r ce que la concubine de son amy estoit re ceue auec son filz au ciel. Elle sen ala a sa grande nourrisse nommee tethis/et la pria quelle ne souffrist lauer de ses un des en la maniere des autres planetes ses orses/ce que icelle tethis lui promist de faire & le garde iusques maintenāt

Soubz ceste fiction est mussee hy- stoire/car quant lycaon fut deffait par iupiter. La fille calisto fuyt aux uierges sacrees a panilycee/& auec elles voua p petuelle uirginite. Mais quant iupiter ouyt de la beaulte delle/il eut desir de louyr/& se mist en abillement des com- paignes dicelle calisto/& de nuyt uint a elle/& par diuerses suasions la tira a son desir & eut sa compaignee & lengros sit. Finablement quant le crime dicelle calisto apparut par lenfantement incō tinent a son grant deshōneur elle auec son filz furent mis hors du cloustre/. Car lesdictes uierges sacrees po^r le cri- me dudit iupiter ne osoient autre cho- se faire. Et par ceste honte elle sen fuyt secretement aux forestz & incōgneue lō guement y fut mussee. Quant sondit filz fut deuenu grāt & quil estoit de grāt courage/& quil ne pouoit souffrir la sei- gneurie & commendement de sa mere il la uoulsit tuer. Elle frappee dicelle peur laissa les forestz/et sen fuyt a iupi ter laquelle reconcillia auecques son filz/ et parmist quelle peult retourner a son royaume paternel. Ce quelle fit Archas estant ieune courageux et furieux/quant il eut redige en sa puissance et seigneurie les pelasges il les appella de son nom arcadiens. Les arcadiens qui cuidoient ladicte calisto estre morte pource que tāt long tēps elle auoit este incogneue et mussee lappelloient orse. Car cōme les naturelz diēt lors demeure dormant en cauernes aucune certaine partie de lan/ et du nom de la mere ilz nōmerent son filz ors Lesquelz deux les poetes apres ont dit par la grace dudit archas auoir estez translatez et leuez au ciel et firent ors au lieu des chiēs ausqlz lieux les mirēt/ et qui estoient long tēps deuant figurez par les egyptiens. Ce q̄ est dit quelles ne sont point parmises se lauer en la mer par tethis nourrisse de iuno a este prins de la eleuation du pole lequel en nostre region est si eleue et ses plentes lui sont si prochaines que par la circuition du ciel elle ne peult point plōger en leaue en descendant cōme les autres qui semblent en descendant se plōger en la mer. Mais dopōs la circuitiō dicelles planetes estre antiere aupres du pole Eusebe escript que cedit archas subinga les pelasges lan du mōde trois mille sept cens et huit.

De ionius filz de archas qui engendra nicostrate. chap. l.

Ainsi que theodōce et apres luy pol escrivent ionius fut filz de archas et de la nymphe semeles. Il fut homme en son aage trespetit en lart belliqueuse et principalemēt sur mer/ et tant quil subiuga soubz sa seigneurie et puissance presque tous les riuages et mers des pelopenciens/ et iusques a la mer de sicile/ et les nomma de son nom iones. Et la mer nomma ionium. Lesquelz vindrent en si grande preeminance quilz disoiēt que la quatriesme partie de toute la grece leur estoit subiette. Et les contraignoient vser de grammaire et lettres ioniques. Mais leonce nye cedit nom auoir este baille a ceste gent et a ceste mer par ledit roy ionius/affermāt que long temps deuant il auoit este impose par iones fille de inacus. Lempire et seigneurie desquelz fut tresgrant en icelles parties. Ce que aussi ailleurs icellui theodonce escript. Doncques ainsi que Theodonce et Leonce dient Jonius eut vne seule fille nommee nicostrate.

De nicostrate fille de ionius et mere de euander chap. li.

Nicostrate comme theodonce et leonce dient fut fille de Jonius roy des archadiens/laquelle selon lesditz auteurs espousa vng noble homme de archadie nomme pallantus. Ou selon les autres auteurs elle estoit sa serourge/ et conceut apres de Mercure euander roy de archadie/ Laquelle estoit tres instruite et sauāte aux lettres grecques Et fut de si versatille et grant entendement quelle penetra par grant estude iusques a vaticiner/ et deuint tresrenommee vates/cest a dire prophete Et quant aucuneffois elle fut requise de escrire par vers les choses futures et aduenir Elle aboulit et laissa ce nom nicostrate/ et sappella carmenta. Quant euander occit par fortune comme aucuns veulēt son pere putatif ou plustost son vray pere ou cōme il sēble aux autres quant il fut par sedicion des siens expulse du Royaume/elle par vaticination ⁊ professe promist grans choses au filz de son grant pere qui fuyoit. ⁊ elle auec lui vindrent iusques en italie/⁊ entrant les portz ⁊ Riuages du tybre sarresta au mont palatin ou il trouua les habitans de la toue siluestres/⁊ trouua nouueaulx charactes ⁊ formes de lettres/⁊ enseigna a iceulx hõmes les lettres quil auoit trouuees sons ⁊ coniunctions delles. Et combien que de lacõmencement il eust seze lettres seulemẽt touteffois nous vsons iusques au iour duy des lettres par elle ⁊ p autres trouuees ⁊ adioustees Lesditz hõmes rudes ⁊ inerudits esmerueillans le sauoir delle/la Reputerent non point hõme mais plus tost deesse. Elle encores viuant la celebrerent ⁊ hõnorerent par diuins hõneurs. Et quant elle fut trespassee lui firent vng petit temple nõme de son nõ ⁊ mys au plus bas de la partie de la mõtaigne nõmee capitole la ou elle auoit vescu/⁊ les lieux circonuoisins de la ilz nõmerent de son nom/cestassauoir carmentalia Et ce a la perpetuele memoire delle. Et Rõme ia deuenue grãde ne souffrit point abolir ⁊ oster cedit nom de ce temple/mais qui plus est combien q̃ la necessite exigeat que la porte de la cite fust la laquelle les citoiens auoient fait faire/touteffois par plusieurs tẽps ⁊ siecles ilz nõmerent cedit lieu carmẽtale. Il Restoit de mettre ⁊ adiouster toute la posterite du second iupiter ⁊ adiouster dardanus qui fut vng de ses filz ⁊ toute la lignee dicellui. Mais pource que ce cĩquiesme liure sembloit desirer la fin laq̃lle sẽbloit estre vng peu plus longuete il nous a semble que deuions icy faire la fin/⁊ que deuions Reseruer ⁊ garder au suyuant liure dardane ⁊ sa lignee.

Cy commẽce le vi[e] livre de la genealogie des dieux selon Jehan bocace de certalde.

De dardane xvi[e] filz du second Jupiter. Chapitre premier.

Par avant est demonstre que le second iupiter fut filz du ciel de laquelle posterite descrivons sa lignee en ce livre pource que lordre au precedent volume est a peu pres toute demonstree excepte seulement dardane qui avant pris ainsi côme les anciens tesmongnent fut filz de iupiter et de electra fille de athlas et receu de la femme du roy corithe/duquel dit ovide en son livre de fastis. Qui esse q ignore que dardanus est ne de electra fille de athlas/cestassavoir q electra a couche avec iupiter rc. Les anciens dient quelle a souverainemet ayme iupiter entre les autres filz. Mais regardons ung peu q cest q ceste fictiõ veult avoir Certainement il appert second la sentence et opinion de paul que dardan' fut filz de electra femme du roy corithus/mais pour ennoblir la lignee il fut attribue a iupiter auql aussi estoit conforme a ses meurs. Car il fut ung homme doulx r religieux ainsi côme icellup mesmes paul dit. Et fut Jasius frere dicellui/ia sache que aucûs y adioustent Italus et sicanus/r aussi candavia sa seur. Et quant corithus estoit la seule cite corithoest de son nõ dicte/r estoit icelle laquelle au iourdui second lopinion de pol aucunes lettres adioustees est communement corneto appelle. Apres quil fut mort ses freres dardanus r iasius qui plus anciens estoient vindrent de la succession a grât discord par laquelle fut dardanus comme u qui estoit sage le pl' ieune r occit iasius. Et quant il vit que les cytoiês estoient pour icelle cause troubles/il se mist en ung navire avecqs certaines gens/r en navigeât par longue espace de temps il eut premierement siege côtre samothrace qui estoit a lors samos appellee. Laquelle chose tesmoingne virgile en disant. Les anciens auron ciens dient ainsi/que dardane ne en ses champs penetra iusques aux cites des idees de phrigie/r iusques a samos threycie/laquelle est maintenant nommee samothracie. Et que de la sen alla aux lieux tirreniens de corinthe. Mais de samo sen alla a une partie de asie/laquelle est contigue a la mer helesponte r icelle region laquelle il occupa fut nommee de son nom dardania en laquelle il regna. Le chasteau dicelluy mesmes nom construit/Laquelle chose est ainsi advenue du temps q eusebe stelenus regnoit a argine environ le trêtecinquiesme de moyse/qui fut lan du monde trois mille.d cc.xxxvi. Mais quant par lespace de cinquante ans regna en ce lieu la ainsi comme dit eusebe au livre des temps r quil laissa ericton' son filz vivât a lor' il mourut

De erictonius filz de darnus qui engendra troius Chapitre.ii^e

Erictonius fut filz de dardanus et icelluy a cuide pol estre ne de candavia femme de dardanus et de sa seur. Et certainement icelluy succeda a son pere dardanus. Et quant il eut regne par lespace de quarante sept ans laissa son filz troius r se mourut

De troiu' filz de erictoniu' qui engendra ganimedes Jlion r assaricus Chapitre troisieme

Tros ou troius fut filz de ericto nius ainsi comme il appert par le metre douide tros est de ericthonius engendre et succeda a son pere quant il estoit hõme darmes son royaume fut augmente par son nom et appella icelle region troie/laquelle iusqs a ce tẽps la estoit dicte dardania et eut guerre contre tantalus roy de phrigie pour le rauissement de son filz ganimedes/ lequel engendra sans Ilion et assaricus et mourut du temps quilz viuoient.

De ganimedes filz de troius Chap.iiii^e.

Ganimedes fut tres beau adolescent filz du roy troius/duquel dit ainsi virgile. Lenfant entremesle au roys en la forest nommee ida pleine darbres chasse et trauaille les cerfz legiers par course et dars. Luy cruel semblant a homme souflant. Lequel le legier porteur des armes de iupiter rauit de ladicte forest en hault par ses piedz crochus les gardes de luy de long age en vain tendent et lieuent au ciel leurs mains. Et laboy des cheualiers comme enrages brayent en lair. Et dit ouide quil fut rauy au ciel et que il fut fait boutilier de iupiter et signe de aquarius. De laquelle fiction fulgẽce second son opinion explique en peu de parolles ce quil veult entendre en disant/ que ganimedes fut la proye bellique du temps par la bataille de nauire ou nauale de iupiter q̃ combatoit/et quil estoit en vne nef /de laquelle laigle estoit le signe sur tous autres apparoissant. Mais eusebe au liure des tẽps dit quil ne fut point raui de Iupiter/mais de tantalus Roy de phrigie/laquelle chose il afferme estre escripte dung poete nomme phanocrus /et pour icelle cause fut grãt guerre faicte entre troius et tantalus. Et pour tãt il semble que ledit de ouide est chiffre. Certainement second leonce icelluy dit de ouide nest point chiffre. Car il dit que tantalus rauyt ladolescent soubz les signes de laigle chassant et q̃ en prit don le donna a iupiter pour acquerir la grace de iupiter de cretense/ lequel bien il congnoissoit estre corrumpu. Mais quil soit boutilier des dieux il est pour ceste cause dit pource que il est feingt entre les ymages du ciel /par aduenture a leur soulas. Et dient q̃ cest celle que nous appellons aquarius et quant le soleil est en ce signe la terre est arrousee de tresgrandes pluies desquelles moites vapeurs aucũs ont voulu les estoilles estre nourries. Et par ainsi il a este fait boutilier des dieux et fut du temps que prito regnoit a arygines.

De ilion filz de troius qui engendra laomedon chap.v^e

Ilion ainsi comme homere en son yliade dit la ou est explicq̃e toute la genealogie des troiens iusques a hector et enee fut filz de troius roy des troiens /lequel ainsi que dit eusebius en son liure des temps / a lors que cecrops regnoit a athenes il edifia par le metre de homere icelle noble cite nommee ilion/et de son nom la nomma veritablement cest celle qui a souffert le siege des grecs par lespace de dix ans et qui fut de eulx destruicte. Et fut faicte et construicte enuiron lan du mõde trois mille huit cens nonante cinq. Et lisons que icelluy ilion eut seulement vng filz nomme laomedon /leq̃l laissa en vie quãt il mourut

De laomedon filz de ilion lequel entre les masles et femeles engendra huit filz desquelz les noms sensuyvent: antigona: hesiona: scamandrius: clition: toetaon: titon: bucolyon: et priame Chapitre .vi^e

Laomedon fut filz de Ilion roy de troye ainsi comme il est escript de homere en son iliade Et dient les anciens quil voulut avironner les murs de ilion et parler avecques apollin et neptune affin que ilz feissent des murs pour le marche promis / et aussi pour garder le iurement par avant fait Et quant ilz eurent fait et dirent quon ne leur tint point la promesse toute troye fut de neptune remplie deaues. Et avec ce apollo y envoya la peste. Et pour celle cause laomedon qui tresangoisseux estoit / pour remede voulut avoir la responce divine. Auquel fut respondu quil faloit exposer et bailler tous les ans la vierge troyenne a la balene moonstre marin laquelle chose se faisoit envers les troyens par sort Et a la fin le sort advint a hesione fille de laomedon. Laquelle estant atachee et liee a ung museur en attendant ung monstre hercules vint lequel avoit fait pac avecques laomedon. Lequel assavoir que sil delivroit sa fille du monstre quil lui donneroit des chevaulx procrees dune divine semence / lesquelz icellui laomedon avoit. Mais toutesfois quant hercules eut delivre la vierge laomedon ne voulut point tenir sa promesse. Et pour celle cause ainsi quil plaist aux autres pource que quant il demandoit illa son enfant qui perdu estoit / il fut deffendu de laomedon au port des troyens. Et pour icelle cause lui venant avecques plus grande compaignie de gens combatit ilion et occit laomedon / et fist prendre tous ses biens aux pillars et larrons Toutes ces choses considerez voyons que veult avoir ceste fiction. Aucuns dient que a troye fut ung tresor garde a la sacree maison de neptune et de apollo / lequel laomedon par son iurement ia estably se dit avoir ia expose icellui argent pour ledification des murs dicelle cite / et non pas icellui mesme seulement rendre / mais avec tout ce eslargir du sien es devandits sacrees edifices. Et ne voulut a la fin rendre aux demandans icelles pecunes. Mais de ritablement par apres quilz vindrent grande inundacion deaue. Et pres icelle qui ne fut point du soleil assez evacuee ainsi comme souvent advient lair qui est infect de la pourriture des eaues engendre la peste. Lesquelles deux choses pource que ilz appartiennent a apollo et neptune / on a trouve que icelles choses ont este envoyes dees dieux deecupz et trompes pour le pariurement Mais que les vierges aient este mises au monstre par la responce divine quant le diable si souvent le decevoit ie croy quil est possible et de ce ie croy que lystoire ait les autres choses. Icelluy eut plusieurs filz et filles / ia sache que priamus fust a son royaulme seul successeur.

De antigone fille de laomedon Chap. vii^e.

Servie tesmongne que antigone fut fille de laomedon / laquelle il dit pource quelle estoit tres belle soy oser preferer a la beaute de Juno / Et pour icelle cause iuno se courouca et la tourna en une cigongne. Et dicelle fiction telle raison peult estre donnee Leonce dit que apres que Ilion fut prise de hercules et q laomedon fut occis. tous les enfans de laomedon exceptees hesione et priame / lesquelz furent prins sen fuirent mucer fort loing la ou fortune les mena. Mais antigone se muca par plusieurs iours entre les roseraies de scamandre. Et pource Je cuide la fable avoir lieu pource quelle se pferoit de sa beaute par son orgueil son pere viuant a toutes autres. Elle a este de fortune dame des regnes q tourne les fois pour icelle chose deduite / pource que les cigoignes ont de coustume de tracer leur proye et vitaille. Et ainsi iusques a ce quelle fut la: il a semble quelle ait este ainsi cōme tournee en cigoigne.

De hesione fille de laomedon et de teucer sa mere Chapitre. viii[e]

Hesione fut fille de laomedon laquelle avec priame ainsi comme dessusdit est fut de hercules deliuree du monstre marin. Par apres dicelluy mesme hercules fut prinse apres q Ilion fut deiecte et que laomedon fut occis. Et fut baillee pour vne partie de la proye a thelamon pource quil fut le premier qui monta aux murs de la cite qui laporta a salamine / et que par plusieurs fois fust de priame en vain demandee. Elle enfanta teucer a thelamon.

De lampus: clition: et ioetaon filz de laomedon Chap. ix[e]

Lampus clition et Joetaon furent filz de laomedon ainsi cōme dit homere en son iliade en disant ainsi. Veritablement laomedon engendra titon et priame et lampus et clition et ioetaon rainceau du dieu de bataille. Et de ces trois cy nous navons seulement que le nud nom.

De titon filz de laomedon qui engendra memnon chapitre. x[e].

Titon ainsi comme dessus par le metre de homere est demonstre fut filz de laomedon. Et pource quil estoit vng beau ieune compaignon ainsi comme dit servie fut de aurora aymee et ravi de laquelle eut vng beau filz nomme memnon. Et quant icelluy desira vie tres longue / et quil obtint il fut a la fin mue en vng criquet. Mais icelluy de aurora rauy ne cuide estre autre chose fors que pour ce ql fut pris dung desir / aucunes choses par adventure ouyes par lesquelles il esperoit lempire pouoir acqrir. Apres quil eut laisse son pais sen alla aux gentz dorient desquelz laube du iour nous lieue / et vainquit plusieurs diceux / et leur commanda. Mais quil soit mue en vng criquet aucunes raisons pourquoy il est feingt peuent estre demonstrees / desquelle la premiere est. Car ainsi cōme les criques sont nourris de la rousee du matin / lequel [illegible] a laube du io[r] Tout ne plus ne moins cestuy cy est nourri par les despens de ceulx dorient qui sont soubz laube du iour. Oultre plus ceulx qui sont noirs criques / comme il soit ainsi quilz nasquissent vers. Tout ne plus ne moins cestui cy q est naqui blanc par lagente ferueur du soleil dicelle region en laquelle il estoit alle / il a este fait tout noir en la maniere des estrangiers habiteurs. Finablemt pource q lancien oupt dire q son filz memnon estoit mort / a lors cheut en la vielesse ennuyante et desolacion des siens. Et puis apres se mourut ainsi comme font les criques/lesquelz plus tost se plaignēt quilz ne semblēt chanter. Et a la fin apres grande querele se meurent en se creuant.

De memnon filz de titon Chapitre .xi.

Memnon ainsi que tesmōgne ouide fut filz de titon receu de laube du iour. Et dient aucuns quil vint a laide de priame auecques vne grande compaignie de peuple dorient et fut dachilles a la bataille. Duquel parle ouide fabuleusement quant il dit que quāt il fut mis a la brese et quil bruloit par loraison de laube du iour sa mere fut muee de Jupiter en vng oyseau/et auecques lui plusieurs oyseaux furēt manifestez des faulles. Lesquelles quāt ilz circuirent entre le brasier auecques vne grande clameur ilz se diuiserent et tantost sentrebatirent iusques ad ce quilz cheurēt toutes mortes. Et iceulx oyseaux ouide dit estre apellees mēnonia. Ceste fiction a prins cōmancement dune coustume des ciens gardee enuiron la brese de memnon et aussi dung accident merueilleux. La tres ancienne coustume de ceulx dorient fut que les plus grans amys du Roy mort vouloit estre brules auecques la charongne du roy. Et a ce ie cuide q̄ enuiron le corps faict de memnon/ou allans a lencontre ou autrement vont a la mort et sont mis au brasier du roy Oultre plus dit solin en son liure des choses merueilleuses du monde en ceste facon. Mais il ya vng sepulcre iouxte ilion de memnon/auquel de tousiours a voulu de ethyopie les oyseaux ensemble congreges par assemblees/lesq̄lz ilz appellent ilieuses mēnonies Et aussi de ce est aucteur Cremutie que icelle mesmes le cinquiesme an par compagnies se assemblent et de toutes pars iusques ad ce quilz soient conuenues a la region de mēnon vers la ses parolles. Nous pouons doncques affermer de iceulx ditz que par aduenture est aduenu que les oyseaux vindrent la ou estoit le corps mort de mēnon/et en volant auoir circui le lieu Et a este des simples gens depuis ainsi creu que ceulx qui se estoient laisse mourir en lhonneur de la mort du roy ont este mues en faulles/et de faulles en oyseaux. Mais ie croy que ce que memnon a este mue en oyseau il ne signifie autre chose que la grant renommee de lhomme/laquelle sen est volee apres la mort en faisās grādes oraisons et louenges a son peuple Et diēt aucuns que icellui memnon a cōstruit vng noble chasteau a persie nomme susis/le quel on voit au fleuue de sire

De bucolion filz de laomedon qui engēdra esipe et pidase chapitre .xii.

Bucolion fut filz de laomedon ainsi comme tesmongne homere en son iliade quant il dit. Mais bucolion filz du noble laomedon. Et de cecy nous nen auons plus oultre: fors q̄ il a engendre deux filz esipie et pidase

De esipie et pidase filz de bucolion Chap .xiii.

Esipius et pidasus furent filz de bucolion ainsi comme escript homere en son iliade en disant. Veritablement esipius et pidasus furent au louable boucolion / lesquelz engendra anciennement la nymphe de varuaree

Et certainemẽt iceulx furẽt nobles & vi
goureux en la bataille cõtre les grectz
Mais a la fin tous les deux bataillans
furent occis dung grec nomme euria
lus aisi comme tesmongne homere.

De priame filz de laomedon qui engendra de sa femme hecuba. xix. enfans tant filz q̃ filles & des autres fẽmes tãt masles q̃ femeles il engendra. xxxi. desquelz nous auons seulemẽt congneu. xxxviii. noms Lesq̃lz sensuiuẽt / la pmiere creuse: iie cassandres: iiie ilions: iiiie laodices ve licastes: vie medisicastis: vii polisenes: viiie paris: ixe hector xe helenes. xie caoz. xiie troilus xiiie deypphebus: xiiiie polidor9 xve polidorus: xvie licaon: xviie esacus: xviiie anchysus: xixe isus: xxe teucer: xxie dimoctontes: xxiie echemon: xxiiie cremenon: xxiiiie gorgit on: xxve Cebrion: xxvie phorbas: xxviie doricon: xxviiie parmmon: xxixe aliphon: xxxe agaton: xxxie hippoteus: xxxiie aganon: xxxiiie lacoontes: xxxiiiie mistor: xxxv iphates: xxxvie testorius: xxxvii tymootes: xxxviiie polites Chapitre. xiiiie

Priame fut filz du Roy laomedon si tresfort congneu entre les
mortelz que a bien grãt peine en a este
depuis si bien congneu. Certainemẽt
lui estãt encores enfant la cite de ilion
luy fut de hercules portee. Et fut lao
medõ occis et luy mesmes auec plusrs
autres prins lequel restitua hercules
aux voisins qui pour lui donnoient cer
tain pris. Et dicelle redemption ainsi
comme il plaist a seruie a este appelle
priame. Toutesfois il appert quil re-
staura le pais demy gaste. Et veulẽt
les escriuains que par plusieursfois elle auironna. Et les escripteurs & histo
riens dient quil fortifia son pays de
plusieurs choses cõtre les assaultz des
ennemis Car seruie dit lauoit ainsi
mene que il estoit eu pour congneu. Se
cõd plaute trois choses attẽdues. Pre
mierement quon ne la pourroit prẽdre
par la vie de troilus et par la conuersa
cion de paladius: & le sepulcre de laomedon demourãt entier / lequel fut a
la porte de scee. Mais second les au/
tres plusieurs autres choses furent cõ
uenables aux grecz por la prendre / cest
assauoir quil failloit quil y eust en pre-
sẽce aucun du gendre de eacus et par
apres pirrhus qui estoit bien petit enfant fut appelle a la bataille affin que
les cheuaux du roy thesus fussent o-
stes deuant quilz goutassent de leaue
de xanctus / & affin que les fleces fussent deuant hercules / lesq̃lles enuoya
philotetes comme ainsi fust que il ne
les peuent apporter pour la mort qui le
surprint. Adoncques priame commen
ca a regner apres que laomedon fut
mort. Et quãt toutes choses venoiẽt
a son desir print en mariage hecuba fil
le de cirseus Roy de thrasse. Et dicel
le et de plusieurs autres femmes eut
des enfans en si grant nombre quil en
augmenta tout son royaume. Et fut
icelluy royaume par iceulx moult hõnore. En telle facon que seulement ne
stoit pas veu estre roy de troye / mais
aussi de toute asie. Veritablement
quant paris ieune enfant rauit helene
femme de menelaus / laquelle fut pri
se de hercules pour hesione seur de pri
ame / & quil la mena a troyes Et que p
quelquonques prieres ne la voulut rẽ
dre aux grecz qui la demandoyent.

Icellup tantost apres les dit auec mil le nauieres sur la mer descendens a troies. Lesquelz semblablement assie goient vne cite nommee ilion/laquelle cite mirent a feu et a sang. Et le plus souuent tuoyent leurs enfans natu relz et legitimes et aussi les roys q leur donnoient secours. Et a la fin fit he ctor tuer et porter en vng chariot. Et po' racheter le corps mort dicellui. Ho mere dit enuiron la fin de son iliade q icellui paris alla de nupt a Mercure quil pria que achiles lui fust rendu. Ja soit ce que seruie die quil fut autremt Cest assauoir quil vint de nupt au pa uillon de achiles et ql le trouua la dor mat par telle facon que facillemt leut peu tuer. Mais il ayma beaucoup mi eulx le sueller et le prier/et obtenir ce ql demandoit. Et apres alla de achiles iusques a troies. Mais icelles choses sont de homere aucunemet oppresses affin que icellui qui estoit messagier de louanges de achiles ne fut veu estre ra porteur de leur deshoneur. Oultre pl' priame dit lymage de pallas subtrait et les cheuaulx amenes a rhesus et troi lus et paris occis. Et a la fin la cite di lion prinse/et les filles aussi prinses fu rent amenees. Et furent toutes cho ses mises a feu iusqs a sa Royale maie ste. Apres neoptolemus penetrant son filz polites qui sen fuioit/et penetrat et tuant entre ses bras son filz meschant et malheureux/et se repentat destre en foup et mis en terre a tout le glaiue. Certainement ainsi que dit seruie/ilz sont diuerses opinions de la mort de priame. Comme ainsi soit que aucun' dient que il fut prins de pirrhus a la maison du Roy/et fut amene iusques au tombeau de achiles et que il fut la mesmes enfoup et enterre/et eut la te ste coupee au lieu mesme la ou lon bru loit les corps des mortz. Et la teste de lui fut mise au bout dune lance et por tee de coste et dautre. Pareillement les autres dient quil fut porte ainsi q nous auons dit au sacrifice et autel de iupiter. Laquelle chose virgile dit ain si estre. Icellui priame eut cinquate en fan' tant masles que femelles ainsi co me homere recite a achiles au dernier liure de son iliade/desquelz il dit en auoir eu de sa femme. xix. Mais les autres eut des fem̃es qui demouroiet a ses maisons

De creuse premiere fille de priame et femme de enee Chapitre. xv°

Creuse fut fille de priame et de hecube ainsi comme tesmongne seruie et fut femme de enee ainsi com me souuent par virgile il apert et lui en gendra vng filz nomme ascanius. Et dit virgille quelle fut perdue de enee a la destrucion de la cite de ilion auec ques le pere et le filz qui sen fuirent. Mais aucus veulent quelle fut tuee de lup mesme par le pac fait auec les grecz affin que nul de la lignee de pria me ne demeurast viuant en sa liberte Laquelle chose semble virgile assez sub tillement toucher la ou il descript q enee latrat et la ou il introduit lombre dicellui parler a enee/et dit ie ne regar deroy point les orgueilleux sieiges de mirmidonum ou de dolope/ou ie iray seruir aux meres de grece la bru de dar dan ne me tient point cy ne la deesse venus. Mais la grande mere denin me detient en ses regions cy. Et par ainsi il appert que apres quil dit quel le ne fut daucun prinse. Mais seule ment estre de deum sa mere detenue qest la terre et morte delessee et enfouie

De cassandre seconde fille de priame Chap.xvi^e

Cassandre fut fille de priame et de hecuba vierge tresbelle / et quant apollo laymoit et demandoit coucher auecelle Ladicte cassnadre lui demanda vng don / lequel par iurement apollo luy promist et conferma Adoncques elle demanda quelle fust prophetesse / et tantost elle fut. Mais quant apollo voulut ce quil auoit demande / elle ne voulut point. Et pour icelle cause apollo fut moult trouble / et comme ainsi fust quil ne peust oster ce quil auoit donne il fist que on ne adiousteroit point de foy a ses propheties / et fut ainsi fait. Car quant il predit aux troyens que ce stoit quil deuoit aduenir du rauissement de helene / elle na pas este seulement creue / mais par plusieurs fois p son pere et freres de batre chastiee. Certeinement ainsi comme afferme virgile elle auoit este mariee a vng ieune iouuenceau nomme cerebe migdon. Et tantost apres comme ainsi fust que la cite dilion fust prinse et que de iceulx les nopces ne feussent point encores celebrees icelle mesme maleureuse ainsi comme dit icelluy virgille fut prinse des grecz. Mais quant la cite dilion fust degastee et la proye et le pillage entre les princes diuisee. La meschante et maleureuse aduint au sort dagamenon et luy predit les destinees qui luy estoient gardees de sa femme. Ainsi comme seneque le poete tragique tesmongne en la tragedie de agamenon. Mais ainsi comme de coustume estoit on ne creut en elle en facon quelconque De quoy ainsi que homere en son odissee tesmongne il fut ainsi fait que au conuiue fut occise de egistre et clitennestre et dagamenon. Et aussi comanda que clitennestre fust tue. Mais ce qui est de apollo feingt semble estre prins dau cune fortune et accident. Car ladicte vierge laboura et mist peine quelle fust enseignee a vaticiner. Et pour icelle cause que tresbien elle y prouffitoit / elle fut moult aymee de apollo dieu de diuinacion. Et luy fut dicelluy octroye ce quelle auoit par grant labeur demande. Et pource quon adioustoit point de foy aux ditz dicelle ce qui reste de ladicte fiction y est adiouste

De ilione tierce fille de priame et de la femme de polymnistor roy de thrace Chapitre.xvii^e

Ilione ainsi quil plaist a seruie fut fille de priame / et ainsi que paule afferme elle fut fille de hecuba. Et icelle ainsi que dit seruie a cause de lancienne conuersacion / et de la noble amitie donnee a mariage a polymnistor roy de thrace.

De laodice quatriesme fille de priame et femme de helicaon chap.xviii^e

Laodice fut fille de priame et mariee a helicaon filz danthenor roy de thrace. Laquelle ilz appelloient troye laodice galos. Et tesmongne les choses dessusdictes homere en son iliade en disant. Celle que le roy helicaon auoit danthenor / cest assauoir laodice estre de la plus belle face de toutes les filles de priame. Et cuide quelle fust fille de hecube.

De licastes v^e fille de priame et femme de polidamas Chap.xix^e.

Licastes ainsi que pol afferme fut fille de priame qui estoit dune si noble beaulte que polidamas filz de anthenor et de hecube seur de theane fut prins de lamour delle et fut celle que estoit sa concubine faicte sa femme

De medisicaste siziesme fille de priame et de sa femme polipe Chap. xx^e

Medisicaste fut fille de priame naturele et ne scait on qui fut sa mere. Et fut marie a polipe filz de muntor ainsi que homere tesmongne en son iliade. Jpideon habitoit deuant que les enfans des achines vinssent. Mais la fille de priame auoit vne note qui estoit medisicastin. Et dit homere que le mari de ceste medisicastes, cest assauoir polipus fut occis en la bataille de teucer filz de thelamon.

De polisene septiesme fille de priame Chap. xxi^e.

Polisene vierge fut fille de priame et de hecuba ainsi comme souuent le tesmongne euripides en sa tragedie qui est intitulee polidoxus. Et fut icelle polisene la plus belle ainsi que on dit qui fust a troye. Par laquelle beaulte par sa fortune fut dachilles aymee / par lequel amour elle a vse par la prodition de hecuba de la mort dung tres fort iouuenceau ne cuidant pas que par les plais dachilles que elle deust espandre le sang dune vierge innocente. Veritablement pirrhus filz dachilles apres leuersion dilion la demanda ainsi comme dit seneque le tragique en la troade pour apaiser les dieux denfer. Et luy fut octroye apres grandes noises et tensons par la suasion du poete calcante. Et la mena le fier iouuenceau au tombeau dachilles vestue et ornee ainsi que ont de coustume les vierges destre quant on les mene espouser Et pourtant que ilz disoient que elle estoit demandee de lymage dachilles ainsi que dit euripides en la tragedie par auant allegue il la tua en ce lieu la.

De paris huitiesme filz de priame qui engendra dapsius et idee Chap. xxii^e

Paris qui autrement est dit alexandre fut filz de priame et de hecuba / duquel deuant les autres choses est recitee telle histoire. Car dit ainsi tulles la ou il descript de la diuination que quant hecube estoit grosse dicelle chose / de laquelle apres nasquit paris en se dormant eut vne telle vision quelle vit vng brandon de feu / lequel troye totalement bruloit et dissipoit. Pour lequel songe et vision priame tout plain dangoisse et de marrissement demanda conseil a apollo. Lequelle apollo luy respondit quil deuoient naistre aucuns enfans par leuure desquelz troie deuoit toute perir / pour laquelle chose priame enuoya exposer a hecuba ce quelle deuoit enfanter. Mais quant hecuba regarda vng si tresbeau enfant elle eut de lui pitie. Et le bailla a aucuns pour le bailler aux pasteurs du roy a nourrir et par ainsi fut nourri des pasteurs soubz ide. Et quant il fut creu et quil vsa de la compaignie de oenon nymphe de fourme et exemple il eut de elle deux filz. Oultre plus come ainsi fust que entre tous quelconques noises / il estoit tresdroiturier. Il vint a auoir merueilleusement grant renon en la iustice par telle facon que ceux qui auoient debat de la beaute de pallas de iuno et de venus pour la pomme dor de la discorde getee a elles en leur diner en laquelle auoit escript quon la donnast a la plus belle luy furent renuoyes de iupiter pour en donner sa sentence. Lesquelles ainsi quilz dient lieux tenebreux par force de lombrage des bois qui estoit dit mesaulon apres que tous leurs abillemens furent ostez / Ilz les monstrerent a paris. Au quel pallas dit que sil disoit quelle fust la plus belle quelle lui donneroit la congnissance de toutes choses. Tout neplus ne moins iuno luy promist que elle luy donneroit la domination des regnes et des richesses. Mais il respondit que venus estoit la plus belle femme du monde. Pour la concupiscence de laquelle le iuge siluain iuga que a venus devoit estre donnee la pome. Et a la parfin ainsi que dit seruie icelluy paris second les trocaignes de neron fut tesfort. En telle facon q il surmontoit tout le monde en la bataille qui se faisoit a troye / et aussi icelluy mesme hector. Et comme ainsi fust ql se courrouchast pour ce quil estoit vaincu cuidant que contre lui il estraingnit le baston pastoral / il dit quil estoit son cousin germain / laqlle chose il prouua apres quil eut oste son vers comme ainsi fust quil estoit encores en habit de pasteur. Et par ainsi il semble que quant il fut congneu quil fut receu en la maison de son pere. Par apres auecques vingt nauires equipes soubz lespece de legacion fut de priame enuoye en grece pour rauir hesione. La ou aucuns veulent / et entre les autres Ouide ainsi comme il appert en ses epitres que il fut receu et honnore en la maison menelaus. Mais les autres croient que il vint en grece a labsence de menelaus Et luy tire a la renommee de la beaulte de helene quil alla en la cite de sperte / laquelle il expugna au premier an du regne dagamenon a lors que castor ne pollux ny estoient point. Mais qui estoient alles a agamenon / et qui auecques eulx auoient mene lhermione de helene et la fille de menelaus. Et ainsi que la cite fut prinse Helene soy efforcant destre rauie et auoir oste to⁹ les tresors du roy. Laquelle chose touche assez elegamment virgile quant il dit. Dardan adultere expugna sparte par mon commandement. Et pour icelle chose veulent aucuns q tiennent ceste opinion / que apres que la cite de Ilion fut prinse / que helene merita estre receue de lhomme. De laquelle rapine fut faicte bataille des grecz cotre les troyens par lespace de dix ans Pour laquelle chose recite homere que paris fut vne fois de son frere Hector vitupere et que il print vne singuliere noise contre menelaus. Quant en icelle noise fut euidamment vaincu il dit quil fut de venus soubztrait auecques la bataille adioustant que pandare par le commandement de Minerue tira des fleces contre menelaus et aussi ql le naura. Et par ainsi la bataille qui singuliere estoit deuint fort grande. A la fin quant hector et troile furent de achilles tues quant auecques larc et les fleces il occit achilles de nuyt / leql seul il auoit appelle par la deception de hecuba pour espouser polisene au temple du tymbre de apollo. Et luy mesmes fut de pirrhus filz dachilles occis. Certeniemet ceste histoire est comprinse en peu de fictions. Et po^r ce que nous la voulons declarer voyons premierement le iugement de paris / au quel second mon opinion la sentence de fulgence est a ensuyuir qui dit q la vie des mortelz est diuisee en trois parties. Desquelles la premiere est dicte theorique: la seconde pratique: la tierce philargique. Lesquelles par motz plus vsites appellons contemplatiue actiue et voluptueuse / desquelles aristote ple tresbien au premier des ethiques ainsi comme il a fait des autres Et icelles iupiter cest a dire dieu affin quil ne semble pas en reprouuant aucun le liberal arbitre a quelcun soubztraire il le renuoie au iugement de paris / cest a dire de tout homme du mo

de affin quil luy plaise de prendre et a
approuuer lequel quil amera le mieulx
Mais il est demonstre par liessue de
paris que cest qui sensuyt a celluy qui
prent voluptueusete. Et quil soit ain
si que il ayet este soubtraict de venus
il est dit pour declarer sa badinerie af
fin que il apparoisse que vng pereceux
seulement vaquoit aux luxures.
Mais que pandare ait este impulse de
minerue pour ceste cause il est dit / affin quon demonstrast la hardiesse des
troyens qui veoient que paris defailoit
Et affin que ilz amenassent a mort les
pactz de eux rompus firẽt vng assault
contre menelaus.

De daphnis et ide filz de paris Chap. xxiii^e

Daphnis et idus ainsi que pol afferme furent filz de paris et de
oenon nymphe / idee / ou pegase de la
mitie de laquelle il vsa / et a lors le receut quant il estoit pasteur. Desquelz
ie nay point de memoire de en auoir
aucune chose trouue qui soit digne de
memoire

De hector filz de priame neufiesme qui engendra a-stianacte Chap. xxiiii^e

Hector q̃ deuãt to⁹ autres estoit
dune noble vertu corporelle et
entre tous poetes en metres solennel
loenne (et) dune glorieuse renommee et q̃
deuoit viure par auenture iusques au
dernier iour fut filz du roy priame et
de hecuba. Et tesmongne homere q̃l
print en mariage andromagne fille de
iection seigneur de thebes (et) de cicilie
De laquelle eut vng filz nomme astia
nacte apres q̃ la guerre des grecz estoit
ia cõmencee. Ja soit ce que il appellast
camandre. Adoncques ia soit ce que en
cheualerie il fust moult expert / il estoit
de si grãt courage et si robuste de corps
que apres que protesilaus fut premiere
mẽt tue des grecz au riuage de troye en
saillant de la nauire / non point seulemẽt que souuentesfois il fist par sa pre
sence souffrir larmee des troyens a se
arter contre les grecz / mais a la rendre
hardie pour donner assault. Et q̃ plus
fort estoit il a plusieurs fois ose tout seul
assaillir la compaignie des grecz et par
force disgreger et separer les auant
gardes / et contraindre toute la compai
gnie en telle facon que luy seul espouẽ
toit tous les achiues. Et ainsi que dit
homere il combatit seul a seul contre
aiace thelamonie. Mais la nuit qui sur
uint qui ne fut pas moins agreable a
aiace que a luy mesmes / separa la bataille dentre eux deux. Et quant da
uecques lui se separa selond la coustume ancienne il luy donna vng glaiue
duquel par apres aiax se occit. Et de
luy print vng bauldrier / et quant il en
fut orne il fut de achilles occis / (et) apres
le chariot tire ainsi comme dit seruie.
Et a la fin quant il eut plusieurs prin
ces des troyens mis a mort / il occit de
ses propres armes patrocle son amy q̃
estoit moult noble cuidant auoir surmõte achilles. Et entra le glorieux en
troye les nobles armes ostees auecq̃s
grant pompe luy estant glorieux pour
le contraliement de sa mort. Et ne al
la de long temps apres auecques achil
les. Ou pource que hector estoit las /
ou pource que achilles valoit beaucoup mieulx q̃ lui. Et quãt il fut dachil
les surmõte il cheut a terre tout mort (et)
na point este seulemẽt du vainqueur sur
mõte de armes (et) de tout autre ornemẽt
Mais aussi du chariot auecq̃s le baul

drier oc troye de mar fu ttire ⁊ enuirõ la cite dilion aussi priame le regardant ⁊ fut mene iusqs aux nauires des grecz Et icelluy iouuenceau apre et cruel ⁊ qui encores nauoit laisse la douleur de lamy occis aux dictes nauires garda le corps de Hector mort et tout nud p lespace de douze iours sans le enseuelir. Et iusques ad ce que le miserable pere de luy priame vint de nuyt po' le rachepter comme homere escript/et comme icelluy homere tesmongne le dit corps noble fut par apollo par le cõmandement de Jupiter oingt deuant la sepulture de liqueurs sacrees affin que il ne fust corrumpu Et fut restitue ainsi a priame. Et fut entumule par publique mereur et larmes des troyens et par pompe sollennele et anciennes serimonies/et les cendres dicel lui furent gardees en vng vaysseau dor.

En ceste hystoire ny a aucune chose feingte/si non ce que icelluy corps a este embaume par apollo Car ce fut fait par vng medecin par le commandemẽt de achilles. Et leonce dit ce auoir este fait non point pour cause dhõneur Mais pour esperance de pecune. Par laquelle il esperoit ledit corp' estre rachepte/si lestoit garde entier ainsi que fut fait/car il le rendit a priame le requerant et par plusieurs dons quil en receut. Jl me recorde seulemẽt que comment iay leut Hector eut vng seul filz Cestassauoir astianacte. mais selon le iugement des autres ilz furent plusieurs. Veu que eusebe et beda chascun en son liure que il a compose des tẽps a escript que les filz de Hector aucun temps apres recouurerent troye par laide que leur fist helenus/⁊ que les derniers de anthenor furent chasses de ladicte troye. Quant escanie filz de eneas regnoit aux latins. Auecques ce vincent historiographe francois semble vouloir q̃ les roys de france de ce temps ayent eu originele naiscence et tres ancienne des filz de hector nomme francon sen fuit en lextreme et derniere partie de la germanie. Et la feist et edifia la cite nommee sicambre Et que par tract de temps les successeurs de cestuy francon gardans curieusement les riuages du danube/et descendirent en occidant. Et par la conduite de marc maure filz de priame/et par la conduite de samion des derniers des anthenor. Au temps de gracien cesar auguste/ilz passerent le rin/et vindrent en icelles parties Lesquelles tousiours depuis ont tenues Et par succession de temps vindrent en longue et clere renommee de posterite. Laquelle chose combien que ie ne croye poĩt moult. Ja toutessois ne soit que de tout en tout ie le nye. Veu que toutes choses sont possibles a dieu

Leonc'

De astianacte filz de hector Chapitre.xxv.

Ainsi que homere tressouuent tesmongne en la iliade Et seneque le poete en la targedie intitulee troade' Astianacte fut vnique et seul filz de hector et de andromache qui nasquit apres la guerre acommencee entre les troyens et grecz. Ainsi que assez peult estre prins par virgile la ou il descript andromache parler auecques ascanie.

homerus

Ce que aussi peult estre collige en la dessusdicte alleguee tragedie de seneque. Lequel quant il estoit quis a mort par vlixes/il sen fuit a sa mere ainsi q̃ les enfãs ont de coustume/mai' finablemẽt quãt les grecz le requroient ⁊ p force le demãdoiẽt il fut rãdu deuant que les nefz fussent parties de sigee. Et ainsi que aucuns veulent il fut gecte du hault de vne tour en bas. Ou comme les autres veulent il fut frape contre vng rochier / et ainsi fut occis. Affin q̃ aucune posterite ne restast de la lignee de priame. Comme homere tesmongne hector nommoit astianate le plus souuent et imandre

homer⁹

De helenus dixiesme filz du roy priame chap. xxvi^e

Helenus fut filz de priame ꝛ de hecuba et renomme par vaticinacion et prophecie comme virgile parlant de luy tesmongne disant Generació troyēne interpreteresse des dieux qui scens et entens les puissances de phebus les autiers et les lauriers de clarius et les estoiles et les langaiges des oyseaux. Et toutes choses de volatille legiere / ie te prie parle. Aucuns sont qui dient que les grecz pardonnerent a cestuy. Pource que quant il fut deulx prins il leur reuela choses oportunes pour prendre troye. Toutesfois quant pirrhus filz de achilles fut mis hors de troye / il luy prohiba a nauiger et leur dist deuant la peste et dangier qui deuoit venir a ceulx qui nauigeroiēt. A ceste cause il ne fut point tant seulement garde par ledit pirrhus. Mais aussi fut par luy mene en epyre Et la luy conceda vne partie du royaulme. Quant il auoit rauy et prins hermione a horestes et luy bailla a femme andromache iadis femme de hector laquelle il auoit tenu comme pour femme. Et comme seruie dit quant pirrhus fut occis par horestes au temple de apollo. Il garda au royaulme molossus filz dudit pirrhus et quil auoit eu dandromache helenus quant il eut nomme et appelle son royaulme du nom de son frere charuie Il edissia la vne cite a la facon de troye. En laquelle il receut eneas fuyant ꝛ vagabont et le honnora et renuoya auecques plusieurs dons quil lui fist. Je nay point touteffois leu quelle fin il eut.

virgili⁹

Seruius

De chaon vnziesme filz de priame Chap. xxvii^e

Seruie dit que chaon fut filz de priame / mais il ne dit point de quelle mere. Auecques ce il dit que il fut par helenus occis inaduertemmēt en la chasse. Et que a ceste cause comme pour soulas et reconfort du frere perdu helenus nōma chaonie la porcion et partie du royaulme. Laquelle auoit este concedee par pirrhus a icelluy helenus.

De troylus douziesme filz de priame Chapitre xxviii^e

Troylus fut filz du roy priame et de hecuba comme il est assez notoire sans aucun tesmongnage. Cestui estant encore adolescent osa combatre achilles. Et fut par lui occis cōme il appert clerement par virgile / disant. Que troylus auec les armes perdus fuyoit de lautre part

De deiphebus treziesme filz du roy priame Chapitre. xxix^e

Deiphebus fut filz de priame et de hecuba. Lequel quant il eut fait plusieurs choses contre ses ennemis quant il cuidoit estre seur il mourut. Car il auoit prinse a femme heleine apres la mort de paris. Et quant le tumulte fut de troye prinse il dormoit. Et par les entreprinses et trahisons de heleine il fut occis et laidement decoupe. Ainsi que eneas recite en Virgile. Lequel eneas descript icelluy Deiphebus gardant en enfer les notes et signes des playes / disant ainsi. Icelluy eneas / et apres le filz de priame dislanie en tout son corps. Et apres plusieurs sensuiuent de ceste matiere.

Eneas Atq; hinc priamidē laniatum corpo. e.

De polidorus quatorziesme filz de priame Chapitre. xxx^e

IE treuue deux filz de priame auoir este nommes polidorus. Car euripides afferme tres pleinemēt en sa tragedie / laquelle est intitulee polidorus. Que il eut vng filz de hecuba qui fut nomme polidorus. Et homere en la iliade dit / que il en eut vng autre de lathois fille de althais. et que il fut occis par achiles en la bataille. Nous poursuyurons parler du premier. Doncques il fut filz de priame et de hecuba. Et comme euripedes escript Priame pour les futurs aduenemens lenuoya a ses filz auecques tres grans tresors en thracie au roy polymnestor ancien amy et receuant / lequel estoit son gendre / affin ql le nourrist / et auec que cest or le gardast. Certes quant la fortune sembloit regarder de plus ioyeux regart les grecz icellui polymnestor tourna auecques fortune son courage. Et desirant lor et richesses de icelluy polidore / ainsi que il se pourmenoit au riuage / il lassalit de trect. Et combien que icelluy polidore requist en plourant la foy de polymnestor toutesfois il occist. Et quāt il fut cheut il le couurit de vne assemblee de terre. Auquel lieu et place creurent petitz arbres nommees myrtes. Ces choses sont ainsi descriptes par Virgile. Ce polidore iadis auecqs vng grant pois dor / et apres par plusieurs vers / ausquelz il recite comment aucuns diceulx arbres par fortune rompus par eneas gecterent sang / et finablement parolles / par lesquelles il admonnesta icelluy eneas de sen fuyr. Ceste derniere partie ne a autre chose de fiction / sinon que lesditz arbres nōmees myrtes ayment les riuages des eaues / et gectent en maniere de fleches et de dars arbrillons en maniere de iardins. Le sang gectē designe la violante maniere de la mort. Et ainsi les parolles recitees des hommes consentans et scauans. Par lesquelles est comprinse liniquite du meurtrier Et par icelles sont admonnestes qui ne facent demeure aux domiciles de telles gens.

Euripide

Virgili'

De polidore quinziesme & de licaon seziesme filz du roy priame Chap. xxxi^e

POlidorus autre a cellui dessusdit et licaon furent filz de priame et de laothois comme il appert assez par homere que licaon dit a achilles Je te prie achilles que tu ayes mercy de moy ie iray comme ton seruiteur la ou tu menuoyeras. Je suis ches toy en vng conuy quant tu me prins en vng iardin et menuoyas en lemnon. Il ya la douze iours que ie suis retourne a troye. Et tandis dieu ma retourne entre les mains. Tu me voys ieune: lequel a engendre laothois fille du vieux althais. lequel seigneurisoit a belletesse Priame auoit ceste fille et des autres / de ceste cy nous sommes nes deux. Tu couperas la gorge a tous deux. Certes tu as premierement entre les gens apres dompte polidore semblable a dieu: et le frapas de la lance Maintenāt tu me disposes dessortune. Je ne puis fuir tes maims et puissance Je te prie que tu mettes ce cy en ton courage ne me vueille occir. Car ie ne suis point ne dung ventre auecques hector qui te tua ton compaignō/mais achilles a qui lesdictes prieres ne firēt aucunes choses auecques ignominieuses parolles le tancant le gecta dedās le fleuue nomme camander / et la miserablement il perit. Doncques il appert par ces parolles que ce polidore est vng autre au premier dessusdit. Et lequel comme homere tesmōgne estoit moult ame de priame pource que il estoit le plus ieune des autres filz. Et a ceste cause ne parmetoit point que il allast a la bataille Il passoit tout autre de son age par celerite, et legerite de piedz / et bien courir. Et monstroit en luy vne merueilleuse adolescence. homerus

Aduint vng iour que sans le sceu de priame / il se arma et alla a la guerre cōtre ses ennemis. Et escheut par dessortune quil trouua achiles qui le frapa de la lance / duquel coupt luy rompit toutes les armeures et euiscera le dessortune iouuenceau. Lequel de sa main print ses boyaulx & en allant par debilitation cheut mort. Et hector qui pour le salut dicelluy venoit ne le peult soustraire des mains de la mort.

De esacus dixseptiesme filz du Roy priame Chapitre .xxxii[e]

Esacus fut filz de priame et de alysirce fille de dimantes comme ouide dit ainsi. Combien que la lignee de dimantes ait enfante esacus et que alysirce soit dicte lauoir furtiuement enfante en la forest vmbreuse nommee ida. Cestuy fut ne long tēps deuant la guerre troyenne & fut mort vng peu deuant le commencement de icelle. Ouide recite de luy vne telle fable. Que il hayssoit la cite et q̄ voulentiers il habitoit aux champs et forestz. Aduint vng iour que il vit la vierge nommee hesperies. Laquelle pignoit et sechoit ses cheueux / par quoy il fut prins de la beaulte delle. Quāt icelle hesperies le vit venir a elle / souldeinement elle sen fuit. Quant il la suiuoit feruentement / aduint que icelle vierge en fuyant fut morse de vng serpent musse entre les herbes / et de icelle morsure mourut. Luy frape dicelle douleur / vint a desirer la mort & de vng prochein rochier qui la estoit se gecta en la mer. Tethis eut pitie et misericorde de luy et le mua en vng oyseau nomme plongon. Lequel nestoit pas en apres ainsi appelle. Toutesfois luy mesprisant la vie quant souuent il estoit plonge dedans leaue pour mourir dedans les vndes Il print le nom de plongon. Priame et ses filz le plourerent par long temps et lui feingnirent vne sepulture / pource que se il eust vescu / il ne sembloit point estre de moindre force et vertu que Hector. Ouidius

Theodonce dit que pour ceste cause il fut conuerty & transforme en vng plongon pource que tout vif il descendit au fons de leaue / & la mort par les vndes de Theodo.

leaue il fut rapporte au hault. Je cuide quil fut creu ou dit transforme en ung plongon/pource que ceulx qui scauent nouer silz cheent en leaue deuant quilz meurent ilz sont plongez en icelle/ et souuent retournent au hault delle come ung plongon. Ou pour aduenture il aduint que quant icellui esacus cheut en leaue/ et quil demoura au fons delle/ le plongon qui par auant estoit entre en icelle eaue lors sen saillit et vola. Et de la fut prins que ledit esacus fut conuerty en ung plongon.

De antiphus xviii^e et de isus xix^e. filz de priame. c. xxxiii.

Antiphus et isus furent filz de priame. Mais antiphus fut prins de hecube veu que isus estoit naturel filz come il appert par lautorite de homere lequel en son iliade parle ainsi de tous deux. Il ala pour tuer ison et antiphon deux filz de priame le bastart et le legitime tous deux estans en ung chariot/ mais le bastart gouuernoit le chariot et antiphus passoit par la. Doncques il reste que isus estoit bastart qui conduisoit le chariot. Toutesfois ces deux ensemble ainsi quilz estoient en la bataille furent en une heure occiz par agamenon Et a ceste cause ie les ay ensemble mis.

De teucer vingtiesme filz de priame chap. xxxiiii.

Barlaã Barlaam dit que teucer fut filz de priame et de la nymphe antiodone. Et cestui teucer ne fut point celluy par lequel les troyans sont appellez teucriens/car cellui la fut trop plus ancien filz de scamandee de cretence / Lequel par faulte de blez il laissa crete et vint en phrigie/ et regna auec dardane et erictonie. Toutesfois barlaam dit quil ne fut point en ladicte guerre / veu que peu par auant en chassant aux forestz bebriuiennes il fut dessire par ung grant ours.

De dicomoontes xxi^e. filz de priame. chap. xxxv

Dicomoontes fut filz de priame. Toutesfois nous nauons point par aucun auteur de quelle mere il fut Mais il appert assez par homere en son iliade quil fut filz naturel disant. Mais dicomoontes filz bastart de priame fut frape et par ulixes en la bataille fut occiz ainsi quil sensuit au texte de homere Et ce pour vengeance de leucus compaignon de ulixes qui fut tue par anthiphones filz de priame.

De echemon xxii^e. et de cromenon xxiii^e. filz de priame. chap. xxxvi.

Echemon et cromenon furent filz naturelz de priame/desquelz homere en son iliade dit ainsi. Quant il print deux filz de priame dardanide estans en ung chariot/cestassauoir echemon et cromenon. Et come il apper assez par les paroles suyuantes de homere/ diomedes occist en la bataille ces deux icy. homerus

De gorgicion xxiiii^e. filz de priame. chap. xxxvii^e

Gorgicion fut filz de priame et de castimira ainsi que par ces paroles homere tesmoigne. Cestui frapa dung dart a la poitrine en lambrassant gorgicion irreprehensible filz de priame Et ainsi que apres sensuit au texte priame eut ce filz de castimire en la cite nommee ensine prochaine de troye. Lequel apres en la bataille troyenne fut frape p theucer filz de thelamon et mourut.

De cebrion xxv^e. filz de priame. chap. xxxviii^e

Cebrion fut filz de priame come il appert par homere en son iliade disant. Cebrion fut filz bastart du glorieux priame. Et come icellui homere en sadicte iliade escript cestui cebrion en la bataille troyene fut frape dung caillou par patrocle et mourut.

Homer^9

De phorbas xxvi^e. filz de priame qui engendra ilioneus. chap. xxxix.

Phorbas fut filz de priame et de ephithesie fille de stasippe migdonien cōe pol dit / lequel escript avoir este si ancien au temps de la guerre quil sembleroit plustost avoir este frere que filz de priame. Et non obstant lancienete de cellui par la vertu des armes ql avoit en lui encores contre le cōmandement de priame il ala souvent en bataille. Et finablement il fut obtronque et occiz de glaive par menelaus / combien que servie die et ql ameine po^r tesmoing homere que cedit phorbas iamais ne cōbatit / mais que mercure lui favorisoit ce q̄ ie mesmerveille navoir point este trouve en la iliade. Cōbien ql soit credible que tous ceulx qui combatirent en ycelle guerre non point este mis par Homere. Il ne me recorde point avoir leu quelle fut la fin de cestui.

Paulus

De ilioneus filz de phorbas chap. xl.

Ainsi que pol tesmoigne et servie aussi ilioneus fut filz de phorbas / mais ie nay point leu cōbiē vaillant ou quel il fut en armes en la guerre troyenne. Mais comme il appert par virgile il fut moult eloquent / car il fut cellui qui suyvit eneas. Et apres la destructiō de troye il ora dido pour le salut de lui et de ses compaignons / et pleut par son eloquence. Et quant eneas fut venu en ytalie il fut prince de la legation et ābassade devers le roy latin.

Virgili^9

De doribon xxvii^e. filz de priame. chap. xli.

Doribon fut filz naturel de priame cōme homere en son iliade tesmoigne ainsi. Aiax insultant contre les troyans occist doribon filz bastart de priame.

De pammones xxviii^e. de antiphones xxix^e. de agaton xxx^e de hippothous xxxi^e. et de aganon xxxii^e filz de priame chapitre. xlii.

Pammones / anthiphon / agathones / hippothous / et aganones avoir este filz de priame Homere demonstre en son iliade par ces vers disant. Lancien hōme ire et courrousse clamoit ses propres filz / iniuriant helenus et paris et le glorieulx agathones / pammones / antiphones et politon bon par voix et deiphebus et hippothous et aganones devin. Certes homere en ce lieu dit que priame quant devoit aler de nuyt devers achilles pour racheter le corps de hector son filz mort lui estant moult courrousse clamoit et demandoit les dessusditz pour lui preparer les chariotz et aultres choses ad ce necessaires. Ledit homere ne dit point et ie nay point ailleurs trouve de quelles meres ilz furent conceuz et quil advint apres deulx

Homer^9 Irato senex hic autem filios propriis clamabat etc.

De lacoon xxxiii^e. filz de priame. chap. xliii^e.

Papias afferme de quelque part quil ait eu que lacoon fut filz de priame et prestre de apollo / duquel virgile fait ainsi mention. Lacoon ardant premier entre tous avec grande caterve et compaignie lui faisoit courut du hault de la forteresse Icellui virgile dit que cestui cy frapa dune lance le cheval fait et prepare par les grecz / et que a ceste cause deux de ses petis filz furet devorez par les dragons. Et lui finablement fut par iceulx envelope et prins. Toutesfois il nappert pas assez sil fut occiz Et il nen dit ailleurs autre chose. Papias

De mistor xxxiiii^e. filz de priame. chap. xliiii^e.

Mistor fut filz de priame ainsi que Homere en son iliade monstre la ou priame se complaint que to^9 ses filz qui tresbons estoient sont occiz en armes / et entre les autres il nome cestuy mistor. homerus

De iphates xxxv^e. et de testorius xxxvi^e. filz de priame. chap. xlv.

Pol escript que iphates et testor^9 furet filz de priame / lesquelz pertule idee nymphe eut dune portee / laquelle priame estat ieune avoit cogneue charnellement en la chasse. Et ad ce prouver icellui pol use du tesmoignage de homere. Combien quil ne die point en quel livre homere la escript. Oultre ce icellui pol dit que quant les deux dessusditz enfans de priame batailloiet aigrement a athenes / ilz furent occiz par anthiocus filz de nestor.

De thimoetes xxxvii^e. filz de priame. chap. xlvi^e.

Servie escript que thimoete^s fut filz de priame et de arisbe / Ou il fault estre advert y que ledit thimoetes fut prophete vaticinant ainsi que ephorion tesmoigne / lequel quant il eut vaticine et dit ung iour devoir naistre ung enfant par lequel troye pourroit estre subvertie. Advint que icelui mesme io^r qui estoit predit par thimoetes pareillement enfanterent la feme dudit thimoetes et hecube. A ceste cause priame po^r eviter ledit presage comanda que le filz qui estoit ne audit thimoetes et sa feme fussent occiz. Et a ceste cause par trect de teps advint que icelui thimoetes recors de ladicte iniure conspira contre le pere a la prodition de la cite. Ce que assez semble apparoir par les paroles de virgile disant. Partie se esbahit du don mortel de minerve non mariee / et le^s chevaulx esmerveillent le faitz Et thimoetes le premier enhorte que le^s adversaires soiet menez dedens les murs et quilz soient logez en la forteresse / ou par fraude ou pour ce que les dispositions celestes sur troye ia ainsi le portoient. Les autres veulent que ledit thimoetes ne fut point filz de priame / mais quil fut mary de arisbe / de laquelle priame eut ung filz / lequel incontinent il fit occir avec la mere come il est dessus dit / et que thimoetes apres tant pour la mort de sa feme que aussi pour ladultere de priame avec elle conspira avec les grecz cotre le pais. Ephoris Virgilius Pars stupet innupte donum exitiale etc.

De polites xxxviii^e. filz de priame qui engedra ung filz nome priame. chap. xlvii.

Polites fut filz de priame ainsi quil est prins par les vers de vir-

Virgili⁹ Ecce autē elaps⁹ pirrhi de sede polites ⁊c.

gile disāt. Regarde que polites vng des enfans de priame est cheut du siege de pirrhus. Et peu apres si aucun y veult aduiser facilement congnoistra ql fut filz de hecube. Quant cedit polites eut plusieurs grandes choses faictes pour defension du pais / finablement lui miserable apres que la cite fut prinse fut tue par pirrhus filz de achilles entre les bras de priame son pere ⁊ hecuba voyāt de la lignee multipliee ne la point mois rendu renōme que la grande dessortune de troye abatue. Car ainsi que la desolation de la generation troyēne est venue de trop grande audace / pareillemēt par lhumanite de la lignee de assaracus Rōme dame ⁊ mestresse de toutes choses a este edifieee ⁊ la famille des cesars propaguee perpetuelle par tesmoignage de clere gloire enuers les mortelz.

De priame filz de polites. chap. xlviii^e.

Virgili⁹ Una acies iuuenū ducit quā paruus ⁊c.

Priame fut filz de polites selō virgile en son eneide disant. Une ele de ieunes combatās meine / laqlle priame petit portant le nom de son grāt pere crie le nom de ta clere generation O polites / laquelle generaciō doit augmēter les italiēs. Eneas auoit mene auec lui cestui trespetit de ladicte destructiō compaignon du filz de ascanius.

De assaracus filz de tropulus roy de troye qui engendra capis. chap. xlix

Apres ce que nous auōs mene iusques a la fin la lignee du malheureux laomedon filz du roy tropulus / Il est necessite que nous retournons arriere a assaracus qui fut filz dudit roy tropulus. Affin que nous designons ⁊ signifions les tresanciens grans peres du nom rōmain. ⁊ aussi lantiere lignee de dardanus Doncques assaracus fut filz de tropulus roy de troye / ainsi que ouide tesmoigne en son liure des fastes disant. Erictonius troyen est engēdre de cellui / mais cestui a cree assaracus. Il ny a aucunes histoires ou escriptz q̄ demeurent de cestui assaracus / car lanciennete a ainsi toutes choses cōsume. Mais la clarte de noblesse ⁊ renōmee

De capis filz de assaracus q̄ engendra anchises. chap. l.

Capis fut filz de assaracus cōme y cy dessus tesmoigne ouide disāt. Le troyen est engendre de cellui Assaracus est cree de cestui ⁊ assaracus ⁊ capis Lantiquite a mis en oubly pareillemēt capis ⁊ assaracus ⁊ leurs faitz reserue seulement en memoire quil a engēdre anchises parent noble de genereuse succession de la gēt iulie / ⁊ sempiternel tesmoignage du filz de noble pitie.

De anchises filz de capis q̄ engendra ippodomie ⁊ eneas chap. li^e

Anchises fut filz de capis aīsi que la dessus ouide a dit continuāt la genealogie de eneas ainsi Cestui a cree assaracus / ⁊ assaracus a cree capis / ⁊ anchises est tresprochain. Aucuns sōt qui dient que anchises deuant la guerre troyenne laissa la cite / ⁊ hanta les lieux solitaires ⁊ les forestz / ⁊ qui mist sa cure ⁊ entendement a nourrir bestail grant et petit / en laquelle nourriture de bestail estoient cōmunement les richesses des anciens. Et lui vacant ad ce au pres du fleuue nōme symerintes. Il fut ayme de venus / ⁊ eut lamictie ⁊ compaignie delle. ⁊ tellement quil eut delle vng filz nomme eneas / toutesfois il est certein

Ouidius Assaracū creat hic assarac⁹ capim

quil eut vne femme en mariage. Veu q homere dit ql eut delle des filz Seruie dit quil fut aueugle et que a ceste cause il ne fut point admis aux cõseilz des troyens. Aucuns dient que la cause de ce quil fut aueugle fut pour ce quil se vãtoit et iactoit auoir couche auec venus Et que a ceste cause il fut par elle priue de veue quant troye fut prinse ꝛ bruslee ꝛ que eneas le voulut tirer auec luy

Virgiliꝰ ainsi q virgile dit il est certein quil se disposa de mourir plꝰ tost quil voulsist sẽ aler mais quãt il eut veu vne petite flãbe de feu estre prinse ꝛ sans aucune lesion a la teste de ascanius il print ad ce signe de bonne fortune ꝛ obtempera a sõ dit filz ainsi quil est leu. Toutesfois les opinions de virgile ꝛ de seruie ne acordent point lung auec lautre / Car lung deulx dit ql estoit aueugle / ꝛ lautre afferme ql vit la flãbe du feu. Il sen alla auec son filz qui supoit ꝛ fut porte sur les espaules de eneas par les feuz / ꝛ oste ꝛ garde de mille dars ꝛ fleches volans. ꝛ fut porte iusques a drepane qui est vne ville en sicile / ꝛ la mourut de vieillesse / ꝛ fut enseueli en la montaigne ericis / ꝛ ce selon virgile. Toutesfois les autres ont autre opinion / car Cato afferme ql vint iusques en italie / mais seruie dit que varro dit que les os de anchises par le cõmandement de loracle furent robes ꝛ apportez par diomedes Et finablement que lesditz os furent restituez auec palladius quant il eut souffert plusieurs maulx par icellui diomedes. Ce que icellui virgile touche quant il descript dido courroussee parler contre eneas ꝛ disant. Il a voulu les cendres ame ou esperit de anchises estre arrachez. cõ

Seruius me sil vouloit dire / ie nay point ce fait / mais diomedes. Auec ce seruie semble vouloir pour ceste cause ce estre dit par virgile en la personne de eneas disant Soyez sauuez autrefois ꝛ receuz vainement vous cendres ames ꝛ vmbres du parent cõme si vnefois ilz estoient receuz de troye / ꝛ autrefois par diomedes Par lesquelles paroles on ne peut poit comprendre quil soit mort / mais les paroles de seruie semblent de la prendre ꝛ venir quil soit mort a troye deuant qlle fust prinse. Jay delibere de garder iusqs la ou ie parleray de eneas cõme ientens cõment il eut vng filz de venus. Ce q a este dit quil fut aueugle par venus p la vanterie de lui ie repute deuoir estre ainsi entendu. Aucuns iouuenceaulx ont de coustume de conter entre leurs grãdes felicitez leurs cohabitatiõs charnelles ꝛ la congnoissance ꝛ amictie de plusieurs fẽmes / cõme voulans par ce louer leur beaulte / pource que ilz sont desirez de plusieurs fẽmes / ou quilz soient receuz de plusieurs / ou pour extoller leur force pource quilz apperẽt puissans ꝛ parseuerans en cohabitatiõ charnelle. Par lesquelles souuent naiscent ꝛ viennent maladies ꝛ plus souuent les vertus corporelles sont debilitees / ꝛ pricipalement la vertu visiue. Car il est trescertain aucuns estre venus par cohabitation charnele non point seulemẽt a briefue ꝛ debile veue / mais aussi en entiere cecite ꝛ aueuglerie / ꝛ sont ditz ꝛ reputez pour leurs vanteries preueu leur faulte que a bonne cause ilz sont aueuglez par venus. Ainsi il peult aussi aduenir a anchises / car quãt il vint a faulte de veue fut dit estre aduenu par les vanteries de ses cohabitations charnelles. Mais certes affin quil ne semble q seruie ne discorde a virgile il peult estre que la vertu visiue fut si debilitee en anchises quil ne pouoit discerner ce qui estoit en sa veue / ou quil ne pouoit veoir si non de bien pres. Et telz par vne coustume ancienne de parler nous disons aueuglez / combien quilz voyẽt les rays du soleil ꝛ les flambes du feu. Et ainsi

Anchises peult estre aveugle cōe servie dit / et veoir la flambe de son nepveu cōe Virgile dit. Anchises oultre ce filz eneas eut de sa fēme des filles / entre lesquelles vne seule est recitee et nōmee hippodamie.

De hippodamie fille de anchises. chap. lii^e.

Ainsi quil plaist a Homere en son iliade hippodamie fut fille de anchises / et la plus aagee des autres. Affin quil appere quil eust des autres filles. Elle fut tresbelle et tresaymee de ses parens. Toutesfois nous navons poit de quelle mere elle fut. Elle fut baillee en mariage a vng troyen nōme alchataon / lequel apres fut tue en la guerre troyenne par vng nōme idomeneus qui estoit de cretence. Ne homere ne autre q iaye leu recite aucūe chose des aultres filles.

De eneas filz de anchises q engendra iulie / ascanie / et silvie postume. chap. liii^e.

Les anciens et presens poetes diēt et publient que eneas fut filz de anchises. Homere exaulce et loue grandement par ses vers cestui eneas. Et Virgile par les siens le descript et deschante venerable et notable par armes et pitie / et tellemēt quil est prefere par les grecz non point seulemēt aux barbares mais aussi aux latins. Ainsi est la fortune des choses. Achilles eut homere pour laudateur / et eneas virgile / lesquelz deux poetes estoient si puissans par eloquence que tous les autres mortelz semblēt non estre louez a la cōparation de ceulx cy / combien que en nostre aage saille au tiers lieu scipion lafrican qui nest point de moindre gloire / mais de plus grande iustice eleve en lair par les vers du celebrable francois petrarche naguieres lauree a Rōme / car icellui scipion est tire et amene a la memoire des hōmes p la facunde et suavite de langage dudit petrarche / tellement qui semble ql soit amene des tenebres de longue silēce en tresgrande lumiere. Doncques eneas cōme il est vng peu devāt escript fut ne de anchises et de venus et au pres du fleuve symeuntes. Et lui ia aage eut a fēme creuse fille de priame et de hecube. De laquelle il eut vng filz nōme ascanie. et ainsi que aucuns escrivent il fut cōpaignon de paris au voyage de grece / et au ravissement de heleine. Finablement quant les grecz eurēt assiege troye tout autour / et quilz se parforsoient de lexpugner par continuelles batailles il descēdit souvent en bataille / et entre plusieurs fois advint quil combatit contre achilles. Et ainsi que homere en sadicte iliade dit que quant il fut en tresgrant dangier neptune parla aux dieux et leur pria quilz voulsissent getter hors de danger de mort eneas / affinq toute la lignee dardamene ne perist. et pource que iuno estoit moult contraire aux troyēs ce fut concede par elle. Et ainsi par laide de neptune eneas fut soubstrait et oste des mains de achilles/⁊ Reserue a italie cōme la mesmes homere touche. Et cōbien quil fit a troye plusieurs faitz bien Renōmez/touteffois selon aucūs il fut note de macule de prodition du pais. et entre autres choses on allegue pour argument quil fut permis sen aller sans dangier auec son filz ses nauires ⁊ partie de ses Richesse^s/Veu que presque to⁹ les autres sentirēt la fureur de la guerre. Les autres touteffois dient que celui fut permis par grace ⁊ don especial pource quil Receut souuent en sa maison les ambassadeurs grecz Venans a priame. Et pource que tousiours il disoit au conseil des troyens que cestoit chose damnable Retenir heleine/⁊ persuadoit quon la Restituast/mais en q̄lque maniere que ce fust fait Virgile dit que quant troye fut prinse ⁊ quil auoit en Vain laboure po^r la defencion du pais il print les images des dieux quil auoit en sa maison/lesquelles en Reposant ⁊ dormant hector lui auoit Recōmandee^s ⁊ prins lancien pere ⁊ le trespetit filz/et que la mere deesse lui monstra la Voye Il deuint au Riuage/⁊ la il print Vingt nauires en lesquelles paris peu deuāt estoit alle en grece/⁊ entra en la mer et sen ala en thracie/au Riuage duquel pays il trouua la sepulture de polidorus/⁊ par lui fut amoneste quil fuyt le riuage auaricieux. Et la fit Vne cite laquelle de son nom nōma enee/de laquelle tite liuie dit au quarantiesme liure de Rōme fondee icelle cite enee estre prochaine a thessalonique/⁊ estre faicte iadis p̄ le troyen eneas/de laquelle icelui tite liue dit. Ilz Vienent de thessalonique a enee au sacrifice ordonne/lequel ilz fōt tous les ans auec grande serimonie au conducteur enee/⁊ quant de la auec nauires autrefois il entra dedens la mer ⁊ quil Vouloit aler par oracle quil auoit prins ⁊ eu aux pais ⁊ scarions tresancienne^s de ses predecesseurs Il ala en crete/⁊ pource que les cretences auoiēt ia chasse de la le Roy ydomeneus cōme sil fut Venu aux habitations de sesditz predecesseurs sarresta la/po^r ce que teucer filz de scamandre auoit este de la q̄ auec dardane auoit impere ⁊ seigneurie sur les dardaniens/mais il fut p̄ peste chasse de la/⁊ fait certein que dardane estoit italien. Il disposa daler en italie/⁊ de la Vint a chaonie/ou il fut aduerty p̄ le Vaticinateur heleine des chose^s aduenir/p̄quoy ala en sicile/⁊ aīsi quil plaist a Virgile perdit anchises a drapane/parquoy Rentra aux nauires/⁊ par tempeste fut transporte en afrique cōme Virgile dit/combien q̄ les autres le nient/ouquel lieu il fut Receu par la Royne dido quāt il auoit ia este par sept ans Vagabunt/⁊ la par Vng petit de temps fut en la grace ⁊ amictie delle/⁊ Vsa du lit delle/si nous deuons ce croire a Virgile. De la par lamōnestemēt des dieux Vint autrefois en sicile a acestes ⁊ celebra a anchise^s ieux ⁊ anniuersaire par magnifique despence. Et quant il eut fait la cite nōmee aceste/⁊ quil eut laisse Vne petite p̄tie de ses gens la/⁊ quil Retournoit en italie il perdit le maistre ⁊ capitaine de son armee de mer nōme palinurus/⁊ de la Vint au port de baies/⁊ par la conduite sybile il descendit aux enfers/⁊ penetra iusques aux champs elysiens/ou il trouua son pere anchises qui lui mōstra toute sa posterite/laquelle il recōgneut De la il sen Retourna sur la terre ⁊ celebra ⁊ fit funerailles a la trompete nōmee mesenus. ⁊ nauigea iusques a caiete/⁊ la trouua sa norrisse caiete q̄ estoit trespassee/⁊ fit la Vne cite laquelle appella du nom de ladicte nourrisse Apres il abourda en italie aux portz du tybre/⁊ iusque^s a cedit lieu ainsi que seruie dit il ne perdit point la Vision de Venus/laquelle quant il ne Vit plus il iugea quil estoit venu au lieu predestine ⁊ quil devoit la arrester / ou il acquit ⁊ eut p̄mierement lamictie du Roy euander / et apres de laurente Roy latin / lequel selõ la respõce de loracle lui donna a fẽme la fille lauinie / laquelle auoit este devant promise a turnus Roy des Rutuliens / pour laquelle cause il fut moult trauaille ⁊ vexe de grande guerre par le dit turnus. toutesfois il fut fortifie des aides de euander darcadie ⁊ des tusciẽs pour la haine du Roy de agellie mezencius / ⁊ obtint le Royaume de sa fẽme.

De la mort de lui les anciens ont en diuerse maniere opine Car seruie dit que caton escript que bataille fut faicte au pres du laurier lauinien auec les cõpaignons de eneas qui pilloyen estoit. En laq̃lle bataille latinus fut occiz par eneas. Lequel eneas touteffois ne comparut point en icelle bataille. Ascanie ap̃s occit mezence Les autres dient que eneas victeur quant il sacrifioit sur le fleuue appelle municus il cheut ⁊ que son corps mort ne fut point trouue Ce que Virgile touche elegãment la ou il introduit dido mourant ⁊ se pleignant ⁊ detestant eneas disant. Je prie ⁊ requier que eneas vexe ⁊ trauaille de guerre et de armes exterieures a ses fins du peuple audax ⁊ arrache de lambrassement impleure ⁊ requiere laide de iulius / et voye les indignes funerailles des siẽs. Et que quant il se sera baille ⁊ deliure soubz les loix de la poix inique q̃l iouisse du royaume ⁊ de la paix desiree / mais quil chee deuant ce iour au milieu de la areine sans estre enterre. Auec ce ilz sõt aucuns qui dient quil fut occiz par turnus. Et veulent ce estre descript p̄ Virgile soubz artificieuse fictiõ la ou il mõstre que iuno creint la mort de turnus en lardeur de la moyẽne bataille / ⁊ dit que affin quelle le peut tirer hors dicelle bataille elle print la forme de eneas.

Seruius

Virgili⁹

Et dit que icellui turnus incontinant se tourna contre eneas ⁊ que icellui turnus le suyuit fuyant iusques aux nauires / lesquelles estoient au fleuue nõme municus / ⁊ selon la verite de listoire ilz ont volu que iuno ne fust poĩt muee en eneas / mais que icellui eneas fuyãt les armes ⁊ puissance de turnus fut par icellui turnus occis audit fleuue. Ce q̃ en partie appert au dessusditz vers de Virgile. et Virgile ne la peu ailleurs taire quant en icellui liure il introduit Venus priant iupiter ⁊ disant. Soit licite ⁊ parmis que ascanie nepueu reste sãs aucun dangier. Et eneas soit iacte et trauaille par les vndes des mers incongneues / en suyuãt telle voye que fortune lui donnera. Si nous regardons ⁊ pensons icy nous verrons Venus q̃ ore ⁊ prie maintenant pour le nepueu ascanie / veu que eneas nest plus / ⁊ que elle a este iusques maintenant sollicitee de lui. Et ouide en son maieur volume sẽble ce mesme tenir quant il dit. Laurẽs va au riuage ⁊ la couuert dune cane de marais grauit cõme vng serpent aux mers voisines des vndes fluuiales de municius. Et cõmande a cestui lauer ⁊ oster a eneas toutes choses subiectes ⁊ obligees a mort / ⁊ les porter par coursse secrete soubz la mer. Icelui portant cornes met a execussion les cõmandemẽs de Venus / mais tout ce qui estoit mortel en eneas ad ce repugne. Juuenal sẽble ce mesme opiner quant il dit q̃ laustre fut enuoye aux cielz par eaux ⁊ lautre par flambes / car il entent de eneas q̃ perit en eaues ainsi quil est dit / ⁊ de Romulus qui fut perdu par fleuues ⁊ torbillõs au pres du maraitz nõme caprea / lesquelz deux furent hõnorez par singuliere deite des Rõmains / car eneas en q̃lque maniere q̃l ait este soubstrait il fut repute pour dieu par les habitans de la / ⁊ Jupiter fut appelle dieu. Ceste

Ouidius Littus adit laurens ibi tectus harũdine serpit &c.

histoire est meslee daucunes fictions/ et lordre requiert den veoir la raison.
Tous nont pas prins en vne facon ne consentu que eneas fust filz de venus/ car aucuns ont que en la natiuite de eneas venus fut la maistresse du ciel/et quil appartient a elle monstrer la succession des choses futures de eneas/ et que par la domination et influence delle plusieurs choses aduindrent a eneas/ lesquelles par propos delibere sont mussees soubz fictions par virgile/ et icelles de present declarer nest pas lentention de ceste oeuure commencee. Les aultres veulent que eneas nasquit a celle heure a laquelle Venus sort au temps de matin. Et a ceste cause ilz veulent que eneas soit filz de Venus comme si elle leust mis au monde quat elle sourdoit a la lumiere du monde. Les autres reputent la mere de eneas auoir este si belle que en perdant son nom propre elle print le nom de venus. Et par ce cuyde virgile auoir dit anchises deignant le mariage orguilleux de venus. Et les autres declinans a la prieure opinion cuident quil fut pource dit filz de Venus/car il ne fut point ne de mariage/ mais par coniunction concupiscible disant quil sembloit incongreu cuider la mere dung si grant homme estre incongneue si elle eust este femme de anchises. Mais pour couurir la note voluptueuse dung homme celebrable les anciens feindrent que sa mere fut deesse/ mais ie cuide que sa mere fut surnommee venus pour aucun merite comme iay dit aucuns cuider/ et ne fait au contraire que son vray nom ait este incongneu Ne aussi de priame qui fut si grat Roy. Ne aussi de agamenon. Ne dautres plusieurs Roys et hommes bien renommez. Et ie ne croyray point q̃ vng si grant Roy que Priame donnast sa fille Creuse en mariage au bastart dun pasteur. Ce qui est dit que Eneas par les prieres de neptune fut substrait de la bataille contre Achiles. Je ne croy point vray ce que Leonce disoit que ce stoit aduenu par influance des estoilles. Mais ie cuide plustost que aucune chose a peu aduenir enuers les choses des nefz et mers lesquelles semblent appartenir a Neptune entant quil est dieu de la mer. Par laquelle chose requerant loportunite Eneas reuoque laissa la bataille quil auoit auecques achilles. Et que ce ait este parmis par Juno a Neptune Je cuide en ce le feingnant auoir regarde aux choses aduenir/ pour ce que Eneas estoit reserue au Royaume italien. Et a ceste cause la deesse des Royaumes parmist procurer le salut du Royaume aduenir. Il a este dit et amoneste par polidore enseuely au riuage/ Car quant il eut congneu sa desfortune il entendit que les thraces estoient ses futurs ennemys/et a ceste cause il sen deuoit de la fuyr. Que venus par sa lumiere se exhibast et baillast conduiteresse de lui iusques au territoire laurentin/et que quant il seroit la quelle ne comparut plus. Ce peult estre attribue a la constellation influante a lapetit et desir concupiscible/ Car il nauigea iusques ad ce quil trouua ce que lui pleut/ lequel trouue cessa la conduite de cellui qui limpelloit. Quil soit descendu aux enfers ientens deuoir estre entedu quil fit ce que au tẽps iadis fut familier aux tresgrans Roys gentilles/ Cestassauoir par les choses celestes et secretes de nigromancie auoir voulu par les faulx et mauuais esperis auoir este fait certain des choses qui sont aduenir/et que a ceste cause incontinent il ala au port des bayes

Leoncius

au lac auerne qui estoit lieu tresaise ⁊ cō
uenable/ ⁊ que la il sacrifia aux infernaulx du sang de mesenus occiz/ ⁊ par
autres cerimonies detestables fit que
aucun des detestables ⁊ pris prouoque
parforce denchantemens vint sur terre
Et prenant vng corps fantastique cō-
parut/ ⁊ respondit aux choses quon lin
terrogoit/ ⁊ par aduenture lui predit au
cunes choses de sa sucession future. La
deification nest autre chose sinon vne
sotie des sotz dignes de risee. Je le croy
estre occiz ⁊ gette au fleuue numicus/
⁊ de la estre mene en la mer/ ⁊ auoir este
viande aux laurentins ⁊ poissons de iu
stice.

De ascanie filz de eneas q̄ engendra iulie siluie ⁊ Rhome. chap. iiii^e.

Virgili^o Comme il plaist a virgile ascanie
fut non point seulement filz de
eneas ⁊ de creuse/ mais aussi compaignon en la fuyte de lui ⁊ des labeurs en
querant royaume/ comme icellui virgile amplemēt tesmoigne par toute sō
eneide. Mais tite liuie qui eut plus grā
de sollicitude ⁊ cure de la verite de listoi
re nafferme point ce pleinement/ cest as
sauoir si ascanie fut filz de creuse ou de
lauinie/ quant il dit ascanie filz de eneas nest poīt encores meur par aage po^r
lempire ⁊ seigneurie. Toutesfois icellui
empire lui demoura antier iusques a
laage de adolescence. Et pendant ce pe
tit temps soubz la tutelle muliebre/ car
en lauinie estoit si bonne esperance de
vertu. Je ne doubteray poīt que la cho
se ⁊ pays latin ⁊ le royaume paternel
de ses ayeulx lui demoura. Qui est
cellui qui affermera pour certain chose
tant ancienne si cestui a este ascanie ou
plus grant que cestui qui est ne de creu
se ⁊ troye estant en son antier/ et apres
compaignon de la fuite paternelle/ lequel mesmes la gent iulie appelle iule
auteur de son nom. Toutesfois il est
certain que ascanie fut filz de eneas en
quelque lieu ⁊ de quelque mere il ait este
engendre. Ce sont les paroles dudit ti
te liuie. Mais eusebe en son liure des Eusebi^o
temps cuyde ascanie auoir este filz de
creuse. Et appelle lautre siluie posthu
me ne de lauinie. Ascanie perdit sa me
re a troye. Et comme il appert amplement par virgile il se porta tresvaillam
ment auecques son pere contre les ennemys. Seruie afferme quil eut plusieurs noms. Car il fut comme virgile Seruius
dit appelle iulus ⁊ Ilus. Mais lenfant
ascanie auquel est maintenant adiouste pour surnom Julus estoit ilus quāt
Ilie ⁊ la chose publique dicelle estoit ⁊
demouroit au royaume ⁊ seigneurie
Et cestui mesmes est appelle dardane
et Leondamas pour le reconfort ⁊ so-
lage de ses freres mors. Et ainsi ap
pert que eneas eut des autres enfans
oultre ascanie de ladicte creuse. Et de
uons scauoir selon Seruie des noms
de cestui. Premierement il fut appel
le ascanie pour le fleuue enphrigie nom
me ascanie/ comme oultre ascanie sonnant. Apres fut dit Ilus pour le roy
ilus. Et apres fut nomme Julus quāt
Mezencius fut occiz pour la premiere
barbe de lui/ laquelle au temps de la
victoire naissoit. Toutesfois cestui A-
scanie receut ⁊ eut signe ⁊ demonstrā
ce dempire ⁊ seigneurie aduenir luy e-
stant encores bien petit. Affin que nous
suyuons en ce vng peu virgile. car quāt
le pere ⁊ le grāt pere cōsultoiēt de la fui
te future vne flambe apparut au hault

du chief dudit ascanie sans lui faire aucune lesion. Et voyans les dessusditz qui se parforsoient de lesteindre. ⁊ ainsi quil est dit finablement il fut compaignon en ladicte fuyte auec son pere / et souffrit moult de labeurs auec lui. Et quant icellui eneas fut ale de vie a trespas / ⁊ que ascanie fut successeur ⁊ eut receu icellui Royaume la victoire termina ⁊ fina la guerre par le pere acdmancee / car les autres dient que turnus et les autres que mezecius loccirent / mais seruie dit que selon caton la foy de listoire est telle / que eneas auec son pere vindrent en italie / ⁊ quilz combatirent contre latin ⁊ turnus qui assailloient ⁊ prenoient le pais / enlaquelle bataille latin mourut. Et apres turnus sen fuyt a mezencius ⁊ par laide de lui il renouuela la guerre / par lesquelz eneas et turnus furent ensemble prins / ⁊ que apres icelles guerres retournent contre ascanie ⁊ mezencius / mais quilz combatirent p singuliere bataille Et quant mezencius fut occiz ascanie acommenca estre appelle iulie / ainsi que peu deuant est dit Et comme eusebe escript quant cestui eut regne trente ans il fit la en vng pays nomme lauine vne cite nommee albe / ⁊ nourrit par tresgrande pitie son frere siluie posthume. les autres ce plus amplement recitent affermans quil fut regargue par ses amys de ce quil sembloit tenir en exil lautre femme de son pere lauinie / laquelle pour la creinte de lui sen estoit fuye aux forestz laquelle il rapella ⁊ lui restitua le royaume paternel quant il auoit ia constitue ⁊ deliberé sen aler a ladicte albe. Toutesfoys il engendra vng filz lequel il appella iulie siluie pource quil estoit ne aux forestz. Duquel aucuns veulent la familie et gent iulie estre venue. Finablement quant il eut regne trentehuit ans entre lauinie ⁊ albe aprouchant a la mort laissa son heritier son frere siluie posthume / pource quil veoit que son filz par laage petite quil auoit nestoit point conuenable pour gouuerner les cytoiens. Eusebius

De iulie siluie filz de ascanie. chap. lv^e.

Selon tite liuie Julie siluie fut filz de ascanie / ⁊ pource quil estoit ne par fortune ⁊ cas aux forestz / il fut surnomme siluie / Et la gent iulie de lui proceda / veu quil succeda au royaume a ascanie. Toutesfois eusebe au liure des temps dit quil fut filz de ascanie / mais que pource en la mort dudit ascanie il estoit petit ⁊ ne sembloit point ydoine au royaume / il laissa son frere siluie posthume successeur au royaume. Titus liuius

De rhome fille de ascanie chap. lvi^e.

Rhome fut fille de ascanie ainsi que escript solin des merueilles du monde disant que agathocles escript que le nom de la cite de rhome eut son commencement de ceste rhome fille de ascanie ⁊ mere de eneas. Et que aussi eraclides escript quant troye fut prinse aucuns achiuins vindrent en ce lieu ou rome maintenant est / ⁊ que la il print demeure par le conseil dune captiue qui estoit nommee rhome / ⁊ quelle de son nom nomma ledit lieu. Solinus

De siluie posthume filz de eneas qui engendra eneas siluie. chap. lvii^e.

Selon virgile Siluie posthume fut filz de eneas ⁊ de lauinie / lequel nasquit apres la mort de eneas / et a ceste cause est surnomme posthume qui est nom general a tous ceulx q naiscent apres que le pere est inhume ⁊ enterre. Et comme il plaist a plusieurs il est dit siluie pource que lauinie estant enceinte apres la mort de son pere latin ⁊ de son mari / et apres que ascanie eut occupe le Royaume doubtant lempire ⁊ seigneurie de luy ainsi grosse fuyt aux forestz / ⁊ la se mussa ⁊ enfanta / ⁊ a ceste cause lenfant ne aux forestz appel la siluie. Et ainsi quil est dessusdit ascranie Rapella sa marastre au Royaume paternel ⁊ nourrit son frere siluie daffection fraternelle / ⁊ quant il mourut il laissa heritier de son Royaume icelluy siluie son frere / pource que Julie siluie estoit trespetit. Et ledit siluie frere engendra eneas siluie. Certes les bretons desirant comme ie cuide annoblir leur barbarie adioustent a cestui vng aultre filz / disant quil engendra vng filz nomme brutus de lauinie niepce de sa mere. Et dient lastrologien auoir dit en la natiuite dicellui brutus quil tueroit son pere ⁊ sa mere. Aduint que sa mere mourut en lenfantant / et finablement quant il fut en laage de adolescence estant en la chasse il occit inaduertāmēt son pere / pour laquelle cause il fut chasse ditalie. Et dient que de la il sen alla en vne isle de grece nommee leogrecie ou il receut de loracle responce que lisle de lextreme occident lui estoit deue Il print a femme la fille du Roy grec nomme pandrasie. Et par lespace de trois ans nauigea auec ses cōpaignons ⁊ auec corinieus troyen / ⁊ que il deffit le Roy de aquitaine nomme gopherius Et gaigna lisle nommee albione en laquelle habitoient les geans / ⁊ la nomma de son nom bretaigne. Et nomma cornubie autrement dit cornoaille du nom dudit corinieus Et de la dient quil engendra vng autre brutus qui fut surnomme escu vert. Et de la apres dient vng autre Roy estre engendre a ladicte isle. et apres vng autre. Et ainsi proceder a innumerable lignee. Lesquelles choses iay delibere de laisser pource quelles ne me semblent point estre ne vrayes ne vray semblables. Quant le dessusdit posthume eut Regne trentehuit ans et quil eut laisse suruiuant son filz eneas siluie il mourut.

De eneas siluie filz de posthume q engendra latin siluie. chap. lviii[e].

Eneas siluie filz de siluie posthume tiers Roy des latins succeda a son pere. Duquel virgile parle ainsi. Regarde comment eneas siluie exquis par semblable pitie armes te rendra par nom. Cestui engendra latin siluie / ⁊ trespassa quant il eut Regne trente ⁊ vng an.

De latin siluie filz de eneas siluie qui engendra albus siluie. chap. lix[e].

Comme Tite liuie escript latin siluie fut filz de eneas siluie Et quant son pere fut trespasse il seigneurisa sur les albains / ⁊ par lui furent amenez les estrangiers habitās lesquelz sont nommez les latins priscres / cest a dire premiers. Et quant il eut Regne cinquante ans ⁊ quil eut engendre albe siluie leql il laissa suruiuāt. il trespassa Mais eusebe en son liure des temps descript ql a trouue en vne autre histoire q Latin siluie. v[c]. Regna a albe / Et quil fut filz de lauinie ⁊ de melampos / et

Titus liuius

Eusebi[us]

dune mesmes ventree frere de siluie posthume/lequel latin est icy mis quatriesme en lordre des roys.

De albe siluie filz de latin siluie qui engendra athis siluie. chap. lx.

Albe siluie fut filz de latin siluie/ et succeda au royaume de son pere. Quant il eut regne trenteneuf ans il laissa sondit filz athis successeur et trespassa.

De athis siluie filz de albe qui engendra capis. chapitre lxi^e.

Athis siluie fut filz de Albe/lequel eusebe aucunefois nomme siluie egyptien. Cestui quant il eut regne vingt et neuf ans et quil eut laisse son filz suruiuant il fina ses iours.

De capis siluie filz de athis qui engendra carpente siluie chap. lxii^e.

Capis siluie fut filz de athis. Aucuns vealent quil edifia et fit la cite nommee capue iadis cite renommee en champaigne/lequel quant il eut regne vingt et huyt ans il laissa en son trespas le royaume a son filz carpente

De carpente siluie filz de capis qui engendra tyberine siluie chap. lxiii^e.

Carpente siluie fut filz de capis Et quant il eut regne dixhuit ans en mourant il laissa successeur sondit filz tyberine

De tyberine siluie filz de carpente qui engendra agrippe siluie. chap. lxiiii^e

Tyberine siluie fut roy de carpente/et engendra agrippe siluie. Et quant il eut impere et regne sur les albains huit ans en passant le fleuue/lequel deuant albule les habitans appelloient la fin et limite entre les latins et etrusciens. Il cheut en icellui fleuue et et mourut. Et a ceste cause icellui fleuue perdit son ancien nom/et est nomme iusques au iour duy le tybre pour ledit roy tyberine qui fut en lui noye

De agrippe siluie filz de tyberine qui engendra romule siluie. chap. lxv^e.

Agrippe siluie engendre par tyberine succeda au royaume apres que sondit pere fut noye. Et quant il eut regne quarante ans en sa mort il laissa heritier du royaume sondit filz romule.

De romule siluie filz de agrippe qui engendra iulie siluie et auentine siluie chapitre. lxvi^e.

Romule ou Aremule siluie fut filz de agrippe. Cestui mit entre les montaignes ou romme apres fut edifiee les aydes et secours des albaniens/Laquelle chose fut lors reputee estre faicte cruellement. Et a ceste cause les hommes dicellui temps reputerent et cuiderent quil fut iustement foul droye et occiz/combien quil eut ia regne dixneuf ans/et quil laissa suruiuant a lui deux filz iulie et auentin.

De iulie siluie filz de romule. chap. lxvii^e.

Comme eusebe escript Julie sil uie fut le moins ne filz de Romule / et le grant pere de iulie procule / lequel sen ala a Rome auec Romule. Et la fonda la familie dicte iulie / de laquelle vindrent les cesars.

De auentin siluie filz de Romule siluie qui engendra procas siluie. chap. lxviii.

Auentin fut filz de Romule siluie et lui succeda au Royaume apres quil fut comme dit est fouldroye. Et apres quil eut Regne trentesept ans il laissa sondit filz procas et trespassa / Et fut enterre en icellle montaigne de Rome / laquelle despuis a este nommee de son nom auentin.

De procas siluie filz de auentin qui engendra emulie et numitor. chap. lxix.

Procas selon tite liuie fut filz de auentin / et Regna au lieu de son pere vingt et trois ans / et en son trespas laissa au Royaume son filz numitor

De amulie filz de procas. chap. lxx.

Amulie tesmoignant tite liuie fut le plus ieune des filz de procas. Cestui par force et mauuaistie secretement osta le Royaume a numitor qui estoit ancien de lui. Pline ou liure des hommes illustres et Renommez escript que procas leur pere laissa par testament que tous deux Regnassent chascun son an nee. Et quant le Royaume vint a amulie et que son annee fut passee il ne voulut point Restituer a son frere le Royaume / mais que plus est quant il eut pardonne a numitor il occit le filz de lui nomme lansus. Et pour oster lesperance de lignee par maniere de honneur il dedia a perpetuelle virginite a la deesse veste Rhee fille dudit numitor. Et quant il eut Regne sept ans ladicte Rhee enfanta deux gemeaulx / lesquelz il commanda estre gettez au tybre / et que ladicte rhee fut enfouye toute viue / mais pource que les ministres a qui ce meffait estoit commis ne peurent paruenir iusques au milieu dudit fleuue pource quil estoit grandement creu par les pluies du iour deuant. Ilz laisserent lesditz enfans au riuage dudit fleuue / et furent lesditz enfans trouuez et nourris par vng pasteur nomme faustulus Et quant ilz furent venus grans ilz occirent emulie / et Rendirent le Royaume au grant pere dessusdit numitor.

De numitor filz de procas qui engendra lanse et ilie rhee chap. lxxi.

Anse comme il est deuant dit fut filz de numitor. Et mourut cruellement occiz par son oncle amulie

De Ilie fille de numitor / laquelle engendra Romule et Remus. chap. lxxii.

Ilie dicte Rhee fut fille de numitor / et fut par force gettee et mise au nombre des vierges vestales par emulie. Et comme ouide dit quant elle cherchoit de leaue pour seruir aux sacrifices elle se endormit / et endormant son gea et lui sembla quelle estoit congneue charnellement par mars/et ainsi elle cōceut deux gemeaulx. Et quant elle les eut enfantez par le commandemēt du Roy elle fut enfouye toute dive. La fiction de ce que mars eut sa cōpaignee charnelle sera declaree la ou lon parlera de Romulus et de Remus. Il est necessite de faire fin a la genealogie des successeurs de dardane/pource que no⁹ navons point ceulx qui sont nez par ordre de iulie silvie. Une chose adioustee que de ceulx cy est ne et venu la clarte et excellance du monde et de la cite Rommaine gayee iulie et cesar dictateur

Cy finist le siziesme livre de la genealogie des dieux.

Icy commence le septiesme liure &
la genealogie des dieux selon Bocace.

De ocean filz du ciel et de Veste qui engendra vingt et quatre enfans tant filz que filles/desquelz les noms sensuiuent. La premiere fut eurimomy: la seconde perse: la tierce ethra: la quartiesme pleyon: la ve climenes la vi^e^ triton: le vii^e^ doris: le viii^e^ protheus: le ix^e^ corusices: le xe nereus: le xi^e^ achilous: le xii^e^ aiacus: le xiii^e^ pene⁹: le xiiii^e^ nilus le xv^e^ alpheus: le xvi^e^ crinisius le xvii^e^ tyberis: le xviii^e^ api⁹: le xix^e^ asopus: le xx^e^ cephysus: le xxi^e^ meander: le xxii^e^ pillira: le xxiii^e^ sperchius: le xxiiii^e^ le soleil Chapitre premier.

Les theologiens ont voulu ocean auoir este filz du ciel et de Veste lesquelz theologiens ont cuide toutes choses estre produites des le commancement/ou du ciel/ou de la terre/ou de tous deux. Ce que na point creu ne tenu milesius thales prince des philosophes ioniciens/qui neut point petite auctorite enuers les anciens/mais que plus est il cuida non point moins sotement que les autres ont fait que ocean cest a entendre la grande mer eut en elle pensee et nature diuine. Et toutes choses estre par elle produites/ou donner a toutes choses cause. Et fut par aduenture par ce meu/pource quil voyoit que en toutes choses ausquelles humidite cessoit/par necessite cessoit aussi la vie. Et pareillement voyoit que aucune choso ne pouoit estre engendree ou naistre sans humeur. Et a ceste cause il affermoit ledit ocean nestre point engendre/mais estre pere des dieux et de toutes choses. Homere semble auoir este aucunesfois de ceste opinion. Et principalement en son iliade la ou il introduit iuno disant. Ocean estre nascion des dieux/et tethis mere. Et Virgile a aucune fois suyui lopinion de ceulx icy disant. Ocean pere des choses. Pline en son liure de la naturelle histoire en louant cest element des eaues dit. Certes cest element seigneurie a tous les autres/car les eaues deuorent les autres/et esteignent les flambes et montent en hault/et attribuent a eulx le ciel. Et quant elles deuiennent en nuees elles estranglent lesperit de vie. Et ceste gecte et fait fouldres le monde discordant auec luy. Quelle chose peult estre plus esmerueillable que les eaues estant sur le ciel. Certes icelles eaues comme si cestoit peu de chose destre paruenue' a si grande haultesse rauissent les fleuues auec grande assemblee de poissons. Les eaues aussi souuent portent dessoubz les pierres portans autres pois. Et icelles cheans en terre sont causes de toutes choses qui naiscent. Cest merueilleuse nature si aucun veult considerer comment les bles sengendrent comment les arbres et buissons viuent/et comment les eaues montent au ciel/et comment elles donnent et baillent ame viuant et toutes les vertus de la terre. Cest le benefice des eaues. Les dessusdictes paroles sont de pline/et Vitrimie ne discrepe point a la dessusdicte opinion de pline La ou icelluy Vitrimie traicte de lart de edifier disant. Ceulx qui font et exercent les offices sacerdotaulx par les manieres des egiptiens monstrent toutes choses consister par la puissance des liqueurs. Certes cest chose ridiculeuse auoir creu les eaues estre commancement des choses. Mais pourquoy me courousseray ie contre telz filz ont

Homer⁹

Plinius

Vitrimi⁹

erre enuers les commancemens quon ne voit point des choses. Veu que ilz ont creu sotement enuers les choses q sont devant les yeulx. Car les egyptiens ont veu isis mourant. Et ilz se sont parforces la metre en leurs courages. Et que si elle ne estoit toute puissante que touteffois elle estoit trespuissante et estoit deesse et non point femme mortele. Les cretenses nont point eu de honte publier et dire dieu du ciel et de la terre Jupiter homme tres libidineux/ et le quel il auoiet enseueli. Ainsi doncques iceulx menes p aueuglee pensee ont creu ceux estre pl⁹ grās qui aucūeffois ont este faitz que ceulx qui les auoient faitz/ mais de ceste matiere ailleurs parlerōs. Ceulx qui ont cuide ocean cest a dire la mer estre pere ont pris de luy la genealogie des dieux Et veu quil est manifeste selon les autres quil eust pere. Nous lauons loge et situe au pres et selon lordre de leur Theod. vre a commencee. Et ainsi que theodōce escript/ ilz luy ordonnerent vng chariot/ affin que entre les grans dieux il ne allast point sans honneur. Et ont feingt quil estoit tire par baleines par les grandes mers. Et ainsi luy ont attribue tritons et haultz menestriers et gens qui couroient deuant luy. Et lui ont attribue tres grandes assemblees de grans poissons quon nomme phoca soubz la garde de protheus. Et luy ont fait tres grandes assemblees de nymphes qui lacompaignoient et luy obeissoient/ et luy ont designe et attribue tres grande lignee de filz/ et lont appelle de plusieurs noms. Reste descouurir les fictions. Et que ilz ont dit que ocean est tire par vng chariot descript le comprins de luy au tour de la rotondite de la terre. Et est dit estre mene par baleines. Car icelles baleines discourent par toute la mer/ et luy ont attribue tritons menestriers et coureurs deuant luy pource que la signification de son nom oeuure sans cesser Car triton selon aucuns sonne autāt comme terant et froissant la terre. Ce que la mer continuellement fait quāt elle se gecte continuelement aux riuages. Par son mouuement elle romp et gaste les terres. Et pource que ce nest poit fait sans aucun son/ il est nomme comme menestriers sonnant. Et est pource dit courir deuant pour ce que par le mouuement tres vehemēt et limpulsion de la mer/ le son est deuāt messagier au riuage tres certein de future tēpeste. Il est dit auoir assemblee de grans poissons nommes phocas. Car iceulx poissons ont la forme et similitude de veaulx en la partie deuāt Et paissent en terre par grādes assemblees comme beufz et vaches. Ilz ont dit que protheus estoit pasteur pource que la mer carpatique est tres abundāte desditz poissons. Laquelle mer fut iadis soubz la seigneurie de protheus. Lassemblee des nymphes ioinct a lui et a lui obeissante nest autre chose comme ie cuide que plusieurs et diuerses proprietes des eaues ou les accidans des eaues ioints continuelemēt a elles et a elles besongnans/ ou limpression en elles lune auec lautre comme imitans et resemblans choses obsequieuses et obeissantes. Oultre ce quil est nomme occean. Il est aussi appelle nereus: neptune: et mer. Et pource q ses noms conuiennēt a autres dieux no⁹ les exposerons la ou nous parlerons de eulx. Ce non occean lequel luy est propre il est ainsi dit tāt par les grecz que par les latins/ ainsi q Rabane escript. Raban⁹ Pource quil enuironne et comprent le monde en la facon de vng cercle. Et aussi quil est de couleur violete brune comme le ciel. Mais ie cuide que il est nomme acianes en grec qui en latin sõne et signifie noir. Car il est de si merueilleuse profondite que aucune chose transparente ne peult en luy apparoir

De eurinomi fille docean Chapitre ii^e

Eurinomi fut fille de ocean ainsi que homere afferme en son iliade disant. Eurinomi fille de ocean fluant derriere/elle est interpretee pasteur de fluctuacion ou des vens. Car elle fait tousiours fluctuer cõme nous voions les eaues de la mer. Et a ceste cause elle est surnommee de lexercice des eaues/et est dicte fille de ocean. Ou selon les autres qui veulent q̃ les vens naiscent des eaues que leaue paisce et nourrisse les vens. Cest adire que de leaue est baillee la matiere et sont les vẽs crees et faitz et ont leur puissance. Et ainsi elle est droictement dicte fille de ocean. Oultre ce homere la ou il parle de ceste cy introduit vulcan parlant a tethis requerant et demandant armes pour achilles. Et quil se veulle monstre prest/que quant il fut gecte par sa mere du ciel il fut prins boiteux et nourri par ladicte eurinomi et tethis. Ou il veult que nous entendõs que le feu est nourri par humidite et esperit. Lesquelz si faillent fault de necessite que le feu soit estaingt.

Homer^o Eurinomi filia retro fluentis ɩc.

De perse fille de ocean Chapitre iii^e

Perse fut fille de ocean/ainsi q̃l plaist a homere en son odissee ou il dit q̃lle fut aymee du soleil. Et q̃lle courut de lui ensẽble oete roydes colches et circes disant. Seur du sagace et industrieux poete. Tous deux furẽt nez par le soleil luisant aux mortelz/et de perse mere et fille de ocean. Leonce dit ceste perse estre appellee par hesiode etheclates/lequel nom sonne envers nous et signifie lune. Nous pouons assez entendre que ledit oete estant tres renõme roy envers les siens a peu faire ce que saturne fist qui commãda son pere uranius estre nomme le ciel. Et veste sa mere laterre/affin quil exaulsast et ampliast sa naiscẽce et lignee par noms exquis et excellans. Pareillement oete son pere le soleil et sa mere la lune. Laquelle est pour ceste cause dicte fille de ocean. Car elle semble naistre a ceulx qui aux rivages de la mer meurẽt des ondes et vagues de ocean cest a dire de la mer. Ou que par aduẽture icelle perse estoit venue a oete par ocean pere. Et a ceste cause est dicte fille de ocean. Ou pource quelle eut empire et seigneurie envers icellui ocean.

De ethra tierce fille de ocean et femme de athlas Cap. iiii^e

Ethra fut fille de ocean comme il est prouve par les vers douide quelle enfanta de athlas hyades et les seurs. Et la ou il est leu au livre des fastes. Ethra lignee de ocean par travailz et par forcemens meurs enfanta cestuy aux nymphes

De pleyon quatriesme fille de ocean et femme dathlas Chapitre v^e

Selon pol pleyon fut fille de ocean et femme de athlas. Ce que est ainsi conferme par ouide en son livre des fastes ou il dit. Pleyon est de la engendree auec athlas portant estoiles ainsi que la renomee est et les ioinct auec icelluy athlas Et enfanta les pleyades. Car pleyas est autant que pluye. Laquelle est faicte des vapeurs humides se eleuant de ocean / cest a dire de la mer en hault Et a ceste cause elle est dicte fille de ocean / et est dicte femme dathlas pource que ses manieres de vapeurs qui se elieuent des eaues / le plus souuent tournoyent sur le hault du mont athlas et des autres. Et cheent sur les habitans au pres qui prenotent et predient icelle pluyes.

De climenes cinquiesme fille de ocean et mere de pheton Chap. vi^e.

Climenes comme il plaist a theodonce fut fille de ocean et de tethis. Et pource quelle estoit belle / elle pleut au soleil. Et a ceste cause coucha auec elle et engendra delle pheton et les seurs. Pol dit quelle fut femme de merops egyptien. Et quelle impera et seigneuria auec sondit mary sur les extremes egypciens et moriens. Et que elle conceut de luy eridane qui est autrement nomme Pheton et lesdictes seurs. Mais leonce dit quelle fut fille de minius et de euriana sses. Et quelle enfanta de son mary merops iphydus et phylaces et pheton auec les seurs. Il fault considerer enuers cesdictes varietes que quant climenes est dicte fille du soleil et aymee du soleil. Humidite peult estre entendue. Car climenes est interpretee humidite. Et par ainsi est proprement dicte fille de ocean qui est la fontaine de toutes humidites. Et est aymee du soleil pource que ainsi que tulles recite en son liure de la nature des dieux / le soleil et les autres planetes sont plenes de humidite Ou pour mieux dire que la chaleur du soleil desechant lumidite suscite les nuees Lesquelles font phyton comme il est dit la ou il est parle de latone. Et trait et gete des lieux pleins de maraitz aucuns arbres / desquelz apres parlerons la ou traicterons de pheton et des seurs Si nous voulons entendre quelle fut femme et espouse de merops. Lors nous dirons quelle fut vne noble femme dame au riuage de la mer. Et que apres elle eut la dessusdicte lignee. Et par ce nest point oste que elle ne ait este fille de minius et de eurianasses imperans et seigneurians en iceulx pais Mais elle est surnommee du lieu come de la plus noble partie

De triton sixiesme filz de ocean Chap. vii^e.

Theodonce dit que triton fut filz de ocean et de tethis. Mais seruie dit quil fut filz de neptune et de sa femme salatie. Pol le nomme triton et afferme quil fut vne femme. Finablement soit homme ou femme tous conuiennent en ce quil fut menestrier et fleuteur de ocean ou de neptune. Mais pource que il semble plus se encliner a neptune Je croy quilz ont cuide que neptune et ocean fut vne mesme chose. Et tirent ouide a leur tesmongnagne disant. Lire de la mer ne demeure poit quant le dart a trois pointes est mis. Et apres dit tritone lapelle vert brun et comande quil inspire dune trompe sonnant / et reuocque et retire les fleuues et vndes diceulx ia par signe donne. et ainsi appert loffice de triton. Et quil soit masle comme theodonce escript. Quil soit filz de ocean ou de neptune il est assez par ce demonstre quil est filz de ocean ou de neptune quil est cause et fait de sonoreux mouuemēt deulx Les theologiens entendirent pour triton la clameur et bruit de la mer meue et frapāt aux riuages. Veu que triton selon les anciens est interprete son. Mais les autres ont bien voulu q̃ triton soit le son de la mer/mais non pas icellui son q̃ les vagues et undes font entre elles. Mais seulemēt icellui son que la mer fait en frapant contre les riuages. Et a ceste cause on dit et interprete triton comme bruyant ⁊ rompāt la terre. Et par ce tant selon les premiers que aussi selon les successeurs ilz ont voulu comprendre par icelluy son le mouuement de la mer aduenir plus grāt que acoustume. Affin que par icelluy son aduenant par plus grande violance triton mōstre sa seigneurie ⁊ puissance. Et les menestriers et fleuteurs par le chant des fleutes donnent a entendre que lempereur et seigneur pcheinement aduient. Pline en son liure de la naturele histoire semble vouloir et cuider que les tritons ne seruent point seulement aux poetes par nom feingt Mais aussi estre vray poisson de la grāde mer Et dit ainsi deulx. La legacion des olisipolences pource enuoyee nōcica au prince tibere estre veu et oup en une fosse chantant par une grande coquille de poysson de la forme ql naist De ce aussi lucan escript ainsi. Elle sans dangier entre les maraitz sechāt et bruslant les tritons/laquelle comme la renommee estoit la mer en tout son riuage souflant par une coquille murmuracions venteuses.

Plinius

Lucanus

De doris septiesme fille de ocean et femme de nereus Chap. viii[e]

Doris selon pol et theodonce fut fille de ocean et de tethis et fēme de son frere nereus. Et mere des nymphes comme seruie dit. Virgile en ses bucoliques fait memoire delle disant. Si doris amere ne te mesle point son unde quant elle passe les undes des seans. Aucuns veulent que ceste cy soit interpretee don. Pource que leaue a este exhibee et donnee par dieu comme tres oportune au mortelz pour don. Les autres veulent amertume estre entendue. Et que a ceste cause elle fut mariee auec neree dieu marin/pour ce que la mer est amere. Affin quil appere que ainsi que la femme est ioincte a lhomme perpetuelement. Pareillemēt lamertume est ioincte a leaue marine par mariage stabile. Elle est pource dicte fille de ocean/car lamertume naist de leaue de ocean par la chaleur du soleil. Laquelle apres est meslee en la mer mediterrien auql il est dit nereus

Virgili[us] Si tibi cu[m] fluct[us] ⁊c.

De prothee ancien et huitiesme filz de ocean qui engēdra melanthodes et idothee Chapitre ix[e].

Comme theodonce escript prothee fut dieu marin et ung prophete cler et renomme comme on dit et fut filz de ocean et de tethis. Quil ait este prophete apres homere en son odissee. Virgile tesmōgne en ses georgiques disant. Prothee prophete de couleur marin est en la mer carpacie de neptune qui mesure la grande mer aux poissons par chariot ioinct a cheuaulx de deux piedz. Et peu apres dit icelluy virgile. Car le prophete a tout congneu qui est ⁊ qui a este et que apres incontinant viendra. Certes il est ainsi veu et fait par neptune qui paist et

Virgili[us] Est i carpacio neptuni gurgite vates ⁊c.

nourrit les grandes bestes / et les laides phoces dedans la mer. Homere dit que quant menelae retournoit de la destruction troyenne / il interroga ledit prothee quil estoit aduenu des compaignons perdus. Et quil les contraingnit par force a prophetiser et rendre responce Pareillement virgile dit quil fut contraint par aristee le interrogant de la restauracion des mouches a miel. Mais ido thee fille de prothee enseigna menelae la ou aristee fut instruit des choses quil deuoit faire par le mere climenes. Et
Homer⁹ ainsi que homere dit que deuant quil donnast aucune responce / il se parforsa de prendre diuerses formes affin quil fust laisse. Et ainsi virgile dit / il est fait soudeinement vng horrible pourceau / et vng cruel tigre et dragon plein descailles / et vne lyonne aiant la teste de couleur de rouge brun. Et donnera ou son aigre a la flamme. Et ainsi saudra des liens / ou sen ira dedans les
Theod. petites eaues. Theodonce dit quil fut par natiuite de lisle pallenes ou de la montaigne et quil regna enuers les egyptiens et que heleine encore vierge et rauie par thesee fut baillee et recommandee a prothee. Et quant menelae auec ladicte heleine apres la destruction troyenne furent par tempeste impelles de venir deuers ledit prothee. Icellui prothee estoit homme ancien et circonspect et tres sage par esperance des choses Tellement que par sa consideracion et regart il congnoissoit les choses presentes et auoit antiere memoire des choses passees. Et comment les sages souuent font deuant disoit les choses aduenir par coniecture des choses passees Et de ce fut donne lieu a la fable que prothee estoit repute prophete. Les formes quilz dient quil souloit prendre et laisser. Je repute estre les affections et passions par lesquelles les hommes sont trauailles qui ont et portent la similitude dicelle chose a laquelle ilz peuent estre droictement faitz semblables. Il est necessite que icelles affections et passions soyent ostees en icelluy / duquel nous requerons le conseil / si veult droictement donner conseil affin que le courage de luy soit et demeure paisible aux choses sur lesquelles on linterroguera. Auec ce ceste fiction peult estre autrement declaree. Nous pouons prendre prothee pour diuinacion hydromantique. Et lors quil soit filz de ocean et de tethis pourra estre sans inconuenient expose et prins. Considere que telle dessusdicte diuinacion est faicte en eaue comme ce nom hydromancie sonne qui est dit ab hydros en grec qui signifie en latin eaue / et mancie qui signifie diuinacion / et toute eaue est de ocean et de tethis. Ce que il prent diuerses formes peult estre pource dit Car ce sacrilege est fait au pres des fleuues.
Lesquelz par la murmuracion et son de leurs cours representent et imitent plusieurs formes. Ou pour aduenture en ceste dicte operacion pour auoir ce qui est demande est de necessite les eaues estre meues / par lequel mouuement est ouye aucune murmuracion et diuerses formes sont veues. Par lesquelles ceulx qui en repos sont prennent vaticinacion et prophecie. Quant ad ce quilz le dient pasteur de neptune ou de ocean la cause est dessusdicte la ou est parle de ocean. Ilz luy attribuent vng chariot pour signifier les circonuolucions des eaues dicelle mer. Et que icellui chariot soit tire de cheuaulx a deux piedz est pource dit. Car icelle mer abonde en poissons nommes phoces desquelz les piedz la teste et presque tout le corps des le nombril en hault et au surplus sont poissons / et par ainsi veu quil a seulement deux piedz il les nomme che-

naulx a deux piedz

De melantho fille de prothee Chapitre .x^e

Melantho comme theodonce escript fut fille du vieil prothee/laquelle avoit de coustume de laisser ses robes et de chevaucher les dauphins et aler et vaguer par les mers de son pere. Et po^r ce quelle estoit belle/elle fut en la grace de neptune. Lequel se trāsforma en ung daulphin en applaudissant a icelle melantho/⁊ par ainsi la tira a son consentement et la transporta et viola. Barlaam dit que la verite de ceste chose fut que ceste fille attrait et tira a sa grace ung dauphin. Et quelle avoit de coustume aucuneffois seoir et chevaucher sur le doz dudit dauphin et quelle estoit portee par luy par la mer. Et que finablement il la raportoit au lieu ou elle estoit mōtee sur luy Toutesfois par quelque cause q̄ ce fut elle fut noyee en la mer. Tu te esmerveilleras par adventure une femme estre portee sans dommage dung dauphin. Et affin que tu ne cuides ce estre fabuleux. Il nous plaist adiouster de aucuns/nous avons leu en pline hommie grave escrivant que au rivage de la mer de afrique a ung lieu nomme hippones diaritus avoit este ung dauphin qui prenoit viande de la main des hommes/⁊ se disposoit et souffroit toucher des mains et se iouoit avec ceulx qui noyoient/⁊ portoit ceulx qui dessus luy montoient. Flavianus proconsul dafrique loingnit de oingnemens q̄ fleuroient bon. Icelluy dauphin par la nouvelete de ladicte odeur fut par aucun petit temps estonne ⁊ cōme mort fluctoit sur leaue. Apres il fut excite/⁊ comme sil eust souffert quelque iniure sen alla de la par aucuns moys sen retourner. Et apres retourna audit lieu et maison/⁊ pource que presque toute la province et pays acouroit audit lieu pour veoir icelluy miracle. Et que les ipotences se tenoiēt greves a cause des despences que ilz faisoient a cause de leurs amys qui la venoient. Icelluy dauphin fut par eulx occis. Oultre au temps de alexandre de macedonie au rivage de la mer de asie fut ung enfant qui fut si ayme dung dauphin q̄ quant lenfant sen alloit de la mer au rivage le dauphin le suivoit et au rivage et porte iusques a la rive espira icelluy dauphin et mourut Jaso egesidemus escript que ung enfant nomme hermes chevauchoit ung dauphin sur la mer. Une vague et unde soudeine noya icelluy enfant/mais le dauphin le raporta tout mort au rivage ou il lavoit prins. Et confessant clerement ql avoit este cause de la mort de icelluy enfant/ne se retira point dedās la mer mais en celluy rivage aspira ⁊ mourut Que fault plus dire/il nest point chose nouvelle et inusitee les dauphins avoir eu amities avec les hōmes. Mais pour retourner la dont nous sommes partis /aucūs dient que melantho est interpretee blancheur/laqlle vient de la continuele fluctuacion de la mer/⁊ est porte sur les dauphins et autres poissons. Et est violee/cest adire engorgee et de rechief restauree par neptune cest a entendre par la mer. Je ne scay dont ceulx cy ont ceci prins /veu que ie scay bien que melan en grec signifie en latin noir

Jaso egesidemus

De idothee fille de prothee Chapitre .xi^e

homerus Hidothee fut fille du vieil pthee cōme homere en son odissee tesmongne disant. Hidothee fille de prothee fort ancien marin iay tres grandement esmeu a cestuy le courage. Et vng peu apres la ou il parle de son pere prothee/ et quil introduit parlant au roy menelae disant. Prothee egyptien immortel qui scet les profun dites de toute la mer et qui est seruiteur de neptune. Ilz dient cestuy estre mon pere et mauoir engendre. Icelluy homere dit ceste idothee auoir trouue en chemin menelae en lisle pharos. Laquelle est au regart de lalexandrie de egypte En laquelle isle icellui menelae par la contrariete des vens estoit contre son courage detenu. Et quelle luy dōna conseil premieremēt quil allast deuers prothee. Et lui monstra que il deuoit faire. Finablement elle le mussa dessoubz des cuirs des poissons nōmes phoces auec trois compaignons en la fosse de prothee. Comme aucuns veulent hidotee est interpretee belle deesse par laquelle veulent estre entendue la transquilite de la mer par laquelle transquilite est fait que menelae peult aller deuers prothee.

De coruifices neufuiesme fille de ocean Chap. xii^e

Ainsi quil plaist a ciceron coruficees fut fille de ocean/ laquelle il afferme estre nommee chorion par les archadiens Et auec ce dit quelle pleut a iupiter/ et que icelluy iupiter eut delle minerue/ cest assauoir celle qui trouua les cheretes. Pourquoy elle a este dicte fille de ocean ce que a este aucune fois des autres dit. On peult respōdre quelle fut vne femme noble qui nasquit au pres des riuages de ocean. Ou si nous voulons ce q̄ aussi est possible ocean auoir este vng hōme noble et renomme/ et auoir este aussi nomme pour aucūe similitude quil auoit auec la mer ocean

nota que minerue trouua lart de faire les charetes

De neree dixiesme filz de oceā qui engendra les nymphes/ lesquelles sont plusieurs. Mais pource quil nest point faicte singuliere mencion si non de quatre/ ie metray seulement leurs noms. Il engendra doncques cymodoces/ tethis moindre/ galathee/ et arethuse/ et autres Chapitre. xiii^e

Les premiers theologiens des gentilz ont voulu que neree fust dieu marin et filz de ocean et de tethis maieur. Et luy assemblerent par mariage sa seur doris. De laquelle ilz veulent auoir receu lassemblee des nymphes. Neree est interpretee eaue. car neros en vulgaire grec signifie eaue Il est dit filz de ocean et de tethis/ pource que toute leaue vient et procede de luy. Et quil soit nomme et appelle p autre nom/ la cause peult estre pour ce quil est lassemblee et refuge de la mer Et par ainsi nest point fait en celluy tēps auquel ocean est fait. Pomponie mela recite q̄ hercules feist separer vne petite montaignete appellee abila qui estoit dedans la mer mauritaine de la montaigne despaigne nommee calpes Lesquelles deux montaignes estoiēt perpetuelement ioinctes ensemble Et que lors ocean la mer entra dedās les terres au milieu. Et que ainsi le ocean cest adire la mer mediterrenee fut faicte: et peult acquerir nouueaulx noms Neree mis auec sa femme doris/ cest a entendre auec lamertume des eaues engendra enuers nous plusieurs nymphes/cest a entendre plusieurs humidites/lesquelles par aduenture nestoient point par auant.

Des nymphes en general Chapitre .xiiii.

Nymphe est nom general de toutes humidites/laquelle chose pource ie dis. Car les humidites prennent diuers nõs selon les diuersites des choses/ausquelles elles seruẽt ainsi quil apparestra apres ainsi quil est dit Ces nymphes sõt dictes filles de neree & de doris pource toute humidite est deriuee de la mer. Entre cesdictes nymphes aucũes sõt marines/et sont appelees nereydes de leur pere neree. Homere en son yliade de ceulx cy en nomme trentequatre. Lesquelles il dit estre conuenues deuers tethis estonnee et esbaye pour la mort de son filz achilles. Les noms desquelles sont Glaucis Thalia Cymodoce Nisea Spio Thoi Cymothoi Actei Liminoria Meliti Jera Amphitoi Agani Doto Proto Pherusa Dinameni Doxa Meta Amphinomi Gallianira Doris Panopi Gallathia Nimertis Apsedis Gallianassa Climeni Janira Dianassa Mera Orithia et Amathia. Et oultre en dit estre des autres/desquelles si aucun auoit les noms Je croy quil congnoistroit facillement quelles demonstrent les proprietes des eaues de la mer/& les accidens et proprietes enuers icelles. Il en ya des autres qui sont nommees des fleuues & celles sont appelles nayades Pource que nays est interprete vnde ou commocion. Et a ceste cause sont dictes nayades pource que les fleuues fluent et sont en mouuemẽt cõtinuel De ceulx cy virgile en ses georgiques en nomme dixhuit/cest assauoir Climes Drimo xanto Lygea Philedoce Nisea Espio Thalia Cymodoce Cidippe Licoras Clio Berce Ephyre Opis Deiopea Arethusa et Achao. Lesquelles ie cuide signifier diuerses proprietes des fleuues. Et ne fait aucune chose au contraire aucunes des dessusdictes estre meslees entre les nereydes. Veu que deuons croyre et entendre que les fleuues & la mer conuiẽnent en aucunes proprietes. Il en ya des autres nymphes qui sont des fõtaines et sont appelles napees/ainsi cõme naptees Cest adire nourritures de eaue/car napte aux perses signifie norriture et incitement. Et combien que ce ne soit point des eaues. Toutesfois aucunesfois les vocables sont mis par aucune transumption/car les fontaines sont les nourrissemens continuelz des fleuues. Entre icelles fontaines en sont nommees neuf. Ausquelz la fontaine nõmee castalie est dedice. Je ne metray point les nõs dicelles pource quelles sont appelles muses/& dicelles est fait ailleurs plus prolixe sermõ. Il en ya des autres. Lesquelles sont dictes

Homer. Virgil.

des bois/et ceulx cy sont appelles dryades. Pource que dryas en grec est en latin ung arbre/ou ung chaine. Claudien la ou il traicte des louenges de stilicon entre ceulx cy en nomme sept Cest assauoir Leonthadome Neuope ne Thero Dicomartis Licaste Agaperte et Opis. Lesquelles ie ne doubte point que elles ne descriuent par leurs interpretacions en general les proprietes des arbres. Il en ya des autres lesquelles ilz ont attribues aux autres Et les ont nommees amadryades come amantes en especial les arbres (ou non point en general les bois et forestz.

Claudia.

Les autres sont des montaignes lesquelles ilz ont nomme oreades. Car oron en grec signifie en latin montaigne. Ainsi aussi les autres sont appellees humydes comme il plaist a theodonce. Lesquelles il dit estre nymphes des pres et des fleurs. Aristote dit que toutes ceux cy aucunes fois meurent et faillent ainsi que ceulx que on nomme panes qui sont les dieux des champs. Et que on nomme phanny qui sont les dieux des bois et forestz. Certes pline en son liure de la nature le histoire ne consent poît absoluemẽt que lesdictes nereydes ne sont point eaues/ou proprietes deaues disant. Lopinion que on a des nereydes nest point faulce que elles sont de coursage velu et couuert de escailles. Ouquel corsage ont figure humaine. Car une de ceulx cy a este veue au riuage Cest assauoir des olisipolenciens.

Theod.

Plinius

Et les habitans de la louyrent de loing et son chant triste delle mourãt Et lambassadeur de france enuers auguste escriuit plusieurs nereydes mortes apparoir au riuage. Pour laquelle opinion fortifier Pline adiouste. Jay aucteurs renommes en lordre de cheualerie que ilz ont veu en la mer gaditaine ung homme marin en tout le corps qui montoit par telle semblance sur les nauires en temps de nuyt. Et incontinant les parties de la nef esquelles il estoit assis/se agrauayent dedans la mer. Et se il demeuroit plus longuement sur icelles parties/elles fondoyent dedans leaue. Et que du temps de Tybere prince et empereur au tour du riuage des isles de la prouince lyonopse. La mer par ses undes et vagues laissa plus de troys cens grandes bestes de merueilleuse diuersite et grandeur. Et nen laissa point moins aux riuages du pais de sainctes. Entre lesquelles laissa des elephans et des moutons non chatres ayans tant seulement telle forme par blancheur et cornes. Et entre icelles bestes laissa plusieurs nereydes. Ce sont les parolles de pline. Et combien que ce puisse estre creu grandemẽt par homme cler renomme et bien erudit Toutes fois il nest point pareil a croyre aux femmeletes delirantes et aux hommes agrestes et ignares par ceulx qui asseurent sans rougir en face que ilz ont veu saillir des fontaines tres belles femmes. Lesquelles ilz nomment lammies. Et affin que nous ne soyons point trop tarres par la signification du vocable. Il ya aussi des autres nymphes/lesquelles les poetes ont tres souuent ainsi nommees/cest assauoir Circes Calisto Climenes et plusieurs autres semblables. Lesquelles ont este vrayes femmes. Desquelles aucune dessusdicte fiction nest entendue. Mais telles/ou pour telles on doit prendre et entendre filles vierges et nobles/et aussi mariees. Lesquelles sont pource dictes nymphes Car pour leur fleumatique complexion de laquelle elles abundent comme humides / elles sont molles delicates et tendretes. Et toute impression peult facillement es elles comme en choses deaue. Mais les femmes des villages et des champs le plus souuent ont lapeau rude / pour lumidite de elles qui est exhaurie par labeurs / et la chaleur du soleil. Et par ainsi elles ont a bonne cause perdu le nom de nymphes. Et ce souffise en general estre dit des nymphes.

De cymodoce fille de neree Chapitre.xv.

Seruius

Cymodoce est vne nymphe des filles de neree / laquelle Seruie dit estre interpretee le cours des vndes et vagues

De tethis moindre fille de neree et mere de achilles Chapitre.xvi.

Ouidius

La mineur tethis fut vne des nymphes. Duquel ouide dit ainsi / que quant elle eut prins conseil de prothee des choses que luy deuoyent aduenir / luy fut ainsi respondu. Prothee dit a la deesse de londe Concois et tu seras mere de vng iouuenceau qui par fortes et puissantes armes vaincra les faitz de son pere / et sera appelle plus grant que luy. Finablement veu que elle estoit tresbelle vierge. Elle fut aymee de iupiter / lequel touteffois esbahy par la responce dessusdicte / il se abstina de elle. Affin que par aduenture elle ne conceust de luy vng filz qui le chassast hors du royaume. Elle espousa pelleus filz du roy eacus et de luy conceut et enfanta vng filz nomme achilles. Lequel elle bailla a nourrir a chiron centaure. Et luy estant en la guerre troyenne / et quant il eut perdu les armes de son amy a la mort de petroclus / il impetra de vulcan neuues armes. A ceste fable donna cause et principalement a la respõce de protheus la euidente force de achilles veu quil est aduenu apres le vaticinement et prophecie. Leonce dit que ceste tethis fut fille de chiron et que elle habita et cultiua lisle nommee tethis. Et que elle nest point tant seulement appellee tethis ne reputee fille de la mer par ladicte isle en laquelle elle habita / que aussi par les meurs de son filz. Pource quil fut furieux et cruel a la maniere de sa mere. Et pource il est dict filz de tethis / cest adire de furieux. Et de la elle print son nom apres la furie de son filz veu que elle auoit autre nom par auant. Leocius

De galathee fille de neree Chapitre.xvii.

Galathee vne des nymphes fut fille de neree / ainsi que ouide en peu de motz monstre / disant en la personne de elle ainsi. Neree est mon pere et doris bleue ma enfante. De elle est vne telle fable. Vng tres bel adolescent sicilien nomme acis fut ayme de galathee / laquelle polyphemus cyclopien grandement aymoit et elle ne laymoit point. Ledit polyphemus vit vn iour icelluy acis assemble auecques galathee. A ceste cause ire le frapa dune grosse pierre et loccist. Et ladicte galathee le transforma en vng fleuue sicilien. La allegorie de ceste fable peult estre telle. Galathee est la deesse de blancheur. Par laquelle ie entends

Ouidius At michi cui pater nereus quē cerula doq &c.

la blancheur des undes froissans et rompans entre elles. Elle ayme acis cest a entendre que elle prent et recoit le fleuue. Car tous fleuues cheent en la mer.

Theod. Theodonce dit histoire estre estre mussee soubz ceste ficti on. Et dit que Polyphemus fut ung tres grant tirant en sicile qui amoit galathee fille de singuliere beaulte. Et la viola par force. Advint que il apparceut quelle se mesloit auecques le dessusdit acis adolescent sicilien. Et pour ceste cause indigne commanda icelluy adolescent estre occis / et que il fust gecte en ung fleuue. Le nom duquel fut apres par les habitans du pays donne audit fleuue. Mais il ne fist aucune chose par lamour de galathee qui ne le permit point.

De arethuse fille de neree Chapitre .xviii^e

I Ay trouue estre deux arethuses desquelles lune fut fille de neree et de doris. De laquelle est recitee une telle fable. Car ilz dient que ceste fut nymphe de elides et compaigne de dyane. Quant alphee fleuue de eliades la vit lassee et nue: et se lauant aux undes alphees. Incontinant il fut prins de la mour de elle et la voulsit prendre. Elle ayant peur sen fuyt. Quant icellui fleuue la suiuoit / et que elle vit que elle ne pouoit euader / elle pria sa dame dyane quelle luy voulsist ayder. Laquelle la couurit de une nuee. Icellui fleuue lenuironnoit. Par quoy arethuse de peur suant fut conuertie en une fontaine. Quant icellui alphee se parforcoit de mesler ses undes auecques les undes de ladicte fontaine. Icelle arethuse fut engloutye de la terre et transportee iusques en lisle orthygie. Et de la iusques en sicile. Et dient que ledit alphee la suyuit iusques la. En ceste fable est designe et signifie ung apparant mõstre Car il est certain que alphee est fleuue de elides qui a son issue aux syracuses de sicile. Ce que semble prouuer le philosophe Seneque en son liure des questions naturelles disant. Aucunes fontaines gectent aucun temps purgations comme arethuse en sicile Ou cinquiesme este par les olympies. Et de la vient lopinion que alphee penetre de achaye iusques la / et que il fait soubz la mer. Et icellui ne laisser iusques ad ce que il sault au riuage syracusan. Et pource aux temps et iours que les olympies sont les fientes des bestes que on sacrifie pour les victimes qui sont gectes au pres du fleuue la redondent. Ce sont les paroles dudit

Seneca Quidã fõtes certo tẽpore purgamẽta &c.

seneque. Doncques par cest aduenemēt ꝛ fait est trouue lieu a ladicte fable Toutesfois ouide par ses vers fait que pl grant miracle soit en ce veu. Quāt arethuse en ouide dit. Je suis vne partie des nymphes qui sont en achaye: ꝛ suis vne dicelles. Mais combien quil mōstre ceste cy engloutie de la terre / toutesfois il ne dit point quelle vint en sicile. Mais que elle sourdit en lisle orthigie Toutesfois on na point comment apres elle vint en sicile / mais en quelque facon que ce ait este ou que elle soit venue / il semble estre icelle mesme qui se cōfesse estre aymee par alphee en elide. Et ainsi estre venue par les ouuertures dessoubz terre iusques en sicile / ainsi que aussi semble que virgille tesmongne disant. Doris amere ne te entremesle point son vnde quant elle fait son courps siquaniens dessoubz terre. Et ainsi la fontaine / et de la le fleuue vient de elide en sicile. Et pour ce que le fleuue ainsi fuyt on la presume lamour du fleuue enuers la fontaine. Lautre arethuse est vne fontaine en lisle nommee ithacie. De laquelle homere dit ainsi. Apres de la pierre et roche de corax et la fontaine arethuse. Mais leonce recite de ceste arethuse quil y eut en ithacie vng chasseur qui fut nomme corax / lequel impelle par fureur de luy se gecta du hault de vng rochier dedans la mer Et a ceste cause icelluy rochier est nomme du nom de luy corax. La mere de luy qui estoit nommee arethuse ce voyant et frapee de douleur se gecta en vne fontaine procheine en celluy rochier et se noya. Et ainsi donna par son nom le nom dicelle fōtaine. Et par ainsi sont deux fontaines qui sont nommees arethuse. Solin des merueilles du mōde adiouste vne tierce fontaine affermant que en thebes ya vne fontaine q est aussi appellee arethuse. Mais il ne dit point en quelles thebes ce est.

Virgilius Sit ubi ai fluct' subter la bere sica nos do ris amara suā ꝛc.

Homer'

De acheloe fleuue filz de ocean qui engendra les seraines Chap. xix^e

Acheloe fleuue cōme pol dit fut filz de ocean et de la terre. Seruie dit que tethis fut sa mere. Theodonce lapelle filz du soleil et de la terre. Homere en son iliade dit que non point tant seulement achelous. Mais aussi tous les fleuues sont filz de oceā disant. La grande puissance du tres parfont ocean / duquel tous les fleuues et toute la mer et tous les puis de long fleuent. Que la terre soit mere des fleuues il peult estre compris par virgile en ses georgiques disant. Ja elle alloit esmerueillant la maison de la mer et les royaumes humides ꝛ les lacz clos par fosses et trous et les bois resonnans esbay par le grant mouuement des eaues regardoit tous les fleuues cheyās dessoubz la grāde terre Veu doncques et considere que les fleuues sont au ventre de la terre deuant quilz saillent et quilz fluent et viennent du ventre delle. La terre est bien dicte mere des fleuues. Ce que theodonce dessus disoit nest point sās raison. Car les plusieurs veulent que aucunes eaues soient amenees par lactraiement du soleil aux cauernes de la terre par lumidite des vapeurs suyuans la chaleur du soleil. Lesquelz euapores aux fons de la terre qui sont froitz sont conuertis en eaue / lesquelles eaues viennent sur la terre p ouuertures celees en elle ꝛ sourdēt en fōtains ꝛ fōt aucuesff vn fleuue. Ce q est icy dit de la naiscence de ce fleuue est neces-saire que on entende des autres. Affin quil ne faille ce redire touteffois quon fera mencion daucun fleuue. Le des-susdit fleuue comme ouide dit estoit iadis note et renomme par deux cor-nes. Finablement il demanda a ma-riage deianire fille du roy de celi-doine nommee coeneus / laquelle estoit fiancee a hercules. A ceste cause il eut contencion et debat auecques luy / au-quel debat il se transforma en diuer-ses figures. Et finablement fut vain-cu: et fut priue de lesperance dudit mariage et de vne de ses cornes. Oul-tre ce lactence et seruie dient quil fut le premier qui mesla vin en breuuage. Ce que aussi virgile tesmogne / disant Acheloe mesla les breuages aux vins trouues. Ilz veulent quil fut pere des sereines. Pource cy entendre / il fault scauoir que le fleuue nomme acheloe court de la montaigne nommee pyn-dus comme pline escript. Et ainsi que bibius sequester en son liure des fleu-ues afferme. Ce fleuue fut le premier qui saillit de terre. Et comme pline dit il diuise acarnauie de etholie / et va par les pays des perebiens fluant en la mer et riuage nomme maliacus Et a a luy contraires les isles nomees thynnydes / et par le continuel amasse-ment des terres desdictes isles / il ad-ioinct aucunes de icelles a la terre fer-me. Le debat et noise que il eut auecqs hercules / nous exposerons come il vie-dra a nostre propos la ou nous escrirons des labeurs dudit hercules. Je cuide les anciens auoir voulu entendre au-tre chose pource qui est dit que il mes-la le vin aux breuages / si non que pre-mierement en son pais en grece les vi-gnes furent premierement plantees. Lesquelles nestoyent point par auant en vsage. Et ainsi en icelluy lieu et par icelluy lieu le vin a este premierement baille a boire. Il sera dit au prochein chapitre des sereines

Ouidius · Plinius

Des sereines filles de acheloe Chapitre .xx[e]

Seruie et fulgence dient trois sereines auoir este Et filles de acheloe et de la muse caliope. Et dict que lune chante par voix et lautre par vne harpe et lautre par fleutes. Leonce dit que les sereines furent quatre ain-si nommees. Cest assauoir Aglaosi Telciopi Pisuo et Iligi. Et que elles furent filles de acheloe et de la muse thersicores / et adiouste la quatriesme chantant de vng taborin. Ouide dit que ceulx cy furent compaignes de pro-serpine. Et quelles quirent long teps icelle proserpine rauie. Et quant elles ne la peurent trouuer / elles furent con-uerties en monstres marins ayans les faces de vierges / et le corps femmenin iusques au nombril / et de la en bas estre poissons. Lesquelz alberice dit a-uoir eles et adiouste quilz ont piedz de iaux. Et que elles retiennent encores la dotrine de la modulacion et harmo-nie. De laquelle elles vsoient deuant leur transformacion. Par laquelle el-les chantent tres doulce melodie. Oultre ce seruie dit que elles sen alle-rent premierement au pres de ladicte montaigne des pelores qui appert de dans la mer de sicile. Apres de la sen allerent en lisle capree. Pline dit que naples des calchidies et la parthenope est appellee de la sepulture de la sereine Et ainsi la nous auons cinq sereines. Apres peu de sentences icelluy Pline dit vng serein micerie surentin auec-

Leonc[9] · Ouidius · Alberici · Seruí[9]

ques le lieu eleue en la mer de minerue
Aristote Aristote la ou il traicte des choses mer
ueilleuses a ouy ce que au lieu dernier
en italie la ou pelorus est tranche et di
uise de a pennin et la ou il fait chemin
de la mer tyrrhenien en la mer adriati/
que quil ya la des isles ou habitent les
sereines. Et quil ya la vng temple sa
cre a elles/lequel est moult hõnore par
sacrifices par ceulx qui la demeurent
Et veu quelles sont trois il est conue
nable que nous disons leurs noms.
Doncques lune dicelles est appellee
parthenopie/la secõde leucosie/la tier/
ce est nommee ligie. Ce sont les pa/
rolles du dessusdit. Oultre on dit
que ces sereines par la doulceur de
leur chant tirent en sommeil les nau/
tonniers. Et que quant elles les ont
endormis/elles les neyent. Et quant
elles les ont noyes/finablement elles
les deuorent. Et a ceste cause les an/
ciens les peignoyent entre les os des
mortz aux pares Et aucuns dient el/
les estre mortes par douleur. Pour ce
que elles ne peurent tirer a elles Vlixes
qui par la passoit. Ainsi que homere
Homer⁹ descript en son odissee/ie me recorde
auoir ce leut de elles. Maintenant est
a cõsiderer ce que ont entẽdu ceulx qui
ont icy feingt. Deuant tous autres
Palefat⁹ Palefatus en son liure des choses in/
credibles escript que elles furent fem/
mes amoureuses et communes qui a/
uoyent de coustume deceuoir ceulx q
Leonci⁹ par la nauigoyent. Et leonce dit que
on a par tres ancienne renommee aux
estholiens que les premieres femmes
amoureuses et cõmunes grecques fu
rent aux estholiens/⁊ que elles furent
si exquises ⁊ si puissantes par faconde
meretriciale que elles auoient trouue
et conuerti a leur proye presque tout le
pays de achaye. Et que par ce on a
cuide ceste fiction et langaige et fable
desdictes sereines auoir prins de la sa
naiscence. Et ainsi icelluy fleuue de
estholie est dit leur pere. Pource que en
ce dit lieu leurs premiers deshonne/
stes seruices acommencerent. Et af/
fin que nous entendõs par le pere fleu
ue cheant et courant la concupiscence
lasciuieuse et effluente des femmes a/
moureuses. Ausquelles pour leur fa/
cunde doulce presque de toutes leur
est attribuee pour mere calliopes/cest
a entendre bonne sonorite. La premie
re de icelles est appellee Parthenopie
pour ce vocable partheno qui est vier/
ge. Car les femmes amoureuses ont
de coustume que comme bien ensei/
gnees en leur mestier voulant prendre
et retenir les estrangiers qui ne les cõ
gnoissent que elles feignent les meurs
et condicions des vierges et des pre/
dictes femmes de bien. Et que elles
tournent et gettent leurs yeulx vers
terre/et que elles parlent peu. Et fei/
gnent de estre honteuses/et que elles
fuyent la touchement des hommes.
Et ieux et gestes lasciuieuses et sem/
blables choses. Affin que par ce les sotz
cuident estre loges en vng logis de hõ
nestete/et desirent et appetent ce que
ilz ne congnoiscent/lequel cõgneu doi/
uent fuyr. La seconde sereine est nom/
mee Leucosie par ce vocable leucos
grec qui en latin signifie blanc. Du
quel ie cuide estre prins la beaulte de
la face et la decence du corps et des
vestemens/et lapparence resplendis/
sante des ornemens. Par lesquelz ain
si ornees marchent voluptueusement
Car si les choses dessusdictes leur fail
lent. Veu que les choses interieures
sont iugees par les ignares et non sca
uans par les exterieures/elles ne par
uiendroient point facillemẽt a leur in
tencion. Considere que les laides ⁊ po
ures sont de leur nature mesprisees

La tierce sereine est nommee ligie dicte de ce nom grec iligi/qui en latin signifie cercle ou giron. Duquel la captiuite du sot est prinse. Car elle les tient si prins et sarres que combien qlz sachent et cognoissent celles quilz aiment estre tres mauuaises. Toutesfois ilz ne peuent combienn qlz le veulet rompre les liens delles le chant de ceulx cy ou p voix ou par instrumens de musique. Que pouõs nous autre chose reputer que les parolles delles doulces et mel lifluees: gemissemens: blandicies et lacivieuses visees et deshonnestes Par lesquelles les nautonniers emprisonnes Cest a dire esbahys sont tires a someil et dormicion par telles/cest a entẽdre a oubliance de soy mesme par folle esperance iusques ad ce que ilz ont mange et gaste par ceulx cy leurs marchandises et facultes et quilz ont donne leurs nauires Et ainsi ilz sont plonges nõ point en la mer. Mais en lordure de deshonneste luxure. Et sont deuores par ses nõ point marins. Mais interieures monstres. Lesquelles dictes femmes denuees et degectees aux pres cest a dire aux delices sont assises sur les os des miserables Cest a entendre des denues et pardus par memoires ou que elles les pressent par infame seruitude ilz ont dit quelles sont en forme de poisson des le nombericl en bas affin que cognoissions que iusques la est cõcede aux femmes auoir corps virginel cest a dire beau et decent. Affin q̃ lomme le desire et appete. Mais ilz croyent la concupisence libidineuse des femmes estre toute au nombericl au quel seul de sert tout ce q̃ reste dehors dudit corps par quoy il est compare propremẽt aux poissons qui sont bestes lubriques et cheantes. Et facilement discourent sa et la dedans leaue Pareillement voyons les femmes amoureuses discourir sa et la au plasir de diuers hommes ce qui est aussi designe par les eles delles Ilz ont voulu quelles eussent pies de gaux ou de poules pource quelles dispersent inconsiderement les biens de ceulx qui les croient. Quelles aient este compaignes de proserpine/ie cuide pource estre feingt. Car proserpine la sicilienne est prinse pour labondãce des choses De laquelle sensuit le plus souuent le desir et chaleur de luxure Et par elles sont ministres les delices des viandes et de oisiuite. Quant ceste abondance des choses est substraicte et demourant encores par coustume le desir comme il en vient. Quant on charche ladicte abundance des biens et que on ne la trouue point par la faulte delle le desir acroit et aduient quelle est quise iusques au bordeau. Oultre ce ilz dient que ceulx cy hantent les isles et riuages ce que est pource dit car ainsi aduient. Car telles femmes la congneues font la leur proye. Et pource elles de propos delibere hantent iceulx lieux ausquelz les estrangiers souuent viennent/affin quelles incongneues les puissent illa querre et prendre. De ces sereines isaye plein de dieu dit. Les sereines et diables sauteront en babiloine/ce que par aduenture en nostre age auons veu aduenir en la nouuelle babyloine. Les sereines sont dictes de ce vocable grec syron qui signifie en latin traict. Car elles cõme il est deuant monstre traient et tirent vng chascun. Ysaias

De inachus fleuue douziesme filz de ocean qui engedra iones/phoroneus et phlegeus chapitre. xxi.

pōponius

Comme pōponie escript inachus est vng grant fleuue de achaye q̄ arrouse les champs argoliciēs. Cestui cy cōme les autres est dit filz de la terre pour lequel les anciens veulent ql soit repute de inachus roy des syconiens duquel il est surnōme/lequel cōme eusebe dit regna quant balameus ou xerxes regnoit sur les assyriens / enuiron lan du monde trois mile trois cēs quarantesept. auquel temps iacob nasq̄t.

eusebius

De Jo fille de inachus ⁊ mere de epaphus. chap̄. xxiie

ouidius

Comme ouide escript Jo fut fille de inachus/⁊ delle il recite vne telle fable. Que pource q̄lle estoit tresbelle vierge elle fut aymee de iupiter q̄ la trouua retournant des bains paternelz/⁊ qui ia sen fuyoit ⁊ oroit ⁊ prioit / mais il mist sur elle des tenebres ⁊ la detint ⁊ opprima Juno du hault du ciel vit lesdictes tenebres ⁊ eut suspicion ⁊ descendit en terre ⁊ deffit icelles tenebres Jupiter ce voyant affin que son crime napparust il transforma icelle fille en vne vache / Juno loua icelle fille muee en vache ⁊ la requist grandement/laquelle iupiter contre son courage dōna a iuno. Juno incōtinent la bailla a garder a argus filz de aristides q̄ auoit cent yeulx/lesquelz deux ⁊ deux dormoient par fois. Jupiter eut pitie dicelle fille/⁊ enuoya mercure pour la deliurer de la garde dudit argus. Mercure prīt la forme dung pasteur ⁊ se mist auec ledit argus. Et quant il rendoit la raison de la fleute audit argus il le toucha de la verge par laquelle on separoit et apaisoit les guerres / laquelle estoit nōmee caduceus/par laquelle il lya ensemble tous les yeulx dudit argus ⁊ les myst en tresparfont sōmeil/⁊ apres par vng glaiue loccist dormant. Juno ce voyāt print les yeulx dudit argus ⁊ les mist en la queue de son oyseau qui est le pan ⁊ mist en la dessusdicte vache vne mousche guespe/parquoy elle infestee sen fuyt/⁊ en passant par plusieurs lieux ne laissa de courir iusques ad ce quelle paruint aux egyptiens/⁊ la se reposa/et p̄ la priere de iupiter elle fut par iuno restituee en sa premiere forme. Et cōme plusieurs veulēt elle enfanta a iupiter epaphe/⁊ lenuoya a son nepueu apis. ⁊ elle fut par les egyptiens dicte ⁊ nommee de io isis. Je cuide le sens ⁊ entēdement de ceste fable estre double/cest assauoir naturel ⁊ historiographe. Le naturel ie cuide estre tel/que selon la sētence de macrobe iupiter doit estre icy macrobi
prins pour le soleil/ lequel soleil ayme la fille du fleuue inachus/cest a entendre lumidite vitale de lancien humain affin quel face ⁊ besoigne aucune chose en elle/ainsi que aristote dit que lhōme ⁊ le soleil engendrent lhōme. Laquelle humidite selon la fiction fille de inach⁹ lors il enuironne de tenebres quant il acroit ⁊ augmente ⁊ conserue au ventre de la mere par son operation le fruit cōceu. Lesquelles tenebres iuno/cest a dire la lune a laquelle apartient amplier ⁊ acroistre les ouuertures ⁊ issues du corps/lors resoult quant elle est selon la maniere anciēne elle inuoquee ⁊ req̄se pource quelle est reputee la deesse de⁹ fēmes qui enfantent. Icelle iuno cest a entēdre la lune ameine ledit fruit a meure lumiere ⁊ clarte/lequel le soleil ia auoit transforme en vne vache / Cest a entendre quil auoit fait vne chose animee de lassemblee de lhumidite de lumeine semence. Et a ceste cause lhōme est dit transforme en vne vache. Car ainsi que la vache est vne beste laborieuse et fructueuse. Pareillement lhomme lequel est ainsi ne a labeur comme loiseau a voler. Le labeur desquelz cō

bien il est fructueux dieu le scet et congnoist. Cestui cy iane est finablement baille pour garder a argus/cestassauoir a raison/laquelle raison certes a tousiours plusieurs lumieres veillans po^r nostre salut. Certes mercure/cest a entendre lastuce de la chair doulce & amiable meine la raison a sommeil & dormitiõ par caduceus/cest adire tresmauuaise^s persuasions & occit/laquelle degettee & surmontee Juno cest a entendre la concupiscence des pminences & richesse^s des royaumes dessoubz la dessusdicte mouche guespe/cest adire laguillon de la sollicitude daquerir & le submet a la vache cest a lapetit humain. Et ainsi no^9 miserables prenons le cours & vagons & sommes menez de sa & de la flutuans & querans repos en icelles choses ausquelle^s nest aucun repos/mais continuel labeur y est/& tel quil nous meine angoisseux iusques a la derniere egipte/Cest aux tenebres exterieures ou sont ple^rs & sons de dens. Et si aide ne nous est baillee par le don diuin no^9 sommes faitz isis/cest adire terre/car isis est ainsi interpretee/& sommes conculteez de tous comme chose vile & degettee. Ce que dessu^s est escript est dit & declare cõme apartenant au sens naturel & mistique. Il sẽble deuoir soufire au sens histozial ce q̃ dessus est dit de isis fille de promethee.

Si nous voulons isis estre plus tost ceste icy que la egyptienne Theodonce & leonce tresconuenablement dient que ceste io ait nauige en egypte/ou quelle ait eu en aucun lieu le nom de isis/mai^s que plus est lũg des deux dessusditz dit quelle regna sur les iones & quelle les nõma de son nom. Et combien que lautorite doulde resiste moult aux choses dessusdictes/toutessoys linconueniẽce des temps aporte moult de foy Car tesmoignant eusebe en son liure des tẽps inachus regna sur les arginiens enuiron lan du monde trois mille troys cẽs quarantesept. Et icellui eusebe dit q̃l regna cinquante ans/dedens leq̃l tẽp^s il est necessaire q̃ io fust nee. En ce tẽps iupiter filz de lair peult estre duquel et de niobes fille de phozoneus nasquit apis & non point epaphe Les autres iupiters furẽt long temps apres cestui/desquelz le second fut du temps de isis fille de promethee/car icelle isis fille de pmethee flourit en icelle aage que phorbantes regnoit sur les arginiens. Et il est certain que en icellui temps argus fut qui toutes choses veoit. Et a ceste cause icellui eusebe en sondit liure dit que iones fut fille de inach^9 lan du mõde trois mille cinqcens quarantesept regnant a athenes secrops/& q̃lle eut lors la compaignie de iupiter/& quelle nauigea en egipte le quarantetroiziesme an dudit secrops. Subsequẽment icelluy eusebe ou dessusdit liure escript que lan du monde trois mille cinqcens vingt & neuf fut danaus roy des arginiens/et sa fille hipermestra & quelle mesme fut ou isis ou io. Finablemẽt en icellui mesme liure il afferme que hipermestra laquelle ilz nõmerent isis fut lan du monde trois mille sept cens quatre vingtz & trois regnant lyncee sur les arginiens & pandion a athenes/Leq̃l temps compete assez a iupiter cretence qui fut le tiers iupiter. Je esbahy de tãt de diuerses opinions des histoziens presque ne scay que ie doy tenir de ceste isis. Toutesfoi^s ie scay cecy que la cõformite du temps de isis de promethee auec iupiter & listoire laquelle si nest point vraye/toutessoys elle vraie semblable me tire plus a ceste isis que a aucunes des autres. Mai^s affin que ie retourne a aucunes choses qui sont par les autres dictes pour lallegozie de ceste io en laissant les aultres ilz dient que ceste cy fut feingte muee a iupiter en vne vache. Car elle auoit vne

Eusebi^9

vache en son enseigne en la nauire en laquelle elle nauigea en egypte. Et ainsi que fulgēce dit elle fut apres long tēps en grant reuerance des egyptiens/ et la enseigna aux egyptiens les lettres qui premierement vsoient de signes en lieu de lettres/ et les enseigna de labourer la terre. Et ainsi quil plaist a marcianus elle leur enseigna lusage du lin/ et que la elle premierement trouua les semailles et fit premieremēt semer. Et leur monstra aussi plusieurs choses vtiles et bonnes. Combien que saint augustin ou liure de la cite de dieu die aucuns escrire quelle estant royne vint de ethiopie en egypte/ et quelle espousa son nepueu apis qui apres elle et aucuns dient veult elle nauigea aussi en egipte. Eusebe escript quelle espousa vng nōme thelegonus/ et veulēt quelle enfantast vng filz nōme epaphe engendre de quelquun ou de iupiter ou de apis ou de thelegonus. Ceste cy a este reputee et eue pour deesse par tous les egyptiens pour les vtilitez eues et receues de ses doctrines Et quant elle viuoit fut honnoree par seruice de vin. Et cōme saint augustin ou lieu dessusdit escript apres sa mort elle fut si agreable aux egyptiens que si aucun disoit quelle fust hōme il estoit fait crimineux de peine capitale.

De phoronee filz de inache qui engendra egilae et niobes chap. xxiii^e.

Comme eusebe escript en son liure des temps phoronee fut filz de inache/ et fut le second qui tint le royaume des arginiens lors regnant belo ce sur les assiriens/ et leucipe sur les siciniens. Certes il fut homme de merueilleuse industrie et renōme par sapience Au temps duquel premierement la cite nōmee argos fut faicte plus renommee par loix et iugemēs/ car les istruitz et scauans en droit ciuil dict que le lieu qui est nōme forum qui est le lieu de la iustice ou len rent aux gens leur droit est nōme par cestui phoronee. Eusebe auec ce dit quil eut vng filz nōme egilae et vne fille nōmee niobes. Et auec ce lactence dit que cestui cy sacrifia premierement a iuno. Lactā

De egialae filz de phoronee chap. xxiiii^e.

Eusebe escript que egialae fut filz de phoronee apis fut filz de cestui Combien que aucuns le dient estre filz de phoronee/ ce que icellui eusebe semble vouloir combien quil die quil ait este conceu dune fēme mortelle de niobes fille de phoronee et premier filz de iupiter. Apres quil eut regne sur les arginiens et ql voulut aler en egypte il laissa le royaume de achaye/ mais il ne dit point en quelle region il seigneuria Il semble que eusebe discorde auec soy de apis lequel il dit estre filz de iupiter et de phoronee. Et affin quil semble quil ait vraiement escript il est possible que deux ont este dung mesme nom/ desqlz lung fut filz de iupiter et lautre de phoronee. Et ainsi le nom semblable a intrique la verite de listoire. Il appert par icellui eusebe quilz ont este deux desqlz cōme il escript lung fut roy des siciniens enuiron lan du monde trois mille deux cens vingt et neuf. Et lautre fut deifie des egyptiens lan du mōde trois mille quatre cens cinquante sept. Et eusebe dit cestui mesmes auoir este roy des arginiens lan du monde trois mille quatre cens cinquante sept. Et que quant il eut fait roy de achaye son frere egialae/ il nauigea en egipte Oultre

Eusebi⁹ ce icelui eusebe escript que lan du monde trois mille quatrecẽs ⁊ treze iupiter eut la compaignie de niobes fille de phoronee/⁊ que dicelle compaignie charnelle nasquist apis/lequel apres les egiptiens nõmerent serapis. Dieu voie la verite de ces choses/car ie nentens point ses intrications ⁊ ne les puis expliquer

De niobes fille de phoronee qui engendra apis. chap. xxv

Eusebe escript que niobes fut fille de phoronee. Combien que Geruasi⁹ tilleberiẽsis ⁊c. geruais tileberiense au liure des repos imperiaulx dit que ceste cy fut mere ⁊ non point fille de phoronee/ce que nest poĩt impossible que vng mesme nom soit a la mere ⁊ a la fille. Quant eusebe dit ⁊ apres lui lactence que iupiter se mesla auec niobes veu que deuant ce temps il ne cestoit mesle auec aucune mortelle/⁊ que delle il eut apis qui apꝰ phoronee regna sur les arginiens/⁊ apres fut dit ⁊ nõme par les egiptiens serapis.

De phegeus filz du fleuue inache. chap. xxvi^e^.

Si nous croyons a sainct augustin phegeus fut filz de inache q̃ Augusti. quant mourut lui estant encores ieune vng temple lui fut edifie en sa sepulture ⁊ choses diuines ordonnees/affin quil fut coulu ⁊ adore cõme dieu. car il auoit premierement institue ⁊ ordonne petis temples aux dieux ⁊ auoit fait a iceulx hõneurs diuins ⁊ auoit enseigne les hõmes rudes ⁊ inerudit de son royaume distinguer les temps par moys ⁊ ãs Par lesquelles choses il fut eu ⁊ repute des siens dieu.

De peneus trezeiesme filz de ocean qui engendra cyrenes ⁊ danes. chap. xxvii^e^.

Peneus est vng fleuue de thessalie ainsi q̃ les autres fleuues filz de occean qui est celebre ⁊ renõme par les vers des poetes ⁊ p les escriptz des historiographes qui a deux filles/cest assauoir cyrenes ⁊ danes.

De cyrenes fille de peneus qui engendra aristee ⁊ ses freres. chap. xxviii^e^.

Virgile tesmoignant cyrenes fut fille du fleuue peneus ainsi disãt Virgili⁹ Cerenes soror ipsi tibi ⁊c. O ma seur cyrenes aristeus triste par la tresgrande cure ⁊ sollicitude quil a de toy au fleuue de ton pere peneus. Iustin dit que ceste cyrenes fut rauie par apollo ⁊ quelle lui enfanta aristee et ses freres. Ceste cy fut fille selon la verite du roy peneus regnant en penee. La fable ⁊ histoire est au plein descripte par cy deuant la ou il est parle daristee.

De danes fille de peneus. chap. xxix^e.

LA Renommee trescõmune est que danes fut fille du fleuue peneus ⁊ quelle fut vierge tresbelle et presque iusques a vne vielle delirante / ⁊ aimee de phebus / ⁊ que quant elle fuyoit icellui phebus par la pitie des dieux elle fut conuertie en vne arbre nõme laurier / et quelle fut de la prinse par apollo poᷣ orner ⁊ acoutrer ses harpes ⁊ ses trousses ⁊ fleches. Raison naturelle si ie ne suis deceu est touchee a ceste fable / car humidite doit estre prinse ⁊ entendue par danes / laquelle pcede ⁊ vient dicellui fleuue peneus en son Riuage. Ilz ont dit q̃ apollo layma pource q̃ il la tire en hault par la chaleur de ses Rays / ⁊ aucunesfois la Resoult en air / ⁊ de la vient lhumidite cõme naturellement est fait / car vne chascune chose fuyt ⁊ Refuse ce par quoy elle est tiree de estre en non estre / ⁊ se tire aux choses intrinseques de la terre q̃t apollo ne les peult tirer en hault elle fait son operation en elle. Et veu que icelle Region abonde en semence de laurier elle produit lauriers. Et aĩsi danes cest a entendre lhumidite fille de peneus semble estre conuertie en vng laurier. Noꝰ deuons veoir ⁊ cõsiderer a raison pourquoy les branches du laurier apollo a desdie a ses harpes ⁊ trousses laquelle Raison peut estre telle. La tres anciẽne coustume des grecz fut telle q̃lle honnoroit les victeurs selon la qualite de leurs victoires / lesquelles victoires estoient de plusieurs ⁊ diuerses facons en leurs sollennitez / ⁊ entre autres dons les honnoroient de chapeaulx de branches. Et pource que entre toutes les autres manieres dexcerciter ⁊ combatre ⁊ luyter. La maniere de phitins estoit celebrer plus dignement / car elle estoit faicte par apollo plus curieuse et ingenieuse cure ⁊ sollicitude en memoire de phiton surmonte ⁊ vaincu. Ilz dõnoient ⁊ decretoient au victeur en ceste bataille ⁊ luyte vng chapeau de laurier Et pareillement aux poetes ⁊ a ceulx principallement qui cõmandoient ⁊ rãdoient a perpetuelle memoire par vers heroique les faitz des grans ⁊ anciens / car il sembloit que ceulx cy ne peussent point sans la faconde de apollo. Et aisi quilz vouloient signifier par la trousse des fleches de apollo les combatans ⁊ luyteurs pareillement ilz vouloient demonstrer les poetes par la harpe Et de la est venu quon dit que la harpe et trousse dapollo est ornee de laurier / laq̃lle maniere est apres portee par vniuerselle gloire des choses aux Rõmains. et ceste dicte maniere fut enuers les Rommains de si grande existimation q̃lz ne deseruoient ne donnoient la couronne de laurier si non a ceulx qui deseruoient triumphe / excepte aux poetes qui sẽbloient auoir deseruy par labeur louable quilz auoient supere. Ce que le noble ⁊ Renõme francois petrarque a qui cest honneur a este ia baille tesmoignãt ses epistres disant. Les chapeaulx de fleurs sont aux vierges ⁊ les chapeaux de laurier sont aux poetes / ⁊ aux empereurs tout ensemble / ⁊ a tous deux est pareille gloire. Et napartenoit point a aucun de cõmune autorite decerner et donner cedit chapeau de laurier / mais ceste autorite ⁊ puissance estoit seulemẽt au senat / laquelle cõme aultres choses les princes ont apres furtiuement pris Il nest point secret ne incongneu quelle Raison a meu les inuenteurs a si exq̃se maniere de faire. Car Isidore ⁊ Rabane dient que le laurier est nõme ⁊ dit selon lancien temps laudus. Et de la les frons ⁊ chiefz estoient ornez signifiant louãge des victeurs par lesquelz la cho

Frãciscꝰ petrarca Florea ꝟginibus sunt / laurea serta poetis ⁊c se publique estoit gardee & augmentee Et des poetes par lesquelz les merites & bienfaitz des hommes estoient extollez & exaulcez par merueilleuses louanges Oultre ce cest arbre de laurier perpetuellement verdoie/pour monstrer par la verdeur dicellui arbre la renommee des choses bien faictes demeurer perpetuellement verte & en sa force. Et tout ainsi que icelle arbre seule nest point frapee de fouldre pareillement la verdeur de la gloire des dessusditz ne peult estre fouldroyee & blessee par enuie. Cedit arbre le laurier est auec ce sacree & dediee a apollo/pource quelle semble auoir vne occulte celee vertu de diuination/Car on dit que si aucun met des branches de cest arbre soubz la teste dung dormant il verra vrays songes. Et a ceste cause elle est dediee a apollo dieu de diuinatiõ

Du fleuue nõme nile xiiii^e. filz de ocean qui engẽdra minerue/hercules/venis mercure/& vulcan. chap. xxx^e.

Le nile est vng fleuue meridional separant egypte de ethiopie. & qui est filz de ocean & de la terre. Cedit nile selon aucun est nõme en latin melo Noz sacrez theologiens en leurs liures dient quil est appelle geon. Plusieurs choses merueilleuses sont recitees de lui.
Aristote: Aristote a de ce compose vng liure/ & le philosophe seneq̃ en ses questiõs naturelles a de lui plusieurs choses dit/et apres lui lucain. Pareillement & moy la ou iay traicte des montaignes & fleuues que laisse icy a escrire/po^r ce q̃l nest icy faicte mention si non de son seul nõ Si aucun desire veoir & scauoir de lui plus amplement quiere les volumes dessus alleguez/car maintenant nous poursuiurõs a traicter des dix filz a luy attribuez.

De minerue fille de nile. chap. xxxi^e.

Ainsi que tulles en son liure de la Tullius nature des dieux escript minerue autre aux dessusdictes fut fille de nile/ laquelle tesmoignant icellui tulles colent & honnorent les egyptiens nõmez saletes. Je cuide ceste cy auoir este vne feme renommee par prudence & artifice/et auoir este po^r ce dicte fille dudit nile/po^r ce que autour dicelui fleuue elle eust sõ empire & seigneurie.

De hercules filz de nile. chap. xxxii^e.

Comme tulles escript hercules autre aux dessusditz fut filz du nile Theodonce dit quil escriuit & enseigna Theod: aux phrigiens les lettres & luita auec antheus/lequel ie cuyde auoir este vng renõme hõme habitant autour du nile/& pource auoir este dit filz de lui

De venis filz du nile. chap. xxxiii^e.

Uenis cõme tulles escript fut filz du nile. Toutesfois il ne fut pas tout vng auec les autres/considere q̃l dit quil occist nyse Je nay point trouue quelle fut ceste nyse/toutesfois aucuns veulent cestui estre cellui venis qui eut guerre cõtre les yndes & quil fut deffait & occiz par perseus Auec ce aucuns cuydent cestui estre cellui qui cõbatit auec antheus/& auoir deseruy le nom de hercules pour la victoire eue

De mercure quatriesme filz de nile qui engẽdra le ve mercure & daphnis. chap. xxxiiii.

Mercure quatriesme au dessusdis fut filz du nile cõme il est leu au liure de tulles de la nature des dieux.

Theod. Theodonce dit que ce mercure fut hermetes trimegistre hôme piteux et apât en lui plusieurs doctrines. Et côme hôme gentile et payen auoit merueilleusement bien opine du vray dieu en son liure qil escript a asolepie de idolo Cestui fut en si tresgrande Reuerance enuers les egyptiês quil estoit chose indigne et mauuaise en leurs pais de lappeller p son propre nom. Je cuyde que ce fut po la Reuerance de la deite/affin que en le nômant on ne fist mention de lumanite et mortalite de lui/parquoy semblast aucunement estre derogue a la deite de lui. Oultre ce ilz voulurent que aucûs filz lui fussent attribuez ou engendrez.

De daphnis quatriesme filz de mercure. chap. xxxv^e.

Servius Daphnis côe seruie escript fut filz de mercure/mais ie ignore si fut filz de cestui ou plus tost dung autre/ie lay icy ainsi mis pource que ie lay trouue mis soubz cestui cy. Il fut vng ieune hôme de tresbelle forme et beaulte/et côme on dit fut pmier pasteur aux forestz

De mercure. v^e. filz du. iiii^e. mercure qui engendra norax chap. xxxvi^e.

Mercure cinquiesme ou nôbre du pmier ainsi que theodôce escript fut filz de mercure filz du fleuue Et depuis quil fut nôme cath par son pere il deseruit et acquit par sa singuliere et artificieuse science estre surnôme mercure et pour icellui estre colu et honnore. Ilz attribuent a cestui les ornemens et louâges des autres mercures. Et auec ce p theodonce a la ceinture de lui est adiouste vng geau/lequel le dit que quant il lui sembla que le lieu et lôneur de sô grât pere et de son pere quilz auoient par Renommee lui estoit oste. Il sen alla aux extremes parties doccidant/ Et quil fut la en tresgrande Reputation des occidêtaulx. et quil leur enseigna plusie^{rs} choses appartenans aux marchandise^s et aux mesures et poix des marchans/et que a ceste cause il fut par eulx Repute et nôme dieu. Linterpretation duquel nom est faicte par le trescler et bien renôme hôme francois petrarque/laqlle tres bien côuient auec le tiltre de deite/car il dit au liure des inuectiues contre le medecin ainsi Mercure lequel ilz nômêt dieu de parler et de parole ilz veulent pour ce ainsi estre appelle que il semble quil soit dit kyrius/cest adire seigneur des marchâs Ilz lui ont adiouste vng geau affin que nous laissons les aultres choses pour designer et signifier lindustrie nocturne des marchâs/de laquelle principalemêt ilz vsent en icellui temps en composant leurs marchandises/et en renoyant leurs comptes et debtes/et en pfaisant leurs chemins et autres sêblables choses necessaires. Ilz lappellent triphonus/cest a dire côuertible qui est tresconuenable aux marchans de ce côuertir et appliquer aux meurs de toute nation ausquelles ilz vôt et parfaire to^s leurs negoces par circuition et astuce de langage et traicter par engin et sagacite Et pource qil sen a la aux occidentaulx a este feingt par les egiptiens et grecz ql sen est ale dessoubz les terres. Julie celse ou liure de la guerre gallique faicte p cesar dit ainsi. Les gallois et francoys coulent grandemêt ce mercure et diêt ql fut inuenteur de môlt artz/et dient quil fut ducteur et directeur des voyes et chemins/et le Reputent auoir tresgrande puissance pour aquerir pecunes et marchandises. Ciceron en son liure de la nature des dieux dit ce mercure lequel est aussi appelle triphon auoir este filz de Cicero

daleus & de coronides. Leonce adiouste disant quil fut dune mesme uentree frere de esculape medecin qui fut fouldroye & quil sen ala aux occidentaulx pour la douleur de la mort fraternele. Eusebe
Eusebi⁹ en son liure des temps concorde auecques theodonce disant quil fut filz de trimegiste & flourit & fut en grande renommee quant stelenus regnoit sur les argiens.

De norax cinquiesme filz de mercure. chap. xxxvii^e.

Theod. Comme theodonce dit norax fut filz du cinquiesme mercure et de oscythra nymphe & fille de pirenee / ce que semble aussi tesmoigner solin en son liure des merueilles du monde qui auec theodonce dit pareillement cestui norax estre venu en sardinie & de la uille tharsale en espaigne. Et la quant sard⁹ filz de hercules eut nomme toute lisle de son nom Sardinie norax dessusdit y edifia vne uille & la nomma de son nom.

De vulcan filz de nile qui engendra ethiops & le soleil chap. xxxviii^e.

Comme ciceron en son liure de la
Cicero nature des dieux escript vulcan non point celui qui presida & seigneuria a leur nom / mais vng autre fut filz de nile. Les egyptiens lappellent opis & ueulent quil soit garde de egypte. Et deu que ie nay autre chose de lui leu ie croy quil fut vng renomme homme enuers forgemens & edifiemens / & auoir eu seigneurie aupres du nile / & que a ceste cause il ait attribue & dit filz de nile.

De ethiops filz de vulcan. chap. xxxix^e.

Ainsi quil plaist a pline en son liure
Plinius de la naturelle histoire ethiop⁹ fu filz de vulcan Et dit aussi que quant toute la gent de celle region qui apres fut dicte ethiopie fut appellee etherie / & apres athlacie. Finablement elle fut appellee par ce ethiops ethiopie qui nest pas petit argument quil fut vng trespuissant homme.

Du soleil filz de vulcan qui engendra pheton / phetuse / lampethuse / & iapaie. ch. xl^e

Tulles escript que le soleil fut filz de
vulcan egyptien / & que les egyptiens ueulent que la cite de lui fut heliopolis / car helios en grec signifie en latin le soleil. Theodonce dit quil regna en icelle cite / & quil fut vng tresclere & renomme roy / & quil fut nomme par propre nom merops / & quil eut a femme climenes et eut delle vng filz nomme heridanus / lequel nommerent pheton. Et eut aussi des autres filz. Mais leonce cuidoit quil fut vng mesmes ethiops / & quil fut appelle soleil de ses subgetz & amys par la renommee de ethiopie par lui occupee & conquise. Tullius

De pheton filz du soleil qui engendra ligus. chap. xli^e.

Pheton fut filz du soleil egyptien & de climenes comme il appert par les vers douide en la personne de climenes disant. Mon filz ie te iure par ceste clerte clere & noble des rays resplendissans / & laquelle clarte nous oyt & no⁹ ueoit que tu es engendre de ce soleil que tu regardes & qui attrempe & enlumine le monde. Ouide recite de cestui vne telle fable / que epaphus filz de iupiter & de isis ne cedoit ne honnoroit pheton / & lui dit quil nestoit point filz du soleil. et que a ceste cause icellui pheton se plaignit a sadicte mere laquelle le mena a la royale maison du soleil/et fut par lui tresbenignemēt receu. Pheton pria et demāda a son pere ql lui ottroyast ce ql auoit iure de lui dōner/cestassauoir quil lui pmist mener le chariot de la lumiere Quant le soleil lui eut ce dissuade et en vain/finablemēt icelui pheton instāt et demandant le soleil lui ottroya sa demande. Pheton q̄ neust point suffisāte force et puissāce pour gouuerner les cheuaulx du chariot et espouāte quāt il vit lescorpion il abandōna les reines des cheuaulx. A ceste cause iceulx cheuaux laisserēt le chemin acoustume qlz auoyent et mōterent maintenāt cōtre le ciel et autrefois declinoiēt cōtre terre/et par ainsi bruslerent toute icelle region/et secherēt plusieurs fontaines et fleuues et bruslerent presque toute celle terre. La terre esmeue dicellui bruslement ora et pria iupiter ql lui voulsist aider Jupiter meu par les prieres dessusdictes fouldroya pheton q̄ cheut au pade/et la fut p ses seurs ploure et enterre/et fut mis en sō sepulcre ce epitaphe. Icy est mis pheton recteur et gouuerneur du chariot paternel/lequel si na tenu touteffois il est cheust de grandes entreprinses. Ceste fiction selon mon iugemēt queuure hystoire et raison naturelle soubz escource espece de fiction/car il est creu p les anciēs ainsi q̄ eusebe en son liure des tēps escript/et apres lui orose en ses croniques que vng tresgrāt feu et bruslemēt fut au partir de grece et de orient au tēps que cecrops p̄mier roy des atheniens regnoit et q̄ cedit feu ne fut poīt fait p euure humaine/mais fut enuoye p linfluāce des corps celestieux/et q̄ tous ce dirent et nommerent le feu et bruslemēt de pheton/p leuure et fait de cedit feu vagant au loig et au large fut fait/et aduint q̄ plusieurs fontaines et fleuues furēt sechees et toutes semailles furēt redigees en cendre et que les buissons/bois et forestz furent sechees/et q̄ les citez et villes furēt abandōnees des habitans et les regions des peuples/et sembloit que presque toute la mer fut eschaufee et bouillante. et cōbiē ce eut perseuere par plusieurs moys aduint que enuiron la my autōne cheurēt grandes et merueilleuses pluyes qui esteingnirent icelle chaleur. Ces choses sont mises soubz fiction par telle raisō deuāt toute chose/leonce thessalien dit que pheton en latin sōne autant q̄ bruslemēt/et par ce il est dit filz du soleil/car le soleil est la fontaine et source de la chaleur. Et ainsi veu que toute chaleur sēble estre faicte du soleil Il est doncques par bōne raison feingt pere du bruslement. Climenes en grec signifie en latin humidite/laquelle pource est dicte mere de pheton/car la chaleur ne pourroit perseuerer sil ny auoit souffisante humidite. Et ainsi le filz semble estre nourry par humidite cōme par sa mere et par icelle perseuerer en estre. Ce que est dit que pheton demande et requiert a son pere quil meine le chariot de la lumiere ne deuons autre chose entendre q̄ vng desir ne aux sens vegetatifz des creatures de durer et augmenter/affin q̄ ie parle aux sens cōe des raisōnables/ce q̄ aussi pouōs dire de la tre priāt et orant Ce q̄ a este adiouste q̄ pheton eut peur cōbiē il vit lescorpion et ql laissa les reines et bridee des cheuaux et qlz mōterēt oultre la maniere acoustumee et qlz bruslerēt icelle ptie du ciel/et q̄ pareillemēt ilz descēdirēt en tre et qlz la bruslerēt/il est pris de lordre cōtinuel de nature/car au zodiaq̄ est lespace de .xx. degrez/cestassauoir du .xx^e. degre de la liure iusq̄s au .x^e. de lescorpion/ce q̄ les philosophes ont appelle la voie bruslee pource q̄ tous les ans quant le soleil va par icelle voie toutes choses semblent en terre estre bruslees car les herbes seichent et les fueilles des brāches blāchissent et cheēt/et les eaues sont tirees dedēs la terre/⁊ aucune chose nest aucunement en icellui temps engendree Et ainsi icelle partie du ciel est nomme par leffect quelle fait. Oultre ce ilz feignent que pheton fut fouldroie enuers la my autōne/car en icelui tēps en loposite de lescorpion ⁊ le soleil descēdent les pleyades orion et erydanus se eslieuent en oriant auec le signe du taureau qui prouoquent les pluyes ⁊ les exundations des eaues par lesquelles les bruslemens ⁊ enflambemens sont destains. Icelles pluyes nous voyons le plus souuent cheoir enuiron la my autonne ou deuant/⁊ long temps perseuerer. Et ainsi par leur operation toute la superficiele chaleur de la terre est estaincte. Quant ad ce quilz dient que pheton cheut en erydanus ie cuide deuoir estre ainsi entendu. Iginius dit en son liure de lastrologie des poetes que erydanus est daucuns appelle nile/et des autres ocean/pour lequel nous deuons prendre ⁊ entendre grande abondance des eaues. Et par ainsi entēdre que par la grande abondance des eaues les feuz ⁊ bruslemens cheent/cest adire sont estaintz Et ainsi nō point du tout absoluemēt cheent au pade comme aucuns moins considerās cuidēt. Quāt ad ce quilz feingnent quil fut fouldroie par iupiter ie repute deuoir estre ainsi entendu. Les poetes aucunesfois entēdent le feu pour iupiter/⁊ aucunesfoys lair lequel doit estre icy prins pour lair auquel les vapeurs humides montās sont assemblees en nuees/lesqlles nuees si elles sont esleuees par limpulcion daucun vent iusques a la froide regiō incontinent sont conuerties en eaues/lesquelles cheans nous nōmons pluyes/⁊ ainsi est fouldroye cest adire estaīt par iupiter/cest a entendre par lair faisant les pluyes. Oultre ce en laissant listoire vieille pouons dire que la chaleur est estaincte par latrempence dautōne suruenāt ⁊ est degettee en nuees. Toutesfois pol perusin dit que selon vng nōme eustace quē du temps que sparetus regnoit sur les assyriēs erydanus qui est aussi appelle pheton ⁊ filz du soleil egyptien auec abondance de ses gens/⁊ par la conduite de nile en nauigeant ꝑuint a la mer/⁊ aide par vens a son desir vint iusques au port ⁊ riuage nōme ligustin. Et lors fatigue par longue nauigation descendit la/⁊ par la persuasion de ses gēs disposa sen aler par les terres ⁊ pais moyens par les mers/Vng de ses compaignons nōme gennynus qui estoit debilite par le vomissement que la mer lui ꝓuoquoit fut a ceste cause ꝑ lui la laisse audit riuage pour icelui garder auec vne ꝑtie de ses nauires/lequel gennynus se ioingnit ⁊ assembla auec les hōmes siluestres qui icellui lieu hātoient/⁊ la edifia vne cite/⁊ la nōma de son nom genne cest a entendre gennes. Quāt eridanus eut surmonte les mōtaignes ⁊ ql fut paruenu a vne tresgrāde ⁊ fertile pleine ⁊ ql eut la trouue les hōmes rudes agrestes ⁊ feroces il lui sēbla ql surmōteroit ꝑ engin leur ferocite ⁊ sarresta aupres du pade. Et cōe icellui pol recite il sēble q̄ le dessusdit stace vueille que la ville nōmee taurin soit louurage dicellui erydanus/⁊ ql fut nōme erydanus. Quāt il eut par aucun tēps la regne ⁊ ql eut laisse son filz ligur il perit au pade/dont icelui pade est aussi appelle erydanus/leql les anciens egyptiēs pour memoire de leur cōpatriote le lougerent entre les images du ciel/⁊ ainsi aucuns semblēt cuyder q̄ ce a dōne lieu a la fable/⁊ principalemēt q̄ pheton soit fouldroie ⁊ degette au pade. Leonce adioustoit a cestui deux freres cestassauoir iphidus ⁊ phylax/⁊ estoiēt plus anciēs daage q̄ pheton/lequel ie nay point icy adiouste pource que ie nay autre chose trouue deulx.

Leōcius

De lygus filz de pheton. chap. xlii^e.

Ainsi que par les choses dessusdictes appert lygus fut filz de pheton auquel mort icellui ligus succeda quil nomma de son nom liguriens les peuples quil auoit en sa seigneurie.

De phetuse/lampetuse/ et iapecie filles du soleil. chapitre. xliii^e.

Phetuse/lampetuse/ꝛ iapecie cõme ouide dit furent filles du soleil/ꝛ sont aupres du fleuue nomme pade conuerties ꝛ transformees en arbres Et plourans la mort de Pheton ꝛ les lermes delles sont vne maniere de gomme dure qui est nommee succinum. Se nous enquerons la cause de ceste fiction ie cuide que ce ne furent point ces femmes/mais plus tost diuerses especes darbres autour des lieux boueux et ꝛ marescageux autour dudit fleuue/lesquelles arbres naiscent la delles mesmes par le soleil Et en la fin de leste q̃t la ferueur du soleil acommence a diminuer icelles arbres suẽt en maniere de larmes vne humeur iaune/laquelle humeur quant elle est colligee elle est solidee par art en vne gõme Et pource que par la vertu du soleil ainsi que dit est naiscent en lieux humides elles sont dictes filles du soleil ꝛ de climenes/ cest a entendre de humidite. Et par le soleil sont appellees elyades.

De alpheus fleuue quinziesme filz de ocean qui engẽdra orsilocus. chap. xliiii^e

Alpheus fut filz de ocean ꝛ de la terre Seruie le dit estre le fleuue de elydes pource quil court ꝛ fluyt a pise cite de elydes. Il est assez dessus dit la ou nous auons parle de arethuse que alphe⁹ ayma la nymphe arethuse laquelle fut conuertie en vne fontaine ꝛ quil la suyuit iusques en sicile. Icellui seruie par ces paroles desqueuure les flammes de ceste amour disant. Elys ꝛ pise sont citez de archadie en la quelle est vne grande fontaine laquelle fait delle deux lacz/cestassauoir alpheus ꝛ arethuse. Et de la vient quil est feingt quilz sont cõioinctz en leur issue combienquilz ne soient point ioinctz en leur naiscence/on dit que orsilocus fut son filz.

De orsilocus filz du fleuue alpheus qui engẽdra diocleus. chap. xlv^e.

Opsilocus fut filz du fleuue alpheus comme clerement homere tesmoigne en son iliade disant. Il fut riche en vie ꝛ pecunes. La generation de lui estoit du fleuue alphee/leql̃ amplemẽt court par la terre nõmee pylon/qui engendra orsilocus Roy de moult hõmes Et orsilocus engendra le magnanime diocleus/ꝛ dudit diocleus nasquirent deux filz gemeaulx. cestassauoir crito ꝛ orsilocus bien expers ꝛ scauans de toute bataille. Homere dit que cestui orsilocus habitoit en la cite dicte phyrus laquelle est aupres de alpheus. De ce appert qui est la cause de ceste filiation

Homer⁹ Diues in vita vel i pecuniis. generatio autem erat ꝛc.

De diocleus filz de orsiloc⁹ qui engendra crito ꝛ orsiloc⁹ chap. xlvi^e.

Comme par homere est assez mõstre diocleus fut filz de orsilocus Par ce appert le nom ꝛ la generation/ mais ie nay point quil ait engendre crito ꝛ orsilocus.

De crito et orsilocus filz de diocleus..chap.xlvii^e.

Crito orsilocus comme il est dit furent filz de diocleus. Quant les grecz se leuerent contre les troyens ces deux icy auec les princes des grecz cõiurans contre les troyens vindrent de la cite nommee phidus iusques au dernier pais de troye / et veu quilz estoient de tresgrant courage / et quilz se confiopent moult a la force de leurs corps deuant ladicte cite de troye vng iour aduint que acommencee la bataille ilz se oserent eleuer par armes contre eneas Et tous deux furẽt par lui occiz / et par le tresgrant labeur de menelaus et de antilocus filz de nestor le^s corps mors furent prins et soubstraitz des mains de leurs aduersaires et furent enterrez

De crinisius fleuue seziesme filz de ocean qui engẽdra aceste.chap.xlviii^e.

Crinisius fleuue fut filz de ocean et de la terre. Il court par sicile.
Seruius Seruie recite de lui vne telle fable / q̃ quant laomedon ne paioit point le pris et pacte quil auoit promis a neptune et a apollo pour ledification des murs de troye / et neptune courrousse eut enuoie et mis a troye les grans poissons et baleines pour la gaster / et que apollo en sõ oracle consulte et requis fut indigne et dit on quil respondit choses contraires Cestassauoir quil failloit obicer et geter a icelle grande beste filles nobles / ce q̃ on fit Hyppotes noble troyence voyãt et que hesione fille de laomedon par sedition estoit lie creingnãt q̃ ce pareillemẽt naduint a sa fille egeste secrete ment il la mist dedens vne nauire et labandonna a fortune / plus tost voulant quelle fust englotie des vndes et vagues de la mer lui non voyant que a sa presence elle fut deuoree dicelle grande beste Elle fut transportee par la force des vens en sicile et la le fleuue crinisius fut par fortune prins de la beaulte delle / et lui conuerty en vng chien ou en vng ours la print et engroissa / et eust delle vng filz nõme acestes. Le milieu de ceste narration est histoire et le demourant fable. Car ce qui est leu au cõmencement est feingt la ou il est expose et dit de laomedon. Et theodonce dit que ce qui est dit Theod. en la fin doit estre prins par coniecture veu quil na trouue aucune chose de ce escripte par les anciens. Et a ceste cause dit q̃l est possible que ceste vierge daucun puissant homme autour dudit fleuue crinisius ou elle estoit venue fust espeurie et par ce abandonnee a lui / car le^s cris et grandes paroles des menassans sont semblables aux latremens des chiens ou a lembrassement daucun hardy et audax / ce que semble appartenir a vng ours icelle vierge auoit este prinse et oprimee.

De aceste filz du fleuue crinisius.chap.xlix^e.

Acestes fut filz du fleuue crinisi^9 et de egeste troyenne tesmoignãt virgile en son eneide disant. Aceste horrible vient au deuant auec dars et peau Virgili^9 Occurrit acestes horridus i iaculis et pelle libistidis etc. dune ourse libistide / et la mere troyenne qui la conceu du fleuue crinisius.et celui recordant de ses anciens parens la engendre. Cestui Acestes estant ancien receut premierement en son hostel anchises et Eneas allans en italie / Et enterra en la montaigne de sicile nõmee erices / et anchises et eneas mors. Et finablement receut autrefois eneas qui descendoit de carthage et alloit la ou les vens le chassoient. Et la eneas edifia vne cite a ses compaignõs sebles & debilitez & la nomma egeste par sa mere acestis/laquelle fut apres nommee segeste/& la laissa soubz la seigneurie de aceste/lequel tant ceulx qui estoient la laissez par eneas que aussi les habitans du lieu lappellerent leur Roy.

Du fleuue nomme tybre dixseptiesme filz de ocean q̃ engendra citheonus. chap. l

Le fleuue nomme tybre fut filz de ocean. Il descent du coste dextre de appenin & diuise & separe les thusciens des vmbriens & campaniens et la cite de Rome/lequel est fait trescelebre & renomme par tout le monde et p les vers & ditz des poetes pource quil lui est aduenu veoir & auoir en soy la domination de toutes choses/& tant quil a surnomme xantus & simeontes clers & renommez par la memoire des grecz Il a eu plusieurs noms. Si aucun les desire veoir regarde le liure que iay escript des montaignes & fleuues. Il a pleu aux anciens que cestui cy ait engẽdre vng filz nomme tyberin.

De citheonus filz de tyber chap. li^e.

Citheonus fut filz du fleuue tiber & de manton fille iadis de tyresie prophete & vaticinateur de thebes cõme virgile tesmoigne en son eneide disant aussi cellui citheonus & filz de thusque assemblee des fleuues des pais des regions fatidiques qui a donne a toy mantue les murs de ta mere & le nom. Seruie dit sur les bucolique^s qui cestui est appelle par virgile bianores. Pomponie en sa cosmographie semble vouloir autrement opiner de ceste manto ou mãtone disant en descriuant le riuage asiatique ou est le temple libedos et du cler apollo que manto fille de tyresie fuyant les victeurs thebaniẽs ephigeniens & colophon & mopsus filz dicelui manto par ces parole^s appert que celle cy en fuyant print le chemin nõ pole doccidant mais dorient. Il est toutesfois possible que par tract de temps elle vint en italie/laquelle chose combien quelle ne soit point prouee/qui sera celui qui ne donnera foy a vng si cler vaticinateur & en la naiscence de sa cite

Virgili^9 [illegible] etiã [illegible]isag [illegible]itho [illegible]ab o[illegible] [illegible]fatidi [illegible]mã[illegible] & [illegible]usci fi[illegible]lius &c.

Põpõi^9 is Asiaticũ littus describẽs ibi libedos clarũq; &c.

Du fleuue axius dixhuitiesme filz de ocean qui engẽdra pelagonie. chap. lii^e.

Le fleuue axius fut filz de ocean & de la terre/duquel homere en son iliade dit ainsi. Axius & les vndes de lui est loing de amidona/leaue duquel est tresbelle & fluyt & court par la terre des paphlagoniens. Homere dit que cestui axius ayma perhibie la plus aisnee des filles de achessomenie & quil a compaignie delle/& eut delle vng filz nomme pelagonie.

De pelagonie filz de axius qui engendra asteropie. chapitre. liii^e.

Pelagonie fut filz du fleuue axius & de perhibie ainsi que homere en son iliade tesmoigne duquel ne me recorde point auoir autre chose leu si nõ quil engendra asteropie.

De asteropie filz de pelagonie. chap. liiii^e.

Homerus — Asteropie comme tesmoigne homere fut filz de pelagome lequel fut vng ieune homme hardi & robuste & qui vint auec les peoniens a laide des troyens. Et pource quil se cōfioit trop a sa force le vnziesme iour apres quil fut venu a troye et que achilles estoit courrousse pour patrocle qui estoit occis cestuy asteropie osa venir & courir au deuant de achilles et premierement le irrita par paroles Et apres contēdit contre luy par armes. Par quoy il fut miserablemēt occis par achilles.

De asope fleuue dixneufuiesme filz de ocean qui engendra ipsee & egine. chap. lve.

Asope fleuue comme on dit fut filz de ocean & de la terre. Ce fleuue court par ce beocie comme lactence (Lactancius) escript/et passe & court en epydagmon ainsi que tesmoigne vibie (Vibius) la ou il tracte des fleuues. Oultre ce ilz afferment quil fut pere de ipsee & de egine Quāt il sceut que icelle Ipsee auoit este corrōpue par Jupiter il le porta si aigrement quil leua guerre par vndes contre le ciel & les estoilles/comme estace (Stacius) escript ainsi. Ilz recitent que egine fut rauie des vndes paternelles & quelle fut mussee entre les bras de Jupiter. Le fleuue deuient furieux & courrousse contre les cieulx & planetes & dispose guerroyer. Les choses encores nestoient licites/& aucun nauoit este si audax quil gettast ses ires contre les superieurs Il mist la main a la bataille & si nauoit aucun qui peult requerir a son aide. On dit que iupiter fut esmeu cōtre lui & le fouldroya/ce que icellui estace tesmoigne disant. Jupiter fut contre asope courrousse quil lui faisoit guerre & iusques ad ce que icellui fleuue asope animeux par riues menassans encores ne cessa iusques quil fut abatu & regette par la force du tonnoirre de iupiter & du feu en .iii. lieux frapant Jupiter se esiouyt pouoir souffler la cendre dicellui fouldroyemēt. & les signes de ceste grande peine/& pouuoir souffler les vapeurs pareilles a celles de la montaigne ethna & les soufler iusques au ciel. La fiction de ceste fable touche telle verite. Leonce (Leoncius) dit que asopus fut roy de boecie & que le fleuue est de lui nomme. Quant iupiter de archadie eut amble audit archas [illegible]lle egine il assembla toutes ses puissances & fit guerre audit iupiter/et fut par lui vaincu & en fuite mis Ce qui est dit quil fut fulmine nappartient poīt au roy/mais appartient au fleuue Et pource que icellui fleuue passe par aucuns champs de souffre & que par ses vndes dicellui souffre suscite fumee/il fit & causa enuers les anciēs ire de fouldre.

De ipsee filz de asopus fleuue. chap. lvie.

Ipsee fut filz du fleuue asopus cōme il est prouue par les vers de estace. Il est aduenu a asopus quil a engendre ipsee par le taureau ayant quatre ioinctz du bouclier de sept plis/& apres par plusieurs vers. Cestui comme estace tesmoigne vint a laide de etheoclus contre polinices.

(Stacius Ipsea q̄ dallugos clipei septēplice tauro &c.)

De egine fille de asopus q̄ enfanta eacus chap. lviie.

Egine fut fille du fleuue asopus cõme il est dessus dit. Jupiter lay ma tesmoignant ainsi ouide Le feu doz a moque et deceu danes asopide/car iupiter transforme en forme de feu la decent et engroissa/et veulent quil eut del le eacus/lequel apres cõme icellui ouide dit regna en lisle nõmee enopie/laquelle il nomma du nom de sa mere egine/lequel nom elle garde encores iusques au iour duy. Que iupiter soit conuerti en feu quant il eut la compaignie dicelle egine/ie cuide ce estre plus tost prins de la vertu de la posteriorite subsequente que dailleurs/car les hommes nommez eacides furent de vigueur et chaleur de feu comme nous pouons assez veoir en achilles pyrrhus et autres descendẽs dicelle lignee.

Ouidius
Aureus vt danẽ asopida luserit ignis

De cephisus fleuue vingtiesme filz de ocean qui engendra narcissus. chap. l.viii[e].

Cephisus fut filz de ocean et de la terre/et court par le pays de boecie comme lucan declaire ainsi. Les ducz de boecie lesquelz cephisus diligẽt enuironne par eaue fatidique et de dirces cadmeienne Jlz dient que narcissus fut filz de cestui. Et lactence dit que quant il estoit abatu par loccision de zephirus il fut guery par la pitie et mi serico[r]de de apollo. En ces choses ie cuide les eaues de cephisus pource auoir este appellez fatidiques/car iadis le tẽple de themis estoit en son pais/et deuant que les oracles de phebus fussent deucalion et pyrrha alerent a icellui tẽple pour prendre conseil dicelle deesse. Et pource que les responses estoyent donnees la par icelle ydole/et estoit la monstre et declare par la disposition celeste appellee fatum Leaue prĩt le surnom et ce qui estoit propre au temple de la deesse fut attribue et approprie a leau Et par aduenture les precedentes responses sacrees par aucune institution ancienne ne pouoient estre faictes sans eaue de fleuue. Et ainsi icelle eaue sẽbloit auoir aucune chose de faulce diuinite. Quil ait este abatu par loccision de zephirus peult estre ceste intention. Saint Augustin ou liure de la cite de dieu escript que mesappus fut nouueau roy des syclenlens qui fut aussi appelle cephisus/en la maison royale duquel en vne partie estoit en laquelle au temps deste quant le zephire soufloit celle partie estoit seine aux habitans dicelle. Et quãt icelle zephire cessoit de souffler comme il aduient et que les autres vens surueuoient/lair estoit la corrompu/et par ainsi aduint que par la mort de zephirus cephisus cheut en maladie qui fut releue dicelle par le benefice et ayde de apollo/cest a entẽdre de medecine. Car apollo est appelle et dit dieu de medecine. Et si nous voulons ce attribuer au roy nous le pouons aussi attribuer a la region par laquelle passe cephisus.

Lucanus

Lactãci[us]

De narcissus filz de cephisus. chap. lix[e].

Narcissus fut filz de cephisus et de la nymphe lyriopes comme ouide assez monstre disant. Lyriopes bleuue laquelle cephisus iadis remplit par fleuue courbe et luy fit force pource quelle estoit close dedens ses vndes Ouide recite et narre de ce vne fable assez manifeste/car il dit que quant narcissus fut ne il fut porte au vaticinateur tyresie po' auoir respōce de la succession et aduenement de sa vie future/lequel tyresie respondit a ceulx qui sur ce linterrogoient que icellui enfant viuroit tant quil differeroit de se veoir. Laquelle responce et vaticination fut premierement par les auditeurs mocquee et mesprisee/mais finablemēt elle ne fut point sans effect Car quant il fut deuenu grant et adolescent tresbeau deuint chasseur/et fut ayme de plusieurs nymphes/et principallement de la nymphe de parnasse nōmee echo/mai' pource ql estoit inexorable et quil mesprisoit tou' ceulx qui laymoient par loraison et prieres des nymphes fut impetre ce que dedens petit de temps aduint/car vng io' ql estoit la' tāt par le trauail de la chasse que par la chaleur du temps il se retira en vne valee fresche et ayant soif se baissa dedens vne fontaine clere et vit vne ydole/cest a dire vne figure laquelle nauoit point deuant veue. Et cuidant q ce fust la nymphe dicelle fontaine soudainement il loua et approuua la beaulte dicelle vision et fut dicelle prins. Et quant il ne peult atoucher ce quil cupidoit pouoir toucher veu quil sestoit ype par folle concupiscence/et apres longue querelle et plainte il se oublia la/et la mesmes mourut par fain/et p la pitie et misericorde des nymphes fut conuerty en vne fleur nōmee de son nom. De ceste fiction est tire sens moral tel. Jeten' par echo quil ne respont aucune chose si non apres ce quon a ce dit et profere/ie tens la renōmee que ayme vng chascū mortel cōme la chose par laquelle elle consiste. Ceste renōmee plusieurs fuyent et mesprisent et aregardent soymesmes/cest a dire leur gloire en eaux/ cest a entendre en mondaines delices cōme en eaue labile/et sont si prins de leur' voluptez que en mesprisant renōmee peu apres ilz meurent comme silz neussent point este. Et si par fortune ilz ont aucun nom ou renommee qui leur demeure il est cōuerty en fleur/laquelle est au matin rouge et resplendissant et au soir elle est languissant et fanee et retourne en neant. Pareillement ceste gloire et renommee semble auoir aucune chose de clarte et beaulte iusques au sepulcre Mais icellui sepulcre clos elle euanit et est perdue par oubliance auec le nom.

Du fleuue meander. xxi^e. filz de ocean qui engēdra cyane. chap. lx^e.

Meander fleuue fut filz de ocean et de la terre et engendra la nymphe cyane. Liuie dit cestui meander sordre du hault de la forteresse des cylenes et fluyr et courir par le milieu de la cite/ et que de la sen va par les caries et iones iusques a lentree de la mer/laquelle est entre pirenes et miletum. Liuius

De cyane fille de meander chapitre. lxi^e.

Cyane fut fille de meander et fut aimee par miletus filz du soleil qui eut la compaignie charnelle delle/laqlle lui engendra deux filz/ Cestassauoir caunus et biblis cōme ouide dit ainsi. elle enfanta lignee gemelle/cestassauoir biblis auec caunus. Ouidius

De phyllira xxii^e. fille de ocean. chap. lxii^e.

Ol dit que phyllira fut fille de ocean/et quelle fut aymee de saturne/et qlle lui enfanta chiron cētaure

De sperchius vingtroisiesme filz de ocean qui engendra mnesteus Chapitre.lxiii^e.

Sperchius fleuue fut filz doceã et de la terre Homere escript ql engẽdra mnesteus de polidoris fille de peleus et femme de borion. Ainsi que pomponie escript/ce fleuue fluit iusqs au gouffre pegase Et ainsi que lactence dit achilles luy auoit voue sa come et perruque sil fust retourne sain et sans dangier en son pais de la guerre troyenne.

Homer^o

põpolus

De mnesteus filz de sperchius Chap.lxiiii^e

Ainsi que homere en son iliade escript mnesteus fut filz du fleuue sperchius et de polydoris fille de peleus. Lequel pource quil estoit excellãt et exquis iouuenceau acõpaigna achilles au siege troyen

Du soleil vint et quatriesme filz de ocean Chap.lxv^e

Plinius

Pline en son liure de la naturelle histoire escript par lauctorite de gellius que le soleil autre a ceulx dessusditz fut filz de ocean sans mere exprimee et declaree. Et dit que cestuy soleil fut inuenteur de medicine. Ce que a este iusques icy attribue a plusieurs. Et pource nest point chose merueilleuse/car il est possible que plus^rs ont este inuenteurs de telles choses en diuers lieux. Veu que les engins et cogitacions ont en tout lieu puissance/et si nous croyons que cecy soit leuure de apollo en grece ou de aristee/ne sensuit point quil nait este possible quil ne soit ne a ceulx qui sont de ocean/ou quil ne leur soit aduenir qui ont autant valu et peu par engin. Et ont peu aussi trouuer par pareille experiance. Les habitans en icelluy lieu pour extoller le nõ de luy et lignee lont apelle soleil et lont dit filz de ocean par lequel par fortune par nauigage estoit venu. Nous ferons maintenant fin a ce septiesme volume et liure. Pource que toute la lignee de ocean est exposee et declaree.

Cy commence le huitiesme liure de la genealogie des dieux.

De saturne undziesme filz du ciel qui engendra plusieurs filz Le premier cronis: le second de ste: le tiers ceres: le quart glau ca: le ve pluto: le siziesme chiro le vii^e pputus: le viii^e iuno: le ix^e neptune: le xe iupiter le tiers/et certainement de iupiter de neptune et de iuno ne sera faicte aucune mencion en ce liure cy/ mais aux cinquiesmes liures qui sensuiuet Chapitre pmier

Saturne fut filz du ciel et de vesta ainsi que escript lactence en son liure des institucions diuines auquel saturne les anciens deuāt toutes choses luy donnerent sa seur opis a mariage et luy affermerent et deputerent quil eut delle plusieurs enfans lesquelz ainsi que plusieurs dient il devora tous. Et incontinant les euomit Aucuns par la fraude de opis garderet Jupiter/et adiousta au lieu de luy une pierre qui fut presētee ainsi que si opis le eust enfantee. Oultre plus ilz dient quil coupa dune faulx le membre du ciel son pere. Laquelle chose dient les autres auoir este faicte de Jupiter. Et pourtant dient aucuns quil fut par iupiter expulse de son royaulme. Mais les autres dient quil fut relie et enchei ne aux enfers. Auec ce ilz sont plusieurs qui dient quil estoit ung vieillart lait et ort qui auoit la teste de toutes pars enuelopee/pareceux et qui a aucūe chose faire ne valoit et estoit arme de une faulx. Et rend lactence la raison pour quoy il estoit dit filz du ciel et de la terre en son liure des institucions diuines au quel il introduit pour tesmoing minutius leureux et dit ainsi. Saturne fut dit filz du ciel quāt il fut chasse de son filz et quil vint en italie. Pource q nous auons de coustume de dire que ceux la sont cheus du ciel/desqlz nous nous esmerueillons pour leur vertu/ ou qui sont soudeinement venus. Et est dit filz de la terre pource que nous disons que ceulx cy sont filz de la terre desquelz les parens nous sont incongnus. Ces choses sont vray semblables/mais toutesfoys ilz ne sōt pas vraies Car aussi il apparoit ql estoit tel quāt il regnoit et a peu ainsi arguer que saturne auoit impose les noms des choses du ciel et de la terre quant il estoit roy tres puissant pour retenir la memoire de ses parens comme ainsi soit que ilz soient dautres noms nommes/par laquelle raison nous sauons que aux montaignes et fleuues sont certeins noms imposes. Dees la les parolles dudit lactence qui dit ailleurs. Veritablement ennius en son euure dit. Saturne nauoit pas premierement regne/mais son pere vranus/et icelluy mesme dit ailleurs. Il appert doncques nestre pas du ciel ne/laquelle chose ne se peult faire. Mais fut icelluy q vranus se nommoit. Laquelle chose trimegiste dit estre vraye. Car quant il disoit qui nauoit este gueres de gēs esquelz fust pfaicte doctrine en ces choses il appella vranus saturne et mercure ses cousins. Lequel vranus ainsi cōme icelluy lactence tesmongne fut de saturne ciel appelle en disant. Jay leu en la sacree histoire que vranus hōme trespuissant auoit eu a femme veste et delle auoit eu saturne et opis et plusieurs autres/lequel saturne cōme il fut fait puissant par son royaulme/il appella vranus son pere ciel et sa mere la terre affin que par la mutacion des noms il ampliast la resplandisseur de sa naiscē

Lactācius Saturnū cū fugatus esset a filio i italiam q venisset &c.

ce. Quant est de sa femme opis on en a dit plusieurs choses par auant. Par ce quil dit que saturne deuora ses enfans et que finalement les vomit Il touche double sens/cest assauoir histotial et naturel. Car on lit en la sacree histoyre ainsi que autreffois a este dit Pource que saturne eut part auecques titan son frere. de tuer toute la lignee masle qui seroit de luy engendree affin que le royaume luy demourast/ mais les masles qui de luy naissoient occultement estoient gardes de sa femme et lui estoient presentes des femelles et ainsi quant au regard de saturne les filz furent pris et receus et alors enuoyes quant ilz comparurent a sa vengance contre titan. Mais quant au regard de la raison naturelle dit ainsi tulles Certeinement saturne est ainsi appelle pource quil est tout soul dans. Et est fainct menger ne/pource que lage consume les espaces du temps/ et est insaciablement remply des ans passes. Et est ce dit pour le deuorement de ses enfans/ Mais de lemission apres on dira des froyssures et brisures qui sont par vng chascun an receues de la terre Car comme ainsi soit que les fromens produitz en temps soient deuores de la terre. Touteffois moyennant laide de dieu ilz sont tous en temps rendus lan ensuiuant dicelluy mesme temps Et pour icelle fiction qui na point este des ignares bien entendue plusieurs ont creu ceste detestable coustume des dieux et choses sacrees auoir este commencee en aucunes nacions barbares auquel saturne aucuns sacrifioient leur propres enfans et non pas les autres ainsi comme si deuoient faire comme luy. Mais macrobe dit en son liure des saturnalx que apres que gerio fut vaincu quil changa aux italiens cestuy temple/ et commanda quilz missent au lieu de ces testes humaines des petites faces faictes de cire a la semblance de la face humaine/ et que ilz alumassent les cierges a lautel de saturne. Laquelle chose a este longuement gardee. Auecce ilz dient que quant Jupiter fut ne que au lieu de luy fut saturne monstre et presente de sa femme vne pierre/ de laquelle chose dit theodonce que icelle mesmes pierre fut iuppiter/ mais quon monstra a saturne vng Jupiter qui nestoit pas sien. Mais estoit filz dung autre homme et estoit nomme pierre/ et par auanture il est ainsi. Car eusebe dit que du temps que danaus regnoit a argis quil commanda vne pierre aux cretenses en quel temps Jupiter de cretense second pouoit auoir ia commence a regner. De labcision des genitoires laquelle dient auoir este faicte de Jupiter a saturne et a este assez parle la ou nous auons fait mencion de la seconde venus. Que saturne ait este de iupiter deboute et expulse de son royaume les hystoriographes le cuident pour certain. Et declare la sacree histoire que son peche en fut cause/ en laquelle on lit que quant iupiter deliura saturne et opis qui prins estoient des titans Saturne trouua par sort quil seroit de iupiter mis hors de son royaulme. Et pour ceste cause affin quil euitast le sort il fist tendre le guect a iupiter affin quil lassiegast. Et quant iupiter trouua que les sors estoient changes commenca a batailler contre luy. Et quant il ne peult resister et ainsi comme aucuns dient quil fut vaincu en phlegre senfouyt au hault et au loing. Mais quil ait este de iupiter encheine aux enfers il est faulx ainsi comme la saincte histoire demonstre en laquelle est ainsi escript. Apres que titan sceut que saturne auoit des enfans procrees et nourris mucement se seduit et aussi ses enfans qui sont titans

Tullius

Macro.

Theod.

eusebius

appelles et print auec soy son frere saturne et opis et alla entour les murs & leur bailla certeine garde. Et apres ces choses est adiouxte. Apres que iupiter entendit que son pere & sa mere estoient auironnes de gardes de toutes pars & aussi encheines/vint a tout grande multitude de cretenses et de titans et expugna ses enfans/et racheta ses parens desliens ou ilz estoient detenus & rendit le royaulme a son pere/& tantost retourna en crete. Et sont ces choses la ainsi escriptes/par lesquelles dit lac-
Lactãcius tence. Jupiter est par vng crime de souuerain peche deliure pource que auec les piedz il vainquist son pere & cest ce ql tesmongne. Mais si nous voulons ensuyuir lopinion de lactence qui dit sur la thebaide de stace que saturne fut encheine aux enfers de son filz. A lors nous dirons que quant saturne fut expulse de Jupiter ainsi comme on dira et quil sen alla en italie qui est de la basse grece/cest adire la plus procheine de occident quil semble que il descendist aux enfers et fut la pour ceste cause relie et detenu pource quil ne pouoit retourner en son royaume/tout ainsi aucuneffois dirons les banys estre relies Mais que le viellart soit ainsi triste et ait la teste enuelopee/et ainsi tardif et soulliart et orne dune faulx toutes ces choses appartiennent a la planete et a lhomme. Albumasar en son grant in-
Albuma. troductoire dit que saturne est dune froide complexion et sec melencolique et quil a la bouche moult puante. Lesquelles choses sont veues appartenir a vng homme triste. Oultre plus dit quil est grant mengeur et grant auaricieux/poure iusques a la mendicite/malicieux enuieux et qui a grant engin seducteur et hardi en perilz & de petite conuersacion orguilleux/simulateur/vanteur et de tresgrande pensee & profons cõseil/tardif a se courroucer/mais quasi irreuocable/& qui a nul nest bon couuoiteux et gasteur de lieux & de places. Oultre plus il est signifieur de leuure qui appartient au labourage des terres et mensuracions dicelles & aussi diuisions et des longs pelerinages et des chartres laboureuses/et aussi des tristesses & courroux et inuolucions de courages et de fraudes & afflictions/destructions/perdicions de mors & de leurs ossemens/de vituperacions/de larrecinemens/& deffouyssemẽs & aussi des sepulchres et rauissemens des enchanteurs et des meschans hõmes et des bongres. Toutes lesquelles choses ie ne metz point combien soient cõformes a ce qui est attribue a lhomme saturne. Pource que facillemẽt celluy qui a des yeux le pourra facillement veoir et congnoistre et aussi seront en partie es choses ensuiuantes touchees Mais il reste de veoir combien ilz sont conformes a saturne du quel nous parlerons. Il est fainct estre triste affin q̃ soit demonstree la complexion melencolique & la tristesse de lexil. Aussi il est appelle vieil/car il estoit a lors quil fut expulse. Et aussi pource que les anciẽnes gens sont de laide face/et le plus souuent ont la bouche puante: et aussi pource quil a este moult astut et de bõ conseil ainsi que sont ceulx qui ont beaucoup dans. Ilz ont voulu quil ait eu la teste enuelopee affin quilz signifiassent le noir regard de lestoille de saturne et lhabit du fuyant et locculte sagesse des saturniens: les pensees et fictions. Veritablemẽt il ont appelle tardif/pource que les anciennes gens sont pesans a cheminer pour la grauite de leurs membres/tardifz a eux courroucer/et aussi le corps de la planette est tardif de mouuement. Car a peu pres elle parfait par son cours le cercle

de son zodiaque en trente ans. Laquel
le chose font les autres planetes en be
aucoup plus petite espasse. Mais ie
croy quilz lappellent soulie & gaste po[r]
ce que saturne donne de mauuaises
meurs. Ou pource que a la coustume
des anciēs luy estant debouté de son
royaulme et mis en misere et pourete
vint a ianus q[ui] estoit son receueur tout
soullie & gaste / cest a dire vestu de habil
lemens qui pretendoient toute misere
Ou affin que on demonstre que ceulx
qui excercent le labeur de la terre ne
peuent viure bien a leur aise. Il est po[r]
ceste cause ennobli & decore dune faulx
affin que nous entendons que par luy
tout le labeur des champs est premie
rement tardif aux italiens. Certeine
ment deuant laduenement de nostre
seigneur il nous estoit incongneu / ces
choses donc expliquees il nous plaist de
mettre ce quil luy aduit apres quil fut
debouté et hors mis / et aussi ce que il
fist quant il viuoit / et semblablement
apres quil fut mort ce qui fut elargi et
donne de ceulx qui apres demeurerēt
viuans. Lors doncques il fut surmon
te et chasse et quil fut la de son filz po[r]
suyui / a la parfin il sen fouyt en Italie
ainsi que tesmongne Virgile en disant.

Virgili[us] Primus ab ethereo venit saturnus olimpo. arma iouis fugiens et regnis exul

Saturne vint premierement du ciel
en fuyant les armes de iupiter / et luy
furent ses royaumes ostes. Veritable
ment ainsi que dit Macrobe il fut de
ianus receu en italie: et cōposa vng gen
dre indocile et disperse es haultes mō
taignes et dōna certeines loys & aima
mieux quil fust appelle latium / pource
que en icelles regions il se mucoit seurement. Les secles dor qui le tesmongnent furent soubz ce roy la / et par ain
si il gouuernoit icelluy peuple en paix
et tranquilite. Quant il fut des italiens receu il monstra plusieurs chose[s]
qui iamais nauoiient este entēdues ne
congnues. Et entre les autres choses
quāt on faisoit de la pecune de[s] peaulx
des bestes qui estoiēt au feu endurcies
il fut le premier qui signa les piece[s] dar
gent et mist le nom du seigneur en le fi
chant au denier. Dune part mist vne
teste qui auoit deux frons et estoit cel
le de ianus son receueur. Et de lautre
mist vne nauire / pource que quant il
sen fouyt il vint en vne nauire. Et le
fist affin que la memoire de son aduenemēt fust tousiours congnue a ceulx
qui apres luy viendroient. Touteffois
il semble que ouide veulle dire que ce la
fut fait de ceulx qui apres lui vindrēt
la ou en son liure de fastis il dit. Et
comme seulement il restast vne petite
nascelle / par laquelle il vint au fleuue
tusque. Auec tout ce ilz dient q[ue] quant
il regnoit par accord auec ianus et quil
auoit des oeuures procheines construi
ctes pour le commun / cest assauoir des
chateaux & forteresses et vne petite por
te. Alors il faisoit bon temps: pource q[ue]
en ce tēps la vie estoit franche a tous &
sans seruitute. Car nul nestoit cerf ne
aucun estoit nuysant a lautre / & ne fut
quon die iamais larrecin faicte en leur
pais ne si ne fut iamais soubz luy aucune priuacion faicte ou permise: ne si
ne demādoient point quon leur signast
leur terre ou bournast leur champ. Et
pour icelle chose ses secles la estoiēt ap
pelles secles dor au regard du temps
qui se deuoit ensuyure. Et voulurēt
les Rommains que le tresor publique
fust en la maison de saturne affin que
chieux luy fust mise la pecune commu
ne soubz lequel fussēt toutes choses cō
munes. Auec ce il enseigna les ignares
et non scauans labourer les champs: &
scauoir semer & les choses meures et q[ui]
de saison estoient cueillir et mettre a
bien et aussi en temps & en lieu scauoir
engresser les champs de fiens. De la

quelle chose pource que de toutes ses autres offices nauoit eu aucun surnō a este appelle de fiens. Certeinement cest vng noble nom dōne a vng si grāt et tel dieu. A la fin quant il eut change de mieux en mieux la vie des hōmes en plusieurs choses il aduint que tout soudeinement / il ne comparut en lieu quelconques. Pour la cause ianus commenca a penser ainsi que dit macrobe que cestoit laugmentacion de ses hommes. Et premierement nomma toute la terre saturnie la parēte de sa seigneurie. Apres il fist vng autre ainsi comme a dieu auec les choses sacrees / lesquelles choses il nomma les saturnales et commanda quil fust obserue et garde auec toute maieste de religion ainsi cōme acteur de bonne vie / de laquelle chose pa vng ymage pour demonstrā ce qui tient vne faulx de noble mession Et donnent a ce dieu les entemens des petis rainseaulx et aussi les fruis des pommiers et de toutes autres manieres de choses fertiles. Et ainsi comme icelluy mesme Macrobe dit / on a fait a croire a aucūs que luy et sa femme sont le ciel et la terre: ꝛ que saturne est dit du soul pour laquelle cause il est du ciel / ꝛ que opis est dicte la terre par loeuure de laquelle les nourritures de la vie humaine sont eues. Ou est dicte de loeuure par laq̄lle les fruictz ꝛ froumens naissent et ceulx qui prennent et concoiuent delle leurs veux les prennent assis et touchent la terre par industrie en demōstrant quelle est la mere que doiuent les mortelz appeter. Et par ainsi ilz ne veulēt point que saturne soit dieu. Mais aussi le ciel faisant auec sa femme. Mais affin quon sache que ce na point seulement este la folie des italiens dit philocorus que a poim premierement et aussi a saturne il establit en grece vng autre cecrope / et que iceulx dieux il honnora ꝛ aussi la terre pour Jupiter. Et aussi establit que les peres de famile apres q̄ les froumens et fruictz furent commencez beussent et mēgassent tout par tout auec leurs seruiteurs. Et ainsi dit le comique apollophanes en son vers epique Saturne comme sacre vng. Car nus en grec est dit semeur Num / ainsi comme diuin sens creant toutes choses. Veritablement les rommains qui auoiēt grant cure daucune chose cōposer sans significat quant il luy eurēt vng temple cōstruit ilz entaillerent en sa haultesse les tritons auec les bucines et les terres ꝛ plingerent leurs queues. Disans que par ce la on doit entendre que de la cōmemoracion dicelluy que listoire soit clere et neste iusques a nostre age ꝛ aussi voile laquelle deuant luy estoit mute et obscure et incongnue. Laquelle chose ilz entendēt linfiction de queues

De cronis premiere fille de saturne Chap. ii^e

Cronis selon barbaam fut fille de saturne / touteffois lactence ne lapelle poīt fille / mais filz / dit aussi que il doit estre appelle en latin serpētarius et q̄l est des egyptiens entre les estoilles colloque. Mais comme ainsi soit que en latin il signifie temps affin quil ne semble que le temps naisse du temps. Je croy quil soit prins pour certeine dimension de temps. Et pourtant que les grectz appellent les croniques de cronis qui sont les liures qui contiennent les choses qui ia ont este faictes / lesquelz nous appellons annuales. Je croy que les anciēs ont entendu que cronis est vng an. Laquelle chose aussi semble assez demonstrer lācienne description des egyptiens / cest assauoir serptntarius. Serpentarius

Barlaaʒ

Lactāci^9

en verite est vng homme tenant vng serpēt en sa main si bien entourtille en uiron vng cercle quil semble qui voiue deuorer sa queue. Et souloient les egyptiens vser de ce signe pour vng an deuant que la forme des lettres leur fust baillee de Jsis ou de mercure. Et par ainsi cronis sera ceste dimencion la de temps laqlle nous appellōs vng an. Pour demonstrer icelluy an Cen
Cēsorin⁹ sorius descript vne longue histoyre a cerelus au liure quil a compose du ioꝛ de noel en y metant les intercalaciōs des ans et des moys ⁊ des iours. Et auec ce diuerses opinions de philosophes / lesquelles ie laissere a charcher a ceulx qui de ce sont curieux affin que soye bref en prenant seulement ce qui est oportum et cōuenable. Jlz sont dōc deux manieres dans / cest assauoir toꝛnant et grant. Anciennement les egyptiens bimestre tournant les archades timestre. Les Rommains anciens ont eu dix des moys non egaulx soubz le premier roy romule. Auquel numapōpilius en adiouxta deux affin que lan fust de douze moys ⁊ de trois cēs cinquāte quatre iours qui fut lan des hebrieux tresancien et est des Jsraelites iusques au iour duy obserue et garde. Veritablement cōme ainsi soit que tel an eust plusieurs intercalacions affin quil nauint que les feries des fromens fussēt hiemales ou q̄ les sacres hiemales fussent faictes estiuales. Caius iules cesar fist egal par son conseil le tiers an au cours du soleil et le constitua ⁊ aussi quadra auec les .ccc.lxv. iours / poꝛ ce ql trouua en icellui espasse que a peu pres le soleil auoit circuy tout le zodiaque.

Et pource que on veoit quil estoit assez difficille de mettre a vng chascun an que icelluy fust egal. Jl commanda que le quatriesme an en adiouxtant ce iour la au moys de feurier que lan fust tousiours de .iiic.lxvi. iours. Et affin q̄ en ceste forme la .vic. kalende de mars ne semblast estre deux fois augmētee Cest assauoir aussi que par deux iours continueux es quelz il escherroit quelle peult venir que ce fust bisexte. Certeinement les rommains dient icelluy an commencer au moys de mars pour la reuerence du dieu de bataille qui mars est appelle / duquel mois il a este ainsi nōme / toutesfois les autres dient autrement. Veritablement le grant an cest celluy selon aristote lequel le soleil et la lune et aussi les autres planetes sont retournantes ensemble en icelluy mesme point. Duquel ensemble ioinctes ilz sont parties. Ainsi comme si toutes estoient au commencemēt de aries / et apres prinssēt le cours ainsi cōme ilz peuent se trouuer ensemble au commencement de aries / a lors sera le grāt an parfait. Les anciens ont cuide ce la auoir este fait en diuerses facons ainsi que icellui Censorinus le mōstre Car il dit que aristarque a cuide que cestuy an a este fait des ans q̄ tournēt deux mil.iiiic.lxxxiiii. Mais arethe dyracine de .v.mil.vc.lii. Heraclite ⁊ lin de .x.mil.viii.cens Clion de .x.mil.ix.cens.lxxxiiii. Orpheus de six vings mille Cassandre de trois et six cēs mil. fois. Vees la ce quil dit. Tulles semble cuider quil soit fait de .xv.mil.ans Mais seruie dit .xii.mil.ix.cens.liiii. Le venerable viellard ādalo ⁊ aussi pol germetie florentin tous deux estoient nobles astrologiens disoient ql estoit parfait de .xxxvi.mille. Et de ceulx la est venue vng erreur a aucūs qui leur affermoient que cil aduenoit que les corps supercelestes retournassēt en vn mesme lieu dont autre foys ont prins leure cours et que ilz reprinssent leur cours pour deuoir de necessite produire vngz mesmes effects / lesquelz autre fois ilz ont produit et aussi nous encores une fois et de recoif et devoir infiniement iusques a ceste vie retourner. Et en verite qui croiroit cecy ce seroit chose digne quon en rist

De veste seconde fille de saturne. Chap.iii^e

OVide dit que veste fut fille de saturne & de opis/ilz ont memoire, que iupiter & aussi ceres fust cree de opis/& que de la semence de saturne la tierce veste fut engendree. Et par ainsi ilz ont este deux vestes de saturne/la mere & la fille. Les aucteurs aucunefois parlent deulx confusement en mettant lune pour lautre. Et pour ceste cause ilz dient que veste est la terre pource quelle est vestue de fleurs & de herbes. Il fault prendre ledit de la mere de saturne/mais quant ilz lappellent vierge on doit entendre la fille de saturne/laquelle ilz ont voulu estre le feu ainsi que dit ovide. Nentent par veste autre chose que la pure & vive flambe. Car tu ne vois point aucuns corps que de flambe soient engendrez. Par droit donc icelle est vierge qui ne remet que aussi raupt aucunes semences Dit albertice quelle fut nourrice de iupiter en exposant que du feu inferieur le feu celestiel est nourri Mais ie croy tout le contraire que ce que est element est nourri de lelement que est le plus hault. Veritablement ie croy que quant on dit que iupiter a este nourri de veste quil appartient a lhistoire comme ainsi soit comme dessus dit est que iupiter est filz de saturne substraict au regart & recommande a veste son aieule & delle aussi muceement nourri. Aucuns dient quelle fut aymee de priape dieu des iardins/laquelle chose peult estre creue comme ainsi soit que ovide dit. Nous nous efforcons tousiours a ce que nous est deffendu et desirons ce qui nous est denye Certeinement ilz veulent dire que veste est vierge & les romains deputerent les vierges a son aide/lesquelles les luxurieux appeterent pource quilz estoient gardes dune garde moult soutille/ou pource que le priape gist sans feu/cest a dire sans chaleur. Oultre plus dient que iamais ne virent sa semblance laquelle chose ilz dient pource quelle est incongneue. Car si nous voyons la flambe/laquelle nous dirons estre sa semblance. Saint augustin dit que les anciens ont aucunesfois appellee veste venus. Et sil semble estre deshonneste de souller et maculer une vierge par le nom dune femme amoureuse. Ceste fiction a peu avoir aucune apparence de raison. Car nous disons que ceulx qui viennent a luxure et paillardise se mettent dedans le feu/car ainsi que dit virgile ilz cheent en rage et au feu/cest a dire en luxure. Et pourtant ceste chaleur par similitude pourra estre veste appellee. Et ne sera point du tout en tout estrange du sens de ceste fiction comme ainsi soit que nous disons que veste ait este fille de saturne cest a dire de soullete/de laquelle saturite nest point le feu de luxure moins engendre que la honte de la vierge. Et ont et les romains sonne rauiement honnoree gardoient ung feu perpetuel en leur temple auquel obeissoient les vierges Lequel temple innovoient tousiours par souveraine celebrite le premier iour de mars et ont eu des troyens ce sacre entre les autres choses

De ceres tierce fille de saturne et de sa mere proserpine Chap.iiii^e

CEres est la deesse des fromens autre que nest celle de quoy nous avons parle/& est tres congneue et fille de saturne et de opis ainsi comme dessus est par ouide monstre. Et dient quelle pleut a iupiter son frere ⁊ que de luy cõceut proserpine et quãt pleuto leut ravye ⁊ q̃ ceres ne la scauoit ou trouuer ilz dient que auec falos tous alumes ⁊ auec grans vlemens fut charchee par tout le monde. Et a la parfin quant elle fut courroussee enuers palus de cyan cõme elle froissa les rateaux ⁊ les charues/et aussi les autres istrumens qui appartiennent au labourage/elle troua la ceinture de la fille ⁊ en fut acertenee de la nymphe arethuse/car elle lauoit veue aux enfers. Et quant elle accusa laudace de pluto a iupiter/il luy mist premieremẽt en teste quil mẽgast du pauot/⁊ quant elle fut de ce faire toute lasse/elle cõmẽca a soy reposer/⁊ quant elle fut deuant iupiter ainsi esbahie et esmeue/elle obtint de luy quelle pourroit retirer sa fille. Mais quelle nait riens menge aux enfers. Mais ascalaphus laccusa et par son accusaciõ fut trouue quelle auoit gouste au iardin de pluto trois grains de põme de grenade. Par laquelle chose iupiter cõferma pour adoucir vng peu la tristesse de ceres q̃ pserpine coucheroit auec son mary par lespace de six moys de lan: et autant auec les dieux auec sa mere.

Auec ce ilz recitent/et entre les autres
Lactãci9 lactẽce q̃ quãt ceres charchoit sa fille ⁊ q̃lle vint au roy eleuse q̃ auoit pour fẽme hyone q̃ enfanta vng petit enfant nõme triptolemus ⁊ luy demãda vne nourrice ceres de son bon gre soffrit a lẽfant pour estre sa nourrice/⁊ quãt elle fut receue nourrice ⁊ q̃lle voulut faire immortel/elle nourrissoit aucunesfois de lait diuin/⁊ si le despoulloit de nuit deuãt le feu mucemẽt. Et p ce moyen cest enfãt croissoit beaucoup plus q̃ nauoiẽt les mortelz de coustume Alors cõmẽca le pere a soy esmerueiller/⁊ fist gueter ocultemẽt q̃ cestoit q̃la nourrice lui faisoit/⁊ quãt il vit q̃lle le despoulloit ainsi deuant le feu: il commenca a merueilleusement crier. Et pourtant ceres se courrouca ⁊ vehementemẽt anima eleuse ⁊ donna treple benefice a triptolemus. Car elle donna vng chariot couple aux draglons pour augmenter ses fromens/par lesquelz ce victeur la planta ⁊ couurit tout le monde de fromens Et apres quil retourna a sa maison. Le roy cepheus sefforca le tuer ainsi cõment son ennemy. Mais par le cõmandenent de ceres il bailla le royaume a triptolemus qui en ce lieu la construit vng chasteau lequel il nõma eleuse du nom de son pere.. Et premieremẽt institua les choses sainctes a ceres lesquelles choses sacrees les grecz appellerent tesmophoria. Mais ouide dit q̃
triptolemus fut vng enfant malade ⁊ Ouidius
que filz estoit dune poure fẽme lequel ceres songneusement garda pour la retribucion du benefice et finalemẽt luy bailla vng chariot ⁊ luy enuoya auec du fromẽt. Et a la parfin bien peu sen fallut quil ne fust tue en scythie du roy lynceux/lequel ceres trãsforma en vne beste de son nom. Auec ce aucuns diẽt et singulieremẽt homere en son odissee que ceres enuoya vng ieune iasion ⁊ q̃lle se coupla et ioingnist par amytie au lit. Aussi adiouste leõce q̃ ceres auoit enfante son filz pluto de iasion ⁊ que finalement iasion auoit este par enuye de iupiter fouldroye et tempeste. Oultre plus plusieurs autres choses sont de ceste matiere recitees Mais elisons le sẽs ⁊ ce q̃ doit estre entendu de leurs dictz Ceres est aucunesf. la lune ⁊ aucũesf. la terre ⁊ aucunesfois les fruictz de la terre ⁊ le plus souuẽt femme ⁊ pource quãt elle est dicte fille de saturne et de opis/elle est femme/et ainsi comme dit
theodonce elle est femme de sycanus Theod.
roy de sicile. Mais quant elle enfante

proserpine de iupiter/adoncques cest la terre/de laquelle est engendree la premiere pserpine/cest adire la lune selon lopinion de ceux qui ont creu que de la terre sont toutes choses crees/ou elle est mieux crue estre pour ceste cause fille de la terre/car quant elle monte de son bas hemispere au hault/il a semble aux anciēs quelle issoit de la terre. Et par ainsi ilz ont dit qlle estoit fille de la terre/elle fut de pluto raupe q aussi est la terre/mais est du plus bas hemispere quāt elle cōmance naparoitre point apres le .xv^e iour quāt le soleil cōmence a descheoir. Et pour tāt esse quelle apparoit estre aussi grande en son bas hemispere quelle est en son hault/de quoy est prinse ceste fable que iupiter conferma q la moitie de lan estoit auec son pere es enfers et seulemēt en paradis auec sa mere ou autremēt. Veritablemēt proserpine doit estre prinse au lieu de fromēt laquelle ne peult point auoir dacroissemēt et daugmētacion de la semence getee aux scillons/si la tēperance du ciel ny aide et si ne pourroit venir a meurete/si non p laide de la chaleur dicelluy. Certeinemēt iupiter est la chaleur et tēperance du ciel/par loperacion duql les fromēs croissent en leur tēps/et aussi recoiuent meurete/et par aīsi pserpine naist de iupiter et de ceres. Laqlle est alors raupe de pluto/cest adire de la terre quāt la semēce qui est aux raions getee nest point rendue/laqlle chose aucuneffois aduiēt pour la trop frequēte semēce/de laqlle la bonne terre est par humeur en telle facon purgee q les choses attaches ne peuēt dōner nourrissemēt aux semēces getes. Et p ainsi ceres q est troublee cest a dire les laboureux q peuent estre hōmes de terre appelles froisse et rōt les instrumēs ruraulx/cest adire les pieces couuertes elle cōgnoist et desprise et par le criemēt de la fēme/cest a dire par la querimonye des laboureux: les falos alumes/cest adire la bruleure des chāps par laqlle les humeurs cōtraires q sont sur la supfice de la terre meurent/et les vtiles et profitables sont du fons de la terre mises en hault et met en teste iupiter a ceres qlle mēgusse des pauos/cest a dire qlle se mette a repos/car les pauos dōnēt repos/par leql repos on doit entēdre lintermission du labeur/affinq la terre po^r lintermissiō puisse reprēdre les humeurs purges. Veritablemēt proserpine raupe/cest adire labōdance des fromēs ne peult incōtinant retourner aux cieux. Pource qlle auoit gouste des grains de pōme de grenade/par lesqlz on doit entendre les cōmancemēs de la vie vegetatiue q lors cōmence quant elle est arrousee de lumeur de la terre et se eschaufe la semēce qui est getee/et apres qlle est toute po^rrie elle sault en racines par loeuure desqlz les fromēs rauigourissent/et iceulx cōmancemēs sont p les grains de la pōme de grenade signifies affin quon cōgnoisse et entēde qlz sōt sēblables au sanc/car tout ainsi q le sanc est le nourrissement de lame sensitiue/tout ne plus ne moins sont iceux principes de la vie vegetatiue. Et ainsi cōe il plaist a empedocles que la vie soit au sanc des bestes sensitiues/tout aīsi est des fromens en leur humeur terrestre. Mais il est fait p la sentēce de iupiter/cest adire p la disposition du ciel q apres le .vi^e moys qui signifie et dōne a entendre le demy an/affin q proserpine retourne aux cieux/cest adire a abōdance de fromēs/po^r ce q depuis le iour de saturite/ou depuis le moys que cōnencent les espies des bles apparoitre au septiesme moys/et aussi receuoir leur grain et a meurete puenir/lesqlz grais demeurēt a venir aux cieux iusqs a la semēce du nouueau tēps. Theodōce recite ceste anciēne histoire de ceres de laqlle sēble estre grande cause prinse de la fiction superieure et dit que ceres fille de saturne fut femme du roy sycanus ⁊ royne de sicile et estoit merueilleusement de bonne nature/⁊ quant elle veoit les hõmes vagues par my lisle mengans les glãs ⁊ põmes sauuages ⁊ q̄ nestoiẽt a aucunes loys obliges/elle fut la p̄miere q̄ en lisle excogita le labeur de la terre: ⁊ apres quelle eut trouue les instrumẽs ruraux elle coupla les beufz ensẽble et sema la terre/ De laq̄lle chose les hõmes cõmancerent a diuiser la terre entre eulx et de conuenir ensẽble. ⁊ viure selon la coustume des humains/ De quoy dit est de virgile. Ceres a este la premiere qui la terre a diuisee par la charue. Elle est la premiere qui a dõne les fromens et nourritures aux terres elle est la p̄miere qui a donne les loys. somme toute ces choses sont le don de ceres. Mais il dit q̄ proserpine fut vne tresbelle vierge fille de la royne ceres/ ⁊ pour la noble renõmee de sa beaulte elle fut royne fẽme de orcus Roy des molosses Laq̄lle chose est semblablemẽt tesmongnee par eusebe en son liure des temps. Mais on en fera plus grãt mencion en bas. Certeinement philocorus dit q̄ cestoit vng tres ancien roy en la region de grece/lequel sen fouyt ap̄s que son pere eleuse fut occis de la grande course q̄ fut faicte du peuple qui auoit si grande souffrete pource quil auoit si abondammẽt nourri son filz q̄ le peuple en mouroit de fain/⁊ sen alla au hault ⁊ au loing dedãs vne nauire dont le signe estoit vng serpent. Et quãt il eut trouue et aquis grant nõbre de fromẽt sen retourna en son pays/duquel ap̄s q̄ celeus qui auoit occupe la terre fut deboute/ou selon les autres linceux trax Et tantost icellui triptolemus fut restably au royaume paternel. Et apres quil fut restably au royaulme ne dona pas seulemẽt les nourritures a ses sugetz. Mais apres que la charue fut faicte/il leur enseigna a labourer la terre pour laquelle chose il est dit nourricon de ceres. Touteffois aucuns veulent que ce ne fut point triptolemus q̄ premierement trouua le beuf et la charue aux grecz/mais ie ne scay quel buzis. Mais philocorus dit que triptolemus fut longue espace de tẽps deuãt ceres royne des sicules. Mais que ceres ait ayme iasonius. Leonce dit aussi lhistoire auoir este telle. Comme ainsi soit q̄ au temps du deluge de ogigus vng iasonius de cretense eust assemble beaucoup de froment il le vendit a son plaisir pour le deluge aux paciens qui en auoient grant necessite/⁊ par ainsi de ce froment il assembla de grant pecunes Ceste fable pour ceste cause a lieu/car elle a receu pluto dieu des richesses/ cest a dire richesses de ceres cest a dire du froment. Et iasonius est dit auoir este de iupiter fouldroye par enuye pour ce quil asemble quil a este subtraict de ses amis a qui il estoit conuenable deuant quil en fust temps

Eusebi⁹

De glauca quatriesme fille de saturne Chap. v^e.

Glauca fut fille de saturne ⁊ aussi de opis/⁊ ainsi comme recite la saincte histoire/elle nasquit auec pluto a vng mesme enfantemẽt ⁊ fut seule presentee a saturne et finit ses derreniers iours quelle estoit encore bien petite. Mais pluto fut muceement garde et nourri.

De pluto cinquiesme filz de saturne qui engendra veneracion Chap. vi^e.

Pluto qui en latin est dit pere diuers fut filz de saturne ⁊ de opis fut ne tout a vng mesme enfantement auec glangea et fut celement garde affin que saturne ne le veist poit. Et ont fainct les anciens quil estoit Roy des enfers/et luy ont donne vne cite qui se nomme richesse. De laquelle Virgile parle en ceste facon. Eneas regarde subitement soubz la roche sinistre et tantost voit vng grant mur et spacieux et pl9 bas vng petit par plus9 vers la descript. Et dicelle aussi descript stace la sale ⁊ maieste. Auec ce ilz lui ont establi vng chariot a trois roes qui est dit ⁊ appelle camion/⁊ ont voulu ql fust tire a trois roes/cest assauoir de amatheus ⁊ de astrum ⁊ de nonius. Et dit ouide q̄ celluy qui ne viuoit point sainctemēt ⁊ en felicite ql q̄roit en ceste facon vne femme/car vng iour entre les autres tipheus de tout son pouoir essaia doster la trinacrie q̄ lui estoit imposee. Ainsi il sembla a pluto que sil aduenoit ql fust possible quil penetreroit iusques a la lumiere du iour/pour laquelle cause incōtinant q̄ le chariot fut monte affin quil enquist quelz estoient les fondemēs de la trinacrie Il saillit denfer/⁊ quant il auironnoit lisle cōmenca a veoir proserpine qui nestoit pas loing des siracuses et estoit auec ses cōpaignes vierges qui cueilloit les fleurs. Et comme elle desprisoit les feuz ⁊ enflambemēs de venus il fut fait tout soudainemēt que pluto seroit prins par sa beaulte ⁊ pour icelle chose apres q̄ le chariot fut flechi ⁊ ploie ne craingnāt point telle chose rauit la vierge ⁊ la porta aux enfers/⁊ la print a mariage. Auec ce dient q̄ veneracion ou reuerence fut sa fille. Et attribuēt au royaume vne garde qui estoit cerberus vng chien ayant trois testes. Ilz dient donc quil auoit trois testes ⁊ quil estoit dune merueilleuse cruaute et ql deuoroit tout. De quoy dit seneq̄ le tragique en sa tragedie q̄ est intitulee de hercules furieux. Ce cruel chien espouente les vmbrages/lequel deffend le royaume en frapāt ses trois testes par vng grāt ⁊ merueilleux son. Je croys moy ces choses deuoir estre ainsi entendues cōe ainsi soit que selon fulgence pluto signifie en latin diuitias/cest a dire richesses/⁊ q̄ pour icele cause il soit appelle des latins diuers pere ainsi cōe pere de richesses. Et q̄ ainsi il soit tout cler q̄ les richesses q̄ doiuent perir soiēt es terres et q̄ dicelles terres doibuent estre deffouyes ⁊ q̄ la terre soit nommee opis ainsi que souuent dessus dit est. Pluto nest pas sans cause dit filz de opis. Mais pource q̄ les p̄mieres richesses quāt lor nestoit point encores trouue furent manifestees en partie par le labourage de la terre:⁊ que saturne enseigna a labourer la terre. A ceste cause il est dit pere de pluton. La cite de fer et tesiphon gardien sont pource donnes et attribues aux richesses affin q̄ nous congnoissons que les pensees des auaricieux sont cōme de fer/et crueles enuers la garde et tenacite desdictes richesses. Virgile dit que aucun homme iuste ne entre point en ceste cite disant Il nest point licite a aucū chaste ⁊ iuste estre ou entrer au seneil scelere et mauuais/affin quil appere que on ne peult point querir ou garder richesses sans iniustice. Nostre dautes escript les obstines estre trauailles par supplices ⁊ tormens en ceste cite qui nont aucune charite de leur prochain. Et quilz nōt eu aucune amour enuers dieu. Nous deuons entēdre par la court ⁊ place ⁊ par les angoisses et trauailz de plus sollicitacions et cures que autour sont et les excecrables labeurs pour acroistre les biens ⁊ les peurs de les perdre desqlles ilz sōt trauailles de no9 p les dessusdictes entēdre la gueulle des auaricieux ou- Virgile uertes et patentes. Le chariot signifie les circuicions de ceulx qui desirent estre enrechis. Lequel chariot est porte de trois roues/pour monstrer le labeur de ceulx qui vont autour/le peril et lincerteinete des choses aduenir. Pareil lement les cheuaulx qui le chariot tirent sont trois. Le premier est nomme methee qui est interprete obscur/affin que par icelluy soit entendue la folle deliberacion dacquerir ce qui nest point opportum et bon de laquelle lauaricieux est tire et impelle Le second cheual est dit et nomme abaster qui signifie autant que noir/affin que apparent la tristesse et presque tousiours les perilz et peurs qui sont en icelles richesses acquerir. Le tiers cheual est nomme nonius/lequel ilz ont entendu signifier refroidi. Affin que par luy nous entendons que lardeur tres ardant et continuel dacquerir aucunes fois se refroidit pour la peur des perilz. Le mariage de proserpine/lequel nous auons dessus dit abundance sans aucun doubte il est fait auec les richesses. Et principallement par le iugement des vulgaires ce regardant. Lexistimacion desquelz est souuent faicte/car ilz cuident le plus souuent quant ilz voyent les greniers des riches estre pleins estre la abundance ou est fain et faulte de procurant auarice. De ce dit mariage nest aucune chose engendree louable ou digne de memoire. Cerberus ainsi que aucuns cuident fut vng vray chien et dit auoir trois testes pource quil estoit sonoreux en latrant/tropt mordant et tres fort en tenant. Ainsi que ie cuide les anciens ont entendu autre sens estre mis et reposer soubz ceste verite. Pource quil est feingt gardien de ditis/et pource que les richesses sont entendues par ledit ditis comme il est deuant monstre nous ne dirons point present aucun gardien des richesses si non lauaricieux. Et ainsi ledit auaricieux doit estre entendu pour cerberus/auquel ilz ont pource descript trois testes/affin quilz signifiassent trois especes dauaricieux. Car aucuns desirent lor/et voulans et scauans se getent et metent en toute vtilite inoneste affin quilz dissipent et despendent laquest et iceulx combien quilz ne soient point gardiens des richesses: et que telz ne puissent estre ditz Toutesfois ilz sont hommes pernicieux et dommagables. Les autres sont qui auec tresgrant labeur et vagier amassent de tous costes et en toutes facons affin quilz ayent et tiennent et gardent et que ne proufites des choses acquises ne a eulx ne a autres. Et ceste maniere de gens est inutile. Les autres sont qui gardent par si studieuse violence les choses acquises non point par leur labeur/mais par les sueurs de leurs parens et predecesseurs quilz nosent toucher iceulx biens comme silz estoient daultruy et a eulx baille en depost. Et ceulx cy sont pareceux et tres tristes et tres certeins gardiens dudit ditis. Les serpens qui sont adioustes et subgectz a cerberus sont les tenes et mordasses cures et desirs dauarice. Oultre ce ilz ont nomme ledit pluto par ce nom orcus. Comme ciceron en ses verrines disant. Lautre orcus est non point proserpine estre venu a ethna/mais il semble quil eut rauy la mesmes ceres. Rabane dit quil est ainsi appelle comme receueur des mortz/lesquelz il recoit des mortz de toutes facons. Oultre ce ilz veulent quil soit nomme februus/non point a fieure et pour fieure/ainsi que plusieurs cuident. Mais a vng lustre et purgacion sacre et a luy ordonne et constitue par les anciens. Par laquelle ilz cuidoient les mains estre purgees. Et ce estoit fait au moys de feurier. Et ce moys a de la praine son nom

Rabanus

Ce que macrobe en son liure des satur naulx dit ainsi quil a desire. Le secod au dieu februus/pource quil est creu et repute estre puissant aux lustracions et purgacions. Car il estoit necessite que la cite fut lustree et purgea en icelluy moys auquel il auoit statue et ordonne pour rendre et faire choses iustes aux dieux domestiques. Les choses deuat mises il fault adiouster ce que ceste fiction contient de histoire. Doncques lactence recite en son liure des diuines institucions de pluton ainsi. Doncques ce est en la verite quilz ont parti et par sort distribue ainsi le royaume de tout le monde. Que Jupiter aurait lempire et seigneurie de lorient/et vne partie de loccidant vie droit et seroit a pluton qui est surnomme agesilaus/pource que la partie aurientale /de laquelle la lumiere est donnee et administree aux mortelz est superieur. Et celle de occident semble estre inferieure /mais Theodonce parle vng peu plus amplement de ceste matiere disant que Jupiterneptune et pluton furent filz de saturne/lesquelz apres la mort dudit saturne quant ilz partissoient lempire et seigneurie aduint que pluton le plus ieune regna en loccidentale partie du royaulme. En iceulx lieux ausquelz apres les molosses demourerent au pres de la mer basse et inferieure. Et luy est appellee orcus par les peuples habitans autour de son royaume/pource quil estoit cruel et receptateur des celestes et mauuais hommes/et que il auoit de coustume bailler a vng grant chien quil auoit/lequel il appelloit cerberus les hommes vifz pour dislanier Et lequel apres print proserpine vierge de sicile et la transporta en son royaume et la print a femme. Eusebe en son liure des teps dit que cestuy cy fut appelle aydoneus/et quil regna a athenes au teps de lynceus roy des arginiens et du temps aussi de eritheus.

Lactãci⁹

Eusebi⁹

De veneracion fille de pluton et femme de honneur Chapitre. viie

Veneracion fut fille de pluton ainsi que seruie dit. Theodonce nome cestuy cy reuerance disant quon doit venerer les dieux/et reuerer les hommes grans et honnorables. Et pource que celle qui fut fille de pluton et qui est exhibee et baillee aux hommes et no aux dieux. Elle doit estre appellee reuerance et non point veneracion. On na point trouue de quelle mere elle fut conceue. Veu que tous afferment que proserpine fut sterile. Pol et Theodonce dient que veneracion fut baillee en mariage a honneur/et quelle enfanta de luy maieste comme il est dessus monstre. Je opine par ceste fiction ce estre que ie voy et regarde. Nous auons dessus dit pluton estre dieu des richesses et nous voyons et regardons assez reuerance venir et proceder des richesses. Considere que reuerace est exhibee et faicte aux seulx hommes riches combien q iceulx homes soyent laches inutiles degeneras aux bons ignares et non scauas et priuees personnes/car les riches sont enuers les homes mortelz de si grande reputacion.

De chiron siziesme filz de saturne qui engendra ochiroe Chap. viiie.

Les anciens ont voulu que chyron centaure fut filz de saturne et de phillare. Toutesfois lactence dit quil fut coceu de pelopee/de la naiscence du quel on recite vne telle fable. Que saturne fut prins de la beaulte de phyllare et quil la print Et ainsi que

seruie dit quant il vsoit de sa compaignie charnele son mary opis suruint. Et affin quil ne fust trouue en ce mesfait incontinant se cõuertit en vng cheual. Ladicte phylare conceut de cest atouchement charnel vng filz nõme chiron/et lenfanta/lequel estoit de ceste forme. De puis le nombril en hault il estoit homme/et de la en bas cheual. Quant il fut deuenu grant/il sen alla aux forestz et la habita. Titides bailla en gouuernement a cestuy chiron achilles qui estoit enfãt/lequel achilles chiron nourrit et enseigna. Et finablement asculapie. Finablement quant hercules vint deuers icelluy chiron po² le visiter. Aduint par cas de fortune que vne des fleches de hercules/laq̃lle estoit touchee de venin lertien cheut sur le pie de chiron. Toutesfois icellui chiron estoit engendre de parens immortelz. Et affin que la vaticinacion et prophessie de la fille ochiroes fut acomplie. Laquelle auoit par ce deuant dit/que chiron desireroit estre mortel Icelluy chiron vexe de griefue maladie desirant mourir pria et requist les dieux quilz luy concedassent mourir. Ce quilz luy concederent/et fut ꝑ les dieux transporte au ciel/et fut loge au zodiaque/et appelle sagitaire. Et pource quil auoit este excellant en diuinacions faictes par oyseaulx/on lui mist deuant luy vng autel celestiel. Theodonce et barlaan tyroient de ces fictiõs tel sens et entendement que chiron fut pource dit filz de saturne pour ce quil auoit este moult espert en agriculture Et quil auoit trouue la maniere de aplanter les iardins. Il est dit filz de phillare. Car phillidros en grec signifie en latin gardien ou amateur deaue. Pource quil vsoit de moult deaue pour arouser les iardins. Ce que a este dit que en la conception de luy saturne fut trouue par opis. Et que saturne sestoit conuerti en vng cheual/est dit pource quil iustifia sa cause enuers sa femme troublee disant. Que pour ceste cause il charchoit la compaignie charnele des autres fẽmes si par fortune il pourroit auoir des filz/veu quil ne luy pouoit garder la lignee du milleur sexe de elle conceue pour la promesse faicte a titan Et ainsi sembloit que pource il fist iustement. Et de la fut dit egal/cest adire iuste. Les autres veulent ceste fable prendre cause par les choses p̃cedentes. Car quant les hommes virent celluy chiron ainsi q̃ isidoire escript auoir Isidorus
trouue la medicine des hommes et des bestes. Et principallamẽt des iumẽs Il fut dit filz de homme et de cheual et fut appelle chiron. Affin quon entendist quil auoit trouue non point phisiq̃ mais chirurgie. Laquelle oeuure par main legiere et bien instruicte. Car chiros en grec signifie en latin main. Ce q̃ est dit dessus quil fut blesse ꝑ la fleche de hercules on dit quil fut historiographe. Et pource quil auoit gueri par ancien temps par son art sa maladie mortele/il sembloit a ses amis q̃l feust cree immortel. Et que la force du venin ne le peust occir. Finablement quant il vint a mourir pour le merite de sa vertu Car il fut tres iuste homme/comme homere en son iliade dit pour la per- Homerus
petuele memoire de son nom par les anciens il fut loge entre les planetes et signes.

De ochiroe fille de chiron Chapitre .ix.ᵉ

Ochiroe fut fille de chiron et de vne nymphe du fleuue caycus ainsi que ouide dit. Regarde commẽt la fille de centaure vint ayant les coustes couuers de cheueulx blons/laq̃lle

Ouidius. Ecce venit rutilis humeros protecta capillis filia

tadis la nymphe du fleuve caycus enfãta aux riuages bien courans et la nomma ochiroe. Ceste cy ne fut point contente dauoir publie les artz paterneles mais aussi elle disoit et chantoit les choses sacrees et aduenir par les influances celestes Ceste dit deuant que esculapie seroit profitable a tout le monde et que son pere desireroit la mort/et quelle deuiendroit vne iumet/lesquelles choses vindrent toutes ainsi quelle auoit dit.

La signification de ceste chose peult estre considere que theodonce dit quelle fut thetis mere de achilles/et par ceste cause auoit este dicte trãsformee en vne iument/car elle auoit engẽdre vng cheual/cest adire vng hõme belliqueux cõme achilles fut/de la fureur duquel icelle thetis cõme leonce dit fut appellee deesse des eaues. Les cheuaulx par tout enuers les anciens estoient presage de guerre cõme virgile dit. Cestuy dit vng presage et fortune quatre cheuaulx de couleur blanche rompant au large le champ pour lonneur de la courõne graminie et tuterre et hosteliere et anchises pere portes la guerre. Les cheuaulx sõt armez a la guerre/et ses grandes bestes ministrent la guerre.

De picus septiesme filz de saturne qui engẽdra fannus et senta et fanne. chap. x^e.

Ouidius Picus in ausoniis proles saturnia terris &c.

Picus roy de ausonie fut filz de saturne/ainsi que ouide semble affermer disant. Picus lignee saturniẽne aux terres ausoniennes. Et virgile dit nous auons entendu que picus fut pere de fannus. O saturne il te recite et dit estre pere. Seruie escript que cestui fut ayme de pomona deesse des põmes et quil leut en mariage finablemẽt aĩsi que ouide dit vng iour quil chassoit il fut veu et aime de cyrces fille du soleil laquelle il mesprisa parquoy elle fut courroussee et le conuertit et transforma en vng oyseau de son nom qui est appelle pic Certes ouide discorde cõtre seruie disant que picus fut mari de cyrces et ql ayma pomona et que cyrces a ceste cause fut esmeue et courroussee par ialosie et quelle le toucha dune verge dor et le trãsforma a loyseau dessusdit pic Leffect de ceste fiction est tel. Il semble que seruie cuide que le roy picus fut pour ceste cause transforme en vng oyseau nõme pic pource quil estoit augur/cest a dire quil deuinoit par les chans des oyseaux et quil auoit en sa maison vng pic par lequel il cõgnoissoit les choses aduenir/Et ainsi que aux liures pontificaux est escript. Aucuns dient ce picus pour le singulier estude quil auoit a dõpter les cheuaulx/car autrement il estoit rude et hõme inerudit Il fut enseigne et instruit par cyrces et fait treseloquent/et par son eloquẽce attira a son vtilite plusieurs hõmes agrestes et les fit a lui obsequieux et seruiables/et que a ceste cause il fut feingt estre conuerty et trãsforme en vng oyseau de son nom cõme dit est. Loyseau qui est nõme pic entre autres proprietez a ceste cy. Cest oyseau a treslongue langue/en temps deste elle quiert et cherche les lieux qui sont pleins de formis et gette sa langue entre elles et seuffre que icelles formis montẽt en la langue et que la mordent/et quãt elle sent sa langue estre pleine de formis elle retire toutes les formis qui sont atachees en icelle langue/et ainsi se paist et puis sen vole. Aĩsi le dit roy picus attiroit par son eloquence/cest adire par sa langue les hõmes agrestes qui sont sẽblables a formis/et cõme dit est les conuertissoit a son vtilite et profit. Saint augustin en son liure de la cite de dieu

Nota la propriete du pic

combien quil neglige & mesprise les choses qui appartienēt a listoire cōme poetiquement feingtes il acōmence ainsi. Le Royaume nome lauretum est faillí de la ou picus filz de saturne eut pmier le Royaume/& peu apres sensuit/mais ces choses sont opinees estre poetiques & faingtes/& ilz afferment que le pere de picus fut plus tost nōme stercon qui estoit vng tresespert en agriculture qui trouua la maniere de ēgresser les chāps par fiente des bestes/& du nom dicellui est nōme stercus. Aucuns dient quil est nōme stercucius. Et a ceste cause quāt ilz veulēt nōmer saturne/touteffois ilz dient cestui stercon ou stercucius a bōne cause auoir este dieu de agriculture/et semblablement son filz picus. Ainsi sēble par ledit saint augustin quil veulle monstrer que picus ne fut point filz de saturne veu que plusieurs picus peuēt auoir este. Nous croyons audit sainct augustin que vng nōme picus fut filz de sterces/& vng autre picus auoir este filz de saturne. Pline en sa naturelle histoire escript que ce picus trouua le ieu de la paume.

Plinius Nota que picus trouua le ieu de la paulma

De faune filz de picus qui engendra faunos les satyres panes & siluains actus & eurimedontes & latin. Et selon aucuns senta faune/ laquelle les autres veulent auoir este seur & fēme espouse. chap. xi^e.

Faune fut filz de picus cōme il appert par le tesmoignage de virgile disant. Nous auons entendu que picus fut pere de faune. Cestui aussi succeda au Royaume de son pere/duquel lactence en son premier liure des diuines institutions dit ainsi. Cōme pompilie fut enuers les Rōmains inuēteur de ineptes & sotes Religions pareillement deuant pompilie faune fut inuēteur de telles Regilions au pais latin q̄ est dit latium/lequel faune cōstitua sacrifices mauuais & indicibles a son grāt pere saturne et consacra sa fēme senta faune sa seur de laquelle crispus clodius en son liure quil escriuit en grec dit que pource quelle auoit cōmis & fait contre les meurs & lhonneur Royal de boire secretement vng grant pot de vin & quelle sestoit enyuree/son dit frere la batit iusq̄s a la mort des verges faictes dun bois quon nōme mirtus/apres se repētit de lauoir fait/& quant il ne peust tolerer pacientemēt la mort & absence delle il lui fit faire et exhiber honneurs & sacrifices. Seruie semble quil veulle tesmoigner de faunus & de fauna quilz soient faitz dieux quāt il dit ainsi. Vng hōme fut appelle fatuelus/& sa fēme fut appellee fatua. Et icelui seruie dit aussi faunus & icelle fauna sont ditz pour vaticinage de ce verbe faudo/& de la nous disons fatuos les sotz qui inconsiderement parlent. Doncques le nom de faune & de fatua est nom aspre.

De senta fauna fille de picus & fēme ou fille de faunus chap. xii^e.

Senta fauna cōme il est precheinemēt dessusdit fut fille du Roy picus & fēme de faunus frere de lui. Lactence tesmoignant & quelque chose q̄ le dessusdit crispus clodius moins honnestement de lui escriue/gabius bassus dit quelle fut nōmee fatua pource quelle auoit de coustume de enoncer & dire aux fēmes les choses fatales & aduenir cōme faunus faisoit aux hōmes varro

Gabius bassus

escript que icelle fēme fut de si grande chastete que tant quelle vesquit on ne la vit en sa face si non son mary et noyt le nom delle. Et a ceste cause les fēmes auoient de coustume lui sacrifier publiquement et lappeller la bōne deesse. Macrobe en son liure des saturnelz vsant de lautorite de corneille labeon dit que ceste cy est nōmee maya et que vng temple lui fut dedie aux calendes de may soubz le nom de la bōne deesse / et que icelle est la terre et ce estre monstre par le seruice et vsage plus curieux des choses sacrees. Finablement que au liure des pōtifices elle est appellee ops / bona / fauna et fatua. Elle est appellee bona / car elle est cause de tous les biens appartenans a la vie. Elle est dicte fauna pource quelle donne faueur a toutes choses animees. Elle est dicte ops / car par laide delle la vie demeure en estat. Elle est dicte fatua par ce verbe faudo pource que les enfans qui naiscent ne gettent poīt aucune voix deuant quilz atouchēt la terre / et pource quelle est figuree auecques vng sceptre royal aucuns dient quelle a la puissance de iuno Les autres la cuident estre proserpine pource que la truye lui fait sacrifice pour les blez quelle a gastez et mēgez. Oultre ce quelle nest point seur ne fēme de faunus cōme aucuns dient / mais seulement fille / et que ledit faunus cheut en lamour delle / et que pource quelle oprimee par vin cōme dit est elle ne voulut pardōner a son desir / elle fut batue de verges mirtiennes Finablement faunus se conuertit en vng serpēt par ce estre creu quil coucha auec elle et que a ceste cause elle a en son temple vne verge dudit bois de mirte. Chose inhonneste seroit veoir son chief dng sep de vigne pource que son pere auoit essaye de la deceuoir par vin / lequel vin nestoit point de coustume estre mis a sō nom au temple / mais le vaysseau auquel le vin estoit mis et a ce vepute estoit nōme mellaire et le vin estoit nōme let Et les serpens qui estoient en son temple apparessoient asseurez paisibles et sans faire a autrui dōmage / et autres plusieurs choses ainsi mises en icelui temple cōme silz vouloient que ceste faune fut la terre. Je laisse voulentiers ces ambages et circuitions lesquelles ie deteste.

Macro.

De faunes satyres panes et des filz siluains de faune chap. xiiie.

Theodonce dit que les faunes les satyres les panes et les siluains furēt filz de faune. Mais leonce dit quilz furent filz de saturne / et pource que aucun nom ou euure propre nest point escripte ou sceue deulx / il est necessite que nous tractions de tous ensemble. Donques les anciens disoiēt que les faunes et satyres estoiēt les dieux des bois / lesquelz cōme rabane escript vandoient et monstroient par voix et non point par signes les choses futures et aduenir aux payens qui les leur demandoient et disoient que les panes estoient les dieux des champs / et les siluains des forestz / mais les poetes bien souuent improprement ont prins et mis lung pour lautre cōme virgile fait aīsi. Et vous faunes dieux presēs et propres aux choses agrestes. Les anciens ont voulu ceulx cy nōmer semones ou demydieux cōme ouide dit ainsi. Jay des demydieux et des nymphes et des dieux de champs et des faunes et des satyres et des siluains qui habitent et demeurent aux montaignes lesquelz pource que nous nauons poīt encores honnore de honneur celestielle. Certes nous laissons habiter et anter les terres lesquelles nous leur auons dōnees

Theod.

Je ne croiray poīt ceulx ci auoir este filz de faune ou de saturne deu que ceulx cy ont este hōmes / & ceulx la ont este aucunement bestes brutes / mais il est possible par aduenture que enuiron le temps de saturne ou de faune ceste erreur sortit & que les recitations & fables de ceste matere & de ceulx cy acōmencerent entre les fēmeletes desquelz touteffois aucunes choses merueilleuses ont este recitees par les auteurs renōmez / car pomponius mela dit que oultre la mōtaigne nōmee athlas qui est en mauritanie ont este veues de nuyt lumieres bruitz & sons de cloches & de fleutes ont este bien souuent ouyes & de iour na este aucun trouue / & estre creu & repute pour certain que ceulx cy sont faunes & satyres et telles manieres de bestes.

Raban⁹

Oultre ce Rabane dit que les satyres sont petis hommes qui ont les narilles crochues & ont au front des corps et les piedz semblables a piedz de chieures. et dit que vng de ceulx cy apparut a saint anthoine aux grans desertz thebaides quant icellui saint anthoine queroit le tressaīt hōme pol qui vie hermitale menoit. Quant icellui saint anthoine eust veu au lieu dessusdit vng satyre il le interroga / lequel lui respondit ainsi quil estoit mortel & vng de ceulx qui demouroient en ce desert & de ceulx que les gētiles deceues par folle erreur cōme faunes & satyres couloient & honnoroient. Les autres cuident que ce soient hommes sauuages & les appellent incubōs ou sicariens / desquelz escript ainsi marcianus la ou il tracte des nopces de mercure & de phylogie / en la terre laq̄lle est hors de voie aux hōmes & inhabitee habitent cōe on recite assemblees de long aage qui hantēt les forestz bois / buissōs delectables lacz fontaines & fleuues. Qui sōt appellez panes / faunes fones fatue ou fautue ou aussi faue desquelz sont ditz & appellez fana pource q̄lz ont de coustume de deuiner. Tous ceulx cy apres ce quilz ont longuement descu meurent cōme les hōmes / mais toutesfois ilz ont tresprompte puissance de sauoir deuant les choses & de courir sa et la & de nuyre. Ce sont les paroles du dit marcianus Aristote dit que ceulx cy & les nymphes et satyres meurent apres mille ans. Aucuns des gentiles entre autres leurs soties sont deuenuz en ceste cy quilz ayment mieulx se dire filz de ceulx cy que des hōmes cuidans acq̄rir grāde renōmee a leur noblesse quāt ilz declareroient & acuseroient le deshōneur & puterie de leurs meres.. De ceux cy nous en adiousterons aucuns & bien petit.

De acis filz de faune. chapitre.xiiii^e.

Ouidius Acis erat fauno nimphaq; simetride cretus &c.

Acis fut filz de faune & de la nymphe de symetrides cōme ouide clerement escript ainsi. Acis estoit engendre de faune & de la nymphe de symetrides. Icellui ouide recite de ceulx cy vne telle fable / q̄ acis ayma galathee nymphe sicilienne & quil fut delle ayme / ainsi quil est la hault escript quant il est parle dicelle galathee / mais pour ce que vng autre sens & entendement est icy prins de ceste fiction que na este dessus mis il nous a semble le deuoir icy mettre. Donques theodonce dit que ciclops le tyrāt fut & regna aux siciliēs qui auoit grāt nombre de brebis & de vaches / par leq̄l bestail estoit grandement augmentee sa richesse / & pourtant dit quil ayma la deesse galathee / cest a dire du let / car let est engēdre deu humidite mais pour ce q̄ les eaues du fleuue nōme acis ont ceste propriete quelles sechent le pis desdictes bestes que icelle eaue boiuent Icellui ciclops cōmandoit que les berbis & vaches pour ceste cause fussent ostees & eslongnees aucun certain temps de lan dudit fleuue / & auec ce se parforsoit faire icellui fleuue falir & secher par aucuns ruysseaulx quil lui faisoit faire / & ce sās cause & sās effect. Je ne croy point cestui auoir este filz du roy faune / mais par aduenture daucun autre noble hōme ainsi nomme / mais il a este vng de ceulx qui ont mieulx ayme estre ditz filz des faunes que des hommes

De eurymedon filz de faune qui engendra perinie. chap. xv^e.

Stacius proximus curi medō cui pastoralia fauni arma patris &c.

EUrymedon fut filz de faune cōme il plaist a stace en sa thebaide disant. Eurymedon est tresprochain q̄ a les armes pastoreles du pere faune ainsi que iay dessus dit de acis / pareillemēt ie ne croy point que cestui fut filz de faune roy des laurens / & pource quil conuersoit aux forestz po^r extoller & esleuer sa generation il se feingnit filz de faune Car cōme icellui stace monstre cestui cy fut en la guerre de thebes du party de etheocles.

De perinie fille de eurymedon & de nausithee. c. xvi^e.

Homer^s Nausithe um quidē palus neptunus tertam mo uens genuit &c.

PErinie fut fille de eurymedon cōme homere escript en son odissee disant. Neptune meut deuāt la terre & engendra nausithee et pinie fēme de tresbonne beaulte moindre fille du magnanime eurymedon. Toutesfoys leonce dit que le geant eurymedon fut le seigneur et quil perit auec eulx Ceste cy enfanta de neptune nausithee comme il est monstre par homere.

De latinus roy des laurēs & filz de faune qui engendra lauinie et prenestes. ch. xvii^e.

LAtinus roy des laurens fut filz du roy faune & de marice nymphe laurente ainsi quil appert par les vers de virgile disant. Le roy latin^s ia vieil regissoit & tenoit en longue & paisible paix les champs & les citez Nous auōs entendu cestui latinus estre engendre p faune & marice nymphe laurente. Justin dit quil ne fut point filz de faune / mais nepueu de sa fille / car il escript ainsi / que quant hercules eut surmonte et desfait gerion & quil retournoit despaigne il eut la cōpaignie charnelle de la fille de faune / & eut de ce vng filz nōme latinus. Seruie recite selon esiode en ce liure quil nōme aspidopie que latin^s fut filz de vlixes & de cyrces / laqlle aucuns appellent marice / et escript que a ceste cause virgile escriuit ainsi de lui disant quil auoit la semblāce de son grāt pere le soleil pource que cyrces auoit este fille du soleil Mais seruie dit que les temps ne si acordent point / et que a ceste cause nous deuons prendre ce que higinus dit / plusieurs latins auoir este. affin que nous entendons ledit poete virgile cōme il a de coustume abuser de similitude de noms / mais quelque chose que les autres dient deu que luniuerselle renōmee fauorise a virgile q̄ latin fut filz de faune il fault obtemperer au dit de virgile et croire que latin fut filz de faune. Oultre ce lopinion est cōtraire de la mere marice / car seruie dit delle Marice est la deesse du riuage miturnē sien au pres du fleuue nōme lyris. Orace escript ainsi. Marice a tenu lyris & les riuages ou nouant Si no^s voulons entendre que marice fut la fēme de fau

Virgili^s Rex arua latin^s et vrbes iam sen ora &c.

ne/la raison ne vouldroit aucunement car les dieux des lieux ne vont point en autres regions/mais ce peult estre dit par licence poetiq̃ marice laurente deu quelle est des miturnensiens. Les autres dient que par marice on doit entendre venus/le petit temple de laquelle estoit au pres de marice avec certain escript cõme seruie dit. Ce doubte peult estre en brief esclarcy/Car il est possible plusieurs marices avoir este cõme il est cy dessus dit de latinus. Le roy latin⁹ fut ou temps que troye fut destruicte & eut a fẽme laynee seur de daune roy de ardee cõme il appert par virgile Varro en son liure quil composa de la naiscẽce de la langue latine dit que pallancie fille de euander fut sa fẽme/& dit onque euander receut latinus vagabunt/& cõme il avoit receu par responce de loracle lui dõna a fẽme sa fille lauinie/laq̃lle il avoit ia promis a turn⁹ filz de daune/& a ceste cause sordit grande guerre entre eneas & turnus/par laquelle cõe seruie dit latinus mourut.

Virgili⁹ Varro

De lauinie fille de latin & fẽme de eneas. chap. xviii^e.

Lauinie fut fille du roy latinus & de amee selon virgile/laquelle le pere latinus avoit p̃mise au roy turnus/& ce non obstant la dõna en mariage a eneas de troye/& a ceste cause grande guerre sordit. Et cõme seruie escript presque au cõmencement de la bataille icelui latinus fut occiz. Et aĩsi elle fut ioincte par mariage a vng estrangier et douee du sang de son pere Et quãt elle eut perdu son mary en ceste mesme bataille aupres du fleuue nõme numicus & creignant le filz engendre dune autre mere & linsolence de lui victeur elle estãt enceinte par eneas sen fuyt aux forestz. Et cõme seruie dit se devoya hors de voye & sen ala a la maison dun pasteur nõme tyrus/& la enfanta vng filz quel le nõma iulie siluie posthume pource q̃l estoit ne aux forez apres les funerailles du pere. Apres ce ascanie la rappella au royaume paternel/car il sen estoit ale en albe quil avoit fait edifier. Et veu q̃ la vertu royale estant au cueur noble de la fẽme nestoit pour les choses ꝯtraires en aucune chose rompue & debilitee Elle garda icellui royaume si parfaictement que quant lenfant fut devenu grant il le trouua plus augmente que diminue. Eusebe en son liure des tẽps escript que apres la mort de eneas elle espousa vng nõme melampedus/& q̃lle eut de lui vng filz nõme latinus siluius/lequel impera & seigneuria sur les latins apres que iulie siluie fut mort.

Seruius

Eusebi⁹

De preneste filz du roy latinus. chap. xix^e.

Preneste fut filz du roy latinus aĩsi que solin semble affermer en son liure des merueilles du mõde/& dit que cestui fit la cite nõmee preneste & la nõma de son nom/car il dit ainsi preneste cõme zenodoctus a preneste nepueu de vlixes filz de latin. De cestui ie nay autre chose leu. Affin que nous facions fin a ce huitiesme liure nous escrirons aux suiuans liures de iuno/neptune/& iupiter filz de saturne & de leurs lignee.

Solinus

Sensuit le neufuiesme liure de Bocace de la genealogie des dieux.

De iuno huitiesme fille de saturne / laquelle sans homme conceut et enfanta deux filz nommez Hebes et Mars. chapitre premier.

Iuno par lerreur
des gentilz roy
ne des dieux fut
fille de saturne ⁊
de opis/ ⁊ nasqt
deuant iupiter
⁊ dung mesme
enfantement.

Ouidius Si gen⁹ aspicitur saturnũ prima pa rentē. Ec/ ci saturni sors ego prima fui et cetera Seruius Alberici. Marcia.

Oultre ce elle fut fēme de iupiter cō/
me ouide dit ainsi. Si la lignee est are/
gardee moy la premiere ay fait mon pe
re saturne/ ⁊ moy la premiere ay fait le
sort de saturne Seruie dit qlle fut nour
rie par tethides. Et alberice dit quelle
fut nourrie par neptune. Et marcian⁹
dit quelle nourrit mercure filz de maie
Les anciens la font ⁊ dient oultre ce la
deesse des royaumes ⁊ des richesses/
⁊ de mariages cōme virgile escript ain/
si. Juno a toute la cure ⁊ sollicitude des
lians de mariage. Auec ce ilz veulent ql
le preside aux fēmes qui enfantent/ cō/
me il appert par plaute en sa comedie
nōmee aulularia disant. Ma nourrisse
ie peris/ ie te requier/ ie me deul au ven
tre. Juno lucina ie requier et prie ta
foy ⁊ ayde. Auec ce ilz lui attribuent et
dōnent vng beau chariot ⁊ armes ainsi
que homere monstre en son iliade/ ⁊ af/
fin quelle royne des dieux ne voise poīt
seule ilz lui attribuent quatorze nym/
phes qui la suyuent/ cōme en la person/
ne delle virgile dit ainsi. Jay deux foys
sept nymphes de beau coursage/ entre
lesquelles nymphes iris principalemēt
la sert. Jlz dient aussi que loyseau nom
me pan est en la tutele delle. Ouide dit
quelle mit les yeulx de argus son pa/
steur a la queue du pan occiz par mercu
cure. Jlz la nōment oultre ces deux nōs
qui sont iuno ⁊ royne par plusieurs au
tres noms qui sont/ cestassauoir lucine
matrone/ curites/ mere des dieux/ fluri
ne/ februe/ interduce/ domiduce/ vnxie/
cynthie/ socigene/ populonie/ ⁊ proserpi

Plautus Peril mea nu/ trix obse/ cro te ⁊c.

Homer⁹

Virgili⁹ Sunt mi/ chi bis septē pre stāti cor= pore nim phe ⁊c. Ouidius

ne. Et dict que quāt elle eut mēge des
letues siluestres elle conceut vne fille
nōmee hebes. Pareillement quant elle
eut frape la fleur elle conceut mars/ et
quelle enfanta du drap iupiter son ma/
ry vng enfant nōme vulcan/ ⁊ plusieurs
autres choses recitent delle. Ainsi que
les choses dessusdictes sōt plusieurs pa
reillemēt diuers auteurs en ont dit plu
sieurs choses. Car barlaam dit que les
anciens ont cuide ⁊ repute iuno estre fil
le de saturne ⁊ de opis qui cuidoiēt que
saturne fust le faiseur de toutes choses
⁊ opis la matere ⁊ iuno la terre ou leau
Macrobe en son liure du songe de scipi/
on dit que iuno est seur de iupiter/ car el
le est pduite des mesmes semences des
quelles iupiter est produit/ car il est dit
que iupiter est le ciel ⁊ que iuno est lair.
Et dient que iuno est nee deuant iupi/
ter ⁊ iupiter est le feu ⁊ ceste cy est lair ⁊
le feu ne peult point estre reduit en flā
be cōme il nous semble sās aucun espe
rit qui est lair/ ⁊ icellui air oste le feu ne
peult viure. Et a ceste cause lair est o/
portun ⁊ necessaire si nous voulons a/
uoir le feu. Ou pource que le feu est a/
lume par mouuement dair cōme nous
voyons souuent aduenir aux forestz et
aux lieux marescageux/ ⁊ ainsi lair est
ne deuant q le feu. Que iuno soit nour
rie par tethydes/ a ceste cause est feingt
que les eaues sont restaurees ⁊ repa/
rees par humidite quelque chose de lair
extenue ⁊ conuerti en feu. Quelle ait
nourri neptune ⁊ mercure sera exprime
⁊ declare la ou sera faicte mention di/
ceulx. Elle a este dicte fēme de iupiter
aīsi que lair est soubzmis au ciel ou au
feu. Seruie dit que iupiter est aucunes
fois prins pour le feu ⁊ lair/ ⁊ aucunes/
fois tant seulement pour le feu. Pareil
lement iuno est prinse aucunesfoys pour
la terre ⁊ leaue/ aucunesfois pour le seul
air. Et pource quant Jupiter est prins

pour le feu ⁊ pour lair/et Juno pour la
terre et pour leaue / a bonne raison ilz
sont ditz mary ⁊ femme veu que le feu
⁊ lair sont actifz/⁊ la terre ⁊ leaue pas-
sifz Et ainsi quant les choses superieu
res ⁊ inferieures besoignent ⁊ que les
corps celestielz leur administrent ayde
⁊ secours toutes choses sont engendrees icy en terre. Et ainsi que icellui Ser
uie dit quant Jupiter est mis et prins
pour feu seulement et Juno pour lair
ilz sont ditz freres par similitude tant
par raison de contiguite que aussi de
rarete et legierete. Theopompe en ses
vers ⁊ ditz cypriacqs et hellanus en dio
spolitichia dient que Juno fut par Jupiter ioincte par chaines dor/et fut de
pravee en enclumes de fer/ lesquelles
ie cuide navoir voulu autre chose entēdre si non lair depraue par la froideur
et durte de la terre estre ioinct au feu
par chaines dor/cest a entendre par cō-
tinuees successions de lumiere. Tulles en ceste matere dit ainsi. Les philo
sophes stoyciens disputent et dient q̄
lair entre la mer ⁊ le ciel est consacre par
le nom de Juno laquelle est seur ⁊ fem
me de Jupiter pource quelle est la simi
tude de lair ⁊ la tresgrande conionctiō
auec lui. Jlz lont effemine ⁊ attribue a
iuno. Car il nest aucune chose si mole
que lair. Les anciens ont dit que iuno
estoit la royne et deesse des royaumes et richesses/laquelle Fulgence de
script auoir la teste couuerte et tenant
en sa main le sceptre. Je croy quilz nont
voulu autre chose entendre si non la p-
tie en laquelle les royaumes et riches
ses sont/car nous auons dit que Juno
est la terre en la quelle assez appert que
les royaumes du monde sont. Doncques elle tiēt en elle les souuerains roy
aumes des royaumes. Quelle soit
royne est monstre par le sceptre/et par
ceste mesme raison elle est deesse des ri

Tullius
Aer autē
stoici dis-
putāt inter
iectus int
mare ⁊ ce
lum ⁊c.

Fulgēcius

chesses/car elle tient au fons de la terre
les metaulx ⁊ les pierres precieuses
Ce qui est mōstre par la teste couuerte
Ou elle tient sur la terre tous les blez
fruitz ⁊ bestes ⁊ en ce elle monstre ⁊ bail
le les choses auxquelles les richesses
des terriens consistent. Jlz veulent qlle soit deesse des mariages pource que le
plus souuent les mariages sont faitz p
aucun don de douaire lequel appartiēt
a iuno. Oultre ce ilz ont creu que iuno
fut en aucunes choses la lune et quelle
pouoit moult enuers les operatiōs hu-
maines/⁊ principalemēt enuers les mou
uemēs de lieu en lieu/⁊ a ceste cause ont
cuyde que iuno menast par chemin les
filles qui se marioyent ⁊ qui alloient de
la maison de leurs parens deuers leurs
espoux/⁊ a ceste cause elle est nōmee iter
duca/ou par autre raison/car selon lācienne maniere les vierges auoient de
coustume aller de nuyt deuers leur ma
ry/ayans honte aller manifestement ⁊
publiquement laisser leur virginite Et
pource q̄ la lune quant elle luisoit sēble
ministrer duite au chemin. Juno est dicte iterduca/⁊ pource q̄ par ceste dicte cō
duite elle sembloit mener les dictes vier
ges premieremēt aux maisōs de leurs
maris. Elle est aussi dicte domiduca/⁊
pource q̄ les vierges soubz la cōduite de
iuno venans aux huys de leurs maritz
selon la coustume anciēne oignoyēt les
huis de diuers ongciōs/pour icelles on-
gcions iuno est appellee vnxia. Et apres
a ceste cause les espouses ōt este nōmees
vnxores. Et de la cōme alberice dit est
venu qlles sont dictes vxores. Fulgēce
dit quelle est dicte deesse des fēmes qui
enfantēt pource q̄ les richesses sur lesqlles elle p̄side engendrēt tousiours delles
autres richesses/laqlle chose nest pas du
tout vraie de tous ⁊ tousiours/mais elle
est dicte deesse des femmes enfantās
Car elle est dicte nommee lune/ La-

quelle les anciens ont voulu auec iuno estre par coustume Requise et appellee par les femmes enfantans soubz le nō de lucine et de Juno. Et disoient les anciens comme macrobe escript que le don ⁊ grace de lucine ⁊ de iuno estoyent de destendre ⁊ lacher les fentes des corps ⁊ donner ⁊ bailler voye aux entrees corporelles/ laquelle chose est salutaire pour accelerer les enfantemens Et lors elle est nomme artemie en grec qui en latin signifie comme tranchant lair Ilz lui ont attribue vng chariot pour signifier par icellui chariot la continuelle circuition de lair autour de la terre. Les armes lui sont pource baillees pource quelle semble suader ou bailler ou preparer les armes aux guerroyens Et principalement pour cause de Richesses ⁊ de Royaumes. Ilz dient que quatorze nymphes la seruent affin que nous entendons autant daccidens en lair estre engendrez ⁊ faitz par diuerses causes/ cestassauoir temps paisible cler ⁊ net/ soufflemēt de vens/ nuees/ pluie gresle/ neige/ gelee/ Rosee/ coruscation ou esclaire/ tonnoirre/ larc au ciel/ les cometes/ les vapeurs afflābees ⁊ brouillars. Aucuns descriuent des aultres en ostant aucunes des dessusdictes et en adioustant aucunes autres lesq̄lles semblent aduenir a la terre/ comme trēblement de terre ⁊ sourses de feuz de terre ⁊ autres pareilz. De toutes celles qui seruent a Juno la plus familiere selon la description des poetes est iris/ laquelle ilz ont voulu estre fille de thaumentes/ cest a dire de admiration/ pour ce que cest arc au ciel est merueilleux ꝑ aparicion ⁊ couleurs. Ilz attribuent ceste dicte iris a Juno la deesse des Richesses affin que par la peinture de diuerses couleurs qui est en elle ilz signifient lornement des Richesses lesquelles par leur clarte ⁊ beaulte sont signes de merueillance que ainsi elles descendent comme elles montent. Et ainsi que cedit arc celestiel tāt beau est si tost dissoult ⁊ efface pareillement la Renōmee ⁊ la puissance des Riches est Resolue en vng moment en Rien. Et veulent quelle soit dicte iris quasi eris qui signifie noise et debat pource que par les Richesses viennent moult de debatz Et aucuns dient icy que iris est tousiours enuoyee pour exciter discorde. Le pan lui est attribue ⁊ donne a sa tutele pour monstrer les qualitez des Riches Car le pan est vng oyseau criant par lequel est entēdu les cris ⁊ les orguilleuses paroles/ la venterie et bruyt des riches. Le pan hante les tectz des maisons ⁊ monte tousiours au hault des edifices affin quil appere que les riches appetent toutes preminēces ⁊ quilz les prenent par force si elles ne leurs sont donnees. Auec ce le pan Resplendist de tous coustez par pennes ⁊ plumes peintes/ ⁊ se delecte de louanges/ ⁊ est si affecte de se monstrer quil lieue sa queue pleine dyeulx ⁊ de miroirs ⁊ en tournant laisse son derriere lait ⁊ descouuert Par lesquelles choses sont signifiees la porpre des Riches ⁊ la Robe doree la sote gloire ⁊ la pompe transitoire/ leurs oreilles ouuertes aux adulateurs. Et toutes les fois quilz ne cōsiderent poīt ⁊ quilz nauisent ⁊ quilz cheēt en icelles adulations aduient que ce qui est ort et qui pouoit estre musse par aduenture est descouuert affin quil appere ce cuer miserable couuert de ceste Resplendeur estre trauaille ꝑ cures ⁊ sollicitudes angoisseuses paresse/ folie/ meurs sotes/ ordures de vices et aucunesfoys comme charoignes pourrissans par orde playe

Reste maintenant de Rendre la raison des noms de Juno. Et principalement de ceulx de qui nest point dit

Doncques tulles veult quelle soit Tullius

nommee iuno comme iuuant ⁊ aidant
a tous ce qui est propre a iupiter. Rabane dit que iuno est dicte cõme iano / cest
Raban⁹ a entendre ianua ou porte aux expugna
tiõs des fẽmes poꝰce quelle baille ⁊ ma
gnifeste les portes de la mere aux netz
⁊ aux maritz de celles qui espousent.
Leonce dit que iuno en grec est dicte ce
Leonce⁹ que signifie era qui signifie terre / ⁊ par
plusieurs mutations de lettres ⁊ de sil
labes Juno ꝓprement est terre Elle est
apellee socigene poꝰce ꝗlle socie ⁊ ioinct
aux masles ⁊ hões ⁊ les fẽmes ꝑ maria
ge / ⁊ par ceste mesmes Raison est dicte
populonie pource que par les conioncti
ons des hommes ⁊ des femmes par elles les peuples sont procrees. Elle est
dicte cynthie qui est le nom de la lune /
car elle est dicte cynthie poꝰce quelle de-
lioit le ceinct de chastete aux vierges q̃t
elles estoient ioinctes aux hõmes / et ꝗl
que chose que ceulx cy dient cest loffice
de Venus cõme ie cuide / laquelle tesmoi
gnant alberice ilz disoient suiure iuno
laquelle duisoit ⁊ menoit aux nopces /
pource que loffice de iuno estoit premie
remẽt faire ⁊ administrer les choses ap
partenans a mariage / ⁊ disoient loffice
de Venus estre ioindre lhõme ⁊ la fẽme
en cohabitation charnele ⁊ delier le ceĩct
de virginite / laquelle chose ilz attribuẽt
a Venus / ⁊ le nomment ceston. Elle est
nommee matrone / car elle preside seule
ment a celles filles qui sont meureꝰ poꝰ
les hommes ⁊ conuenables a conceuoir
Lesquelles combien quelles ne soient
mariees touteffois elles sont ou peuẽt
estre dictes matrones / pource que selõ
laage elles peuent estre meres Alberice
dit quelle est nommee currilles quasi ro
yale ou forte ou puissante. ou selon seruie pour le chariot pource que leꝰ batail
lans ⁊ pugnans vsoyent de chariotz /
par lesquelles Raisons ilz vouloient ꝗl
le presidast aux choses belliqueuses.

Ilz la nomment aussi la mere des dieux pource quilz lentendent estre la ter
re mere de toutes choses. Alberice dit Alberic⁹
quelle est dicte fluonie pour la flueur
des semences. Ou pource quelle deli
ure les femmes a lenfentement. Mais
ie la cuyde estre ainsi nommee pour le
flux menstrual quon nomme les fleurꝰ
des femmes. Lequel aucuns cuydent
estre fait par la lune. Pareillement elle
est nommee februe pource quelle purge
les femines apres lenfantemẽt quant
leurs purgations saillent. Et pareille
ment en leurs fleurs. Car ce verbe fe-
bruo signifie autant que purgo / cest adi
re purger. Maintenant est dit des
choses q̃ pouoyent estre mussees soubz
aucune fiction poetique quant au sens
⁊ entendement naturel. Reste maintenant a dire ce qui est feingt en chascune
partie selon listoire. En listoire sacree
est leu que Juno fut engendree de Sa
turne Roy et homme / ⁊ quelle fut touteffoys premierement nee dung mesme enfantement auec Jupiter de sa me
re nommee opis femme de saturne.
Et comme Varro escript elle fut deuãt
appellee Parthenie elle estant en lisle Varro
nommee samos ou elle fut nourrie / et
quant elle fut la grande deuenue elle
fut mariee a Jupiter / ⁊ que a ceste cause en la dicte isle auoit este vng tresnoble ⁊ tresancien temple / et en icellui e-
stoit limage de iuno figure en labit du
ne fille espousant / et que la coustume y
estoit les anniuersaires sacrez en mani
ere de nopces y estre celebrez.

De hebes fille de iuno ⁊ deesse de iouuence ⁊ femme de
hercules. chap. iie.

Theod. HEbes comme theodonce escript fut fille de iuno qui delle recite vne telle fable. Que apollo appareilla vng conuy a iuno marastre en la maisõ de son pere iupiter. et entre autres choses lui mit deuant des letues sauuages Quant iuno qui iusques a lors sterile auoit este les eut mengees par desir et appetit incontinant elle fut enceinte et enfanta vne fille nommee Hebes. Et pource quelle estoit belle elle fut prinse par Jupiter a loffice de bouteilliere / et fut faicte deesse de iouuence. Quant icellui Jupiter auecques les autres dieux estoit alle deuers les ethiopiens pour menger et banqueter aduint que quant icelle Hebes leur ministroit les breuuages et quelle en alant moins coyement quelle ne deuoit lesditz breuuages cheyopent / parquoy elle leua tous ses habillemens vng peu plus hault et monstra aux dieux par cas de fortune ses choses honteuses / et pource aduint que Jupiter la osta dudit office de bouteilliere et substitua en son lieu Ganymedes frere de Laomedon roy de troye. Finablement les oetes la baillerent en ma-
homerus riage a Hercules qui estoit ia receu ou nombre des dieux. Homere en son odissee dit quelle fut conceue de Jupiter Certes ie ne lay point escripte ne donnee a Jupiter pource que ie la trouue estre mise fille par les latins poetes tant seulement de iuno sans aucun pere.

Sensuit ce que ie iuge estre prins de ceste fiction. Le venerable andalo disoit Andalo
deux choses attribuees entre les signes du zodiaque a iupiter lequel ilz dient estre pere dapollo / lesquelles deux choses les astrologiens ont dit maisons / cestassauoir le sagitaire et les poissons. Car quãt le soleil / cestadire apollo est au sagitaire et que la maison de iupiter est prochaine de lyuer les letues sauuages sõt mises deuãt iuno / cest adire la terre cest a entendre le grant froit. Car ainsi que les phisiciens dient les letues agrestes et sauuages sont tresfroides / et le froit fait son operation sur le bort de la terre et fait condenser et sarrer les pores et ouuertures de la terre / affin que la chaleur meslee auec la terre besoigne enuiron les choses quit sont dedens la terre Et quant ladicte chaleur a reschauffe lumidite de la terre elle fait ouurir les racines des grains et des plantes et les ramplist de humeur par laquelle il se enflent et sont faictes grosses. Et ainsi quant le soleil entre au signe du sagitaire la terre est faicte grosse et enflee pour le froit intẽsif / laquelle terre semble en autonne estre sterile. Finablemẽt quãt le temps aduient de son enfantement / cest adire a la primevere elle enfanta hebes / cest a entendre ieunesse Et la est la renouation de toutes choses branches fleurs / graines. Et en ce temps toutes choses elle gette Et ainsi quant le printemps vient lequel est chault et humide / les dieux Cest a entendre les corps celestielz baillent et ministrẽt bruuages / cest a dire humectations / lesqlz corps celestielz ainsi quil est ailleurs dit selon lopinion daucũs sont peuz des humiditez des vapeurs qui de terre se elieuent. Finablement quãt le tẽps de

autonne vient auquel temps le soleil cōmence a tendre vers la station hiemale / cest adire des ethiopes qui sont vers le antartique lieu du ciel / toutes choses vertes cessent & les fueilles acōmencēt a cheoir. Et ainsi quant les arbres & autres choses sont descouuertes qui estoyent couuertes par les branches & fueilles / ladicte hebes est denuee & monstre ses choses honteuses / & est ostee de loffice de bouteillerie / & le dessusdit ganymedes est en son lieu mis qui est dit le signe de aquaire / pource que en icellui temps lyuer est pluuieux & administre habondamment aux corps celestielz humides vapeurs. Que hebes soit ioincte p mariage a hercules est chose feingte pource que iouuence cest a entendre verdeur ppetuele est tousiours ioīcte aux euures des clers et renommez hommes / & ne seuffre ou parmet icelles euures cheoir en mort ou en vieillesse.

De mars filz de iuno qui eut quinze filz / desquelz les noms sensuiuent. Le premier fut cupido. Le second enomaus. Le tiers thereus. Le quart ascalaphus. Le cinquiesme ialmenus. Le siziesme parthaon. Le septiesme zesius. Le huitiesme elegias. Le neufuiesme brictonaxus. Le diziesme euannes. Le vnziesme hermiona. Le douziesme hyperius. Le treziesme etholus. Le quatorziesme remus. Le quinziesme romulus. chap. iii^e.

Aucuns veulēt que mars soit filz de iupiter & de iuno. Ouide en son liure des fastes monstre quil est tāt seulement filz de Juno sans pere disant que iuno troublee pource que iupiter seulement de luymesmes sans aucune aide de femme auoit engēdre minerue. Et a ceste cause elle charchoit ocean pour prendre de lui conseil cōment elle sans aucune aide de homme peult conceuoir & enfanter vng filz. Et elle estant lasse se reposoit au pres de la porte de la deesse flora femme de zephirus. Flora interroga icelle Juno ou elle alloit / laquelle lui narra ce que dessus est dit. Lors flora lui promist aide salutaire / mais que la chose fust si secrete q̄ Jupiter nen sceut aucune chose. Juno iura par les vndes stygies quelle ne diroit aucune chose a aucun. Lors flora lui ēseigna vne fleur q̄ estoit aux chāps oleniens / laquelle fleur quant elle lauroit touchee elle conceuroit sans homme. Juno lexperimēnta & conceut & enfanta sans homme vng filz lequel elle appella mars. Les autres dient quelle le conceut quant elle eut frape son lieu naturel a conceuoir. Tous diēt que mars fust vng homme trescruel & guerroiant / & q̄ a ceste cause ilz ont voulu ql presidast aux guerres & armes. Stace en son liure nomme thebaide descript la region de lui la maison & ministres ainsi. Cylenius entroit dedens les champs des traciens & le portent & tyrent en diuers lieux lui cheant par le gō de la porte & de lyuer et leternelle tēpeste / et la region tentee du ciel. Les assemblees des gelees et les premieres entrees de aquilon et la grande robe dor de lui sonne par grele dont elle est couuerte / et lombre du chapeau archadien ne le queuure point bien. Cestuy note les forestz steriles & les temples de Mars. Et en regardant se espeurit / Et quant il a descript la region non point sans aucun ministre. Il descript la maison & la famille disant en icelle Stacius maison a po^r lui mille fureurs. La mai son est ceinte dessoubz hemus aduersai re/et ledifice dicelle est de fer tout sau uage/les huys liez de fer sont usez au tour. La couuerture est soubztenue par coulonnes de fer/et la clarte du soleil qui est au contraire est blessee et obscur cie/ꝛ la lumiere creint le siege oꝛt ꝛ chas sieux/et la clarte cruelle esbahit ꝛ dōne tristesse aux estoilles. La demeure est digne du lieu et assault enrage sault ꝛ uient des brezes/et de la porte uienēt iniustice aueuglee ꝛ courroux embra sez/et peurs palles par espees ꝛ ambu ches/et discorde tenant deux fers ꝛ la court dicelle maison bruit par innume rables menasses/ꝛ uertu demeure au milieu tres triste ꝛ fureur ioyeux et la moꝛt armee ayant regart sangnant fi ert. Le sang des guerres est seul aux au tiers/et le feu assemble pꝛins des citez. Les despouilles des terres ꝛ les hau teurs du temple sont autour. Les gen^s pꝛinses lanoblissoient/ꝛ les piesses rō pues des poꝛtes couuertes de fer/ꝛ les nauires de bataille/ꝛ les chariotz ua gues/et le deuant des chariotz usez et rompus/laisse aussi les gemissemens Car toute foꝛce et toute playe par tout mais nonpoint tousiours par parole re mise/Car mulciber auoit fait la dicte maison par art diuine/laquelle tu pou uois telle ueoir. Oultre ce les anciens ont dit que bellone fut la seur de mars laquelle ilz attribuēt gouuerner le cha

Stacius riot de lui ainsi que Stace tesmoigne qui descript laleure ꝛ marchement de mars ainsi/fureur ꝛ ire pigne les creins et ministꝛe les frains aux cheuaulx/pe^r poꝛtant armes ꝛ ueillant par toute re nommee ceinte de diuerses choses fait tumultes par son couit ꝛ uole deuant le chariot/ꝛ excite ꝛ fait impeller quelle est ueue des bestes gemissans/ꝛ excite les plumes peureuses auec grāde mur

muration. Et elle gouuernant le cha riot contrainct ꝛ bat les cheuaulx da guillons pleins de sang. Elle cōtraint parler choses faictes ꝛ deffaictes/et il est courrousse en son hault chariot. Le pere repꝛent ꝛ coꝛrige dune lance les festes ꝛ cōuies scithiques de la deesse. Les anciens oultre ce ont uoulu que ce dieu si cruel ꝛ furieux fust amoureux/ et que entre autres ait ayme uenus qui fut de uulcan pꝛincipalement/et quil usa delle. Homere en son odissee reci te de lui une telle fable disant q̄ mars Homer^s ayma grandement uenus/ꝛ une foys quant il estoit auecques elle il fut ueu du soleil ꝛ fut acuse a uulcan mary de uenus. Vulcan mit autour de son lyt secretement des chaines inuisibles/et feingnit quil sen aloit en ung lieu nom me lennium. Mars cuidāt ce estre uray uint a uenus/et quant ilz furent tous nudz entrez dedens le lit/ꝛ quilz se ui rent ia pꝛins par les deceptions de uul can/icellui uulcan de guet a pensee re tourna ꝛ cria pour liniure a lui faicte. Les dieux uindꝛent ꝛ entre les autres Neptune/mercure/ꝛ apollo/mais les deesses pour uergoigne ne uindꝛēt poīt Et quant tous desrioient les dessusdiz pꝛins ꝛ quilz les ueoyent nudz neptu ne seulement pꝛia pour les pꝛins/ꝛ pꝛia ꝛ requist iusques a ce que par ses pꝛie res il flechit uulcan ꝛ fit deliurer les des susditz pꝛins. Oultre ce ilz attribuent a ce tant aigre dieu ꝛ a sa tutele le loup et entre les oyseaulx le pic. Pareillemēt entre les herbes lui ont attribue ꝛ en sa tutelle baille une herbe nōmee uulgai rement gramen. Plusieurs chose^s sont de ce recitees que iay delibere mainte nāt laisser pour les garder a leurs lieux Affin que nous declarons maintenant les choses contenues sur les fictions dessusdictes. Les anciens ont uou lu que Jupiter fut pere de mars affin

que le filz ne semblast point degenerer
au pere Certes nous auons souuēt dit
iupiter paisible & benigne/la ou Mars
est cruel & noisif. Ce qui est dit que iuno
quist ocean & quelle print conseil de la
deesse flora Je cuyde ce plus pour ceste
cause que pour autre estre dit pour cou/
lourer la raison de la naiscence Et po[ur]
tant ie repute & cuide la fleur olenien/
ne ou nee & creue aux champs oleniens
signifier les fleurs menstrueuses pour
ce que les femmes seulemēt enfantēt/
& quelles se parforcent couurir lordure
de ce par la beaulte du vocable en les
Ouidius nōmant leurs fleurs. Et ouide escript
la dicte herbe estre aux champs nōmez
oleniens/ou pource quilz sont puans/
ou pource que icelles fleurs saillent du
Isidor[us] lieu puant/dequoy isidore escript ainsi
Mulier La femme est de toutes les bestes ani/
solū aial mees qui a purgation de moys en mois
mēstrua- quelles nōment fleurs/le sang desquel
le est cui[us] les estaingt par son atouchement les
cruoris ta fruytz q ne germent point/& le vin quō
ctu fru- nomme moust par icelles egrit Les her
ges nō bes meurent/les arbres perdent leurs
germināt fruitz/le fer en est corrompu par rouil/
&c. les arains noircissent/les chiens qui en
ont touche ou menge enragent/le glut
& tenement dune gōme quon nomme
aspaltum laquelle ne peut estre dissoul
te par feu ou par eaue quant elle est or/
doiee de ce sang se dissoult & se resoult

Doncques si nous considerons bien
leffect de ces dictes fleurs daucune au
tre matere ne pouoit estre cree beste si
cruelle & si mauuaise/affin quil eust cō/
uenience auec son progeniteur. Car q̄t
mars/cest a entendre la guerre est en sa
fureur les semailles ne germent point
Mais qui plus est quant icelle fureur
de la guerre est on ne seme point/& les vi
gnes sont negligees/ & ainsi semblent
estre conuerties en vinaigre. Les herbes
passees & conculquees des coureurs meu
rent. Tous les fruitz des champs pe/
rissent par violences & rapines. Le fer
par mauuais vsage est gaste & consume
Les arains & metaulx sont descoulou/
rez/& les champs par le sang des occiz
Ceulx qui suyuent les tentes & pauil/
lons des gensdarmes enragent par de
sir de occuper/& sont dissoultz & peritz
par cruelle & longue bataille/Et aussi
les citez par longs sieges/les chasteaux
& haultes tours & tout ce qui est fortifie
par hommes ou par art de nature. Dō
ques le fruit conuient bien auec la semē
ce. Mars par autre raison est dit filz de
Juno/laquelle nous auons souuēt dit
estre la terre & la dame des royaumes
& des riches. Considere que pour lam
bition des hommes insaciables enuers
les royaumes & richesses sourdēt noi
ses/debatz/dissentions & guerres. Si
nous voulons considerer la dessusdicte
percussion des membres genitaulx de
iuno nous dirons que iceulx membres
sont frapez quāt lapetit est excite a cho
ses superflues duquel question sort bi
en souuent par laquelle question aucu/
neffois on vient en guerre/& ainsi mars
naist. Doncques mars ainsi engendre
par euidentes raisons est congneu cōe
stace descript que mars hante & demeu Stacius
re auec les bistones & traces soubz le gō
quon nomme cardo arctique pource q̄
cest vne tresfroide region/& la naiscēt
hommes plains de sang/& ce est fait par
nature tressage & non sās cause/car les
hommes de sang ne peuent resister au
froit/car ces dictes gens sont abondans
en sang pour labondance des viandes
et limmoderee buuerie de vin. et sont
paresseux en cōseil/& copieux & abōdans
en deception & faciles a cheoir a mal. ilz
sōt clameux & furieux. ilz ne desirēt au/
cune chose q̄ par contencion de sang/et
riēt & mesprisēt les playes/lesq̄lles cho
ses toutes cōuiennent & cōpetēt a mars.

Et a ceste cause la maison royale de mars est conuenablement descripte estre en tel pais et gens / et estre enuironee de tempestes et dassemblee de gresles de vens froitz et violans / affin que nous entendons que ceulx qui vaquent aux guerres sont assaillis de fureurs rages rumeurs et tumultes. Oultre ce icelle maison est descripte estre de fer pour nous doner entendre que les defenses des lieux enuers lesquelles la guerre est faicte / sont de fer / cestassauoir les hommes armez / les glaiues / les dars / et fleches desquelz ladicte maison est pleine / et pource que les dessusdictes armeures le plus souuent ne font que mal. La clarte du soleil est contristee / car la lumiere est cree pour bien. Auec ce la resplendeur des rayes du soleil change aucunement sa couleur et obscursit par la reflection que les armes font diceulx rays / par laquelle obscurte et changement de resplendeur la lumiere doz du soleil semble vng peu estre offusquee. Ou si nous voulons entendre les pensees des hommes ausquelles si cruelle amour brusle de plus en plus Et icelles pensees voulons dire estre de fer / cest adire inexorables obstinees et enclinees a tout mal / et par cruelles cogitations toutes choses faisant contre la clarte de la diuine charite. Le premier entre les ministres de mars qui sault de la maison de mars est nomme assault par lesquelz les miserables et impaciens apres que les semences de la guerre est gettee par paroles courent aux armes. Ce premier ministre et seruiteur suit vng autre seruiteur aueugle nomme nefas et meffait pource que quant nous sommes trauaillez dassault furieux toute consideration est ostee et perdue. Et par ainsi facilement on chiet en homicide / en bruslemens / en dispercion et perdicion de biens et ruyne de citez et villes. Et ainsi que le feu et charbons tournez et virez viennent a plus grande flambe Pareillement le meffait acomence a croistre les ires et enflambe les courages de ceulx qui mal font / lesquelles il a descript rouges pource que la face de lhomme courrousse semble estre afflambee / ou pource quelle sort du sang enflambe. Oultre ce les choses qui sensuiuent sont en la maison de mars / cest a entendre en tous lieux ou len fait guerre / cestassauoir peurs pallides lesquelles il a ainsi dit pource que ceux qui ont peur ont de coustume de pallir / pource que tout le sang deulx se retirant vers le cueur laisse les autres parties exterieures sans sang. Et pource que icelle peur est lissue doubteuse de la guerre par celle peur occupe non point seulement les paresseux et laches / mais aussi aucunesfois les vaillans et capitaines par diuerses causes. En guerre sont aussi embuchez / et pource portans glaiues couuers pour entendre la fraude des insidiateurs et enuers icelles fraudes conuient que les capitaines ayans grande art et astuce veu que les insidiateurs ne font aucune chose manifestement sinon pour leur tresgrant profit. Et est dessus dit que entre les ministres de mars est discorde / laquelle est ceinte et armee de .ii. glaiues / affin que nous entendons que quant les hommes viennent ad ce quilz ne sont point dune mesme opinion / et quilz tendent a diuerses sentences / par icelles diuersitez de courages est suade a vne chascune des parties prendre armes et faire guerre. La aussi sont innumerables menasses / lesquelles sont les dars et fleches des hommes enflez et orguilleux / et tellement que aucunesfoys les contentions et guerres desditz hommes enflez sont seulement faictes par menaces. Car les hommes qui menacent grandes choses font souuent moins. Et ainsi la mesmes est vertu tres triste / laquelle chose il dit pource que combienque lon me soit bien regardant & considerãt les guerres/soit moult robuste et vaillant audax & constant /et arreste contre les choses aduenir. Toutesfois pource q̃ cesdictes vertus tendent a efusion de sang a diruptions et destructions de cites et a pillage et a proye. Elles semblent estre tristes pource q̃lles ont leur operacion et effait en la tristesse des autres/et auec les autres est fureur mortelle:par ce que tres souuent elle suruient aux guerres/laquelle guerre nous disons mort. Pource quelle a decoustume de soudre & venir ẽtre les pleins des viandes et breuuages. Car nous voyons rarement que ceulx qui sont iuns et sobres soient furieux. La mort aussi est armee entre ceulx et ayant regard cruel et plein de sang voulant p ce monstre les continuelz murtres & occisiõs qui sont faitz en guerre et la grã de efusion de sang. Quãt il a descript armee et ayant la face pleine de sang. Ou il a descript armee par la differẽce de ceulx qui meurent en paix q̃ meurent sans armes. Reste lornement du temple/lequel tout tend a monstrer la misere des victeurs/& la gloire des triumphans. Lequel pource quil est assez manifeste nous laissons. Et aussi laissons a parler de bellone/de laquelle est assez dessusdit la ou nous auons p le de minerue portant armes. Reste dire peu de chose de laleure & marchement de mars. Le commancemẽt duquel semble estre par fureur & ire qui agencent les plumaulx de luy. Et fureur et ire besongnãs la chose ne peult pas est re sans assault. Et ce est dessus escript les dessusdictz par lamour de mars agencer/cest adire orner les plumaulx/cest adire les armes nous denent a entendre que les armes qui sont faictes pour faire & parfaire la bataille semblent lors estre resplendissantes et belles quant elles euurent impetueusement/lesquelles armes sont dictes plorer en homme de guerre paisible et paresseux. Il est dessusdit que peur appareille a mars les cheuaulx. Et pour cest arguement et cause que nous prenons les cheuaulx et les armes p peur des choses qui aduiennent/ou pour le bruit soudain. La renõmee precede les cheuaulx de mars/cest adire de la guerre aduenir/laquelle renommee rapporte presque tousiours les choses faictes et affaire/lesquelles sont facillement creues et augmentees par les peureux et attendans. Que mars ait ayme venus aucuns veulẽt histoire estre soubz ce mussee/& dient que venus prisa peu vulcan pour sa deformite et ayma & sa sẽbla auec celui qui portoit les mars de vulcan/ce aduisant et cõgnoissant vng homme prudent et amy de vulcan descouurit le crime de sa femme a vulcan lequel vulcan long temps de ce se plaignit et par fureur vint contre sa fẽme Mais la fureur de luy fut apaisee par icelluy hõme modeste et paisible. Les autres dient que les feignans ont par ce entendu et voulu monstrer que plusieurs hommes tres belliqueux et renommes capitaines iadis ont este notes de ceste volupte. Aucuns qui entẽdent plus aguement dient quon peult entendre pour venus lappetit concupiscible estre alie au dieu vulcan: et feu Cest a entendre la chaleur naturele p mariage/cest a dire par lien indissoluble. Et par ce en maniere de feu quant il se parforce a plus grant embrasemẽt Il est dit aymer mars comme tres feruent/et est ayme de luy comme de son semblable. Les lasciuieux et voluptueux sont amenes a ce desir/lequel desir est redargue par le soleil/cest adire p sage homme quant il est regarde/et est accuse comme excedent iuste chaleur.

Et quant la chaleur de concupiscence desordonee est portee au contraire / ad uient que lhomme sot est lie de liens occultes / cest a entendre de cogitations et est lie plus fort par voluptes de delectations / par lesquelles il est efenime et ne peult estre delie. Et ia par ordes et deshonnestes commixtions faictes il est moque publiquement par les sages Neptune qui est seul entre les captifz mis est fait contraire a la chaleur lasciuieuse / par lequel lamour ignominieuse est estaincte aīsi que le feu par leaue et la raison encheinee est relaxee quāt il veult de cellup qui seuffre. A cestui est attribue vng chariot pource que les anciens vsoient de chariotz en bataille / le loup luy est pource dedie. Car il est beste rauissante et gouliarde po' mōstrer linsaciable voracite de ceulx qui suyuent la guerre. Loiseau nōme pic luy est pour ceste cause attribue / pource que les homme' belliqueux cōmunement sont adonnes aux augures et auspices. Et pource quilz prennēt incontinant toutes choses qui aduiennent. Ou pource que ainsi que ledit pic par la continuele percussion de son bec penetre aussi les grosses et fortes escorces Pareillement les gens darmes par cōtinueles demolicions / ou par continuacion de batailles et contencion penetrent les murailles des cites. Lerbe q̄ est dicte gramen luy est sacree comme albertice dit. Pource quelle comme pline dit est engendree de sang humain / et de ce comme icellup mesmes dit les rommaines faisans guerre quāt ilz faisoient sacrifice a mars constituoient et faisoiont vng autel couuert de ladicte herbe. Je cuide que cest chose ridiculeuse que ladicte herbe gramen naisce seulement de sang humain. Mais ie cuide que icelle herbe estre dediee a mars a prins dailleurs son inuencion. Car considere que les hommes guerroyans ont de coustume de tres voulentiers mettre et loger leur parc et tentes en lieux aises. Et pource le plus souuent en lieux pleins dicelle herbe. Lesquelz lieux par bon cōseil ne sont point labourez par les laboureux des champs / po' ce que icelle herbe dicte gramen attire toute lhumeur de la terre et ne luy en laisse poīt ou peu. A este trouue par les rommains et par aduenture par les anciens pour monstrer la vertu du bon guerroyeur et qui bien seruy auoit que ilz couronnoyent de ladicte herbe ceux qui par force darmes estoient entres les premiers dedans le champ et tētes de leurs aduersaires.

De cupido premier filz de mars qui engendra volupte Chapitre .iiii^e

Ainsi que tulles en son liure de la nature des dieux escript Cupido fut filz de mars et de venus / leql les sotz anciens et modernes veulent quil soit dieu de grande puissance. Ce que appert assez par les vers de senecq̄ tragedien qui de lui escript en sa tragedie nommee hippolitus ainsi. Il cōmāde aux dieux laisser le ciel / et par faulx

Tullius

Seneca Vultibus falsis habitare terras &c.

Regars habiter aux terres. Phebus le maistre du bestial thessalien meine le bestial et appelle les taureaux par vng flegeol inegal iouant des doitz. Et maintenãt meut les eles blanches luy ayant eles. Par ces vers est designee quant grande est sa puissance/laquelle est aussi monstree par ouide en la fable quil recite de luy ainsi. Quant il dit quil naura et blessa dune fleche dor apollo victeur de phiton/⁊ ce pour la beaulte de danes ⁊ blessa icelle danes dune fleche de pluto/affin que icelluy laymast/et que lle leut en haine. Seneque en la tragedie ĩtitulee octauia descript ainsi la forme de cupido. Lerreur mortel feingt amour estre volãt ⁊ vng dieu dur/⁊ luy arme les mains de dars/⁊ luy garnit les arcs sarres de flãbe cruele/⁊ le croit estre engendre de Venus Seruie dit quil est vng enfant par aage et francois de barbarin homme quõ ne doit point mettre derriere en aucũs de ses vulgaires poemates descript cupido auoir lie les yeulx dung bandeau Et luy attribuent piedz de griphon/⁊ lenuirõnent dung lien plein de queues

Seneca Volucrẽ esse amorẽ fingit.

Apuleyus en son liure de lasne dor le descript estre tresbeau et dormant ainsi. Il a la teste dor et la perruque naturele lyuroignerie ambrosienne le col blanc comme let/les ioues rouges/les cheueulx voulans/et honnestement passemblees en peches. Les autres pendent deuant: les autres pendent derriere/lesquelz resplendissent grandemẽt et la lumiere et clarte diceulx change sur les espaules du dieu voulãt. Les pẽnes appoissent blãches par rosee ⁊ fleur resplẽdissant. Et combien que les eles de luy se reposent/toutesfois les plus grandes plumetes tendres ⁊ delicates selieuent et resiouissent vng peu tremblantes et saillans sans repos. Le demourant du corps est vng peu mis en

Apuleus Cũ videlz capitis aurei genialẽ cesariem ⁊c.

semble et plein de lumiere. Et est tel quil ne semble poĩt a venus peu de chose de lauoir enfante. Ausonie oultre ce recite de ce vne telle fable descripte assez longuement par vers/laquelle il dit estre peingte a treues en la sale quõ menge dung nomme zoylus/cest assauoir que cupido vola par cas de fortune entre les petitz arbres nommes mirtes dung nomme herebus. Quãt les nobles et courageuses femmes leurẽt veu et congneu/toutes sassemblerent et soudainement se eleuerent cõtre luy pour luy faire cruelz tourmens et desirs et mortz deshonnestes. Et quãt icelluy cupido eut en vain exerce ses puissances et vertus. Lesdictes fẽmes le prindrent et le mirẽt en croix en vng hault arbre qui estoit la desdictes mirtes. Et quant pendoit la/elles luy reprochoient ses ignominies/lesquelles il auoit faictes. Et venus suruint/⁊ le redargua et luy reprouchã les cheines de vulcan/⁊ le menassoit de cruelz supplices et tormens. Les dessusdictes fẽmes les vnes esmeues ⁊ les autres qui auoient laissees et remises leurs iniures/impetrerent enuers venus quelle pardonnast a cupido/et le osterẽt de ladicte croix: et sen vola aux cielz. Plusieurs autres choses sont recitees dicelluy cupido/lesqlles nous laissons pour ouurir et declarer lentendement des choses dessusdictes. Je cuide estre assez possible que cupido fut filz de mars et de venus. Et quil fut de notable beaulte et de voluptueuses meurs/mais les feingnans nont point de ce entendu. Et pource il nous fault charcher entre les opinions des anciens quelle chose telle et pareille a peu estre sortie des choses dessusdictes. Doncques icelluy que nous auons dessus nõme cupido est vne passion de pensee faicte par les choses exterieures ⁊ introduite par les sens corporelz / ⁊ vne passion des vertus intrinseques aprouuāt par vne aptitude et conuenience a ce / ⁊ aide des corps celestielz. Car les astrologiens ainsi que mon venerable precepteur andalo affermoit veulent / quant il aduiēt que mars est trouue en la natiuite dau cun en la maison de ven⁹ / cest assauoir au taureau ou en la liure / et estre significateur dicelle natiuite. Il signifie et demonstre cestuy qui lors est ne deuoir estre au tēps aduenir luxurieux fornicateur et abusant de toutes voluptes Et homme mauuais enuers telles choses. Et a ceste cause il est dit par vng philosophe nomme Hali au comment du quadripartit que touteffois que en la natiuite daucun ven⁹ participe auec mars. Elle doit conceder ⁊ bailler au naiscent disposition conuenable a vng amoureux et a fornicacions et luxures Et icelle aptitude fait que si tost que tel a veu vne femme / laquelle est prisee par les sens exterieurs. Incontinant icelle imaginacion qui plaist est portee aux vertues sensitiues interieures / et ce premierement vient a la fantasie et de la est transporte a la pensee et cogitacion. Il est transporte de ses vertus sensitiues a lespece de vertu / laquelle est la plus noble entre les vertus apprehensiues / cest a entendre a lentendemēt possible. Qui est le receptacle des especes ainsi que aristote en son liure de la me tesmongne / ⁊ la elle est congneue ⁊ entendue la voulente du pacient a la liberte de la retenir ou regeter. Si par icelle elle est retenue cōme approuuee. Lors elle est ia dicte amour ou cupido par memoire confermee. Et par la passion et affection dicelle chose aprouuee Elle met son siege en lapetit sensitif ⁊ la par causes diuerses est faicte aucuneffois si grande et puissante quelle cōtraint iupiter laisser le olympe et prēdre

Andalo

la forme dung taureau. Aucuneffois quant elle est moins aprouuee ⁊ conformee / elle chet et est anichilee. Et aussi passion nest point engendree par mars et par venus. Et ainsi comme il est dessusdit selon la disposition des corps les hommes sont produitz et ydoines a prendre passion. Les quelles choses non estans passion nest point generee ⁊ faicte. Ainsi en prenant la chose largement et generalement cupido est engēdre par mars ⁊ venus comme par cause vng peu plus loingteine. Seneque le tragedien en sa tragedie intitulee octauia descript la naiscence de cupido par vne licence vng peu plus grande et par plusieurs brieues paroles disāt. Amour est vne grande force du courage et de la pencee et vne chaleur suaue et plaisante du courage Elle est engēdree par abundance de biens / elle est nourrie par oysiuete entre les ioieulx de fortune. Certes limbecillite de humaine nature pour son excusacion ⁊ les mortelz hommes miserables presses de ceste passion ont feingt cestuy estre vn trespuissant dieu. Lesquelz feignans seneque en sa tragedie intitulee hippolitus deteste disant. Luxure pour estre plus en sa liberte a feingt amour estre dieu fauorisant au lait seruice de celluy / et a adiouste titre a fureur dun faulx dieu. Il nous fault ia retourner au lieu dont nous sommes issus / po^r expliquer les fictions ⁊ ce qui est soubz icelles contenu. Ilz feingnēt que cupido soit enfant / pour signifier ⁊ mōstrer lage et les meurs de ceulx qui prennēt ceste fiction et passion. Car les ieunes en maniere denfant sesbatent a leurs plaisances et ne sont point assez souffisans pour resister a ce que lassault de la dicte passion les boute plus tost que a ce que la raison leur commande. Ledit cupido est descript et peingt a yāt ales

Seneca
Deū esse
amorem
turpi ser-
uicio fa-
uens fin
xit libedo
quoq3 li-
berior fo
ret Titu-
lū furori
numinis
falsi ⁊c.

pour demonstrer et signifier linstabilite dicelle passion et affection. Car les croyans et desirans solent facillement de affection en affection. Il est feingt porter arc et fleches pour monstrer la soudaine captiuite des sotz/lesquelz sont prins presque dung coup de nil. Ilz dient que icelles fleches sot dor et de plomb. Affin que par icelles qui sont dor nous preignons dilection/la quelle est resplendissante et precieuse cōme lor. Ilz veulent predre par celles de plomb haine. Car icellui metal est graue pondereux paresseux et vil. Et maliuolence et haine rend telz ceulx quelle corromp. La torche et feu quilz luy adioustēt monstre les feuz et embrasemens des courages/lesquelz embrasemens trauaillent continuelement les prins dicelle amour. Ilz queuurēt les yeulx de cupido dun bendeau/affin q̄ nous voyons et considerons que les amoureux ignorent ce a quoy ilz tēdent et les iugemens deulx estre nulz et nauoir aucunes distincions des choses Mais seulement estre duilz et menez par passion et affection. Les piedz dun griphon luy sont adioustes pour declarer q̄ icelle passion et affection est moult tenant et nest point facille quant elle est imprimee a estre dissoulte et separee par oysiuete inutile. Quil est fiche et mis en la croix/nous signifie et enseignement donne si sages sommes que nous fuyons celluy enseignemēt/toutesfois que nous rapellōs et reduissons nostre courage a noz forces par exercice louable nous surmontons nostre lachete et aregardons les yeulx ouuers comment nous estoient tires par peresse et lachete.

De volupte. fille de cupido Chapitre. v^e

Ainsi que apuleus dit volupte fut fille de cupido et de psices. La fable delle est amplement dessusdicte la ou il est parle de psices. La raison de ceste fiction sera facilement declaree. Quant il nous aduiēt aucune chose desirer et iouyr de la chose desiree sans aucune doubte nous nous delectons lauoir obtenu. Les anciens ont nomme ceste delectacion volupte

De euomaus secōd filz de mars qui engendra hippodamie Chap. vi^e

Euomaus fut roy de elide et de pise. Et comme il plaist a seruie et a lactence il fut filz de mars. Certes ie le repute auoir este homme tres belliqueux. Et a ceste cause auoir este feigt filz de mars. Car il est certain quil eut guerre contre pelops/et quil fut par lui surmonte et deffait. Et quant il eut fait paix auec ledit pelopes/il luy donna a femme sa fille nōme hippodamie Serulus Lactācius

De hippodamie fille de euomaus et femme de pelops Chapitre. vii^e

Seruie dit que hippodamie fut fille du roy euomaus. Et pource quelle sembloit a moult de gens estre tres belle. Et que euomaus auoit des cheuaulx tres legiers a courir cōme ceulx qui estoient crees du souflement des vens. Icellui euomaus baila et adiousta ceste condicion que ceulx qui demanderoient sa fille en mariage feissent bataille p courses de cheuaulx Et ceulx qui seroient surmōtes et des fais feussent occis et le victeur obtint son desir. Et quant ia par ceste batail le et courses il auoit plusieurs menes a mort. Pelops le filz du roy tantalus vint florissant par ieunesse. Et demanda en mariage icelle vierge delibere de prendre icelle bataille. Quant hippodamie vit ledit pelops elle fut prise de la beaulte de luy / et corrompit le charretier de son pere nomme myrtilus par telle paction et promesse quil auroit la premiere assemblee charnele de elle Les autres dient quil fut corrompu secretement par pelops. Et dicelle mesmes paction ledit myrtilus feist lesseau de cire qui est le bois ou les roues sont. Et ainsi quat ilz furent en icelle course et quilz eurent couru / ledit esseu du chariot de euomaus rompit / et ledit pelops fut victeur. Et aisi il iouyt du mariage de ladicte hippodamie.

Barlaaz Barlaam dit auoir leu aux annales et histoires des grecz que pelops acomenca guerre contre euomaus pource quil luy auoit refuse la dessusdicte hippodamie / et que par la fraude de myrtilus prefect de larmee dudit euomaus il le deffit. Et que quant icelluy myrtilus requist a pelops recompense de ladicte fraude et deception il fut par pelops gecte en la mer. Hippodamie eut de son mary pelops atrides: thiestes: phisthenes et autres

De thereus tiers filz de mars qui engendra Jthis Chapitre viii^e

Theod. Ouidius Quē sibi pādiō opibusq; iurit q̄ potētē & cetera

Thereus fut roy des traciens / et comme theodonce escript il fut filz de mars et de la nymphe bisconides prinse par force par luy. Ce que en partie ouide escript disant. Pandion le ioingnit a luy puissant dommes et de richesses / et quil descendoit par ligne par fortune du grant mars et de prognes ioings par mariage. De ce est narre vne telle histoyre auec fin fabuleuse. Quant thereus eut trauaille p guerre pandion roy dathenes / et que finablement il fut venu en paix et concorde. Affin quil fust plus puissant / il print en mariage pgnes laynee. Quāt elle luy eut enfāte vng filz nōme ithus et quelle eut desir de veoir sa seur philomene. Elle le requist ou que elle fust enuoye a athenes / ou que Philomene fust enuoye querir ausdictes athenes. Thereus alla a athenes et obtint de pandion quil meneroit ladicte philomene a prognes. Et pource que icelle philomene estoit tres belle vierge Thereus fut amoureux delle et la print a force en la maison dung pasteur. Et pource quelle menassoit souuent quelle lacuseroit a prognes / il luy coupa la lāgue et en ladicte maison la garda close. Et ordoye vint a prognes / et dist que philomena estoit morte par vomissement de la mer. Philomene animee dicelle prison escriuit dune aguille en toile toutes les choses qui luy estoiēt aduenues Et par sa chamberiere les enuoya a sa dicte seur. Prognes courrant sa douleur par ioye feingte au temps des orgies / cest adire des festes de bachus de nuyt. Car en ce temps les femmes biscopes celebroient icelles festes se orna de peaux et dung baston couuert de flours / et entra dedans les forestz et amena en la maison royale ladicte philomene pareillemēt ornee et aflambee de fureur. Quant elle eut pence plusieurs choses contre son mary Elle vomit et gecta ses ires et couroux contre le petit filz ithus qui luy soubzrioyt / et lui trācha la gorge / et le fist cuire et deuers le matin cōme estoit de coustume le mist deuant son mary qui deiunoit et men goit. Quant ledit mary eut souuent appelle icelluy ithis comme celluy qui ne scauoit aucune chose de ce que dit est. Et q prognes cõtinuelemẽt lui respondoit il est icy present/ et que il ne lentendoit point. Philomene saillit dicelle chambre ou il mengoit. Et deuant quil se leuast de la table lui porta la teste dudit itis pource gardee/et lui mist deuant. Thereus soudainement esmeu de une part et dautre quant il la suiuit auec ung glaiue. Aduint que prognes p la misericorde et pitie des dieux fut transformee en une hirundelle. Et en abillement de deuil gardoit les couuertures propres de sa maison. Lautre fut transformee en ung oyseau de son nom dit rossignol et sen retourna aux forestz/lesquelles de nuyt auoit laisses Thereus fut fut fait ung oyseu nomme hupe. Et ainsi toute la maison royale fut transformee. Selon barlaam les sens et sentence de ces fictions est tel. Thereus fut homme sans pitie et cruel qui ne desiroit aucunes choses si non par guerre obtenir/ et a ceste cause il acquist mars a pere/combienquil fut filz de astogypris prince des bisconides lequel pour son meffait nosoit aucune chose faire cõtre sa femme. Et elle pour la bonte de la crudelite quelle auoit perpetre iamais ne descẽdoit a la maison royale/mais estoit couuerte et destue dune robe noire. Et en la plus haulte partie de la maison ploroit sondit meffait/et linfortune de la seur dõna cause a ceste mutacion cõme a philomene tãt par nom que par retour aux forestz Ilz ont dit et feingt que thereus estoit conuerti en une hupe/ pour ce que cest oyseau a une creste et son chãt nest que dlement/et sa diande fiente. Affin quil soit designe p la creste la note du chief royal/ et par le dlement les lamẽtatiõs du filz perdu/ et par la diande puante et orde soit signifie la memoire de lenfãt menge/laqlle memoire doit estre mesprisee et fastidiee

De ithis filz de thereus Chapitre.ix^e

Ithis fut filz de thereus et de pgnes/lage et linfortune duquel est assez icy dessus escript. Ilz dient ql fut trãsforme en ung petit oyseau quõ nomme chardoneret. Ce que ie cuide plus estre prins de la forme et habit de son enfance que dailleurs. Car le chardoneret est ung oyseau peingt. Et nous doyõs les enfans des nobles porter robes peingtes par aguilles

De ascalaphe quatriesme et de ialmene cinquesme filz de mars Chap.x^e.

Ascalaphe et ialmene furent freres et filz de mars et de astochie cõme il plaist a homere en son iliade disãt ainsi. Ascalaphe et ialmene filz de mars lesquelz astochie engẽdra en la maison de actor atrides dierge denerable quãt elle monta au palais/mars fort cestuy coucha auec elle secretement. Homere homerus au lieu dessusdit escript ceulx cy auoir este seigneurs des cites nõmees asclidone et orcomene et myniomis. Et q auec trente nauires dindrent auec les grecz contre troye. Je cuide que ainsi quil est dit des autres que ceulx cy furent hommes de guerre/ et que a ceste cause ilz ont euz par les anciẽs des filz a eulx attribuez

De parthaon sixiesme filz de mars q engendra agrius et mela et thestius et oneus Chapitre.xi^e

Theod. Parthaon comme theodonce escript fut filz de mars et de meroes/et que son pere fut autrement nomme/cest assavoir meleager et roy de ca-
Paulus Lactaci^o lidonie. Pol dit quil fut filz de mars et de steropes fille dathlas. Lactence dit ql ne fut point filz de mars/mais filz de meleager filz de mars. Finablement theodonce escript/que parthaon fut vray filz de meleager et de meropes vierge etholienne. Mais pource q meleager avoit premierement par armes occupe et tenu calidonie/combien quil fust filz de iupiter archadien/toutesfois il fut creu et appelle par les rudes habitans du pais mars. Et de la parthaon fut dit filz de mars. Home-
homerus re en son iliade met la genealogie de cestui cy/et introduit diomedes parlant/ et monstre et signifie parthaon avoir eu trois filz. Cest assavoir agrius mela et oeneus. Mais theodonce a cestui cy adiouste le quatriesme filz thestius q nest point nomme par icelluy homere

De agrius et de mela filz dudit Parthaon Chapitre.xii^e.

Ainsi quil est dessus dit tesmongnant homere agrius et mela furent filz de parthaon/desquelz aucune chose nest parvenue iusques a nous sinon le seul nom.

De thestius filz de parthaon qui engendra thoxius et plesippus et althee Chapitre.xiii^e.

Thestius disant theodonce fut filz de parthaon et de la nymphe calydone. Pol dit que ce fut de althee/et que ceste fille fut dicte althee que quant elle nasquit/sa mere par la douleur de lenfantement mourut. Et delle nest autre chose escript si nō q athlhee engendra thoseus et plesippe

De thosee et plesippe filz de thestius Chap.xiiii^e

Thoseus et plesippus furent cōme il est dessus dit filz de thestius. Et pource quilz estoient ieunes et par age robustes vaillans et courageux. Ilz vindrent avec les autres ieunes nobles de grece a la chasse contre le sanglier de calidonie qui toutes choses gastoit ainsi q ovide recite. Quant Ovidius
ilz eurent apres long travail la tue ladicte beste sauvage voyans que meleager filz du roy oeneius leur nepueu et prince de la chasse eut donne la teste dudit sangler a la vierge de athlas/pour ce que elle lavoit premierement blesse. Et que comme premiere frapant par la coustume des chasseurs la vouloit honnorer de la principale honneur de la chasse. Ceulx cy dessusditz furent indignes et courousses q tant de labeurs fussent ostes a tant de nobles iouvenceaulx/et que une femme fust premierement decoree dicelluy honneur. A ceste cause Meleager fut trouble et rua sur eulx/et leur osta ladicte teste de sanglier et les occist eulx defendans. Et restitua a la vierge lhonneur q luy avoit este oste

De althee fille de thestius et mere de meleager Chapitre.xv^e.

Althee fut fille testius & fut nommee par la mort et nom de sa mere quât elle lenfantoit côme il est assez devant dit. Elle espousa oeneus roy de calidonie. Quant entre autres filz elle lui eut enfâte meleager & quil fut ne elle dit & ouyt les esperitz disant au pres du feu que icelluy ne divroit tât que vne buche qui lors ardoit au feu demoureroit non côsumee par le feu. Et ce dit lesdictz esperitz descendirent. Althee se leva du lit et incontinât tira hors du feu ladicte buche / & la garda. Quant elle sacrifioit pour lhôneur q̃ meleager avoit aquis par la chasse / & q̃ elle eut entendu et ouy q̃ icellui meleager avoit occist ses freres Elle fut esmeue par fureur et se mist a vengance soudaine / & print la dessusdicte buche fatale / laquelle elle avoit iusques a ce iour cautement gardee & la mist au feu pour bruler. Quant elle fut brulee son dit filz meleager mourut. Quant elle eut ouy la mort de luy se repentât de son maleureux fait / elle ravit vng cousteau et fina miserablemêt sa vie Je cuide ceste dicte buche estre humide radical fait par la loy de nature que lui durant perseuere la vie des nes. Lequel mis par sa mere / cest a dire la nature des choses au feu cest a entendre a la siccite le ne fault que obeisse

De oeneus filz de parthaon q̃ engendra deianire / Gorges / & meleager / & thidee / & menalippus Chap. xvi^e

Comme il est dessusdit oeneus roy de calidonie fut filz de parthaon plus congneu de nous par leuvre de ses filz que par la sienne. Althee fut sa fême et eut plusieurs enfans / mais ie nay pas assez pour certain si tous furent de althee / car il ne me recorde point avoir leu dautre que de meleager.

De deianire fille de oeneus et femme de hercules Chapitre. xvii^e

Deianire fut fille du roy oeneus ainsi que ovide tesmongne en la mort de meleager disant. Lesquelles apres la noble almenes et la maison destruite de oenie par la bataille et destruction latoide excepte gorges & la femme de son filz. Ceste deianire vierge fut tres belle et tant que plusieurs la desirerent et demanderent a femme. Finablement quant elle fut promise au fleuve nomme achelaus et apres que elle fut fiancee a hercules qui la demanda noise sortit pour les nopces de elle Et achelaus fut deffait et hercules leut. Elle fut grandement aymee du centaure nomme Nessus. Et en passant le fleuve fut ravie / ainsi que plus clerement est escript la ou il est parle dudit Nessus. Hercules poursuivant le dit centaure fut blesse mortellemêt dune fleche. Ce congnoissant icellui centaure donna pour recompence damour a deianire sa bien aymee sa robe souillee de sang venimeux. Affermât quant icelluy vestement estoit la vertu et puissance de retirer hercules de toutes amours elle y mist soy et secretement garda ladicte robe. Et quant Hercules fut prins de lamour de yoles Elle envoya ladicte robe pour la vestir / affin que elle le peust retirer a soy. Quant ledit Hercules eut vestu icelle robe. Et que par sa sueur il eut remoiti le sang de ladicte robe

Ovidius dei: post quam oenie râdê latoida clade, excisata domus preter &c.

qui estoit sec et quil eut atire par ses pores qui estoient ouuers par la force du venin hercules tomba en rage. Et se gecta dedans le feu/ et ainsi mourut/ et ainsi par guerdon et seruice de ladicte femme deianire mourut. Theodonce dit que la guerre et contencion que hercules eut auecques achelae fut en ceste facon. Hercules desiroit deianire et le fleuue achelae par deux grandes fosses et receptacles courut pres que par toute caledonie et emportoit auec soy tousles ses semales Oeneus greda a hercules ladicte deianire laquelle il demandoit. Et la luy octroya par telle condicion sil contraingnoit ledit fleuue achelae courir ensemble par vng lieu/ et sil le bastilloit de leuees. Ce que hercules fist par tres grant labeur. Et ainsi quant il eut surmonte icelluy achelae il obtint deianire

De gorges fille de oeneus Chapitre xviii^e

Ovidius Theod.

Par le tesmongnage de ouide est deuant monstre que gorges fut fille de oeneus. Mais theodonce escript que gorges ne fut point femme/ mais fut homme qui mourut en la guerre thebanienne..

De meleager filz de oeneus qui engendra parthenopee Chap. xix^e.

Meleager fut filz de oeneus roy de caledonie et de althee. Ouide recite que althee apres le labeur de son enfantement vit les trois parques au tour du feu filans fils et metans vne buche dedans le feu disans. O enfant ne tu maintenant viuras autant que ceste buche durera. Quant althee eut ce ouy et que icelles parques sen furent allees elle se leua du lit et osta ladicte buche du feu Et auec grande diligence garda que icelle buche ne bruslast. Ce meleager fut vng ieune homme en son temps noble et bien renomme. Et ainsi que ouide recite aduint que quant oeneus son pere faisoit sacrifices et honneurs par ordonnance a tous les dieux pour labundance des fruitz quil auoit receuz. Il obmist et laissa la deesse diane ou par indignacion ou par obliance. Laquelle courroussee contre lui gecta et enuoya vng tres grant et cruel sanglier qui tous les pasturages et autres choses des calidoniens gastoit. Les meleagiens se assemblerent pour le vener et occir. La conuindrent tous les renommes ieunes hommes des cites dautour. Aduint que la vierge athlas fille de oeneus ou selon les autres du roy Jasius/ laquelle estoit par age et beaulte tresbelle et experte en chasse que elle appellee vint a la chasse Meleager incontinant laima. Aduint quant la chasse fut commencee et quant tuoyent contre ledit sanglier/ ladicte vierge deuant tous autres blessa dung dart ledit sanglier. Apres que icellui sanglier fut prins et occis. Meleager prince et chief de la chasse pour amour quil auoit enuers elle ou pource que cestoit la facon et raison enuoya la teste dudit sanglier a ladicte vierge qui lauoit premierement blesse Lactence adiouste quil lui enuoia aussi Lactāc^e la peau dudit sanglier qui est le principal honneur enuers les chasseurs. Plexippus et thoseus/ ou comme lactence dit agenor freres de althee osterent ou se pforcerent de oster la dicte teste du sanglier a ladicte vierge/ pour ceste cause meleager courrousse et indigne tua sur eulx et les occist. Apres ce quant les calidoniens celebroient vne grande feste pour lamour dudit sanglier/ et qui portoient les dons et offrendes aux temples/ et que althee entre eulx allast ioyeuse tāt pour lamort de lennemi que aussi pour la gloire de son filz quāt elle ouyt la mort des dessusdictz freres / elle fut soudeinemēt troublee et desirāt plus vengance q larmes Print la dessusdicte buche comme dit est feee/et la mist dedans le feu. Quāt icelle buche fut cōsumee meleager fut aussi consume et mourut. Homere en

homerus son iliade en icelle oraison / en laquelle se parforce persuader a achilles quil prēgne les armes contre les troyens / fait long sermon de meleager filz oeneus Et dit que quant meleager fut moult reprins et maudit de sa mere althee pour lomicide de ses oncles. Il fut indigne et ne voulsit prendre les armes contre les ennemis qui vindrent iusques aux fossez de la cite de calidonie. Mais prenoit ses plaisirs et delectaciōs clos en chambre auec cleopatra marcippe fille de egine idee. Laquelle aussi on nomme alciones pource quelle pluroit souuent sa grande mere alciones/ lesq̄lles choses ne pouoiēt estre faictes apres la mort. Toutessois aucuns de ceulx qui croient quil mourut pour loccision de ses oncles croient que il fut ainsi / non point par la consumacion de ladicte buche/mais par la cōspiracion de la mere

Barlaam escript quelle loccit dune bu

Barlaaz Paulus che quāt il dormoit. Pol cuide que par fortune il mourut apres la gloire du sāglier tue. Et de la la fable print lieu de la buche feee Laquelle cuide estre lumidite radicale/laquelle faillāt fault aussi vie par quelque mort/ou en quelque facon quil soit mort tous semblent iuger quil vsa de lamour de ladicte athlas/et que il eut delle vng filz nomme parthenopee. Ainsi que eusebe tesmongne en son liure des tēps ce meleager et ceste renommee chasse fut du temps que atreus et thiestes regnoient aux miceins lan du monde quatre mille et cent.

De parthenopee filz de meleager Chapitre.xx.

Parthenopee fut filz de meleager et de athlas / laquelle theo- Theod. donce dit auoir este fille de iasius roy de archadie. Et pource q̄lle estoit vierge de grant courage et de hault ppos et quelle negligoit et mesprisoit mariage/elle suyuit aux chasses diane. Finablemēt sa prodomie et propos vaincu elle vsa de la cōpaignie de meleager. Et lui enfanta parthenopee. Et pource q elle auoit long temps cele ledit enfant il fut ainsi appelle par la reputee virginite de sa mere Car parthenias en grec sonne en latin et signifie vierge ou virginite. Stace escript de la beaulte et Stacius de la recognoissance de laduenemēt de la mere ainsi. Il nya aucun plus beau ne plus triste separacion. Et ce icellui stace poursuit apres par plus vers Cestuy adolescēt petit qui encores nauoit point de barbe / et q plus auoit de courage que de force: embrase de grant amour de guerre ouyant q les capitaines et seigneurs arginiēs alloiēt contre les thebes / et q tout le peuple estoit pour ce couoque / il laissa auec le roy adrasse sa mere de ce ignorāt/et alla au siege de thebes/et la fut naure et en labataille mourut. Seruie a moult autre opiniō Seruius de cestui cy/car il dit ql fut filz de menalippe et de mars ou de melanion/ et quil fut roy de archadie et estant petit enfant suyuit les guerres thebanieanes comme il est dit

De tydee filz de oeneus qui engēdra diomedes cha.xxi.

Stacius Sanguis habet luctu magni de stirpe creatũ oeneos et martis nõ degenerare patrio.

Stace clerement afferme que tydeus fut filz du roy oeneus disant. Le sang de la lignee du grant oeneus a nom degenerer au pere mars p pleur. Tous les autres semblent ce affermer/mais aucuns discordent de la mere. Car lactence dit quil fut filz de althee. Et seruie dit quil fut filz de euriboee. Et de ce est recitee vne noble histoire. Lactence escript entre autres choses quil sen alla de calidonye/pource que peu prudentement et aduisement en la chasse il auoit tue son frere menalippus. Et de ce suit stace disant/que tydeus trauaille et fatigue des pluyes et vagues/de nuyt vint en la cite nommee argos Et la venu quant il ne cogneust aucun la/et querãt logis ou il peust heberger pour celle nuyt. Il vint a vne royale petite maison de plaisance qui la estoit. A laquelle peu de temps par auant estoit venu tout moille de pluye/et auoit son cheual loge vng nomme polinices de thebes/apres ql eust fait paction et concorde auecques son frere theocles quilz succederoient par annees a lempire et seigneurie de eulx. Et pource que ladicte petite maison nestoit pas assez grande pour eulx deux loger/et que polinices ne se deslogoit point et ny faisoit point de place/lz eurent entre eulx noise et apres debat. Adrastus incontinent quil fut de ce aduerti vint deuers eulx et les pacifia et les mena en sa maison royale. Et il vit que polinices estoit vestu de vne peau de lyon et tydeus de vne peau de sanglier/incontinant il entendit lambigueuse responce de loracle quil auoit consulte pour les nopces de ses filles Qui estoit quil donneroit lune a vng lyon et lautre a vng sanglier. Et pource que ia il congnoissoit/que ses deux iouuenceaulx luy estoient enuoyes cõme pour gendres. Il bailla en mariage a tydeus sa fille nommee deiphiles/et a polinices bailla son autre fille argie. Ces deux iouuenceaulx icy qui peu par auant ennemis estoient furent ensemble incontinant ioingtz/non point seulement par afinite/mais aussi par antiere amytie. Tellement que quant le temps vint selon le dessusdit concordat que polinices deuoit prendre de son frere le royaulme Tydeus ne souffrit point que autre que luy allast ambassadeur pour repeter le royaulme pour polinices/lequel royaume contre iustice et raison lui fut refuse. Et ainsi que homere et apres lui de mot a mot stace descript. Quant icellui tydeus sen retournoit et theocles commanda quon lui mist des ambuches/et de nuyt et quil ne sen guetoit point cinquante hõmes de guerre vindrent contre lui. Tydeus nullemẽt esbahy tira son glaiue et contre eulx vint. Et apres longue et cruele bataille les naura de plusieurs playes et les tua tous excepte vng Finablement il conuoqua ses amis et vint au siege de thebes auec adrastus et polinices qui ia auoit eu de deiphiles vng filz nomme dyomedes lui portãt ceste chose comme sienne en icellui siege souuent aigrement batailla. Et vng iour fut blesse mortellement dune fleche de vng nomme menalippus. Et portant impacienment ladicte mortelle playe. Et voyant que par lacerbite et douleur dicelle il tendoit a mort/il vint presque en rage/et requist a ses cõpaignons la teste de icellui qui lauoit blesse. Lesquelz apres plusieurs sang respandu obtindrent ladicte teste et la lui porterent. Lui ia mourant comme vng chien ficha et mist ses dens dedãs icelle teste. Et mourut tandis quil la deuoroit cõe vne beste. Lactence oultre ce recite q̃ aucuns lont dit estre engendre de Mars qui auoit prins la face et forme de oeneus. Qui en ce nentendent autre chose / si non que Mars fut si puissant significateur en la natiuite de tydeus quil sembloit tres semblable a mars par ses gestes et faitz.

De dyomedes filz de tydeus Chapitre.xxii^e.

Dyomedes comme il est assez diuulgue et commun fut filz de tydeus et de deiphiles. Il fut capitaine des etholiens et alla auec les autres grecz au siege troyen. Auquel siege se porta si vaillamment que apres achilles et aiax il fut repute le plus vaillant et puissant de tous les grecz. Car en ce dit siege il occit plusieurs roys et eut singulieres batailles contre hector et eneas et les autres rommains princes des troyens. Et print les cheuaulx de rhesus / et soubztrahit aux troyens palladium. Et en icelle guerre naura mars comme homere en son iliade tesmongne / et apres venus qui deffendoit eneas comme homere premierement et

homerus Virgili^s virgile apres dient. Finablement apres la victoire obtenue quant il retournoit en son pais comme leonce escript / il ne fut point receu de sa femme egeales. Laquelle par la persuasion de nauplius

Seruius pere de palemedes elle sestoit mise auec vng autre homme. Seruie dit quant il congneut que ladicte egiales auoit couche auec syllabare filz de stelenus que par vergongne il ne voulsit point

Leonci^s retourner a la maison. Leonce oultre ce dit celluy auoir este prie et requis par dion quant il eut blesse sa fille. Toutesfois sans aucun exil qui luy fut ennonce / il se transporta aux parties de apulie. Et ainsi que aucuns veulent print et occupa la montaigne nommee garganus / et au pie dicelle montaigne edifia la cite nomme cyponce. Les autres dient que ce fut arpus Et quant icelluy dyomedes eut la soufert plusieurs choses / il perdit comme virgile descript ses compaignons mues en oyseaulx. Et seruie dit que il souffrit les choses dessus dictes / pource que il auoit prins de lozacle les os de anchises / et les auoit auecques soy portes. Et pour ceste cause les restitua Aristo Aristote. te la ou il escript des choses merueilleuses a ouyr / dit que dyomedes fut par traison occis par eneas. Et que ledit eneas occupa les lieux ou il auoit impere et seigneurie. Saint augustin toutesfois afferme que quant dyomedes fut mort il fut deifie par les habitans du pais. Et luy edifierent vng temple en lisle / laquelle de son nom fut nommee dyomedie. Et apres sa mort pour la douleur de son occision / ses compaignons furent mues en oyseaulx Et quilz habitent et demeurent en ce temple et volent tout au tour. Ce que aussi seruie afferme disant que cesdictz oyseaulx sont appelles par les latins dyomedies. Et par les grecz erodios Et aussi que iceulx oyseaulx viennent ioyeusement au deuant des grecz et leur applaudissent quant ilz viennent en italie et viennent ioyeuses au deuant de eulx / combien quelles fuient grandement les latins / pource quilz leur iouient de leur originele naiscence. Et que leur ducteur a este occis par les latins. Teodonce dit quelles applaudissent aux grecz et quelles sont infestes et mauuaises aux autres nascions et que tous les ans elles prengnent de leaue en leurs becz et vont arrouser dicelle le temple de diomedes Voyons maintenant ce que est couuert soubz ces fictions / que diomedes ait blesse et naure mars / ie cuide estre pource dit / que par aduenture il combatit contre hector

Lequel par sa singuliere vertu militaire iustement pouoit estre dit mars / et quil la peu blesser. Pareillement venus pource que il auoit blesse eneas filz de venus. Icelluy theodonce dit les dessusdictz compaignons auoir este mues et transformes aux dessusdictz oyseaulx & auoir este pource feingt Car ilz furent faitz pirates / cest a dire larrons de mer. Et que par le gect nauigeage dauirons ilz passoient la mer et couroient si legierement la mer quilz sembloient voler / et quilz estoiēt molestes et mauuais a toutes autres nascions / seulement gardans les grecz.

De menalippus filz de oeneus Chap. xxiii^e

Lactāci^o Menalippus comme il plaist a lactence fut filz du Roy oeneus. Il fut inaduertemment occis par son frere Thideus quant il chassoit aux forestz

De zesius septiesme filz de mars Chap. xxiiii^e

Zesius comme theodonce escript fut filz de mars et de hebes la deesse de iouuence. Lequel toutesfois mest incongneu Theod.

De phlegias huitiesme filz de mars qui engendra coronis & isione Chap. xxv^e

Phlegias cōme lactence escript fut filz de mars homme mauuais orguilleux et mesprisāt les dieux Et ainsi que seruie dit eut vng filz nōme ision et vne fille nommee la nymphe coronis. Quant phlegias sceut q̄ sa dicte fille auoit este corrompue par apollo. Incontinant emflambe dire il brula le tēple de luy qui estoit en delphes. Apollo pource irrite de ses fleches occist phlegias / et lia aux enfers son ame soubz telle peine Quil est assis dessoubz vne grande libe de pierre laquelle semble continuelemēt cheoir sur lui / affin quil se souspecone et creigne tousiours icelle cheoir sur lui / duquel virgile escript ainsi. Le tres miserable phlegias toutes gens admoneste et par les vmbres denfer par grande voix tesmongne disant. Vous admonestes par moy aprenes iustice et ne cōtempnez et mesprisez les dieux. Ce q̄ phlegias brula le temple de apollo ainsi que eusebe en son liure des temps escript. Aduint lan vingt & deuxiesme du roy damus roy des arginiens / lan du monde trois mille sept cens cinquāte deux. Voyōs maintenant ce que les anciens ont entendu de peine de phlegias Phlegia^s est dit & dirive a phlegon en grec qui signifie en latin flāme. Et pource il est droictement dit filz de mars. Car il est chault et sec qui cōpetent a ardeurs et brulemēs. Quil soit damne aux enfers et en la peine dessus dicte. Lucrece cuide q̄ les anciens ayent cuide les ames estre aux cielz deuant quelles viennent aux corps. Et en venant aux corps elles viennent aux enfers. Car nous sommes inferieurs par regart aux corps celestielz Et que les ames ont aux corp^s plus^rs & diuerses peines selon diuerses affections & excercites. Et ainsi phlegias viuāt entre les mortelz en ceste vie est dāne a ceste peine. Et telle entēt macrobe ou il traicte du songe de scipiō disāt. Que ceulx creignēt lorrible pierre cheoir q̄ est sēblable a vne pierre cheāt sur la teste diceulx q̄ abissēt le^s haultes puissances et seigneuries et la maleureuse tyrannie qui iamais ne viuēt sā^s peur. Qui par forcent le peuple a eulx subiect les hair quant ilz les creignent

Seruius

Virgili^o Phlegias q; miserim^o oēs admonet & magna testat voce per vmbras.

Phlegias

Et tousiours semble ausditz tirãs q̃lz recoiuent la mort quilz deseruent.

De coronis nymphe fille de phlegias ⁊ mere de esculape Chap.xxvi.e

Seruius

Seruie escript que la nymphe coronis fut fille de phlegias/⁊ po[ur] ce quelle estoit fort belle/elle pleut a apollo/et fut par lui corrompue. Et elle conceut de luy ung filz qui apres fut nomme esculape.

De ision filz de phlegias qui engendra les centaures les noms desquelz sensuiuẽt Nessus Astilus Ophionides Grineus Rhetus Orneus Lycidas Medez Piserior Taumas Mermeros Pholus Menelaus Abas Eurinomus Hypreus Himbaus Ceneus Alphidas Elops Pacreus Lycus Cromis Dictis Pharcus Bianor Hedianus Licetus Hypason Thereus Ripheus Demoleon Plageon Hylon Ephynous Damus Dorilas Cyllarus Hillonome fẽme Pheo Tomus Theboas Piretus Ethodus Ephidupus Nesseus Odites Stiphelus Bromus Antimacus Elimus Pyramus Latreus ⁊ Monicus et autres. Et oultre ceulx cy engendra Perothous Chapitre.xxvii.e

Ision est de tous dit et repute filz de phlegias. Aucuns veulẽt que par la pitie et misericorde de iupiter il ait este receu au ciel/⁊ fut fait secretaire de iupiter ⁊ de iuno. Et fut orguilleux par icelluy office osa requerir iuno damours. Elle se pleignit a iupiter/⁊ par le commandement de Jupiter elle ferma ⁊ orna une nuee a la semblãce delle et en son lieu la mist pour ledit ision/lequel coucha auec elle/et engendra delle les centaures. Et apres ce q̃l fut gecte du ciel par iupiter en terre/il osa se vanter et glorifier aux hommes quil auoit iouy des amours de Juno. A ceste cause il fut frape de fouldre et fut gecte en enfer/⁊ fut cond̃ne a telle peine quil seroit lie au continuel tourment dune roue pleine de serpens.

Par quoy ouide dit ainsi. Ision est tourne ⁊ se suit ⁊ se fuit. La raison de ceste fiction peult estre telle. Ision fut de thessalie ⁊ seigneur des laphiteins ⁊ fut oultre mesure et raison enuieux ⁊ desirant regner en icellui pais/⁊ se parforca par tyrannie loccuper. Nous disõs iuno estre aucuneffois air/aucuneffois terre et royne des royaumes ⁊ richesses Quant elle est prinse po[ur] la terre/elle semble pretẽdre royaume en terre ⁊ aucune stabilite. Et quant elle est prinse pour lair qui est luisant/elle semble adiouster aux royaulmes aucune splendeur. Et icellui air est fugitif/⁊ se conuertit facilemẽt en tenebres. La nuee est faicte par mutation du soleil p[ar] les vapeurs aquatiq̃s de la terre humide lesquelles vapeurs seslieuent en hault Et p[ar] icelles vapeurs en lair cõdensees est faicte la nuee qui est de sa nature caligineuse et sensible a la veue/⁊ est incõprenable a la main ⁊ nest fermee par aucuns liens/par quoy elle est par les vens impellee ça ⁊ la. Et finablement elle est resoulte en air p[ar] chaleur/ou elle est couertie en pluie par froideur. Que entendrõs nous doncq̃s par les choses dessus dictes. Nous nentendrons point royaulme par la nuee. Mais pource que la nue est mise et baillee en

Ouidius Voluitur ision ⁊ se sequiturq; fugitq; ⁊c

la forme de iuno / nous dirons ce qui est en terre procede par violence. Ou ya aucune similitude de Royaulme. Car ainsi que le roy domine sur ses subiectz. Pareillement celluy qui procede violentement semble imperer sur les siens quant il est assez puissant. Mais aussi quil ya grande difference entre lair cler et net et la nuee espesse. Pareillement ya grande difference entre roy et tirant Car lair est cler. Pareillement aussi le nom royal / la nuee est obscure / pareillement la tyrannie est caligineuse Le nom du roy est amiable / et le nom de tyrant est ort et odieux. Le roy monte a son trone orne de ses enseignes royales. Le tyrant enuironne dorribles armes occupe la seigneurie. Le roy la tient par repos et ioye de ses subiectz. Le tyrant la tient par le sang et misere de ses subiectz. Le roy quiert et pourchasse de toutes ses forces la paix et augmentacion des feaulz et bons. Le tyrant pourchasse sa chose par lextermination et perdicion des autres. Le roy se repose au sein de ses amis. Le tirant separant ses amis et freres met son ame et vie au sein des satellites et tres mauuais hommes. Et pource que comme il appert ses choses sont tres diuerses en soy. Le roy a bonne cause peult estre feingt cler et aucune stabilite lui est adioincte si aucune stabilite est aux choses muables et cheantes. Et le tyrant au regart du roy est vne nuee trouble qui na en elle aucune stabilite. Et laquelle facillement se resoult ou par fureur des choses aduenans ou par la paresse des amis. Ces choses deuant mises nous verrons sans dificulte ce que la fiction veult. Donc quessison soit receu au ciel. Lors quant il contemple par son courage les choses haultes comme royaulme pourpres exquises honneurs grande gloire puissance sans faillir / et infinies telles choses qui selon le iugement des folz roys sont viles. Et a bonne cause nous semble que soyons faitz secretaires de iupiter et de Juno quant nous par mariage presomptieux au donion de la deite speculons ce que a Jupiter et a Juno appartient. Et lors nous sommes tires a desirer Juno / quant par fol iugement nous cuidons ces honneurs Royaulx estre autres quilz ne sont. Ision lors requiert Juno damours / quant par nul le raison precedente et sans aucun iuste tiltre lhomme priue met ses forces ad ce quil preside violentement au royaulme. Mais que aduient il / si par aduenture aucune chose est ainsi charchee Lors la nuee resemblant a Juno lui est mise deuant / et de lempire occupe a la touchement dicelle nuee lui naiscent les centaures. Car les centaures sont hommes portans armes de courage orguilleux et sans aucune moderacion enclins a tout mal / ainsi que nous voyons les satellites et stipendiez et ministres des meffaitz. A la foy et force desquelz le tyrant a incontinant son recors / lesquelz satellites sont pource nez de nue Car les salaires deulx des substances du royaulme vmbratille / cest a dire des subiectz / desquelz salaires iceulx cruelz sont nourris a leur perdicion Ision apres est chasse par Jupiter du ciel en terre Cest a entendre de la nature des choses / car apres ce que lui desirant est entre en la seigneurie / et quil a laisse les pensees des choses resplendissantes / par lesquelles il se delectoit en vne esperance flataresse et en vne existimacion faulce il est tire en cures et solicitudes certeines et angoisseuses. Quant il commence congnoistre combien lempire est plein de continuelz et ameres labeurs. Et pource que ision se vanta de auoir iouy de Juno / cest a entendre quil a ose ce dire roy

Il a este fouldroye par Jupiter du

fouldre / duquel les sotz sont brules Que quãt en songeant se cuident estre leues par elles au ciel / apres le songe se voyent et se treuuent soudainement estre precipites en terre / Car quant les orguilleux par enfle courage par quelq violence qlz tiennent lempire et seigneurie des peuples quant ilz retournent et pẽsent a eulx ilz chassent de leurs yeulx le songe de fole ambition / ilz congnoissent en quelles tristesses ilz sont entrez en quelles difficultez et craintes et en qlles aduersitez quilz nauoiẽt pas deuãt congneues / et par ceste congnoissance et consideration ilz sont tourmentez comme vng fouldre de feu / et si icellui tourment estoit aucunement fine lui tenãt et excersant tirannie il ne seroit poĩt dãne aux enfers au tourment de la roue tournant. Mais pource que ses crudelitez sont en sa poitrine sans aucun repos et sont la tourmens continuellemẽt par mouuemẽt circulaire et les vieilles sont renouuellees et nouuelles sont adioustees il est dit lie a la roue tournãt quant il creint les ambuches et trahisõs de cestui et les forces de celui et a peur du iugement de dieu. Icelle roue est feingte pleine de serpens pour monstrer ql est vexe et trauaille de cures et sollicitudes non point seulement continuelles mais aussi mordentes. Ou aultremẽt et plus brief. Nous dirons la nuee du royaume estre lesperance prinse laqlle aucuns en mal considerant et mesurãt leurs forces font tres certaine laqlle est pource feingte semblable a iuno / car il semble a cellui qui espere quil possede la chose quil a espere / et tout ainsi que si la possedoit il dispose la chose esperee / et de la vient que dicelle si certaine esperãce effect sen ensuit. Lesperant prepare ses puissances / et ainsi par leuure desperance / cest a entendre de la nuee naiscent les cẽtaures / cest a dire sont preparez / et quant le fol par labeur et euures de obtenir ce que ia il tient par esperãce il entre en labeurs si grans quil laisse les cogitations resplendissantes et par necessite vient aux cogitations turbulantes. Et ainsi il est gette de iupiter / cest a entendre par lumiere et resplendeur des pensees en terre et en icelle chet / et fouldroie est aĩsi que dit est et vexe en la roe. Macrobe semble autrement entendre de ceste roue et autremẽt que ceulx pendent sarrez et liez aux rays et bastons de la roue qui leur choses font sans les pouoir par conseil et ne les modere par raison et ne font aucune chose vertueusement et cõmetent et baillent eulx et leurs faitz a fortune / ceulx la sõt rouez et tornez tousiours par les cas de fortune Les autres opinoient ce que ision estoit dit secretaire de iupiter et de iuno que ision auoit este augur pource que les augures et diuinations estoient prinses en lair / par lesquelles choses secretes / cest a entendre les choses futures estoyent creues estre seulement de telz congneues. Quant ad ce que les centaures ont este engendrez de la nuee ilz ne veulent autre chose entendre si non que ilz ptendent et aderent par pris et don la foy des satellites laquelle est si facilement dissoulte par autre don suruenant quelle est faicte nuee. Oultre ce fulgence dit que dromocrides en sa teogonie escript que ision affecta premierement en grece la gloire de royaume / et ainsi il acquist deuãt toute chose cent hõmes a cheual qui sont les centaures / cest a entendre cent hõmes a cheual / Mais ie me smerueille que icellui ision ait premieremẽt desire royaume en grece / veu quil est manifest que deuant le temps dicelluy ision plusieurs roys furent aux sicioniens et arginiens qui sont aussi grecz / car ision fut quãt danaus imperoit sur les arginiens. Mais cestui cy pourroit

Macrobe.

Fulgẽce.

Respondre que les autres Roys qui pre cederent ision impererent par la bonne voulente du puple/et que ision fut le pmier qui par force et tyrannie se parforsa occuper le royaume.

Des centaures en general filz de ision. chap. xxviii^e.

Les centaures ainsi quil est devant monstre furent filz de ision et de la nuee Aucuns veulent que ces centaures devant les autres dompterent les chevaulx en thessalie et quilz devindrent renommez gens a cheval/et pource quilz sassemblerent ensemble cent ilz sont ditz centaures come cent armes ou cent martz/car arios en grec est martz en latin/ou mieulx cent vens/car ainsi que le vent legierement vole pareillement ces cent hommes sembloient courir legierement. Mais ceste ethimologie et derivation est latine/et les grecques ditions ne prennent point de diruation latine Servius Servie recite de ces choses une telle fable. Que ung roy thessalien envoya ses satellites pour rassembler les beufz qui couroient et fuyoient par les mouches qui les piquoient/et pource que iceulx satellites ne les pouoient suyure a pie ilz monterent sur leurs chevaulx et a force de chevaulx les suivirent et avec verges et gaules les reduirent a leurs estables/et ainsi cesditz satellites donnerent lieu a ceste fable par sote crudelite quant ilz furent veuz ainsi legierement courir Ou pource quilz virent leurs chevaux autour du fleuve peneon qui buvoient les testes abaissees/et par ainsi ilz cuiderent une beste estre composee dhomme et cheval/et ainsi a este tousiours depuys peinct. Les centaures hommes orguilleux remplis de viande et de vin aux nopces de perithous se parforcerent oster audit perithous son espouse/mais ledit perithous resista et les deffit. Virgile Virgile dit que ce furent les laphites/mars souffrit quilz fussent deffaitz pource que quant iceulx centaures sacrifioient aux autres dieux ilz ne firent aucun sacrifice audit mars/come silz vouloient pour ce que pource quilz avoient laisse la rigueur de mars et de la guerre/et quilz vaquoient a viandes et a boissons/ilz estoient faitz effeminez et par ainsi deffaitz. Sil y a oultre ce aucune chose de ceste fiction elle est assez dessus declaree la ou nous avons parle de ision.

De euritus filz de ision chap. xxix^e.

Euritus lung des centaures come lactence recite venant a la maison de oeneus roy de calidonie requist a femme deianire laquelle peu devant avoit requise et lui avoit baille sa foy quil la prendroit a femme. Oeneus creignant Lactace la force la lui fianca/et au iour ordonne Quant euritus celebroit les nopces hercules survint et la mesmes eut contention avec les centaures et les occist/et par mariage ioingnit a lui ladicte deianire. Mais ovide ne dit pas ainsi/mais dit que quant perithous eut espouse hippodamie et eut mis les tables au bas de la maison pour les centaures/et quilz eussent beu et menge et par trop de vin fussent eschaufez ilz vindrent a lasciuite et a trop grande audace et que euritus print hippodamie et la tiroit. Perithous et theseus troublez de ce fait combatirent contre lui et ses compaignons. Quant theseus eut oste a euritus hippodamie et que euritus se parforcoit contre lui theseus loccist dune tasse.

De astilus lung des vaticinateurs des centaures et filz de ision et de nubes. chap. xxx^e.

ASTilus fut lung des centaures ⁊ pource quil estoit erudit enaugures et congnoissant les choses aduenir il auoit admōneste ses freres qlz ne prinsent guerre contre les laphites. Finablemēt quāt il se trouua auec eulx aux nopces ⁊ quil vit que driantes cruelemēt resistoit ⁊ occisoit miserablemēt ceulx quil pouoit auoindre et aussi des siens plusieurs fuyans ledit astilus creignāt la vertu de driantes acōmenca a fuyr / ⁊ dit au centaure nessus qui fuyoit ainsi que ouide dit / cellui astilus creignant aussy que nessus ne fust blesse dit. Ne fuys point / car tu seras reserue pour les arctz herculiens.

De nessus filz de ision ⁊ de nubes. chap. xxxie.

NEssus fut tres renōme entre les centaures hōme moult cault ⁊ malicieulx / ⁊ par fuite euada les mains des laphites ⁊ sen fuyt en calidonie ⁊ fit sa demeure aupres du fleuue hebenus qui est en icelle region / ⁊ fut amoureux de deianire fille de oeneus. Par traict de temps aduint que hercules auec sa fēme deianire aloit de calidonie vers le pays / ⁊ fut detenu par le fleuue hebenus q̄ par pluies estoit creue. Nessus feignant quil vouloit faire seruice a hercules dit ql passeroit ⁊ porteroit iusques a lautre riuage deianire si Hercules en nouant vouloit passer le fleuue. Ce que hercules consentit / mais quant nessus eut legierement passe ledit fleuue ⁊ que hercules encores nouoit en icelui nessus cuidant le temps estre oportun a son ardeur ⁊ amour plus legierement que vēt sē fuyt auec deianire. Hercules prīt sō arc ⁊ le suyuit ⁊ dune fleche le blessa. Quant il se vit blesse ⁊ quil se cōgneut en dāgier de mort affin quil ne mourust sans vengence il excogita vne nouuelle fraude / incontinent il despouilla son vestement souille de son sang / ⁊ cōme p don damour le dōna a deianire lui affermant cest abillemēt estre de telle vertu que sil estoit garde sans estre laue il pourrit retirer hercules de toute autre estrāge amour a la sienne / mais quelle fist q̄ hercules le vestist. Deianire ce croyant le garda / ⁊ apres aucun temps quant elle voulut retirer a son amour hercules qui estoit prins de lamour de ioles elle loccist cōme plus au long sera apres declare / ⁊ nessus mourut apres ql eut donne sondit vestement / affin que la dessus dicte vaticination de astilus fut acomplie. Stace a surnōme le fleuue hebenus pour lamour de nessus centaurien. Et lucan dit de lui ainsi. Calidonie trāche hebenos ⁊ meleagree souille du sang de nessus.

Des autres centaures filz de ision. chap. xxxiie.

LEs noms des dessusditz sensuyuent. Ophionides / grineus / Phetus / orneus / lytidas / medon / pisenor thaumas / mermeros / pholus / melas / abas / eurinomus / yreos / ymbrus / oeneus / aphidas / elos / pacreus / licus / cromius / dictis / phareus / bianor / hedianus / lyceceus / hyason / tereus / Phipheus / demelcon / phlageon / ilion / epinous / damus / dorylas / cyllarus / illonome femme de thomus / theleboas / pyretus / ethodus / phydupus / nesseus / odites / stiphelus / bromus / antimacus / elimus / pyramus latreus / ⁊ monicus. Tous ceulx icy furent centaures ⁊ filz de ision ⁊ de nubes cest adire nuee / ⁊ qui furent aux nopces de perithous par les laphites ou tuez ou mis en fuite cōme au long ouide en son plus grant volume tesmoigne.

De perithous filz de ision q̃ engendra polipites. chapitre.xxxiii^e.

Ouidius Duxerat hippodamē audaci isione nat^9.⁊c

PErithous fut filz de ision ⁊ non point dune nuee a lui appliquee mais de sa fēme Ouide disant. Lui ne de isiō hardi auoit espouse hippodames Cestui perithous ainsi quon recite fut par amitie antiere ioinct a theseus athenien. Il print a fēme selon lactence hippocacie / ou selon ouide hippodamie Et ainsi que seruie escript il conuoca a la feste les peuples qui autour estoient. Et pource sen ensuyuit que aux sacrifices dicelles nopces les autres dieux furent honnorez ⁊ non point mars. Et a ceste cause mars indigne contre les centaures leur enuoya fureur par laq̃lle se eleuerent en bataille contre les laphites cō me il est dessus dit parquoy plusieurs diceulx centaures furent blessez ⁊ moururent. Mais lactence dit que les laphites furent deffaitz en ceste bataille Qui doit estre entēdue des laphites qui estoient centaures. Oultre ce ilz veulent q̃ perithous apres ce que hippodamie fut morte ou elle viuant ⁊ par aduenture il fut conuenance ⁊ paction auec son amy theseus qui lors vefue estoit q̃lz ne prendroient fēmes si non de celles qui seroyent de lignee de iupiter. Et pource que theseus auoit ia rauy helene laquelle estoit fille de iupiter ⁊ de lede / ⁊ autre q̃l le nestoit en ce temps congneue en terre engendree par iupiter si non proserpine fēme de pluton. Et veu quilz ne pouoient monter au ciel ilz descendirent aux enfers pour la rauir. Mais cerberus se eleua contre perithous ⁊ de premier assault le tua Et quant theseus se parforsa de lui aider il fut en grant dangier de sa vie / ⁊ finablemēt fut detenu par pluton. Finablement quant hercules retourna despaigne ⁊ quil eut deffait gerion ⁊ quil fut fait riche par grande proye ⁊ quil ouyt linfortune de perithous ⁊ la captiuite de theseus il descendit de la fosse nōmee tenare aux enfers cōme seneque tragedien tesmoigne en la tragedie intitulee Hercules furieux. ⁊ ainsi que en icelle tragedie est plus pleinement descript cerberus vint au deuant de hercules / mais il fut vaincu par hercules ⁊ lie de trois chaines ⁊ baille a theseus. Aucuns veulent que hercules aracha la barbe a cerberus ⁊ deliura theseus / ⁊ auec trois chaines tira contre sō vouloir Cerberus par ledit tenare aux dieux. Pomponie en sa cosmographie escript que aupres de lentree du port euxinien loing de la cite heraclee estre vne fosse nōmee acherusie par laq̃lle on va cōme la renōmee est iusques aux ēfers Et ceulx qui habitent ce pays la dient que cerberus fut de la tire iusques aux cielz. Oultre ce aucuns sont qui po^r augmenter la foy de la fable dient pource que le lieu abonde derbes venimeuses / elles furent premierement engendrees ⁊ nees de lescume de cerberus tire / et quelles nont peu estre arrachees par aucune succession de temps Ce que est feingt en ceste histoire appartient pareillement a listoire / car quant Perithous ⁊ theseus secretement cōme larrons et non point cōme vaillans iouuenceaulx alerent pour rauir proserpine / perithous ainsi quil est leu fut occiz du chiē cerberus / ⁊ theseus fut detenu par les coureurs / pour la deliurance duquel hercules descendant aux enfers / cest adire au royaume des molorces premierement il dompta de sa masse ledit chien venāt au deuant de lui ⁊ osant toutes choses assaillir / ⁊ le lia ⁊ demanda par menasses de guerre a pluton ledit theseus / lequel lui fut concede / ⁊ ainsi retournerent auec le chien en attique ou boecie.

Nous devons entendre par la barbe arrachee a cerberus laudace & force de lui desquelz le chien fut priue/car quant il eut experimente la masse de hercules & quil eut veu la constance de lui il fut fait creintif & muet & se confessa vaincu/car la barbe est concedee par nature aux hommes en tesmoignage de virilite come il plaist a saint gregoire en ses moralz/car
Gregori⁹ nous devons recorder que nous sommes hommes toutesfois que nous touchons ou voyons la barbe/& sommes admonnestez fuyr les choses qui ne sont point deues a vng homme.

De polypites filz de perithous. chap. xxxiiii^e.

Polypites fut filz de perithous & de hippodamie come homere en son iliade escript ainsi. Polypites vaillant en bataille filz de pirithous lequel iupiter immortel auoit engendre les conduisoit. La glorieuse hippodamie engendra a perithous ce polypites. Et comme il appert par icellui homere ou catalogue des grecz ce polypites ala auec les grecz en lassemblee de larmee troyenne

homerus Illos autem ducebat fortis bello polipites filius.

De britone neufuiesme fille de mars. chap. xxxv^e.

Britone ou braton fut nymphe cretense & fille de mars ainsi que la-
Lactanci⁹ ctence escript. Elle estant vierge sappliqua au seruice de diane & fit perpetuel veu de virginite & vaqua a la chasse/& pource quelle estoit belle elle pleut au Roy de cretense nomme minos Quant icellui minos la voulsit prendre par force & que icelle vierge vit quelle ne pouoit autrement eschaper & fuyr elle se getta dedens la mer/& par ainsi fut noyee par les vndes. Aduint apres que vng pescheur par sa rays tira au riuage de la mer le corps delle morte. Apres par la turbation & courroux de diane ou de mars fut enuoyee grande peste en icelle isle. Les habitans en icelle isle cuidans celle peste ne pouoir cesser silz ne faisoient et instituoient vng temple a diane ce quilz firent/lappellerent dictine pource que les rays des pescheurs par lesquelz le corps dicelle britone fut amene a terre sont nomez dictia.

De euannes dixiesme fille de mars et femme de capaneus. chap. xxxvi^e.

Theodonce escript que euannes fut fille de mars & de thebes femme du fleuue asope/elle fut femme de capaneus qui fut homme tresoultrageux et de luy eut vng filz lequel nommerent sthenelus Je cuide quelle fut vne femme tresertuelle et que a ceste cause elle fut dicte fille de mars/& dient quelle ayma si fort son mary que quant il fut mort par fouldre et quon celebroit a thebes ses funerailles et que le corps mort de sondit mary et demy brusle fut getté dedens le grant feu/elle ne pouant porter si grande douleur en son courage elle se getta dedens les flambes que icelui corps brusloient et ainsi fut auec son mari bruslee et les cendres delle meslees auec celles de son mari furent ensemble mises.

Theod.

De hermione vnziesme fille de mars & femme de cadmus. chap. xxxvii^e.

Les poetes dient que hermione fut fille de mars et de venus. & quant cadmus Roy de thebes eust laisse spinges il print a femme hermione. On dit que vulcan lui fit vng afiquet de merueilleuse beaulte/mais qui auoit ensuivne mauuaise fortune enuers cellui ou celle qui le portoit/ce fit Vulcan pour la haine quil auoit contre elle pource quelle estoit nee par ladultere de sa femme. Cadmus eut delle quatre filles/lesquelles come on dit finablement furent transformees en serpens/et ainsi demourerent iusques a la mort. Soubz ceste fiction est ce musse Hermione premierement fut fille de Venus/quant au regart de cadmus pource quelle fut puissante ou par sa beaulte ou son bon parler faire a cadmus flambes damours Cest a entendre desirs libidineux qui est la nature de Venus/et quant au desir de lui par lequel il repudia sa premiere femme spinges. Elle peult estre pource dicte fille de mars/car elle fut cause de guerre a cadmus/Car ainsi que eusebe escript amenant pour tesmoing palefatus spinges pour la ialosie quelle eut de hermione et de cadmus duquel elle estoit feme sen ala/et incontinent meust guerre contre lui/et ainsi cadmus print femme par la fille de mars/cest a entendre pour la cause de guerre. Lasiquet malleureux fait par Vulcan peult estre pris pour la dessfortunee issue de ce mariage pource quilz furent priuez du royaume et mis en exil par amphion et cetus. Quelle soit conuertie en serpent peult estre entendu pource quelle se excerca auec son mari aux choses petites et basses ainsi que les serpens grauissent bas la ou elle vaquoit aux choses haultes quant elle regnoit/ou pource que apres leur exil ilz vaguerent sa et la come serpens/ou pource que eulx faitz anciens marchoient en penchant la poitrine contre terre come les serpens grauissent et se traynent sur leur poitrine. Eusebius

De hipernius.xii^e. filz de mars.chap.xxxviii^e.

Pline en son liure de la naturelle histoire escript que hipernius fut filz de mars/et de lui ne me recorde auoir leu autre chose si non que icelui pline dit quil fut le premier qui occist beste Et pource que ce sembloit estre vne chose cruelle il fut dit filz de mars. Plinius

De etholus treziesme filz de mars.chap.xxix^e.

Etholus fut filz de mars comme pline en son liure de la naturelle histoire tesmoigne et dit que le bard dicelui fut troue. Je croy que ce etholus fut roy de etholie et que par aduenture icelle region fut de lui nomee/et pource que en icelle region les homes sont fort guerroians Et aussi icelui etholus fut home fort guerroyant/et a ceste cause par les etholiens il fut dit filz de mars.

De remus quatorziesme/et de romulus quinziesme filz de mars.chap.xl^e.

Ainsi que les anciens romains afferment remus et romulus ou

Romus furent filz de mars ⁊ de la vierge vestale nõmee ilia. Ouide en son liure des fastes recite que ladicte ilia print vne cruche pour aler querir de leau po^r le seruice du temple ⁊ lieu religieux ou elle estoit. Et estant lasse sarresta ⁊ sassist soubz vng saulx / ⁊ par le chant des oyseaulx la sendormit / Mars la vit et cõme amoureux delle la congneut charnellement endormant / lui sembla quelle estoit deuant les feuz vestaulx ⁊ que les liens ⁊ coifes ⁊ voil de laine lequel il auoit pour couurir son chief lui cheurent auditz feuz / ⁊ que de la sourdirent deux palmes desquelles lune par branches plus grande lui semblast occuper tout le monde ⁊ que quant le frere du pere delle se parforcoit les arracher / elles furent defendues par loyseau de mars nõme pic ⁊ par le loup. Par la cõpagnie charnelle que mars eut auec elle dormant elle enfanta deux gemeaux Loncle delle emulie roy des albaniës cõmanda que lesditz enfans fussent gettez au tybre Quant les satellites pour ce faire les y porterent / le tybre estoit soudainement deuenu si grant par les pluyes du iour deuãt que lesditz satellites ne peurent paruenir iusques au cours de leaue / parquoy le laissent au riuage ou ilz furent par aucun petit tẽps nourris par le pic. Vne louue qui auoit perdu ses louueteaulx suruint au lieu ou les enfans estoient ⁊ appliqua ses tetes aux bouches ouuertes desditz petis enfans ⁊ les allecta ⁊ nourrist. Par les annales des rõmains on peut assez prẽdre ⁊ entendre la raison de ceste fiction Car on a pour tout certain que ladicte ilia eut dune vẽtree ⁊ de pere incogneu deux filz nõmez remus ⁊ romulus / ⁊ ainsi labillement de teste quelle auoit po^r tesmoignage de virginite cheut au feu. Les deux palmes sont les deux filz car ilz furent deux iouuenceaulx victorieux / mais pl^9 lung deulx / cest assauoir romulus qui fonda lempire rõmain / par lequel empire par la victoire des siens tout le monde a este conquis. Loncle enuers eulx a voulu monstrer sa fureur quant il les cõmanda estre gettez. Ilz les ont ditz estre nourriz par le pic / pource que icellui oyseau est nourri de formis par lesquelles les laboureurs des champs sont entendus / lesquelz furẽt assemblez par faustulus qui pasteur et laboureur estoit / ⁊ par lui lesditz gemeaulx furent gardez ⁊ nourriz par la louue / car ilz furent alectez ⁊ gouuernez p maternelle solercie ⁊ diligence de la fẽme dudit faustulus nõmee acha laurẽtia / laquelle ilz nõmerent louue pource quelle fut exquise dame damours / ⁊ telles sont nõmees louues pour lauarice a cause de laquelle elles cõmuniquent leur chastete / ⁊ de la iusques au io^r duy les maisõnetes dicelles sont nommees bordeaulx / Ce qui a este dit quilz furẽt engendrez de mars a este feingt po^r couurir linfame naiscence des conducteur^s de si noble gent par les meurs aussi diceulx iouuenceaulx a icelle fiction / car ilz furent rauisseurs / pillars / larrons / orguilleux ⁊ belliqueux / desquelz tite liue dit que quãt amulius eut despouille du royaume son frere numitor il occit le filz de lui nõme lause ⁊ dedia vierge vestale ⁊ sãtimoniale ilia pour oster lesperance de lignee au royaume. Et quãt les gemeaulx furent nez delle et par le cõmandement de amulius furẽt gettez ⁊ abandonnez ilz furent nourris par faustulus qui tout ce sauoit / et furent par lui nourris iusques en laage de purberte / ⁊ vaquerent a rapines ⁊ larrecins. Eulx faitz certains de leur lignee ⁊ de ladicte fraude dudit amulius firent entreprinse quant ilz furent menez auec leurs autres compaignons captifz que lung accusa lautre ⁊ viendroit

Ouidius

Titus liuius

ent avecques leurs compaignons audit
amulius. Quant ilz furent devant lui
lung cõme accusant & lautre cõme accu
se se eleuerent contre le Roy & loccirent
& declarerent & manifesterent leur lignee
& restituerent le Royaume a leur grant
pere numitor qui ancien estoit/& eulx fi
rent & edifierent une cite pour eulx la ou
maintenant Rome est. Et quant tous .ii.
voulirent imposer le nom a ladicte nou
uelle cite par compromis vindrent en ce
ste concorde/que icellui mettroit & impo
seroit le nom a la cite q de diverses mon
taignes auroit augures plus eureulx/
& par ce aduint que Remus vit six vou
tours & Romulus en vit douze/& pour
ce que Romulus en vit plus que Rem'
il nõma Rome de son nom. Apres rem'
fut occiz dung cousteau de pasteur par
le capitaine de Romulus/pource que le
dit Remus auoit passe cõtre lordonnan
ce de Romulus dessus une raye faicte
& signee en terre en lieu de mur/ou par
autre cause quil sembla audit Romul'
Aucuns cuident que icelui Remus fut
enterre la ou il passa le signe pour faire
la muraille/& ceulx dautour duy mon
strent une grande coulonne de pierre
haulte esleuee en icelle muraille mise
dessus le corps dudit Romulus.

De Romulus seulement quinziesme filz de mars. chap. xli^e.

Romulus fut filz de ilie & de mars
ainsi quil est dessu' prochainemẽt
dit/combien que servie die quil fut ap
pelle romus/mais pour flaterie en lieu
de Romus on la nomme Romulus/car
en flatant nous vsons de diminution
Cestui fut le premier Roy des rõmain'
& homme si belliqueux que a bonne cau
se il fut repute filz de mars/car il neust
oncques aucun repos. Il mit par puis
sance darmes soubz sa seigneurie plusi
eurs peuples dautour de Rõme/& pour
ce quil estoit homme de guerre il insti
tua peu de serimonies aux dieux entre
icellui peuple nouueau lequel il auoit
assemble en vng lieu quil auoit institue
pour le recours des fugitifz & des lar
rons Et iceulx fugitifz & larrons auoit
conceda & baille les femmes sabiniẽne'
par fraudes prinse/& entre autres in
stitua les sollennitez nommees lauren
talia/Pour ceste cause comme macro
be dit/car macer ou liure des histoire' re
cite laurencia femme de faustulus no'
rir comme dessus est dit Romulus & re
mus/& quelle fut mariee Romulus re
gnant a vng homme de tuscie nomme
carucius/& quelle estoit moult enrichie
par la succession de leritage dudit caru
cius mort Et pource quelle auoit nour
ry icellui Romulus elle lauoit laisse & in
stitue son heritier/& a ceste cause en si
gne de pitie & de memoire icelui Romu
lus institua la feste dessusdicte lauren
talia. Aucuns autrement opinent & di
ent que ceste institution dessusdicte ne
fut point faicte par Romulus/ mais p
la dessus nommee accha laurẽcia/& que
Romulus la continua/laquelle opiniõ
peult estre rodoree par lautorite de ful Fulgẽc'
gence lequel en son liure des anciens ser Accha laurentia
mons escript ainsi. Accha laurẽcia no' romuli
risse de Romulus auoit de coustume sa nutrix cõ
crifier pour les biens de la terre vne fois sueuit p
lan auec douze de ses filz qui precedoiẽt agris &c
le sacrifice. Quãt vng diceulx fut mort
Romulus pour la grace & amour de sa
nourrisse se offrit & promit succeder au
lieu du defunct. Et ainsi la coustume
proceda par douze/et ses douze qui sa
crifioient furent apres ditz freres ru Rutilius
raulx/ainsi q Rutilius geminus recite geminus
aux liures pontificaulx. Romulus pre

mierement institua aux Romains lan estre de dix mois. Le premier desquelz fut appelle mars pour son pere mars. Il institua que dorésenauant fussent cent peres lesquelz il nomma senateurs / et ceux qui deulx naiscoient estoient appellez patriciens. Quant la guerre sabinienne fut apaisee pour le rauissement dicelles femmes il diuisa le peuple en cours et institua trois centuries de gensdarmes a cheual et autres plusieurs choses fit belliqueuses plus appartenant a la guerre que a la paix. Et apres plusieurs victoires renommees lui estant aupres des maraitz de capue dis capree pour reuisiter lexercite et quil proposoit deuant et parloit a eulx soudainement sourdit une tresgrande tempeste auec grans tonnoirres et grant bruit du ciel / et espesse pluye et gresle de laquelle Romulus fut si couuert que le peuple ne le peut plus veoir. Et apres ne fut depuis veu en terre / et fut creu et repute que pource quil sembloit trop fauoriser au peuple il fut occiz par les dessusditz peres et gette dedens lestang. Mais apres quant le peuple par la creinte de ce quil estoit demoure priue dudit roy par aucun temps se taisa. Et aucuns acommencerent saluer le roy comme dieu ne de dieu et pere de la cite de Rome et commencerent lui faire veux. Et dit on que icelle folle opinion fut corroboree par le conseil dung noble homme. Car iulius proculus qui estoit repute de la lignee de eneas auoit laisse la cite alba et auec remus et romulus estoit venu a Rome. et pource que ladicte cite de rome estoit sollicite de la perte quelle auoit faicte dudit romulus et quelle auoit perdu le roy il vint a lassemblee dudit peuple pour leur dire ce qui sensuit. Romains romulus le parent de ceste cite a laube de ce iour est descendu soudainement du ciel et est venu deuant moy. Je euz orreur lui estant deuant moy venerable et lui requis quil me permist le veoir / il me respondit. Va et dis aux Romains que les dieux veulent que ma Rome soit chief du monde / et a ceste cause fault quilz sachent les armes et les baillent a leurs successeurs / tellement que aucunes richesses humaines ne puissent resister aux armes Romaines. Et quant il me eut ce dit il sen monta en hault et de ce aduint que Romulus fut repute dieu et nomme quirinus / pource que quiris en langue sabinienne signifie une petite lance / et pource quil marchoit auec icelle lance il est appelle quirinus. Toutesfois pline le nepueu ou liure quil a compose des renommez hommes dit que Romulus appella les Romains quirites du nom dune ville des sabiniens / et par les curies Romulus trespassa apres quil eut regne trentesept ans. Et commenca a regner lan du monde quatre mille quatre cens quarantecinq. et ayant quinze ans ainsi que eusebe escript ou liure des temps Et pource que Romulus est le dernier trouue de ligne de mars nous mettrons a lui fin pour ce neufuiesme liure.

Si commence le dixiesme livre de la genealogie des dieux.

De Neptune neufuiesme filz de saturne lequel nous auons leu auoir eu trente et cinq filz/desquelz les noms sensuyuent. Le premier Dorus. Le second Ampycis. Le tiers Phorcus. Le quatriesme Albion. Le cinquiesme Borgion. Le sixiesme Tara. Le septiesme Polyphemus. Le huitiesme Tilem' Le neufuiesme Brontes. Le dixiesme Steropes. Le vnziesme Pyragmon. Le douziesme Masitheus. Le treziesme Melion. Le quatorziesme Acterion. Le quinziesme Aon. Le seziesme Mesappus. Le dizeseptiesme Busiris. Le dizehuitiesme Pegasus. Le dizeneufuiesme Nictheus. Le vingtiesme Jrceus Le vingtevngiesme Pelius. le vingtdeuxiesme Meleus. Le vingtroiesme cygnus. le vingtquatriesme Chrisaor. Le vingtciquiesme Othus. le vingtsiziesme Ephialtes. Le vingtseptiesme Egeus. le vingthuitiesme Onchestus. le vingtneufuiesme Pelasgus. Le trentiesme Nauphlius. le trentevngiesme Celleno. le trentedeuxieme Aello. le trentetroiziesme ocipite. le trentequatriesme Sicanus. le trentecinquiesme Siculus. Chapitre premier.

Neptune fut filz de Saturne et de ops. Et quat il fut ne il fut musse par sa mere affin quil ne fust occist par saturne ainsi quil est escript en lystoire sacree. Les anciens lont dit estre dieu de la mer. Ce que appert par les vers de virgile disant. Hastez vous de fuyr et dictes ce a vostre Roy que lempire et seigneurie de la mer et le cruel tridat ne lui est point p sort donne/ mais a moy neptune/ce que par aduēture a este pris. De Homere quant en la personne de neptune en son iliade dit ainsi. Nous sommes trois freres par Saturne lesquelz Rhea engendra. Cestassauoir Jupiter et moy/et le tiers est dictis domināt et seigneuriant aux mors. Toutes choses sōt en trois parties diuisees a chacun est aduenu aucun honneur. Certes il mest aduenu habiter tousiours en la mer ancienne. Alberice oultre ce dit que neptune eut vne femme nommee amphitrites et quil eut tresgrande lignee mais de plusieurs femmes. Les anciens lui attribuerent vng chariot et seruiteurs acompaignans. Virgile descript bien comment il va par son royaume disāt Le pere ioinct les cheuaulx et chariot en adioustant freins couuers descume et lache toutes les brides par ses mains audictes bestes/et vole par les haultes mers par vng chariot peigt de vert brun. Les vndes demeurent dessoubz et la mer enflee est mise dessoubz laisseau resonnant. Les gresles fuyent par les eaux par le grant air/Apres suyuent diuerses formes de diuers acompaignans et les tresgrandes baleines/et la plus ancienne compaignie de glaucus et sōnons palemon et les tritons et tout lexercite des hatifz pors de mer En la partie dextre se tient thetis et la vierge panopee et melite et nisee et eplo talie et cymodonce Mais stace descript autrement le dessusdit courrement Quant il dit neptune ducteur deuant soy dit les vens estre telz comme mis hors par eolus Et comme les gettant volans par la grande mer Et qui triste lui faict compaignie autour des freins/brides/et penes des cheuaulx

Virgili' Natura te fuga n regiq nō illi inperi um pelagi' zc.

homerus tres eni a saturno sumus fratres zc

Virgili' Jungit e quos cur rum ge ni tor spu māciaq addit zc.

Stacius Qualis vbi collo dimissos carcere vētos zc.

souuent gresles et neiges et tempestes profondes & des nuees saillans du fondes terres. Noise & debat fut auec mynerue de limposition du nom de neptune. Et pource quil est de ceste matere assez dessusdit & assez pleinemẽt descript me sembleroit superflus de le reiterer Et pareillement des murs de troye faitz par lui et apollo / desquelz est dit la ou est parle de laomedon. Les anciens ont voulu quil fut nourri & seruiteur de iuno & quil portast en lieu de ceptre vng tridant / cest a entendre vng baston a iii fers crochus / et les fondemens des choses a lui sacrees. Voyons maintenant ce que en ces choses a entendu lanciẽne te deceue. Neptune a este dit par les faignans dieu de la mer pource que en la sacree histoire est ainsi leu. Jupiter donne a neptune lempire et seigneurie des mers / affin quil regnast & seigneuriast sur toutes les isles et lieux qui sont au pres de la mer. Les poetes apres a ceste cause que listorien lauoit dit roy lont feingt dieu / laquelle fiction estãt creue que ceulx aussi qui estoient reputez sages ont este prins de crudelite indicible Les anciens ont dit & nomme la fẽme de lui amphitrides pource que la mer a autour delle tousiours son leql est faict par tout au riuage et autour quant les vndes se gettent vers terre. Certes amphitrides est diriue de ceste diction grecque amphi qui signifie en frãcois autour Et est composee de ceste diction triton qui en francois signifie son / et ainsi amphitrites signifie tout autour sonnant Le chariot de neptune signifie le mouuemẽt au hault de la mer qui est fait p reuolution & bruit cõe les roues du chariot font. Laleure & marchement de lui & sa compaignie que virgile a descript signifie la nature ou coustume de la mer retournãt a sa tranquillite. Mais

Stacius stace au contraire descript comment la mer de sa tranquilite vient a tempeste La mer a este dessusdicte estre nourrie de iuno / car lair sacroit par les eaues comme il a este dessus touche la ou a este parle de iuno. La massue crochue en troys lieux pour son ceptre a lui concede monstre les troys proprietez de leaue / Car leaue est labile / nouable / & potable & appliquee a boire / les fondemens a lui cõsacrez signifient que la terre est meue p loperation de lui / et a ceste cause est tres souuent nomme par homere en grec en nosigeos qui en francois signifie mouuant la terre / & a ceste cause les sotz ont voulu ce que leur estoit sacre estre par lui garde / lesquelz sotz ont mal leu & cõsidere ce dit de dauid. Si dieu ne edifie la maison ceulx qui ledifient labeurent en vain / & principalemẽt ceulx qui baillent les fondemens a neptune. Considere que aucune chose nest stabile si elle nest fondee en pierre et sur pierre. Et iesuchrist est la pierre. Neptune est ainsi nomme ainsi que rabane & Jsidore dient pource quil espouse / cest a entendre queuure la terre de mer. Ou comme albe- homerus

rice dit il est ainsi nomme au monde comme sil estoit pource meu a cause de ce que les choses nouent en lui. Chose ridiculeuse est vouloir exprimer et declarer les qualitez du royaume du nom ou par le nom inopine du roy. Albericus

De dorus premier filz de neptune. chapitre. ii^e.

Seruius Seruie dit que dorus fut filz de Neptune. Les autres veulent quil regna en vne partie de grece et q̃l fut la de si grande et merueilleuse autorite que tous ceulx sur lesquelz il seigneuria & domina soyent nommez de son nom ⁊ appellez doriens. Isidore en son livre de ethimologie ⁊ Rabane en son livre de la naiscence des choses dient que dorus fut filz de neptune et de elopes/⁊ de lui les doriens ont prins le nom ⁊ naiscence/⁊ iceulx doriens sont une partie de grece ⁊ diceulx dories est surnommee la tierce langue des grecz laquelle est appellee dorienne/po quoy ce dorus est dit filz de neptune appert p ceste raison/car premierement il est possible quil fut filz du roy neptune/⁊ que tant par sa vertu que par lauctorite de son pere il acquist grant nom comme il advient aucuneffois/⁊ de ce souffise Avec ce les anciens avoient de coustume ⁊ principallement ceulx qui estoiet de grant courage de laisser leur propre pays ⁊ lieux ⁊ se transporter en aultres pays. Aucuneffois par leur ppre mouvement pour desir de gloire/⁊ aucunesfois quilz estoient chassez par cedissions ⁊ debatz ou par autres necessitez contrains/lesquelz pource que les chemins nestoiet point encores faitz par les mōtaignes ⁊ que les boys par anciennete estoient tous tenebreux ⁊ tenoyent tous les pays/⁊ pource aussi que tous les rivages des mers ⁊ des rivieres estoient hantes ⁊ que le milieu des terres estoient negligees ⁊ desertes lesditz conquerans venoient par navigage/⁊ la ou ilz appliquoient ⁊ sarrestoient ou en rivage occupe ⁊ prins par force ou receuz p la voulente des habitans/⁊ par lopiniō deulx estoient faitz renōmez ⁊ grans/veu que aultre congnoissance ⁊ notisse de leur nascion des habitās rustiques ⁊ inerudit z/⁊ pource quilz estoient venuz par mer/⁊ affin qlz ampliassent la gloire et renōmee de leur lignee incontinant ilz attribuoiet a neptune ⁊ le disoiet et appelloiet filz de neptune. Ou se par aucune fortune icelui hōme conqrant fut venu par terre ilz le disoient filz de la terre/ce que tesmoigne lanciennete non erudite estre advenu a plusieurs. Et affin que ce ne soit souvēt repetere il nous fault ainsi entendre des autres filz de neptune si autre raison nest de eulx donnee.

De ampycus filz de neptune qui engendra buthes. chap.iii^e.

Hampycis ou ampycus fut filz de neptune et de la nymphe melites selon servie qui ledit avoit este deffait par bataille par pollux. Lactence ce declarant plus amplement dit que quāt pollux avec les argonantes vint en la forestz bebriciēne/et que ampycus roy des bebriciens le provoqua a bataille topeuse pour se excerciter aux armes/et quil eut la coustume de espier ceulx qui entroient en ladicte forest pour les provoquer a ainsi combatre. Il les menoit dedens icelle forest et les tuoit. Advint que quant il eut la mene pollux et quil fut par lui la surmonte/et quil voulut faire violence audit pollux/ledit pollux convoqua et appella ses compaignons et la fut amicus occiz ou il avoit de coustume les autres tuer. Theodonce dit que ampycus fut filz de neptune et de melanthone fille de lancien protheus Mais ie crois plus servie veu que leonce dit que ampycꝰ vint de lisle nommee melite pres de sicile et appliqua la et occupa par force le royaume bebricien/car bebricie est une region laquelle aps a este nommee bithinie tresprochaine a troas.

Servius

Theod.

De buthes filz de ampycus qni engendra erices.cha.iiii^e

Comme theodonce escript buthes fut filz de ampycus roy des bebriciens Leonce dit quil fut chasse du royaume par la crudelite de son pere qui fut occiz par les argonantes. Et quant il Retournoit au Royaume des anpliens nomme melita apres aucuns deuoyemens de chemins il paruit auec petit nauigage en sicile en vng lieu nomme drepanum/la estoit vne tresbelle et noble femme amoureuse nommee lycastes qui le Receut et hebergea. Et pource que icelluy buthes estoit et de beaulte et de aage et de meurs honneste il fut facilemēt apme dicelle licastes et vsa familierement des biens dicelle/et eut delle vng filz quil nomma erix. Et pource que icelle lycastes pour sa grande beaulte et seruice damours estoit apellee venus par les habitans du pays fut prinse occasion a ceste fable que buthes et erix fussent venus de venus.

De erix filz de buthes. chapitre .v.

Theod. Ainsi que theodoce dit erix fut filz de buthes et de venus. Seruie dit quil fut filz de neptune et de venus et quil fut du nombre des argonantes/et dit que quant venus sesbatoit au Riuage de sicile elle fut congneue charnellement par neptune et conceut erix. Laquelle opinion est mal conuenante aux choses dessusdictes. Combien quon puisse dire que buthes fut vng homme estrangier porte par mer et estre dit neptune. Ce erix regnant en sicile et puissant par armes auoit impose loy aux estrāgiers suruenans quilz combatroiēt auec luy par ioustes et autre exercice darmes. finablement il fut vaincu et occiz par hercules Retournant despaigne. Theodoce cōtinuāt listoire de la generation de luy dit q̄ licastes dessusdicte auoit acquis en vne angle et cartier de sicile tresgrāt patrimoine et seigneurie tant par succession de ses parens que aussi par tresgrādes Richesses quelle auoit acquis par loffice damours/et lequel patrimoine heritage et conquest auoit este aussi ample et agrandi par les puissances dudit buthes. Quant elle fut trespassee le dessusdit erix se orguilla tant pour le tresor quil auoit eu delle que aussi pour le singulier tiltre de sa mere/combien quil fut faulx/parquoy se dit et porta Roy dudit lieu. Et fit edifier vng grāt temple au hault dune montaigne prochaine a drepanum/lequel il dedia a sa dicte mere et commanda quil fut appelle et nomme le temple de venus erycine. Finablemēt pource quil estoit trop orguilleux il fut par hercules occiz. Et fut enterre ou temple quil auoit faict faire en icelle montaigne.

De phorcus troiziesme filz de Neptune qui engendra bathillus/thoosa/scylla/meduse/stenio/et euriales. chapitre .vi.

Phorcus comme Seruie dit fut filz de Neptune et de thoose Seruius Varro dit quil fut Roy de corsique et de Sardieñe/et quil fut surmonte et deffait par bataille marine par athlas Et fut deffait auec la plus grande partie de son exercite. A ceste cause les cōpaignons qui dicelle desconfiture Resterent dirent pour leur consolation q̄ Phorcus auoit este transforme en vng dieu marin. Et ainsi fut dit dieu de la mer. Et par la faueur des Poetes ce attestans par fictions. Et ainsi semble que phorcus pour estre noye en la mer a aquis deite ⁊ pere dieu

De bathillus filz de phorcus. chap. vii^e.

Theod.

Theodonce escript que bathillus fut filz de phorcus ⁊ dung monstre marin. Et combien quil recite plusieurs autres choses/touteffois ie ne les ay point peu lire pource que les lettres ⁊ escriptures estoient efacees ⁊ brouillees/⁊ ne me recorde point auoir leu ailleurs autre chose de lui.

De thoose fille de phorcus ⁊ mere de polyphemus. chapitre. viii^e.

Seruius

Seruie escript q̃ thoosa fut mere de phorcus/mais homere en sõ odissee escript quelle fut fille dicellui phorcus ⁊ dit ainsi/que la puissance de antitheus ⁊ de polyphemus fut grande a tous les cyclopiẽs/⁊ thoosa nymphe ⁊ fille de phorcus lengendra a la mer dominant sans ordure. Ainsi appert quelle enfanta par neptune polyphemus ciclopien/⁊ ne contredit point ce que seruie escript quelle fut mere de phorius. Cõsidere quil peult estre quilz ont este deux fẽmes nõmees dung mesme nom Et lune a este mere ⁊ lautre fille.

De scylla fille de phorcus chap. ix^e.

Scylla cõme seruie escript fut fille de phorcus ⁊ de la nymphe crotheides. Et cõme ouide dit glaucus de la cite nõmee anthidon ⁊ dieu marin laima. Et pource quil la preferoit a cyrces fille du soleil que laymoit icelle cyrces courroussee enuenyma la fontaine en laquelle scylla auoit de coustume se lauer ⁊ tellement que quant scylla entra dedẽs icelle fontaine ainsi quelle auoit de coustume elle fut muee en diuerses formes depuis le bout du ventre en bas. Ce voyant elle eut en horreur sa deformite ⁊ se getta en la mer procheine qui la estoit Et par son amoureux glaucus fut faicte deesse marine. Les autres dient quelle fut faicte vng mõstre marin. la forme duquel virgile escript ainsi La fosse obscure tient en ses mussetes scylla destruisans les gens ⁊ tyrãt les nefz aux rochiers/cest vne vierge ayant face dhõme ⁊ belle poitrine de tresgrant corps ⁊ estant poisson des le ventre en bas ayant queue de daulphin ⁊ cetera.

Virgilius At scillã cecis cohibet spelũca latebris ⁊c.

Homerus

Homere en son odissee par plusieurs vers la descript par autre ordre ⁊ presq̃ en ceste maniere. Il dit quelle latre ⁊ aboie ⁊ quelle a la voix dung petit chien quant il est ne/⁊ quelle a horrible regart douze piedz/six testes ⁊ a chascune teste grande gueule auec trois ordres de dens/⁊ est noire ⁊ quelle demeure au milieu dune grande cauerne/⁊ que de la elle met dehors ses bestes ⁊ pesche au fons de la mer pour prẽdre les dauphis ou les balaines. Leõce recite delle vne autre fable diuerse a celle qui est dessus dicte disant que quãt ladicte scylla sassembloit charnellement auec neptune la femme de lui nommee amphitrites esmeue de ialosie getta des venins dedens les eaues/dedens lesquelles ladicte scylla se souloit lauer/⁊ la conuertit en vne grande chienne sauuage Quãt hercules eust surmonte et deffait gerion lespagnol ⁊ retournant de la auec sa proye il occist icelle chienne pource q̃ elle lui auoit oste les beufz/mais son pere la retourna en vie. Ces choses deuãt mises voyons maintenant ce qui est cõtenu soubz ces fables. Aucuns sont qui

Leoncius

dient que iadis au riuage calabrien qui est separe du sicilien par vne petite mer auoit este vne fēme estrangiere tresbelle caute & astute/ & pource quelle estoit moult luxurieuse & feignoit estre fēme honneste de meurs & contenance de vierge ou de fēme pudique/ par lesquelles contenances elle attiroit a concupiscēce les estrangiers & leur tiroit leurs biens/ & de la fut panse la fiction de ceste Fulgēc' fable. Fulgence autrement dit delle et tire la fiction au sens moral & dit q̄ scylla en grec signifie autant en francoys q̄ confusion/ & que luxure nest autre chose que confusion/ & que glaucus ayme luxure/ & que glaucus en grec & glapheomata signifient aueuglance/ car tous ceulx qui ayment luxure & volupte sōt aueuglez/ et est dit filz de anthedon. Anthedon en grec est dit cōme anthudon q̄ nous disons en latin voyant au cōtraire. Doncque chessie naist de vision contraire/ cest a entendre de chose cōtraire a la veue. Scylla est mise en la facon dune femme amoureuse/ car telles libidineuses sont abandōnees aux hōmes ors & meschās/ & a ceste cause est dicte meslee auec les loups & les chiens. Et dient que cyrces la hait. Cyrces est appelle & signifie iugemēt ou operation des mais quasi cyronere/ car fēme libidineuse ne ayme poīt labeur ne operation de mais La hault est dit ou est plē de cyrces que glaucus est pris po' lescume de la mer/ de laq̄lle escume le fons & bout du mōt cyrcien abonde pour raison des rochiers contre lesquelz les vndes & vagues de la mer se rōpent/ & ainsi le hault de scylla Toutesfois de ce a este assez dit la Salust' ou a este parle de cyrces. Saluste dit q̄ cest vng grāt rochier q̄ semble a ceulx q̄ de loing le voyent estre de forme & figure pleine de trous/ & a ceste cause les chiēs & les loups sont feings naistre de ces bas rochiers/ car iceulx lieux sont pleins de mōstres marins. & les rochiers la caverneulx rendent son de chiēs labrans & aboyans. Appliquons vng peu plus cleremēt ces fictiōs. Il est tres certain que ou cartier ditalie ou regart du riuage tauromētain y a de grās rochiers caverneux & agus & tranchās cōme couteaux & qui se gettēt vers la mer siciliēne/ & le mouuement de la mer par lequel cōtinuellement la mer est agitee Cest assauoir en alant & retournant est par cours si legier/ soudain & ipetueux quil nest chose si legiere ne si puissante cōme il semble. Et quāt les vens soufflēt de arthous en austre ou daustre en arthous les vagues & vndes dicelle mer viēnent par si grande violence quelles semblent monter iusques au ciel Par ycellui impetueux mouuement de mer aduient que quant les vndes entrēt dedens les cavernes dudit scylla est faict vng grāt bruit/ & pource que icelles vagues sont dung couste & daultre rompues dudit rochier ledit bruit & son semble latremens de chiēs & vlulations de loups/ & pource que la nature de leaue est de tousiours descendre en bas & aux lieux vagues aduiēt que les eaues descendēt ausdictes cavernes lesdictes vagues plus violentemēt tyrent les nauires si aucunes en y a/ & ainsi la fictiō de virgile est painse sur la verite des choses q̄ la aduiēnent. Ce q̄ homere dit q̄lle Homer' a plusieurs testes & chiefz nest aultre chose q̄ plusieurs rochiers q̄ la sont q̄ selon le retiremēt de leaue se mōstrēt pl' hault/ lesq̄lz rochiers sont opportun' cōme en nōbre de piez/ cest adire fondemēs & pillers/ plusieurs gueules & ordres de dens q̄ la dessus dictes ne mōstrent autre chose q̄ plusieurs euripes discourās & tranchās les rochiers/ lesq̄lz sōt pleis de mort noire/ cest adire de peril de mort a ceulx q̄ entrēt dedēs. Ce q̄ est dit quō pesche la les dauphin' & baleines est po' ce dit que le lieu est tousiours abondāt de poyssons grans et monstrieulx. Ce que leonce dit q̄ ledit scylla se mesle auec neptune estendant Car ainsi q̄l appert icelluy rochier se estant dedan' la mer. Et pource que la est faicte continuele tempeste et sonnorite. A ceste cause est feingt que les venins sont gectes par amphitrites. A ce qui est dit q̄ hercules loccist Theodonce dit estre pource feingt que le filz dung des cyclopiens perit entre les rochiers dudit scylla. Et a ceste cause par vengence cyclops clouit les bouches et entrees p grādes libes la gectees/& fist la la mer sans chemin/et a ceste cause scylla fut dicte morte. Aduint apres par tret de tēps que la mer retira a elle toutes lesdictes libes et choses quon auoit la gectees & retourna icellui lieu en la forme precedente/et ainsi la fille fut suscitee par phorcus. Theodonce dit que philocorus tesmōgne que scylla fut fille de phorcus. Et quant elle fut enuoyee de sardinie po' estre mariee a vng tres noble ieune homme de corinthe nomme stelenus/elle perit la. Et a ceste cause on bailla a icellui lieu le nom de ladicte scylla.

De meduse stennio et euriale filles de phorcus et nōmees gorgones Chap. x^e

Meduse stennio et euriale furent filles de phorcus et dung monstre marin comme theodonce dit/elles furent appellees et nōmees gorgones Et comme lancienne renommee tesmongne elles trois auoient tant seulement vng oeil duquel elles vsoient p fois lune apres lautre. Et ainsi que pōponi' mela escript en sa cosmographie elles tindrent les isles nommees dorcades/lesquelles sont en la mer de ethiopie a loppposite des ethiopiens hesperiens. Ce que semble que lucan tesmōgne quant il dit. Les chāps de meduse fille de phorcus estoiēt au long & vuide sans labourer aux fins extremes de libye/la ou la terre chaude par grande chaleur du soleil prent la mer. Oultre ilz feingnent et dient que ces trois fēmes auoient ceste propriete/quelles cōuertissoient en pierre' les hommes qui les arregardoient. Ouide dit quelles furent tant seulement deux disant Deux seurs filles de phorcus habiterent la/lesquelles nauoiēt que lusage dun oeil. Et ce soit dit quāt a toutes les trois. Maintenant metons et declarons les sens et entendemēt desdictes fictions. Deuant toutes autres choses ie ne cuide point quelles fussēt filles de phorcus roy de sardinie duq̄l est dessusdit/mais dung autre phorcus qui en ce temps regnoit aux isles dorcades. Je les cuide par aucune similitude auoir este dictes filles dung mōstre marin/de laquelle ceulx qui ont q̄s et traicte les natures des bestes dient entre ses proprietes ceste estre/q̄ quant elle oeuure sa gueulle elle remplit dodeur les choses que autour sont/& que tous les poissons procheins viennent a elle. Elle prēt ceulx quelle veult iusques a ce quelle est saoule Et pource q̄ pareillement lesdictes filles de phorcus p leur merueilleuse beaulte tiroiēt tous les hommes a les veoir/elles sōt dictes filles de monstre. Sorenus et deonigdus historiens des antiques dient quelles furent feinctes auoir tāt seulement vng oeil/pource quelles estoient dune mesme beaulte. Je cuide que cestoit pource que le iugement de ceulx qui les arregardoient estoit vng & semblable. Quelles conuertissoiēt en pierres ceulx qui les regardoient Je cuide pour ce estre feingt. Car la beaulte delles estoit si grāde que ceulx qui les

Lucan⁹ Finibus extremis libies ubi feruida tellus &c.

Ouidius Cuius sub/troitu geminas habitasse sorores &c.

regardoient estoient esbais sans parler et immobiles et deuenoient cõme pierres/elles sont dictes gorgones. Car Theod. comme theodonce escript apres la mort de leur pere/elles demourerent tres riches par bien gouuerner leurs choses Et par augmẽter leurs biens et richesses. Elles furent surnommees gorgones qui sonne autant que laboureresse de terre. Car georgi en grec signifie en Fulgẽci. francois laboureur de terres. Fulgence moult autrement opine de ceste matiere. Car il dit quil ya trois manieres de terreur & de peur/lesqlz sont monstres par les noms de ces trois fẽmes Stennio est interpretee debilite/cest a entendre commancement de peur/laquelle debilite seulement la pensee. Euriale signifie large profondite/cest a entendre stupeur esbayssement ou folie/laquelle ramplit dung parfont esbahissement la pensee debilitee Meduse signifie oubliance/laquelle ne trouble pas seulement le regart de la pẽsee Mais aussi amaine veue obscure. Ceste terreur et peur besongnent en tous

Certes sauue tousiours la reuerence de fulgence ces choses ne sẽblent poĩt estre selon lentendement & vouloir des feignans veu que ces trois dessus dictes ne font point terreur/mais font admiracion

De meduse fille de phorcus en particulier Chap.xi.e

Meduse fut fille de phorcus comme il est dessusdit/elle estoit tres belle femme. Et ainsi que theodonce escrit entre les autres beaultes de elle Elle auoit les cheueux non point seulement blons/mais aussi dorez. Neptune pris de la beaulte desdictz cheueux coucha auec elle au temple de minerue. Et de la assemblee deux nasqt le cheual pegasus. Minerue pour linjure faicte au temple fut troublee/& affin que lignominie faicte au temple ne demourast impugnie elle mua & transforma les cheueux de meduse en serpens Et ainsi de belle fut faicte mõstrueuse La renommee de ce monstre alla ptout Parquoy aduint que perseus arme de lescu de pallas vint pour veoir ce mõstre & luy trancha la teste/et en volant sen retourna en son pais. Et portant auec luy la teste de ladicte gorgone/aduint que les goutes du sang delle cheurent par les desertz & lieux inhabytez de libye/desqlles goutes furẽt crees serpens desquelz libye est toute pleine Je croy estre feingt meduse auoir eu cheueux dorez affin que nous entendons quelle fut tres riche. Veu que par les cheueulx sont prinses les substãces corporeles. Par lesquelles neptune/cest a entẽdre lhomme estrangie comme perseus fut est tire a la concupiscence delle. Et loppzime au temple de minerue cest a entendre la surmonte dedãs les termes de conseil prudent. Ce que est aussi demonstre par lescu de pallas q estoit cristalin affinque par lui soit prinse la circonspection de lhõme prudent Car la nature de cristal est de rendre aux yeulx du regardant ce qui est fait par dehors. Pareillement le capiteine sage arregarde par conseil ce que les aduersaires peuẽt faire. Et ainsi sensuyt quant il romp et adnichile les conseilz de ses aduersaires quil a preueuz. De la compression du prudent et estrãgier capitaine sourt et vient le cheual pegasus cest a entẽdre renommee ainsi quil apparestra apres la ou il sera plus amplement parle de lui. Les cheueux sõt conuertis en serpens toutesfois que aucun est opprime pour ses substances et biens Car les choses qui par coustume estoient au possesseur a honneur et resplendeur sont converties en cures et sollicitudes mordantes. Le chief de meduse est lors tranche quant il est despouille de ses substances/par les quelles sembloit vivre et moult povoir. Ce qui est dit que les serpens nasquirent en libye du sang de la teste de meduse a este dit pour corroborer la fiction plus que pour couvrir aucune signification Eusebe en son livre des temps escript que ceste meduse fut surmontee et deffaicte par perseus attraict par le pillage de ses richesses/et quelle fut privee de ses richesses et de son royaume. Ou temps que cecrops regnoit a athenes et dit ce estre escript en listoire peregrine par didime.

Eusebius

De albion quatriesme et de borgion cinquiesme filz de neptune Chap.xii.

pöponius mela

Albion et bergion ainsi que tesmoigne pomponie mela en sa cosmographie furent filz de neptune/et desquelz il recite une telle fable. Que quant hercules passoit entre les entrees larges et patentes du rone et les lieux lesquelz apres ont este nommes la fosse marine Albion et borgion vindrent audevant de luy pour luy empescher le passage Hercules commenca a combatre contre eulx. Et quant les dars et autres instrumens a getter luy faillirent/il invoca et requist son pere Jupiter qui luy aida et envoya une pluye de pierres/desquelles ce lieu est si abundant que facillement tu iugeras quil ya pleu pierres. Je cuide que ce furent hommes proves et bons et estrangiers venans la que quant eurent la paine leur demeure creignant que par fortune ne fussent expelles de la vindrent audevant de hercules ou dung autre survenant/par lequel furent la deffaitz et les pierres qui la sont en grant nombre couchees furent cause de feindre ceste fabuleuse pluye

De thara sixiesme filz de neptune Chapitre.xiii.

Servius

Thara fut filz de neptune comme servie escript/et dit que thara iadis fist faire environ les salentins la noble et renommee cite appellee tarente/et de son nom nommee combien que iustin semble vouloir que elle ait este faicte par les bastars des spartaniens. Mais icelluy servie conferme quelle ne fut point edifiee par eulx/mais restauree par eulx et par le capitaine nomme pallantus

De poliphemus cyclops septiesme filz de neptune Chapitre.xiiii.

Polyphemus cyclops fut filz de neptune et de thoose fille de phorcus comme aussi tous les autres cyclopies comme il appert par Homere la ou il a dessus parle thoose. Il est manifeste que ce cyclops fut tres congneu et tres puissant entre les cyclopiens/et qui aima galathee nymphe sicilienne comme il appert la hault la ou est escript de galathee. Oultre ce ilz veulent que il eut ung seul oeil. Et quil fut homme de tres grande stature/et que aux forestz de sicile il gardast grant nombre de bestial. Et que finablement par hercules il fut prive de loeil. Homere en son odissee recite de luy une telle fable disant que quant Ulixes apres la destruction de troye vagabunt eut laisse

Homerus

les lothophagiens et quil vint en sicile il vit la vng hōme vetuet erice ⁊ tirant le let des bestes/et de sa fosse luy seul oster vne pierre/laquelle quarāte beufz assembles ne pouoient oster. Vlixes finablement entra dedans la fosse dudit polyphemus auec douze de ses cōpaignons qui par mer estoient venus auec lui. Polyphemus linterroga ⁊ Vlixes luy respondit quil estoit et dont il venoit. Et requist ledit Poliphemus quil luy pleut de luy fauoriser en ses necessites icelluy polyphemus respondit fieremēt quil ne creignoit poīt Jupiter ⁊ quil estoit meilleur que luy. Et icellui polyphemus interroga Vlixes ou il auoit laisse ses nauires. Vlixes entendant la deception et mauuaistie de polyphemus lui respondit que luy et ses compaignons auoyent tout perdu sur mer. Apres icellui polyphemus voyans tous/print deux des compaignons de Vlixes/⁊ comme vne grāde beste sauuage les dessira et deuora. A ceste cause Vlixes pēsoit le tuer/mais considerant q̄l ne pourroit oster de luys dicelle fosse la grande pierre dessus dicte desista a executer son p̄pos. Quāt le iour fut venu il menga autre deux diceulx compaignons/⁊ laissa en icelle fosse Vlixes auec le residu de ses compaignons et sen alla auec son bestail.

Vlixes estāt ainsi cloz aguisa vn grāt baston et le couurit de fiens. Polyphemus sur le tart retourna et ocit autres deux des compaignons de Vlixes.

Lors Vlixes lui presenta vng grant pot de tres bon vin en luy p̄ant quil eust pitie de lui. Quāt icellui poliphemus eue beu icellui vin il lui promist quil auroit pitie de lui sil lui presentoit autre fois a boire/ce que Vlixes fist. Quant il eut la tierce fois beu/il demanda a Vlixes son nom. Il respondit quil se nōmoit Vtis qui en latin et francois signifie mil. Polyphemus lui respondit que en recompense du bon quil luy auoit fait du vin il le mengeroit le dernier. Finablement quant polyphemus par boire vin quil nauoit point a coustume par sommel se fut endormy. Vlixes print le dessusdit baston quil auoit mis se au fiens ⁊ luy brulla la pointe au feu et anima ses autres cōpaignonos a luy aider pour mettre a grande force icellui baston brulle dedans loeil dudit polyphemus. Icellui polyphemus par grāde douleur esueille par grant cry appella ses compaignons procheins a icelle osse pour luy ayder. Quant ilz furent assembles autour dicelle fosse/⁊ quilz demādoient qui estoit ce q̄ le molestoit polyphemus respondit que cestoit Vtis qui en francois est dit mil. Lors ilz cuiderent quil fust trauaille de maladie naturele. Et lui dirent quil priast pour sa sancte le pere neptune et ce dit sen allerent. Polyphemus moult triste osta ladicte pierre de luys de la fosse et estādit ses bras affin que aucun de ses ennemis ne saillit hors de la fosse/⁊ queroit son bestail/lequel lung apres lautre mettoit dehors. Vlixes ⁊ ses compaignōs ce voyant se couurirent des peaux des moutons mortz en icelle fosse Et affin quilz ne fussent congneus dudit polyphemus comme a quatre piedz saillirēt hors de ladicte fosse. Et du milieu dudit bestail legieremēt sen fuirent a leur nauires. Quant polyphemus eut ce aperceu/il gecta vne grande libe ⁊ presque frapa le nauire. Quant Vlixes fut a sa surte il lui dist son nom/lequel ouy polyphemus va dire. Helas finablement ie suis venu et tumbe a la prophecie et ce que deuant auoit este dit par tylenus eurime des cyclopien. Ce dit Vlixes sen alla. Virgile descript p̄ trop plus brief langaige tāt la forme q̄ la maison narrant archimenides vng

Virgili⁹ Immemores socii vasto ciclopis i antro ⁊c.

des compaignons de Ulixes/disant ainsi. Les compaignons de Ulixes nõ racors en la vague fosse de poliphemu⁹ ont laisse les maisons pleines de sang de pourriture et de viandes/⁊ obscure de par dedans/⁊ polyphemus grant ⁊ hault touche les haultes estoilles. O vous dieux ostez des terres telle peste/laquelle nest facille a veoir ⁊ nest a aucun possible de dire. Car icelluy polyphemus est nourri des entrailles de⁹ miserables et de sang noir et ort. Venons maintenant a lentendement et sens couvert soubz les fictions devãt exposees. Et voyons premierement quest ce qui est dit et feingt filz de neptune et de thoose. Je cuide que le dessusdit polyphemus incongneu vint en sicile par sa mere fille du roy de sardinie/laquelle lui administra cause pour ce faire. Quant il eut occupe par force une partie ou par aduẽture toute lisle Incongneu il fut dit filz de neptune/⁊ fut fait tyrant dicelle isle. Et pour autre cause il deservit estre dit filz de neptune. Car ainsi que neptune esmeu p tempeste est inexorable. Pareillement les tyrans esmeux par cupidite sont inexorables. Et pource quil estoit de grãde forme et stature/cest a entendre de grande puissance. Il fut gouverneur ⁊ conduiteur de grãt nombre de bestail/cest adire tyrant de peuple. Ce que a este dit quil avoit tant seulement ung oeil signifie que les tyrans nõt cure ne sollicitude si non de leur chose propre et ne arregardent aucunement a dieu a leur prochain ne au peuple a luy subiect. Les tyran⁹ dessirent et rongẽt les hommes vifz quant ilz evacuent leur⁹ subiectz de leurs biens et substances quant il les condemnent en exil/quãt ilz tourmentent les innocens. Toute⁹fois les tyrans sont assoupis par vin. Cest a entendre par flateries des hommes astus ⁊ caultz/⁊ sont aveugles de leur oeil quant ilz sont venues ⁊ privees de leurs biens et seigneurie. Albericus semble vouloir avoir autre opinion de ce polyphemus. Disant que ledit polyphemus est ainsi appelle comme homme de grande lumiere. Affin quil conviennne avec servie qui dit que plus⁹s ont dit que polyphemus avoit ung oeil et les autres quil en avoit deux/⁊ les autres quil en avoit trois. Mais tout ce est fabuleux comme silz vouloiẽt ql neu eust seulement que ung. Et pource il afferme quil fut ung tres prudent homme. Et quil eut loeil au front/cest a entendre au pres du cerveau. Mais quil fut surmonte et deffait par Ulixes par prudence. Ce que peult estre concede et attribue a Ulixes par louange particuliere quil ait evite et fuy la puissance de celui qui lui preparoit violance. Et a evite les demonstracions fraudu leuses dung homme pres ⁊ cler voiãt et la evite par leloquence de polyphemus en surmontant par dons le sens ⁊ entendement tyrannique. Oultre ce long temps ay iuge les poetes avoir p le hyperboliquement/cest a entẽdre excessivement de ladicte grandeur du corps. Apres ce que iay ouy de lestature resolue en cendre dung homme trouvee en ce temps adrepane/parquoy ie suis fait doubteux sans oser affermer ou non silz ont absoluement vray escript ou silz ont feingt.

Albericus.

De tilemus neufiesme filz de neptune. Chap. xv.

Tilemus surnomme eurymedes lung des cyclopiens comme homere en son odissee tesmongne est ainsi dit comme autres. Et pareillement est dit filz de neptune. Il nest point escript de quelle mere il fut sil na este de celle par laquelle il a este surnomme eurymedes. Icelluy homere au lieu dessusdit escript que tilemus dit devant a polyphemus quil seroit par ulixes priue dung oeil.

De brontes neufuiesme filz de neptune et de steropes dixiesme et piragmō vnziesme filz dudit neptune. Chap. xvi.

Brontes steropes et piragmon furent renommes et nobles cyclopiens et furent filz de amphitrites femme de neptune comme Theodonce escript. Il est manifeste quilz sont hommes artificielz et endurcis par grant labeur. Et sont attribues a vulcan du feu et veulent les anciens quilz facent les fouldres et tempestes de Jupiter soubz vulcan en lisle nommee lypara. Ainsi que virgile en son eneide descript par plusieurs vers. Si nous voulons declarer la cause de leur naiscence et de leur office / il est de necessite dire aucunes choses devant. Doncques considere quil ya deux speces et manieres a tout le mois de cyclopiēs / il les fault distinguer et declairer / affin que ce qui sera dit de lune desdictes speces ne soit point entendu de lautre. La premiere spece et maniere des cyclopiens est celle de laquelle auōs dessus parle la ou est faicte mencion de polyphemus / et celle comme assez appert est tres mauvaise. La seconde espece diceulx sont hommes artificielz comme apres apparestra. Et pource quil sont entre eulx discordans / il est necessaire que linterp̄tacion du nom gentil quilz ont cōmun entre eulx discorde en soy. Donc ces cyclopiēs qui sont hommes artificielz sont ditz et dirives de ce mot cyclops grec qui en francois signifie cercle et sōt ditz de ce mot grec copis qui signifie en francois oeil / et tout assemble signifie homme en cercle / cest adire enuironne doeil ou par plus briefuement exposer lesdictz vocables signifie homme circōspect. Et certes icelluy homme circonspect fault quil soit artificiel. Car sil nest telles choses dernieres ne peuent congruement respondre aux choses premieres. Et pource les hommes circonspectz et artificielz ont coustume que devant quilz mettent la main a quelque oeuvre ilz regardent a leur pensee le cōmancement le melieu la fin / affin quilz puissent bailler a la fin commancemēs bons et beux. Et ainsi acōmancer leur oeuvre Papias dit que les grecz nommēt les artz ciclides: pource que la naiscence des artz est comme vng communement musse dun cercle / et que les cyclopiens sont de ce vocable ainsi appelles comme artifice est congruement dit de lart. Les choses devant mises / voyōs maintenant pourquoy ilz sont ditz filz de neptune. Je cuide que cest pource q̄ les exemples presq̄ de toutes choses artificielement cōposees semblent estres prins de la nuee ou des eaues. Des poissons veulent estre prins lordre par lequel larmee est menee en bataille diceulx est aussi prins en regardant leurs escailles comment les hommes et chevaulx sont couvers de fer de lespine et areste du poisson sās cher au rivage de la mer ou de la riviere est prinse la doctrine pour faire longues navires / et de faire et edifier maisons et solliers. Des artifices de la coquille diceulx apres q̄ la chair est ostee et consumee est mōstree et prinse la composition de la harpe et lenseignement de faire toictz et couvertures des maisons et des moulles et Papias ligatures de coquilles ensemble on a prins la maniere de tourner ouurir et clorre les huis et la maniere comment nous pouons monter aux haultes tours par degres enuironnans laquelle nous auons prinse des coquilles. Et ainsi pareillement auons de la prins la maniere de faire les trompetes et saqueboutes. Par les herbes et productions dicelles aux eaues est monstree dentremeiller les filz et la maniere de tistre les toiles. Les varietes premieres des eaues ont ministre de faire les toiles de couleur par sang de poissons. Le premier mouuement des eaues a donne et ministre musique les temps dicelle et la conception delle a ceulx qui la meditoient et pensoient. Quoy encores la mer produit tant de choses innumerables qui instruisent lengin des hommes dartifice. Et a bonne cause nous pouons appeller les filz de neptune et les cyclopiens hommes artificielz. Et en quelque facon quil plaise a hesiode tesmongnant pline en sa naturele histoire que ceulx qui sont nommes dactili trouuerent en crete la fabrique de fer. Ledit pline la mesmes dit que le fer fut trouue par les cyclopiens et les calybiens. Je cuide quilz ont este ditz auoir este engendres de amphitrites pour la circuicion des sons/ pource que les sons des gens dartifice de toutes pars autour sonnent. Ilz sont bailles au seruice de vulcan/ pource que les choses dures sont amolies pour lusage des gens dartifice. Et les choses moles sont endurcies. Ainsi que plus amplement sera monstre la ou il sera traicte de vulcan. Il est dit quilz euurent choses de feures a lypare / qui est pour monstrer que les gens daucun artifice doiuent choisir lieux conuenables a leurs artifices. Car ie demande que fera vn ouurier en fer en vng lieu boueux/ et vn pescheur en vne montaigne/ et vng laboureur en rochiers/ et vng medecin en lieu solitaire. Certes ilz ny feront aucune chose. Et a ceste cause virgile a descript loeuure des feures estre en lypara. Pour ce que ledit lieu est habondant en feu/ par lequel feu les feures amolissent les metaulx. Reste maintenant enquerir de la raison de leurs noms/ ainsi que alberice dit il est nomme brontes par tonnoirre et son qui est fait tant par les souffles qui en soufflant le feu ainsi sonnent que aussi par les marteaulx frapans lenclume. Il dit aussi quil est nomme piragmon qui est prins a la raison et condition de lenclume chaude pource que ce mot pyr en grec signifie feu en francois/ et ce mot agmon est interprete enclume Et ces noms leur sont pource attribuez/ car ilz se exercent a lartifice darmeures/ car telles choses dessus dictes ne seroient point attribuees a vng faiseur de nauire ou de temple ou de palais. Finablement les feignans veulent que ceulx cy ayent estez occiz par apollo pource quilz firent a iupiter le dart ou fleche duquel esculapie fut frape. ce que ientens pource que apollo est interprete terminant et finissant et expellant vng mur Et pource que le feu fait tost faillir les ouuriers continuans ouurages de feu pource que lumeur de nature est sechee et fault deuant temps tant par la veur continuel que aussi par feu continuel.

[margin: hesiodus] *[margin: Virgilius]* *[margin: Albericus]*

De nausithous douziesme filz de neptune qui engendra rixinor et alcinous. Chapitre .xvii.

Nausithous roy des pheaciens comme homere en son odissee escript fut filz de neptune et de la nymphe perinie. Du quel ⁊ de sa lignee icel lui homere escript ainsi. Neptune qui premierement la terre meut engendra nausithous et perinie belle entre les fẽmes et la plus ieune fille du magnani me eurimedon de cestui nest autre cho se trouue si non quil eut deux filz / cest assauoir rixinor et alcinous.

De rixinor filz de nausithous qui engẽdra arithis. chap. xviii.

homer⁹ Rixinor fut filz de nausithous ainsi que homere en son odissee tesmongne disant Nausithous engẽdra Rixinor et alcinous. Rixinor comme icellui homere dit print femme et eut delle vne seule fille laquelle il nomma arithis Il fut frape de apollo ⁊ mourut Je cuide quil mourut de fieure

De arithis fille de rixinor et femme de alcinous. chapitre. xix.

Comme homere en son odissee escript arithis fut vnique fille de rixinor / laquelle alcinous frere de rixinor et roy des pheaciens print a fẽme et eut de elle vne fille nommee nausithee / ⁊ trois filz. Vlixes venãt deuers la nymphe caliston qui auoit tout perdu en mer vint a ceste nausithee par le conseil et guide de pallas transformee en la figure de la vierge nomee calpis. Lequel Vlixes interrogue de plusieurs choses par ladicte nausithee les lui exposa et declara. Et finablement fut par elle receu honnorablement

De alcinous filz de nausithous qui engẽdra nausithee et laudamas ⁊ alious et clytonius. chapitre. xx.

Homere en son odissee escript q̃ halcynous roy des pheaciens fut filz du roy nausithous et mary de arithis. Vlixes qui estoit periclite en mer vint a ce alcinous estãt a table. Et fut par luy honnorablement receu / ⁊ lui offrit nausithee en mariage. Finablemẽt lui donna grans dons et luy bailla ⁊ equippa vne nauire / ⁊ lui bailla des cõpaignons et seruiteurs en nauires po᷑ le raporter ⁊ ramener en son pais. homer⁹

De nausithee fille du roy alcinous. Chap. xxi.

Nausitee fut fille de alcinous et de arithis comme homere tesmongne. Vng iour saillit hors de la cite auec ses femmes qui la acõpaignoient Et sen alla po᷑ lauer les robes au fleuue qui la estoit. Aduint quelle vit la au riuage Vlixes qui par fortune de mer auoit tout perdu / et audit riuage estoit nu et couuert de branches darbres / lequel la supplia humblemẽt quelle luy voulsist donner a menger et le vestir. Ce quelle lui conceda / et apres lui persuada quil vint en son pais / ⁊ quil vint apres elle a sa maison royale. Ce quil fist apres ainsi que plus amplement homere en son odissee narre

De laodamas et alious ⁊ clitonius filz du roy alcinous. Chap. xxii.

Laodamas: alious et clitonius furent filz du roy alcinous et de arithis ainsi que homere tesmõgne en son odissee desquelz nest autre chose trouue oultre les generales louanges de leur noble iouuence / si non que aux et leur pere alcinous et leur mere honnorerent ulixes et luy firrent des dons

De melion treziesme et de actorion quatorziesme filz de neptune. Chap. xxiii^e.

Melion et actorion furent filz de neptune ainsi que homere escript en son iliade. Car il introduit nestor viel disant a patroclus que luy estant ieune eut guerre contre les archades et quil en tua moult et quil eut occis auec les autres melion et actorion si neptune ne les eut côme ses filz musses soubz vne obscurte.

De aon vingt et cinquiesme filz de neptune. Chap. xxiiii^e

Lactence dit que aon fut filz de neptune et que de lui fut nômee aonie qui est vne partie de boecie. Theodonce ce mesmes afferme et dit q̃ aon par la sedicion des siens fut chasse de apulie et p mer sen vit a euboe et de la en boecie. Et la il seignoria et domina aux môtaignes aux peuples qui la estoient rudes et sans erudicion et experience des choses et que il nomma de son nom aones icelles montaignes et iceulx peuples. Et que par eulx fut repute et dit combien quil fust filz de vng tres riche homme de apulie nôme onchestus et de sa fême nômee parichie

De mesapus quinziesme filz de neptune: duquel vint le poete ennius. chap. xxv^e.

Mesapus fut filz de neptune côme virgile dit ainsi. Mesapus lignee de neptune dôpteur de cheuaulx lequel nest licite a aucû a batre par feu ou fer. Et ainsi comme icellui virgile tesmongne ce mesappus amena aide a turnus contre eneas. Et le suiuirent les fessenniens les cheuaulx falisciens habitoient la montaigne nommee soractes et les ciminiens habitoient les forestz et les lacz et oultre ceulx les capeniens. Touteffois seruie dit que cestui mesappus vint par mer en italie et que de la il fut dit et repute filz de neptune. Il est dit par fer ne pouoir estre blesse pource que iamais il ne perit en guerre et est dit ne pouoir souffrir feu pource quil estoit filz de neptune. Lequel est manifestement dieu des eaues. Ilz dient que le poete ennius descendit de la lignee de lui. On ledit dompteur des cheuaulx pour ce que les bestes sont produictes par neptune

De basiris dizeseptiesme filz de neptune. chap. xxvi^e.

Basiris fut filz de neptune et de libya fille de epaphus ainsi que eusebe escript en son liure des temps. Saint augustin en son liure de la cite de dieu escript que au temps que danaus regnoit sur les arginiens. Busiris roy ou plus vrayement tyrant immoloit et sacrifioit aux dieux ses ostes. Seruie dit quil fut occis par hercules pource quât hercules loga la il le voulsist occir comme les autres. Ledit seruie afferme que isocrates descriuit les louanges de ce busiris.

Du cheual nomme pegasus dixhuitiesme filz de neptune. Chap. xxvii^e

Seruius Lactãci⁹ Pegasus fut vng cheual ayant eles/seruie ꝛ lactẽce tesmoignẽt quil fut filz de neptune et de meduse et quil fut engendre au temple de pallas/ainsi quil est dessusdit la ou est ple de meduse. Ouidius Ouide dit en son liure des fastes quil fut ne du sang qui cheut de la teste tranchee de meduse/ꝛ dit ainsi. Il est creu estre failli ꝛ venu du sang respandu du chief pesant de meduse tranche. Laquelle opinion de Ouide suiuent Fulgẽci⁹ Alberici. fulgence et alberice Oultre ce ilz dient que il ne fut point seulement treslegier/mais aussi ql voloit tesmongnant ouide disant ql fut sur les nues ꝛ dessus les estoiles/ꝛ quil auoit le ciel pour terre/ꝛ quil auoit pour piedz pennes ꝛ plumes. Dient aussi que de son pie il fouit la fontaine des muses nõmee castelie/ ainsi que ouide recite disant. Ouidius Fama noui fontis nrãs peruenit ad aures ꝛc. La renommee dune nouuelle fõtaine est venue a noz oreilles quant longle du legier filz de meduse la rompue et faicte. Et peu apres dit la renommee vraye toutes fois est que pegasus fut linuenteur de ceste fontaine/ꝛ que il la deduit et mena iusques aux lieux sacres de pallas. Diẽt auecques ce que bellerophon le mena en allant contre le monstre nomme chimere. Aussi fist pareillemẽt perseus quãt il alla aux gorgones. Anselme en son liure de limage du monde adiouste a cedit cheual aucũes choses qui ne sont point dictes par aucun autre. Il dit que il auoit cornes/ꝛ que son aleine estoit pleine de feu/ꝛ quil auoit les pies de fer/et que il estoit tout semblable a vng monstre. Finablement ilz lont loge entre les estoiles et planetes tesmõgnant ouide qui dit Luy ia indigne auoit ia prins sa gueule freins neufz quant luy legier de longle de son pie fist la fontaine et eaues aonies. Maintenant il iouit du ciel/lequel par auãt par pennes il queroit/et resplendit entre les cleres estoiles qui sont quinze.

Les choses deuant mises querons maintenant ce que les anciens ont par ce entendu. Je cuide cedit cheual signifier la renommee des choses faictes laquelle est signifiee par la coursse velocite et volement de ce cheual/lequel est pour ce dit filz de Neptune et de gourgone. Car la renõmee sourt des faitz en ciel ꝛ en terre. Quil soit cõceu au temple de pallas ie cuide pource estre feingt que renommee sourt ꝛ viẽt iustement par choses faictes par cõseil et sagement et des choses faictes fortuneement nest veue aucune bonne renommee. Et par les choses faictes temerairement et follement est veue infamie. Je cuide les piedz de ce cheual estre feings de fer/pour monstrer que les forces et vertus de renommee ne faillent point en allant ca et la. Ilz luy ont adiouste cornes/pour monstrer et comprendre lorgueil de ceulx qui sont pleins de renommee Pareillement la leine et souflement de luy qui est de feu pour congnoistre le feruent desir des raporteurs. Quil ait fouy ꝛ fait de son pie la fontaine castaline manifestement declaire que aucuns mettent toute leur affection au desir de la renommee et gloire temporelle. Et touteffois quil aduient et que ilz ont ce que ilz ont desire. Lors la fontaine castaline/cest a entendre labundante maniere de parler sourt et vient en lumiere. Et pource que la faculte de descrire les faitz de renommee appartiẽt aux poetes. A ceste cause icelle fõtaine est dicte cõsacree aux muses. Ce que a este dit q̃ bellorophon et perceus la menerent en leurs cõqstes. Je cuide pour

ce estre dit que par cupidite de gloire ilz furent amenez ad ce quilz firent/ou cõme aucuns dient ilz furent adce me nes en nauires qui auoient en leur en seigne vng cheual ayant elles. Alberice
Alberici. escript de ce cheual vn estrange opinion prinse de fulgence. Car il dit que ledit pegasus est ainsi appelle p ce nom grec pege qui signifie en francois fontaine et dit que ce nom est commun a tous les fleuues. Et ainsi il veult que le fluue Cest a entendre pege estre le cheual de neptune/cest a entendre quil soit enge dre de neptune/consideree que tous les fleuues naiscent de la mer Et veult par les eles estre signifiee la velocite des fleuues. Et veult que de ce pege grec soiet ditz pegi/cest a entendre vila ges/lesquelz vilages les anciẽs auoiẽt de coustume mettre pres des fleuues Et de ce sont ditz les payens comme venans de vng pege. Cest a entendre dune fontaine ou dung fleuue. Et ainsi nous entendons que la fontaine que nous auons dicte estre faicte par le pie de pegasus procede de neptune Il nous fault briefuemẽt adiouster ce que fulgence a amplement escript de
Fulgẽci⁹ ce cheual et de ceste fontaine/et ce que il en a entendu. Doncques il dit que ce pegasus nasquit du sang de meduse pour ce quil est constitue en la figure de renommee. Car quãt vertu abat et oste terreur et peur/elle engendre renõmee. Ilz lont feingt et dit auoir eles/car ain siq̃ dit est Renõmee vole. Il est feingt auoir ouuert de longle de son pie aux muses la fontaine/car les muses et poe tes suyuent les faitz des anciẽs ou les ditz des predecesseurs pour descire la renommee des grans et des vertueux. Oultre ce fulgẽce dit que pegasus est interprete fontaine eternele. Ce que ie cuide estre dit pource que la renommee des exquis hommes ne fault point

De nicteus dizeneufuies me filz de neptune qui enge dra anthiope et nictimenes Chapitre.xxviii^e.

Lactence escript q̃ nicteus fut filz de neptune/et cõme theodonce af ferme il leut de cylene fille de athlas. Lactence dit que ce nicteus fut roy de ethiopie et quil eut deux filles nõmees anthiope et nictimenes. Et ainsi q̃ au cuns escriuent il fut ayme damour des honneste par nictimene/elle par laide et cõduicte de la nourrisse choucha auec lui ignorãt ce crime. Et apres quil fut de ce aduerti il la voulsit tuer/si elle ne sen fust fouye. Les autres dient au cõ traire/cest quil ayma maleureusemẽt ladicte nictimene Et quãt il la voulut prendre par force elle sen fouyt. Quil fut filz de neptune il est possible consi dere quil semble estre presque du tẽps de neptune qui fut hõme ou sil nest son filz par ceste dicte raison/il peult estre p celle raison/par laquelle les autres sõt ditz ses filz. Lactẽci⁹

De anthiope fille de nicte us et mere de amphion et ze thus. Chap.xxix^e.

Lactence escript que anthiope fut fille du Roy nicteus/et theodonce adiouste quil fut filz de la nymphe cre teuse nõmee amalthea. Theodõce dit q̃ nicteus la bailla en mariage a liceus de thebes en egypte. Lactence escript q̃lle fut rauie par force par epephus filz de iupiter. Les autres dient que ce fut Jupiter Quant lyceus fut de ce ad uerti/il la repudia et espousa dyrces la quelle dirces impetra de luy que icelle Anthiope fust mise en prison quant le temps fut venu quelle deust enfanter par la misericorde et pitie des dieux les liens et prisons furent rompus / elle sen fuit en vng pais nomme cytheron / et la enfanta amphion et zethus et les gecta et habandonna comme il est dessus escript la ou il est parle de amphion.

De nitimene fille de nicteus Chapitre.xxx[e]

Nitimene fut fille du roy nicteus et de amalthee / ceste cy ou amant son pere ou aymee de lui fuyant les armes et puissance de lui par la pitie et misericorde de minerue fut muee en vng oyseau nomme du nom. Et fut receue en la tutele et deffension delle. La raison de ceste fiction peult estre telle. Nictimene vsant de conseil prudent ayant honte du crime sien ou paternel depuis le crime commis ne comparut deuant les gens. Et a ceste cause fut appellee suette. Ce qui est dit quelle fut mise soubz la tutele de Minerue / la raison a este declaree la ou est parle de minerue.

De hirceus vingtiesme filz de neptune. Chap.xxxi[e]

Theodonce. Paulus. Theodonce et Pol escriuent que hirceus fut filz de neptune et de alcione fille de athlas. Duquel ne me recorde point auoir autre chose leut

De pelyas vng et vngiesme filz de neptune qui engendra des filles et vng filz nome acastus. Chap.xxxii[e]

Homerus. Pelyas fut filz de neptune et de tyro nymphe et fille du roy de salamine nome salmoneus comme assez amplemat homere descript en son odissee / il dit que ladicte tyro auoit coustume soy esbatre enuiron les riuages du fleuue nome enypheus. A ceste cause neptune print la forme et figure dudit enypheus / et print icelle vierge et coucha auec elle. Et icelle nuyt engendra deux filz gemaulx / cest assauoir pelyas et neleus. La dessusdicte tyro apres espousa erithius. Lactence dit que quant pelyas Lactanc[e] regnoit en tessalie il eut responce de loracle que lors il seroit prochain a mourir quant vng home apres nudz suruiendroit quant il sacrifieroit a son pere neptune Pelyas peracheuoit lannuel sacrifice quant iason neueu suruit ayant lung des piedz neud Car lui venant hastiuement audit sacrifice perdit vng de ses souliers qui fut retenu par le lymon du fleuue. Pelyas ce voyant et recorde dudit oracle incontinant eut peur tant de soy que de ses filz. Et pour la singuliere vertu de iason il lui persuada quil print la charge de mener armee en colchos pour acquerir gloire a son nom. Cuidant que ainsi que la renommee estoit ce estre trop grande et difficile chose pouoir furtiuement prendre et rauir la toison dor. Et ainsi quil pourroit facilement perir. Iason print icelle entreprinse et print la dicte toison et retourna deuers pelyas contre son esperance auec la toison dor et sa femme medee. Parquoy aduint par la conduite et ayde de medee que pelyas fut occis par ses filles suruiuant son filz acastus. Leonce Leonc[e] disoit enuers ce quest feingt que pelyas estoit filz de neptune home / et dit que lui en forme dung iouuenceau habitant au pres dudit fleuue enypheus: et lequel ladicte tyro aimoit / il eut sa compaignie elle deceue par semblable forme et non resistant et quil eut delle deux filz.

Des filles de pelyas. Chapitre.xxxiii[e]

Que le roy pelyas eut des filles il appert assez entre autres par ouide/touteffois il nest point par aucu dit quelz noms elles eurẽt. Ces filles cõme il est de coustume de filles estoiẽt continuelemẽt presentes audit palays ayans cõpassion de son anciẽnete. On dit q̃ medee par fraude les deceut Tellemẽt q̃ la pitie delles enuers leur pere fut conuertie en meffait cruel. Car medee voyant & cõsiderant lanciennete de pelyas cõme leonce disoit obster & resister et lẽpire & seigneurie de Jason Elle feingnit auoir noise & debat auec iason. Et se retira deuers lesdictes filles & longuement se plaignit de liniquite de iason. Et dist q̃ pour faire dõmage a iason/elle vouloit p̃ herbes restituer a pelyas iounence ainsi q̃lle auoit fait peu de temps par auãt a eson Et ainsi elle persuada lesdictes filles credules quelles auec cousteaux exhaurissent du corps trẽblant de pelyas ancien tout le sang froit & viel/affin quelle peust mettre aux veines sang nouueau & flourissant. Quant lesdictes filles eurent ce fait & pelyas fut trespasse medee retorna a iason. Theodonce dit que noise auoit este mise & faicte par medee entre pelyas & lesdictes filles se esleuerent cõtre lui auec cousteaux & loccirent.

Ouidius

De acastus filz de pelyas Chapitre. xxxiiii[e]

Acastus fut filz de medee pelye cõme le poete tragedien seneque escript. Car il dit ainsi en introduisant creon parlant a medee. Certes il desire a poine roy eureux par terreur. Acastus tenans les royaulmes et seigneuries thessaliques/& pleint le pere agraue par age & tremblant par anciennete debile auoir este occis. Et plaint les membres des tranches du viel occis par ta deception les seurs piteuses ont este prinses et deceues quelles osassent entreprendre et faire vng meffait cruel

Seneca

De neleus vingt & deuziesme filz de neptune qui engendra nestor periclimenon cromius et vne fille nõmee pyro. Chap. xxxv[e].

Neleus fut filz de neptune & de tyro comme il est dessus mõstre la ou est p̃le de pelyas. Homere escript que il fut chasse de thessalie par son frere Pelyas. Et fist vne cite nommee pilon/& la demoura et colut et honnora les dieux. Il eut vne femme nommee Cloris fille du Roy de orcomene nomme amphion. Et ainsi que Homere escript/il eut de elle nestor et periclimenon cromius et vne fille nommee pyro et autres iusques au nõbre de douze desquelz nous nauons point les nõs.

Homerus

De nestor filz de Neleus qui engendra antylocus: pisistratus: trasimedes: ethephorones: stratus: perceus aritus: et policastis femme Chapitre. xxxvi[e].

Nestor fut filz de neleus & de cloris comme il est dessusdit. Il eut douze freres ainsi que ouide tesmongne disant. Nous sumes deux fois six filz de neleus de tresbelle iouuence Nestor fut homme de longue age cõme luy mesmes au temps de la guerre troyenne dit en Ouide ainsi. Jay vescu spectateur de moult deuures Et ay vescu deux fois cent ans/et maintenant ie vis pour la tierce age.

Il fut homme belliqueux. Car entre autres choses luy estant ieune et viuant encores son pere il fist guerre contre les eppens/et en la bataille en occit moult tesmongnant homere en son iliade. Apres il fut auec theseus aux nopces de peritous en la contencion et bataille contre les centaures. Et affin que ie taise les autres choses luy estant ancien porta arme armes contre les grecz contre les troiens/et en bataille vint souuent au deuant des grecz. Il fut excellent en facunde tellement quil mitigoit souuent les ires des princes:et reduisoit les discordans a concorde. Ainsi que homere dit il eut a femme euridices fille de climenes/et eut delle sept filz et vne fille comme ainsi homere tesmongne. Il ne me recorde point auoir leut de quelle mort il trespassa

homerus

De antilocus filz de nestor Chapitre.xxxvi^e

Antilocus fut filz de nestor et de euridices comme il appert par homere en son odissee qui escript que pisistratus filz de nestor plouroit sa mort en la maison de menelaus en lacedemonie. Il suyuit son pere a la guerre troyenne et la quant il combatoit virilement en la bataille il fut occis par mennon filz de aurore.

De pisistratus filz de nestor Chapitre.xxxviii^e

Pisistratus fut filz de nestor et de euridices. Nestor le bailla pour compaignon a thelamacus filz de vlixes quant il alloit a lacedemonie pour interroguer sil auoit aucune chose sceu de vlixes

De trasimedes filz de nestor. Chapitre.xxxix^e

Trasimedes fut filz de nestor et de euridices. Nestor le mena auec luy en la guerre troyenne comme homere tesmongne

De echefron:stracios:perseus et antho filz de nestor. Chapitre.xl^e

Echefron:stracios:perseus:et antho furent filz de nestor et euridices/lesquelz iay ensemble mis/pource que ie nay leu daucun deux aucune chose particuliere

De policastis fille de nestor Chapitre.xli^e

Policastis fut fille de nestor et de euridices et la plus ieune des filles de eulx. Tesmongnant homere:par lequel appert que nestor eut des autres filles. Les noms desquelles ie nay point trouue ne de policastis autre chose homerus

De periclimenon filz de neleus. Chap.xlii.

Periclimenon fut filz de neleus et de cloris tesmongnant ouide/lequel aussi dit que neptune grant pere du dit periclimenon lui conceda quil se peust transfigurer en toutes figures quil vouldroit. Et par ce aduint que quant hercules pour la vengance des eppens combatoit par la grande bataille contre les messanes pilliens et elipiens. Periclimenon par fortune esmeu de douleur de ses freres occis/se transforma en vng oyseau Et des vngles de ses piedz molestoit moult icellui hercules/et tellement que hercules loccist dune fleche luy volant en lair. Je nentens autre chose par cestui conuertible en quelque forme quil vueille/si non la agilite de ses membres/par laquelle agilite il sautoit comme vng cerf:couroit comme sil volast comme vng oyseau. Et ie croy quil fut occis fuiant par treslegiere course comme sil volast

De cromius filz de neleus Chapitre.xliii^e

CRomius fut filz de neleus & de cloris ainsi que homere escript Lequel ainsi que ouide monstre en son maieur volume fut occis auec ses dix freres en la bataille que les piliens et messaniens eurent contre hercules

homerus

De pyro fille de neleus & femme de byas.chap.xliiii^e

LA vierge pyro fut fille de neleus et de cloris/ainsi q homere en son odissee escript/& comme icellui mesme afferme fut si belle que presque tous le' nobles de grece la desirerent et requirent pour femme a sondit pere neleus Mais il ne la voulut a aucun octroyer sil ne prometoit liberalement oster les beufz:lesquelz il detenoit et refusoit rendre a hiphiclus oncle de la mere dudit neleus.Aucun nosoit faire icelle pmesse.Melampus prophete et vaticinate' renomme en icelluy temps monstra a son frere nomme byas/icelle promesse pouoit estre faicte apres aucun temps Cest assauoir que les beufz que hiphiclus requeroit lui seroient rendus. Et ce luy monstra et persuada affin que il peust obtenir le mariage dune si renomee vierge. Byas creut au conseil de sondit frere melampus Et promist audit neleus ce quil demandoit.Et quat il se parforca selon le commandement et hiphiclus a recouurer lesdictz beufz. Il fut prins et emprisonne. Apres aucun temps il fut deliure et ramena lesdictz beufz. Et par ainsi eut a femme ladicte pyro.Au texte de homere sont presque toutes ces choses contenues Leonce oultre icellui texte disoit que quant icellui byas eut demoure en prison par lespace dung an. Il congneut les vers auoir este engendrez autres de ladicte prison et quil eut amiDce a hiphiclus Il acquist par ce que il fut deliure Et quat icellui hiphiclus linterrogoit quil feroit pouoir engendrer des enfas pource ql nen nauoit point.Ledit byas lui persuada quil beut du venin dung serpent.Ce quil fist.Et sa femme conceut et enfanta vng filz en temps deu Par ce bien fait hiphiclus luy restitua lesdictz beufz/lesquelz quant il les eut menes il eut a femme ladicte pyro.La quelle lui enfanta anthiphatis & macio

De cygno vingt & troisiesme filz de neptune.chap.xlv^e

Cygno fut filz de neptune ainsi q ouide escript disant. Ja cygnus ligne de neptune auoir baille a liure a mort mille homes. Ouide aussi dit q ce cygno auoit obtenu de son pere neptune quil estoit inuulnerable par fer. parquoy estoit fait plus hardi/& donoit aide a plusieurs troyens. Et quant il eut occis plusiurs grecz/il fist bataille contre achilles.Quant achilles le vit se glorifiant quil ne pouoit estre blesse par fer/& ql le vit las & ia estonne p plusieurs coups quil auoit receuz.Il print vne grade pierre et la lui gecta.Cygno lors blesse dung grief coup cheut.Achilles incotinant le saisit/& lui sarrant du genoil la poitrine & des mains la gorge le contraingnit de mourir.Cygno fut incotinant par son pere mue en vng oyseau nomme de son nom/& laissa les armes a chilles. Telle exposition peult estre donee a ses fictios Cygnus est dit filz de neptune p aduenture po' la blacheur de sa peau et la agilite de ses mebres.Pource que ceulx qui sont par coplexion humides/laquelle complexio procede de neptune pere de humidite

Ouidius

sont par couleur blans/et en leur peau mols cōme plume. Si chaleur est meslee par deue pporcion a humidite: telz ont tresbonne agilite de membres/par quoy aduient que aucuns en ce enseignes en euitāt les coups ne peuēt estre frapes de fer comme nous voyons aucuns. Et si aucun les veult surmōter il fault quilz soient vaincus en les faisant las. Ce que a este dit quil fut fait oyseau nomme de son nom doit estre entendu que aucune chose de lui mort ne resta enuers les hommes oultre son nom volant

De grissaor vingt et quatriesme filz de neptune. Chap. xlvi^e.

Rabane afferme au liure des originelz des choses que grissaor fut filz de neptune. Et de luy autre chose nest escript.

De othus vingt et cinquiesme et de ephialtes vingt et siziesme filz de Neptune Chapitre. xlvii^e

Serulus Othus et ephialtes cōme seruie escript furent filz de neptune et de iphimedie femme de alous titan. Laquelle icellui neptune cōgneut charnelement comme homere en son odissee escript. Toutesfois pol nomme ceste iphimedie et lectriones/et theodōce lapelle ephimeide. Ces deux icy othus et ephialtes sont le plus souuent appelles aloides/pource quilz sont nes de la femme de alous comme souuent no⁹ appellōs hercules anphitrioniades du nom du mari de sa mere. Ces deux icy croissoient visiblement tous les moys a la longueur de neuf dois. Et pource en petit temps ilz furent faitz merueilleurs par grandeur de corps. Homere dit quilz creurent ainsi grandemēt pource quilz estoient nourris par la terre/et quilz ne vesquirent point plus de neuf ans. Et descriuant leur grādeur dit quilz auoient en grosseur la lōgueur de neuf bras. Et auoiēt en longueur neuf pas. Icellui homere dit en son iliade que ceulx cy eurēt guerre contre mars/et quilz prindrent et lierēt en chaines et le tindrent en prison treze moys Et fust mort en icelle prison si Juno neust enioinct a mercure ql besongnast pour la deliurance de lui/lequel mercure secretement le rauit et le deliura homer⁹

Ce que claudien touche la ou il parle des louanges de stilicon disant. Quāt les deux freres gemaulx/lesquelz laspre alous auoit engendres mirēt mars aux liens et prisons. Ceulx cy furent enuoyes en gigomencie par le dessusdit alous mary de leur mere. Car luy par vieillesse agraue ny pouoit aller. Lesquelz comme aucuns veulent furent auec les autres souldoyes par iupiter et moururent. Et dessus ephialtes fut mise la montaigne nommee ethna et dessus othus fut mise vne mōtaigne de crethe. Les autres entre leql est homere dient que ceulx pour la grādeur de leurs corps oserent metre mōtaignes sur montaignes et desirer le ciel. Mais ainsi q̄ homere en son odissee escript eulx estant encores sans barbe furent occis de fleches par apollo. Et virgile les dit auoir este gectes aux enfers. Ainsi iay veu icy les grans corps des gemaulx de alous/qui de leurs mains oserent retrancher le grant ciel Et oserent gecter embas iupiter des royaumes celestielz. Les choses deuāt dictes declarons et exposons le sens et entēdemēt des fictiōs. Barlaam disoit ces deux auoir este freres et filz de alous et de tres grande puissance. Mais

Claudia⁹ Cū gemini fratres genuit quos asper alous martē subdiderint ꝛc.

Barlaā

pourcé auoir este dit filz de neptune qlz creurẽt oultre la mesure de to⁹ corps humains/⁊ veulent appartenir a neptune quil produise grans corps/⁊ que les deux dessusditz ayans tant seulement vescu neuf ans/⁊ les dient auoir este nourris de la terre pource quilz receuoient grans rentes ⁊ reuenues des terres ⁊ possessions quilz posedoyent/et q̃ selon les histoires ilz eurent guerre contre iupiter qui demouroit en la montaigne nõmee olympe/⁊que eulx estãs ieunes moururent en icelle guerre de maladie pestilenciale/⁊ de la fut prins qlz furent occiz de fleches par apollo. Les autres dient quilz furent auec saturne contre iupiter/et que en celle guerre ilz eleuerent aucunes tours. ⁊ que quant iupiter pugnoit ⁊ combatoit en vng lieu nõme phlegra ilz furẽt occiz auec les autres par iupiter. Je nay aucune chose trouue de la captiuite de mars/mais ie cuide quelle peult estre ainsi entẽdue cestassauoir que mars fut vng renõme homme instruit en lart militaire belliqueux ⁊ robuste homme ⁊ ennemy de ceulx cy/⁊ combien quil fut puissãt toutesfois cõme il aduient aucunesfoisque les plus puissans succombent ⁊ les mineurs obtiẽnent la victoire mars fut p eulx prins ⁊ emprisonne. Et quant aucune maniere ne peust estre trouuee po² la deliurance de lui il fut deliure par lastuce de mercure/cest adire par fraude/car il est dieu des larrons qui secretemẽt ⁊ par fraude robent. Et par le cõmandement de iuno/cest a entendre par pecune par laquelle par aduenture furẽt corrompus ceulx qui le gardoient prisõnier.

De egeus xxvii^e. filz de neptune qui engendra theseus ⁊ medus. chap. xlviii.

Egeus roy dathenes fut filz de neptune ainsi que theodonce afferme/⁊ fut dieu marin. Pol dit quil eut deux femmes desquelles la premiere fut appellee ethra laquelle fut fille de pictheus roy trobezen de laquelle il eut vng filz nõme theseus. La seconde fut cõme ouide escrit medee/laquelle repudiee par iason ⁊ fuyant il receut en sõ logis ⁊ la print en mariage/⁊ delle comme il plaist a iustineut lautre filz appelle medus. Il succeda au royaume de son pere pandion Et theodonce dit que en verite il fut son pere/⁊que lui regnãt plusieurs maulx vindrent aux atheniens/car entre les autres maulx ilz porterent ⁊ soubztindrent longuement la guerre du roy de crete nõme minos/laquelle il auoit prinse pour la vengence de la indigne mort de son filz androgeus Finablement quant les atheniens furent par ledit minos surmontez ⁊ desfaitz ilz furẽt amenez par icellui minos a ces loix/cestassauoir que tous les ans sept nobles ieunes hõmes seroient enuoyez en crete a minotaurus/lesquelz nobles ieunes hõmes furẽt par fortune p trois ans ad ce enuoyez/la quatriesme ãnee le sort cheut sur theseus lequel par tresgrãde douleur de son pere egeus entra en la nauire pour y aler. Tous les ornemens dicelle nauire estoient noirs ⁊ la voile dicelle nauire. Son dit pere lui cõmanda que sil obtenoit eureuse issue en ses besoignes quil mit quãt il retourneroit vng voil blanc a la nauire ⁊ lui ostast le noir/affinq̃ de loing il peult congnoistre sa fortune/mais ledit theseus par le conseil de arriadnes victeur nõ recors des cõmandemens a lui baillez en retournant nosta point la voile.

Ledit egeus estant en vne haulte tour voyant ledit voile estre noir cuyda que theseus fust mort/⁊ pource ce getta dicelle tour dedens la mer/⁊ lui aĩsi mort

Theod.

Iustinus

fut consacre par les atheniens deliurez
de captiuite filz de neptune & dieu marin
pour consoler son filz theseus.

De theseus filz de egeus qui engendra hippolitus / demophon / & anthigonus. c. xlix^e.

Theseus renomme roy dathenes
fut filz du roy egeus & de ethre &
fut vng ieune homme de grant et noble
courage qui fist plusieurs choses dignes
de memoire / & tellement quil fut nomme
entre plusieurs hercules. Et ainsi que
Justinus iustin escript cestui entre autres choses
fut enuoye par Aristeus auec hercules
contre les amazonnes / & print la condui
te de larmee / & apres quil en eut plusieurs
tuees & prinses ilz prindrent entre autres
les seurs de la royne anthiope nommees
menalippes & hippolites. Mais hercules pour les armes de la royne lui restitua sa seur menalippes / & theseus print
a femme hippolites laquelle en la proye
lui estoit venue en sort / & eut delle vng
filz nomme hippolitus Oultre ce ainsi que
Statius stace recite par sa grande vertu il rap
porta lorguilleux empire & seigneurie de
creon roy de thebes / & fit que les offices
& serimonies funerales par lui prohibe-
es peussent estre exhibees & faictes aux
roys tuez en guerre. Il occist a marathone le taureau enuoye par euristeus
en la terre grecque laquelle il gastoit.
Pareillement il deffit le larron nomme
sciron habitant en vng rochier / lequel
contraignoit les hostes qui a lui abordoi-
ent ou a lui lauer les piez ou a ladourer
& par trahison les gettoit en la mer. Pa
reillement il surmonta & occist vng au
tre larron nomme procustes habitant sur
le fleuue nomme cephisus qui de nuyt tuoit
les hostes a lui abordans. Il rauit Heleine seur de castor & de pollux vierge de
tresexquise beaulte laquelle se esbatoit
et iouoit au lieu ou les aultres se exer-
coient aux armes. Il occist minotaurus
& deliura athenes de ort seruice. Il ambla furtiuement a minos ses deux filles
nommees arriadne & phedre / & en laissant
arriadne il print a femme phedre de laquelle
il eut aucuns filz. Il retourna en leur pa
ys les atheniens qui estoient vagabons
par diuers pays / & iceulx dispersez et a-
grestes reduisit en forme de citoiens. &
ainsi quil plaist a pline en son liure de la
naturelle histoire Il fut le premier qui trou
ua les aliances. Il batailla sur tous au
tres contre les centaures aux nopces de
son amy perithous & les surmonta & a-
la auec icellui perithous aux enfers pour
rauir proserpine laquelle chose ne luy
succeda point eureusement. car quant
perithous fut occiz par le chien denfer nom
me tricerberus il fut en grant dangier de
mort / mais par aduenture hercules sur
uint qui de ce dangier le deliura & le re-
mena sur la terre. Et retournant a athe
nes trouua sa femme pleignant & accusant faulcement hippolites de lauoir re
quise de deshonneur / lequel il chassa & en
tant que en lui fut le tua. Finablement
lui estant ia vieil & ancien fut chasse par
ses citoiens & exille en la moindre isle nom
mee schyrus / & la mourut apres quil eut
impere & seigneurie. xix. ans sur les athe
niens. Ouide presques toutes ses lou- Ouidius
anges de lui en peu de vers recite disant Ingentis
O tresgrant theseus ilz te chantent et facilete ca
apres par vnze vers poursuit ladicte lou nunt te
ange. maxime theseu &c.

De hippolitus filz de theseus qui engendra virbius. chap. l.

Hippolitus fut filz de theseus & de
lamazonne hippolites. Il viuoit
sans estre marie & vaquoit aux chasses
Il mesprisoit & fuyoit les femmes de tout
en tout & de arreste courage Quant the-

seus fut absent il fut ayme de la merastre de phedra/ ⁊ pource quil ne voulut obtemperer au desir delle. Il fut accuse par elle quant theseus fut Retourne/ lequel theseus fait furieux desira la mort de sondit filz. Mais ledit hippolitus se creignant mōta sur son chariot ⁊ se mit a fuyr/ lui fuyāt sur le riuage de la mer par fortune les grans poissons quon nōme veaulx marins qui estoient salis au Riuage oyans le bruit des cheuaulx dudit chariot se getterent en fuyant dedens la mer ⁊ firent par ce grande peur aux cheuaulx de hippolitus/ lesquelz tirant ledit chariot contre la puissance et gouuernement de lui par Rochiers ⁊ autres mauuais lieux ⁊ Rompant les ligatures dicellui chariot ⁊ enuelopāt linfortune ieune hōme dedens les Reines cordes ⁊ autres ligatures des cheuaux ⁊ chariotz par si mauuais lieux le trairent ⁊ trainerent que par les circonuoisins dudit lieu il fut collige cōme mort/ combien que tous les poetes ⁊ singulierement seneque le tragique en sa tragedie dudit hippolite afferme quil fut lacere ⁊ tout Rompu ⁊ occiz/ lequel ꝑ layde de esculape fut finablement par lōg labeur Reuoque cōme des enfers en sa precedente sante Et de ce semble auoir este prinse loccasion de la fable en laq̄lle nous lisons que theseus obtint de son pere q̄l peult trois foys souhecter ce q̄l desiroit/ ⁊ pource quil auoit maintenāt desire son filz estre occiz. Les dessusditz veaulx marins furent par sondit pere enuoyez audit Riuage/ mais hippolit⁹ ne voulant experimenter tiercement lire de son pere lequel par auāt auoit tue sa mere hippolite ⁊ maintenant le q̄roit pour linferer peine sans estre ouy il laissa la terre athenienne ⁊ sen ala en italie pres du lieu ou apres Rōme fut edifiee/ ⁊ mua son nom ⁊ cōmanda quil fust appelle virbius pource quil estoit deux fois hōme. Vne fois deuant linconueniant dessusdit ⁊ vne autre fois quant il fut Reuoque en vie par le bienfait de esculapie. Theodonce dit quil edifia la vne cite laquelle il nōma du nom de sa fēme aricie. Dit oultre ce icelui theodonce ce estre faulx que hippolite vesquit sās fēme/ car il ayma secretement ladicte aricie noble fēme de la Region dathenes/ laquelle il nōmoit diane/ ⁊ affermoit q̄l couloit ⁊ honnoroit icelle diane pource quelle vaquoit a chasses/ ⁊ dit que ꝑ layde de ceste aricie aduint quil fut gueri ꝑ le dessusdit esculapie quant theseus le reputoit estre mort. theodōce

De virbius filz de hippolit⁹ chapitre. li.e

Virbius fut filz de hippolitus ⁊ de aricie dathenes ne apres la fuyte dicellui hippolitus/ lequel quant il fut deuenu grant ⁊ que eneas apres la destruction de troye vint en italie il fut ꝑ son pere enuoye a laide de turnus ainsi que virgile descript disant. La lignee tresbelle de hippolitu⁹ laquelle aricie la mere auoit produit Renōme de force en bataille/ de lui nauons autre chose.

Virgil⁹ hipoliti proles pulcherrima bello virbius īsignē quē mater ⁊c.

De demophon filz de theseus. chapitre. lii.e

Demophon cōe theodonce escript fut filz de theseus ⁊ de phedra/ cestui ala auec les autres grecz a la guerre troyenne quant icelle troye fut destruicte ⁊ quil sen Retournoit en son pays il fut trāsporte par tempeste de mer en tracie/ ⁊ fut Receu ⁊ loge par phillides fille du Roy licurgus ⁊ au lit delle Receu. Et quant il eut par aucun tēps demoure auec elle ⁊ quil eut entendu q̄ mnesteus Roy dathenes agite ⁊ vexe de vagues de mer ⁊ trauaille par vomisse ment de la mer estoit aborde et arrive en lisle nõmee melos et quil estoit la trespasse. Il eut desir du Royaume et impetra par aucun petit temps a phillides licence de sen aler et fit habiller les navires et sen retourna a athenes. Et apres xxiii. ans de lexil paternel cõme iustin escript il print le Royaume dathenes et ne lui chalut de retourner a ladicte phillides. Et apres quil eut regne xxiii. ans il mourut. Osintes lui succeda Il est incertain sil fut son filz ou non.

De anthigonus filz de theseus. chap. liii^e.

Theodonce escript que antigonus fut filz de theseus et de phedra Barlaam dit que antigonus aisne de demophon et lui estant encores adolescent apres que son pere fut chasse par les atheniens il fut prins/receu et fait par eulx Roy/et fut appelle mnesteus. Il alla a troye et se defiant de lengin et voulente de demophon le tira a lui/et sen retournant vexe de trop grande tempeste trespassa en lisle nõmee melos.

De medus filz de egeus. chap. liiii^e.

Iustin escript que medus fut filz de egeus Roy dathenes et de medee. Quant elle vit lautre filz grant devenu qui estoit dung autre mariage elle se separa de egeus/et avec son filz medus sen ala en colchos. Ovide dit la ou dessus est parle delle quelle sen fuyt pource quelle avoit prepare du venin a theseus. Oultre ce aucuns dient quelle retourna en grace envers Iason et quelle sen retourna en colchos avec iason qui estoit chasse de thessalie/et que ledit medus sen ala de la en asie et que par forces et puissances il assubiectit a lui plusieurs Royaumes/et quil tint icelle partie de pays que nous appellõs medie/et la nõma du nom de sa mere ou du sien.

De onchestus. xxviii^e. filz de neptune qui engẽdra megarem. chap. lv^e.

Selon lactẽce onchestus fut filz de neptune. Servie et lactence dient quil cõstitua la cite nõmee onchestes pres dung lieu hault en la mer nõmee micalessus/et quil la nõma de sõ nõ Il engendra ung filz nõme megareus/Et de lui nay autre chose leu.

De megareus filz de onchestus qui engendra hippomenes. chap. lvi^e.

Megareus fut filz de onchestus cõme clerement ovide tesmoigne introduisant hippomenes ainsi parlant. Megareus est mon pere/et onchestus pere de cellui neptune est le grant pere et ie suis filz du filz de lui. hippomene nãq; michi genitor megare⁹ rc.

De hippomenes filz de megareus. chap. lvii^e.

Hippomenes ainsi quil est assez dessus monstre fut filz de megareus. De ce hippomenes Ovide recite une telle fable. Athlas fille de oeneus ou de iason estoit en la cite nõmee scyrus vierge de singuliere beaulte et treslegiere et bien courant/laquelle par ladmõnestement des dieux le plus souvẽt habitoit aux forestz. Elle estoit de plusieurs requise en mariage ausquelz elle bailloit une telle loy et cõdition quelle seroit requise et eue par contention et legierete de course/et que ceulx quelle surmõteroit et passeroit en courant seroient punis p mort/ & celluy qui la surmõteroit en courant lauroit en mariage. Et apres que plusieurs plus hardis que bien eureux par elle surmontez fussent par si rigoureuse loy dampnez hippomenes se rioit & moquoit de la foulie de telles gẽs pour ce quil ne lauoit encores veue. Finablement par fortune aduint quil la vit & se esmerueilla de la beaulte singuliere delle qui auoit la couleur cõme vne rose/ les yeulx resplendissans cõme estoilles la bouche fleurent cõme cynamome. la cheueleure doree. la poitrine esleuee/ le corps onny. les gestes plaisantes/ incontinent il cheut en lardeur delle qui auoit par auãt les autres mocquez/ & ne doubta point requerir la compaignie delle & se soubmettre au dangier de ladicte rigoureuse loy. Hippomenes requist & supplia laide de venus laqlle lui bailla du iardin des hesperides trois põmes dor & lui enseigna cõment deuoit desdictes põmes vser. Quant eulx deux se furent mis a courir & que hippomenes vit que ladicte fille le passoit en courãt ainsi quil auoit este par auant enseigne par ladicte venus soudainement voyant icelle fille getta a trevne desdictes põmes dor. Icelle fille fut prinse de la beaulte de ladicte põme/ parquoy destourna sa course pour la prendre/ ce pendãt ledit ieune hõme gaigna pays/ mais elle estant plus legiere que lui facilemẽt le passoit. Ce voyant il getta sa seconde põme & pendant le temps quelle se retardoit a la colliger & prẽdre le ieune hõme moult ligierement gaigna grãt chemin/ mais elle apres quelle eut prins la põme par moult legiere course & en peu de temps le passa. Ce voyant ledit iouuenceau & que la mette & fin constituee a leur course estoit pres de la il getta la tierce põme dor. La vierge occupee a la colliger & prendre ne peult si legieremẽt courir que ledit hippomenes ne fust peruenu a la mette & fin de la course destinee. A ceste cause ladicte vierge surmõtee par course par lui le print en mariage/ & auec elle sen retourna en son pais Et obliãt la grace & don que ladicte venus lui auoit faict & ne pouant souffrir la chaleur du temps il la mena en vng bois de plaisãce de cybeles/ & la coucha auec elle. parquoy aduint par lindignation ou de venus ou de la mere des dieux que eulx deux furent conuertis & transformez en lyons/ & furent cõdemnez ou chariot de ladicte cybeles Soubz ceste fiction est musse vng tel sens/ pmierement le propos delibere des femes et obstine si aucun en ya peult estre mue & rompue par or & dõs deu quelles sont toutes par nature enuieuses dor & le tyrent voulentiers. Hippomenes & athelas sont ditz estre conuertis & transformez en lyons pource quilz ce sont assẽblez au bois de cybeles/ cest a entendre quilz abonderent aux delices humains et a ceste cause ilz furent orguilleux & ainsi furent conuertis en lyons/ car les lyons sõt bestes orguilleuses & a ceste cause ilz furent appliquez au chariot de cybeles/ cest assauoir qlz furent enseignez en la procedure des choses de nature pource que nous tous sõmes subiectz aux loix terriennes & viuons tous terriens/ & finablement sõmes reduitz & conuertis en terre quelque orgueil que nous ayons

De pelasgus. xxix^e. filz de neptune. chap. lviii^e.

Theodonce escript que pelasgus fut filz de neptune. Isidore dit en ses ethimologies quil fut filz de iupiter & de larisse. Certes pource quil appert par les choses trouuees que theodonce fut tresingenieux inuestigateur de telles choses iay repute lui dõner en telles choses plus de foy/ & a ceste cause ie lay

Isidore
theodõce

mis filz de neptune & non point filz de iupiter. Ledit pelasgus regna en icelle partie de grece laquelle fut apres appellee archadie par archades filz de calisto Et leonce disoit que pelasgie estoit de lui appellee & nommee/& que les palesgiens estoient en asie & quilz fauoriserent aux grecz contre les troyens ainsi que tesmoigne homere en son iliade / mais les
homerus pelasgiens prindrent leur nom dune femme grecque nommee pelasga/laquelle on dit sen estre alee par mer en asie des pelasgiens & auoir edifie vne cite & lauoir nommee de son nom pelasgie/& de la sont appellez les pelasgiens. Les autres tiennent le contraire/cestassauoir que le roy pelasgus fut en asie & que les pelasgiens furent de la appellez les pelasgiens & la dicte femme pelasge. Et la apres furent les pelasges/& de asie sen alerent par mer en grece & la occuperent vne region de pays & lui imposerent le nom de pelasges.

De naupilus xxx^e. filz de neptune qui engendra palamedes. chap. lix^e.

Naupilus fut filz de neptune et de amimmon fille du roy danaus/
Lactanci^o comme lactence escript de laquelle il recite vne telle fable. Amimmon fille de danaus quant aux forestz elle se exercitoit studieusement a gecter & ruer dars et fleches. Et ad ce vng iour moins pensant elle frapa vng satyre/le satyre a ceste cause la voulsist violer/mais elle supplia laide de neptune lequel chassa ledit satyre & eut luy mesmes la compaignie delle/& engendra vng filz nomme naupilus. Il est manifeste que ce naupilus regna en euboe/& dit on que palamedes fut son filz/lequel par la mutinerie des grecz fut occiz a troye Il porta aigrement icelle mort/& pource quil nauoit point puissance souffisante pour sen venger il se conuertit a sappliquer en son entendement que les grecz estans a troye lui qui estoit ancien acommenca a circuir toute la grece & entrer aux maisons des princes grecz & la par toutes les facons quil peult il persuada aux femmes desditz princes quelles adulterassent auec tous ceux ausquelz il les pouoit tirer Et pource au retour des grecz plusieurs seditions sordirent. Et ainsi les grecz ruans contre leur sang quant les vngs tuoient les autres iniustement & sans cause par lesdictes occisions ilz vengeoient la mort dudit
palamedes. Leonce afferme que par la Leonci^o
malice de lui clytemnestra sabandonna a egistus par lequel agamenon fut apres occiz/& apres egistus clytemnestra/et pareillement fit que egiales femme de diomedes sabandonna a cyllibarus filz de sthelenus. Et affin que ie me taise des autres lycophron par les conseilz de naupilus se parforce maculer la noble renommee de penelopes voulant quelle eust aucunes nuytz sans dormir auec vng des infames & mal renommez enuers les femmes. Ilz dient que cestui naupilus vieil & ancien desiroit de si grant courage la vengeance que quant troye fut destruicte & les grecz sen retournoient en leur pays & quilz estoient tempestez & agitez de aigre & orde tempeste il monta en la montaigne nommee caphareus & de nuyt auec vne torche alumee il appelloit les perissans comme en vng port salutaire/& les appelloit comme desirans salut/& les faisoit hurter contre les rochiers mortelz/& par ce malefice fut cause de la mort
de plusieurs duquel virgile dit ainsi. Virgili^o
Le rochier & planete de euboye & capharus aussi. Barlaam a peu de paroles assigne la raison du dessusdit satire & de amimmon congneue charnellement par neptune disant que le satire estoit seruiteur suiuant ladicte vierge/& neptune

estoit vng noble nōme lerueus de egypte duquel ladicte amimmon fut pmierement dame pour amours que sa femme/⁊que la fontaine dicte lerueeꝛ le pays aussi furent de lui nommez.

De palamedes filz de nauplius.chap.lx^e.

Palamedes fut filz de nauplius/ Qui estant auec les grecz autour de troye ⁊ ceulx cy ce fussent esleuez cōtre lempire ⁊ seigneurie de agamenon ⁊que par sedition fraudulense la puissāce ⁊ auctorite fut substraicte a agamenon il fut fait capitaine dicelle guerre. Seruie dit que entre palamedes ⁊ vlixes estoient haines couuertes ⁊ dissimulees pource que vlixes par folie ⁊ enragement feingt se parforcoit naler point a la guerre troyenne/⁊ pour feindre ladicte folie il ioingnit a vng iouc bestes dissemblables pour tirer ⁊ arer la terre/ ⁊ il semoit sel. Palamedes pour experimenter ladicte folie de lui mit deuāt la dicte charete pour labourer la terre vng enfant nōme thelemachus. Quant vlixes le vit incōtinent il retint ledit chariot pour labourer la terre. Apres quāt il fut ale pour assembler des blez en trace ⁊ qui ne porta aucune chose ⁊ quil dit quil nauoit aucune chose troue palamedes y ala ⁊ en rapporta grandement Par ces choses vlixes indigne portoit aigrement la gloire de palamedes. A ceste cause par la fraude de lui fut fait q̄ par les seruiteurs de palamedes asses grant pois dor fut enterre ⁊ mis soubz le tabernacle de lui/⁊ par les seruiteurs subornez ⁊ par lettres feingtes vlixes accusa palamedes au conseil des grecz quil traictoit auec priamus quilz se rēdissent/⁊ quil estoit corrompu par or/et que pour leuidence de la trahison acommencee cōmanda quon fouyst au tabernacle de lui affinque si on trouuoit ledit or ilz missent foy aux lettres ⁊ aux nonciateurs A ceste cause ilz trouuerent lor que luymesmes auoit fait musser/parquoy laccusatiō de vlixes fut creue vraye/⁊ palamedes cōme malfaicteur fut occiz de pierres.

De celeno.xxxi^e. abello xxxii^e.⁊ occipite.xxxiii^e. et des arpies filles de neptune chap.lxi^e.

Celeno/abello/⁊ occipite furēt.iii arpies selon seruie.⁊ furent filles de neptune ⁊ de la terre. Les autres dient quelles furent filles de thaumētes ⁊ de electre. Virgile descript leur forme disant. Plus triste monstre ne plus cruelle aucūe peste ou ire des dieux ne cest esleuee a eulx par vndes stigies ne plus orde abondance de ventre ne de regars doyseaulx ⁊ mains crochues ⁊ les faces tousiours palles par fain. Il descript aussi en quelz lieux elles habitent ⁊ dou elles sont venues quant il dit Les strophades sont dictes ⁊ apellees de nō grec ⁊ sont en lisle de la grande mer dicte ionium/laquelle isle hātent la cruelle celeno ⁊ les arpies ⁊ phineya. Apres q̄ les precedens ont laisse par peur les tables ⁊ que la maison a este close. Seruie recite de ceulx cy vne fable laq̄lle est pleinement escripte la hault ou est parle de zethus ⁊ de calaius/⁊ ce que no' deuons la entendre est de alecto ⁊ des autres furies cōme auons dessus escript/⁊ pource restoit icy peu de choses a dire. Donques seruie veult quelles soiēt filles de neptune ⁊ de la terre pource quelles habitēt aux isles/lesq̄lles sōt terrestes ⁊ enuirōnees de mer/mais ie les cuide estre filles de neptune pource quelles sont monstrueuses ainsi quil appert par virgile. Elles sont appellees par fulgēce

Virgil[ius]. Tristius haud illis mōstrum nec seuior vlla pestis ⁊c.

arpies pource que arpe en grec signifie en francois Rauir/& pource la premiere delles est appellee abello quasi achelenalon qui signifie la chose daultrui desirer. La seconde est nõmee occipite q̃ signifie legierement oster. La tierce est nõmee celeno qui signifie noir pour lequel deuons prendre loccultation de la Rapine/& ainsi premierement est desire secondement oste/tiercement occulte & musse. Elles sont dictes auoir Regars de vierges pource que cõme fulgence escript la rapine est sterile/aquoy ie adiousteray quant au Regart de celluy qui robe. Et combien que les larrons autrement le cuident quilz se presentẽt en la presence des hõmes selon leur facon et meurs plaisans & pacifiques affin que par cest art puissẽt deceuoir les ignares Il ne fault point exposer pourquoy les Rauisseurs & larrõs ont les mains crochues. Ce quilz ont les faces palles ne veult autre chose pretendre que continuelle fain & desir insaciable dauoir/duquel desir les miserables sont continuelement agitez & enclins a Rapine. Ordure & abondance tressale du ventre est des Rauisseurs & larrons ainsi que communement lissue des larrecins est ordre. Car par Rapines on vient a iouer sa substance a consumer toutes choses & a miseres cõme au pere de ce & par larrecins on vient a luxure lassiuite & oisiuete mere de vices. On va aussi a gloutonnie & crapule & au Retret treslait de maladies & tresdõmageables. Je cuide ces choses appartenir aux pirates & aux tresauaricieux & aux cruelz hõmes qui habitent aux Riuages. Oultre ce homere adioustoit ausdictes arpies vne aultre arpie lequelle il nõme thiella. Il disoit que zephirus auoit engẽdre les cheuaux dachilles Leonce disoit ceste cy est interpretee la violence du vẽt ou les vagues par lesquelles sont monstrees la velocite & legierete des pirates a Rapine & larrecin.

De scycanus .xxxiiii^e^. filz de neptune. chap. lxii^e^.

Theodonce escript que scycanus fut tresancien Roy de sicile & filz de neptune/& q̃ lisle la quelle anciennement estoit appellee trinacrie fut p̃ luy nõmee sicanie/de laquelle solin en son liure des merueilles du monde dit ainsi. Le Roy scycanus amene auec tresgrande puissance denfans long tẽps deuãt la guerre troyenne donna le nom de scycante/de ceulx cy aucun nõ nest paruenu a moy. Toutesfois theodõce escript que ceres fut sa fẽme & pserpine fut sa fille laquelle les poetes ont dit auoir este fille de iupiter.

De syculus .xxxv^e^. filz de neptune. chap. lxiii^e^.

Syculus fut Roy de sicile & filz de neptune ainsi que solin tesmoigne en son liure des merueilles du monde. Theodonce escript quil Regna apres scycanus & de lui fut nõmee sicile. Vol le dit auoir este filz de corithus & de electhra & frere de dardanus. et quil fut dit filz de neptune pource que de thuscie il ala par mer en sicile & enseigna plusieurs choses aux hõmes qui la Rudes & agrestes estoient.

Cy finist le dixiesme liure de la genealogie des dieux

Sensuit le undziesme liure de la genealogie des dieux.

Du tiers Jupiter diziesme filz de saturne qui engendra trenteneuf enfans / desquelz les nõs sensuyuent. La premiere est nõmee Clio. La seconde Euterpe La tierce Melpomone. la quarte Thalia. la cinquiesme Polimia. la siziesme Eratho. La septiesme Tersichore. La huitiesme Vranie. la neufuiesme calliope. le diziesme Acheus. la vnziesme Venus. la douziesme Amour La treziesme proserpine. le xiiii Castor. le quinziesme Pollux. La seziesme Heleine. la dizeseptiesme Clitemnestra. le xviii^e Palistus. le dizeneufuiesme paliscus. Le vingtiesme Jarbas. Le vingte vngiesme Mena. Le vingtdeuziesme Mirmidon. le vingtroiziesme xãtus. le vingt quatriesme Lucifer. le vingtcinquiesme Orion. le vingtsiziesme Minos. le vingtseptiesme Sarpedon. Le vingthuitiesme Radamantus. le vingtneufuiesme Achaisius. De ces vingtneuf est traicte en ce present liure vnziesme. Le trentiesme filz fut appelle Tantalus. Le trente vngiesme Denis. Le trẽtedeuziesme Perceus. Le trentetroiziesme Aon. le xxxiiii^e Eacus. le xxxv^e. pylomnus. le xxxvi Mercure. le xxxvii^e. Vulcan. De ces huit / cestassauoir depuis le xxix^e. en ca est tracte ou douziesme liure. Des autres deux q̃ sensuiuent / cestassauoir de Hercules xxxviii^e. et de Eolo xxxix est descript au treziesme liure.

Chapitre premier

Ous les anciens tesmoignẽt que Jupiter cretẽce qui est tiers en ceste genealogie des dieux fut filz de saturne et de opis. Ce iupiter nasquit dung mesme enfantement auec iuno Et affin q̃l ne fust tue par saturne pour la paction et conuenance auec le frere Titan incontinent quil fut ne il fut enuoye secretement par ladicte opis pour nourrir en la montaigne cretence nomme Jda. Et ainsi que aucuns veulent il fut baille en gouuernemẽt et recommandation aux peuples nommez curetes. Ou comme les aultres dient aux Jdees dactyles. Eusebe en son liure des temps escript quil fut baille a cretes roy des cretences / et quil le garda et nourrit en la cite nommee Hoson en laquelle est le temple de lame de lui. Et adioustent que lesditz Curetes dient quil fut porte par eulx en vne fosse en la montaigne nommee Jda. Et lui estant la quant il plouroit ainsi que font les petis enfans ilz frapoient et sonnoient les cloches / les tabourins / pauois et armes auxquelz sõt selon leur facon et maniere les mouches a miel conuenoient et sassembloient / et portoient miel en la bouche dudit iupiter. Et a ceste cause et par ce seruice et bienfait lesdictes mouches enuers icellui iupiter lui apres fait dieu dõna ausdictes mouches q̃lles engẽdreroiẽt sãs assẽblee voluptueuse. Aux autres plaist q̃l fut baille pour nourrir aux nymphes Didimus ou liure de la narration pindarique afferme a mollliseus roy de cretẽces q̃ ẽtre icelles nymphes en y auoit deux filles / lune nõmee amalchea et lautre melissa / lesquelles nourrirẽt icellui Jupiter de lait de chieure et de miel.

Eusebius

Didimus

Et a ceste cause Lactence en son liure des diuines institutions escript que la chieurete de amalchee nymphe nourrist de son piz lenfant iupiter. Et a ceste cause Germanicus cesar en son carme ⁊ dictie arathien escript. Celle est reputee nourrisse de Jupiter. Si iupipiter est vray enfant il teta et tyra les piz tresseaulx de la chieurete cretee/ lequel tesmoigne estre nourri agreablement de clere estoille. Ce que aussi sēble tesmoigner le renomme poete frācois petrarque en ses bucoliques en la eglogue intitulee Argus est disant aisi. Tu es prinse ⁊ tenue par les bouches signees/les tetes ⁊ piz te puissent mouuoir si nonque par aduēture tu ayes oublie le lait/et labuurage desquelz ⁊ de la maison royale diceulx ce te persuade. Certes ta nourrisse fut de celle assemblee. Seruie dit que iupiter fut enuoye par sadicte mere Opis nonpoint a la montaigne dessus dicte nommee Jda/mais en vne montaigne nommee dicteus et quil fut la nourri. Mais Junius columela en son neufuiesme liure de agriculture escript ainsi de la nourriture de lenfant Jupiter. Certes il nest point digne a sauoir a vng homme rustique si Melissa fut tresbelle fēme/ laquelle Jupiter conuertit en vne mouche a miel. ou ainsi que Homere le poete dit que les mouches sont engendrees du soleil/lesquelles les nympes frixonides ont nourries/Et apres incontinent dit que en icelle fosse de Jupiter estoient des nourrisses qui en icelle fosse par le don de dieu auoient pasture pour menger/par laquelle pasture ycelles nourrirent le petit enfant. De cesdictes paroles est prins que Jupiter fut seulement nourri de miel Finablement quant il fut deuenu grant il eut guerre contre les Titanes pour ses parens qui prins estoient ⁊ les deliura. Apres il chassa son pere hors du royaume pource quil lauoit trouue quil guetoit ⁊ entreprenoit cōtre sa vie ainsi quil est plus amplement dit la ou il est parle de Saturne. Et dient que de la sen ensuiuit la guerre quil eut contre les geans/lesquelz il surmonta ⁊ deffit ⁊ mit dessoubz les montaignes comme il est dessus monstre. Et apres le monde cōquis il diuisa lempire ⁊ seigneurie auec ses freres/⁊ donna a Pluton la seigneurie des enfers/et a Neptune la seigneurie de la mer/et reserua pour lui lair.

Germanicus cesar

Franciscus petrarca. Teneris signata labellis Ubera te moueant etc.

Junius columela

Et quant ia par long temps par auant il eut prins pour sa femme Juno sa seur et quil fut fait roy puissant enuieux de gloire acommenca de tout embrasser. Et nonpoint moins par astuce que par force. Il quist non point seulement louanges humaines/mais aussi honneurs diuins. Car ainsi quil est leu en la sacree histoire il fit edifier en plusieurs lieux temples et les dedia a son nom.

Et en quelque pays quil alast il atiroit a lui par logis festoiement ⁊ faconde et humanite les roys et princes des peuples. Et quant il sen aloit deulx il leur commandoit quilz luy edifiassent vng temple intitule de son nom ⁊ du nom de son hoste et amy qui le faisoit faire/ comme si la memoire et aliance de lamitie deulx peult par ce estre conseruee Par ceste astuce et cautelle aduint que temples furent faitz a Jupiter a taburien et a Jupiter labriende/veu que a taburius et labriendus lui firent secours et ayde en la guerre. Pareillement a iupiter laprius/et a Jupiter molion/et a Jupiter cassius/et semblablement aux autres. Ce que il excogita tresastutemēt affin quil acquist honneur diuin et a ses amys ⁊ hostes perpetuel nom lye auec religion. Ceulx la lui obeissoient voulentiers et sen esiouyssoient ⁊ obeissoient a son comandement. Et a son nom celebroyent festes ⁊ annueles sollennitez. Et ainsi iupiter sema par le monde Religion pour le seruice ⁊ honneur de lui/⁊ donna aux aultres exemples merueilleux. Ce iupiter demouroit en la mõtaigne olympe ainsi que la sacree histoire tesmoigne en laquelle est leu. En ce temps iupiter faisoit la plus grãde partie de sa vie en la montaigne olympe/et si aucune chose venoit entre les hommes a controuersie ilz venoiẽt la a lui pour auoir iustice/et si aucun auoit aucune chose trouue quil fust vtile a la vie humaine il venoit la audit iupiter ⁊ la lui monstroit. Et combien q̃ cest homme fust moult occupe enuers les honeurs ⁊ ambicieux dicelles ⁊ quil seruit a luxure ⁊ a volupte touteffoys il trouua plusieurs choses bonnes ⁊ vtiles a la vie humaine ⁊ les introduisit et osta aucuns maulx/et entre autres choses osta des meurs des hommes la coustume de menger les chairs humaines desquelles ilz vsoient au temps de saturne. finablement quant il eut dispose de ses choses il trespassa. Le poete ennius est tesmoing de sa mort. Car en la sacree histoire apres ce quil a descript ce que iupiter a fait en sa vie finablement il lescript aĩsi. Apres que Jupiter a cinq fois enuironne la terre ⁊ quil eut diuise a tous ses amys ⁊ afins les seigneuries ⁊ empires il laissa a tous loix/meurs/⁊ leur prepara blez ⁊ fit plusieurs autres biens/⁊ acquist immortelle ⁊ sempiternelle gloire ⁊ memoire/et laissa aux siens memoire de lui/et mua sa vie par laquelle il auoit vescu tresmauuaisemẽt en crete et sen ala ⁊ monta aux dieux/et ses filz les curetes le decorerent/et lui firent vng sepulchre en crete en vne ville nommee aulacia Et dit on que vesta fit ⁊ acommenca ceste cite/et que en sondit sepulcre estoit escript en lettres grecques. Jupiter de saturne Eneme

rus dit quil mourut en oceanie/mais quil fut enterre en ladicte ville Aulacia Par aduenture ce nom Oceanie fut a Crete deuant que la nymphe de Crete fille de Hesperides fut nommee cõme Pline escript en sa naturelle histoire. Chascun peult maintenant veoir par quel engin et par quelle faueur de fortune et par combien de fallace ⁊ deception de lancien ennemy le dyable/ce Jupiter a acquis nom long ⁊ diuturne et par fole gloire acquis a lui diuine honeurs Je me esmerueille commẽt ses gens la tant fussent ilz Rudes vindrent a si grande folie quilz le creussent tant folement tresgrant dieu lequel ilz voyent estre homme ne passible et mortel. Je scay bien quil peuuent estre aucuns et plus prochains de nostre aage estre en icelle crudelite et folie ⁊ nestre point moins estre enclins en icelle/veu que nous auons leu en sainct Luc medecin que Barnabas et sainct Pol hommes tressainctz prescheurs de la doctrine diuine aux hommes lystriens en licaonie quilz furent incontinent creus dieux desquelz lystriens quant ilz eurẽt par le nom de Jesucrist fait droit ⁊ cheminant vng homme qui estoit par natiuite boiteux ⁊ de ses membres deffait ⁊ gaste/et que quant les prestres de la loy et le peuple prepara chapeaulx de fleurs ⁊ sacrifices a Barnabas comme a Jupiter/et a sainct Pol comme a mercure ilz le Refuserent et denyerent. De quoy ie me esmerueille moins pource quilz auoient fait oeuure diuine laquelle lesditz Lystriens ignoroient/laquelle ilz nauoient point fait par leur nom/mais par loeuure de Jesucrist. Quest ce que Jupiter fit oncques oultre puissance diuine/certes Rien. Il fut victorieux homme qui est dastuce humaine Et auculneffois oeuure semblablemẽt de fortune/Et ne doit point pource estre dit dieu ne Roy du ciel ne estre creu daucun pour tel. Certes les hommes de ce temps estoient trop enclins a credulite/parquoy laissons les en leur sotie & retournons ad ce que auons laisse

Apres ce que les choses sont dictes qui appartiennent a listoire de iupiter/poursuyuons maintenãt ce que les feignans ont de lui dit. Premierement ilz lont dit pere & seigneur des dieux & Roy du ciel/& en lieu de ceptre lui ont attribue vne flambe de fouldre a troys pointes de feu. Et dirent que le chesne estoit son arbre/& mirent en la tutele de lui laigle Voyons maitenant ce que ces choses signifient. Il est dit pere & seigneur des dieux pource que lui regnãt les hommes cheualeureux et vertueux commencerent a estre ou estre en bruyt & lestude des poetes ou des theologiens gentiles commenca a flourir aux grecz lesquelz extollerent ledit iupiter quant le virent en ce temps exceller sur les autres hommes mortelz/& virent quil auoit quis non point seulement enuers les siens/mais aussi enuers les estranges nascions honneurs diuins/& estre pere ou maieur diceulx qui ia par la faueur de lui par fictions estoient esleuez a diuinite Voyant aussi que ce nom iupiter lui fauorisoit lequel auoit este lõg temps celebre & attribue au vray dieu Lui fauorisoit aussi le dieu nomme olympus duquel nom nous appellons aussi le ciel. A ceste cause le feindrent pere des dieux et Roy du ciel. Et na point souffis lui auoir attribue les choses quil auoit faictes/mais aussi lui attribuerent plusieurs choses qui auoyent este faictes par plusieurs aages deuant lui. Et principalement les choses qui auoient este faictes du temps des dieux Jupiters/lesquelz nous auons dessus nommez/& ce par abusion desditz noms/& lui furent attribuez comme faictes en son temps et qui est trop plus pernicieux luy. furent attribuees plusieurs choses appartenans au vray dieu & a la seigneurie dicellui/& les couurirent soubz ses fictions/& ces choses sont reputees par les ignares a la puissance & deite feingte de cest homme/et valut tant ceste ignorance & sotie quilz creurent estre les choses de iupiter choses de dieu & du vray dieu. cestassauoir adulteres/prodicions/guerres et telles choses. Toutesfois que les grans & renommez hommes ont voulu pource iupiter entendre le vray dieu/& que aucune chose deshonneste a este escripte de lui ilz ont voulu entẽdre leuure producte par nature laquelle est leuure de dieu. Ce que ie ne loue point que par voluptueuses fictions soit designee la diuine puissance. Ilz nont point trouue le grant nombre des dieux & nen ont point tant creu. Mais les prudens & sages ont voulu & repute les deitez estre attribuees a plusieurs dieux/& estre loffice & la puissãce dung vray dieu. Et aĩsi dieu par ministres & seruiteurs cõme nous mortelz faisons. comme apuleus monstre tresclerement au liure de lenseignement & doctrine de platon Mais nous croyons bien de dieu selon le psalmiste/car il a dit & fait/& toutesfois noꝰ ne nyons point que dieu naist ses ministres les vngs de iustice cõe les diables/les autres de grace cõme les anges/les autres poͬ noz opportunitez & nr̃e vie cõme les corps celestielz. Mais de ces choses noꝰ escrirõs vne autrefoiꝰ plꝰ amplemẽt. Par le fouldre en forme dun bastõ a trois crochez baille a iupiter en lieu de ceptre pource ql est plein de feu les feignans ont voulu entendre que iupiter aucunesfois doit estre pris & entẽdu poͬ lelemẽt du feu & de lair/aĩsi que seruie afferme/& lors ont voulu iuno sa fẽme estre la terre & leaue pource que selon le

iugemẽt daucuns de ces deux sont tou
tes choses crees. Et ainsi selon Varro
en son liure de agriculture il y a deux
grans parens iupiter pere & iuno mere.
Je cuide ceste fiction auoir eu naiscence
de ceulx qui cuident le feu estre la cause
de toutes choses et que par laction de
lui toutes choses sont engendrees & no⁹
ries. Ainsi doncques quant iupiter est
le feu & lair/son office est faire coruscations tonnoirres assẽbler & separer nue
es conciter & comprimer vẽs/getter
fouldres & semblables choses pource q̃
ces dictes choses sont faictes en lair p
laction du feu Ilz ont descript son foul
dre estre descript a trois poinctes & issu
es pour signifier les trois proprietez du
fouldre/car il resplendit tranche & bru
le/desquelles choses si aucun en desire plus amplement veoir/lise le philo-
zophe Seneque en ses questions natu-
Seneca relles. Ilz ont voulu que le chesne lui
soit attribue pource que les p̃miers hõmes furent peuz & nourriz du fruit dicelle arbre. Et pource il leur a semble p
celle arbre estre iustement dicte a icellui auquel appartenoit nourrir les hom
mes lesquelz il auoit produit/& sur les-
Isidorus quelz il empire et seigneurie. Isidore en
son liure des etimologies semble vouloir ceste arbre estre la noix & dit quelle
est nommee par les latins iuglans cest
a entendre noyer comme le glant de iu
piter/pource que icellui arbre anciẽne
ment fut consacre a iupiter/& sensuit q̃
le fruit dicelle arbre a autant de puissance & vertu que sil est mis entre les vi
andes herbes champinions ou semblables qui sont suspectz ilz ferõt saillir o-
steront & estaindront tout ce que en p-
celles viandes sera venimeux. Ilz diẽt
laigle estre soubz la tutelle de iupiter.
Lactãci⁹ La cause de ce lactance descript disant
que cesar recite en vng liure nõme ara-
thus que les anciẽs ont iupiter dit & nõ
me aglaosthes/car quant il partit de lisle nommee naxus pour aller contre les
titanes & quil sacrifioit au riuage dicel
le isle vne aigle par bonne fortune vola
au deuant de lui laquelle cesar victeur
la print a bonne fortune & heur & la mit
en sa tutele. La sacree histoire aussi tesmoigne que deuant ce laigle se vint reposer sur le chief de lui en luy monstrãt
& signifiant le royaume. Il est assez des
sus monstre pleinement la ou auons p
le de Saturne. pourquoy iupiter estãt
enfant fut musse par Saturne Et po⁹
quoy il eut guerre cõtre les titanes Et
pourquoy il chassa saturne. Il est aussi
dit la ou il a este parle de Juno de son
mariage auec elle/et a este pleinement
dit de son nom la ou a este parle du pre
mier iupiter Et par ce que la & icy a este
escript si aucun veult pourra congnoistre combien cest homme a de conuenã
ce auec les proprietez de la planete Ju-
piter/et comment par ce proprement a
este nomme iupiter.

Des neuf muses filles de iu piter. chapitre .ii^e^.

EN nombre sont neuf muses filles de Jupiter & de memoire/
ainsi quil plaist a isidore en son liure des
ethimologies. Theodonce disoit quel
les estoient filles de mennon et de thes-
pie/pource par aduenture que Ouide
les appelle Thespiades. Les noms
delles sont ceulx cy. Clyo/Euterpe/
Melpomone/Thalia/Polimnia/E-
ratho/Terschore/Vrania/& Calyope.
Ilz dient que ceulx cy eurent guerre

⁊ contention en chant auec les filles de
pierius lesquelles en nombre estoiẽt au
tant/⁊ pource que icelles pierides furẽt
vaincues par lesdictes muses les pieri
des furent muees en pies/⁊ pour ceste
victoire les muses eurent le surnom de
pierides. Ilz dient aussi que ces dictes
pies furent closes ⁊ sarrees en vng clau
stre par vng pirrenien/⁊ quelles sen vo
lerent de la au dommage de leur deten
teur. Oultre ce ilz dient que les muses
ont a elles consacre la fontaine nõmee
castalie/⁊ le bois nõme helicon/Et que
quant apollo sonnoit de sa harpe elle
chantoit auec. Vendõs maintenãt a la
verite de ces fictions. Il plaist a isidore
homme crestien ⁊ tressaint ses muses e-
stre appellees ⁊ dictes a querir pource q̃
par elles ainsi que les anciens ont vou
lu estoit quis ⁊ charche la doctrine ⁊ facon des vers ⁊ la modulation de la voix
Et que pource musique est delles diri
uee ⁊ nommee/laquelle est industrie de
modulation Et aĩsi que Isidore escript
elles sont appellees des poetes filles de
iupiter ⁊ de memoire pource que le son
delles est chose sensible ⁊ qui fluyt au
temps passe/⁊ est imprime en la memoi
re. Mais ie cuide que toute science est ⁊
vient de dieu ⁊ quil ne souffit point pour
la conceuoir que seulement on lenten-
de/mais aussi fault quon la commande
a memoire. Et ainsi quon exprime les
choses commandees a memoire affin q̃
Persius comme perse dit fault que autre te congnoisse sauoir/car ton sauoir nest rien
si autre que toy ne te scet ce scauoir. qui
est loffice des muses/⁊ est feigt quelles
sont engendrees par iupiter ⁊ p memoi
re. Auec ce ie cuide les muses auoir este
dictes de ce mot moys qui signifie en
francois eaue. Et la cause pourquoy a
pres ie declareray. Macrobe au cõman
Macro: taire secõd sus le songe de scipion mõlt
se parforce monstrer pourquoy les muses sont en nombre neuf/et les equipa-
re aux chans des huit speres du ciel/⁊
veult la neufuiesme estre laccord de la
modulation des cielz. Et apres long
langaige adiouste que les muses sont
le chant du monde ⁊ que les hommes
rustiques ce saichans dient les chancons comme canans par ce verbe cano/
qui signifie chanter. Fulgence rend de
ce autre raison disant lauoir estre faicte par quatre dens/lesquelz la langue Fulgẽce
en parlant frape/parquoy est necessaire si lune dicelles dens fault que ce quõ
dira soit plus sifflet que voix. Auec ce
la voix est faicte de deux bouches com
me de deux cloches modulans la conuenience de noz paroles pareillemẽt la
langue laquelle par sa circonflection et
frapement comme vne plume sur vng
luc forme lesperit vocal/de la conca
uite du palais forme la voix. Finablement ainsi quelles sont neuf est adioustee le respirail du goloyon/laquelle
ouuerture est ronde ⁊ ministre le long
esperit. Et pour ce que p les anciens aux
choses dessusdictes ⁊ adiouste Apollo
accordant comme conseruateur de lar
monie. Fulgence adiouste le polmon
aux choses dessusdictes/lequel comme
vng soufflet prent ⁊ rent lair. Et affin
quil ne sẽble quil vueille prier que foy
lui soit donnee enuers oeuure tant separee de nature il introduit tesmoings
de si exquise raison Cestassauoir ana
ximenes/lampsacenus/zenophanes/
⁊ heracleopolites lesquelz il conferme
auoir escript en leurs commẽtaires les
choses dessusdictes. Afferme aussi ses
choses estre escriptes par aultres clercz
⁊ renommez philozophes comme par
pisander phisicien/⁊ euximenes en ce li
ure q̃ est appelle telegumenos. Certes
icellui fulgence comme sil auoit moins
bien declare ce que desdictes muses
il entent il descript les nom et euures

et raisons dicelles disant ainsi. Nous disons estre les neuf muses neuf manieres de doctrine & de science. La premiere est clio cõme la pmiere cogitation daprendre. Car clyos en grec signifie renommee en francois Et pource que aucun ne quiert science si non celle en laquelle il cuide la dignite de sa renommee exceller pour ceste cause clyo est la premiere ainsi appellee / cest a entendre la cogitation daquerir science. La seconde est appellee en grec euterpe qui signifie en francois bien delectant pource quõ quiert premierement science & secondemẽt on se delecte en ce quon quiert. La tierce est nommee melpomone comme melẽpio comene / cest a entẽdre celle qui fait demourer la meditation comme premierement vouloir secondement delecter que tu veulles. Tiercemẽt persister en meditation en ce que desires. La quatriesme cest thalia / cest a entendre capacite cõme si elle estoit dicte tytoalia / cest adire mettant grains & semences. La cinquiesme Polymnia comme polymneme cest assauoir faisant grande memoire / car apres capacite memoire est necessaire. La sixiesme est eratho / cest adire eurimenon que nous disons en francois trouuant semblable. Car il est raisonnable & iuste que apres science & memoire que linuenteur trouue aucune chose semblable & du sien. La septiesme est terschore / cest a entendre instruction delectant. Doncques apres linuention il fault que tu discernes & iuges ce que tu trouueras. La huitiesme est vranie cest adire celestiele / car apres le iugemẽt tu eslis ce que diras & ce que laisseras. Car eslire chose vtile & despriser chose inutile est engin celeste. La .ix^e. est caliope / cest a entendre de tresbonne voix. Doncques tel ordre sera / premieremẽt est vouloir doctrine. Le second est se delecter en ce quõ veult. Le tiers est persister en ce que delecte. Le quatriesme est prendre ce en quoy tu insistes. Le cinquiesme est memorer ce que tu prens. Le sixiesme est trouue du tien semblable ad ce que tu metz en memoire. Le septiesme est iuger ce que tu trouues. Le huitiesme est eslire ce que tu iugeras. Le neufuiesme est prononcer ce que tu esliras Ces paroles sont de fulgence. Je vouldroie pouoir parler & araisonner ceulx q par contention de paroles sõt assault cõtre les muses / & eulx sotz se parforcent tant quilz peuent par contencieuse^s paroles les exterminer deulx / & quant ilz se cuident estre bien armez des paroles de boisse lesquelles ilz entendẽt mal ilz descendent en contention tous desarmez & regardans & considerans ce succinctement q est dit dicelles muses. Jlz dient & interroguent silz ont veu au bordeau ces fẽmes si haultes & si esleuees / & silz ont abuse delle. Je demãde se telz croyront le psalmiste / ysaie / iob & le^s autres tressaintz hõmes de dieu qui les õt logees entre les volumes sacrez Je say quilz nyeroient ceulx cy auoir aucunesfois vse des muses lesquelles ilz diẽt indiferẽment petites fẽmes amoureuse^s estans en publique si non que saint hierome interpreteur des lettres diuines me soit en ce tesmoing. Et affin que ie ne puisse estre vaincu de lignorance de ceulx cy ie mettray les paroles dudit saint hierome ainsi qlles gisent ou pheme de eusebe cesarien trãslate de grec en latin p icellui saint hierome / apres plusieurs choses dit aĩsi Quelle chose est mieulx sõnant q le psaultier leql court par iambes maintenãt a la maniere de nr̃e poete flaccu^s & de nr̃e grec pindare & leql psaultier sõne p vers achaique & q maintenãt se enfle p vers saphique & maintenant entre p demy pie Quelle chose est plus belle q le cãtique de deteronomie & ysaie. qlle chose est pl^9 graue q salamõ- Hiero

Quelle chose est pl' parfaicte que iob

Jozeph. Jozephe et origenes escriuent que les liures dessus nommes decourent et fluent enuers eulx et leurs langues composes de vers exametres et pentametres. Je cuide que telz repreneur' ne scauoient point loffice des muses estre ordonner le temps des voix / ⁊ ne scauoient point les muses disposer les choses quon doit faire enuers les sciẽces et ne scauoient point les hõmes diuins auoir baille leurs office' pour augmẽter la maieste de leurs letre' Doncques telz se doiuent taire / ⁊ comme enrages mordent eulx mesmes / lesquelz se parforcẽt de mordre les autres quãt ilz ne les entendent point. Retournõs maintenant a nostre propos que nous auons laisse. Ce que est dit que les muses eurent contencion auec les pieries Je cuide auoir ce sens et entendement Aucuns sont de si inepte audace / que cõbien quilz ne sachent aucune disciplne / touteffois confians seulement de leur engin ilz se osẽt pferer aux erudit ⁊ scauans. Et ne font point de doubte dentrer en cõtencion de disputacion Et quant ilz sont en la presence des hõmes scauans ilz apperẽt non point scientifiques / mais hommes verbeux et presumptueux par fole presumption.

Et combien quil semble aux ignares que telz dient plusieurs choses / cõbien quilz ne dient chose consonante a raison / ⁊ quilz nentendent point soy mesmes parlans / ilz sont moques des prudens scauans et sont reputes pies. Lesquelles en garroillant imitẽt ⁊ represẽtent plus les voix humaines que lentẽdement humain. Et pource telz sont painctz par les hommes scauans estre transformes ⁊ transfigures par les poetes en pies. Que ceulx cy ayent voulu encloire en la montaigne pirrenee / po' ce ie nentens autre chose que aucũs impetueux ⁊ desirans se monstrer Lesqlz en negligeant le labeur destude apres quilz ont rempli leurs coffres de liures et quilz ont presque veu la couuerture diceulx / comme silz auoient veu ⁊ entẽdu tout ce qui est contenu en eulx / ilz se osent extimer ⁊ reputer poetes. Ou estre pour tel reputes par ceulx qui au tour deulx sont. Mais quant les muses sen sont volees / lesquelles ilz cuidoient estre encloses dedans claustre' silz les veulent suyure en lieu publiq Cest a entendre que silz veulent monstrer quilz scauent ce que point ne scauent / incotinant ilz cheent a bas. Desquelz ie nay congneu aucũs que apres ce quilz auoient assemble grant nõbre de liures ilz se croyoient estre maistre' Et cheoient en la presence des scauã' La fontaine castaliẽne ⁊ plusieurs autres sont cõsacrees aux muses / pour ce que la fontaine clere ne delecte poĩt seulement les yeulx des regardans / mai' aussi par aucune vertu mussee quelle a en elle attrait lengin a mediter et le cõtraint par desir de composer et faire aucune chose. Le bois est a elle sacre ⁊ dedie / pource que lieu solitaire est deu aux poetes / lesquelz doiuent mediter poeterie et vers. Lesquelles choses ne sont point bien faictes entre les bruitz des cites et lieux publiques aux chãps Mais plus tost comme il plaist a quintilian en ses liures des institucions oratoires doit estre fait en lieu obscur et sans bruit comme en temps de nuyt.

Ce que semble assez estre demonstre par les bois q̃ sont vng peu obscurs po' les arbres et branches. Et sont sans bruit / pource que la plus part est separee de labitacion des hommes

De acheus diziesme filz de iupiter. Chap. iii^e

COmme il plaist a isidore en son liure des ethimologies Acheus fut filz de iupiter/ et comme il dit les achiens/ou achiniens furent de lui appelles. Ledit isidore sest contente de ainsi peu toucher le fait de ce exquis homme

Theod. Mais theodonce adiouste quil fut tres ancien prince des messeniens / et dit quil eut tresgrant nombre de filz. Par laide desquelz/et pource quil auoit vescu bien et humainement enuers les messiniens/il ouyt ou par societe ou par empire de toute la prouince/laquelle au iourduy nous nommons achaye/et est de son nom appellee achye. Et dit que toute la noblesse de grece eut commancement de lui. Mais icellui theodonce ne nomme aucun desditz filz quil eut en si grant nombre.

De venus unziesme fille de iupiter laquelle engendra amour. Chap. iiii^e

Homere AInsi que homere tesmongne venus fut fille de iupiter et de dion Et est celle / laquelle tulle en son liure de la nature des dieux dit estre la tierce et auoir este femme de vulcan. Ilz dient quelle ayma mars/ De ladultere et captiuite deulx est la hault escrit la ou est parle de mars. Pareillement dient de la mere de eneas/ De laquelle est aussi escript la ou est fait mencion de eneas Pareillement la ou est parle de diomedes et de la playe de luy prinse. Et pareillement la ou est narre de adon comment elle fut par cas de fortune blessee de son filz/et ayma adon. Aucuns sont qui croyent de ceste cy que ce fut celle qui institua la pratique des femes damours comme il est leu en la sacree hystoire Ce que saint augustin au liure de

Augustin la cite de dieu semble affermer/ quant il dit que les phenitiens offrirent a ceste iuno dons de leurs filles prostituees et abandonees aux homes deuant quelles fussent mariees Oultre ce claudien en son liure des louenges de stillicon descript ung iardin tresdelicieux en cypre/auquel on peult facillement compter et veoir toutes choses appertenans a exciter lasciuite et volupte/ledit claudien dit ainsi. La montaigne large obumbre et obscursit ionion de la roche de cypre. Et continue icelluy claudien ceste matiere par quarante six vers/lesquelz iay laisse a escrire pource quil estoit trop prolixe. Et apres ce quil a descript ledit iardin il adiouste combien grande est la cure et sollicitude de venus enuers ornement et abillement disant. Apres venus a la cheueleure resplendissante/et pource que ces choses sont dictes la ou nous auons dit plusieurs choses de venus et des fictions enuers elle/seroit superflu de le repliquer. Reste doncques de mettre ce qui est en doubte. Aucuns cuident que ceste venus soit celle qui est nommee cyprienne/mais ie cuide quelles furent deux/et que ceste fut vrayement fille de iupiter et femme de vulcan Et que lautre fut fille de sirus et de cypre ou de dion/ et fut femme de adon Ceulx qui cuident estre une et pareille venus dient quelle fut fille de iupiter et de dion. Et que premierement elle espousa vulcan et apres adon. Et pource quelle estoit de tresgrande beaulte/ elle fut reputee des cypriens venus la celestiele/et fut nommee deesse/et comme telle honnoree par seruices. Et lui fut fait temple et autel en paphos/lequel autel et temple ilz encensoient de encens et par abondance de fleurs le faisoyent bon fleurer/pource que venus se delecte par odeurs par diuerses causes. Dient que apres que son dit mary fut trespasse/elle fut si aflambee de luxure quelle descendoit et alloit pource pres que au lieu publique ad ce / & que pour paillier sondit meffait / elle persuada aux femmes cypriennes quelles fussent ad ce abandonnees / & institua qlles des quissent ainsi publiquement. Parquoy sen ensuyuit q les vierges aussi furent enuoyees aux riuages des portz des mers pour donner a venus le goust & commancement de leur virginite & de leur chastete aduenir. Et come celles qui deuoient acquerir par sabandonner aux estrangiers qui la venoient dons & biens pour eulx marier. Theodonce aussi adiouste que ledit meffait ne fut point seulement par long temps obserue en cypre. Mais que aussi il paruint iusques en italie. Ce quil conferme par lauctorite la de iustin qui dit que ce aduint en aucun temps par veu & desir aux locriens

Theod.

De amour douziesme filz de iupiter. chapitre. v^e

TOus veulent que amour fut filz de iupiter et de venus. Je croy quil fut filz de Jupiter & de venus hommes mais planetes / pource quilz sont tous deux par complexions semblables chaultz & humides. Et auec ce sont tous deux benignes & bien vueillans Et par pareille lumiere resplendissans & pource dient auoir este de eulx engendre. Et principalement celluy par leql nous viuons ensemble & ioingnons ensemble les amities. Et est ainsi fainct affin que entendions que lamour & amitie entre les hommes est engendree par la conuenance des complexions & meurs laqlle amitie certes ne peult estre vraye si non entre les vertueux. Ainsi que tulles clerement monstre en son liure de amitie. Et ie cuide que amour a este principalement dit estre ne des deux dessusditz / pource que sont tous deux benignes. Pource que aucun ne peult estre vueillant sil nest vertueux. Il est dessus assez dit de lamour concupiscible

tullius

De proserpine treziesme fille de iupiter et femme de pluto. Chapitre. vi^e

PRoserpine fut fille de iupiter et de ceres / & pource quelle mesprisoit les feux de venus / elle fut aymee de pluton / & rauie & menee aux enfers. Et la fut faicte femme dudit pluton. Quant ladicte ceres leut long temps quise / & que par la direction et enseignement de arethuse elle eut trouue & sceu quelle estoit aux enfers / elle ne la peult point de la retirer / pource quelle auoit menge trois grains de pomme de granade. Toutesfois il aduint par la sentence de iupiter qlle demoureroit aux enfers auec sondit mary lespasse de six moys & autant auecqs sadicte mere. De ceste proserpine est escript dessus la ou auons parle de ceres / & auons explique tout ce qui est couuert soubz la fiction. Pource maintenant ne reciterons si non ce que semble appartenir a listoire. Je cuide ceste proserpine auoir este fille de sican roy de sicile et fille de ceres. Et que elle fut prinse par orcus roy des molosses: ou par eudonien: ou par egesilae selon lopinion de philocorus & lan vingt et huitiesme de trithee roy des atheniens / & fut par mariage a luy assemblee. Toutesfois ceste histoire est plus amplement escripte la ou est parle de pluto

De castor quatorziesme et de pollux quinziesme filz de iupiter. Chap. vii^e

CAstor & pollux & heleine selon fulgence furent enfans de iupiter & de lede. De la conception desquelz est narree vne telle fable. Jupiter fut amoureux de ladicte lede fẽme du Roy tyndare. Et pource icellui Jupiter se trãsforma en vng cigne & a commenca a chanter affin que par son chant ouir elle vint a luy & la peut prendre. Quant elle print ledit cygne / iupiter en icellle forme la print & eut sa compaignie charnele. Laquelle conceut lors et enfanta vng oeuf / duq̃l nasquirent castor pollux et heleine Les autres veulent q̃ pollux & heleine seulement nasquirẽt delle / & que castor fut filz mortel de tyndare. Aucuns dient entre lesquelz est pol que de ladicte lede nasquirent deux oeufz / & de lung deux nasquirent castor et pollux / & apres de lautre nasquirẽt heleine & clitemnestre. Doncques toute antiquite tesmongne q̃ castor et pollus furent deux ieunes hommes bien renommes / & quilz furent comme il est leut des argonaultes / & quant ilz retournoiẽt de colchos Pollux tua le roy des bebriciens nõme amy / lequel vouloit faire force et iniure audit pollux / & apres quilz eurent recouure leur seur heleine rauie par theseus. Laquelle ilz allerent repeter auecq̃s les nauires greques. Laquelle heleine paris auoit trãsportee. Aucuns dient quilz ne vindrẽt point a troye / & que ilz ne retournerent point en lacedemonie. Mais quilz furent rauis au ciel / & font la le signe des gemeaux. Toutesfois tulles escript q̃ homere dit quilz furent enterres en lacedemonie. Et ouide en son liure des fastes escript que quãt il eut rauy phebes & sa seur filles de leucipus / et qui estoiẽt mariees a deux freres nommes lynceus et ida ilz les repeterent par bataille / & que en icelle castor fut occis par lynceus / & q̃ pollux loccit quant il couroit contre ledit castor. Et icellui idas eust tue pollux / si iupiter neust fait q̃ il ne le pouoit blesser. Lactence en son liure des diuines institucions escript q̃ quant castor et pollux rauissent les espouses daultruy ilz perdent a estre gemeaulx. Car idas esmeu par loutrage de liniure a luy faicte occit dung glaiue des deux. Oultre ce dient q̃ castor estoit moult vaillãt a cheual / & pollux en bataille. Et que quant pollux qui estoit immortel vit son frere mort / il requist a son pere iupiter quil lui fut licite & parmis partir et cõmuniq̃r eternite a son frere. Quãt iupiter lui octroya ceste requeste tous deux furent receuz au ciel et furẽt le signe des gemeaulx. Et les gentiles ont voulu les cheuaulx estre en la tutele et garde deulx. Voyons maintenant ce quilz ont entendu soubz ses fictions. Il a pleu a tulles au lieu dessusdit que castor et pollux fussent filz de lede et du tiers iupiter hõme et non poit cygne ne dieu. Et estre de ceulx que les grecz ont appelle dioschortes. Lantiquite a par aduenture feingt Jupiter estre transforme en cygne / pource quil a chante doulcement Il est possible que ce fut Jupiter / & que ainsi quil aduient souuent par la doulceur de son chãt il tire ladicte lede a lamour et concupiscence de luy. Car le chant est lung des crocz de venus / ou par aduenture Jupiter estoit ia vieil & chenu par vieillesse quant il ayma ladicte lede. Et pource que par feruent desir delle. Il fut fait querimonieux et plaintif. Peult estre feingt quil a este transforme en vng cygne qui est blanc comme chenu et chantant quant il est prochein a la mort. Ce que a este dit q̃ de celluy athouchement charnel leda enfanta deux oeufz / a este pource feĩgt affin que le fruit ne semblast estre dissẽblable a lengendreur Car les oyseaulx par coustume engendrēt oeufz/ou pource que tous deux sont nez dung mesme enfantement enuelopes dune mesme peau/ainsi que nous voyons aucunesfois naistre les oeufz couuers dune petite peau qui nest point encores solidee en noyau. Leonce repute estre la vertu & force de la constellacion que iadis fut prohibee par Jupiter quil ne blessat pollux. Il semble a alberice que pource que pollux estoit rachete par son frere p lamour de luy ilz fussent receuz au ciel et feissent le signe des gemeaulx. Car icelles estoilles ont telle nature/que quāt lune appert lautre encore est mussee/& celle qui auoit este musseee appt encores par aucun petit temps apres le couchement et mussement de la precedente. Et ainsi quant il descent aux enfers/lung descent premierement cōme mortel et lautre consiste encores la hault en veue comme diuin. Et au cōtraire quant lung deux mōte au hault du ciel semble estre diuin lautre estāt encores par aucun petit temps aux enfers comme mortel. On croit pollux auoir este seulement immortel pour la clarte de lestoille estant au chief dudit pollux/laquelle est trop plus grande q celle quon voit venir de lestoille nommee castor/laqlle aucunesfois nest point veue pour la grosseur des vapeurs.

Leonce

Veu que la clarte de pollux est continuelement veue. Pol dit que par laye de pollux castor fut adiouste au nōbre des dieux par les lacedemoniens. et ainsi auoir este fait mortel. Apres pollux fut fait dieu pour la pitie que il eut enuers son frere/et pource que il estoit homme bien renomme/& ainsi fut ioinct auec son frere/& ainsi se racheterēt lung lautre par mutuele mort/car castor fut premieremēt occis affin que pollux ne fust tue. Secondement pollux fist faire son frere dieu/affin que il fust eternel/& il demoura mortel quāt il eut donne a son frere sa deite. Je eusse icy mis lexposition de fulgence/si neust este quil expose par choses trop haultes. Les cheuaux lesqlz les anciēs ont mis soubz la tuycion et defence de castor et de pollux Je cuide que q̄lq chose que seruie die estre feingt plus pour mōstrer la delectacion & solicitude des ieunes en leur vie plus que autre chose

Paulus

De heleine quinziesme fille de iupiter & femme de menelaus. Chap. viii.

Il est tres commun & renōme cōme il est dessus procheinement monstre que heleine fut fille de iupiter et de leda. On dit quelle fut entre toutes autres fēmes belle cōme tulles tesmongne en son liure de la vieille rethorique. La beaulte delle fut grandemēt dommageuse en ce temps aux grecz & peuple de asie. Et principallemēt mortele et dōmageuse aux troyens. On escript q̄ ceste cy est encores petite vierge. Et se iouant et ebastant publiquement auec ses semblables & de son age elle fut rauie par theseus roy des atheniens. Finablement lui estant dehors elle fut par la mere dudit theseus restituee a castor & a pollux qui la repetoiēt & demandoient. Et apres fut baillee en mariage a menelae. Finablement ainsi quil plaist a aucūs elle fut prinse auec tout son mesnage et biens/et de son consentement par paris qui estoit la venu soubz lespece de legacion repetant hesione et qui estoit receu & hebergé par menelaus. Et estant icellui menelae absent paris fut prins de la beaulte et face delle. Et negligea & mesprisa lonnestete et droit de hospitalite.

Et que menelae luy auoit fait en le he
Lactãci⁹ bergeant. Lactence dit que paris auec
armee maritime vint en la region nõmee sparta/⁊ que quãt ladicte hesione
quil repetetoit ne luy fut point rendue
il fist guerre en toute icelle region com
me lui estoit commande par priamus:
⁊ print par force toute icelle region/ et
de la mena ladicte heleine a troye. Apres
les princes des grecz tous sassemblerẽt
pour laler demander. Et apres quilz
leurent souuent repetee et demandee
et non obtenue/ilz sassemblerent a grã
de puissance et armee soubz la conduite de agamenon. Et apres plusieurs
guerres ⁊ batailles perachevees troye
prinse heleine fut restituee a menelaus
et non point sans tache de prodition.
Car aucuns dient que apres que paris
fut tue par pirrhus elle espousa deiphe
bus. Et les grecz desirant parfaire p
trahison ce que leur sembloit que ilz ne
pouoient par armes parfaire/ilz feigni
rent de guet a pense sen aller. Et helei
ne quant deiphebus dormoit fist signe
du dongon aux grecz par vne torche a-
lumee quilz retournassent ⁊ quilz occu
passent ⁊ prinssent la cite de troye qui
estoit par trauail assoupie. Par lequel
fait ilz affermerent heleine estre retour
nee en la grace de menelaus. Les autres dient quelle fut receue dudit menelaus de son gre/considere quelle a-
uoit este rauie par force et non point de
sa voulente. Il appert par les vers de
Homer⁹ homere quelle fut a troye vingt ans/
combien que aucuns cuident que elle y
ait este beaucoup moins. Ce appert p
homere vers la fin de son iliade/ou il
introduit heleine auec hecuba ⁊ les autres femmes honnorables troyennes
plourant la mort de hector ⁊ disant.
Certes iauoyes cy le vingtiesme an q
ie suis de la icy venue ⁊ que ie men al-
lay de mon pais. Eusebe en son liure
des temps escript quelle fut prinse par
alexandre lan premier du regne de a-
gamenon. Et le quinziesme an dicellui agamenon troye fut prinse ⁊ destrui
te/⁊ ainsi ilz sont discordans. Seruie
fait question de lage de heleine/car cõ Seruius
sidere que les argonantes furent freres
et quilz la receurent prinse ⁊ rauie par
theseus qui estoit du temps deulx/ ⁊
que apres la guerre thebanienne fut fai
te par les filz argonantes. Les filz des
quelz vindrent finablemẽt a la guerre
troyenne pour le rauissement de helei
ne sẽble audit seruie estre chose moult
merueilleuse comme sil cuidoit quelle
fust ia vieille/mais il ne me semble pas
ainsi. Car ainsi quil appert par les ditz
de eusebe heleine fut rauie par theseus
lan de son regne le seziesme/qui estoit
lan du mõde trois mille neuf cens qua
tre vingtz ⁊ neuf. Et heleine estoit lors
petite fille. Apres elle fut rauie par paris lan premier du regne de agamenon
qui fut lan du mõde quatre mille ⁊ sept
Et ainsi entre la premiere ⁊ la seconde
prinse ny a que vingt et trois ans. Et
ainsi heleine pouoit auoir trẽte ans ou
enuiron quant elle fut par paris rauie
En laquelle age les fẽmes nobles exquises ⁊ qui par engin valẽt font part
art leur beaulte plus belle adioustans
ce que par fortune lage leur a oste. Car
elles sont faictes plus instruites par ex
periance ⁊ scauẽt cõposer et orner leurs
meurs. Par lesquelles choses beaulte
nest pas seulement augmentee/mais
aussi aucuneffois forces sont baillees
a prẽdre les hommes. Apres que troye
fut prinse et heleine fut restituee a me-
nelaus/elle estãt sur mer fut moult de
xee par tẽpeste. Et fut premierement
trãsportee en egypte regnant la lors le
roy tuores/leql homere en son odissee
appelle polibus. Et de la elle retourna
en lacedemonie a menelaus.

De clitemnestra dizesepti esme fille de iupiter & femme dagamenon. chap. ix^e

AInsi quil est dessusdit clitemnestra fut selon aucuns fille de iupiter & de leda / & fut nee avec heleine dung mesme oeuf. Ceste clitemnestra espousa agamenon & eut de luy plus^rs filz. Finablement quant agamenon alla comme capiteine a la guerre troyenne / & que palamede^s fut la par les grecz tue comme il plaist a leonce clitemnestra par la suasion du vieil nauplius cōsentit a lamour de egistus prestre & iadis filz de tieste. Quant troye fut vaincue agamenon sen retourna au pais. Et comme le poete seneque en ses tragedies escript mena avec luy cassandre fille de priamus / laquelle luy estoit advenue par la distribucion de la proye. Clitemnestra fist occir comme aucūs dient agamenon. Quant elle leut receu en vng convi sacre Et ce ou par persuasion de ladultere / ou pource quelle se sentoit coupable de la faulte quelle avoit commise / ou pource quelle estoit meue dire pour cassandre q̄lle voyoit luy estre amenee et adioustee cōe adultere. Seneque la mesmes escript que quant clitemnestra persuada a agamenon quil laissast le^s abillemens de guerre quil portoit / & quelle lui eut prepare vng abillemēt qui navoit point dissue pour la teste / tandis que agamenon estoit en ce empesche / & quil q̄roit le lieu pour gecter sa teste / elle le livra a son dit adultere pour loccir. Et pareillemēt cassandre. Quant il fut ainsi occist elle occupa et print la maison royale. Et quāt elle eut avec egiste sept ans regne elle fut par horestes filz tuee avecques le tresmauvais dessusdit prestre Leonci^o

Des palisces dixhuitiesme & dizeneufuiesme filz de Jupiter. Chap. x^e.

LEs palisces furent deux freres filz de iupiter & de la nymphe thalia / cōme macrobe en se^s saturnaulx escript / desquelz il recite vne telle fable En sicile ya vng fleuve nomme simetus / au pres dicellui fleuve la nymphe thalia congneue charnelement de Jupiter fut grosse et par la creincte de iuno elle desira que la terre se ouvrist / ce que fut fait. Mais quant vint le tēps de la maturite des enfans / lesquelz elle en son ventre avoit portez / la terre se sarra. Et deux enfans saillans du ventre de ladicte thalia sortirent de la terre / lesquelz furent appellez palisces. Car premieremēt eulx plonges en terre sont de rechief de la retournes / et pres dela ya vng lac / duquel tresgrādes vndes deaues boullantes du fon^s tousiours saillent. Lesquelles les habitans du pais appellent crateres / & par autre nom dellos / & les reputent freres des palisces / & les ont en tresgrāde reverance / principalemēt envers ce q̄ envers eulx exhigent serement baille en quoy les dessusdictz noms sont monstres presens & efficax. Car touteffois quon requiert la foy dung larrecinq ou nye ou dautre chose pareille / on demāde a cellui qui est de ce suspect le seremēt dessusdit Jusques icy sont les paroles dudit macrobe. Et ainsi que il peult estre par icelluy assez entēdu les dessusditz deux palisces eurent autel et prestres a eulx servans / pource quon voyoit la choses merveilleuses. Car aristote en son livre des choses merveilleuses a ouyr dit que audit palisce en sicile leaue est haulte de dix coudees / & se esl[i]eve en hault a la veue des gens Macro.

deux aulnes. Et telemēt quon cuide q̄
la terre et champs au tour doiuent e-
stre noyes. Mais icelle eaue decheant
a son premier estat demeure paisible.
Et la appert vng petit tēple sacre / car
si aucun descript en vne tablete le iu-
remēt et serement de tant de choses ql
vouldra / & puis le met dessus ladicte
eaue / si la chose est iuste la tablete nage
ra sur leaue. Si elle est iniuste / elle sera
plongee & noyee en icelle: & le pariure de
uient si enfle que le prestre dicellui lieu
ne prent aucūe satisfacion pour la pur
gacion dicellui. Macrobe afferme que
entre aucūs pa ꝯtrouersie de larrecin
ou daultre chose / & la cause dit & offre
que il se veult purger par serement fait
aus dictes crateres ilz prennēt les osta-
ges & vont la. Et si icellui qui iuroit a-
uoit bien iure et ql fust innocent / il sen
retournoit sauf & sain. Mais le fault
iurateur estoit incontinant en icelluy
lac priue de vie. Les choses sont merueilleuses et grāde puissance de lenne
my ancien estoit ꝯtre telles gēs. Pour
quoy ilz sont ditz filz de iupiter / & po²
quoy leur mere fut engloutie de la ter
re. Theodonce rent telle raison. Il dit
que pres dung lieu nomme pauornie
ya vne fosse vileine & orde / laquelle est
dicte en nōmee thalia. En icelle fluoit
et sengloutissoit toute leaue que dicelle region et de la montaigne nommee
athua par les pluyes cheoit Et tout ce
q̄ lors estoit gecte en icelle cauerne peu
de temps apres estoit veu souldre & sail
lir audit lac ou aus dicte fōtaines boullantes des palisces. Pourquoy appert
que la pluye laquelle ilz dient estre nee
par loeuure de iupiter / cest a dire de lair
est mussee soubz les terres dicellui lieu
Et finablemēt apres elle naist aux lacz
palisces. Et ainsi les palisces sont nez
de iupiter

De Iarbas roy des getu-
liens vingtiesme filz de iu
piter. Chap. xi.

Iarbas roy des getuliens fut filz
de iupiter et de la nymphe gara
mantides Virgile disant ainsi. Cestui
fut engendre par amour de la nymphe
garamantides rauie. Pol dit quil fut
filz de iupiter et de la fille du roy bi-
salpes & dit que iupiter en la forme dun
belier eut la compaignie charnele delle
Mais le venerable andalo narre ainsi
la fable de ceste matiere. Jupiter reto²
nant du conui et festoiemēt des ethiopiens au riuage du fleuue nomme bre
gadavit la nymphe garamantides tres
belle qui ses piedz lauoit. Et pource ql
estoit enclin a volupte charnele / il desi
ra la compaignie delle. Icelle vierge le
voiāt venir a elle fut territee & voulāt
fuyr. Mais vne escaranice qui estoit
pres du pie de ladicte nymphe print le
petit doit du pie delle. Et par douleur
quelle lui faisoit la retarda. Tandis q̄
elle se parforcoit de oster ladicte escara
nice du petit doit de son pie Jupiter q̄
la suiuoit suruint qui la print / & delle
vsa. Et de ce elle conceut et enfanta
vng enfant nomme iarbas Et pour le
seruice que ladicte escaranice auoit fait
a iupiter / il la loga au ciel / & la fist vng
des signes de zodiaque. Ledce escript
que iarbas fut vray filz de iupiter / de
uant que iupiter allant au tour de tou
tes pars eut tout soulle par sa luxure
Et dit que garamantides fut fille des
garamantes roy des garamans. Et
quelle fut par iupiter prinse & violee au
riuage du nile. Ce que ie cuide auoir
este fait au temps du solstice deste Et
a ceste cause auoir este feingt la vierge
auoir este detenue p chaleur au pres du
fleuue auoir este retardee p lescarante

Theodonce dit q̃ iarbas fut filz du roy garamantes/et quil fut dit filz de Jupiter pource quil amena au riuage dafrique les getuliens des extremes parties et solitaires de ethiopie et des areines de icelle par chaleur brullantes Et les instruit et enseigna a plusieurs choses appartenir a humanite. Icellui Pol ailleurs escript moult autrement dudit iarbas. Car il dit auoir leu que garamantides estoit vne tres belle et noble vierge de icelle region. Et pource que par la tres grande chaleur de leste elle estoit au pres du fleuue/elle fut prinse et violee par le Roy nomme amezetulius et luy enfanta ledit iarbas Et par les habitans du pays sur lesquelz il impera apres la mort de son pere par ancienne maniere fut nomme ou creu filz de Jupiter/pource que par tres bons enseignemens il auoit redige a plus paisibles ⁊ humaines meurs Les meurs de icelluy peuple furieux et sauuage. Ainsi que il plaist a virgile cestui iarbas desira auoir a fẽme dido.

De mena vingt ⁊ vngiesme fille de Jupiter. Chapitre.xii^e

Saint augustin en son liure de la cite de dieu tesmongne que mena fut fille de iupiter. Mais quelle ne fut point noble/disant ainsi. Mais la est la deesse mena/laquelle mena presidoit aux fleurs des femmes menstrueuses. Combien que elle fust fille de iupiter. Mais non noble. Papias dit que ladicte mena est la lune. Combien que

Varro varro atribue ceste office a Juno. Ainsi que ledit saint augustin afferme. Je cuide ceste dicte Mena auoir este pour ce attribuee fille a iupiter/pource que elle est causee et faicte par Jupiter. Car ce mot grec men signifie en francois faulte ⁊ faillance. Laquelle est en icelle partie des fẽmes/en laquelle nature bien pouruoyant au ventre de elles garde sang tres pur pour nourrir le fruit en icelluy ventre Lequel sang quant la femme ne cõcoit point dedans le tẽps de vng mois est corrompu par la chaleur naturele prinse de Jupiter/⁊ ainsi corrompu est gecte dehors

De myrmidon vingt et deuxiesme filz de iupiter. chap.xiii^e

Isidore en son liure des ethimologies et apres luy rabane escriuent que myrmidon fut filz de Jupiter et de la nymphe corymose. Et veulẽt que les myrmidones soient nommes de son nom/pource que il fut leur capitaine. Lequel aussi Rabane dit auoir este apres cecrops Roy des atheniens Mais seruie autremẽt entant du nom des myrmidones. Il dit que en grece fut vne fille nommee myrmix/laquelle pour sa castimonie et industrie estoit tres agreable a minerue. Aduint que ladicte myrmix monstra a tous la charue a labourer la terre que ladicte minerue auoit faicte. Et ce pour la haine de ceres. A ceste cause minerue fut troublee et transforma icelle myrmix en vne formis/⁊ la commanda a ce que iamais elle ne cessast dassembler grai^s Quant elle eut procree et fait grant nombre de formis/aduint que les thessaliens moururent qui estoiẽt subgetz de Eacus filz de Jupiter. Lesquelz

Isidorus

Seruius

furent restaurees dicelle formis transformes en hommes. Et de ce sont ditz et appelles les myrmidons/pource que les formis sont dictes myrmices pour la fille myrmix couertie en formis. Je cuide que myrmidon fut ung noble et bien renomme homme/lequel par ses merites et biens faitz fut dit filz de iupiter

De xanthus fleuue et vingt et troiziesme filz de iupiter Chapitre.xiiii^e

Le fleuue nomme xanthus fut filz de Jupiter/ainsi que homere en son iliade tesmongne disant. Limmortel iupiter engendra xanthus autour fluant. Ce fleuue court dessoubz troye la grant et se mesle auec le fleuue symois aupres de la mer et auecques luy flue et court. Il est plus grant par grande renommee que par eaue. Homere le feingt
Homerus auoir fait grant choses contre les grecz Mais cest chose merueilleuse a homere auoir ailleurs escript que tous les fleuues sont filz de ocean/et il dit icy que xanthus est filz de iupiter ce que seurement nest point fait inaduertemment Car aucuns dient que xanthus est plus ruisseau que fleuue. Entre lesquelz est lucan qui dit ainsi. Celluy qui est nom-
Lucanus me xanthus non scauant en lieu sec auoit passe le ruisseau rauissant en pouldre. Et pource que il naissoit plus des pluies que de fontaine/il est dit filz de iupiter et non point de ocean. Veu que les pluyes sont faictes en lair qui est dit iupiter/desquelles pluies les ruisseaux sont faitz

De lucifer vint et quatriesme filz de iupiter qui engendra ceys et dedalion. chap.xv^e

Barlaam dit que lucifer fut filz de Barlaam
iupiter et de aurore/et quil aima la nymphe nommee trachine/et delle violee eut deux filz cest assauoir ceys et dedalion. Je cuide quil fut tresbel et amiable homme/et a ceste cause il fut dit filz de iupiter/et filz de aurora/pource que venus quant au matin elle precede le soleil et laurora/cest a entendre laube/il est dit lucifer/et semble saillir du sein de laurora. Et pourtant par la conuenance des noms/ie cuide ce estre venu/et ainsi que lucifer du ciel/pareillement cestuy cy est dit filz de laurora. Et pource quil seigneuria en la prouince nommee trachine a este feingt quil la opprima et eut delle deux filz dessusdictz

De dedalion filz de lucifer qui engendra lychion. chap.xv^e

Dedalion fut filz de lucifer ainsi Ouidius
que ouide tesmongne disant/Dedalion ainsi nomme et engendre de ce pere qui appelle laurora/et sault le plus dernier du ciel estoit aigre et cruel en guerre et dispose a toute force et iniure

De cestuy cy ouide recite vne telle fable. Il aymoit vne fille nommee lychione/laquelle estoit tres belle. Et a ceste cause elle pleut a phebus et a mercure/elle se orgueillit et osa parler contre diane/parquoy aduint que diane de ses fleches la perca ꝛ occist. Quant on faisoit les funerailles dicelle fille sondit pere par douleur que il auoit de la mort delle se voulut souuent gecter au feu auquel le corps de icelle fille estoit brulle. Et apres quil fut trois fois retenu de se gecter en icelluy/la quatriesme fois quil couroit obstineemẽt pour se gecter en icelluy feu/deuant que il print a lui il fut conuerty ꝛ transforme en vng esparuier et sen vola. Et telles meurs que il auoit lui estant homme il garda estant oyseau. Theodonce ostãt la couuerture de ceste fiction recite listoire ainsi disant que lychione espousa peonie epidaure. Et pource que dedalion son pere estoit tres auaricieux ꝛ pillart homme/il fut a ceste cause chasse par son frere Ceus et fut receu par peonie/et eu et repute en tresgrant honneur. Mais quant ladicte fille fut morte lui desperant de affinite ꝛ retournãt en son ancienne coustume et nature A ceste cause fut dit estre conuerty en vng esperuier

De lychione fille de dedalion et femme de peonie. Chapitre.xvii[e]

Lychione fut fille de dedalion/elle estant en lage de quatorze ans fut moult belle/ꝛ fut de plusieurs requise en mariage. Ainsi que theodonce escript/elle espousa peon ie epidaure. Mercure retournoit de la montaigne nommee cyllenus ꝛ phebus retournoit de delphos. Quant ilz la virent ilz furent prins de la mour delle. Et tous deux lung sans le sceu de lautre la requirent damours. Apollo differa iusques a la nuyt la plaisãce quil esperoit prendre delle. Mais mercure plus feruent de lamour delle ne atendit point la nuyt/mais toucha ladicte vierge de vne verge quil portoit/laquelle signifioit paix aux guerroyens. Par lequel atouchement il endormit parfondemẽt icelle vierge/ꝛ delle dormant fist son plaisir et apres sen alla. Phebus quant la nuyt fut venue se transfigura en la forme dune vieille et entra en la chambre delle/ꝛ delle iouyt. Et par ainsi aduint quelle conceut ꝛ enfanta de tous deux. A mercure elle enfanta vng filz nomme antilocus/lequel par trait de temps ne degenera point a son pere. Car il fut fait tres artificiel larron. Elle enfanta a phebus philomenes/leq̃l valut grandement enuers chancons ꝛ au ieu de la harpe. Certes ceste fille icy se esleua par orgueil tant pource quelle auoit eu lignee si noble que aussi quelle auoit pleu a si renommes dieux/elle osa preferer sa beaulte a la beaulte de diane. Laquelle a ceste cause de ses fleches la tua. Il est la hault declaire la ou il est parle dung chascun de ceulx cy ce qui est musse soubz le scorce de ceste fable. Je ne cuide autre chose signifier que ladicte lychione soit tuee par diane si non que par froides humeurs elle mourut

De ceus ou ceix filz de lucifer. Chap.xviii.

Ceus roy de la terre trachinne fut filz de lucifer. Ouide dit ainsi de lui. Ouidius Ceus gouuernoit le royaume sans force et violence et sans murtre q̃ estoit engendre de lucifer. Et qui portoit en sa face la beaulte paternele. Et ainsi q icelluy ovide escript il estoit beau et piteux. Il eut a femme alciones. La quelle il ayma grandement et estoit de elle moult ayme. Quant il voulut aller devers apollo clarie pour avoir cõseil de luy. Et quil ne pouoit aller par terre par lempeschement que faisoit la guerre de phorbantes. Elle de tout son pouoir empeschoit quil nentrast en la mer. Mais ceus plus suivant son desir que le conseil ou plaisir de sa femme monta sur mer et se mist en chemin.

Peu de temps apres grande tempeste se leva. Par laquelle la navire de luy fut moult travaillee / et finablement perit. Et luy miserable fut engbouti des undes et mourut. Alciones ꝛ iour et nuyt pour le salut de son mary faisoit prieres et services en sa maison / et honnoroit iuno. Laquelle iuno quant ne peut plus souffrir les prieres frivoles de ladicte femme devote. Finablement luy fist avoir sommel et dormit et envoya ung de ses serviteurs nomme morphea qui avoit vertus et puissãces de introduire et faire diverses formes de hommes. Lequel nonca a icelle alciones en songe ce que estoit advenu. Quant elle eut ce veu par songe / elle fut moult triste / ꝛ quant le songe ꝛ sommeil fut passe elle courut au Rivage de la mer / auquel rivage les vagues de la mer avoient par fortune porte et boute le corps dudit ceus. Quant elle eut ledit corps veu / elle fut par douleur si impasciente quelle se voulut geter dedans les undes de la mer / mais par la misericorde et pitie des dieux et de lucifer tous deux tant ledit corps mort que aussi alciones furent converties en oyseaulx ayans le nom de la fẽme amant. Lesquelz gardent encores les Rivages des mers / desquelz sainct ambroise en son hexamerõ dit q lõt ce tẽps depute et aux enfantemẽs quãt la mer tresgrandemẽt senfle et les vagues et undes plus vehementement frapent les Rivages. Et dit une chose merveilleuse que quant on met des oeufz audit rivage incontinant la mer sapaise / ꝛ tous les tempestes des vens cheẽt iusques a sept iours que ladicte alcione couve ses oeufz / ꝛ naisecnt des poussins Et apres ce par autres sept iours elle nourrit lesditz poussins. Et ainsi par lespace de quatorze iours la mer est transquile et se repose par ses oyseaulx par le commandemnet de Dieu / lesquelz oyseaulx les mariniers appellent alciones. Ce sont les parolles dudit saint ambroise / lesquelles ie reputeroye fabuleuses si ung poete les eust escriptes. Theodonce afferme ceste histoire et ce q est en la fin de la fictiõ afferme ce estre feingt par fortune et p le nom de la femme. Car par advẽture en icelluy temps quant ledit corps de ceus fut p les undes ꝛ vagues chasse et venu au rivage et alciones contraincte p douleur Iceulx oyseaulx / lesqlz on nommoit Alciones apparurent a ceulx qui la estoient. Parquoy fut dit par tous les mors avoir este muez aux oyseaulx ditz alciones

ambrosi⁹

De orion vingt et cinquiesme filz de iupiter qui engendra hippologus. Chapitre. xix^e

Orion selon ovide fut filz de iupiter et de neptune et de mercure. Mais po^r ce que les choses cõmunes par coustume doivẽt estre de la chose plu^s digne. Il plaist a theodõce ql soit appelle filz seulement de iupiter. Et combien que les anciens soiẽt grãdẽs

Ovidius

en la naiscence de luy. Touteffois ilz sont discordans quant au proces et fin de sa vie. Car ouide devant tous autres recite de luy vne telle fable. Jupiter Neptune et Mercure allans par pays suruint la nuyt. Et ilz ne pouoiēt trouuer lieu pour heberger Pourquoy furent contrains dentrer & heberger en vne trespetite logete dun homme ancien nomme hircius laboureur dung petit champt quil auoit. Et combien quil ne les congneust / toutesfois il les receut humainement & benignemēt. Et incontināt quil congneut quilz estoient dieux / il fist tuer vng de ses beufz / & leur offrit sacrifice. Jupiter meu de la deuocion de lui / luy dist quil demandast ce quil desiroit. Il dist quil nauoit point de fēme & quil auoit promis a la sienne qui estoit peu deuāt morte quil nen prendroit point dautre Touteffois il desiroit auoir vng filz Ce ouy Jupiter auec les autres deux dieux prindrent le cuir du beuf qui auoit este tue et pisserent dessus / & commanderent audit ancien homme que il mist dessus de la terre / & le laissast ainsi par lespace de dix mois / Ce quil fist Et au dixiesme moys sortit vng enfāt qui fut appelle orion. Lequel quant il fut deuenu grant et quil fut associe a la chasse de venus confiant a sa force il osa dire quil ny auoit beste sauuage quil ne surmontast & deffist. Les dieux furent de ce esmeuz et courroussez / et firent que la terre envoia vne petite beste / laquelle vint audeuant de lui / cest assauoir vng scorpion / par lequel il fut surmonte deffait & mourut. Mais latone ayant pitie de la fille de son satellite le transporta au ciel / & le constitua signe celestiel au pres du taureau. Et mist au pres de lui son chien / lequel il nommoit cyrus. Ce que dit est ouide recite. Mais seruie dit q̄ ce aduint au roy enopion / & dit que quant il fut grāt il desira coucher auec diana. Par laquelle commme orace tesmōgne il fut tue de fleches / auquel orace Homere convient en son odissee disant quil fut tue par lenuye des dieux par diana en ortigie. Et lucan dit auoir este tue par icelle diana par vng scorpion que elle lui envoya & que par la misericorde & pitie des dieux il fut receu au ciel / ou il fut fait renomme signe des tempestes Certes seruie ailleurs a moult autre opinion de luy disant quil fut repute filz de enopion. Veu quil estoit de grāde stature / & que il estoit deuenu tres grant chasseur. Et pource quil voulut corrompre et deshōnorer la fille de enopiō. Il fut par luy priue de la lumiere des yeulx. Il eut responce de loracle que sil alloit par lamer ayant tousiours la concauite des yeulx contre les rayes du soleil il pourroit recouurer la lumiere. Ce quil se parforca de faire Et oyāt le bruit des cyclopiens forgans oyant et suiuant le son vint a eulx / & en print vng deux et le mist sur ses espaules pour le duire et mener. Et ainsi allant contre le soleil recouura la veue. Ceste fable ainsi variablemēt recitee queuure en elle raison phisicienne et histoire.

Doncques ie croy les poetes auoir mōstre le commancement de nostre generacion en la generacīn de orion. Entēdās par iupiter et neptune le chault et humide estre mesle en la semence humaine / & auoir entendu par le cuir de beuf dessusdit le ventre de la femme auquel apres que la semence humaine est descendue si ne suruient vne nature le froideur q̄ estraigne & cloue la bouche du ventre & assemble en vng lieu la semence / elle ne demourra point en la marris / laquelle froideur ilz veulent estre entendue par mercure qui est de cōplexion froide Et par le cuir couuert de terre veulent entendre le corps pesant de lenfant/lequel apres dix moys sault Ce qui est dit que il requist damours Diana peult estre entendu/pource que veu que orion est signe au ciel et que lui acōmancant apparestre qui est enuers le moys doctobre les pluyes et les grās vens et tempestes viennent par lesquelles sont faictes exundacions deaues et le mouuement de la mer. Et ainsi semble vouloir surmonter en ce la lune Cest a dire Diane laquelle est cause du mouuement des eaues. Mais faillāt la puissance delle et perseuerant la lune. Il est appert surmonte delle. Ou par le mouuement de la lune aduient souuent que les assaultz de orion sont refrenes et la tempeste abatue/et ainsi est frape par les fleches de diana. De ce qui est dit quil fut vaincu par la terre par le scorpion enuoye La raison est telle selon les anciens astrologiens lymage de orion est logee au pres du signe du taureau/et du moys doctobre se eslieue en oriant Et lors les tempestes acommancent comme il est dit comme si les portoit auec luy. Et lymage de lescorpion est situe en lopposite partie du ciel. Laquelle ne a commance poīt plus tost a oriant que orion descent en occidant. Et pource que enuiron sa naiscēce cessent les rousees et les pluyes et le temps serein. Et le prime temps premierement appert. Il est feingt que orion est surmonte par le scorpion/lequel est pource dit gecte de la terre/car il naist delle. Ou pource quil sourt de oriant il semble quil saille de la terre. Ce qui est dit quil fut par enopion priue de la veue et les autres choses ainsi fabuleuses appartiennēt comme theodonce dit a listoire/laquelle il recite telle. Il dit que enopion fut Roy de sicile et orion fut son filz ieune homme tres Robuste et adonne a chasses. Ung iour luy estant a lachasse fut las. Et entra dedans une grande fosse et la sen dormyt. Et en dormant et en Reposant luy sembla estre persuade par venus que il vsast charnelement de la vierge que premierement luy vendroit au deuant saillant de la. Quant il fut esueille et sailli dicelle fosse/il trouua en son chemin sa seur candiopes qui vaquoit pareillement comme luy a chasses. Et la tira par force/elle Resistant en icelle fosse et la abusa de elle/et eut de elle ung filz que il nomma hippolagum. Quant enopion sceut il fut indigne/et luy commanda que il sen allast en exil. Par ainsi orion priue de lesperance du royaulme print du conseil de loracle/lequel luy respondit quil recouureroit lhōneur royal sil alloit en oriāt Lors print des nauires et candiope auec son petit filz/et par laide dung marinier bien expert fut porte en thracie. La par sa vertu et par la faueur du ciel il supedita les habitans dicelluy pais et fut repute en grāt pris/et appelle filz de neptune. Je croy que lintencion des fictions assez appert par ceste histoyre veue et entendue

Theod.

De hippolagus filz de orion qui engendra driantes. Chapitre.xx^e.

Ainsi quil appert dessus hippolagus fut filz de orion et de candiope. Duquel ne me recorde auoir aucune chose leu/ si non quil engendra drias

De drias filz de hippolagus qui engendra licurgue. Chapitre.xxi^e

Stacius

Drias fut filz de hippolagus tesmongnāt stace qui dit. Il meut lorrible dras/duquel orion trouble fut auteur du sang. Theodonce dit que

Theod.

ce fut moyennāt hippolagus/duquel il fut filz. Ce drias fut a la guerre thebanienne/et suiuit et fauorisa les parties de othiocles. Et quant il eut par mortele playe blesse en bataille parthonopeus comme lactence dit/il fut tue par diana par ses fleches. Il eut a femme clystimena du pais de colchos/de laquelle il eut vng filz nōme licurgus.

De lycurgus filz de drias qui engendra angeus arpelices et phillides. chap. xxii^e.

Homer^9

Comme il plaist a homere en son iliade licurgus fut filz de drias car il dit ainsi. Licurgus fut filz cheualereux de drias. De cestui cy sont plusieurs choses narrees. Car homere au lieu dessusdit narre que quāt licurgus poursuiuoit les nourriches de bachus musees en nyse/et q̄ bachus creingnāt sen fuit en la mer licurgus fut fait odieux aux dieux et fut priue des yeulx.

Seruius

Seruie dit que quant ce licurgus cōtēnoit bachus/et que il cuidoit couper les seps des vignes de lui/il se trancha ses cuisses. Lactence dit quil fut roy des

Lactāci^9 Lucurg^9 fut le primier qui trouua a mettre leau au vin

thraciens/et q̄l fut gecte en la mer/pource quil fut le premier qui mist et mesla leau auec le vin/et quil auoit infait et gaste de plusieurs venins le buuage pur et net/lesquelles choses tant diuerses peuent estre ainsi reuoquees et mises en vng. Seruie escript q̄l fut hōme abstinant de vin/et que a ceste cause il contēnoit le vin/et pource fut aueugle p les dieux/pource quil ignoroit les cōmoditēs de si noble liqueur moderement prise/et que ce pendant quil contennoit le vin et coupoit les seps des vignes. A ceste cause ilz feindēt quil sestoit tranche les cuisses/pource que la boisson du vin fait lhomme plus prōpt en toutes choses. Ce quil a este gecte en la mer nest autre chose que luy auoit este danne p sa simplicite et par la nature des choses a boire perpetuelemēt eaue Veu q̄l refusoit du tout en tout le vin. Ou autrement ilz veulēt quil fust coupeur et mespriseur de bachus/pource q̄l estoit tres grant buueur de vin. Et a ceste cause sembloit contenner et mespriser ses forces/et vertus/et pour trop engorger le vin il perdit les yeulx/ce que aduient a plusieurs. Ce qui est dit que il cuidoit couper les seps des vignes/ne veulēt autre chose/si non que en moult beuāt il croit mettre dedans soy la faulte du vin/mais il se tranchoit les cuisses cest a entendre quil se ostoit les forces delles ainsi que nous voyons souuent aduenir aux yures. Que quant il sont charges de vin/ilz chancelent en allant Ce qui est dit quil fut gecte en la mer/est pource que la mer est salee et la saleure fait soif. Et pource les buueurs tant plus ilz boiuent tant plus ont soif. Et pource semblent estre gectes en la mer. cest a dire en continuele soif

De angeus filz de licurgus Chapitre. xxiii^e.

Selon lactence angeus fut filz de licurgus Stace ainsi disant. Nous voyons les eacides menassant angeus. Il semble donc quil fut des argona ntes. Et a ceste cause ie ne cuide point q̄l fut filz de cestui/car nous lisōs que driantes pere de licurgus mourut en la guerre thebanienne. Laquelle fut long tēps aps. Isidore en son liure des ethimologies escrip t q̄ cestui fist la ville nōmee samos. Et par ce appert quil fut plus ancien que licurgus

De harpalice fille de licur gus. Chap. xxiiii

Harpalice ainsi que papias escript fut de thracie et fille de licurgus / et du tout adonnee a chasse. De laquelle virgile dit ainsi Harpalice de thracie a cheual fatigue et lasse par course legiere cõme oyseau et tourne hebus
Vergili⁹
Theodonce escript qlle laissa son pais et sen alla aux amazonnes et la seigneuria. Seruie escript delle que quant son pere ancien fut prins des gectes. Incõtinant quelle sceut / elle assembla grãt nombre de peuple plus tost quõ nespe roit que femme peult faire. Elle deliura son dit pere par force et par armes.
Theod.
Seruius

De phillis fille de licurgus Chapitre. xxv.

Ouidius

Phillis comme ouide en ses epistres escript fut fille de licurgus roy de thracie. Demophon apres la destruction de troye et dexe par la tempeste dicelle guerre vint a elle / et fut delle receu et au logis et au lit / lequel ouye la mort de mnesteus roy dathenes sen voulut retourner au pais / et fist rabiller ses nauires / et obtint de elle conge par aucun. Et pource que il ne retournoit point dedãs ledit tẽps elle estoit moult courroussee et desplaisante. Et comme aucuns veulent dune corde se estrangla. Les autres dient que quant elle se vouloit gecter dedans la mer a la pitie et misericorde des dieux elle fut conuartie en vng amandier / le ql flourit au tẽps que ledit demophon retourna. La raison de ceste fiction peult estre telle. Lamãdier en grec est appelle philla / auquel arbre icelluy nom demoura apres la mort dudit phillis. Cest arbre flourit quant le zephire souffle q est vent occidental tirant en thracie par la region greque. Ce vent icy est bon aux plantes et aux grains / et les fait flourir Et de la fut la fable trouuee que phillida sesiouyt et flourit quant amasius retourne dathenes

De minos filz vingt et siziesme de iupiter q engẽdra androgeus: glaucu⁹ ariadne phedre et deucalion. Chapitre. xxvi.

Minos est dit filz de iupiter et de europe engẽdre par la raison qui sensuit. Ilz dient que europe fut fille de agenor et quelle pleut grandement a Jupiter de cretense. Et par laide et seruice de Mercure aduint que icelle vierge aduint des pasturages des mõtaignes au riuage de la riuiere. Ledit Jupiter se transforma en vng taureau blanc / et se mesla auec les autres taureaux vaches et grant bestail et se communica si familier a icelle vierge quelle se delectoit a le veoir si priue. Et premierement osa le toucher et manier des mains. Et apres osa monter sur son dos. Lors iupiter tout belement se tira vers le riuage de leaue Et de la se mist a nouer dedans leaue. Icelle vierge eut grant peur et de toute sa puissance se tenoit au doz et aux cornes de luy Et ainsi nouãt le taureau la porta iusques en crete. Et la iupiter reprint sa forme humaine / et iouyt des amours delle et eut delle trois filz / cestassauoir minos radamãtus et serpedon. Minos quant il fut dage suffisante print a fẽme pasiphes fille du soleil et engendra delle filz et filles. Entre lesquelz androgeus fut de clere et bõne nature / et p lenuye des atheniẽs et megarẽces fut occis / po^r ce q en la luite et exercice des armes il surmontoit tous les autres. Minos pour la vengence de ce requist a son pere hostie & victime / cest a entendre sacrifice digne de ses autiers. Jupiter lui bailla ung taureau resplendissant de belle blancheur / minos delecte de la beaulte dudit taureau oublia le veu religieux ql auoit fait / & layma mieulx pferer & metre auec ses vaches & bestail que de loccir pour sacrifier / & dung autre taureau fit sondit sacrifice / et ce fait sen ala a la guerre en laquelle guerre apres quil eut vaincu les megarẽses par la mauuaistie & tromperie de la fille du roy nisus nõmee scille / apres il vainquit par guerre les atheniẽs lesquelz il fist ses subiectz par seruitude vilaine et infame / cest assauoir que tous les ans il enuoyeroit a crete sept enfans nobles / lesquelz seroient pour guerdon & salaire aux victeurs en lexercite darmes lequel excercite & solennite il auoit constitue a lanniuersaire de androgeus. Ce pendant aduint par laide de iupiter et p la haine de venus ce que fut acompli en la lignee du soleil / que pasiphes ayma ung taureau garde par minos / & par le seruice de dedalus elle coucha auec luy & de lui enfanta ung filz moitie hõme & moitie taureau par laquelle ignominie fut grandemẽt maculee la gloire du victeur minos lequel minos quant il eut enclos dedalus dedens le labyrinthe ql auoit fait / & aussi son filz icarus theseus filz du roy Egeus vint enuoyer par sort par les Atheniens / Lequel apres quil eut deffait minotaure & quil eut deliure les atheniens de ladicte orde seruitude secretement sen ala de crete / et mena auec lui arriadne & Phedre toutes deux filles de minos. Et dedalus dautre part fit des esles pour lui & pour son filz & sen vola des paisõs en sicile Quãt minos fut de ce aduerty il ala cõtre eux par armes. Mais ainsi que aristote escript en ses politiques il fut tue par les filles de crocalus en vne ville de sicile nõmee camarinũ Les poetes lont feigt & dit apres sa mort estre iuge en enfer ai si quil appert par les vers de virgile disant Minos questeur meut le vaisseau des corps mors & appelle le conseil des taisans & aprent les vies & les crimes. Virgili⁹

Et affin que tant de choses meslees auec histoires & fictions soient declarees il fault sauoir que ce qui est dit que minos fut repute filz de iupiter aucuns veulent estre vray / & lors veulent que iupiter fust hõme & roy de cretense / & q̃ europe fut prinse entre mincie & monice & au riuage des pheniciens / & ne fut poĩt portee en crete dessus le doz du taureau / mais en vne nef laquelle auoit lẽseigne du taureau ou le nõ du taureau / & la fut assemblee auec le roy iupiter & eut minos & les autres enfans Aucun⁹ veulent quelle ait este rauie & despucelee par iupiter / & finablemẽt auoir este mariee a asterie roy de cretẽse / & auoir eu de lui les enfans que auons ditz ainsi que eusebe en son liure des temps escript / & sil est ainsi il est feingt quil soit filz de iupiter. ou pour amployer la gloire de lui / ou pource quil sest fait semblable par ses euures a la planete iupiter. Eusebi⁹

Car entre autres choses il fut hõme iuste a tous ses subiectz constant & bon iusticier / & fit loix aux cretẽses lesquelles nauoient point encores eues. Et affin que icellui peuple rude & sans eruditiõ les eut plus agreables il se poit seul dedens vne grande fosse & quant il veoit quil auoit compose aucune chose bõne & vtile il sailloit & demonstroit quil portoit cela de son pere iupiter. Par laquelle astuce par aduenture est aduenu quil a este filz de iupiter / & les lettres par lui composees & faictes ont este grandemẽt prisees. Jl me semble quon ne peult aucunement conceder quil ait este filz de asterius par le temps qui ad ce discorde veu que asterius côme il est notoire regna en crete quât danaus regnoit aux arginiens enuiron lan du monde troys mille sept cens cinquante et trois/veu q̃ la guerre ql fit contre les atheniens fut regnant le roy egeus qui regna enuiron lan du monde trois mille neuf cens et soixâte dedalus sen estre vole est pource feingt que secretement sen ala côme sil ce voloit en nauires longues qui sont moult grandement ad ce propices. Il est pource dit dieu en enfer pource quil a compose loix et excercer loffice de iuge en faisant iustice et raison a chascun de ce que leur demandoient / ayant regart a nous qui sômes inferieurs aux corps celestielz. Certes on ne doit point laisser côment vainement les escriuais ont opine du têps de cestui/car il est leu

Eusebi^9 en eusebe que minos regna en crete lan dixeseptiesme de hirceus roy des arginiens qui fut lan du monde trois mille sept cens quatre vingtz et seze. Et peu de temps apres regnant acrisie aux argiens les cretenses prindrent europe lâ du monde trois mille huit cens soixâte neuf qui appert combiê il differe au superieur/et la ensuyuant est escript q̃ q̃t pandion regnoit a athenes europe fut prinse ce que peult estre enuiron lan du monde trois mille neuf cens et seze. Et ce trop mieulx conuient que les temps dessusditz auec les chosesqui sont leutes de minos. Car ainsi que celui eusebe dit estre recite par paradius quant egeus regnoit a athenes Minos obtit la mer et fit et donna loix aux cretenses/ ce que on apparcoit auoir este fait lâ du monde trois mille neu f cens cinquâte et trois/combien quil soit la leu que pla

Plato ton argue ce estre faulx. Toutesfoys ilz conuiennent auec les choses qui sôt recitees de minotaure par philochoru^s ou liure attides combiê quilz discrepêt vng peu aux choses qui apres sont escriptes par eusebe qui afferme que lan soixante et vng du regne de atreus q̃ minos en sicile print armes contre dedal⸗ qui fut selon le compte des ans du môde lan quatre mille et deux/lequel seul auteur a moult de differance auec tous les autres/combien quil soit possible ql ait tant longuement vescu si les têps des choses ensuiuantes ne contredisoyent en ce côme il apparoistra apres. Les choses qui appartiênent a taurus et a pasiphes sont assez expliquees la ou est parle de pasiphes.

De androgeus filz de minos. chap. xxvii^e.

Androgeus fut filz de minos et de pasiphes ieune hôme desquise vertu/lequel par enuie fut occiz p les atheniês megarenses pource que a athenes il surmontoit tous autres a la luite et exercitation des armes Son pere par vengence de ce tua nisus le roy des megarences/et par cruelle guerre deffit les atheniens et les fit ses tributaires.

De glaucus filz de minos. chap. xxviii^e.

Ainsi que seruie escript glaucu^s fut filz de minos/mai^s il nescript poît de quelle mere. Et ainsi que icellui seruie dit il vint en italie et requeroit a auoir lempire ce que ne lui fut point concede pource quil ne faisoit aucun bien aux habitans du pays côme son pere auoit fait qui leur auoit enuoye vne ceinture pource quilz aloient sans ceinture a ceste cause il monstra lescu duquel il fut nôme labicus et les peuples labiciê^s Et aîsi semble que minos ait aucunes fois regne sur les italiês/ce que ie me merueille/et suspecône que les vocable^s corrôpuz facent aussi listoire corrôpue. Seruius

De ariadne fille de minos & fême de bachus. cha. xxix

Ariadne fut fille de minos & de pasiphe ainsi que Ouide souuent tesmoigne. Elle ayma theseus qui estoit enuoye en crete par les atheniens / & demourerent ensemble moyennent ce quil lui promit sur sa foy quil len porteroit pour sa fême & sa seur phedra pour hippolite / elle lui enseigna cõment il pourroit entrer dedẽs le labyrinthe & surmõter & desfaire minotaure / & saillirent dicellui par la conduite dung fil / lequel apres ce quil eut tout ce acompli il mit dedens vne nauire de nuyt ariadne & phedra & secretement sen ala / & sen ala en lisle nõmee chios cõme ouide dit ou en lisle nõmee naxo cõme lactence escript / et la laissa dormante ladicte ariadne & de nuyt sen ala. Quant elle fut esueillee & quelle se vit laissee & abandonnee elle cõmenca de remplir tous les riuages de clameurs & vlulemens feminins. Mais bachus qui par fortune la auto[illegible] nauigeoit print en icelle plaisir & laima & la print a fême. Et ainsi quil plaist a aucuns eut delle vng filz nõme thoas roy de lennũ. Quant bachus eut surmonte & desfait le roy des indiens & quil fut amoureux de sa fille ariadne long temps de ce se plaignit. Mais bachus par embrassemens & doulx & agreables langaiges la rapaisa. Vulcan parauant auoit fait vne courõne & lauoit donnee a venus & venus lauoit pstee a ariadne / laquelle bachus porta au ciel & la orna de neuf estoilles & la nõma du nom delle ariadne. Et pareillement auec elle tira au ciel la liure & la fit ymage au ciel. Naxo ou chios sont isles tresbonnes & abondantes en vin / & ie cuide icelle ariadne auoir este prinse de vin. Et pource quelle estoit yuresse ie cuyde quelle fut abandonne dudit theseus / & pource quelle vaquoit a beuuerie elle fut apres dicte fême de bachus. Et pource que toute honnestete dune fême est ostee par vin / venus lui donna la courõne. cest a entẽdre quelle fut remuneree denseigne de volupte charnele pource quelle fut portee au ciel / cest a entendre quelle vint a la congnoissance de tous / & son detestable crime nestoit point seulemẽt aux lãgages des hõmes / mais aussi par le vin elle cheut entre les bras de chascun.

De phedra fille de minos & fême de theseus. chap. xxx.

Phedra fut fille de minos & de pasiphes ainsi que par ancienne renõmee est assez diuulgue. Ceste auec sa seur Ariadne apres que par minotaure fut surmonte & desfait sen a la auec theseus / & ariadne fut laissee cõme il est dessus dit / & elle fut fême de lui / & enfanta de lui demophon & antilocus. Finablement quant theseus auec perithee descendirent aux enfers pour rauir proserpine elle aima hippolite filz de sa mere / mais dautre mariage redit hipolite ne voulant consentir a la voulente desordonnee delle / & elle enflambee de fureur laccusa a theseus quant il retourna du lieu dessusdit disãt quil lauoit voulu prendre par force. A ceste cause hippolitus fuyant lire de son pere ainsi quil est dessusdit par cheuaulx qui le tirerẽt en mauuais chemins cõme il est dessus escript / touteffois quant la renõmee fut quil estoit elle se repentit de sa faulse accusation & confessa son crime a theseus & de lespee de hippolitus elle transpersa / mais seruie dit quelle se estrãgla

De deucalion filz de minos qui engendra hidumeneus. chap. xxxi.

Deucalion cõme il plaist a homere en son iliade fut filz de minos / mais il nest point certain de quelle mere. Toutesfois il peult estre presume avoir este son sucesseur veu que hidumeneus Roy des cretenses fut son filz.

De hidumeneus filz de deucalion qui engẽdra orsilocus chap. xxxii[e].

Hidumeneus tesmoignant homere fut filz de deucalion. Il fut avec les greczen la guerre contre les troiens. Et ainsi que servie escript quant troye fut destructe & ql sen retournoit par mer en son pays vexe par tempeste se voua aux dieux que silz lui concedoient retourner sauf en son royaume il leur feroit sacrifice de la chose laquelle premierement lui viendroit au devant Quant il fut parvenu au rivage cretense advint que devant tous autres sõ filz vint le premier au devant par desir quil avoit de veoir son pere. Et pource que ainsi que aucuns dient que il le sacrifia aux dieux. Ou q selon les autres il le voulut faire / il fut par sa crudelite chasse de ses citoiens / & pource il rentra en sa navire & de la fut transporte iusqs au promontoire & lieu apparant en la mer de calabrie appelle salentinũ / et la il delibera faire son exil / & assez pres du rivage de la mer ordonna une cite pour lui & les siens nommee petilie.

De orsilocus filz de hidumeneus. chap. xxxiii[e].

Orsilocus fut filz de hidumeneus cõme homere escript en son odissee ou il descript la genealogie de iupiter iusques a lui. Il suyvit son pere hidumeneus en la guerre troyenne / & cõbien que en tout le temps de ladicte guerre toutes choses lui eussent succede heureusement a la fin par son orgueil quant il resistoit de toute sa force que la sort & part de la proye de troye prinse ne fut baillee a Ulixes il fut par lui tue.

De sarpedon xxvii[e]. filz de iupiter qui engẽdra antiphates. chap. xxxiiii[e].

Sarpedon comme homere dit fut filz de iupiter & de laodomie fille de bellorophon. Servie suyt aussi les paroles de homere. Mais sainct augustin semble autrement opiner / quant il dit par iceulx ans & temps / cestassavoir regnant danaus sur les arginiens & du roy xantus des crethenses / duquel no⁹ avons aux autres autre nom Heurope dit estre ravie et prinse / & de la furent engendres rhadamantus sarpedon & minos. Ce qui plus est divulgue de icelle mesme femme avoir este filz de iupiter Les autres dient quilz furent filz de asterie. Et pource ie cuide cestui & non point lautre estre sarpedon. Veu que icellui fut long temps par avãt / mais pource que il nest de lui aucune chose leute / souffise de mettre icy son nom. Et pource suivons cestui duquel avõs leut. Doncqs cestui cy fut roy de licie et suyvit la bende des troyens contre Agamenon et les grecz / & fut homme tres renomme en armes / & en bataillãt fist plusieurs choses dignes de memoire / comme il est escript par memoire en son iliade. Finablement il fut tue p patroclus / & par le commandement de iupiter / le corps de luy mort fut oste par apollo du meillieu de la bataille / & fut lave au fleuve & arrouse de liqueur ambrosienne / & vestu dune robe royale & restitue a ses parens pour faire ses obseques. Le peu qui est icy de fiction ne veult autre chose / si non que leuvre du medecin ledit corps mort fut arrose et oingt doignemens pour la cõseruation de lui.

De antiphates filz de sarpedon. chap. xxxv.

Antiphates fut filz de sarpedon tesmoignant Virgile disant. Antiphates se mouuoit & faisoit le premier des bastars du hault sarpedon & de mere thebanienne. Apresque troye fut destruicte il suiuit eneas en italie / & la mena guerre cõtre turnus & fut p lui occiz

Virgili⁹

De rhadamantus. xxviii. filz de iupiter. chap. xxxvi^e.

Rhadamentus fut filz de iupiter Et ainsi que tous veulent fut filz de europe / & regnant le roy danaus / & selon eusebe fut roy de licie / et pource quil estoit tresrigoureux executeur de iustice les poetes le feindrent estre aux ẽfers pour enquerir de coulpes & pechez des malfaicteurs disant Virgile ainsi. Gnosius Rhadamantus a royaumes tresdurs & aspres. Il oyt & chastie & contraint de cõfesser les deceptiõs de⁹ mauuais. Nous deuons entendre de la naiscence & fiction de cestui ainsi quil est dit de minos.

De archisius xxix. filz de iupiter qui engendra laertes. chap. xxxvii^e.

Ouide tesmoigne que archisiu⁹ fut filz de iupiter Ouide descriuant Vlixes parlant & exposant & declarant sa nobilite contre aiax par ce peu de paroles dit ainsi. Laertes dit archisius est mon pere & iupiter est pere de mon pere

Ouidius

De laertes filz de archisius qui engendra echimenes et Vlixes chap. xxxviii.

Laertes cõme il a dessu⁹ este dit fut filz de archisius. Il print a fẽme anticlie fille de antolicus & eut delle Vlixes & ses seurs / & dit Vlixes contre son vouloir aler contre les troyẽs parquoy il tira sa vie ãnuyeusemẽt par labeurs iusques ad ce quil le vit retourner aps s longs chemins ql auoit fait & vengeãt les iniures.

De echimenes fille de laertes. chap. xxxix^e.

Homere en son odissee escript que echimenes fut fille de laertes disant ainsi. Quant la fille de venerable habillement echimenes laquelle engẽdra le plus ieune des filz / cest assauoir laertes / & ainsi quil appert en icellui liure les parens delle la baillerent a femme a vng nomme samindis.

homerus

De Vlixes filz de laertes q engendra telemacus / telegonius / & anxomius. chap. xl.

La lignee du noble hõme Vlixes est doubteuse aux anciens / Car aucuns dient quil fut filz dung larron nõme sisiphus. Car seruie escript q̃ anticlie sa mere deuant les nopces auoit couche auec sisiphus filz de eolus / & auoit conceu Vlixes. Ce que aiax thelemonien publiquemẽt lui obissa disant quil estoit engendre du sang sisiphien. Ce que aussi theodonce afferme disant que anticlie espousa premierement sisiphus & la laissa ia enseinte & print laertes / & de ce q̃lle auoit conceu de sisiphus enfanta Vlixes. Leonce dit que quãt anticlie eut espouse laertes & quelle alla a loracle pour prendre conseil de lui elle fut prinse & rauie par sisiphus larron / lequel fut apres tue par theseus. Elle fut faicte grosse par ledit sisiphus & luy

enfanta Ulixes. Les autres dient quil
fut filz de laertes côme homere & Virgile & la ancienne & inueteree renômee de
plusieurs siecles ainsi le tesmoignent.
Et ensuiuant icelle autorite ie ditz Uli
xes estre filz de laertes. Il fut hôme de
hault conseil & de tresgrant engin et est
incertain sil valut plus par fraude que
par vertu. Homere la tressouuent appelle hôme de moult de manieres côme
cellui qui auoit maniere & astuce a tou
tes choses. Il souffrit plusieurs choses
lesquelles choses il surmonta par merueilleuse côstance. Lui estât ieune prît
a fême penelopes fille de icarus vierge
tresbelle de corps & de vertu/et delle incontinent eut vng filz nôme telemacus
Finablement quant heleine fut prinse
p paris & que palamedes faisoit le chois
Seruius des grecz côme seruie dit il se parforca
daller & suyuir a troye & se feignit estre
fol & hors du sens. Et quât palamedes
fut venu en Ithacie il ioingnit en iouc
pour arer & labourer la terre bestes de di
uerses especes/& fut trouue semant le
sel/mais palamedes souspeconnant la
stuce dudit Ulixes print ledit telemachus
pour experimenter la fraude de lengin
dudit Ulixes & le mit deuât la charue de
laquelle il labouroit la terre. Quât Uli
xes vit ledit petit enfant telemachus il
osta sadicte charrete/& ainsi Ulixes fut
congneu se feindre & fut contraint daler
a lassemblee de ladicte guerre/en laqlle
perseuerant long temps le siege il garda grandement lamitie de diomedes e-
tholien. Et apres quil eut mene ephige
nie au têple soubz espece de nopces po
congnoistre lopportunite des propices
il ala auec les autres a troye ou il fit plu
sieurs choses opportunes par tresgran
de industrie & astuce pour obtenir la vi
ctoire de la chose par eulx entreprinse.
Theod. Car ainsi que theodonce escript par lastuce de Ulixes fut fait que achilles qui
estoit musse en abillement de vierge a-
uec les filles de lycomedes fut p sa mere trouue/& fut enuoye audit siege par
leuure & industrie de Ulixes Les fleches
de Hercules sans lesquelles on disoit q
troye ne pouoit estre prinse furent p loracle trouuees/& furent obtenues par
philotectes & portees a troye par Ulixes
les cendres de laomedontes qui estoiet
gardees sur la porte de troie nômee scea
furent ostees Apres lui auec diomedes
Rauit de troye le palladium fee. Et a-
pres que dolon fut occiz il fut pareillement fait auec diomedes explorateur &
occist de nuyt le Roy de tracie nôme rhe
sus/& amena aux tentes & pauillôs des
grecz les cheuaulx blancz de lui deuant
quilz eussent beu de leaue du fleuue nôme xanthus Et ainsi que seruie escript
aucuneffois vestu dabillement dun hô
me poure & mendiant lui voulât a souf
fert estre batu affin quil entrast explora
teur dedens troye/& raporta loyalemêt
ce quil auoit trouue/& fut seulemêt vne
fois congneu Et pource ql valoit môlt
par florissante eloquence il exerca aucuneffois loffice de legat & embassadeur
pour paix & concorde entre les grecz & le
Roy priame. Il a tressouuent monstre
au milieu des batailles combien il valoit par armes Pareillemêt il a souuêt
aide aux grecz en leur assemblee par cô-
seil. Il eut haine couuerte & dissimulee
auec palamedes pource quil lauoit tire
contre son courage a la guerre Et pource
quil auoit apporte blez de thracie laqlle
chose lui enuoye pource faire il ne voulut faire/& a ceste cause il machina par
fraude la mort de lui. Et ainsi quil est
dessusdit la ou est parle de palamedes
Finablement on croit quil composa et
fit la prodition par lart de synon ou autre que troye fut prinse & destruicte Apres
que troye fut destruicte il print noise a-
uec Aiax thelemanien pour les armes

dachilles/lesquelles par son eloquence il obtint contre lui. Et apres que orsilocus filz du Roy de chrete fut tue pource quil cõtredisoit que aucune partie de la proye troyenne ne lui fut donnee cõme auoit este dõnee aux autres princes/& q̃ polixene fut tuee/& astyanactes fut occiz dung gros caillou/Vlixes monta en ses nauires pour sen Retourner au pais Mais il aduint moult aultremẽt q̃ son desir nestoit/car il fut moult trauaille sur mer par tempestes/& par lespace de dix ans fut moult agite & trauaille de tempeste de mer & chasse en diuers lieux premierement cõme lui mesmes en lodissee de homere Recite a altion Roy des

Homerus pheaques per les vagues & vndes de la mer. Il fut chasse aux cicones. Et apres quil les eut expugnez & quil eut mis a proye toute la cite nõmee ismarus et quil eut perdu peu de ses compaignõs il fut chasse par tempeste aux lothophages. & quant il eut enuoye explorateurs a lothus & quil eut goute ledit lieu ilz neurent cure de sen Retourner. Par ainsi se Retira en sicile & de la chasse entra auec douze de ses compaignons dedẽs la grãde fosse & demeure dessoubz terre de poliphemus cyclopien ou apres que ledit poliphemus eut deuore six des compaignõs de Vlixes il lui creua vng oeil dun long baston brusle au bout & lui & ses cõpaignons se couurirent de peaulx de moutons/& ainsi auec six de ses cõpaignons qui restoient sen saillit hors de la fosse dudit poliphemus. De la fut porte en eolie & obtint de eolus des vens assemblez dedens vng grant sac de cuyr Et quant il estoit la pres de itacie & quil eut ouuert icellui sac & que ses compaignons cuiderẽt que ce fust tresor/le vẽt contraire souffla & le Rechassa en eolie/mais il fut de la chasse par eolus & nauigea six iours & vint iusques aux lestrigones/lesquelz il eut contre lui & perdit ses nauires & ses compaignons Et fuiant auec sa seule nauire paruint a cyrces/laquelle trãsforma en bestes les explorateurs de Vlixes. Et il print de mercure vne medecine/& icelle prinse vint sans aucune peur deuers elle & tira son glaiue & la menassa de tuer si incõtinẽt elle ne Retournoit a ses cõpaignõs les premieres formes humaines quilz auoient/ce quelle fit. Et Vlixes vsa de lamitie delle lespace dun an/& eut delle vng filz nõme thelegonus. Il Refusa delle immortalite/& fut instruit par elle des choses quil deuoit faire. Et quant alpenor fut par aduenture et violence mort il laissa ce lieu & monta en sa nauire & ꝑ vẽt ꝓpice fut amene en vne nuyt iusq̃s a la grande mer. Et lors il fit sacrifices telz quil lui auoient este monstrez & enseignez par ladicte cyrces/et par ce eut ouuerture & chemin pour descẽdre aux enfers la ou il trouua ẽtre autres la mere anticlie & alpenor qui peu par auant auoit este en enfer precipite. Et la fut certifie de plusieurs choses aduenir par tyresie vaticinant & les choses p̃disant De la Retourna a sa nauire & Retourna a ladicte cyrces & vint en lisle des sereines/& elouit & estoupa de cire les oreilles de ses compaignõs/& cõmanda que luy mesmes fust lie au matz de la nauire affin quilz ne puissent diuertir a elles Et ainsi il passa iceulx lieux & chãs delles. Il passa par tresgrant labeur & dangier les lieux moult perilleux en mer q̃ sont nõmez scylla & charibdis Et quãt il vint aux lieux ou les nymphes seules gardoient le bestail il cõmanda a toutes ses gens quilz ne touchassent audit bestail. Lesdictes gens estoient moult affamez/& pource vng nomme eurilocus leur persuada que quant Vlixes dormiroit quilz prinsent dudit bestail pour mẽger/ce quilz firent. & a ceste cause eurent intollerable tẽpeste sur mer/par laq̃lle leur navire fut cassee et rompue/et tous les compaignons dudit ulixes perirent en la mer. Et lui seul nud tenant le mas de la navire fut agite et travaille par les undes de la mer et le vent lespace de .ix. iours/et finablement applica en lisle nommee ogigie et la fut receu par la nymphe nomme calipso/et fut la par elle detenu lespace de sept ans. Finablement quant il eut a grant peine impetre delle son partement et quil eut delle obtenu navire et compaignons neptune fut contre luy courrousse pource quil avoit tue en bataille son filz nomme cygnus/et pource quil avoit fait demolir troye laquelle il avoit edifiee il avoit aveugle le filz cyclops Pour ses causes neptune le vexa moult en mer et le contraignit apres sa navire noyee quil sabandonnast aux undes de la mer. Leoncothoe eut pitie de lui ainsi noant aux undes de la mer/et lui bailla son voil par laide duquel le tiers iour il parvint au rivage/et quant il fut entre aux portz du fleuve des pheniciens il getta ledit voil en la mer et se mist tout nud entre les branches Et dessoubz les fueilles des bois/et ainsi la le trouva nausisthee fille de alcinous laquelle le vestit/et de la par laide de pallas fut amene a arethis femme du roy alcinous/et la eut des grans dons et navire et compaignons qui le reduirent iusques en ithacie ou il le mirent dormant avec ses dons. Il fut excite par pallas et admoneste des choses quil devoit faire/et se desguisa en la forme dung homme vieil et mendiant/et vint iusques a ses gardeurs de bestail/entre lesquelz il vit telemacus et avec lui parla/finablement il fut mene incongneu en son pays par son porchier nomme sybotes/et la en sa propre maison souffrit aucunes choses ignominieuses par ceulx qui demandoyent en mariage penelopes. Alendernier il fut recongneu par la nourrisse nommee euriclia/et de guet apense avec son filz et deux porchiers print armes contre les dessusditz demandeurs de penelopes et avec griefve baterie les tua tous Combien que theodonce escrive quil leur osta les yeulx et quil les mena a si grande misere quil demouroient aux carrefours demandant laumosne pour eulx vivre. et quant il eut veu ladicte penelopes il sen ala a la ville pour veoir laertes qui estoit vieil et ancien. Theodonce escript quil fut apres espouante par divers songes Et lui querant linterpretation diceulx eust en response quil se gardast de son filz/pour quoy il sen alla en lieux separez et tant quil peult evita les choses pretendues par ceulx songes. Thelegonus lequel il avoit eu de cyrces querant son pere ulixes vint en ithacie ou lui fut refusee la maison. Et pource quil estoit robuste ieune homme il tua plusieurs de ceulx qui lui prohiboient la maison. A la fin ulixes getta contre lui ung dart mortel lequel telegonus evita et le print et le getta contre son pere. Ulixes frape de ce coup congnoissant sa mort interrogua qui estoit cellui qui lavoit frape et navre. Quant il eut ouy le nom et le pays et quil eut congneu estre son filz/et veu quil ne peult eviter et fuyr les choses qui par avant lui avoient este dictes il mourut. Leonce dit que quant thelegonus queroit ulixes icellui ulixes fut touche dune areste de poisson fort envenimee et que a ceste cause il mourut. Certes ceste histoire est longue combien quelle soit succinctement narree et quelle soit entremeslee daucunes fictions desquelles la plus part est monstree aux choses dessus escriptes pource voyons briefvement ce qui reste Et premierement que signifient les vens mis dedens ung sac de cuir lie dune chaine dargent Et iceulx vens deliez par les compaignons de ulixes Homere veult en son odissee ung bon homme/et entre autre choses vou

Theod.

lant monstrer ce que par la bonte diui-ne nous est donne a nostre natiuite Dit que les dens/cest a entendre les apetis concupiscibles sont donnez par eolus/ cest a dire par dieu a lōme bon En cuir cest a dire en larbitre et voulente de laage virile laquelle doit estre forte et constante comme cuir de beuf Et ceulx cy sont liez dune chaine dargent/cest a entendre de sauoureuse renommee de clere vertu/par laquelle aucuns gardent mieulx ledit cuir clos et ferme que par consideration et regart de diuine amo[r] Toutesfois les compaignons de vlixes se sont les sens humains des corps desquelz par nostre paresse sōt nompareillez a raison deslier icelle chaine/cuidāt que ce soit prope reputans la vie en voluptez estre meilleure et plus doulce a ceulx qui ne sont contrains par aucune reigle que eulx estre liez en raison ferme et constante. Et ces choses deliees quant nous cheons en ceste et aultre lasciuies et voluptez Les tempestes se esleuent au courage/cest a entendre rougeurs et erubescences en face/reprehensions de conscience et autres mutatiōs de courage/tristesses/pouretez/maladies/et mille especes de maulx lesq̄lz nous esloignent et ostent de nostre pais/cest a dire de repos. Que vlixes sen soit alle a la grande mer et la lui auoir este ouuert le chemin pour aler aux enfers par aucuns sacrifices faitz. Je cuide que vlixes nauigea par vne nuyt iusques au lac auernien a lentree et port dit baian. Et la quant alpenor fut occiz il fit se sacrifice ort et deshōneste/par lesquelz les ames estant en enfer sont renuoyees sur terre. Et par ainsi la il eut responce par les esperitz ors et mauuais touchant ce quil demandoit. Le voil que leucothoes presta a vlixes nud saillant de mer/ie ne cuide autre chose estre sinō lesperance arrestee et asseuree deuader/ laquelle il gardoit en son grant courage Celle esperance fit que par desespoir il ne perist/et que icelle esperance fit quil obtint ce quil esperoit/et q̄l retournast arriere en nauigeant. Ce qui est dit q̄l fut tressouuent ayde par pallas est que par elle aduerty et instruit euita moult de perilz/et fit plusieurs choses a lui opportunes et bonnes.

De telemachus filz de vlixes. chap. xli^e.

Telemachus fut filz de vlixes et de penelopes/et fut petit laisse a sa mere/lequel souffrit plusieurs choses par ceulx qui demandoient sadicte mere en mariage comme dessus est dit/et a la fin auec son pere se vengea de to[us] eulx

De telegonus filz de vlixes chap. xlii^e.

Telegonus fut filz de vlixes et de circe s/lequel lui estant grant cerchant son pere pource quil ne le cōgnoissoit il le tua. Et ainsi que ouide escript il fit faire la cite nommee tiburis en son retour en italie/Ouide disant ainsi. Ouidius

Ja estoient les murs de telegonus et de tiburis humides par dehors. Et estoyent les mains arbaliques qui la firent. Papias dit quil edifia tusculum

De ausonius filz de vlixes chap. xliii.

Pol lombart en son histoire quil escript des faitz des lombars dit que ausonius fut filz de vlixes/et dit q̄ toute italie fut de lui nommee ausonie Mais tite liuie semble opiner autrement Titus liuius en son neuiesme liure de Romme fondee disant que minturne & destine citez des ausonides furent prinses par trahyson par marc pellius & par neye sulpicie cõsulz. & que toute la gent ausonie fut ẽsque destruicte. Et ainsi toute icelle partie ditalie fut nommee ausonie. Je cuyde que cest ausonius fut cellui latin lequel aucuns veullẽt estre filz de cyrces & de Vlixes receu de la nymphe nõmee marica. Car seruie tesmoignant marica fut la deesse du riuage du fleuue nõme lyris des minturniẽs. Combien que plusieurs restent de la lignee de iupiter touteffois nous ferons fin a ce liure.

Cy finist lonziesme liure de bocace de la genealogie des dieux.

Sensuit le douziesme livre de la genealogie des dieux.

De Tantalus trentiesme filz de iupiter qui engendra nyobes ⁊ pelops. cha. premier

Lactãci⁹ Lactence dit que tantalus fut filz de Jupiter ⁊ de la nymphe nommee plotes. Eusebe escript quil fut Roy des phrigiens. Quant erithreus regnoit a athenes il eut guerre pour ganymedes Raup contre le pere de ganymedes ⁊ tropus Roy de dardanie. Et dient les anciens quil festoya en vng conuy les dieux. Et que pour experimenter leur deite il fit tuer son filz ⁊ mettre en pieces ⁊ cuyre / ⁊ icelluy cuyt mettre deuant les dieux a menger. Les dieux eurent de ce horreur et se astinerent de menger dicelle viande / ⁊ colligerent ensemble iceulx membres ⁊ restituerent ledit corps en sa premiere forme / ⁊ firent par mercure reuoquer des enfers lame / ⁊ la restituerent au corps. Quant ilz se apperceurent que audit corps de lenfant failloit vne espaule laquelle ceres auoit deuoree / en lieu dicelle mengee lui en firent vne diuire. Ilz getterent aux enfers tantalus ⁊ le condemnerent a tel supplice ⁊ tourment quil seroit plonge en vng fleuue iusques a la bouche ⁊ seroit vexe de continuelle soif. Et quant il baisseroit sa bouche pour en boire leaue dudit fleuue sabatroit tellement quil ne la pourroit toucher. Et sur lui adiousterent et mirent arbres chargez de pommes lesquelles descendoient iusques a sa bouche / Touteffois lui vexe par continuelle fain quant il se parforceroit de les prendre elles se eslieueroient autant que il se parforceroit de les prendre. Et ainsi fut fait que le maleureux homme diuant perist par fain ⁊ soif mis entre pommes et eaue. Voyons maintenant que nous deuons entre par ces fictions Et ce concede quil ait este filz de Jupiter ou drap ou attribue par aucune similitude et concede ce qui appartient a ganymedes ⁊ qui est escript la ou est parle de ganymedes. Je dis quil fut feingt auoir ainsi baille son filz aux dieux pour ce quil estoit homme tresauaricieux / et quil procuroit grandement augmenter ses biens / ⁊ aymoit comme son filz les blez par lesquelz il haurissoit ⁊ tyroit la pecune populaire / lesquelles choses lors il mettoit deuant les dieux quant il gettoit les blez dedens les champs labourez / et que les choses gettees dedens les rayes des champs sont au regart ⁊ deuant les corps superieurs. Et yceulx grains quant viennent a messons reprenent leur precedente forme par la vertu ⁊ operation des corps celestielz. Mais lespaule cest assauoir la semence est deuoree par ceres. Cest a dire est consumee par la terre / et est restauree comme iuire quant le ble croist / ⁊ est roboree et conferme par nourriture. Le tourment et supplice de cestui monstre clerement la vie detestable de lhomme auaricieux. Car fulgence escript que tantalus est interprete voulant et desirant Fulgẽci⁹ vision / ce que tresbien compete a vng chascun auaricieux. Car il nassemble point or ⁊ grandes richesses affin quil en vse mais affin quil les arregarde Et veu quil ne peult souffrir aucun bien lui estre faict des richesses ainsi par lui assemblees lui en elles mesmes perit de fain ⁊ de soif.

De nyobes fille de tãtalus et femme de amphion. cha. ii.

Nyobes fut fille de tantalus et de Taygetes ainsi quelle tesmoigne en Ouide disant. Tantalus est mon auteur auquel seul fut licite toucher les tables des superieurs. Et ma mere est la seur des pleyades Mais sauf la reuerence douide cellui Tantalus qui fut amy des dieux ne fut point le pere de ceste cy. Car cellui la fut homme piteux et roy des corinthiens/ et fut deuant par aucuns temps. Lactence dit que ceste cy fut fille de tantalus et de penelopes/ ainsi quil plaist a theodonce elle espousa Amphion roy de thebes/ affin que amphion fauorisast et tint le parti de pelopes menant guerre contre enomaus roy de Elide et de pise. Elle eut de Amphion sept filz et autant de filles. Combien que Homere en son Illiade escriue quilz furent seulement douze filz. Ceste femme fut de orguilleux courage/ et quant les Thebains par le commandement de manthon fille Tyresie sacrifioyent a Latone elle les redargua et increpa aigremẽt par paroles en se preferant a ladicte Latone. A ceste cause latone fut indignee et se plaignit a ses filz Parquoy aduint que quant les dessusditz filz et filles se iouoyent aux champs appollo occit les filz et Diane les filles. Et tous furẽt enterrez en vne montaigne nommee siphilon. Et ladicte Nyobes fut faicte vefue de son mary. Et elle estant aux funerailles de ses enfans fut conuertie en vne dure pierre. Il est dessus dit des filz et de Amphion/ et ce qui est dit quelle fut conuertie en vne pierre Tulles en son liure des questions tusculeines cuide estre feingt pour la perpetuelle silence delle en son plour. Mais theodonce en ceste fiction adiouste disant que encores appert en ladicte montaigne Siphilus lestatue delle en pierre si triste quil semble que par lermes elle meure/ ce qui nest point cõtre nature. Car les anciens ont peu metre en icelle montaigne vne statue de pierre dune femme plourant po^r memoire de la grande infortune de lorguilleuse femme. Et considere que la pierre est de nature froide et que les vapeurs humides de la terre se elieuent et se atachent a ladicte pierre qui est froide/ celles humeurs se resoluent en gouttes deaue en maniere de lermes. Et pource par aduenture les ignares cuydent que ladicte Nyobes encore faille et meure plourant.

Lactãc^us (margin) · Homer^us (margin) · Theod. (margin)

De pelops filz de tantalus qui engendra Lysidices/ atreus/ thiestes/ et phisthenes. chap. iii^e.

Pelops fut filz de tantalus et de taigete. Et ainsi que Barlaam escript il fut homme noble et cheualereux en guerre. Il regna aux Phrigiẽs et eut guerre contre Eonomaus roy de Helidie et Pise. Lequel comme thucidide^s escript fut tresgrãt et memorable La cause dicelle guerre fut comme pol escript que ce pelops requist en mariage Hippodamie laquelle il aymoit Et le pere delle Enomaus la lui refusa. Seruie escript que ceste Hippodamie pour sa grande beaulte eut plusieurs qui la requirent en mariage auxquelz ledit pere bailla et donna celle loy et

Barlaã (margin) · tucidides (margin) · Seruius (margin)

condition laquelle est dessus escripte la ou est parle de ladicte hipodamie. Mais barlaam dit que la chose ne fut pas ainsi/et dit que quant icelle cōdition ꝛ loy sembla inhumaine a Pelops/il meut guerre contre enomaus/ꝛ assembla grādes aides de sa ꝛ de la/ꝛ fit q̄ mirtilus cōnestable de larmee fut corrompu par lastuce de pelops/et par la fraude ꝛ deception de cellui Myrtilus enomaus fut deffait/et ainsi il toupt du Royaume ꝛ de hippodamie. Quāt ledit myrtilus requit a pelops guerdon de sadicte prodition Pelops le fit getter en la mer. Eusebe en son liure des temps escript que pelops espousa ladicte hippodamie lan quatorziesme du regne de Pritus roy des arginiens qui fut lan du monde trois mille huit cēs cinquāteseptiesme. Et peu deuant il dit que Pelops regna cinquantetrois ans sur les Arginiens regnant Lynceus aux arginiens. Et que les Peloponences furent nommez du nom de Pelops. Et dit aussi que ledit Pelops fut present aux Olympies quant Achrisius regnoit sur les arginiens/et que apres il meut guerre contre trope/et quil fut combatu ꝛ vaincu par Dardanus lan du monde trois mille huitcens quatre vingtz et vng. Combien quil soit leu que Dardanus fut long temps deuāt lui. Je ignore la verite de tant dopinions discordantes. Pelops eut plusieurs filz de hippodamie.

Barlaā

Eusebi⁹

De lysidice fille de pelops et femme de electrion. chapitre. iiii^e.

Lactence escript que Lysidice fut fille de Pelops et de Hippodamie ꝛ femme de electrion laquelle eut vne fille nommee Alcineue laq̄lle fut mere de hercules.

De atreus filz de Pelops qui engendra Alceonus/melampus/ꝛ eniolus. chapitre v^e.

Atreus fut filz de Pelops et de hippodamie. Et ainsi quon peut entendre par les parolles de Seneque en sa tragedie intitulee Thiestis. Il regna auec son frere Thiestes sur les Peloponēces par fois alternatiues/mais finablement discorde entre eulx venue la cause de laquelle Lactence ainsi declaire. Ainsi quil est dessusdit il appert que Myrtilus filz de Mercure fut par Pelops gette en la mer. Mercure portant se aigrement sema tant de zizanie ꝛ de noise entre Atreus ꝛ Thiestes ql deuindrent ennemys. Atreus auoit vng belin duquel Seneque le tragiq̄ dit ainsi. Pelops a vng noble bestail aux estables haultz/et a vng belin deuin qui meine le riche troupeau. Ledit belin a par tout son corps laine dor pendant. Et les roys neufz et nouueaulx portent derriere les ceptres dorez de Tantalus. Le possesseur de cestui regne fortune suyt cestui de si grāde maison seure separee ꝛ sacree Ce belin paist en partie les prez cloz de pierres et de mur sacre est cloz et garde le pasturage fee. Thiestes cuidant ꝛ desirant auoir cestui belin pour coucher auec Merope femme de atreus ne faillit point a son atteinte. Car il eut delle des filz et la osta a son mary. Parquoy lesditz freres vindrēt a guerre. Et Thiestes fut chasse du royaume. Et ledit atreus non

Seneca

cõtant de lexil de sondit frere par amo⁹
feingte le rappella / lequel croyant a sõ
autre frere vint atreus en vng conuy &
banquet & mit deuãt sondit frere ses .iii.
filz cuitz / & le sang diceulx mesla dedẽs
le vin & lui donna a boire. Et quant y-
cellui pere fut rampli de si cruelle viã-
de il commanda quon mist deuãt le maleureux pere les testes & mains de ses
enfans & declarer ce quil auoit menge.
Et dict que quant on faisoit ce que dit
est le soleil qui venoit a saillir au iour se
retira arriere & ne voulsit point veoir
ceste crudelite. Toutesfois ainsi que la-
Lactãci⁹ ctence escript egistus filz dudit thiestes
tua ledit atreus. Je cuide quon doit
ainsi entẽdre en ceste histoire / la toison
dor estre feingte ainsi quil semble q̃ varro entende en son liure du labourage de
la terre quant il dit que le petit bestail
pour sa cherte auoient peaulx dor. Ainsi
que atreus se plaint aux arginiens thiestes lui auoit este soubztraicte. Ou pl⁹
tost deuons entendre par ce belin a toison dor les tresors que les roys ont en
grant nombre / & sans lesquelz les despences ne peuent estre faictes pour le⁹
guerres & pour les domestiques estatz
deulx. Le soleil se estre retourne quant
il naiscoit monstre la eclipse auoir este
fait en ce temps laquelle sembla aux hõmes estre chose monstrueuse & merueilleuse pource quelle nestoit encores congneue des hommes. Toutesfois lactẽce dit quelle fut deuant dicte & trouuee
aux nicteniens par atreus. Et quant
thiestes vit que lesdictes paroles dicellui atreus estoient aprouuees par euye
quil en eut il sen ala de la cite.

De alceon melampus & eupolus filz de atreus. chap. vi

Alceon melampus & eupolus furent freres. Et comme Cicero es- Cicero
cript en son liure de la nature des dieux
ilz furent filz de atreus / & les dit estre
mis & nombrez par les grecz entre les
dioscortes / parquoy deuõs croire quilz
furent hommes exquis considere aussi
que castor & pollux furent du nombre
deulx. Diceulx nest autre chose trouue

De thiestes filz de pelops q̃ engendra tantalus / phisthenes / arpagiges / pelopie / & egistus. chap. viie.

Thiestes fut filz de pelops & de hippodamie lequel eut contre son frere atreus les haines dessusdictes. & q̃t
il eut souffert de son frere ce que dessu⁹
est dit desirant vengeance il print cõseil
de loracle duquel il eut responce quil
pourroit naistre de lui & de pelopie sa fille vng qui vengeroit la mort de ses filz
Quãt il eut ce ouy lui qui estoit prõpt
a tous meffaitz & principalement a luxure incontinant eut la cõpaignie charnelle de sa fille / et delle eut vng filz nõme egistus / lequel apres tua atreus et
stupra et viola clitemnestra / & aussi occist agamenon.

De tantalus / phisthenes et arpagiges filz de thiestes. chap. viiie.

Tantalus / phisthenes / & arpagiges furent filz de thiestes engendrez en la femme de atreus ainsi q̃l peut
estre entendu par les paroles de seneq̃ Seneca
en sa tragedie intitulee thiestes. combiẽ
quil en nõme seulemẽt deux / cest assauoir tantalus quant il dit / affin que tu

ne dieux pitie auoit failly au grant pere tantalus/il est la premiere hostie & sacrifice. Apres il nomme phisthenes disant Lors celui cruel tire phisthenes aux autiers & ladiouste a son frere. Apres il nomme le tiers enfant disant. Lui tenant le fer & glaiue macule de deux mortz oubliant contre lequel il rueroit par mal cruelle & lui passa oultre le corps/ & lespee receue a la poictrine vint incontinent iusques dehors/& il cheut. Theodonce escript ce tiers enfant estre nomme arpagiges. Et ainsi de ses enfans nest autre chose leu si non le crime & meffait de leur oncle & la viande du pere.

Theod.

De pelopie fille de thiestes. chap. ix^e.

Lactāc^9

Lactence escript que pelopie fut fille de thiestes/mais il ne dit point de quelle mere. Et comme icelui lactence escript icellui thiestes par la responce quil eut de loracle il eut la compaignie charnele delle/& en eut vng filz lequel elle getta incontinent aux bestes pour la honte de son peche. Et ainsi appert que thiestes eut la compaignie de sa fille pour luxure & non point pour la responce de loracle/& ladicte responce de loracle fut trouuee & feigte pour pallier lignominie de thiestes apres ledit meurtre pa egistus fait.

De egistus filz de thiestes. chap. x^e.

Egistus fut filz de thiestes & de pelopie sa fille cōme luy mesme tesmoigne en la tragedie de seneque disāt. Ma fille cōtraincte p la disposition du ciel porte son ventre plein & pesant & digne de mon pere nature est retournee au rebours. Incontinent que ce dit enfant fut ne il fut gette par sa mere aux forestz pour la honte du crime ignominieux pour estre dislanye des bestes / affin quil ne peult donner tesmoignage de la turpitude de songrāt pere/pere mere & de sa seur viuante. Mais il aduint autrement/car pour le bienfait & seruice des pasteurs ou par la permission de dieu il fut nourri aux forestz par les chieures qui delles mesmes leur baillerēt les tetes po^r la laicter/& pource est il nōme egistus cōme nourri par ege en grec qui en francois signifie chieure. Finablement il fut congneu par les siens/et fut mussé a la maison royale. Quant il fut deuenu grant & eu en petit pris et aduerti des choses passees il tua atreus comme lactence dit pource que son pere limpelloit ad ce cōme il est plus vray semblable Thiestes occupa la maison royale & succeda a lui/finablement apres que thiestes fut trespasse & que agamenon & menelaus regnoient et quilz estoiēt alez a la destruction de troye po^r le rauissemēt de heleine/ainsi ql plaist a leonce egistus par les persuasions de nauplius eut la compaignie charnele de clitemnestra. Et finablement agamenon retournant de la desolation de troye egistus a la faueur de clitemnestra occit icellui agamenon & osa faire si cruel meffait/& tint la seigneurie de pelops sept ans. Finablement par le filz de agamenon orestes il fut tue auec ladultere Clitemnestra auec toute la lignee sans aucun delle demourer.

De phisthenes filz de pelops qui engēdra agamenon & menelaus. chap. xi^e.

Phistenes ainsi que theodoce dit fut filz de pelops et de hippodamie. Quant il mourut ieune il recommanda a son frere atreus ses deux petis filz agamenon et menelaus/ lequel les print et nourrit comme ses filz. Par tret de temps aboulie la memoire de Phistenes il fut repute filz datreus/ et furent par tous appelles atrides

De menelaus filz de phistenes qui engendra hermione et megapentis. Chap. xii.

Menelaus ainsi quil plaist a theodonce fut roy de lacedemonie et filz de phisthenes et frere de agamenon Seneque en sa tragedie intitulee thiestes semble vouloir ceulx cy avoir este filz de atreus en la personne de lui disant ainsi. Agamenon soit fait maistre scavant mon conseil et serviteur du pere/ et menelaus soit present comme roy de lignee incertaine/ et soit prins de ce crime sil consent a guerres/ et filz veul et porter haines et filz appellent leur parrin. Ainsi semble estre filz de atreus et de merope. Le liseur pourra tenir de ce/ ce quil vouldra. Eusebe monstre en son livre des temps que menelaus vivans atreus et thiestes fut appelle Roy des lacedemoniens lan du monde trois mil e huit cens quatre vings et dixsept. Veu que agamenon qui succeda a thiestes acommenca a regner selon homere aux meoniens. Lan du monde quatre mille et sept. Il eut a femme heleine fille de Jupiter lan premier du regne de agamenon/ et le diziesme de menelaus selon eusebe. Et ainsi que dares frigius escript en labsence de menelaus qui estoit alle a pylon devers nestor. Paris fut envoye ambassadeur devers castor et pollux/ lequel print et transporta la dicte heleine de lisle nommee cythere a soubz le chasteau nomme helenus du consentement delle. Et pendant le temps que ses freres et hermione estoient avec agamenom la ou dit est. Mais listorien dites escript que Menelaus lors avec agamenon estoit en crete pour deviser les thesors que la atreus avoit mis par ceste petite prinse de heleine advint que menelaus par le conseil de son frere se plaingnit de ce aux princes grecz. Et a ceste cause furent envoyes plusieurs ambassades sans aucune chose faire. Et finablement la repeterent par temps siege mis a troye. Et apres dix ans et plus par fraude que par puissances troye fut prinse/ et heleine fut prinse et restituee a menelaus. Quant icelluy menelaus comme les autres entra dedans la navire pour senretourner a son pais/ il fut travaille par tempeste/ par laquelle comme eusebe escript il fut chasse et porte avec heleine au roy de egypte nomme tuoris. Lequel homere appelle polibie. Homere en son odissee escript. Il print conseil dung vaticinateur qui les choses predisoit nomme protheus. Et apres quil eut par lespace de huit ans par le pais erre retourna en lacedemonie occis long temps devant agamenon et egiste par adventure en icellui temps Je nay point trouve comment finablement luy succeda ne de quelle mort fina sa vie

De hermione fille de menelaus et femme de pirrhus et apres de horestes. chap. xiii.

Ovide en ses epistres tesmongne que hermione fut fille de menelaus et de heleine/ elle espousa horestes

Seneca

Dites

Homer

filz dagamenon. Quant agamenon fut tue & que egistus eut occupe la maison royale et hector sen estoit fouy & andromaca iadis femme de hector/laqlle il auoit mene de troye/laquelle auoit este gcedee et baille a helenus. Pirrhus furtiuement rauit hermione a horestes et la print en mariage. Apres pirrhus fut par horestes tue/& ladicte hermione retourna au mariage de horestes & lui fist vng filz nomme horestes.

De megapentis filz de menelaus. Chap.xiiii.

Theod. Theodonce escript que megapentis fut filz de menelaus & de lydie capiteine apres heleine rauie. Ce q homere semble tesmongner en son odissee disant. Il print au filz la fille de electo r asparte et megapentis fort et cheualereux fut engendre par vne serue et captiue. Les dieux nauoient point done de filz a heleine. Apres quelle eut engendre hermione desideree fille ayant forme et beaulte de venus dor. Et ainsi par ceulx appert aussi que menelaus donna a megapentis a femme la fille de elector de esparte. Et le filz de vlixes venat ditalie trouua thelemachus celebrant lesdictes nopces.

De agamenon filz de phisthenes qui engendra ephigenie: chrisothemis: leodices hiphianasse: elector: alesus & horestes. Chap. xv.

Comme il est dessus escript agamenon fut filz de phisthenes/et fut laisse petit a atreus. Il fut roy des miceniens et successeur de thiestes/comme il semble homere vouloir en son iliade/ou il descript plusieurs vers du ceptre de agamenon presque en ceste maniere. Agamenon presidant a troye a lasemblee et conseil des grecz tenoit le ceptre/lequel lartificiel vulcan auoit fait/& lequel il donna a iupiter saturnie Apres iupiter le presta a diactorus argiphontes. Le roy hermias le donna a pelops plisippus Pelops apres le donna a atreus/lequel mourat le laissa au belliqueux et cheualereux thiestes leql thiestes le laissa a agamenon seigneuriant a argos et sur plusieurs isles. En ces parolles dessusdictes nest point obserue lordre descript de la genealogie Lequel ensuiuant lauctorite latine iay descript. Agamenon acommenca a regner selon eusebe lan du mode quatre mille & sept/lequel an heleine fut rauie Et tous les grecz furent excites & esmeuz contre les troyes/& par vng mesme conseil de tous les nauires furent assemblees en aulide. Et agamenon fut fait capitaine de ladicte armee/& alla en icelle guerre et laissa sa femme clitemnestra/de laquelle il auoit desia eu plusieurs filz. Il eut plusieurs labeurs a troye/et porta & dissimula long teps les haines couuertes daucuns princes Par lesquelz finablemet il fut desmis dicelle charge dessusdicte dung capitaine/& en son lieu fut mis palamedes lequel par le crime de vlixes fut tue/& agamenon fut remis en ladicte charge et honneur par plus grande gloire quil nauoit este ignominieusemt oste Apres il subtint & porta les indignacions dachilles/pour briseide laqlle il luy auoit oste. Finablemet quant troye fut prinse et destruicte/& que cassandre fille de priamus fut venue a agamenon p sort de la grande proye de troye/il monta dedans ses nauires pour sen retourner a son pais. Mais ainsi que homere escript par tempeste de mer il fut par les Homer.

pace dung an vexe devant quil peult venir a son pais. Et comme icelluy homere tesmongne ce pendāt egistus filz de thiestes avoit secretement tout occupe / et par tous les rivages mis gens pour veoir scavoir et raporter. Quant il entendit que agamenon retournoit il mist en ambusche vingt de ses amis et lui avec aucune compaignie par amitie feinte et simulee vint audevant de lui / et lui prepara vng tresgrant convy et banquet. Et par le consentement de clitemnestra il tua agamenon et ses cōpaignons ainsi banquetans. Seneque le poete semble vouloir autrement opiner de ceste mort en la tragedie qui est intitulee agamenon disant que clitemnestra estoit moult courroussee que agamenon avoit mene avec luy cassandre. Mais ie cuide que ce fust pour la creinte de la grande faulte que elle avoit cōmis avec son adultaire egistus. Combien que premieremēt discordes fussent avec eulx / mais ilz estoiēt ia retournes en concorde le iour quil entra en sa maison et clitemnestra au convy et agamenon assis hault ayant vne robe peingte / et quil portoit sur son corps les orguilleuses despoulles de priam la dicte femme lui dist quil despoullast les abillemens des ennemis / et il vestist les abillemens tissus et faitz de ses mais / et sur la foy de sa fēme. Mais icelle robe navoit point dissue pour la teste et pour les mains / par quoy il eut tout le corps enclos dedans icelle. Et ainsi envelope dedans elle agamenon fut tue par le dessusdit adultaire

Seneca

De hiphigenie fille de agamenon. Chap. xvi^e.

Hiphigenie fut fille dagamenon ainsi que ledit seneque escript en ladicte tragedie de agamenon / toutesfois les autres lappellēt hiphianasse cōme lucresse disant. Les auliens hortz ont deturpe de sang lautier de la vierge hiphianasse. Ceste vierge fut tresbelle. Servie recite delle vne telle histoire. Quant les grecz alloient a troye et ilz furent venuz iusques a olide Agamenon ignoramment occist le cerf de diana. Et a ceste cause icelle deesse courroussee osta le soufflement des vens. A ceste cause ilz ne peurent naviger et eut entre eulx peste / a ceste cause ilz prindrent conseil des oracles / lesquelz respondirent quil falloit que agamenon par sang et sacrifice apaisast la dessusdicte deesse. Et pource vlixes feingt nopces et a ceste cause hiphigenie fut amenee et fut mise sur les autiers pour estre immolee et sacrifiee. Mais par la misericorde et pitie de ladicte deesse elle fut de la ostee / et en son lieu fut mise vne biche / disant ouide. La deesse est vaincue / et met vne nuee devant les yeulx et entre le service et la tourbe du peuple et les voix et requestes des prians on dit quelle mua et mist au lieu delle vne biche. Et ainsi que servie afferme la dessusdicte vierge fut transportee en la region taurique / et fut baillee au roy thoaus. Et de la fut faicte nonnain de diane dictine. Et quant elle selon la coustume ordonnee sacrifioit de sang humain a ladicte deesse / elle vit et cōgneut son frere horestes / lequel long temps par avant navoit veu. Lequel pour creinte de fureur avoit prins responce de loracle et sen estoit alle avec son amy pilades en colchos / et avec eulx / et q̄ thoaus fut occis / il osta et emporta limage mussee soubz vng faiz de buches. Et ainsi ladicte deesse dian a fut trāsportee aux laconiens par hiphigenie qui la raporta Il ne me recorde point avoir en aucun lieu trouve que devint apres ladicte

Ouidius

hiphigenie. Ce qui est dessus dit que diane mist vne biche au lieu de hiphigenie/nous deuons entendre que ce fut humain artifice trouue par tout le peuple qui estoit obeissāt a agamenon/cest assauoir que la fille ql vouloit sacrifier fut amblee au melieu du tumulte du peuple. Et affin que la fraude ne peult estre congneue/elle fut enuoyee en lointeine region/et la fut gardee soubz vmbre et fiction destre nonnain.

De chrisothemis laodices et hiphianasse filles de agamenon. Chap. xvii[e]

Chrisothemis laodices et hiphianasse furent filles de agamenon et de clitemnestre ainsi que ie cuide. Veu que agamenon en offre a achilles vne laquelle il aimeroit mieux de toutes/disant. Je auray vng gendre semblable a horestes/et ie le hōnoreray/leql met comme seul nourry en grande habundance/iay trois filles en vne court bien faicte/cest assauoir chrisothemis et laodices et hiphianasse. Touteffois le-

Leonci[o] once escript que ceste hiphianasse est hiphigenie. Laquelle chose ie ne croy poit car comment agamenon diroit que il auoit en sa maison hiphianasse/laquelle il scauoit auoir este tuee ou secretement ailleurs transportee pour le sacrifice pour auoir vēs propices a nauiger.

De electra fille de agamenon. Chap. xviii[e]

Electra fut fille de agamenon et de clitemnestra/ainsi quil appt

Seneca manifestement par seneque en la tragedie dicte agamenon en laquelle lest dicte quelle est laissee petite en la maison quāt agamenō sen alla a troye. Quāt elle vit son pere mort/elle recommāda secretement horestes a strophilus phocien amy de agamenon. Et apres elle increpa et argua aspremēt sa mere po[r] le peche et homicide quelle auoit fait. Et a ceste cause par le commandemēt de clitemnestra elle fut mise en prison

Je ne me recorde point auoir leut que sen est apres suyui delle

De alesus filz de agamenon. Chap. xix[e].

Alesus fut filz dagamenon ainsi que clerememēt virgile dit. Alesus ioinct et assemble au chariot de agamenon ennemy du nom troyen. Touteffois il est en doubte de qlle mere il fut Car les vngs le dient estre ne de brise- Virgili[o] ide/et les autres de cassandre. Ce que ie ne croy point. Car il nestoit point dage pour estre ne de cassandre et fauoriser a turnus contre eneas. Theodonce sēble quil veule que cestui auec clitemnestra auoit este contre son pere. Et pour ceste cause de clitemnestra fut chasse du pais/et pour quelque cause quil eut laisse le pais virgile dit quil vint en italie/et quil sarresta en vne montaigne de champaigne nōmee massicus. Et de la comme ennemy du nom troyen fauorisa a la bende de turnus contre eneas. Ouide en son liure des fastes sēble vouloir quil ait compose et fait les falisques. Et pource ouide dit alesus agite trauaille et vexe des fortunes de atride[s] q estoit la venu Et cuide q de lui soit nōme la terre et pais falisque. Aucune memoire ne reste de la posterite de luy.

De horestes filz de agamenon qui engendra thisamenes corinthus et horestes. chap. xx[e]

AInsi quil est assez dessus monstre horestes fut filz de agamenon et de clitemnestra. Theodonce escript que horestes estant petit fianca hermione petite fille de menelaus et de helaine. Quant agamenon fut occis par egistus par le conseil et estude de electre sa seur/il fut par strophile phoceuse secretement oste des miceniens /et fut transporte et garde tandis que sa mere et ledit egistus la queroient pour faire mourir. Quant par tret de temps il fut devenu grant/et quil eut trouve sa cõmodite/et que hermione ia luy avoit este subtraicte p pirrhus Il se leua pour la vengance de la mort de son pere Et aps que ledit egistus avoit regne sept ans il le tua comme adultaire et sa mere aussi. Et ce fait incontinant deuint enrage et lui sembloit que la semblance de sa mere armee avec torches et serpẽs estoit devant luy continuelement le menassant a mort. Stace disant ainsi Quant il fuyoit sa mere armee de torches et de serpens horribles. Les furies infernales vengeresses des crimes sieent en luy. Pilades filz de strophilus qui au temps de ladicte paternele mort sen estoit fouy lui promist salut et sante Et a ceste cause avec luy sen fouyt au temple/et a lautel de diane dictine en colchos. Et la horestes deuint sainct/et osta de son esperit et moleste precedente quil avoit et la fantasie de sa mere. Quant il eut la congneu sa seur hiphigenie/laquelle estoit la nonnain apres ce quil eut tue le roy thoas/et que il eut prins et raup lymage de la deesse mussee soubz vng faisseau de bois selon aucuns/et sen retourna au royaulme. Et par la fraude et deception du prestre nõme machareus occist pirrus filz de achilles au temple de apollo/et reprint a lui sa femme hermione. Les autres veulent que devant quil retournast au royaulme/il sen alla en italie/et en vng lieu pres de romme nomme aricie mist lymage de diane et ordonna sacrifices cruelz et inhumains. Mais en quelque temps que ce ait este fait eusebe en son liure des temps escript que apres que egistus fut occis il regna quinze ans/et quil occist pirrhus lan vingtiesme du regne de demophon roy dathenes. Eusebi⁹ Solin en son liure des merueilles du monde dit que horestes apres la mort de sa mere fouyãt par pais eut hermione compaigne en toutes aduersites. Il ya diverses opinions ou il fina ses iours. Solinus Veu que seruie escript que ses os furẽt transportes de aricie a rõme qui estoit ia fondee et faicte/et furent mis au tẽple de saturne qui est lancien tẽple de concorde au pres du capitole. Solin au lieu dessusdit escript que au temps de la olympiade cinquantehuitiesme les os de luy furent trouues des spartains p loracle et responce estant en la montaigne nommee tegeus / lesquelz estoient si longs quilz passoient la longueur de sept coudees

De thisamenis filz de horestes. Chap. xxi.

EVsebe escript q̃ thisamenis fut filz de horestes et luy succeda au royaulme

De corinthus filz de horestes Chapitre. xxii^e.

ANselme en son liure q̃ il a escript de lymage du monde dit que corinthus fut filz de horestes/et quil fist la cite chorinthe en achaye et la nomma de son nom. Et ce mesme afferme geruaiz tilleberiense / lesquelz combiẽ que soient aucteurs nouueaulx Toutesf. Geruasi⁹ tilleberiensis.

Isidorus ilz ne sont poit de petite auctorite. Isidore en son liure des etimologies escript que corinthus filz de horestes fonda et fist en achaye la cite nomee corinthe. Je ne la cuide point auoir este fondee. Mais par aduenture auoir este restauree. Considere que eusebe en son liure des temps escript quelle fut lõg temps par auant fondee par siphus et auoit este appellee ephira

De horestes filz de horestes Chapitre. xxiii^e

Solinus Solin en son liure des merueilles du monde escript que horestes fut filz de horestes et de hermione et dit que de luy sont nommes les peuples qui sont nommes horestides disãt ainsi. Horestes murtrier de sa mere fuyant de micene deliberant de fouyr plus loing eut en ung lieu nomme emathie ung petit filz de hermione / lequel il menoit auec luy compaigne de ses fortunes / et auoit ordonne quil fust la musse Il deuint grant ayant en luy lesperit du sang royal et raportant le nom paternel occupa tout ce q̃ procede au port macedonique et la mer adriatique. Laqlle elle auoit dit de son nom horestie cõme celle en laquelle il auoit seigneurie Je nay autre chose leut de ceste cy / touteffois il est creu la posterite de lui estre venue en long temps apres. Et tellement que trogne pompee dit que pausanie murtrier de philippe macedoniẽ vint de la lignee de horestes. Mais il nest point trouue pour lanciennete par quelz moyens il en est descendu

De venis trente vngiesme filz de iupiter. chap. xxiiii^e

Tullius Tulles en son liure de la nature des dieux escript que venis fut filz de iupiter et de la lune. Je le dtrope estre vng et semblable a bacbus filz ne stoient dissemblables en mere. Neu q̃ tulles dit quon lui faisoit les sacrifices qui sont nommez orgies. Toutesfois il est possible que ainsi y ait aucune fictiõ muee. Mais que touteffois nous les p̃nons tous deux pour vin / et non point pour homme. Car iupiter / cest a entendre la chaleur du iour : et la lune par la rousee et humidite de la nuit nourrissent les seps des vignes / et meinẽt les raisins a augmentacion et maturite. Et ainsi cestui cy sera celluy q̃ est serui et honnore au hault de la montaigne nommee nyse. Et en lautre coste de la montaigne nommee parnasus est bacchus / pource quelle habunde en vignes Et ainsi sera dit venis comme dieu de nyse. Car dios en grec signifie en frãcois dieu

De perseus vingt et deuziesme filz de iupiter qui engendra gorgophon : stelenus : erithreus : et bacchemon. Chapitre. xxv^e.

Ouidius Les anciens ont opinion que perseus fut pere de toute la noblesse de grece / il fut filz de iupiter et de danes fille de acrisius / disant ouide ainsi. Ne cuide point que perseus soit dieu ne filz de iupiter / lequel perseus danes conceut par pluye de gouttes dor. Il a este dit la ou est parle de danes comment perseus fut ne de iupiter et de danes. Lactence escript que quant p̃seus fut deuenu grant / il print la charge de la conduicte de larmee contre gorgon par le commandement du roy polidectus / et eut le cheual ayant esles nomme pegasus et eut le bouclier de pallas et eut les robes longues iusques aux talons/ et lespee de mercure. Et de la montaigne nommee aphesantes print sa volee. Stace ainsi disant. Il y avoit vne montaigne elevee au doz iusques en lair. Perseus vit ledit gorgon en lui pretendant et monstrant le bouclier de pallas et sans aucun dangier la cõside ra et la veinquit et lui osta la teste et mua en vne grãde pierre le roy athlas en lui monstrant la teste de ladicte gorgon/ pource ql avoit refuse a le loger. Et de la sen retournant en son pais luy estãt en vng hault lieu vit au rivage sirien au tour des royaulmes de cepheus la vierge andromedes qui estoit liee en vng hault rochier par le crime de sa mere/ et par la sentence de hammon/ et ainsi estre abandonnee a vng monstre marin Et vit aussi les parens delle plourãs audit rivage. Ce voyant perseus du dit lieu ou il estoit vola iusques la/ et cõgneut la cause pourquoy cestoit fist pacte avec les parẽs delle ql auroit en mariage sil la delivroit de ladicte beste Ce que advint/ car quant ladicte beste vint il la tua. Tandis quil celebroit les dictes nopces vint phineus frere de cepheus/ auquel ladicte fille devant ladicte sentence avoit este fiancee qui la repeta et demanda comme sienne/ et la voulut par force oster. A ceste cause entrerent en grande contencion Et quãt perseus eut tue plusieurs de ses adversaires/ il convertit les autres en pierres en leur monstrant ladicte teste de gorgon. Apres ce il transforma en vne grãde pierre pritus grant pere de son frere lequel avoit chasse hors du royaulme acrisius/ et restitua au royaulme ledit grant pere. Dient aussi quil fist guerre contre les perses/ et que en ceste bataille il occist le pere liber qui contre lui cõtendoit/ et subpedita a soy ladicte nacion et de son nom lappella/ et la edifia vne cite nommee persepolis. Et ainsi que quintus cursius des gestes et faitz de alexandre escript Alexandre de macedoine plein de viandes et de vin fist la dicte cite demolir. Toutesfois comme lactence escript/ il mua en vne pierre le grant pere acrisius. Et dit on que de la il fut prĩt et receu au ciel avecques cepheus et cassiope et sa femme andromedes/ et fut colloque entre les planetes du ciel comme anselme en son livre de lymage du monde escript disant. A cestui est ioinct cepheus le roy et cassiopie la femme de lui et perseus filz de iupiter et de danes est avec eulx ayant au pres de luy la planete andromede.

Les choses devant mises dopõs maintenant le sens de ces fictions. Perseus porte par le cheval pegasus mõstre lhõme trait et tire de cupidite de renommee. Les autres veulent quil eut pour naviger vne navire/ laquelle estoit nõmee pegasus/ ou elle avoit ledit signe en elle. Je cuide q̃ lescu de pallas doit estre prinse prudence par laquelle nous considerons les faitz de noz adversaires/ et par elle nous gardons et couurõs des tretz et ambusches de noz adversaires. Je cuide aussi que les lõgues robes de mercure signifiẽt la velocite et solicitude quon doit avoir aux choses q̃ on a affaire. Pareillement lespee courbe et ague de la partie exteriore mõstre que nous devõs entendre guerre tirer a nous les propres de noz adversaires et devons oster nosditz adversaires de noz pais. Il est assez dessusdit de gorgon et de athlas la ou est deulz parle. Ce qui est dit quil delivra de la beste andromedes/ ie cuide estre histoire/ veu que pomponius en sa cosmographie escript que ioppe fut edifiie devant le di luve. Et dient que la regna cepheus/ et par ce signe les habitãs de la afferment que les anciens crient le tiltre de lui et

Stacius

Quintus cursius

Põponius

de son frere phineus. Et le retiennent auec grande region. Et aussi monstrēt ceste chose estre celebree p vers et fables et gardee par perseus / et monstrent aussi le cler signe de andromedes et les grās os de ladicte beste marine. Saint hierosme en son liure quil escript de la distāce des lieux dit que ioppe est vne ville maritime en palestine en la lignee de dan ou encores au iour duy sont monstres les rochiers au riuage ausquelz andromades fut liee. Et fut deliuree par layde iadis de perseus son mary. Pline tresexcellent entre les scripteurs dit que les os de la beste a laquelle andromeda fut exposee et abandonnee furēt apoztes a rome du lieu de iudee nōme ioppe pour estre monstres entre les autres merueilles au temps que marcus scaurus estoit edilicien. Lesquelz os estoient de la longueur de quarāte piedz en haulteur comme coste / et qui excedoient les elephans de indie. Et lespine quon dit los du doz estoit de la grosseur dung pie antier. Que perseus ait conuerty et trāsforme en pierres pritus et ses ennemis en leur monstrant ladicte teste de gorgon. Je ne cuide autre chose signifier si non quil les randit febles et mues en les vainquant par les richesses de gorgon. Par eusebe en son liure des temps appert quil a autremēt randu et transforme en pierre son grāt pere acrisius. Car il fut occis par lui cōtre son entencion / et ainsi que par froideur perpetuele il fut fait semblable a la pierre. Ce qui est dit quil ait este fait estoille luisante au ciel en la region septentrione me semble que deuōs suiure la sentence et oppinion de tulles en son liure des tusculeines questiōs qui de lui et des autres dit ainsi Cepheus ne seroit point escript et dit fait estoile auec sa femme son gendre et sa fille / si non que la cognicion diuine celestielle atire le nom deulx a erreur par fable Du temps deux est difficulte et doubte. Veu que eusebe escript que perseus occist gorgon lan du monde trois mil le sept cens vingt et neuf. Toutesfois il dit selon loppinion des autres que icellui mesme an il fut tire au ciel auec sa femme. Et peu apres il escript que lan second du roy cycrops qui fut lan du mōde trois mille huit cens cinquāte sept il combatit cōtre les perses apres que gorgon fut tuee / et peu apres aussi il escript que lan trentecinquiesme du regne de cycrops acrisius fut par luy occis / et que le royaulme des arginiens fut trāsfere aux miceniens. Ce que ie cuide estre vray / pour ce que le temps conuient plus aux choses lors faictes.

De gorgophones filz de perseus q engēdra electriō et alceus. Chap. xxvi[e]

Lactence dit que gorgophones fut filz de perseus et de sa femme andromades. Duquel nauons autre chose si non ql engendra electrion et alceus

De electrion filz de gorgophones qui engēdra alcimene. Chap. xxvii[e]

Comme il plaist a lactence electrion fut filz de gorgophones. Lantiquite nous eut seulement laisse le seul nom de luy sil neust eu vne fille nommee alcimene

De alcimene fille de electron et femme damphitriō Chapitre. xxviii

Alcmene cõme lactence escript fut fille de electrion Ce q̃ plaute aussi tesmongne en sa comedie intitulee amphitrion disant. Quant alcmene fille de electrion fut espousee. Ceste cy comme la mesme⁹ icelluy plaute escript espousa amphitrion thebanian. Et fut aimee de iupiter/ lequel se transforma en lespece de sondit mary / et eut sa cõpaignie et en eut vng filz nõme hercules duquel sera plus amplement dit la ou sera de lui parle

De alceus filz de gorgophones q̃ engendra amphitrion Chapitre.xxix^e

Pol dit que alceus fut filz de gorgophones / lequel gorgophones fut plus renõme et congneu par la renõmee de son filz que par autre bien q̃ fust en lui. Car cõme on dit il fut pere de amphitrion.

De amphitrion filz de alceus q̃ engendra hiphicleus Chapitre.xxx^e

Pol escript que amphitrion fut filz de alceus / et homme bien renõme en armes ainsi que plaute monstre en la comedie intitulee amphitriõ. Alcmene fut sa femme / et demouroiẽt tous deux a thebes. Et ce pendant il menoit guerre pour les thebaniens cõtre les theleboyens. Jupiter transforme en la figure de amphitrion eut compaignie auec sa femme alcmene / et delle vng filz nõme hercules. Et amphitrion de ce mesme enfantemẽt eut delle hiphicleus. Jl plaist a pline en son liure de la naturele histoire que ce amphitriõ fut inuenteur des monstres naturelz et des interpretacions des songes

Plinius Amphitrion fut inuẽteur des mõstres naturaulx et interpretaciõs des songes

De hiphicleus filz de amphitrion qui engendra Jolaus Chapitre.xxxi.

Plaute en sa dicte comedie amphitrion escript q̃ hiphicleus fut filz de amphitrion et de alcmene / et dit quil nasquit dung mesme enfantemẽt auec hercules. Mais hiphicleus nasquit le neufiesme mois apres quil fut conceu Et hercules qui auec lui nasquit / nasquit le septiesme mois. Mais saint augustin en son liure de la cite de dieu semble ne vouloir point conceder que vne femme puisse conceuoir en diuers tẽps diuers enfans.

De iolaus filz de hiphicleus Chapitre.xxxii^e

Solin en son liure des merueilles du monde escript que iolaus fut filz de hiphicleus / et dit encores que quant il entra en sardinie par doulces parolles il tira les courages des habitans a cõcorde et paix / lesquelz par auãt estoient vagabons et discortz. Jl fist edifier olbie et les autres cites greques. Les iolauses sont de lui ainsi nommez lesquelz firent vng temple au sepulcre de lui mort / pource que ensuyuant les vertus de son pere il auoit deliure sardinie de plusieurs maulx. Toutesfois il ya des autres qui sont nõmez de ce nõ hiphicleus

Solinus

De stelenus filz de perseus qui engẽdra euristeus Chapitre.xxxiii^e

Homere escript que stelenus fut filz de perseus et de andromedes Car homere en son yliade descript agamenon parlant en publique assemblee et declarãt la genealogie de euristeus

Et affermant que stelenus fut filz de perseus et pere de euristeus. Eusebe en son liure des temps dit q̃ euristeus regna apres perseus quant le royaulme fut translate par perseus micenien ce que nest point trouue. Car apres q̃ acrisius fut trespasse qui auoit regne trente et vng an Incontinant sen ensuit le commancement du regne de euristeus Toutesfois cinq ans entremis. Et ie treuue par escript que quant euristeus regnoit stelenus auoit regne aux miceniens quarante ans. Toutesfois ie ne puis trouuer ou ceulx cy ont este prins

De euristeus filz de stelenus Chapitre .xxxiiii^e.

Homer^9 Il est deuāt mōstre que euristeus fut filz de stelenus. Homere recite vne telle fable de la natiuite de luy Vng iour iupiter dist aux dieux que ce iour naistroit vng hōme qui seigneuriroit sur tous ses voisins. Juno ce oyāt le lui fist affermer par serment / et incontinant elle sen descendit en terre / et retint lithie / laq̃lle nous nōmons lucine la deesse denfantemēt. Et la retint en la maison de la fēme de stelenus / laq̃lle estoit ia grosse de sept mois. Et tira du ventre delle vng filz de sept mois qui fut nōme euristeus Ce mesme iour deuoit naistre hercules. Mais pource q̃ ladicte deesse des enfantemēs estoit cōme dit est detenue alcmene ne peut enfanter. Et ainsi aduint que ce q̃ Jupiter entendoit de hercules fut acōpli en euristeus / leq̃l apres seigneuria aux autres / et aussi a hercules. Il regna quarāte ans aux miceniens / et laissa atreus son successeur. Ceste fable a prins son lieu de laduenemēt de la chose quant les hōmes virent que euristeus seigneuroit sur hercules qui estoit des hōmes le plus cheualereux

De bacchemenon filz de perseus qui engēdra achemenides. Chap. xxxv^e

Lactāci^9 Lactence tesmongne que bacchemenon fut filz de perseus et de andromedes / et dit quil impera et seigneuria sur aucūs peuples orientaux. Lesquelz cōe theodōce escrit furēt apres nōmez achemenides par achemenides filz de bacchemon / lequel peuple afferme quil la trouue les manieres et coustumes des seruices faitz a apollo. Car il est en leur pais en vng lieu nōme speleus en perse abille auec vng tyaire. et serrant de ses deux mains les cornes dung beuf. Je cuide que cest pour mōstrer la tresgrande puissance de luy.

De achemenides filz de bacchemon qui engendra orcamus. Chap. xxxvi^e

Theod. Theodōce escript q̃ achemenides fut filz de bacchemon. Cōbien q̃ autres le veulēt estre filz de perseus il impera et seigneuria sur les peuples nōmes achemeniens et les nōma de son nom Et mourant laissa orcamus son successeur

De orcamus filz de achemenides q̃ engendra leucothoes Chapitre .xxxvii^e.

Theodōce a dessusdit q̃ orcamus fut filz de achemenides / il eut a fēme eurimene q̃ estoit tresbelle fēme Il eut delle vne seule fille nōmee leucothoes. Et pource quelle sabandōna au soleil qui estoit delle amoureux son dit pere lenfouyt toute viue

De lencothone fille de orcamus. chap. xxxviii^e

Ovide en sa metamorphose escript q̃ lencothone fut fille de orcamus et de eurymenes / et dit que phebus laima grandement. Et a ceste cause se transforma a la semblance et forme de eurymenes mere delle / et de nuyt alla a elle en feignant de vouloir parler secretement auec elle en enuoya toutes les autres femmes. Et ce fait phebus retourna en sa premiere forme et eut la cõpaignie charnele delle. Clicie qui estoit par auãt aimee dudit phebus aduertie de ce fut frapee de gelousie / et accusa ladicte fille a son pere orcamus / lequel courrousse et tropt cruel la cõmanda estre enterree toute viue. Et pource que phebus ne luy peult restituer la vie il la transforma en vne verge gectant ensens. Aucuns rendẽt telle raison de ceste fiction / disant q̃ selon le droit et ordonnãce des sabiens ladicte fille fut enterree viue pour ladultaire quelle auoit cõmis auec vng beau iouuenceau. Et pource que au lieu ou elle fut enterree nasquit vne verge gectant ensens laquelle par la vertu du soleil crut en haulteur ioinct que icelle region abunde en arbres densens / de la vit la fictiõ de ceste fable. Mais ie cuide q̃ au pais des athemenidiẽs ya vng lieu qui est ou fut nõme lencothone / lequel pource quil abunde en ensens / il est dit par les habitans du pais estre aime du soleil lequel est transforme en la forme de sa mere. Cest a entendre en cõplexion oportune pour nourrir arbaillons densens. Il est dit estre la descẽdu et auoir este ioinct a lumidite de la terre tellement que celluy qui met les plantes viues en peu de temps elles deuiennent haultes

De erithreus filz de perseus Chapitre. xxxix^e

Erithreus ou ainsi quil plaist a solin des merueilles du monde erithra fut filz de perseus et de andromede / et eut son royalme au pres de la mer rouge. Combien que aucũs dient quil fut roy de egypte. Duquel ledit solin escript ainsi. Arabie est oultre lẽtree de la mer pelusiaque appartenãt a la mer rouge. Laquelle varro dit estre appellee erithree par erithre roy et filz de perseus et de andromade / et nestre poĩt seulement ainsi appellee p la chaleur. Ce erithreus fut de tresgrande auctorite enuers les arabes. Et tellemẽt q̃ quãt il fut mort les arabes lui firent vng sepulchre moult exquis en la plus renõmee isle de la mer rouge / et le colurent et honnorerent cõme dieu / et nõmerent de luy erithree ladicte mer rouge. Et les grecz encores vsent de ce nom lappellant ainsi erithra talasson. Car talasson signifie en francois mer. Nous nauons par histoire aucune chose de la posterite de cestui erithreus.

De perse filz de perseus Chapitre. xl^e

Pline en son liure de la naturele histoire dit que perse fut filz de perseus. Autre chose nay de lui trouue si non que ledit pline dit quil fut le premier qui trouua lusage des fleches Ce que p auenture peult estre vray en son pais. Car nous auons leut lesdictes fleches estre plus anciẽnes aux autres nasciõs Plinius Perse fut le premier qui trouua lart des flesches

De aon trentetroisiesme filz de iupiter qui engẽdra dimas. Chap. xli^e.

Paulus P Ol escript que aon fut filz de iupiter et de la nymphe nommee muosides / et dit que le pais de boecie fut nomme par luy aonie pource quil y regna. Mais nous suiuant lauctorite de lactence auons dessus escript q̄ il fut filz de neptune. Theodonce disoit quil fut chasse de apulie par la conspiracion des siens et quil fut filz de onchestus / ꝛ quil vint en boecie / ꝛ la quist son pere neptune / ꝛ appella de son nom icelle prouince. Toutesfois ilz ne luy attribuent aucuns filz si non pol qui luy atribue dimas

De dimas filz de aon qui engendra asyus et alixiroe Chapitre.xlii.

P Ol escript q̄ dimas fut filz de aon / ꝛ fut pere de asius ꝛ de alixiroe. Et autre chose na este de lui leut

De asyus filz de dimas. Chapitre.xliii[e]

Homer⁹ H Omere en son iliade escript que asius fut filz de dimas / ꝛ dit ainsi. Asyus filz de dimas frere de hecuba ꝛ oncle de hector belliqueux Combien que homere le die auoir este frere de hecube ꝛ oncle de hector. Toutesfois leonce dit que ce fut du quartier de la mere. Car asyus ꝛ hecuba furent dune mesme mere / mais de diuers peres. Asyus tint le party de priame cōtre les grecz.

De alixiroe fille de dimas ꝛ mere de eacus. chap. xliiii[e].

A Lixiroe fut fille de dimas ainsi q̄l semble q̄ ouide tesmongne disāt combien quon die q̄ alixiroe lignee de dimas de aon ait enfante furtiuement soubz lōbreuse forest nōmee ida. Donc ceste cy de priame enfanta eacus. Et apres fut transforme en vng oyseau nōme plongon.

De eacus trentetroisiesme filz de iupiter q̄ engēdra phocus thelamone⁹ ꝛ peleus. chapitre.xlv[e]

E Acus fut filz de iupiter et de egyne / ainsi que homere en son iliade escript. Eacides pelius estoit de iupiter son pere. Il est dessusdit cōment Jupiter eut la compaignie de egyne la ou nous auons delle parle. Ouide dit aussi que eacus regna en enopie / laquelle il appella egyne du nom de sa mere. Et apres ce q̄ les hōmes dicellui pais se furent retournes ailleurs / ꝛ quil eut veu en songnāt vng cheine plein de formis lesquelles mōtoient ꝛ descendoient / il luy sembla en dormāt que il auoit prie iupiter que tous les formis quil veoit deuinssent hōmes. Ce quil aduint. Et ainsi sa cite fut restauree / ꝛ les cytoiēs dicelle furēt appelles myrmidons / car myrmix en grec signifie en latin formi⁹ Les anciens ont dit que eacus est aux enfers auec mynos ꝛ rhadamantus / ꝛ auec eulx discute des coulpes des hommes / ꝛ leur dōne ꝛ mōstre peines deues Soubz ces fictions est ce musse. Premieremēt que sa cite fut par peste euacuee de cytoiens / laq̄lle fut restauree p les laboureurs des chāps / lesq̄lz en maniere de formis assemblent en este les biens de la terre et des chāps ꝛ autres choses oportunes / affin q̄lz naient fain en yuer. Il instruit ꝛ enseigna icelluy peuple par loix ꝛ le cōtraingnit viure selon icelles. Et de la vint q̄l fut dit filz de iupiter ꝛ iuge aux enfers / car les hōmes mortelz sont inferieurs au regart des celestielz corps.

De phocus filz de eacus Chapitre.xlvi[e]

Ouidius Phocus fut filz de eacus ainsi q̃ par ouide est escript quant il dit Il desire et audeuant de lui viennent thelamon et peleus moindre que thelamon ⁊ phocus tierce lignee. Ce phocus fut tue par peleus

De thelamon filz de eacus qui engendra aiax ⁊ theucer Chapitre.xlvii^e.

Thelamon fut filz de eacus ⁊ laine de ses freres. Seruie ledit Seruius auoir este des argonantes et cõpaignõ de hercules. Et quant il retournoit de colchos ⁊ que hercules demandoit ilas lenfant quil auoit perdu entre les mysiens/⁊ quil fut paruenu au riuage troyen. Il fut par laomedon prohibe de aller plus auant/parquoy il luy denunca la guerre et assembla auecq̃s luy sa puissance contre lui. Thelamon cõme participant en liniure faicte vint auec luy et expugnerent troye/et apres que laomedon fut tue par ce que thelamon estoit premier monte sur les murs de ladicte cite luy fut donne pour sa part de la proye prinse la fille de laomedon nommee hesione/de laquelle il eut vn filz nomme theucer. Car il auoit ia eu aiax de lautre Thelamon ou chasse ou non receu au pais sen alla en cypre /et la fist vne cite nommee salamine

De aiax filz de thelamon Chapitre.xlviii^e

Aiax homme tres belliqueux fut filz de thelamon/lequel auecq̃s les autres grecz se arma pour destruire troye. Et affin que ie laisse les autres choses merueilleuses quil a faictes en batailles. Il osa entreprendre singulier debat contre Hector. Et si nous voulons aucunesfois donner a homere aiax fut retourne victeur deuers les siens/si la nuyt tost venant neust entrerompu la bataille dentre eulx deux Touteffois suruint/⁊ selon lancienne maniere hector donna a aiax vng glaiue/⁊ il receut de luy vng baudrier. Aiax refreschi et courageux sen allant permist que Hector qui estoit lasse sen alla a troye. Seruie escript que les dessusditz dons furent mal heureux. Car aiax apres se tua dicelluy glaiue/⁊ hector auec icellui baudrier fut occis par achilles. Apres que troye fut prinse et destruite aiax eut grande noise auecq̃s vlixes pour les armes de achilles mort Finablement quant il vit que la vertu belliqueuse faisoit lieu a eloquence. Il deuint en fureur ⁊ se tua du glaiue q̃l auoit receu de hector. Et comme ouide escript fut conuerty en la fleur de son nom. Et lantiquite en ce nous enseigne que noz forces deuiennent facilement a neant ainsi que les fleurs facilement cheent

De theucer filz de thelamõ Chapitre.xlix^e

Theucer fut filz de thelamon ⁊ de hesione fille de laomedon/laquelle semble que nait point este femme de thelamon considere que aucuneffois homere en son iliade dit que theucer fut bastart Touteffois il fut homme renõme ⁊ auec son frere aiax alla a la guerre troyenne. Et finablement icelle acheuee quãt il sen retournoit sans sondit frere au pais il ne fut point receu. Et a ceste cause sen alla en cypre / ⁊ la edifia vne cite nommee salamine/⁊ la resida le surplus de sa vie. Ce que ie cuide estre plus vray que ce que a este dessus escript de thelamon

De peleus filz de eacus engendra polidorie et achilles. Chap. x.

Peleus fut filz de eacus / et luy estant ieune fut present a plusieurs grandes choses. Car il alla avec meleager a la chasse du sangler calidonien / et avec perithous combatit contre les centaures. Ovide recite quil eut a femme thetis la deesse des eaues / laquelle Jupiter ayma. Mais il negligea latouchement delle pource que il avoit eut par responce de loracle que delle naistroit ung filz qui seroit plus grant / et plus puissant que son pere. Toutesfois pour icelle obtenir audasse et force lui furent opportunes. Car quant peleus pour le conseil de lancien protheus ung iour il la eut prinse / elle se transforma en diverses formes. Et tellement lespouanta quil la laissa aller. Et sen retourna audit protheus ce compter et reciter / lequel luy persuada que il ne creingnist point les mutacions delle. Mais quil perseverast en la tenant. Car en ce faisant elle obeyroit a son desir. Le iour ensuivant peleus la trouva dormant en une grande fosse et la print. Elle selon sa coustume se mua en diverses formes. Mais pource que peleus tousiours la tenoit / elle se remist en la propre forme / et consentit estre mariee avecques luy. Jupiter convoqua a icelles nopces tous les dieux excepte discorde. A ceste cause elle fut indignee. Et quant elle vit Juno Pallas et Venus seurs ensemble dung coste / elle print une pomme dor et la gecta entre elles trois / et dit que ladicte pomme fust donnee a la plus digne dicelles. A ceste cause sortit incontinant entre elles dissencion car chascune delles se disoit la plus digne. Et pource que iupiter vouloit de ce iuger et prononcer sa sentence / il les envoya a Paris qui demouroit en la forest nommee ida Et pource que venus lui promist une tresbelle femme il mesprisa les oblacions et presens des autres. Et bailla ladicte pomme dor a venus comme la plus digne. Et venus pource luy octroya la prinse et ravissement de heleine / parquoy sen ensuyvit la guerre troyenne et achilles fut tue / lequel nasquit de icelles nopces / ausquelles discorde navoit point este appellee. Et ainsi fut venge liniure.

Doncques peleus eut de thetis achilles et une fille nommee polidorie. Et quant il eut occis finablement son frere phocus / il sen alla en exil par le commandement de la rigoureuse iustice de son pere Et premierement sen fouyt au roy de tracinie nomme ceis / et fut amiablement par lui receu. Et de la apres partant sen alla aux maguetiens / la ou il fut par achastus purge de lomicide fraternel. Je ne scay que de la sen est ensuivy. Maintenant fault entendre ce que est prins soubz lesdictes fictions Thetis fut une noble femme / en la nativite de laquelle fut veu que delle naistroit ung homme qui par vertu surmonteroit son pere. Et pource chiron pere delle eut plusieurs et divers conseilz a qui il la bailleroit. Plusieurs la demandoient / entre lesquelz estoit peleus qui fut de ce refuse Et ainsi les variacions des conseilz furent les mutacions des formes de thetis. Finablement quant ledit peleus autresfois la demanda apres plusieurs conseilz dudit pere / elle lui fut concedee. Et aux nopces delle / cest a entendre a la procreacion de achilles furent tous les dieux convoques / cest a entendre tous les corps celestielz ausquelz appartient selon leurs diverses puissances influir et donner divers effectz au corps la cree / affin quil soit parfait. Discorde ne fut point appelee / affin que leuvre acommancee ne fust differee et perist. Touteffois apres elle se mesla quant lhomme a commance a penser laquelle des trois dies est la plus belle: ou la cō templatiue/laquelle est signifiee p pallas/ou lactiue laquelle est entendue p Juno/ou la Voluptueuse: laquelle est monstree par Venus. Jupiter cest a dire Dieu na point Voulu de ce iuger affin q̄ les autres ne semblassēt estre par sa sētence dannez ⁊ que il eust mis en lhōme aucune necessite. Touteffois de ces trois cy a este plus amplemēt parle la ou est escript de paris

De pollidoris fille de peleus ⁊ femme de brion. Chap. li^e

Homer^e HOmere en son iliade escript que polidoris fut fille de peleus ⁊ q̄lle fut aimee ⁊ charnelement congneue par le fleuue nomme sperchius/⁊ enfāta Ung nōme mnesteus qui suiuit achilles en la guerre troyenne. Ceste cy espousa Ung borion peririen.

De achilles filz de peleus qui engendra pirrhus. chapitre. lii^e.

AChilles entre les grecz tresuaillant ainsi quil est dessus monstre fut filz de peleus et de thetis. Quāt sa mere leut enfante/elle le porta incontinant aux enfers. Et pour le rendre pascient et souffrant labeurs/elle le plonga tant aux Undes stigies excepte le talon ⁊ piedz de dessoubz/par lequel elle le tenoit. Apres elle le bailla a nourrir a chiron centaure/lequel le nourrit nō point en la maniere que les autres sont nourris. Mais il faisoit faire Une Viande des moilles des bestes que il auoit prinses. Et ce affin quil sendursist par continuel excercice. Leonce a ceste cause dit quil est nomme achilles ab a qui signifie sans ⁊ chilos qui signifie Viande et denote nourri sans Viande. Chiron luy enseigna astrologie et medecine/⁊ a sonner et iouer de la harpe. Finablement quant thetis Vit par presage la guerre Venir pour heleine rauie par paris ⁊ quelle Vit quon demādoit pour icelle guerre sondit filz achilles. Et elle pour euiter par conseil la mort de lui qui encores estoit ieune et sans barbe/le print dormant en la cauerne dudit chiron et le porta en lisle nōmee schiros en la maison du roy lycomedes ⁊ labilla dabillemens de fille/⁊ lamōnesta deuant toutes choses quil ne se decelast a aucun qui fust masle. Car elle le bailla audit lycomedes pour garder Vierge entre les filles. Mais ce secret ne peult estre occulte que il ne fust garson a la Vierge deidamie fille dudit lycomedes: Car par temps entre eulx pris ⁊ choisi ilz coucherēt ensēble Et pour lamour dentre eulx elle aussi qui estoit ieune se couurit et cela quil fust garson. Touteffois elle conceut de luy et enfanta Ung filz/lequel elle nōma apres pirrhus. Mais quāt les grecz eurent entreprins la guerre contre les troyens/ilz eurent responce de loracle/que troye ne pouoit estre prinse sans achilles. Et pource Ulixes fut enuoye pour le chercher/lequel entendit que il estoit secretement garde en habit de filles entre les filles de lycomedes. Et affin que au lieu dudit achilles ieune il ne print Une Vierge fille Ulixes excogita et fist Une nouuelle fraude. Il se feingnit estre marchant et presenta aux dictes filles de licomedes bagues et ioyaux/desquelz les Vierges ont coustume daimer et desirer. Et autour dicelles bagues mist Une trousse de fleches cuidant q̄ si achilles estoit entre elles q̄l prendroit larc. Ulixes ne faillit point a son excogitacion et pensee. Apres ce quil eut veu que achilles tiroit larc/ facillement par persuasion lenduisit ql le suiuit a ladicte guerre Achilles laissa labit feminin ⁊ sen alla auec Vlixes a la dicte guerre/⁊ prit plusieurs villes des ennemis/⁊ assembla tresgrande proye Et entre autres choses print la vierge fille du prestre de apollo/laquelle il bailla a agamenon/⁊ reserua a luy briseide/laquelle pareillement auoit prinse. Mais quant il falut par le commandement des dieux que agamenon restituast ladicte fille audit prestre/il print furtiuement ladicte briseide qui estoit auecques achilles. A ceste cause achilles fut grandement indigne et longuement et ne voulut par aucunes persuasions ou prieres dudit Vlixes prendre les armes contre les troyens. Finablement vng iour que les grecz estoyent moult aigremẽt trauailles par les troyens. Patroclus fut par nestor amene deuers achilles pour le prier et requerir que sil ne se vouloit armer aumoins quil permist que ledit patroclus au lieu de luy print ses armes et montast sur son chariot/⁊ que il menast en la bataille les mirmidons tues. Combien que achilles print aigrement ceste dicte requeste/toutesfois il la conceda et octroya comme celluy qui ne refusoit aucune chose audit patroclus. Quant icellui patroclus ainsi que dit est orne vint en bataille/tous cuiderent que ce fust achilles. Et a ceste cause fist plusieurs maux aux troyens. Finablement hector qui long temps auoit desire combatre contre Achilles. Et cuidant que ledit patroclus ainsi orne fust Achilles vint et par petit labeur deffist ledit patroclus/⁊ le desarma desdictes armes lesquelles il vestit comme sil auoit par armes vaincu ledit achilles. Et auec grãde põpe et magnificense sen retourna a troye. Achilles de ce fut moult trouble/et par aucun temps ploura la mort de son amy patroclus/⁊ luy fist faire funerailles par grandes despences et merueilleuses honnorificences. Sa mere thetis estoit venue pour le reconforter/⁊ luy auoit aporte neufues armes/lesquelles elle auoit receues de Vulcan. Achilles les print et pour la vẽgance de son amy occis/saillit en la bataille. Et apres que il eut tue plusieurs des troyens il tua aussi Hector/et ne luy souffist point pour souler ses ires et courous lauoir tue. Mais aussi fist lier le corps mort a son chariot. Et par tresgrande ignominie letraina tout autour de troye. Voyant ce aussi son pere priame. Apres ce il tint icelluy corps nud par lespace de douze iours deuãt le lieu ou le dessusdit patroclus estoit mis. Finablement son pere Priamus ancien de nuyt vint a achilles ⁊ le pria et requist que il luy baillast le corps de son filz. Et pource obtenir luy porta de moult grans dons. Apres ce en vne autre bataille il tua troylus/par quoy hecuba fut de douleur esmeue ⁊ creingnit pour ses heritiers et pour le pays/si achilles longuement viuoit. Et par astuce feminine elle disposa fraudes et deceptions contre achilles. Car elle scauoit bien que Achilles auoit polyxene/pource que au temps des treues il lauoit veue et luy plaisoit. Et a ceste cause elle luy auoit mande secretemẽt quelle lui offrit lespouser sil se abstinoit de guerres ⁊ batailles. Achilles accepta loffre/⁊ firent tel compromis entre eulx/que achilles de nuyt seul secretement viendroit au tẽple de apollo tymbrien/lequel estoit pres des murs de troye/⁊ ql trouueroit la polixene et sa fille/⁊ la la fianceroit. Achilles cõme amoureux ⁊ desirãt ce creut ⁊ selõ la cõposiciõ entre eulx faicte desarme ⁊ seul de nuit ẽtra dedãs le dit tẽple Paris in cōtināt soudeinemēt saillit des abuche⁵ gtre achilles. Et po²ce ql estoit abille a larc et quist a le fraper cōme il fit dune fleche en la derniere partie du pie. Lors Achilles courant sur ses aduersaires a lespee et ne pouant contre eulx fut occiz par paris/et finablemēt fut enterre par ses amys en vne montaigne pres de la dedens la mer nōmee sigeus. En si lō gue histoire toutesfois mōlt briefuemēt narree nest aucune chose feincte si non que achilles fut plongie dedens les vndes stygies excepte la derniere partie de son pie et que ceste dicte partie blessee il mourut Car il plaist a fulgēce que vng

Fulgēci⁹ chascun hōme soit endurcy par labeurs des vndes stygiennes/Car ce vocable grec styx signifie en frācois tristesse po² donner entendre que aucun ne dure en choses ioyeuses/mais est plus tost lache si autrement a este endurcy. Ce qui a este dit que le talon de lui ne fut point la plonge queuure mistere phicitiē/car les phicitiens veulent que les veines q̄ sont au talon aillent et touchent iusq̄s aux reins/cuisses et membres secretz. Et pource par le dit talon non plonge auxdictes eaues veulent entendre la luxure dachilles non vaincue laquelle na pas este ostee per les dessusdictes durtez cōme il appert assez/car par sa luxure il tomba entre les mains de ses ennemys/et fut par eulx tue.

De pyrrhus filz de achilles qui engēdra peripeleus et molossus. chap. xiiii^e.

AInsi quil est deuant monstre pyrrhus fut filz de achilles et de deidamie. Et selon seruie fut ainsi nōme po²

Seruius la qualite de ses cheueulx/veu que autrement estoit appelle neoptolemus. Cestui pyrrhus quāt achilles fut mort qui encores nauoit point de barbe fut mene a la guerre troyenne. Il fut courageux cōme son pere et hōme de subtil engin. Et combiē quil vint vers la fin de ladicte guerre toutesfoi⁵ il ne fut poīt occiz. Et entre les autres ieunes/vaillans et hardis entra dedens le cheual de bois lequel les grecz frauduleusement auoient fait faire/et ainsi tire dedēs troye quant il sen saillit de nuyt et que les autres venoient dung lieu nōme tenedus il fit grant murtre des troyens/et chassa et suyuit olites filz de priame iusques a la tresparfonde et secrete chambre de la maison royale/et la entre les bras de son pere le tua Et apres pource que priame le tancoit et parloit cōtre sa crudelite pyrrhus frapa sur lui affin ql ordoyast de son sang les autiers quil auoit consacrez. Apres que troye fut destruicte il print polixene vierge de tresexquise beaulte et pour apaiser les dieux de son pais loccist aupres du sepulchre dachilles. Andromache iadis fēme de hector lui estoit venue pour sa part de la proye troyenne/laquelle il print a femme/et selon aucūs lui fist deux filz/cestassauoir peripeleus et molossus. Apres il fut prin⁵ de la beaulte de hermione fille de menelaus et bailla andromache auec vne ptie du royaume a helen⁹ filz de priame pource que le vaticinateur lauoit deuant admonneste quil nentrast dedens la mer ainsi q̄ les autres auoiēt fait. Il rauit a horestes hermione et la print a fēme. Apres contraingt ou par pourete ou impelle par courage a proye cōme aucuns escriuent. Il vexa la mer par nauires/laquelle nauigation dōmageable aux autres p lui fut nōmee pyrrhatique. Et icelles exercans cōme p̄mierement il est exercez furent appellez pyrrhates ainsi que pol escript Finablemēt quant horestes eut laisse sa furiosite et fut retourne en son sens et fut retourne de la region taurique il corrompit le prestre du temple dapollo delphiq nōme machareus/ et en ce temps il occit pyrrhus.

De peripeleus filz de pyrrhus. chap. liiii.

Pol escript que peripeleus fut filz de pyrrhus et de andromache Mais theodonce dit quil fut de hermione. Et delle nest autre chose venue a nous.

Theod.

De molossus filz de pyrrh⁹ qui engendra polydecte. chapitre. lv.

Molossus fut filz de pyrrhus et de andromache. Apres la mort de sō pere il succeda a lui/ et tint vne partie du pais nōme epyrus/ et nōma de son nom les gens dicellui pais molosses. iusques a laage de auoir barbe il demoura auec sa mere et le mari delle qui touteffois nestoit point son pere. Il laissa vng filz nōme polydecta.

De polydecta filz de molossus. chap. lvi.

Il ne mest point assez notoire si polidecta fut filz ou fille. Touteffois pol afferme quil fut filz ou fille de molossus/ apres lequel ie ne trouue aucun auoir succede si non apres plusieurs siecles. Combien que aux grecz aucune lignee nait estre trouuee de long temps si noble. Des gens nōmez eacides fut pyrrhus roy des epirotiens lequel fit guerre contre les rōmains par laide des tarentiniens. Pareillement alexandre dit epirote qui fut tue par vng satellite nōme lucan/ et olympias tres renōmee royne des macedoniens et mere dalexādre/ et autres plusieurs renommez par vertus et tiltres.

De pylumnus xxxv. filz de iupiter qui engēdra daunus. chap. lvii.

Pol escript que pilumnus fut filz de iupiter Seruie dit quil eut vng frere nōme pituranus et tous deux furent dieux/ et que pilumnus trouua lusage de fianter les champs/ et que de la il fut appelle sterculinus Combiē que macrobe en son liure des saturnaux dit que ce fut saturne/ et que pilumn⁹ trouua lusage de mouldre le ble/ et que a ceste cause les boulengiers le couloient/ et que de lui est nōmee vne maniere de iaueline dicte en latin pilum. Theodonce oultre ce escript que danes fille de achrisius fuyant lire de son pere auec vng petit filz quelle auoit nomme perseus fut menee par vng pasteur deuers pilumn⁹ laquelle il print a fēme quant il eut congneu la lignee delle Et pareillemēt laissa apulie en laquelle elle auoit este laissee grande pource quelle sembloit estre contraire a acrisius/ et sen alla aux rutiliens/ et la auec danes edifia vne ville nōmee ardee. et de danes eut vng filz nōme daunus.

Seruius Pylūn⁹ trouua lusage de fianter les champs et de mouldre le ble

De daunus filz de pilumn⁹ et grant pere de turnus. chapitre. lviii.

Daunus fut filz de pilumnus et danes fille de acrisius cōme theodōce escript. Il eut vng royaume en apulie/ et de son nom fut nōme le pais quon dit daunie. Icellui theodonce escript quil fut grāt pere du pere de turnus qui fut aussi appelle daunus. Il ne me recorde point auoir leu aucune chose du filz de ce daunus ne du second pere.

De daunus nepueu du premier daunus q engēdra turnus et iturne. chap. lix.

Selon theodonce daunus fut neveu du precedent daun' et du filz Venilie seur de laymee fême du Roy latinus fut fême de ce daunus/de laqlle cõme est manifest elle eut plusie's enfans entre lesquelz fut celle la qui bailla cõme on dit en mariage a dyomedes exille. Pol disoit tantseulement q̃ daunus le pere de turnus avoit este filz de pilumnus/pource que Virgile dit q̃ pyrumnus fut son grant pere et Venilia deesse fut sa grant mere/et ce enparlant de turnus. mais ie croy plus theodõce/cõsidere que Virgile ailleurs dit en la persõne de iuno. Il a toutesfois prins par naiscence nostre nom/et Pylumnus lui est quatriesme pere/ce que ne po'roit estre selon pol/et selon theodonce il est biẽ cõsonant au nombre.

De turnus filz de daunus chap. lx^e.

Turnus Roy des Rutiliens fut filz de daunus et de sa fême Venilia. Il fut tresrenõme et excellent en la discipline des armes en son temps. Lui estant ieune fut de si grande force corporelle que aucune foy ne semble pouoir estre attribuee de ce aux anciẽs si elle ne stoit confermee par tesmoignage plus recent. Et entre aultres choses plusieurs signes de sa force sont monstrez cõtre la singuliere bataille quil eut cõtre eneas/de laquelle Virgile dit ainsi Turnus regarde une grande pierre laquelle anciẽnement estoit par fortune couchee en ung champ cõme une bonne qui estoit mis au champ pour monstrer la fin des champs et oster la noise des possesseurs. Icelle pierre estoit si grande et pesante que a peine douze hõme's esleuz leussent levee de telz hõmes que maintenant la terre produit. Turnus print icelle pierre a la main tremblant la getta contre son ennemy. Ce que saint augustin au quinziesme livre de la cite de dieu semble approuver. Avec ce moult de foy adiouste ce que pallantes ou pallas filz de euander fut par lui en bataille occiz. Nous lisons que henry cesar tiers imperoit ung laboureur de's champ's foyant pres de Rome trouva son corps entier cõme sil fut freschement enterre lequel gette hors du sepulcre fut trouve si grant quil passoit de haulteur les murailles de Rome/et que encores apparoissoit en icellui corps louverture de la plaie faicte par la lance de turnus/laqlle excedoit la longueur de quatre piedz. Par lesquelles choses on peult cõiecturer combien grant et fort devoit estre turnus qui surmõta et gaigna ung si grant ieune hõme qui en combatant portoit ung si grant dart ou si grãde lance/par ce pouons iuger quant grande playe il lui fist. Virgile par excellans vers monstre en leneide grande guerre avoir este contre eneas/pource que latinus avoit baille a fême a eneas lavinie sa fille laquelle il avoit promise a turnus/aĩsi cõme icellui mesme Virgile monstre. Ap̃s plusieurs choses quant il eut tue pallãtes filz de euander et leut vestue de son baudrier et quil le portoit par singuliere gloire de ce quil avoit surmõte et deffait ledit ieune hõme ung iour lequel fut le dernier iour de sa vie et auquel iour par composition faicte il combatoit seul et seul contre eneas. Il fut surmonte par ledit eneas/et pource il lui supplioit quil lui sauvast la vie/laquelle chose eut impetre sil neust veu ledit baudrier lequel lui retourna a memoire la pitie de son amy mort/et pource fut par lui occiz. Et ce selon Virgile q̃ de toutes ses forces tend aux louanges de eneas Mais selon les autres aucuns dient et qui ne sont point de petite autorite que eneas fut surmonte par turnus. et que

Virgile

en senfuyant il fut occiz aupres du fleuue nomme municus/ et le corps de lui ne fut depuis veu. Turnus apres fut occiz par ascanie/ duquel la hault est plus aplement escript la ou est parle de eneas

De iuturne fille de daune. chap. lxi^e.

Iuturne fut fille de daune. Et come virgile dit iupiter la desuirgina. Et pour don et Remuneration de la virginite quil lui auoit ostee il lui donna imortalite estre faicte nymphe du fleuue nomme municus. Ceste cy fit plusieurs choses a laide de son frere/ lesquelles choses sont diuersifiees par fictions pour vne chose/ pource que par linterpositio dudit fleuue municus par lequel aduit que les ennemys de turnus et turnus aussi ne peurent passer aiseement et sans dangier au pais nomme ardee. Mais quant elle vit faillir turnus par tristesse se getta dedens les vndes dudit fleuue. Aucuns dient quelle secretement eut amitie auec le Roy latin/ et que quant la chose fut manifestee elle eut si grant honte quelle de sa voulente se getta dedens le dit fleuue. Et a ceste cause fut feingte auoir este despucelee et faicte nymphe dudit fleuue. Virgilius

De mercure. xxxvi^e. filz de iupiter qui engendra eudorus mirtilus/ lares/ euander/ et pan. chap. lxii.

Mercure fut filz de Jupiter et de maie fille de athlas ainsi quil est assez commun/ ainsi quil appert par les choses dessusdictes plusieurs mercures furent. Et combien que presque tous ayant este par les anciens honnorez de pareilz honneurs et ornemens/ toutesfois ilz nont pas este tous ornez dune mesme deite. Car lung a este dieu de medecine/ lautre des marchans/ lautre des larrons/ et lautre de eloquence et cestuy theodonce dit auoir este filz de ladicte maie. Je nentens point inuestiguer plus subtilement qui a meu theodonce de ce escrire/ ne ie nen ay point dautre raison Je croy seulement que les anciens ont voulu tous mercures estre dieu de eloquence pource que les mathematiciens dient quil appartient a la planete mercure disposer en noz corps toute organe sonant Et aucuns par ce croyent que ce dieu est dit et nomme messagier et interpreteur Car les organes par lui disposes les choses secretes de nostre cueur sont manifestees/ lesquelles sont dictes les secretz de dieu si elles ne sont exprimees par gestes/ signes/ ou paroles. lesquelles aultre que dieu ne peult congnoistre. Et en ce il est interpreteur de telz secretz. Car les paroles lesquelles sont formees par les organes par lui disposes sont interpretees et ouuertes/ lesquelles ne pouoient estre entendues par seule geste. Doncques il est messagier des dieux et interpreteur/ et par ce est dieu de eloquence Ce qui est plus clerement monstre par les offices qui lui sont attribuees et les ornemens qui lui sont baillez/ car mercure est couuert dung grant chapeau pour monstrer que eloquence est gardee par couuerture puissante contre les fouldres denuie qui nest autre chose que grace laquelle lhomme eloquent aquiert des auditeurs beniuoles Ceste cy garde a long temps les escriptz des anciens contre les hommes mordax et enuieux/ laquelle chose ouide preuit disant. Jay fait ia euure laquelle ne peult abolir et oster lire de iupiter ne le feu ne le fer ne lancienete/ laquelle toutes choses mengue. Mercure a les Robes longues iusques aux talons pour monstrer la velocite de la parole laquelle en vng mesme moment sault Theo.

de la bouche du parlant ⁊ est receu aux oreilles de loyant. Et auec ce elles designent tressouuent lopportune velocite des messagiers. Il porte vne verge pour denoter loffice de messagier/car les messagiers ont coustume de porter verges cõme pour singulier signe. Et dict que mercure dicelle verge reuoque des enfers les ames/⁊ a icellui lieu aucunes en enuoye. Ainsi par icelle verge pouõs entendre les forces ⁊ vertus de lhõme eloquent/par laquelle eloquence plusieurs ont este ostez ⁊ gardez de mort/⁊ aucuns par elle sont a la mort mis Car ie demande qui est la chose qui garda milo de mort ⁊ popilie lenates affinque ie me taise des autres/ce fut leloquence de cicero/Qui est la chose qui cõtraignit a mort lentulus cethegus scatilius ⁊ les autres hõmes dicelles mesmes cõiuration. Certes ce fut la tresforte vertu de leloquence de caton. Ilz dient auec ce q̃ mercure p icelle verge concite ⁊ esmeut les vens Affin que nous entẽdons que eloquẽce peult getter ⁊ mettre fureurs cõme fit loraison de curion contre cesar a arimine/⁊ peult aussi passer les nuees Cest a dire oster les turbations ainsi q̃ tulles fit pour le roy deietarus quant par son oraison doulce il appaisa lenfle courage que iulius cesar auoit cõtre ledit roy. Il est assez cler ⁊ manifeste que icelle verge donne ⁊ fait sõmeilz/car eloquẽce excite les paresseux ⁊ assoupis a excercitation/⁊ elle assoupit compose ⁊ retire les trop courageux a leur hõneur.

Ladicte verge est ceinte ⁊ enuironnee dung serpent pour prendre par la prudẽce du serpent que lhõme eloquent doit estre sage enuers les elections des choses quil doit dire des temps des lieux et des personnes affin que lorateur diuise ⁊ meine les auditeurs ad ce quil desire.

De endorus filz de mercure chap. lxiii.

Ainsi que Homere en son iliade escript endorus fut filz de mercure ⁊ de polimie fille de philax/duquel dit ainsi. Endorus marcial parthenien seigneurioit en icellui siege lequel la fille bonne de philax polimilien engendra en vne assemblee ⁊ le fort argiphontes cest a dire mercure. Icelui homere poursuit prolixement vne telle fable de lui Que quant mercure vit polimiles saultant exquisement en la dance ⁊ auec les chãtans en lassemblee de diana il layma/⁊ secretement monta en son palais ⁊ coucha auec elle ⁊ engendra endorus q̃ fut hõme tresligiet ⁊ belliqueux qui alla auec achilles en larmee troyenne. Homerus

De myrtilus filz de mercure. chap. lxiiii.

Myrtilus cõme Lactence escript fut filz de mercure ⁊ charretier du roy oenomaus. Quant pelops demãda en mariage la fille de lui nõmee hippodamie tout dispose ⁊ delibere de prendre le dãgier qui lui pouoit aduenir en la course qui estoit ordõnee pour lauoir en mariage il corrompit ledit myrtilus par la promesse quil lui fit dauoir la premiere congnoissance charnelle de ladicte vierge. Et a ceste cause icellui myrtilus fit au chariot vng exeul de cire lequel a ceste cause rompit au milieu de ladicte course/⁊ pource ledit pelops obtint victoire ⁊ la dessusdicte vierge. Quant ledit myrtilus requit la pmesse dessusdicte a lui faicte pelops le fit getter en la mer ou il fut noye. Et pource a celle mer fut dõne le nõ de lui ⁊ fut nõmee la mer myrtile. Par la fraude de ce myrtilus q̃ estoit preuost des armes dudit oenomaus icellui oenomaus fut par guerre deffait cõme il est la hault escript la ou est parle de pelops.

Des lares filz de mercure. chap. lxv^e.

Les lares furēt deux filz de mercure ⁊ de la nymphe nōmee laris ainsi que ouide escript. Lactence des diuines institutions dit quelle fut nōmee larunda ou lara. Ouide recite de la naiscēce de ceulx cy vne telle fable/que quant Jupiter ayma iuturne tyberine nymphe ⁊ seur du roy turnus il cōmanda aux nymphes dicellui lieu quilz retardassent ladicte iuturne fuyant affin que quant il la suyuroit elle ne fust plōgee aux eaues. Cōme pol escript lara fille de alcion vne des nayades raporta ledit cōmandement de iupiter a ladicte iuturne ⁊ a iuno. Jupiter po'ce indigne priua ladicte lara de langue/⁊ cōmāda a mercure quil la tirast aux ēfers/⁊ que la elle fust nymphe des stygies. Quant mercure la menoit il la regarda ⁊ print en elle plaisir ⁊ en chemin eut sa compaignie charnelle. Elle conceut de lui ⁊ enfanta deux gemeaulx lesquelz il nōma du nom de la mere lares. La fiction de ceste fable a sēs assez musse/car iupiter est la chaleur laquelle desire la nymphe iuturne/cest a entendre humidite en laquelle il puisse besoigner/mais lara laquelle icy est la trop grande chaleur de la fēme disgrege ⁊ separe leuure du feu besoignant/mais mercure cest la froideur de nature excitee par euure assemble en vng lieu la semence quant la chaleur superflue de la fēme est estaincte ⁊ ainsi lara est priuee de langue cest a dire de puissāce de nupre. Mercure cest a entendre la moderee prudence de nature selon les gentiles tire les lares de ceste chaleur seulement pressee ⁊ non point droictement delle est fait/mais par elle ostee affin que selon lopinion daucuns les lares naiscent quant le fruit est cree lesquelz ne peuent estre crees elle estāt en sa puissance. Tous les poetes anciens nont point pareillement opine de cesditz lares/car les anciens ont cuide q̄ quant lame raisonnable est mise p mercure en vng corps neuf cōme iay autresfois dit pource ont opine estre menee et mise par mercure/car on croit q̄ le fruit preigne ame ou puissance vitale au siziesme moys qui est attribue a mercure/⁊ cuident que lors en lame viēnent gardiens delle dieu ou dieux/lesquelz aucuns nōment genion ou genios/Et aucuns les ont nōmez lares ainsi que peu deuant est dit Et ainsi que censorin dit au liure du iour de la natiuite il veult ql soit dit genion/ou pource quil procure q̄ nous soyons engendrez ou quil est ne auec nous/ou quil garde ⁊ defende tousiours les engendrez/⁊ dit quil est nōme egenion ⁊ lares/⁊ dit ce estre afferme p plusieurs anciens ⁊ principalemēt par gayus flaccus en ce liure quil escriuit a cesar intitule de indigitamentis.

Censorin

Gayus Flaccus

Et cō bien quil die tant seulemēt estre vng genius ou lares/toutesfois apres il adiouste lopinion de euclides socraticien que a tous sōt adioustez ⁊ mis deux genius Ainsi selon lopinion des anciens vng chascun a deux lares Et se semble estre assez afferme par lauctorite de anneus florius en son quatriesme liure de ses epithomates disant ainsi.

Anneus florius

Quant brutus de nuyt en soy pensoit ⁊ selon quil est de coustume il fit aporter de la lumiere/vng image ⁊ esperit obscur et noir se presenta a lui/il la interrogua quelle estoit/elle lui respōdit/ie suis ton mauuais genius. Ce disant elle se euanuyt deuant lui qui de ce se esmerueilloit. Le dessusdit auteur neust point adiouste mauuais sil nen y auoit aussi vng bon/⁊ ainsi sont deux. La crestienne verite dit les anges estre sociez a lōme ou a la fēme nez ⁊ non point engendrez auec le naiscēt/desquelz lung est bon lequel cō traint tousiours celui quil garde / lautre mauvais se parforce tousiours au cotraire / et come gardiens observateurs et tesmoingz de noz biens et de noz maulx assistent continuellement iusques a la mort. Oultre ce ilz ont creu les lares estre aux maisons privees come Plaute monstre au comencement de sa comedie nomee aulularie, et les ont nomez familiers et domestiques dieux / et come avoit este mis pour la guerre du corps. Pareillement et pour la garde de la maison en laquelle leur constituoient lieux a eulx comun / ausquelles maisons les anciens faisoient au milieu de la sale ou de la court ung lieu spacieux pour le feu et la les honnoroient par sacrifice selon lancienne coustume / ce qui nest point encores entre nous oste / car combien que icelle sote erreur sen soit alee / toutesfois encores restent leurs noms et anciennes choses qui representent lancienne facon diceulx sacrifices / car les florentins et par adventure aucunes autres nations ont aux sales domestiques ou est le feu comun pour la famille de la maison aucuns instrumens de fer mis pour soustenir le bois au feu lesquelz instrumens nous nomons lares. Et au soir du iour precedant les calendes de ianvier toute la famille est convoquee par le pere ou maistre de la famille. On remplit le feu de bois et met on dessus une grande souche laquelle dung des boutz brusle et sur lautre bout siet le pere ou maistre de la dicte famille tous estans devant lui / la il prent du vin et boit premierement et apres ce quil reste dudit vin au vaisseau ou il a beu il gette sur le bout de la souche bruslante. Apres que tous autour ont beu come silz avoient parfaicte la sollennite ilz se lievent pour excercer les offices acoustumees. Moy estant enfant ay ce souvent veu celebrer en ma maison paternelle / et par mon pere qui estoit certes home catholique. Et ie ne doubte point que ce ne soit encores celebre par plusieurs plus par raison de coustume prinse des anciens que par deception de superstition ou aucune ydolatrie.

Plautus

De evander filz de mercure qui engendra pallantes et pallantia. chap. lxvi.

Ung escript que evander roy des arcadiens fut filz de mercure et de nicostrata / et fut home renome par engin et par puissance / car servie dit quil tua ung tresgrant home nome icerillus ainsi que hercules occist gerion / et que pour sa singuliere prodomie lui seul entre plusieurs fut nombre hercules et au nombre diceulx mis. Et icellui servie aussi escript quil fut nepveu de pallans roy de archadie. Et quant il eut occiz son pere mari de nicostrate persuadant icelle nicostrate laquelle estoit prophheteresse il laissa archadie et vint en italie. Et quant il eut chasse de la les anciens habitateurs il tint les lieux ou apres rome fut edifiee / et fonda en la montaigne palatine ung petit chasteau ou vilete ou il receut hercules retournant despaigne avec pompe et magnificence de geryon quil avoit surmonte et deffait quil lavoit delivre des insulz et travailz du larron nomme cachus. Apres il receut eneas lequel apres la destruction de troye queroit nouveaulx lieux pour resider. Et ala contre turnus / et envoya a la guerre avec lui son filz pallantes lequel lui ancien plora miserablement avoir este occiz par turnus. Il est dit filz de mercure pource quil estoit entre autres treseloquent home come theodonce escript.

Servius

Theod.

De pallantes filz de evander chap. lxvii.

Pallantes fut filz du Roy euander ainsi que virgile tressouuent en son eneide tesmoigne. Il fut ieune homme renomme de exquise vertu/et fut ioingt par amitie auec eneas/et assembla gens darmes et aydes pour suyure eneas contre turnus/par lequel en la bataille il fut blesse et mourut/et fut par son malheureux pere enterre. Martin en son liure qui est intitule la martinienne escript que au temps de henry le tiers empereur imperant sur les Romains vng laboureur des champs pres de romme fouyant vng peu parfond dedens son champ trouua le corps de pallantes encores si entier quil sembloit estre maintenant enfouy et qui estoit si long et hault que de sa longueur il passoit la haulteur des murs. Et qui est plus merueilleux il recite que en icellui corps apparessoit louuerture de la playe que turnus lui auoit faicte estre si grande quelle excedoit la longueur de quatre piedz. Et adiouste que la fut trouue vne lampe sur la teste de ce corps qui perpetuelement brusloit/et laquelle on ne pouoit esteindre par aucun souflement ou autres liqueurs quon mist dedens. Finablement on fit vng trou au fons de la dicte lampe et ainsi esteignit. Oultre ce il escript que en icellui sepulcre estoit escript vne telle epitaphe. Icy gist pallas filz de euander lequel la lance de turnus militant a selon sa maniere occiz.

De pallancia fille de euander. chap. lxviii^e.

Seruius Seruie escript que Pallantia fut fille de euander. Icellui seruie afferme ce estre dit par varro qui dit que hercules la corrompit et eut delle latinus le Roy de laurentes. Et dit que apres quelle fut morte elle fut enseuelie en la montaigne qui de son nom est appellee palatine.

De pan filz de mercure. chap. lxix^e.

Pan non point icellui qui est dit dieu de archadie/mais vng aultre fut filz de mercure et de penelops ainsi que Cicero escript en son liure de la nature des dieux. Et combien que Licophron die que penelops femme de vlixes coucha auec tous ceulx qui la demanderent en mariage le temps pendant que vlixes ne retournoit point/et de lung deulx elle eut vng filz nomme pan. Aucuns veulent quil y ait fiction et que on doit entendre estre aduenu par la eloquence daucun que penelops coucha auec lui. Et de ce enfanta vng filz lequel fut dit filz de mercure pource quil sembloit estre exquis en eloquence. Jay autrefois dit que ie ne puis cuider que la chastete si exquise qui estoit en penelops pouoit estre par leloquence daucun ou oeuure ordopee ou pouoit estre flechie Certes auec elle furent des autres femmes ainsi nommees/mais par aduenture qui nestoient point pareilz a elle en chastete. Et ainsi peult aduenir que daucunes delles peut naistre a mercure vng filz nomme pan

De vulcan. xxxvii^e. filz de iupiter qui engendra ericthonius/acus/cethulus/et tullus seruille. chap. lxx.

Vulcan fut filz de iupiter et de iuno comme presque tous les poetes tesmoignent incontinent quil fut ne pource quil estoit boiteux et defforme Il fut par ses parens enuoye en lisle nommee lennium. Et ce tesmoigne virgile en ses bucoliques disant Les parens ne lui ont point ris ne le dieu ne la deesse ne lont repute digne de leur table et de leur lit.

Tous afferment quil eut femme/mais tous ne sacordent pas a vne/car ainsi q̄ macrobe en son liure des saturnaulx Recite cingius dit que maia fut femme de Vulcan. Et piso dit que ce fut maiesta/ Homere premierement ⁊ apres virgile ⁊ les autres poetes latins escriuēt que ce fut Venus/Veu quil est certain quilz ont este plusieurs Vulcans. Il est possible que tous ont dit vray/Veu quilz nōt point explique de quel Vulcan maia et de quel Vulcan maiesta furent femmes Il semble estre maintenu pour assez approuue que Venus fut femme de Vulcā lēnensien. Ilz dient que ce Vulcan fut feure de iupiter. Et dient ql a ouuroirs ⁊ botiques aux lypares ⁊ isles des Vulcaniens pour faire fouldres ⁊ les armures des dieux ⁊ ad ce a obsequieux ⁊ obeissans les cyclops Et tout ce qui a este fait ⁊ compose artificiellement diet estre fait par Vulcan/comme les armures dachilles ⁊ de eneas ⁊ la bague ⁊ afiquet de hermion ⁊ la couronne de adriane/⁊ autres choses pareilles. Et auec ce dient que quant le soleil lui eut monstre ladultere dentre sa femme ⁊ Venus ⁊ de mars il les lia ensemble par chaines inuisibles. Ilz le nōment aussi mulciber ⁊ le dient estre pere de plusieurs filz Pour tirer le sens des choses dessusdictes est premierement assauoir que ce Vulcan fut filz de iupiter ⁊ de iuno/⁊ regna en lisle lanniū/⁊ eut Venus a femme ⁊ la trouua couchee auec vng porteur darmes ainsi quil est dessus dit la ou est parle de mars. Et ce quant a listoire/mais quant a lautre sens ⁊ entēdement nous deuons deuant toutes choses entendre que nous auons deux feuz. Le premier est lelement du feu lequel nous ne voyons point/et cestui cy les poetes souuent nomment iupiter. Le second est le feu elementaire qui est fait ⁊ cause du p̄mier/⁊ cestui est ēcores en deux facons. Le p̄mier est cellui qui est afflambe aux nuees pour le tresligier mouuement quil a circulairemēt/et cestui cy quant il sault dicelles nues se Rompt ⁊ fait tonnoirres ⁊ coruscations et auec tresimpetueuse descēte est chasse contre la terre. Le second feu est celui duquel nous vsōs en bois ⁊ autres choses combustibles lequel nous tyrons ⁊ gettons des cailloux par fer ⁊ aultres choses dures/⁊ le nourrissons ⁊ gardōs en q̄lque maniere. Et de ces trois feux est faicte mention a ceste fiction Car le premier est iupiter duquel les aultres deux viēnent en lair ⁊ en la terre/lesq̄lz doiuent estre entenduz par iuno/⁊ chescun de ces deux est boiteux/car si nous Regardons la fraction de la nuee nous apparceurons le feu qui ne va pas droit Mais maintenant en ceste partie maintenant en lautre le verrons decliner et ainsi le verrons boiteyer. Pareillemēt voyons les flambes de nostre feu lesq̄lles ne se lieuent point egalemēt en hault mais comme vng hōme boiteux maintenant hault maintenant bas tendent en hault. Et de ceulx cy le premier comme il est monstre est gette du ciel en terre. Et ses parens ne lui rient point/car incontinent quil est cree il est gette/⁊ aussi nest point deingne ⁊ honnore en la table. Ilz le veulent estre pource gette en lenniū/car les fouldres cheent tressouuent en celle isle/la cause de ce que la deesse ne la point deingne ⁊ prise digne de son lit sera dicte peu ap̄s la ou sera parle de eritreus Ce feu qui est icy auec nous est nourry des singes/car le singe est beste qui a ce don de nature quelle se p̄force faire tout ce quil voit faire a lhōme/⁊ pource que les hommes se parforcent par leur art ⁊ engin en moult de choses imiter nature. Et que le feu est moult opportun ⁊ necessaire a telles oeuures/il a este dit ⁊ feingt que lesditz singes

Cest a dire les hommes nourrissēt vulcan/cest a dire le feu. Et affin que lopportunite de lui soit congneue Isidore en son liure des ethimologies escript ainsi. Sans le feu aucun metal ne peult estre fondu ou estandu ⁊ nya presque aucune chose qui ne soit faicte par feu En vng lieu est fait le voirre/en lautre lor/en lautre largent/en lautre le vermeillon/en lautre les choses odorantes/en lautre lieu sont soupes en tre les choses medicinables/les pierres p̲ feu sont resoulues en metal/par feu le fer est dompte ⁊ fait/par feu lor est parfait la pierre brusle par feu fait le ciment ⁊ lie les murailles. Le feu blanchist les pierres noires en cuisant en bruslant les bois il les rent obscurs. Il faict les charbons en braise resplendissans qui sont de leur nature noire. Il fait choses frailles de bois durs. Il fait choses qui ne peuent pourrir de choses pourries. Il lache choses estrainctes ⁊ restraint choses lasches. Il amolit choses dures ⁊ les choses moles rent dures. Oultre ce ilz veulent quil soit feure de iupiter ⁊ composeur de toutes autres choses artificielles/pour donner a entendre que toutes choses qui sont faictes artificiellement sont faictes par layde de feu/lequel quant est artificiel est nome vulcan par aucun noble artifice. Il appert clerem̄t pourquoy les ouuriers de lui sont en lipare ou aux isles des vulcans/car elles sont isles qui euomissent le feu ⁊ leur nom donne faueur a la fiction. Elles sont nommees vulcaines non point du nom de vulcan q̄ fut filz de iupiter/mais dung autre vulcan qui fut ne en emalie ⁊ tint icelles isles/⁊ nont point voulu seulement que le feu ou vulcan ait este feure des armures ou ioyaulx/mais ont voulu aussi quil ait donne ⁊ baille cause au commencement des contentions ⁊ entre parlement des hommes. Ainsi

Isidorus

que vitruuie en son liure de lart de edifier semble dire. Et dit que les hommes naiscoient selon lanciēne maniere aux forestz ⁊ aux cauernes/⁊ viuoient vsāt de viande agreste. Ce temps pendant en aucun lieu les arbres druz muez par les tempestes ⁊ vens estoyent agitez et faisoient sons ⁊ entre eulx rompoient ⁊ froissoient les branches /et ce faisant excitoient le feu. Et voyans les grans flambes du feu ceulx qui estoient fuys en ce lieu sesbahissoient. Apres aucuns repos prins ilz se approchoient plus pres ⁊ apparceurent grande commodite et vtilite estre aux corps humains mettoient ⁊ adioustoient bois audit feu Et ce gardans amenoient les autres ⁊ par signes le leur monstroient ⁊ quelles commoditez ilz auoient du feu/⁊ de la par la aleure des hommes quant ilz representoient quelque chose/⁊ que de leur esperit failloit aucune voix par cotidienne coustume ilz ordonnerent les motz ⁊ vocables ainsi quilz auenoient. Apres en separant les choses plus souuent selon lusage quil aduenoit/ilz acommēcerēt a lauenture parler/⁊ procrecrent ⁊ firēt ainsi entre eulx langage. Doncques p̲ linuention du feu le conseil ⁊ la vie des hommes ensemble fut trouuee Et que plusieurs conuenoient en vng lieu aiās premierement a nature oultre toutes les autres bestes ⁊ choses animees q̄lz aloient droitz ⁊ non point enclins vers terre. Et virent la magnificēce du mōde ⁊ des estoilles/⁊ tracterent facillement en leurs mains ⁊ arteux la chose quilz vouloient. En icelle assemblee dhommes les vngz commencerēt a faire tectz de brāches darbres/⁊ les autres fouyr cauernes soubz les montaignes/les autres faisoiēt cōme les irondelles q̄ edifiēt leurs nids aux lieux ⁊ habitacles pour demourer faitz de boue ⁊ de petites brāches Ce sont les paroles dudit vitruuie

Vitruuius

Le renõme hõme nauoit pas leu le pẽ
tatheuque au cõmencement duquel il
eut leu vng autre auteur du lãgage hu
main adam qui toutes choses nõmoit/
⁊ eut congneu cayn edifiant nonpoint
seulemẽt maison mais aussi ville. Mais
de ce autrefois parlerõs La ou est parle
des ciclopiens est dit pourquoy les ciclo
piens sont ditz obsequieux a vulcan
Seruie dit que ce vulcan est pource dit
feure pource quil est dit cõme volitant
Rabanus cest dit volant par air. Rabane dit vulcan cõme candeur volant. Albertice dit
quil est appelle mulciber cõme demul-
cent la menue pluye pource que quant
les nuees sont hault mõtees elles sont
par chaleur resolues en pluye. Mais
ie cuide que mulciber est pource dit/car
il amolit lair.

De erictonius filz de vulcã qui engendra pocris/orithie ⁊ pandion. chap. lxxi^e.

Homerus Erictonius autrement selon home
re appelle eriteus fut filz de vulcã
⁊ de minerue/de la creation duquel vne
telle fable est narree par les anciẽs/que
quant vulcan eut fait les fouldres po^r
iupiter bataillant contre les geans il de
manda audit iupiter pour guerdon quil
lui fust licite de coucher auec minerue/
ce que iupiter lui conceda/⁊ donna licẽ-
ce a minerue que si elle pouoit elle deffẽ
dist de toute sa force sa virginite. Donc
ques quant vulcan entra en la chambre
de minerue ⁊ quil se parforcoit faire for
ce a ladicte minerue laquelle aigremẽt
se defendoit aduint que vulcan de arde^r
quil auoit getta sa semence sur le paue-
ment de la chambre/de laquelle semence diẽt que erictonius nasquit lequel di
ent auoir eu piedz serpentins. Quant
il fut paruenu en aage deue pour couurir cesditz piedz il excogita le premier
le chariot comme virgile dit ainsi. Erictonius premier osa faire le chariot ⁊ ioi
dre ensemble quatre cheuaulx. Sainct
augustin au liure de la cite de dieu des- Augustin
queuure lentendement de ceste fiction
Et dit que a athenes y eut vng temple
cõmun a vulcan ⁊ a minerue auquel tẽ
ple fut trouue vng enfãt enuelope dun
dragon. Et pource que les atheniens
par leur iugement le reputerent estre
vnefois grant homme ilz le garderent/
Et pource que les parens de lui estoiẽt
incongneuz ilz le desdierent pour filz a
ceulx a qui ledit temple estoit dedie cest
assauoir a vulcan ⁊ a minerue. Oultre
ce anselme dit en son liure de lymage
du mõde q̃l fut receu au ciel ẽtre les au
tres ymages celestes/⁊ est dit ⁊ nomme Anselmus
serpentier.

De pocris fille de erictonius ⁊ femme de cepharus. chap. lxxii^e.

Pocris fut fille de erictonius ou
ericteus ⁊ fẽme de cepharus tesmoignant Ouide qui dit quatre iceulx
ieunes ⁊ autant de femmes de celle for
te il engendra/mais la forme ⁊ la beaul Ouidius
te de deux estoit pareille/desquelz eolides cepharus ⁊ la heureuse fẽme de poc
ris fut. Nous dirons la ou sera escript
de cepharus la fortune ⁊ la mort de ceste
cy.

De orithie fille de erictonius ⁊ femme de boreas. chapitre. lxxiii^e.

Orithie fut fille de ericteus ou de e-
rictonius aĩsi que eusebe tesmoi
gne en son liure des temps. Boreas du
pais de tracie ⁊ filz de astreus la rauit ⁊
la print en mariage. Elle lui enfanta
deux filz nommez zethus ⁊ calays

De pandon filz de erictonius qui engēdra progne et philomene. chap. lxxiiii^e.

Lactēce escript que pandon fut filz de erictonius Roy de athenes / et lui succeda au Royaume / duquel nestoit autre chose escripte oultre le tēps de son Regne qui fut selon eusebe quarante ans si non quil eust deux filz et .ii. filles. Et apres ce quil fut lasse de mener guerre long temps contre les traciens / et quil venu a paix il donna une de ses fillees en mariage / cestassauoir progne a tereus Roy des traciens / et peut plourer linfortune de lautre fille / cest assauoir philomene de laquelle est plus amplement dessus escript.

De prognes et de philomene filles de pandion. chap. lxxv.

Ouidius

Prognes et philomene comme amplement ouide escript furent filles de pandion Roy de athenes. Pandiō donna prognes en mariage a thereus roy de tracie laquelle eut de lui ung filz nomme ithis Thereus en menant lautre fille de pandion philomene a prognes la despucella et lui trancha la langue. et de ce aduint que ithis fut tue de sa mere et fut donne a viande a son pere / et de la prognes fut transformee en une irondelle et philomene en ung oyseau de son nom quon appelle Roussignol / et there⁹ en une hupe. Desquelz to⁹ est plus amplement dessus escript la ou est parle de thereus.

De cacus filz de vulcan. chap. lxxvi^e.

Virgile escript que cacus fut filz de vulcan. Une cauerne fut la eslongnee de gens / et moult ouuerte dung demy homme de laquelle la face de cacus cruelle couuroit a laduenement des Rayes du soleil La terre dicelle cauerne estoit tousiours arrousee de sāg et murtre Recent et estoit farree dorguilleux hupes. Les faces palles des hōmes par pourriture triste pendoient la. Vulcan estoit pere a ce monstre. Il gettoit obscurs feuz vomissans de sa bouche et ce portoit par une grande pesanteur. Il est narre que quāt hercules Retournoit despaigne auec euander lougant, de nuyt les beufz tirez par la queue en sa cauerne. Quāt hercules deuers le matin les apperceut diminuez et quil ne peut cōgnoistre ou il estoit desuoie / car il voyoit les marches des piedz venans de la cauerne aux grandes bestes il sen alloit auec les autres / mais quant icelles bestes mugissoient pour les autres cōpaignons laissez qui sen aloiēt / et ceulx qui estoiēt tenus clos Respondoiēt au mugissemēt lors la fraude de cacus fut cōgneue. Hercules lors se tourna contre lui et a grande peine le getta hors dicelle cauerne et dune massue loccit et Reprint les beufz. Les autres veulēt que ce fut Reuele a hercules par la seur du frere de cacus nōmee caca / pourquoy elle deseruit et acquit quelle fut la long tēps hōnoree par autier et sacrifices a elle faitz Seruie escript quil fut pource dit filz de vulcan pource quil cōsumoit par frequante cōbustion toutes les choses pres et adiacentes. Alberice le disoit auoir este tresmauuais filz ou serf de euāder / ce que le nom sonne et signifie / car ce nom cacos en grec sōne en francois mauuais. Il semble a solin des merueilles du monde que histoire soit cōtenue soubz la fictiō de ceste fable / car il dit que cacus habitoit en ce lieu qui est nōme saline en laquelle fut faicte une porte siziesme de ladicte cite. Apres dit que Celius escript que quant Cacus fut enuoye ambassadeur par le Roy Marsias deuers Tarcon Tyrhenien / Seruius

& quil fut baille pour garder a ung nomme megalus phrigien. Il fut reduit par lui avec plus grandes aides ou lieu dot il estoit venu / & occupa royaume & pays environ vulturne & campanie. Et quant il sefforcoient & essayoient contre evander & les archades & que hercules alors par fortune present estoit cacus fut opprime / mais il sen fuit a megalus aux sabiniens & les enseigna la discipline de augurer / cest adire par les signes des oyseaulx congnoistre les choses advenir.

De ceculus filz de vulcan. chap. lxxvii^e.

Virgilius Si nous donnons foy a virgile ce ceculus fut filz de vulcan / & dit ainsi de lui fondatur ne faillit point a la cite nomee prenestine a vulcan engendre roy entre le bestail agreste & ceculus lequel tous aages ont creu trouve entre les feuz / de ce est narre une telle fable. Deux freres furent qui avoient une seule seur. Elle estant assise pres du feu une estincelle de feu saillit dung tison bruslant & par fortune vola & cheut au giron delle. Ilz dient que dicelle estincelle elle conceut & enfanta ung filz / lequel diet estre filz de vulcan. Et pource que icellui enfant estoit chacieux ilz lapellerent ceculus. Ung iour quil fut courrousse a cause de ce quon lui improperoit quil ne stoit point filz de vulcan. Il ora vulcan quil lui pleust monstrer sil estoit son filz. Et dient que incontinent vulcan geta fouldres par lesquelz fouldres tous ceulx quil ne croyoient point quil fut filz de vulcan furent bruslez. Et par ce tous ceulx qui resterent leurent et reputerent pour filz de vulcan. Je cuide que la raison de ceste fiction est telle / que ceculus fut appelle par son propre nom prenestes / & pour la maladie & chassie des yeulx fut nomme ceculus / & estre tout ung ceculus & prenestes & estre filz du roy latin duquel est dessus parle. Et pource que la dessusdicte estincelle vola au giron de sa mere qui estoit enceinte il fut feingt & dit estre filz adoubte de vulcan / et quil avoit chastie ses ennemys par bruslement / & quil avoit fonde la cite nommee preneste / & quil avoit aide de sa puissance turnus contre eneas.

De tulles servilie filz de vulcan qui engendra deux tullies. chap. lxxviii^e.

Tulles servilie fut filz de vulcan & de crese corniculane comme ovide tesmoigne en son livre des fastes disant. Vulcan fut pere de tulles & sa mere crese laquelle dicte corniculane fut tres belle de face / & peu apres dit. Elle par commandement sciet au foyer captive / et servius fut conceu delle / & eut du ciel la semence de la lignee. Oultre ce ovide escript que tulles fut ayme de fortune / & quelle avoit coustume daler a luy par la fenestre du palais & estre avec lui. Et la apres fut faicte une porte laquelle faicte dicelle fenestre print nom fenestral. Lentendement de ceste fable sera prins de listoire narree en exquis style par tite live laquelle en peu de paroles comprendray. Quant corniculane fut prins par tarquin prisque roy des romains entre les autres captives une ieune femme fut prinse. Et pource quelle [illegible] estre noble elle fut menee par tarquin a la maison royale. Et pource quelle estoit moult grosse denfant elle enfanta ung filz nomme tulles servilie. Icellui enfant dormant au bers du hault de lair descendit une petite flambe de feu laquelle sarresta sur la teste du petit enfant sans lui faire aucune lesion Ovidius

Tanaquil Royne sauant la scièce dau gures voyant ledit feu persuada a son mari que ledit enfant par diligence fut garde/car ce seroit grande auctorite au temps aduenir a sa famille/a ceste cause il fut garde. Quāt icellui tulles fut de uenu grant & vaillant en armes il print a fēme tulie fille de tarquin. Et que tar quin fut blesse par les filz de ancimar cus & quil fut mort dicelle plaie & garde secretement par le cōmandement dicel le royne/& que les enfans de tarquin e stoient encores petis Seruius occupa & print la maison Royale/& par aīsi ma nifesta la mort de tarquin A ceste cause seruius fut fait roy au lieu de lautre. Il auoit de sa fēme deux filles lesquelles il donna en mariage aux filz de tarquin prisque. Il fit plusieurs biens aux rom mains. Il fut occiz par la suasion de la fille par son gendre tarquin lorguilleux apres quil eut Regne quarante ans. La petite flambe dessusdicte donna lieu a la fable qui fut feingt filz de Vulcan ain Ouidius si que ouide escript disant. Le pere don na signe lors quant le feu resplendissāt toucha la teste & toute haulteur de flā be se fit. Quil ait este ayme de fortune monstrent les successions quil eust. Pli ne en son liure des clers hōmes escript Plinius quil fut filz de publie cornicular & de oc ceacie fēme captiue.

Des deux tullies filles de tulles seruilie. chap. lxxix.

Titus liuius Tite liuie escript que les deux tulli es furent filles de tulles seruilie & femmes de arrunx & de lucie filz de tar quin prisque. Tullie qui estoit de cruel & impaciēt courage & enclin a tout ma lefice aduit en mariage au ieune arrunx qui estoit trespaisible. La plus ieune q̄ estoit trespiteuse fut donnee en maria ge au ieune lucie qui estoit de aigre & am bicieux courage. La maieur tullie bru sloit de desir dacquerir le Royaume/Et molestoit par contumelies son mari cō me paresseux/& damnoit sa fortune de ce que nauoit este donnee en mariage a lucius Finablemēt aduint que arrunx & la plus ieune tullie moururent. A ce ste cause la grande tullie incontinēt sac corda auec lucie/& seruius plus souffrāt que approuuant sassemblerent par ma riage. Apres ce icelle mauuaise fēme in cōtinent acōmenca a irriter par paroles le courage de son mari & en laguillon nant le contraignoit de pretēdre au roy aume. Aduint que vng iour lucie entra en la court & lieu des iugemens & sassit la cōme Roy. Et quant tullie vint il le fit chasser/& de la supure & tuer. Quāt ladicte tullie fut de ce aduertie elle mō ta sur son chariot ioyeusemēt & courut au deuant de son mari pour le saluer cō me Roy. Elle Retournant a sa maison trouua le corps mort au milieu de la vo ye. Quant le charretier le vit il sarresta affinque en passant le chariot ne passast sur le corps Ladicte tullie de ce le tanca & fit passer le chariot dessus le corps Ce ste tullie enfanta deux filz a lucie desq̄lz lung fut sexte tarquin/lequel tarquin par violance stupra lucrece fēme de col latin parquoy ledit lucie & ses filz & elle auec eulx furent mis en exil/laquelle ouyt ledit sexte auoir este occiz au pais des gabiens/& vit son mari en vne ville nōmee cumes en champaigne estant en sa vieillesse en tresgrāde misere. Je nay point leu quelle fut la fin de ceste fēme.

Cy finist le douziesme liure de la genealogie des dieux.

Sensuit le treziesme liure de la genealogie des dieux.

De hercules .xxxviii^e. filz de iupiter qui engendra .xvii. filz desquelz voyez cy les noms. Oxias / Creonthiades / Tyriomac⁹ / Dyicohontes / Ithoneus / Cromis / Agilis / Ilus / Sardus / cirnus / Diodorus / Clipolemus / Tessalus / Auentinus Teleph⁹ / Lidus / ⁊ Lanius. chap. pmier.

HErcules ainsi q̃
Plautus plaute escript en
amphitrion fut
filz de iupiter et
de alcmene laq̃l-
le ainsi q̃ aucuns
veulēt par ceste
loy espousa am-
phitrion quil vengeroit la mort de son
frere par les thelebomiens tue Et ainsi
que icelui plaute descript quant amphi
trion estoit occupe en icelle guerre iupiter amoureux de ladicte alcmene print
la forme ⁊ habillement de amphitrion
estant en guerre / ⁊ vint a elle deuant le
iour cōme sil retournoit de ladicte guer
re. Elle croyāt que ce fust son mari eut
cōpaignie charnelle auec lui / ⁊ cōbien q̃l
le peult estre ēceinte de amphitrion tou
tesfois par icelui atouchemēt charnel el
le cōceut / a laq̃lle cōception veulēt vne
nuyt auoir este octroyee / ⁊ que plus est
dient trois nuytz auoir este ioinctes en
vne pour cōceder a iupiter adultere espace de lasciuiet ainsi que lucan le des-
Lucanus cript disāt. Le Recteur des choses portans lumiere ⁊ du monde auoit trois
fois cōmande hesperon estre tandis q̃l
iouyssoit a thebes de alcmene. Ainsi en
tendu elle enfāta deux gemeaulx Lun
de son mari amphitrion nomme iphicle
us ⁊ lautre de iupiter nōme hercules. Ho
mere Recite vne autre fable de ceste na
tiuite. Et pource que nous lauons escript la hault la ou lon fait mention de
euristeus filz de sthenebus nous ne la
Reiterons point icy. Les anciens hō-
norent cest hercules ⁊ extollent par grā
des louanges. Et quant a lestature du
corps dient quil fut tresgrant telement
quilz veulēt quil passast tout autre par
grādeur disans quelle estoit de sept piez
Et ce solin semble approuuer ou il dit
doncques combien que plusieurs con-
cluent que aucun ne peult exceder la lō
gueur de sept piedz / car hercules fut dedens ceste longueur / ⁊ veulent quil eut
noises ⁊ debas auec la fēme de iupiter
sa marastre / ⁊ quil seruit le Roy euriste
us Toutesfoys ilz afferment quil passoit tout autre par puissance de corps ⁊
par engin. Tous conferment les labe⁹s
de lui principaulx auoir este seulement
douze. Combien que ien trouue auoir
este .xxxi. combien que ne soyent pas e-
gaulx. Premierement lui estant enco
res petit enfant ⁊ gisant auec son frere
au berseau iuno le persecutant par haine quant les parens de lui dormoient
enuoya deux serpens pour le deuourer
Hiphicleus voyant iceulx serpens fut
moult esbahy ⁊ de peur grande quil eut
cheut du berseau / ⁊ par son cry esueilla
ses parens lesquelz se leuerēt ⁊ trouue
rent hercules qui de ses mais auoit pris
⁊ occiz lesditz serpens. Desquelz seneq̃ Seneca
le poete dit ainsi en sa tragedie intitulee
hercules furieux Laage de lenfant sur-
mōta deuant les mōstres quil peult cōgnoistre les doubles faces lesq̃lles por-
toiēt les serpens ayant teste auec creste
Et lenfant en grauissant se traynant ⁊
venant au deuāt contres les yeulx des
ſpens pleins de feu lui p courage ⁊ poictrine Remise ⁊ ioyeusemēt les Regar-
dāt leur fit neux sarrez p regars sarrāt
de sa main tendre les enflees gorges des
ſpens Secōdemēt hercules eut batail
le aupres dun maraitz nōme lerna auec
vng mōstre cruel nōme hidra leq̃l mon

stre auoit vii. testes / ⁊ q̃t on auoit cou-
pe vne icõtinãt autre vii. teste⁹ lui renai
scoient. Hercules trouuee la naiscēce
dicelles testes occist icellui mõstre / du
quel seneque dessusdit audit lieu dit
ainsi. Que dirons nous des monstres
cruelz de lerna qui est mal sans nõbre
Car finablement il nest point vaincu
par feu. Tiercement hercules cõbatit
auec vng lyon / car il y auoit vng lyon
terrible nõme nemeus terrible a toute
icelle region. Hercules fut receu p vng
pasteur nõme molorcus / lequel estoit p
chain au lieu ou icellui lyon conuersoit
Hercules plein de courage vint contre
le lyon ⁊ le print tua ⁊ escorcha. Et po⁹
signe et remõstrance de vertu / ⁊ en lieu
de colier quon nõme palle apres il vsa
dicellui cuir / parquoy ouide dit le faiz
et charge dicte nemee gist abatue p ses
bras ⁊ puissance. Quartemēt hercule⁹
combatit contre vng autre lyon nõme
themnesius qui nestoit poït moins hor
rible q̃ le lyon nemeus. Hercules vint
contre lui par tresgrande audace / ⁊ le
gecta par terre ⁊ lui coupa la gorge Et
Stacius ce stace recite en sa thebaide disant Am
phitriomades p les themnesiens lieux
delectable⁹ a rompu le monstre par ses
armes ieunes / ⁊ est vestu deuant cleo-
neus. Cinquiesmemēt hercules print
le sanglier menalien qui tout gastoit.
Duquel seneque au lieu dessusdit escript ainsi. Il print le pourceau menalien acoustume demourer aux bois dar
chadie et aux haulx lieux espes. Et cõme lactence escript / il le prït vif ⁊ le me
Lactãc⁹ na a euristeus. Siziesmemēt hercules
print la biche qui auoit les piedz de metail et les cornes dor / laquelle hantoit
aux bois menalien / ⁊ laquelle aucũ ne
pouoit suiure par course. Hercules la
print par course / de laquelle seneque
Seneca dit aïsi. La beste sauuage legiere a cou
rir au bois menalien portant chief orne
de grant or a este prinse par course.
Septiesmement hercules tua de lart
les oyseaulx stimphalide⁹ / cest adire le⁹
arpies / desquelles seneque escript ain
si. Hercules chassa des nues les stimphalides / lesquelles souloiēt par leurs
pennes ⁊ esles couurir le iour. Huities
memēt hercules print le taureau / leq̃l
theseus victeur aduoit amene de crethe
lequel taureau pour son orgueil gastoit
la region greque / duquel est parle la ou
il est escript de pasiphes Duquel sene
que au lieu dessusdit fait ainsi menciõ
Hercules tua le taureau / duquel cent
peuples ne pouoiēt oster la grãde peur
Neufuiesmement il deffist achelous /
duquel fait la fable est dessus escripte
la ou est parle de achelous / duq̃l ouide Ouidius
escript ainsi. Voz mains ont presse les
cornes du taureau puissant. Diziesme-
mēt hercules deffist diomedes roy de
thracie / ⁊ auoit coustume de tuer ceulx
qui logoient en sa maison et les mettre
pour menger deuant ses cheuaulx et
grandes bestes. Hercules le surmõta
⁊ deffist / ⁊ le mist pour menger deuant
ses cheuaulx. Duquel seneque dit ain
si. Que reciteray ie lestable ⁊ bestes de
bistonius cruel roy. Onziesmemēt hercules deffist busyris. Ledit busyris roy
⁊ filz de neptune ⁊ de lybia cõme grant
larron molestoit toutes les parties au
nile adiacentes et procheines ⁊ les estrã
giers venan⁹ la passer et loger il occist ⁊
sacrifia a ses dieux. Hercules le deffist
⁊ rendit icelle region paisible / duquel
ouide escript ainsi. Jay dompte busy
ris souilant les temples de sang estrã
gier. Douziesmemet il deffist anthe⁹
Car hercules sen alla en lybie / ⁊ la par
lupte surmonta ⁊ gaigna antheus filz
de la terre en vne cite dafrique nõmee
sumictum cõme lactence escript. De
quoy ouide dit ainsi. Jay oste la vie de
pere au cruel antheus. Il me recorde

auoir escript fable De cela ou est parle
De antheus. Treziemement hercules
mist en occidãt les coulomnes ⁊ bõnes
põpon^us mela Desquelles põponie mela en sa cosmo⸗
graphie Dit q̃ apres est vne haulte mõ
taigne mise au contraire esleuee De co⸗
ste Despaigne. Ilz appellẽt cestui abila
⁊ les autres lappellent calpes / ⁊ tous
Deux les nõment coulõnes de hercules
La renommee adiouste vne fable q̃ her
cules iadis abatit perpetuelement plu
sieurs mõtaignes. Et que la mer laq̃l⸗
le par auant estoit enclose p icelles mõ
taignes exunda par les lieux ausquelz
elle est maintenant. Seneque la aussi
Seneca escrit Disant. Hercules rompit Dun
coste ⁊ dautre les montaignes rõpans
les arrestz / ⁊ fist voye a la mer exundãt
Quatorziesmement hercules osta les
pommes Dor aux filles hesperies ⁊ oc⸗
cirent le Dragon qui tousiours veilloit
Duquel seneque escript ainsi. Apres ce
iay prins ⁊ porte ses despouilles dor du
serpent veillant aux maisons du riche
bois. Quinziesmement hercules fist
guerre contre gerion ayant trois vies.
Et icellui gaigne ⁊ occis il mena auec
grande põpe iusques en grece les exq̃s
bestail Despaigne / De quoy seneq̃ Dit
ainsi. Le pasteur Du riuage carthesien
de trois formes est occis entre le bestail
dernier de la gent hesperie ⁊ la proye est
faicte De la cheute derniere ⁊ cytheron
a peu de la mer lestrange bestail. Sezi
esmement hercules raporta au roy eri⸗
steus le baudrier De la royne des ama⸗
zones Quant il leut conquise par ar⸗
mes / De laquelle seneque dit ainsi. La
royne tousiours chaste pudique ⁊ veuf
ue de lagent hermodocie na point vain
cu hercules Dixesptiesment hercules
occist cacus larron de la mõtaigne auẽ
tine. Duquel boece en son liure De cõ
solacion escript aĩsi. Cacus saoula les
ires De euander. Dixhuitiesmement
hercules par aigre bataille surmonta ⁊
deffist les orguilleux cẽtaures voulãs
oster a perithous hippodamie le io^r des
nopces / ⁊ de ce ouide Dit. Et les cen⸗ Ouidius
taures ne mont peu resister Dizeneuf
uiesmemẽt hercules occist le centaure
nomme nessus / lequel soubz vmbre de
seruice se parforcoit lui oster sa femme
nommee deiaramie / De quoy il est des⸗
sus escript plus amplement la ou est p
le De nessus. Vintiesmement il surmõ
ta ⁊ deffist albion et begion / lesquelz lui
empeschoient son chemin pres lantree
Du rone. Et par laide De iupiter q̃ luy
aida par pluie De pierres. Ainsi que põ
ponie en sa cosmographie tesmongne.
Vingt vngiesmement hercules Deli⸗
ura hesione fille De laomedon du mon
stre marin comme est Dessusdit / la ou
est parle De laomedon. Vingt ⁊ Deuzi
esmement hercules destruisit troye cõ
me il est plus amplement escript la ou
est parle de laomedon Vingt ⁊ troiziese⸗
mement il occist le lacinie Destruisant
par larrecins la region ditalie / ⁊ consti⸗
tua et fist vng temple a iuno lequel est
intitule le tẽple de iuno lacinie. Vingt
⁊ quatriesmement hercules comme ho
mere tesmõgne en son iliade naura dũg
dart ayant trois pointes le poyeau de
la manicle De iuno. Et leonce escript
q̃l le fist pource que le roy euristeus lui
auoit Dit que iuno estoit cause de tous
les labeurs quil auoit souffers. Vingt
⁊ cinquiesmement il soubstint De ses
espaules le ciel. Et la cause fut cõme
[illegible] son liure de limage du
monde que les g[illegible] bataillãs cõtre
les Dieux / tous les dieux sassemblerẽt
en vne partie Du ciel. Et a ceste cause
firent si grãt faitz a icelle partie du ciel
quil sembloit quil Deust cheoir. Et af
fin quil ne cheust hercules auec athlas
mirent Dessoubz leurs espaules pour
le soubstenir. Mais la plus cõmune fa

ble est que quãt athlas fut las de soub
stenir le ciel ⁊ quil desiroit changer une
espaule pour autre. Et que hercules
tandis mist une de ses espaules la po'
soustenir le ciel. A ceste cause ouide escriuant hercules se plaingnant dit Jay
porte de ceste teste ⁊ col le ciel. Vingt ⁊
siziesmement hercules descendit aux
enfers. Et la ainsi que homere en son
Homerus iliade narre narra dis. Vingt ⁊ septiesmement il redruisit des enfers aux
viuans sur terre apres q̃ perithous fut
mort theseus creingnant. Vingt ⁊ hui
tiesmement hercules retira des ditz en
fers sur terre a son mari alceste femme
de admetus roy de tessalie. Ilz dient
que quant ledit admetus maladioit / il
requist aide a apollo / par lequel luy fut
respondu quil ne pouoit euader la mort
si non que aucun de ses affins ou amis
ne la prenoit pour luy. Alcesta sa fẽme
ce voyant ne doubta point a oultroyer
a son mary sa vie pour la sienne. Et ai
si elle morte son mary admet' fut gue
ri / lequel ayant pitie ⁊ compassion de
sa dicte femme pria hercules ql allast
aux enfers ⁊ quil reuocast lame delle
au corps sur la terre. Ce qui fut fait.
Vingt ⁊ neufuiesmemẽt hercules print
par la barbe cerberus ayãt trois testes
pource quil lui refusoit lẽtree en enfer
Et le getta dehors / ⁊ le lia de trois chei
nes / ⁊ le traina a la lumiere cõe il apert
la hault la ou est escript de luy. Tren
tiesmement hercules retournant des
enfers occist lycus roy de thebes / pour
ce quil auoit voulu faire violance a me
Seneca gere sa fẽme. Ainsi que seneque escript
en la tragedie intitulee hercules furis-
sant / par ainsi il fut conuerti en furie / ⁊
occist ses filz et sa femme. Oultre les
choses dessusdictes hercules constitua
a lhonneur de pelops les combateries
olympies ⁊ excercitacions darmes faictes en la montaigne nõmee olympus

Finablement affin que nous venons a
la fin de lui il ne peult acquerir et parfaire le trente vngiesme labeur. Car cõ
bien quil eust surmonte ⁊ gaigne tous
autres monstres / touteffois il fut abatu par amour muliebre. Car seruie escript que quant eurithus roy detholye
lui eut promis a femme sa fille ioles / ⁊
quant hercules la lui demanda il la lui
refusa par la dissuasion de son filz / po'
ce quil auoit tue megere. A ceste cause
hercules print la cite et tua eurithus ⁊
obtint ioles. Et lui estant ardant de la
mour de ceste cy par le commandemẽt
delle laissa la despouille que il portoit
du lyon et la massue darmes et vsa de
chapeau de fleurs doingnemẽt de po'
pre ⁊ daneaux. Et qui est trop let seoit entre les chambrieres de la ieune io
les par lui aymee receuant le fiseau del
le. Parquoy stace en sa thebaide dit ain Stacius
si. La femme ⁊ espouse lidiẽne desrioit
amphitrionades ayant descouuert les
coustez horribles et desrioit pandre sur
ses coustes les habillemens sidoniens
⁊ desrioit les tabourins de lui / il rom-
poit ⁊ les quelonnes ⁊ fiseaux de sa dex
tre il manioit. Mais ouide en sa metha Ouidius
morphose ⁊ stace icy dit q̃ ce ne fut poĩt
ioles etolienne / mais ce fut omphates
lydienne / laquelle lui commanda q̃ du-
nu quelonne il filoit. Mais il est possible tous deux estre vrayes. Veu q̃ plusieurs hercules ont este. Et ainsi a diuers hercules enuers diuerses fẽmes
a peu diuersement aduenir. Quant
hercules estoit tenu ⁊ lie de si grande a-
mour deiamira parore du don que le
cẽtaure nessus iadis luy auoit octroye
⁊ croyant estre vray ce que ledit cẽtaure mourant lui auoit afferme / voulant
reuoquer ⁊ retirer a sa concupiscence ⁊
amour hercules / elle lui enuoya secretement la robe dudit centaure. Hercu
les non aduerti de ce la vestit / ⁊ trauail

lant en chasse et moult suant. Le sang enuenime q en ladicte robe estoit cheut et entra iusques aux entrailles de hercules par les pores de lui estans p chaleur ouuers / et lafflamba a si grande douleur et si intollerable quil delibera de mourir. Et la montaigne nommee oeta fit ordonner et mettre grande quantite de bois et assembler Et bailla son carcais et ses fleches a philoctetes filz de Phiantes et monta sur le dessusdit bois / et commanda quon y mist le feu dedans. Et ainsi il getta hors de son corps son ame en nuee. Seneque en sa tragedie intitulee hercules oetes dit / Seneca cest hercules estre par Jupiter receu au ciel / et dit quil fut reconcilie auec iuno me srastre et quil espousa hebes la deesse de ieunesse et fille de iuno. Homere Homer⁹ en son odissee dit ques Ulixes et luy se rencontrerent en enfer et parlerent de moult de choses ensemble. Touteffois il dit que ce nestoit pas hercules q Ulixes veoit / mais que cestoit sa similitude. Le hercules autant que lui viuant a par sa force estonne les mortelz autant ou plus lui mort a deceu les miserables Car il a saisi les pensees diceulx par si grande veneracion de lui quil a este repute deux pour tres excellante chose se diuine. Et grece na point este seulement deceue par ceste erreur. Mais aussi rome et tout le monde. Et a este fait enuers eulx si venerable quilz luy ont constitue temples ymages et seruices / et a este honnore par seruice diuin non point tres sainctement / mais tres follement. Venons maintenant a entendre ce que les fictions dessusdictes signifient. Et deuant toutes autres choses voyons que signifie ce nom hercules. Leonce disoit que hercules estoit Leonci⁹ dit de ce nom hera grec qui en francois signifie terre. Et de ce nom cleos grec qui en francois signifie gloire Et ainsi hercules signifie glorieux en terre / ou est dit ab heros et cleos grecz qui signifient homme glorieux. Pol disoit que hercules estoit dit de ce nom herix qui Paulus signifie en francois noise / et cleos gloire comme dit est. Et ainsi signifie homme glorieux en noise. Rabane en son liure de la naiscence des choses dit que Rabanus quant les anciens croyoient hercules estre le dieu de vertu / nous le disons estre cōe heruncleo⁹ q en frācois signifie la renōmee des vaillans hommes. Rabane dit que sexte pompee escript que hercules fut vng laboureur des chāps Touteffois les grecz le nomment heracleyn. Et pource nous le deuerions dire heracles et non point hercules. Mais puis quil est ainsi nomme par ancienne coustumne / il seroit vicieux aux latins autrement lappeller. Touteffois ie cuide que ce nom hercules fust seulement propre tant seulement a vng hōme / cest assauoir a celluy q de alcmene nasquit a thebes. Veu que ce nom hercules est commun a plusieurs autres. Car apres que varro a nombres / car entre trois hōmes appellez par ce nom hercules. Il dit q tous ceulz q ont fait vaillamment sont appelles hercules. Et de la vient que no⁹ lisons hercules thirinthien arginien thebanien lybien et autres pareilz. Et de ce prendrons q tous les labeurs dessusditz nont point este dung seul hōme / mais de plusieurs. Et pource que la vusion du nom les a mesles / on na point a q les choses doiuent estre apropriees. Ne les choses q ont este deuant et apres faictes p quoy ont este atribuez meslees ensemble / et a vng seulemēt hercules. Et nest pas impossible entre tant dautres que selon pōpee nen y ait eu vng laboureur des champs. Car la liberale nature nest point tant seulement donnee aux nobles / combien q fortune face les corps des nobles plus renommes. Car la diuersite des meurs et des euures trouua que iphicleus fut premierement engendre. Et apres hercules par autre coabitacion charnele. Car pource que ledit iphicleus estoit hōme lasche/il fut donne a amphitrion. Et pour ceste cause il fut premierement dit et engendre pource que il semble aux astrologiens que celle constellacion q lors estoit quāt ilz ont cuide estre engendre pouoit estre cōuenable aux meurs de lui/et la constellacion suiuante a hercules apres engendre et fut pource donne et attribue filz a iupiter. Car il estoit vengeur dinjures et introduiseur de religions et de loix. Je cuide ql fust filz de amphitrion et quil fut dune mesme acte et operaciō engendre auec hiphicleus. Combien q la subtilite des mathematiciēs ne puisse veoir autre raison q la diuersite des cōstellaciōs p laqlle les gemeaulz sont de diuerses meurs/come esau et Jacob et autres plusieurs. Et ainsi plusieurs autres en nostre age ont este gemeaulx q ont este conceuz non point en diuers temps. Mais dung mesme attouchement charnel. Comme cuide saint augustin en la cite de dieu/desquelz la raison de la diuersite des meurs nest point encore congneue si non a dieu. Combien que plusieurs choses peuēt en ce estre dictes que a lauenture sembleroient estre conuenables a verite. Ce qui est dit que a la conception de cest hercules trois nuytz furent attribuez et dōnees. Je cuide estre prins des operacions humaines/car les grandes edifices et oeuures ne sont point si tost parfaictes ne en si brief temps que sont les petites maisons des poures cōme si nature mettoit plus de temps et de labeur en la production des grans et renommez hōmes/la ou en la production des autres hommes vne nuyt semble deuoit souffrir. Et po^r ce que hercules deuoit tous autres exceder trois nuytz lui sont donnees. Ce qui est dit q hercules eut iuno aduersaire/ie croy pour ce estre feingt pource q le roy euristeus seigneurioit sur hercules/lequel euristheus nous pouōs icy prendre pour iuno deesse des royaumes. Lequel euristheus auoit hercules suspect q pour sa vertu il nentreprint au royaulme quelque chose nouuelle. Et pource tousiours le tint loing de luy en exercitaction darmes/et ainsi la puissāce royale lui fut contraire. Nous auons dit que les labeurs qui ont este atribues a hercules ont este de plusieurs. Et ainsi les fictions ont este la hault declarees aux lieux ou auons parle de ceux a qui pouoient estre aduenues. Aucuns aussi en recitent simple et manifeste histoire A ceste cause de plu^s peu en recite q soient couuers de fiction poetique/lesquelz maintenant declarerōs Theodōce dit quil a leut en aucuns liures grecz que hercules fut filz de amphitrion et non point de iupiter. Et que aucuns serpens ainsi quon a cuide domestiqs vindrent au berceau de lui et de son frere attraitz par loudeur du lait/duquel sont moult destrans/et que les parens de lui trouuerōiēt hercules veillant et sans peur. Et qui de ses mains ainsi quil pouoit chassoit les serpens/laqlle chose fut reputee pour tresgrande. Et de ce fut la nature dudit enfant reputee si grande/que ilz ne le creurent pas seulement deuoir estre au temps aduenir vng merueilleux hōme/mais aussi le reputerent estre filz de dieu cōe sotz quilz estoient. Et de ce vint la fable qlz le dient estre filz de iupiter et conceu dune mere honneste. La seconde gloire de roulx est quil tua le serpent ayant sept testes. Alberice rent telle raison de ceste fiction/et dit que hida fut vng lieu ge-

Theod.

ctant eaue de diuers lieux/par laquelle eaue la cite et tous les lieux circonuoisins estoient gastez. Et quant on estoupoit vne sourse dicelle eaue plusieurs autres se ouuroient. Ce voyant hercules il charcha tous les lieux autour/ et clouit toutes les venues des eaues. Je cuide que ce fut vng vaillant homme q dit les eaues souldre de diuers lieux et iceulx faire boeux et puans. A ceste cause charcha la principale sourse dicelles eaues et les diuertit vers le maraicz nomme lerna/lequel ilz nommerent hydra. Car en maniere de serpent se corboit et se trainnoit sur terre. Ce mot hydros grec signifie en francois eaue. Et pource que le lieu ou estoit par auant icelui maraicz fut laisse sec. A ceste cause ilz le feingnirent que hydra estoit brulee Eusebe en son liure des temps escript que platon a autre opinion de ce hydra Et dit que platon afferme que hydra fut vng sophiste trescault/car la maniere des sophistes est q quant on ne sen aduertit point/ilz baillent tellement leurs propositios que solant vng doubte plusieurs autres en saillent. Mais vng philosophe cault laisse les accessoires et tend a la destruction du principal doubte/lequel oste les autres. Ce qui est dit quil surmonta et deffist achelous est dessus escript la ou est parle dudit achelous et la est mise et declaree la fiction. Semblablemt aussi la fable de antheus la ou est parle de antheus et des pommes des hesperides la ou est delles parle. Seruie escript sur la

Seruius fiction de gereon que gereon fut roy despaigne ayant trois testes ou trois membres. A ceste cause feingt/car il eut et obtint trois isles prochaines aux baleares despaigne/cest assauoir la maieur et la mineur et ebuse. Et dit que il eut vng chien q auoit deux testes voulat pour ce entendre que il estoit moult puissant par bataille terriene et marine. Et dit que hercules alla otre lui auec vng pot de fer et le deffist. Entendant par le pot de fer vne forte nauire garnie de metail/par laqlle nauire hercules porte vint a lui. Les autres dient quil auoit trois ames. Surquoy rabane dit quil auoit deux freres si cocordas auec lui que les ames des vngs et des autres sembloient estre ensemble. Justin dit de luy ainsi. En lautre ptie despaigne laquelle est en isles Le royaulme de gerion fut en icelle region a si grande abundance de pasture que les bestes si corrompent si par aucune abstinece on ne atempere leur graisse. Et de la vint q par tout on renommoit le bestail de gerion. Et en ce temps la les richesses estoient en bestail/et estoit si grant renommee dudit bestail de gerion quelle tira de asie hercules pour lesperance de la grande proye. Gerion ne fut point de trois natures coe les fables ont feingt Mais furent trois de si grande concorde entre eulx qlz sembloient tous trois estre gouuernes dung mesme courage Et dit q hercules ne lui fist poit guerre de sa voulente/mais pource que il dit quon lui ostoit et rauissoit son bestail p guerre il repeta son bestail perdu. De cacus larron/deuant est dessusdit la ou est parle de lui. Nous ne disons icy aucune chose des deux lyons ne du sanglier menalien/car nous croyos ce estre histoire des oyseaux stimphalides est dessus contenu la ou est parle des arpies. Pareillement du taureau la ou est parle du roy minos. De diomedes de busyris et des columnes sont histoires. Pareillement du baudrier de la royne des amasones/et des centaures deffaitz est deulx dit en leur lieu et du centaure nessus et de albion bergion et hesione/des faitz desquelz tous est faicte par auant singuliere mencion. Hi

Justinus

stoire tres manifeste est que hercules destruisit troye / ⁊ quil ait occis lacinie ne sonne autre chose que la mort du larrõ. Quil ait soubstenu de ses espaules le ciel est improprement dit / car il fut instruit en astrologie par athlas en ce tẽps excellãt astrologien ⁊ tint le lieu de lui ou voulant reposer ou mourant / ⁊ prit les labeurs denseigner les cours des corps celestielz. Ainsi que a este dit quil naura iuno dun dart de trois poinctes en ce il descript leuure du sage. Car lhomme prudent desprise les richesses et les haultes puissances ⁊ les cõtenne par trois raisõs / car les choses temporelles sont angoisseuses en les regeant ⁊ pleines de souspecons et de cures en les gardant et en lestat sont doubteuses et caduques / ⁊ ainsi iuno est blecee par hercules par dart de trois poinctes. Que hercules soit descẽdu aux enfers ⁊ ait naure dis signifie ce mesme q̃ est dit de iuno. Veu que dis ou ditis est dit le dieu de richesses qui est tant souuent blesse que nous mesprisons les richesses / ainsi que nous lisons aucuns philosophes lauoir fait / pource quilz cuidoient q̃lles empechassent les estudes. Que hercules ait deliure theseus est plus histoire que fiction. De alceste rapelle a son mary admetus. Fulgẽce dit que quant le pere dalceste la voulant a femme eut mise ceste loy quil mist au chariot deux bestes de diuerses natures ⁊ non pareilles. Admetus par layde de apollo ⁊ de hercules ioingnit le lyon ⁊ le sanglier / ⁊ ainsi prit alceste. Doncques il dit admetus cõme mis en maniere de pensee / ⁊ celuy estre dit admetus / lequel peu pourra assaillir / ⁊ cestui cy desire a femme alceste. Car alce en langue greque signifie en francois presumption. Doncq̃s perser esperant presumption ioinct a son chariot deux bestes / cest a entendre elle a ioinct deux vertus a sa vie lesquelles sont de courage de corps / le lyon pour le courage ⁊ le sanglier pour la vertu du corps. Et finablement fait a luy propice apollo et hercules / cest a entendre vertu ⁊ vertu. Dõcques presumption obice ⁊ baille soy mesmes a mort pour lame cõme alceste / laquelle presumption combien quelle faille en peril de la mort. Toutesfois vertu le reuoque des enfers cõme fist hercules. Mais ientens autrement ceste matiere et dis que admetus est lame raisonnable / ⁊ est lors alceste cest a dire vertu. Car alce en grec signifie en francois vertu / laquelle est lors ioincte quant elle est par le lyon ⁊ le sanglier / cest a dire par lapetit irracionel ⁊ concupiscible. Le chariot delle cest a dire la vie laquelle est consumee par circuicions est tire cest a dire agite. Car vertu nest point autre chose ioincte si non affin q̃ les passions soient par elles refrenees. Et ainsi vertu se met soy mesme pour le salut de lame contre les passions / laquelle si aucunesfois pour nostre fragilite succumbe / elle est releuee quãt force de vertu est reuoquee. De ce q̃ est dit que cerberus fut tire des enfers sur la terre est assez dit la ou est parle de perithous. Que le roy licus ait este occis appartient comme les autres a listoire. Hercules mourut comme il appert par eusebe lan soixante troiziesme du regne de atreus et de thiestes. (Eusebius) Pource q̃l estoit cheut en maladie pestilenciale / ⁊ pour remede dicelles douleurs se gecta dedans les flambes du feu / ⁊ cestui fut hercules thebain filz damphitrion. Il mourut lan de son age cinquante deuxiesme / ⁊ lan du monde quatre mille et quatre cens. Ilz dient quil fut trãsporte au ciel pource q̃l fut par les astrologiens descript entre les autres ymages du ciel. Car il fut aussi astrologien. Quil ait print a femme ieunesse a este pource feingt que en quelque facon que le corps de lhomme excellant perisse / tousiours la renomee et le nom de luy sont ioinctz a iouuence. Il a este pource dit recõsilie a iuno. Car cellui q̃ meurt ne peult estre plus vexe par concupiscẽce de voyaulmes ne par aucun mortel sur lui seigneuriant et imperant.

De oxeas creonthiades tyriomachus et diicohontes filz de hercules. Chapitre .ii^e.

Oxeas creonthiades tyriomachus et diicohontes furent filz de hercules et de megere fille de creon thebain / desquelz trois creonthiades tyriomacus et diicohontes homere dit en son odissee auoir este filz de hercules et de megere et estre par lui occis en son retour des enfers apres quil eut tue lycus. Seneque le poete en sa tragedie intitulee hercules furieux en nomme deux oxeas et creonthiades / et dit quilz furẽt occis par hercules en son retour. Et a ceste cause ien ay mis quatre / desquelz ne me recorde point auoir autre chose trouue. Homer^o

De hythoneus filz de hercules. Chap. iii^e.

Lactence escript que hythoneus fut filz de hercules et de paphie. Stace dit de lui quil tint le party de etheocles en la guerre thebaniẽne ainsi Il mena hythoneus et alcmena les cõpaignes de minerue. Et ailleurs dit quil diuertit hythoneus dessus aonia hythone. Hythone est vne cite en boecie en laq̃lle il regna. Lactence ailleurs escript que stace nõme icy hythone minerue de la ville qui est en macedonie ou est lancien siege de luy. Stacius

De cromis filz de hercules Chapitre .iiii^e

Lactence tesmongne q̃ cromis fut filz de hercules disant. Il est manifeste que cromis fut filz de hercules et que il eut cheuaulx traciens / lesquelz hercules auoit separes ap̃s que diomedes fut occis. Lesditz cheuaulx estoiẽt acoustumes viure de chairs humaines Mais stace plus ancien aucteur de ceste chose dit cromis et hyppodamus cõtraires a hercules par le grant / cest assauoir cromis. Et peu apres dit incontinant cromis chassa hippodamie de la mete interiore a la rondeur par les forces et puissances de hercules pere. Cestui alla auec adrastus a la guerre thebanienne

De agilis filz de hercules Chapitre .v^e

Il semble plaire a lactence que agilis soit filz de hercules quant il dit quon doit entendre par la ieunesse tyrinthienne ceulx qui furent en la guerre thebaniẽne auecques agilis filz de hercules Lactãc^o

De hilus filz de hercules Chapitre .vi^e

Hylus fut filz de hercules et de deiamire comme le poete seneque sẽble tesmongner en la tragedie intitulee hercules ou oetus introduisant deiamira parlãt a luy ainsi. Si vraye pitie est tu dois querir hile. tue la mere Et peu apres dit ainsi Hercules te est oste et aprec dit ainsi Creins tu q̃ es ne de alcides. Cestui auec les autres qui resterent apres la mort de alcides furent chasses par le roy aristeus. Et cestuy sen fuyt a thenes et auec les autres la edifia le temple de misericorde ou de clemence en tesmongnage de layde que les atheniens lui ont fait. Et po' le refuge deux degectes.

De sardus filz de hercules Chapitre.vii^e.

Raban' Rabane et anselme dient que sardus fut filz de hercules/ & dient que auec grande multitude de hõmes sen alla de lybie/ & occupa & print lisle nõmee sardine/ laqlle les grecz nõmoiẽt lycnus/ & il la nõma de son nom sardine Solinus Solin en son liure des merueilles du mõde dit quelle fut nõmee par lineus sandaliothes & par chrisippus fut appellee muniuie/ & que sardus engendre de hercules lui mua son nom & lapella sardinie

De cyrnus filz de hercules Chapitre.viii^e

Rabane escript que cyrnus fut filz de hercules/ & dit que lisle q̃ nous au iourduy nõmons corsique fut premierement par lui habitee/ & fut par son nom appellee cyrnus.

De dyodorus filz de hercules qui engẽdra sophones.chap.ix^e

Joseph' Josephus au liure de antiquite des iuifz escript q̃ diodorus fut filz de hercules/ & afferme q̃ aphera & iaphrates filz de abraham & de cethura receurent aide en afrique de hercules Et lui donnerent a fẽme eschee fille de Jasien/ & eut delle diodorus/ duquel sophon fut filz Et ainsi que cest hercule' qui engendra diodorus fut tres ancien.

De sophon filz de diodorus Chapitre.x^e

Josephus au liure de lantiquite iudaique afferme que sophon fut filz de diodorus/ & quil regna en afrique Et ainsi cõme icellui iosephus escript les barbares dicelle region lybique sõt par ce sophon nõmes sophociens.

De clypolemus filz de hercules. Chapitre.xi^e

Homere en son iliade escript que clypolemus fut filz de hercules & de astiochie/ lequelle il rauit en la cite de laconie nõmee ephirus. Lequel deuenu grant ainsi que en icelle iliade homere escript/ occist son oncle ancien nõme lycemones descendant de la ligne de la mere Et quãt il eut fait plusieurs nauires & equipees & auec grant multitude de gens suiuant ses freres & affins sen entra en la mer/ & sen alla a rodes. et la seigneuria sur les rodiens. Et quãt les grecz allerent a la guerre troyenne il y alla aussi comme appert assez par homere au lieu dessusdit. Homer'

De thessalus filz de hercules qui engendra phidipp' et antiphus. Chap.xii^e

Thessalus comme homere en son yliade escript fut filz de hercules Jl eut deux filz auec lesqlz il fut auec les grecz a la guerre troyenne

De phidippus & antiphus filz de thessalus. Chap.xiii^e.

Phidippus & antiphus furẽt filz de thessalus/ desquelz homere en son iliade dit q̃ les thessaliens deux filz du roy hercules les menerent auec eulx. Leonce dit que aux vers de homere ce mot hercules est nom patrono Leonce' mique de thessalus. Et pource il dit q thessalus fut filz de hercules. Ceulx cy phidippus et antiphus suiuirent le pere / et auec luy furent a la guerre troyenne

De auentinus filz de hercules Chapitre .xiiii^e

Auentin⁹ fut filz de hercules et de rhea comme virgile monstre ainsi. Le victeur engendre du beau hercules monstre les cheuaulx et le beau auentinus. Cestui cy fauorisa a turnus cotre eneas. Et theodonce dit que cest celluy quilz disent latinus / et qui est ne de la fille de faunus. Virgili⁹

De thelephus filz de hercules qui engendra euripilus et ciparissus. Chap. xv^e.

Lactence escript que thelephu^s fut filz de hercules et de anges et quant ladicte anges leut abandonne et gecte aux forestz / il fut alecte et nourri p vne biche Et comme leonce dit il impera et seigneuria en lycie aux chetensiens / et laissa a sa mort deux filz Lactāci⁹ Leonci⁹

De euripilus filz de thelephus. chap. xvi^e

Euripilus fut filz de thelephus comme homere tesmongne en son odissee disant. Il occist seulement p fer thelephides heroes euripilus et plus^rs copaignons ethiniens furet autour de luy occis a cause daucuns dons feminins. Leonce dit que iupiter donna a traius vne verge dor pour la recopence de ganimedes raui / laquelle par succession vint a priamus / lequel octroyant la vertu de euripilus enuers choses belliqueuses il lenuoya a la mere de luy Homer⁹

affin quelle lenuoyast pour lui ayder. Ce quelle fist incontinant apres quelle eut receu le don. Mais il fut occis a troye par optholemus auec plusieurs autres chrissiens sur lesqlz il auoit impere apres la mort de son pere

De ciparissus filz de thelephu^s Chapitre .xvi^e

Lactence escript que ciparissus fut filz thelephus Seruie dit que siluanus le dieu des bois aima ledit ciparissus. Icelluy ciparissus auoit vne biche tres priuee / laquelle il aimoit gradement Siluanus la tua inaduertaumt parquoy ciparissus de douleur mourut / et siluanus le conuertit en vng arbre de son nom. La conuenace dudit nom / et pource aussi que continuelemt gemit donerent cause a ceste fiction Seruius

De lydus et de lamirus filz de hercules et que icellui lydus engendra lanius. chap. xviii^e.

Pol dit que lydus et lamirus furent filz de hercules et de ioles fille du roy eurithus. Lantiquite na autre chose deulx laisse si non leurs seulz no^s Et qpol dit que lydus engedra lanius Paulus

De lanius filz de lydus Chapitre .xix^e.

Pol afferme que lanius fut filz de lydus / mais il na point adiouste de quelle mere il fut et quil fist

De eolus .xxxix^e filz de iupiter qui engedra machareus: canace: alciones : miseinus: eritheus: salmoneus: biphiclus: sisiphus: cephalus: et athamantes. Chapitre .xx^e

Apres que nous auons descript la lignee du magnifique hercules/ reste parler de eolus roy des vens. Le quel theodonce et apres luy pol dient quil fut filz de iupiter & de sergeste fille de hippotes troyen. Et aisi fut dung mesme ventre frere a alcestes. Pline en son liure de la naturele histoire escript quil fut filz dung nomme helenus Et quil trouua la nature et condicion des vens. Et comme icellui pline dit il regna aux isles qui sont procheines a sicile vers italie/lesquelles aucuns appellent eolies pour ce eolus/ & les autres vulcaines pour vulcan iadis leur Roy. Dicelles isles la meilleure est nomee lyparis. Les poetes dient le Roy de ceste isle estre le dieu des vens. Et a ceste cause virgile descriuant la maison royale et office de luy dit ainsi.

Plinius

Virgili⁹

Ce roy eolus vint dune grande fosse en eolie/ lequel par sa seigneurie & commandement presse les vens luyctans et les tempestes sonores et refrene par prison et liens quant ilz se indignent.

Et apres huit vers virgile dit que icellui eolus tint de Juno le Royaulme et empire des vens disant ainsi. Tu iuno me donnes ce Regne quel quil soit Et tu concilies les sceptres & iupiter & asseoir aux viādes des dieux & faitz puissans per greslles et tempestes. Oultre ce homere en son odissee dit que ce eolus eut six filz et autant de filles/lesquelles il bailla aux filz en mariage Et que Vlixes vagabunt vint deuers luy/et que eolus lui bailla tous les vens excepte zephire dedans vng cuir de beuf & lies auec vne cheine dargent. Aucuns assignent telles causes de ces fictions Solin en son liure des merueilles du monde dit que strogiles est vne isle eolienne/laquelle nest point a langle du soleil leuant et nest point differante p flammes aux autres plus cleres. Vert que presque toutes icelles isles euomissent flambes. A ceste cause aduient que les habitans de icellui pais sentēt deuant et congnoissent deuant principalement par les fumees qui la sont quelz vens trois iours apres soufflerōt A ceste cause a este feingt ledit eolus estre creu le dieu des vens. Combien que pol afferme que il nestoit pas encores le premier les autres non aduertans qui la par murmuraciōs & mouuement de flambes par aucun temps considerees. Et quant il les a oyes et veues/incontinant il dit deuant quel vent doit venir en ces parties. Et cōme silz deuoient estre gectes par son cōmandement. Et pource la Renommee de ceste credulite erronee croissant il acquist des ignares/que il fut repute dieu des vens. Aucuns sont qui veulēt en ceste fiction virgilienne estre la raison Residant au hault de la forteresse de raison/ & auoir son lieu au cerueau et les vens estre les appetis desordonnes tumultuans en la fosse de lumaine poitrine/lesquelz appetis se ilz ne sont refrenez par Raison Il est necessaire que ilz portent en vng trebuchemēt mortel ceulx qui les ont et les gectent et qui plus est aucuneffois ilz desirent et Rompent tout le monde. Car nous pouons auoir congneu que ce nest ensuyui p la luxure de paris mal laschee et que ce nest ensuyui par la presūption fole de perses roy des perses/ & que sen ensuiuit par lambicion de marius/et que sen ensuyuit par lauarice de crassus/et de autres plusieurs. Il est la hault monstre la ou est parle de Vlixes ce q nous deuons entendre des vens mis en vng cuyr de beuf. Virgile aussi artificielement touche la naturele cause desditz vens. Car

Solinus

ilz saillent des cauernes par le mouuement de lair/et de la saillans sont portes par lair. Et ainsi confesse tenir le royaulme de Juno/cest adire de lair sans lequel les vens ne pourroiet estre crees/lesquelz sont reconsillies a iuno quant ilz se lieuent en hault/de tant quilz sont faitz plus prochains a la region du feu/et sont assis aux tables des dieux/cest a entendre des corps superieurs/et perseuerent la congrue et bonne disposition de lair pour eulx produire ilz perseuerent aussi. Oultre ce aucuns sont qui veulent les douze filz de eolus estre les douze vens. Ainsi que par aduenture aristote dit en ses methaeores. Et de ces douze veulent que il y en ait six qui par leur souflemet facent que la terre gecte ses forces a produire ses filz et les autres six que ilz la preparent pour receuoir la dessusdicte disposition. Et ainsi ceulx qui font et sont comme agens sont malles. Et ceulx qui sont paciens et souffrans ilz sont et dient estre come femmes

De machareus et de canace filz de eolus. chap. xxi^e

Ouidius Ouide en ses epistres monstre que machareus et canace furent filz de eolus. Et eulx se entreaimant mois que honnestement vsans de la commodite et consanginite canace conceut de machareus et enfanta vng filz. Quat il lennuoyoit par la nourrisse pour estre nourri hors de la maison royale. Le dessfortune enfant se manifesta a son grant pere par son cry/lequel afflambe du peche de ses filz comanda que linnocent enfant fust abandonne aux chiens. Et par vng de ses satellites enuoya a canace vng glaiue affin quil en vsast selon que il auoit deserui. Je ne scay que de ce sen est ensuiuy Machareus sen fouyt. Aucuns sont qui veulent que ce machareus soit celui qui apres fut fait prestre de apollo delphicien et consentit auec horestes a la mort de pirrhus filz de achilles

De alciones fille de eolus et femme de ceis. Chapitre. xxxii^e

Alciones fut fille de eolus come il appert par ouide disant. Que fiance ne queuure ton mariaiz et decevant courage/et que hippotades sacre te soit celluy qui tiendra ensemble en prison les fors vens. Ceis fut mary de ceste cy qui fut filz de lucifer et de trachimie/desquelz et de leur maleureux cas et fortune est dessus parle la ou est fait mencion de ceis

De misenus filz de eolus Chapitre. xxiii^e

Misenus fut filz de eolus comme virgile dit ainsi Misenus eolides/duquel autre nest plus excellant appelle les hommes de lair et afflambe de son chant mars. Et apres par huit vers virgille descript commant misenus apres que hector fut mort suyuit eneas. Aduint que vng iour il contendoit auec les dieux par chant/par quoy fut tire par triton et noye. Et peu apres adiouste quil fut enterre par eneas et son nom fut mis au lieu. Voyons maintenant ce qui est musse sur ses fictions/pource que les choses par virgile dictes ne sont pas du tout vrayes. Virgil^s

Doncques il feingt que ledit misenus fut filz dudit eolus/pource que il fut menestrier de vent. Car le

son de la trompe nest autre chose que
lesperit mist hors de la bouche de dans
la trompete comme aussi le vent est air
impelle et boute. Et par les fleutes et
voines de la terre mise hors des cauer
nes. Et pource que eolus est dit dieu
des vens / misenus est dit son filz par
similitude de oeuure & comme auteur
deulx. Ce qui est dit quil ait este tire
par triton par la trompete de neptune
et estre noye aux vndes. Aucuns croiẽt
estre trouue par virgile po' couurir lini
quite deneas / lequel souuent il nõme
piteux / pource qlz le reputent sans pi
tie et cruel / & cestui estre occis par enea'
au pres du lac dit auerne. Quant le
dit eneas faisoit aux infernaulx ce mal
heureux sacrifice comme Alpenor fut
tue en ce mesme lieu. Veu que cedit sa
crifice ne peult estre parfait sans sang
humain. Ce qui est dit quil lui fist vng
sepulcre / peult estre facillement creu le
luy auoir fait pour guerdon de la vie
qui lui auoit ostee. Il nia point de doub
te que au pres des boys y a vne petite
montaigne / laquelle est encores nommee misenus. Je ne scay si ce nom a e-
ste donne a la montaigne par cest hom
me a elle inhume / ou si plus tost ce nõ a
este donne a la montaigne pour cest hõ
me. Pour estre mieulx conuenable a la
fiction

De ericteus filz de eolus qui engendra eson: pherita amicthaon et alcymedon. Chapitre .xxiiii

Ericthеus fut filz de eolus comme ouide en son odissee escript. Ouidius
Thyro fille du roy salmoneus son fre
re fut femme de ce ericthеus / de laqlle il eut eson pherita alcymedon et ami
cthaon

De eson filz de ericthеus qui engendra iason et polymie. Chap. xxv.

Eson fut filz de ericthеus & de thy
ro comme il est dessusdit / il engẽ
dra Jason ieune homme en son temps
renomme en toute grece Il fut enuoye
par pelias en colchos / et de la victeur
raporta la toison dor & ramena medee
fille du roy oetes en tessalie pour sa fẽ
me. Et ainsi que ouide dit il fut par
elle par vertu derbes fait ieune qui e-
stoit ancien. Le sens de ceste fiction
peult estre tel. Par laduenement inspi
re de iason glorieux par tant difficile
expedicion dentreprinse si grãde ioye
vint a eson que lage de lui qui tendoit
a mort sẽbla retourner a lage florissant

De Jason filz de eson qui engendra thoas euneus philomelus et plutus. Chapitre. xxvi.

Jason ouide tesmongnant fut
filz de eson / du quel est recite
vne telle histoire. Peleas roy de thessalie fut oncle de Jason / auquel fut cõ
mande par loracle quil fist tous les an' Lactãcius
sacrifice au pere neptune comme lactance dit iusques ad ce quil vit tandis
que il celebreroit ledit sacrifice vng qui
viendroit au sacrifice ayant le pie nud
Et lors il sceut que procheinement ap'
il mourroit. Aduint apres que tandis
quil faisoit icellui sacrifice Jason se ha
stoit pour venir audit sacrifice. Il
laissa le soulier dung de ses piedz en la

boue du fleuue nomme anaurus. Pe
leas ce voyant et creingnant pour ses
filz persuada a iason quil allast en colchos querir la toison dor. Croyant
quil ne retourneroit point/pource quil
auoit oup dire que cestoit oeuure insu
perable p humaines puissances Jason
entreprît icelle charge/ꝛ lui fut edifiee
vne nauire longue par Argus au port
pegasien et fut nommee argos par icel
lui auteur. Jason assembla presque to⁹
les ieunes hommes de grece/entre les
quelz fut hercules/ꝛ aussi orpheus: ca-
stor/pollux/zethus:calays/ꝛ autres plu
sieurs tres renommees par ligne ꝛ ver
tu tous ieunes. Lesquelz pour leur noblesse Stace en sa thebaide appelle de
my dieux disant. Thessalie premiere
ia lors me menoit vert par ieunesse entre les arbres et pins ꝛ demy dieux/les
quelles gẽs dessusdictes sont appelle⁹
argonaultes par le nom dicelle nauire
faicte par argus. Et iceulx iouuenceaulx assembles en ladicte nauire/il ptit
du port nõme pegasus. Et de la le
bon et heureux vent le mena en lisle nõ
mee lennum. En icelle isle les femmes
auoient tues tous leurs maris. Pour
ce quelles mesprisoient ꝛ haissoient lẽpire et seigneurie des hommes. Et la
regnoit hisiphiles fille de thoas iadis
Stacius roy Ainsi que stace tesmõgne iason les
surmonta par armes. Et fut receu ꝛ lo
gep ladicte hisiphiles. Finablemẽt hercules reprint et argua de ce iason/par
quoy il laissa ladicte hisiphiles encein-
te/ꝛ sen alla en lisle nommee colchos.
Et veu quil estoit puissant par multi
tude de beaulx ꝛ ieunes hommes/il fut
la receu par medee fille du roy des col
chiens. Jason lui offrit secretement ql
seroit son mary/ꝛ a ceste cause elle luy
enseigna commẽt il pourroit dompter
et mettre en iou les taureaulx eripedes
ꝛ cõment pourroit occir le dragon tous
iours veillant/ꝛ comment il pourroit
getter les dens dudit dragon dedans
les rayes de la terre faictes p le labou
rage/ꝛ comment il pourroit laisser cou
rir a la destruction de luy les gens armes qui sauldroient dicelles dens. Et
comment par ceste maniere le chemin
lui seroit fait po⁹ acquerir la toison dor
Quant icelluy Jason eut a comply et
faict ce que ladicte medee lui auoit enseigne et amonneste/il print la proye p
lui desiree. Et icelle prinse secretemẽt
et medee aussi auec ses compaignons
sen fouyt Il est assez manifeste q̃ quant
ilz sen retournerẽt tous ne tindrẽt pas
vng chemin Veu quon lit que hercule⁹
et presque tous les autres vindrent a
propontides et a helesponte et que tou⁹
anciens escriuent que Jason entra de
dans le port du fleuue nomme hiberus
Et de la vint iusques en icelle partie
en laquelle le fleuue histre se deuise et
va en adriatique. Aristote en son liure
des choses merueilleuses a ouir dit que
combien que la soiẽt lieux ausquelz on
ne peult nauiger. Toutesfois iason de
la tendant par les cyanees fist lesdictz
lieux nauigables Et pour laprobacion
de ce chemin dit que les lieux par les-
q̃lz on dit iason auoir passer sont pleis
ꝛ presque continuelz de choses merueil
leuses quon trouue par les autiers com
poses ꝛ faitz par ledit iason ꝛ quon trou
ue vng tẽple dedie a diane par la des
susdicte medee en vne isle de la mer a-
driatique. Auec ce q̃ la ville nõmee pola
laquelle encores iusques a nostre age
demeure fut habitee premieremẽt par
les habitans de colchos. Selon mon iu
gemẽt ces choses ne preuuẽt point ladi
cte nauigacion/mais plustost pourroit
afferme ce q̃ les autres cuidẽt/cestassa-
uoir que Jason tant que il a peu a parfait par sa nauire le chemin. Et de la
pource que les montaignes empeschoẽt

ent ladicte nauigation ses compaignõs portoient sur leurs espaules leur nauire/et ainsi passerent les montaignes et p uindrent iusques au fleuue nõme histre de ca les alpes/et firent les autiers en alant lesquelz dessus sont narrez. Mais quelque chemin quil tint il est manifeste quil retourna en son pais auec la toison dor. Et ainsi que lactence escript il la porta a creontes roy des corinthiens Il eut de medee deux filz et eson par leuure et labeur delle fut fait plus ieune/et Pelias fut par les filles occiz Jason ou pour lenormite des crimes ou pour autre cause repudia ladicte medee. Et ainsi que lactẽce escript print a fẽme glauces. Le poete seneque en la tragedie intitulee mede monstre quil print creuse fille de creon roy des corinthiens pour laquelle indignation cõme le dit seneq escript il dit par les malefices de medee la maison royale et sa nouuelle fẽme et dit aussi lanier et trancher les filz quil auoit eu delle Et de la sen peut ensuiure ce que lactẽce dit quil print ladicte glauce. Finablement quant icelle medee laquelle egeus auoit espousee par son crime sen fut fouye de lui et que Jason fut chasse en thessalie elle fut receue cõme lon dit dudit iason/et auec elle autrefois nauigea en colchos/et reduisit et restitua au royaume oetes ancien pere de ladicte medee qui dicellui royaume auoit este chasse. Oultre ce il fit en asie plusieurs choses magnifiques/et tant q la mesmes il fut honnore en maniere de dieu/et plusieurs temples furent la edifiez et intitulez de son nom/desquelz tẽples apres alexandre macedonien fit demolir par aduenture enuieux de la gloire de iason Je ne me recorde point quelle fut la mort de iason ne ou il mourut Ceste histoire ainsi succinctement narree est couuerte daucunes fictions poetiques lesquelles ainsi que pourrons declarerons. Il est leu premierement quil dompta les taureaulx ayans les piez de metal et soufflant feuz des narines/lesquelz il cuida estre les plus grans et plus puissans du royaume des colchiens q estoient insuperables par force et orguilleux de courage/lesquelz ie cuide estre p iason surmontez non point par guerre/mais par circõduction et oraison/et auoir dispose a sedition les populaires et les auoir tirez a lopinion de lui et de medee/et auoir par fraude occiz le dragõ tousiours veillant/cestassauoir cellui qui estoit pfect et prepose a la garde du royaume/et par la mort de lui auoit cõme seme les dens/cestassauoir les causes des discentions par lesquelles les colchiens sarmerent contre eulx mesmes/et perseuerans en guerre que tellement se fatiguerent que finablement ilz furent facilement subiugues par iason/et furent denuez de richesses et de la toison dor. cest a entendre du bestail ayant toison tresprecieuse. Pline escript que iason fut le premier qui nauigea par longue nauire

Lactãcius

Plinius Jasõ fut le premier qui nauigea par longue nauire

De thoas et euneus filz de iason. chap. xxvii^e.

Thoas et euneus furent filz de iason et de ipsipile cõme il appert assez par stace en sa thebaide. Certes il est credible quelle demoura enceinte par iason quant il sen ala en colchos. Et ainsi quon peult comprendre et entendre q̃t elle eut enfante deux gemeaulx et considere ql nestoit licite nourrir enfãs masles entre les lenniades qui sõt ceulx de lisle nõmee lenniũ/elle les enuoya ailleurs pour nourrir. Et po'ce quelle fut descelee dauoir garde son pere elle fut chassee du royaume et fut prinse p les pirates et vendue a licurgue roy nemiẽ ou lui fut baillee comme de serue condition. Et po'ce depuis elle ne dit lesditz enfans lesquelz deuenuz grans et alans auec le roy adrastus a la guerre thebanienne passans par la forest appellee nemee/icelle ipsipile narra sõ dessusdit cas et dessortune audit adrastus lesditz enfans oupans/lesquelz incontinent la recongneurent leur mere/et semblerẽt au roy dessusdit. Licurgue courrousse cõtre elle pource quelle auoit mal garde le filz de lui nõme ophetes Il mest incertein quelle chose apres aduint deulx

De philomelus filz de iason qui engẽdra plutus. c. xxviii.

Rebanus Rabane en son liure de la naiscence des choses escript que philomelus fut filz de iason Et autre chose nest de lui escript si nõ quil engẽdra plutus.

De plutus filz de philomelus qui engendra pareantes chap. xxix.

Isidor' Isidore en son liure des ethimologies escript que plutus fut filz de philomelus/duquel nest aussi autre chose escript si non quil engẽdra pareantes

De pareantes filz de plutus chap. xxx.

Isidore au lieu dessusdit escript q̃ pareantes fut filz de plutus. Et la mesmes dit quil tint lisle nõmee paron et fit appeller de son nom paron la cite dicelle isle/laquelle estoit par auant nommee minoie.

De polimilias filz de eson. chapitre. xxxi.

Leonce escript que polimilias fut filz de eson/et que icellui eson neut autre filz que polimilias/mais ie dõne plus de foy a la renõmee ancienne que a lauteur nouuel par laquelle renõmee auons que iason fut filz de eson. Toutesfois il est possible que iason eut deux noms.

De alcimedontes filz de ericteus qui engẽdra epitropus chapitre. xxxii.

Leonce escript que alcimedontes fut filz de ericteus. Et afferme estre recite par pherecides que quãt alcimedontes mouroit il laissa a son frere pelias son petit filz epitropus. Sa mere le bailla a chiron pour nourrir. Quãt il fut deuenu grant il fut enuoye par le dit pelias en colchos. Leonci'

De epitropus filz de alcimedontes. chap. xxxiii.

Leonce escript que epitropus fut filz de alcimedõtes lequel comme pherecides recite fut par sa mere baille pour nourrir a chiron cẽtaure. Quãt il fut deuenu grant et quil retourna en son pais il demanda son heritage paternel a son oncle pelias/par lequel il fut enuoye en colchos pour querir la toison dor.

De pherita filz de eritheus. chapitre.xxxiiii.

Homere en son odissee tesmoigne que pherita fut filz de eritheus & de thyrus. Homer.

De amicthaon filz de eritheus qui engendra melampus & biantes.chap.xxxv.

Homere en son odissee escript que amicthaon fut filz de eritheus et de thyrus. Et dit quil fut hôme tresbelliqueux/& de lui nest autre chose escript si non ql engendra melampus & biâtes.

De melampus filz de amicthaon qui engendra theodamantes.chap.xxxvi.

Melampus iadis grant augur et diuinateur fut filz de amicthaon ainsi que stace en sa thebaide tesmoigne disant. La cure industrieuse des choses futures tout mene les choses sacrees des dieux. & apres par huit vers Lactence escript quil guerist les filles du Roy pretus lesquelles estoient insansees côme il est la hault escript ou est parle dudit pretus/par laquelle cure il obtint vne dicelles en mariage & vne portiô du royaume. Ce melampus fut tresapert en lart des proprietez des herbes côme les anciens ont escript/& laissa aps lui vng filz nomme theodamas. Stacius

De theodamas filz de melâpus.chapitre.xxxvii.

Theodamas fut filz de melâpus ainsi que stace tesmoigne disant. Ilz veulent le noble & renôme theodamas engendre du saint melampus. Ce theodamas fut exquis & excellant augur & diuinateur & tellement que quât amphiaraus fut englouti de la terre a thebes. Adrastus & les autres princes q assiegoiêt lesdictes thebes substituerêt ledit theodamas au lieu dicellui amphiaraus.

De bias ou biasfilz de amicthaon qui engêdra manthiô & antiphates.cha.xxxviii.

Bias fut filz de amicthaon côme theodonce escript. Et homere recite listoire côment pyro fille de neleus lespousa côme il est dessus escript la ou est fait mêtion dudit pyro/& de lui nest autre chose escript si non quil demoura auec ladicte fême en vne cite dudit neleus nômee pylum/& quil eut delle deux filz/cestassauoir mathion & antiphates Theod.

De manthion filz de bias q engendra cliton & poliphides chapitre.xxxix.

Homere en son odissee escript que manthion fut filz de bias & de pyro/& ne recite autre chose de lui si non quil engendra cliton & poliphides.

De cliton filz de manthion chapitre.xl.

Cliton fut filz de manthion côme homere tesmoigne en son odissee la ou il escript que pource que cliton estoit excellât par forme & beaulte il fut rauy par aurora/& dit que depuis il ne comparut en aucun lieu. Toutesfoys barlaam dit quil sen ala aux parties orientales & la negligeant retourner en son pais seigneuria sur aucuns peuples Et a ceste cause fut feingt quil fut rauy par aurora. Barlaã

De poliphides filz de manthion qui engendra theoclimenes. chap. xli^e.

Homer⁹ Poliphides fut filz de manthion cõme homere en son odissee recite ou il escript quil fut exquis vaticinateur en predisant les choses. Et quant amphiaraus fut engloutí de la terre en la guerre thebanienne il fut par les arginiẽs substitue en son lieu. Stace tou Stacius tesfois escript que theodoma⁹ filz de melampus fut substitue au lieu dudit amphiaraus. Ce poliphides engendra theoclimenes.

De theoclimenes filz de poliphides. chap. xlii.

Homere escript en son odissee que theoclimenes fut filz de poliphides & quil demouroit en la cite nõmee argo/& estoit tenu pour excellãt augur & diuinateur. Il tua vng hõme & a ceste cause sen fuyt de la & sen ala en vne cite nõmee pylum/& auec thelemacus filz de vlixes/de la sen ala en mithacie.

De antiphates filz de bias q̃ engendra oycleus. chap. xliii.

Antiphates ainsi que homere escript en son odissee fut filz de bias & de pyro/& de lui nest troue autre chose si non quil engendra oycleus.

De oycleus filz de antiphates qui engendra amphiaraus. chap. xliiii..

Homere tesmoigne que oycleus fut filz de antiphates qui engendra amphiaraus vaticinateur & deuin lequel aucuns cuident auoir este filz de lince⁹ roy des arginiẽs & de hipermestre

De amphiarau⁹ filz de oycleus qui engẽdra almeon/amphilocus/& catillus. c. xlv^e.

Amphiaraus quelque chose q̃ les autres dient fut filz de oycleus ainsi que homere tesmoigne en son odissee/& stace en sa thebaide disant. Finablement soudainement saillirent aux affaires & besoignes les oyclidiẽs. cestui cy est repute le plus renõme entre les autres anciẽs augures & interpretate⁹s Homer⁹ Quant adrastus roy des arginien⁹ delibera dacõmencer guerre cõtre les thebaniens il monta auec melampu⁹ en la montaigne pour veoir cõment il nauiendroit aux arginiẽs sil prenoit guerre cõtre les thebaniens. Et quant entre autres choses il vit quil ne retourneroit point en son pais sil aloit a ladicte guerre il quist & cercha le⁹ lieux secretz & mussetes/lesquelles il cõmunica & enseigna seulement a sa fẽme nõmee eriphile de laquelle il auoit ia eu aucuns filz cõme a celle quil reputoit lui estre tresloyale. Quant les princes arginiens se parforcoient daler contre les thebaniens & que seulement ilz queroiẽt ledit amphiaraus & quilz ne le pouoient trouuer aduint vng iour que la dessusdicte eraphile vit vne bague & affiquet a argie fille de adrastus & fẽme de polynices lequel affiquet vulcan auoit iadis dõne a hermione nee deuant lui dung autre pere & fẽme de cadmus/lequel affiquet icelle eriphile desira/& pource vint en composition auec icelle argie & delle eut icellui affiquet parquoy decela sõdit mari amphiaraus cõme stace plus amplement Stacius descript en sa thebaide. Ainsi doncques amphiaraus decele & descouuert par la fraude de sa fẽme ala sen retourner en ladicte guerre auec les autres prĩces arginiens. Aduint vng iour que icelui amphiaraus arme & estant sur vng chariot notable entra en la bataille et batailla aigrement auec les thebaniens. Soudainement aduint vng grant tremblement de terre par lequel fut faicte vne grãde ouuerture en la terre en la partie ou estoit ledit amphiarau⁹ par laquelle il fut englouti par tresgrande admiration & perturbation des assistans. Stace le descript estre descendu vif & arme a la presence du dieu nomme ditis. & en maniere poetique dit quil proposa & ora plusieurs choses lesquelles ne seruent aucunement a ce propos. Toutesfoys en ce temps la les anciens furent si aueuglez quilz reputerent amy de dieu Et qui plus est dieu cellui qui virent p le iugement de dieu englouti de la terre Et au lieu mesmes la ou il fut englouty edifierent comme a dieu vng temple & lui desdierent autiers & seruices selon leurs sermonies. Et le honnorerent et coulerent comme dieu. Pline en son liure de la naturele histoire escript quil trouua la science de congnoistre les choses aduenir a veoir & contempler le feu Toutesfois ie ne scay si ie le croiray car il me recorde auoir leu aux caldiens q̃ ce fut linuention & ouurage de nẽbroth lequel par plusieurs siecles preceda ledit amphiaraus.

Stacius

Plinius

De almeon filz de amphiaraus. chap. xlvi^e.

Almeon fut filz de amphiaraus vaticinateur & de eriphile. Quant le dessusdit amphiaraus fut contrainct comme dit est dalle ra ladicte guerre il descouurit la tromperie contre soy dessusdicte de ladicte eriphile / & lui laissa la vengeance de sa mort aduenir / lequel apres la mort de sondit pere recordz dudit cõmandement paternel & quis tẽps opportun pour garder & acomplir la pitie paternel deuint cruel contre sa mere & loccist.

De amphilochus filz de amphiaraus. chap. xlvii^e.

Homere en son odissee escript que amphilochus fut filz de amphiaraus & de eriphile / & de lui nay autre chose leu.

De catillus filz de amphiaraus qui engendra tiburtin⁹ catillus & corax. chap. xlviii

Solin en son liure des merueilles du mõde escript que catillus fut filz de amphiaraus disãt. Catillus fut filz de amphiaraus lequel apres la dessusdicte mort de son pere a thebes par le commandement de odelanus enuoie auec toute sa lignee aux ieux & sacrifices diuins au printemps engẽdra en italie trois filz Cestassauoir tiburtin⁹ / corax & catillus / lesquelz apres quil eurẽt gette de la ville de sicile les anciens sicaniens ilz appellerent ladicte ville tiburte du nom de leur aisne frere.

Solinus

De tiburtin filz de catillus chapitre. xlix^e.

Tiburtin fut filz de catillus selon solin / & pource quil estoit laine de ses freres la cite tiburte fut par ses freres nommee du nom de lui. Pline en sa naturelle histoire dit que les tiburtiens furent long temps deuant les romains & dit que en leur pais ya trois maniere⁹ de cheines plus anciens que leur conducteur tiburtin entre lesquelz cheines il a este diuine. Ilz dient que tiburtin fut filz de amphiaraus qui trespassa a thebes au temps deuãt la guerre troyẽne.

De catillus filz de catillus. chapitre .l.

Solinus Catillus fut filz de catillus filz de amphiaraus comme solin afferme la ou dessus est escript lequel par le tesmoignage de caton fut de archadie et fut preuost et capitaine de larmee p mer de euander et fut conditeur de la cite nõmee tibur.

De corax filz du premier catillus. chap. li^e.

Solin des merueilles du monde escript que corax fut filz de celui catillus qui fut filz de amphiaraus/ lequel auec ses freres tiburtinus et catillus prindrent la cite des siciliẽs pres de Rõme laquelle ilz nõmerent cõme il est dessus escript tiburis du nom de leur frere tiburtinus.

De salmoneus filz de aeolus qui engendra tyro. chapitre .lii^e.

Lactãci^9 Lactẽce escript que salmoneus fut filz de aeolus et regna en elidie/ et fut homme tresorguilleux et non suportable. Et non content de lhonneur royal se parforca monstrer estre dieu a ses subiectz/ et a ceste cause fit faire ung põt de metail si hault esleue quil couuroit une partie de la cite elidie. Sur icelluy pont il faisoit courir les chariotz. A ceste cause tant pour le bruit desditz chariotz que aussi pour le son dudit pont de metail estoit fait si grant son quilz sembloient tonnoirres. Et pource quil faisoit ce faire impourueuement et soudainement a la maniere de tonnoirre il espauantoit les cytiens. Auec ce du hault dicellui pont il faisoit getter falos allãbez comme fouldres et ce pendãt ses satellites estoient prestz affinque celui des citoiẽs qui nestoit par les dessusditz falos brusle par son cõmandement estoit de glaiue occiz. Et par ceste folie et cruselite il fut repute iupiter fouldroiãt. Mais dieu ne souffcit point longuemẽt ceste enragerie et folie/car il foudroia de uray fouldre icelui tyrãt et le getta aux enfers comme virgile escript ainsi. Jay veu salmoneus souffrant cruelles peines quant il feingt et veult comme iupiter faire les flambes et sons du ciel. Il eut seulement une fille nommee tyro. Virgil^9

De tyro fille de salmoneus. chapitre .liii^e.

Homere en son odissee escript que tyro fut fille de salmoneus roy de elidie. Neptune se transforma et mit en la figure dung fleuue nõme empheus/ et elle estant aupres de ce fleuue fut prinse de lui et eut sa compaignie charnelle et en eut deux filz/cestassauoir neleus et pelias ainsi quil est dessusdit. Apres elle fut mariee auec eritheus filz de aeolus/ et eut trois filz eson/pherta et amicthanoes.

De iphiclus filz de aeolus qui engẽdra podarces. c. liiii.

Lactence escript que Jphiclus fut filz de aeolus. Et pource qlestoit puissant il embla les beufz a la dessusdicte tyro fille de salmoneus et mere de neleus/lesquelz beufz estoient deuz a neleus et les detit et garda iusques a ce quilz les restitua par laide et euure de bias gendre de neleus ou de son frere melampus qui estoit augur et diuinateur. Car cest celui qui eut de melampus ou de bias par conseil quil beust du venin du serpent pource quil ne povoit filz engẽdrer/ et incontinent quil en eut beu il engendra podarces. Leonce dit que le venin du serpent est vne herbe telle que si le serpent en gouste il mourra incontinent/ et est profitable aux fẽmes steriles Leonci⁹

De podarces filz de iphicleus. chap. lv^e.

Podarces comme lactẽce escript fut filz de iphicleus. Et de lui navons autre chose. Lactãci⁹

De sysiphus filz de eolus qui engendra glaucus et creontes. chap. lvi^e.

Sisiphus fut filz de eolus cõme assez appert par ouide disant. Vne grande pierre pesante sarre et contrainct sysiphus filz de eolus Et orace en ses odes escript sisiphus filz de eolus Icy est a entendre quilz furent deux sisiphus/ et aussi deux eolus ou plusieurs/ combien que lactence die quilz furent seulement deux. Voyons doncques p̃mierement des sisiphes. Le premier sysiphus fut du temps de danaus Roy des arginiens ou au moins de lynceus filz de egistus qui succeda au Royaume a danaus. Car eusebe en son liure des tẽps tesmoigne de tous deux/ et dit que la cite nommee ephira fut par lui faicte au temps que danaus Regnoit/ laquelle cite corynthus filz de horestes appella de son nom corynthe Et la fit lan du monde mille sept cens vingt et neuf. Et peu apres dit que selon les autres icelui Sisiphus fist ladicte ephire lan quinziesme du Regne de lynceus qui fut lan du mõde mille sept cẽs nonãte et quatre Et cestui Roy de corĩthe est nõme ephire. Car ceulx qui ont este ditz Roys des corynthiens long temps apres cõmencerent/ cestassauoir enuiron lan du monde quatre cens quant eneas siluius Regnoit sur les latins et melenthones pere de codrus Regnant sur les atheniens Et alecius fut le premier Roy/ et ainsi fut de eolus. Duquel temps furent critheus/ salmoneus/ et ephicleus et autres de leurs temps. Et la fẽme de cestui fut meropes fille de athla⁹/ duquel ouide escript ainsi. O sysiphus meropes septiesme des mortelz te espousa. Et les filz de cestui furent ceulx qui sẽsuiuẽt glaucus et creon. Vng autre fut sisiphus quil fut aussi de eolus duql les autoritez dessusdictes tesmoignent pl⁹ que de cestui duquel auons dit/ et cestui fut du temps que egeus regnoit a athenes. Car ainsi que lactence escript cestui sisiph⁹ fut loge en vne mõtaigne nõmee istinos entre deux mers. Cestassavoir ionie et egee et quil eut occupe ladicte montaigne par cruel larrecin. Il se paissoit de ceste prine des mortelz doccir dune grande pierre les hommes. Seruie dit que quant il auoit prins aucuns hõmes par la passans il sasseoit en vng hault Rochier sur la mer et les faisoit venir pour la lauer ses piedz. Et quant il les voyoit ad ce occupez il les boutoit de son pie et gettoit en la mer. Homere dit quil demouroit en vne cite des arginiẽs nõmee ephira/ laquelle apres fut dicte corynthe. Oultre ce les autres dient q̃ cestui cy fut secretaire des dieux/ et pource quil auoit Reuele leurs secrectz aux hõmes mortelz il fut par eulx dãne aux ẽfers a ceste peine q̃ tousiours il tourne et Roule vne pierre de moult grãt poix. disãt ouide sisiphus tu demãdes ou tornes vne grãde pierre cheante. Theseus ainsi q̃ la hault auõs en son lieu escrips le occit. Sil fut filz de eolus il ne peult estre filz de celui eol⁹ duql le dessusdit sisiph⁹ fut filz q̃ fut trop pl⁹ ãcië/ et ne fut Seruius Homer⁹ Ouidius Eusebi⁹

Di

point filz dicelui eolus qui regna en lypare deu que cestui cy ia estoit mort deuant que celtui la fut ne. Et ainsi il semble quilz ont este trois eolus / Lesquelz trois indifferemment ou tous ensemble sont ditz dieux des vens. Aucuns sont qui croyent que Ulixes fut filz de ce sysiphus comme il est de lui dit. Macrobe sur le songe de scipion dit que ce qui est de lui escript quil eslieue & apres abaisse vne grant pierre doit estre entendu quil vsoit sa vie en grans & merueilleux labeurs comme font tous larrons & principalement de la mer.

De glaucus filz de sysiphus qui engendra bellorophon. chapitre .lvii^e.

Homer⁹ Homere en son iliade escript que glaucus fut filz de sysiphus roy de ephire. Car il descript toute la genealogie de cestui glaucus nepueu de cestui bataillant contre diomedes a troye ainsi quil sensuit.

De bellorophon filz de glaucus qui engendra laodamie Isandre / & hippolochus. chapitre .lviii^e.

Bellorophon fut filz du dessusdit glaucus / & fut vng ieune homme de singuliere beaulte & vertu. Homere dit quil fut roy de ephire & fut priue de son royaume par pritus roy des arginiens / & par le commandement de lui sen ala deuers lui. La femme dudit pritus nommee anthia ou selon lactence stenobes prinse de la beaulte de bellorophon le voulsit contraindre a sa plaisance charnelle / ce quil refusa. Et a ceste cause elle laccusa enuers son dit mary quil lauoit voulu prendre par force. A ceste cause pritus indigne & courrouse & pource quil ne le vouloit point occir il lui bailla des lettres pour porter a ariobatus pere de sa femme / ausquelles lettres lui commandoit de tuer ledit bellorophon. Quant icellui bellorophon vint en lycie il fut enuoye par icellui ariobatus pour tuer la chimere affin quil mourust. La chimere estoit vng monstre comme est delle dessus escript. Bellorophon print le cheual pegasus & vola a ladicte chimere & la tua. Apres ce pource que ariobatus auoit guerre contre les solimiciens confiant de la vertu dudit bellorophon il lenuoia a ladicte guerre / lequel pareillement expugna & mit en fuite lesditz solimiciens. Tiercement il lenuoya contre les amazones guerroians contre lui & lui commanda quil print les armes contre elles / bellorophon les surmonta & contraignit retourner en leur pais. Le dessusdit roy voyant les choses par lui faictes eut pitie de lui. Et comme lactence Lactāci⁹ escript lui donna vne partie de son royaume & sa fille a femme nommee achimenes seur de la dessusdicte anthie / de laquelle il eut isandre / hippolochus / & laodemie. La dessusdicte anthie ou stenopes se tua quant elle eut sceu comment son pere auoit honnore ledit bellorophon. Et ainsi quil plaist a seruie pour ce crime len filles de Seruius pritus deuindrent foles. Touchant ce qui est icy feingt fulgence dit ainsi. Bellorophon Fulgēc⁹ est dit ainsi comme bulefertinta que nous en latin & de latin en francois disons conseiller de sapience / lequel mesprise luxure / cest a entendre anthie / car anthia en grec signifie en francois contraire. Icelle anthie est femme de pritus. Car pritos est interprete ort / & duquel luxure est femme cest a dire de chose orde. Et bonne consultation cest a entendre bellorophon est assis sur le cheual pegasus / car pegasio en grec signifie en francois fontaine eternele car la sapience de bonne consultation est la fontaine eternele / & pource le dessusdit pegasus est descript ayant esles/car ladicte sapience par soudaine cogitation speculatiue regarde et voit luniverselle nature du monde. Bellorophon tua la chimere Car chimere est dicte quasi chimeron cest a entendre fluctuation damour/laquelle fulgence dit estre en trois manieres ayans trois chiefz/car trois operations damour sont. Cestassavoir commencer/parfaire/et finer. Car quant lamour nouuellement vient elle assault bestiellement comme le lyon. Touchant ce quelle est au milieu ou feincte chieure denote la luxure veu que cest vne beste moult encline a luxure. Quelle est vng dragon en sa derniere partie signifie que apres la perfection de la plaie par elle faicte elle donne et amene repentence et venin. Touteffois quelque chose que fulgence die listoire est telle q̃ chimere est vne montaigne en lycie/laquelle en son hault gette flambes. Apres vng peu plus bas elle nourrist des lyons. Et au plus bas delle abondent serpens. Et pource que les choses dessus dictes rendoient aux voisins icelle montaigne inhabitable et dommageable ausditz voisoins bellorophon ainsi quil est ailleurs dit osta de ladicte montaigne lesdictes choses nuisibles et la rendit habitable. Auec ce il semble plaire a pline en son litre de sa naturelle histoire que ce bellorophon trouua le premier la facon destre porte a cheual.

Fulgēci⁹

Bellorophō trouua premieremēt la facon destre porte a cheual

De laodamie fille de bellorophon et mere de sarpedon chap. lix^e.

Laodamie fut fille de bellorophō et de sa fēme achimenis. Et pource que ladicte laodamie estoit belle vierge elle pleut a iupiter. Que ainsi que homere escript il eut delle vng filz nōme sarpedon lequel fut apres roy de lycie.

De Isander filz de bellorophon. chap. lx^e.

Homere en son iliade escript que Isander fut filz de bellorophon et de achimenis. Et quant la guerre fut entre les liciens et solimiciens en bataillant aigrement contre les solimiciens il fut occiz.

Homer⁹

De hippolochus filz de bellorophon qui engendra glaucus. chap. lxi^e.

Ainsi que homere au lieu dessusdit escript hippolochus fut filz de bellorophon. Et de lui homere ne recite autre chose si non quil engendra glauc⁹

De glaucus filz de hippolochus. chap. lxii^e.

Glaucus fut filz de hippolochus ainsi que luymesmes dit en liliade a diomedes linterrogant. Quant glaucus fut venu pour ayder aux troyens/et vng iour bataillant par aucun temps contre diomedes/finablement vint a parler auec lui/et entre autres choses lui recita comment par sysiphus et par glaucus et par bellorophō et par hippolochus il estoit ne. Par laquelle recitation et commemoration diomedes recordant de lancienne amitie de ses predecesseurs cōposa auec lui quilz ne viendroient plus ne lung ne lautre en bataille/et donnerent lung a lautre des dons et sen alerēt Touteffois ce glaucus fut apres occiz en icelle guerre.

De creon filz de sysiphus qui engendra creuse. c. lxiii.

Seneca Creon fut roy des corinthiens et filz de sysiphus ainsi que seneque le poete monstre par les paroles de medee en la tragedie delle disant. Ne vien ne iamais tant mauuais iour aux miserables lequel mesle la lignee noble auec la lignee orde/ et les nepueuz de phebus aux nepueuz de sysiphus. Je croy quil entent icy que ce creon fut filz de sisiphus le larron. Et a ceste cause medee icy refuse les nepueuz de sisiphus comme engendrez dorde lignee/ et ne veult que au temps aduenir soient parens ou affins de ses filz.

De creuse fille de creon fiancee a iason. chap. lxiiii[e].

Ainsi que prochainement dessus appert creuse fut fille de creon roy des corinthiens/ et fut fiancee a Jason. A ceste cause medee fut indignee et courroussee par ses enchantemens mist en vng coffret du feu qui ne pouoit esteindre/ et ferma icellui coffret et le bailla a ses filz comme ioyel pour par icelui acquerir par eulx la grace de ladicte creuse/ et ladicte medee lui enuoya icellui coffret par lesditz petis filz. Quant ladicte creuse ouurit icellui coffret pour veoir quel don on lui enuoyoit le feu qui estoit dedens incontinent vola dehors qui brusla ladicte creuse et maison royale de creon. Mais lesditz filz de medee par elle deuant de ce amonnestez sen estoient alez

De cephalus filz de eolus qui engendra hesperus. chap. lxv.

Cephalus fut filz de eolus ainsi que sonnent les vers douide disant. Il voit le filz de eolus fait dung arbre incongneu. Il eut a femme vne femme nommee pocris fille du roy erictheus. Toutesfois seruie dit quil fut filz de hiphilus. Cestui cephalus fut ayme de aurora/ laquelle ainsi que seruie dit lui donna vng chien nomme lelapa et deux dars touchans toutes choses quil vouloit/ pource quil se delectoit en chasses. Quant ladicte aurora le requist damours il lui respondit que lui et sa femme auoyent fait serment de garder lung a lautre chastete. Lors auroza lui dist. Je te prie que tu te transformes et habilles en aultre forme pour experimenter le castimonie de ta femme pocris. Cephalus se feingnit estre vng marchant et promit a ladicte pocris grans dons/ par laquelle promesse la flechit a son desir. Parquoy cephalus trouble et courrousse se confessa estre son mari. Mais ouide dit que aurora vsant dudit cephalus a son plaisir/ et que cephalus naymast autre chose que ladicte pocris/ auroza indignee dit ainsi O cephalus ingrat laisse tes querelles ayes dorefnauant pocris/ car si ma pensee est pouruoyant tu vouldras ne lauoir point eue. Ces choses ouyes cephalus acommenca a auoir suspecon de la chastete de sa femme. Et pour la experimenter se deguisa en vng marchant et vint en la maison delle. Quant il vit tant en elle que en toutes autres choses tous signes conuenans a chastete il voulut desister a son entreprinse. Finablement perseuerant a son propos quil conuint et appolta auec elle par promesse de dons. Et ce fait ce declara estre cephalus. Ladicte pocris lors eust honte de son crime et sen ala aux forestz ou elle se mist en la compaignie de diane et se mist auec elle a chasser a laquelle diana donna vng chien et vng dart. Cephalus apres par prieres la rapella a soy et delle eut le chien et le dart. Et luy vaquant a Ouidius

chasses comme il auoit de coustume par la grande chaleur du soleil se retiroit aux umbres/ et pour se rafreschir il appelloit en chantant aure. Ung paisant qui la estoit cuidant quil appellast une nymphe le raporta a procris/ laquelle frapee de ialosie se mussa en la valee entre les iardins pour veoir qui seroit celle qui par lui appellee viendroit. Quant elle ouyt que cephalus par doulce parole appelloit aure elle se leua ung petit pour veoir ce quelle neust voulu veoir. Cephalus voyant le mouuement des arbrisseaux qui la estoient cuidant que ce fust une beste getta son dart et inaduertament blessa sa femme laquelle se getta entre les bras de son mari Cephalus le priant quil ne voulsist prendre au lieu delle la dessusdicte aura/ et ce dit expira et mourut. Anselme semble vouloir croire ceste dicte aure auoir este une femme
Anselm⁹
Et dit que cephalus eut delle ung filz nomme hesperus De laquelle opinion est aussi theodonce. Et ainsi ce qui est narre sera histoire et non point fiction.
Theod.

De hesperus filz de cephalus chapitre. lxvi^e.

Hesperus ung autre ou dessusdit fut filz de cephalus et de aura ou de aurora ainsi que anselme dit en son liure de limage du monde. Et de lui nest autre chose trouuee.

De athamas filz de eolus qui engendra phrixus/ helles learcus/ et melicertes. chapitre. lxvii^e.

Athamas roy fut filz de eolus ainsi que assez appert par ouide. Seruie recite de lui une telle histoire disant que athamas eut une femme nommee neiphiles de laquelle il eut deux filz Cestassauoir phrixus et helles/ mais quant Neiphiles sen fut fouye aux forestz esmeue par lenragement du pere liber athamas lors une aultre femme nommee ino/ et sur les filz delle/ laquelle ainsi quil est de coustume des merastres machina la mort desditz enfans/ et fit auec les matrones quelles corrompissent les blez quon semeroit/ ce qui fut fait. Parquoy grande famine sen ensuyuit. Finablement a ceste cause athamas enuoya au dieu apollo pour auoir conseil de luy sur ceste matiere. Ino corrompit par fraude icellui qui pource estoit enuoye et fit quil raporta et dit que ledit oracle auoit respondu que pour la famine oster il failloit immoler et sacrifier les filz de neiphiles lesquelz elle mesmes auoit accusez quilz auoient bruslez et gastez les blez. Athamas creignant la fureur et maliuolence du peuple habandonna a ladicte merastre les dessusditz phrixus et helles/ mais secretement il leur fit ce remede salutaire et fit auec ladicte merastre et aultres que ledit phrixus ameneroit le belin dor/ lequel phrixus admoneste du vouloir de ino auec sa seur helles monta dessus/ et ainsi euita la mort
Seruius
Ouide adiouste que Juno esmeut des enfers les furies contre Athamas/ lesquelles vindrent en la court en laquelle par fortune lors il estoit/ et lui getterent sur lui des couleuures/ parquoy le mirent en si grande furie et enforcenement que quant il veoit venir a lui ladicte ino auec les deux filz quil cuydoit que ce fust une lyonne et que ses filz fussent petis lyons A ceste cause fit ung grant cry et rua contre eulx/ et osta des bras de la mere ung des filz nomme learcus/ et de toute sa puissance rua contre une grosse pierre. ce
Ouidius

Voyant ino espouentee sensuyt auecqs lautre filz nõme melicertes & dune Roche qui est nõmee leucothea se getta & Rua dedens la mer. Finablement que deuint ledit athamas on ne scet. Les poetes dient tressouuẽt que iuno estoit deesse des Royaumes & des Richisses & courroussee & contraire aux thebaniens pour la mutation des Roys qui estoiẽt souuent en leur pais/par laquelle mutation sen ensuyuent plusieurs maulx au peuple. Et quant ad ce que appartient audit athamas barlaam dit q̃ la haine de iuno fit contre lesditz enfãs que le dessusdit Phrixus auec sa dicte seur helles & auec toutes les bagues et ornement Royal & tresor sen fuyrent p le moyen & aide dung nõme aries/cest a dire belin nourrissier dudit phrixus A ceste cause ino doulente & courroussee mo lestoit par truferies ledit athamas de ce quil auoit despoullie le Royaume de Richesses & donneur royal. Et aflamboit aussi tous les grans du Royaume contre lui comme contre le desolateur du Royaume. Athamas par ces choses impelle & aflambe de courroux contre ladicte ino/& vng iour par grant courroux vint contre elle & contre les filz quil auoit eu delle/& comme homme furieux frapa dessus/& de la sen ensuyuit ce que dessus est dit.

De phrixus & helles filz de athamas. & phrixus engẽdra cythorus. chap. lxviii^e.

Phrixus & helles furẽt filz du roy athamas & de neiphiles. Quant Ino leur merastre machinoit leur mort comme lactence escript ilz alloient aux

Lactãc^s Seruius

rans par lisle/leur mere le^s apresta vng belin ayãt la toison dor. Seruie ou lieu dessusdit escript que ce fut leur pere/& q̃ par le commandement de leur mere ilz monterent tous deux dessus pour aller iusques en colchos pour auoir leur salut. Quant ledit belin les portoit par la mer aduint q̃ helles eut peur & cheut en la mer & elle fut prinse par les undes de leaue tournantes & enuironnans/p quoy sen ensuiuit que icelle partie de la mer print de ce son surnom perpetuel. car depuis par helles noyee en ceste mer est nommee hellespont. Mais phrixus sans aucun dangier vint a oetha Roy des colchiens & selon le cõmandemẽt de sa mere quant il fut par ledit roy receu humainemẽt il sacrifia aux dieux ledit belin. Les autres veulent quil le sacrifiast seulement a mars ainsi que pomponie mela escript vne ville estoit edifiee par temistagoras milesien aupres des portz du fleuue nomme phasis/laquelle ville estoit nommee phasis. En ceste ville fut le temple de phrixus & le bouschet du belin de la noble toison dor. Oetha finablement donna audit phrixus sa fille a femme. Je cuide que ce fut calciopes/mais quant ledit oetha eut ouy par loracle quil se gardast de la lignee de eolus & quil sceut que phrixus estoit neueu de eolus combien quil lui eust baille sa fille a fẽme & que ia il en auoit des filz creignant plus sa vie que pardõner a son gendre pour euiter le dangier qui lui estoit par loracle denõce oetha occit ledit phrixus quil ne sen guetoit. Touschant ce quil semble icy estre fabuleux combien quil soit dessus expose selon lopinion de barlaam/toutesfois no^s y adiousterons le sens & entendemẽt des autres. Aucuns diẽt q̃ phrixus & helles auoiẽt vne nauire appareillee pour fuyr En laquelle lenseigne estoit vng belin ou mouton dor. Eusebe dit que palefatus afferme que le norrissier par leq̃l ilz furent deliurez des insidieuses entreprinses de leur merastre estoit nõme moutõ Mais voyons dõcques ce q̃ fut sacrifie

Põponi^s mela

aux dieux ou a mars par ledit frixus/ si la nature seulemet ou le mouton nourrissier. Je cuide que ce que barlaam dit est vray ou prochain de verite. Ce qui est dit que vng mouton lui fut apreste par sa mere/peult estre ainsi entendu. Nous auons dessusdit quelle nestoit point morte/mais quelle sen estoit fouye aux bois/ et quelle viuant comme scauant peult reueler a son filz le lieu du thresor. Et ainsi elle prepara a sondit filz le mouton dor. Le mouton fut pource consacre a mars/ affin que nous entendons que les roys consacrent leurs thresors et gardent/ affin que par layde de leurs thresors puissent faire guerre quant ilz vouldrot ou la chasser de leurs pais par oportunite donnee. Eusebe escript que selon aucuns ce fut quant eritheus regnoit a athenes et a bantes aux arginiens lan du monde trois mil le huit cens et vingt. Selon les autres ce fut quant pritus regnoit sur les arginies et lan du monde trois mille huit cens quarante et trois

Eusebius

De cythorus filz de phrixus Chapitre.lxix^e.

Cythorus fut filz de phrixus ainsi que pomponie en sa cosmographie tesmongne. Car il dit que la cite des cythosiens entre les autres est situee enuiron la riuiere nommee parthenius faicte par cythorus filz de phrixus. Et ainsi que lactence escript cestuy auec les autres filz de phrixus apres que ledit phrixus fut occis entra en la mer pour suyuir son grant pere athamas. Mais il fut si vexe par peril et tempeste de mer que il fut receu auec son frere par eson pere de Jason. Nous nauons point leut les noms des freres

Lactancius

De learcus et de melicerte filz de athamas. Chap.lxx^e.

Learchus et melicertes furet filz de athamas et de Jno fille de cadmus comme il est dessus escript. Toutesfois comme il est dessusdit perirent petis. Car learchus mourut par son pere qui le tua contre vne pierre/ et melicertes auec ino sa mere fut noyee Toutesfois on dit que venus ayant pitie de eulx ora et pria neptune/quil les voulsist mettre au nombre des dieux des mers ce que fut fait Et pource Jno fut appellee lencothoe et latinement amatuta prenant le nom du rochier/duquel elle se gecta en la mer. Melicertes fut appelle palemon qui en latin sone portunus. Et long temps furent honnores singulierement en facon et maniere de dieux aux temples. Seruie dit que melicertes alla par mer de boecie iusques a ithismos Et que finablemet il fut receu du roy ethiopien/et que les seruices sacres nommees ithisma/lesquelz estoient celebres en lhonneur de neptune furent ditz et nommees melicertia/et de la vient que par neptune ilz furent mis au nobre des dieux. Theodonce adiouste la cause disant que Jno estoit belle par forme et par age/et melicertes estoit vng tres beau enfat Eulx fuyans par mer vindrent a sisyphus/ lequel est par aucuns appelle ethiops. Et que icelluy ethiops estoit enclin a volupte charnele/ et pour ce abusa de tous deux/et en remuneracion les fist dieux de la mer. Et ainsi appert que venus pria pour eulx Theodoce ailleurs escript que ledit ethiops les fist seign͞rs dung port et leur donna pour leur cotidiane despence toutes les vtilites que de cellui port venoient. Et de la vint quil leur mua ainsi les noms.

Seruius

Theod.

Pour quoy bocace na adiou ste entre les filz de iupiter Alexandre macedonien & sci pion afrícan. chap. dernier

IE pouoye sil meust pleu adiou ster a la tresgrãde lignee du tiers iupiter deux excellans hõmes/cest as sauoir alexandre macedonien dõpteur de asie & publie cornelie scipion qui re couura de ceulx de afrique les espai gnes quil auoit occupees/& ceux dafri que asubiectir aux rõmains. Mais po ce que ia au temps de ceulx cy lanciẽne folie sembloit estre hors de coustume/ par laquelle les rõmains se glorifioiẽt par fictions estre mis en la lignee des dieux. Et les temps estoient venus ausquelz comme estoit quise par vertu A ceste cause ma semble les deuoir lais ser/affin quil ne semblast chose ridicu leuse les esleuer p fiction plus q̃ p vertu. Auec ce ce qui est quis par ambicion ou fraude est mesprise & neglige/ou par ta citurnite/ou nest pas iustement conce de. Alexandre souffrit estre fabuleuse ment dit que iupiter en forme de vng grant serpent auoit habite auec sa me re nõmee olypias/& quil estoit engẽdre de lassemblee des dieux non content de moult de tiltres quil auoit lesquelz fortune a son hõneur auoit adiouste fa uorisant a laudace de lui. Et ce q̃ ne sembloit estre quis assez selon la fable du populaire. Il se parforca par fraude acquerir/cest assauoir que iupiter estoit son pere. En corrõpant & subornant ad ce les prestres du lieu hamon libicien. O sot desir dung noble iouuenceau plus ayme estre engendre dadultaire q̃ de mariage/plus vouloir auoir mere libidineuse que pudique/plus aimer e stre creu filz dung dragon q̃ de philip pe cler & renõme/& estre renõme bastard que legitime. O gloire des pensees des mortelz non point seulemẽt vaine mais aussi detestable. Celui qui incontinãt en presence & deuant les yeulx de ses amys souffroit choses mortelles desi roit sotemẽt estre existime par eulx/& p les sorceries de manterie estre repute imortel. Finablement pour ceste cause il est iustement regecte/affin quil ne se esiouysse par fraude qui pouuoit estre loue par vertu. Scipion qui estoit dit par la murmuracion populaire estre en gẽdre par iupiter en la forme & spece de vng serpent hãtant auec sa mere. Et pource que quãt scipion alloit de nuyt au capitole iamais les chiens quil trou uoit en son chemin ne aboyoient. Et la foy de la fable & credulite populaire les faitz et oeuures dudit scipion aug mentoiẽt. Et pource quil estoit tres sa ge cõbien quil ne le nyast point/toutes fois iames ne le voulut confesser. Et pource quil sembla veoir renõcer laisi blement a lhõneur friuole/ie ne lui bois point expressement cõceder. Et par ai si veu que ie nay point trouue ailleurs autres filz de Jupiter ou neueuz la li gnee de luy a ainsi prins fin. Pareille mẽt ie feray fin a ce liure/& generalemẽt a la genealogie des dieux.

Si finit la genealogie des dieux selon iehan bocace.

Sensuit le repertoire et registre
des fueilles de cest oeuure

a
Boccace
Qui a este
luy auoient
et demourance

b
affin
Car les seulz
pyrrhees
riage. Mais

c
De labeur
Il dirige
elle ne peult
Car en la nuyt

d
auoit nature
par la gloire
denons a listoire
TOlles

e
De lynceus
DAnes fille
DEiphiles
diuire/lequel

f
prinse auec
Du ciel
par vng chariot/
mesme dieu

g
APollo
engendrez
apres ces choses
affectee a elles

h
Par lesquelz
et reuerance
lesquelles meurs
crete. Et cessant

i
vindrent au dit
point ce feu
THeodonce
Affin que
lz
titude des femmes
courir contre
la pourtraicture
Et quil eust ouy

l
pourcequil semble
LAbault
Du second
quil est soleil

m
Tarquinus
la print
quelle chose
le suyuent

n
cōme il plaist
son corps/
Lequelle
filz/& parmist

o
De cassandre
pallas dit
drier octroye
fait plusieurs

p
histoire est meslee
du chief du dit
dune mesmes
gea & lui sembla

q
a entendre
tendretes.
seneque.
ques le lieu

r
la royale maison
De lygus filz
la ou les dens
EGine fut

s
fois ilz ont
proserpine de
fut ne tout
Ce que macrobe

t
pour le feu
nommee iuno
autonne dient
que le filz

v
ALthee fut
offrandes aux
et forme de
Et tousiours

x
mierement
De neptune
son nom
ainsi semble

y
et leur pere
ce estre dit
ODe le roy
De cromius

z
Sensuit le xi^{e}
Et a ceste cause
estre dit dieu
& contention

&
Theodonce dit
De cestuy cy
en la naissence
DRias

9
lant monstrer
Sensuit le xii^{e}
De nyobes
cōtent de lexil

A
a Lcmene
De lencothone
PHocus fut
des trois dies

B
Tous afferment
Ce renōme
& quil fut.
Sensuit le xiii^{e}

C
ediffia le temple
a Pres que
son de la trompe

D
serpent pour
est descript
chasses comme

Sensuit la table de ce present volume au quel sont contenus .xiii. liures. Et premieremēt du premier

Qui a este premierement dieu appelle enuers les gentilz et paiens ff.i.
De eternite cōpaigne de demogorgon premier dieu des paiens f iii.
De chaos fēme de demogorgō f. iiii.
De litige & discord f iiii.
De pan second filz de demogorgō. f.v
De clotho/lachesis et atropos filles de demogorgon fueillet vii.
De polus sixiesme filz de demogorgon fueillet ix.
De phiton septiesme filz de demogorgon fueillet x.
De la terre huitiesme des filz de demogorgon fueillet x.
De la nuyt premiere fille de la terre fueillet xi.
De renommee seconde fille de la terre fueillet xii.
De tartare tiers filz de la terre f xiii
De tages quart filz de la terre f. xiiii.
De antheus cinquiesme filz de la terre fueillet xiiii
De herebus neufuiesme filz de demogorgon qui eut .xxi. filz f xv
De amour pmier filz de herebus f. xvi
De grace fille secōde de herebus f. xvi
De labeur tiers filz de herebus f. xvii.
De enuie quatriesme fille de herebus fueillet xvii.
De peur v^e fille de herebus f. xvii
De dol vi^e filz de herebus f xvii
De fraude vii^e fille de herebus f. xviii
De pertinacite huitiesme fille de herebus fueillet xviii
De egeste & pourete .ix^e fille de herebus fueillet xviii.
De misere x^e fille de herebus f. xviii
De fain xi^e fille de herebus f. xviii
De querele douziesme fille de herebus fueillet xix
De maladie treziesme fille de herebus fueillet xix
De vieillesse quatorziesme fille de herebus fueillet xix.
De palleur quinziesme fille de herebus fueillet xix
De tenebre xvi^e fille de herebus f. xix
De sommeil et dormicion xvii^e filz de herebus fueillet xx
De la mort xviii^e fille de herebus f. xxi
De charon dizeneufuiesme filz de herebus fueillet xxii.
Du iour xx^e filz de herebus f. xxii.

Du second liure.

De lair xxi^e filz de herebus f. xxiiii
De la premiere minerue premiere fille du premier iupiter fueillet xxvi
De apis roy des arginiens & second filz du premier iupiter fueillet xxvii
Du premier soleil filz tiers du premier iupiter fueillet xxvii
De la premiere dyane quatriesme fille du premier iupiter fueillet xxviii.
Du premier mercure v^e filz du premier iupiter fueillet xxviii.
De tritopatreus vi^e & de ebuleus vii^e et de denis huitiesme filz du premier iupiter fueillet xxix
Du premier hercules ix^e filz du premier iupiter fueillet xxix.
De la premiere proserpine diziesme fille du premier iupiter fueil. xxix
Du premier liber vnziesme filz du premier iupiter qui engendra le second mercure fueillet xxix
Du second mercure filz de liber & de proserpine qui engendra cupido & auctolie fueillet xxx
Du premier cupido filz du second mercure fueillet xxx
De auctolie filz du second mercure qui engendra le premier synon f. xxx
De synon pmier filz de auctolie f. xxx

De sissime filz du premier synon f. xxx
De auctolie fille du premier synon fueillet xxxi.
Du second synon filz de sissime f. xxxi
De epapho xii^{e} filz du premier iupiter fueillet xxxi
De libye fille de epaphes f xxxi
De belus filz de epaphe f xxxi
De danaus filz de belus f xxxii
De cinq̃te filles de danaus en general fueillet xxxii
De hypermestre lune des cinq̃te filles fueillet xxxii
De amimone une des cinq̃te filles danaus fueillet xxxii
De bona une des cinq̃te filles danaus fueillet xxxii
De egistus filz de belus prisque qui engendra cinq̃te filz f xxxii
De lynceus ung des cinq̃te filz de egistus fueillet xxxiii
De abas filz de lynceus f xxxiii
De pretus filz de abas f xxxiii
De mera fille de pretus f xxxiii.
De acrisius filz de abas qui engẽdra danes fueillet xxxiii
De danes fille de acrisius f xxxiii
De iasius filz de abas lequel engendra athlãte amphion et thalaon f. xxxiiii
De athlante fille de iasius et mere de parthenopee f xxxiiii
De amphion filz de iasius qui engẽdra cloris fueillet xxxiiii
De cloris fille damphion et femme de neleus fueillet xxxiiii
De thalaon filz de iasius qui engendra euridices flegeus et adrastus f. xxxiiii
De erudices fille de thalaon et fẽme de amphiarus f xxxiiii
De flegeus filz de thalaon f xxxiiii
De adrastus roy filz de thalaõ f. xxxiiii
De deiphiles fille du Roy adrastus fueillet xxxiiii
De argie fille de adrastus et fẽme de polynices fueillet xxxv
De agenor tiers filz de belus prisque q engendra sept enfans f xxxv
De taygete premier filz de agenor fueillet xxxv
De polidore secõd filz de agenor f xxxv
De cylix tiers filz de agenor f xxxv
De lampsacie filz de cylix f xxxv
De pigmaleon filz de cylix f xxxv
De paphe filz de pigmaleon qui engendra cynare fueillet xxxv
De cynare filz de paphe f xxxvi
De mirra fille de cynare et mere de adon fueillet xxxvi
De adon filz de mirre f xxxvi
De pyrides filz de cylix f xxxvii
De phenix quatriesme filz de agenor fueillet xxxvii.
De philistenes filz de phenix f. xxxvii
De siree filz de philistenes et mary de dido fueillet xxxvii
De belus filz de phenix f xxxvii
De pigmaleon filz de belus f xxxvii
De dido fille de belus f xxxvii
De anne fille du roy belus f xxxviii
De europe cinquiesme fille de agenor fueillet xxcviii
De cadmus siziesme filz de agenor fueillet xxxviii
De semele fille de cadmus f xxxix
De aganes fille de cadmus f xxxix
De auctonoe fille de cadm⁹ et de hermion fueillet xl
De ino fille de cadmus f xl
De labdacius septiesme filz de agenor fueillet xl.
De laius roy de thebes f xl.
De edipus filz de laius f xl
De antigone fille de edipus f xl.
De hismene fille de edipus f xli.
De etheocles filz de edipus f xli.
De polinices filz de edipus f xli.
De thessandre filz de polinices f. xli.
De scitha xiii^{e} filz du premier iupiter. fueillet xli.

Du tiers liure

Du ciel filz de lair & du iour f xlii
De opis premiere fille du ciel f. xlii
De thetis la grande fille secõde du ciel. fueillet xliii
De la premiere ceres tierce fille du ciel fueillet xliiii
De acheron fleuue infernal & filz de ceres fueillet xliiii
Des furies filles de acheron en general fueillet xlv
De alecto premiere fille de acheron. fueillet xlvi.
De thesipone fille seconde de acheron fueillet xlvi.
De megere tierce fille de acheron f. xlvi
De victoire quarte fille de acheron. fueillet xlvi
De honneur filz de victoire f xlvii
De maieste fille de honneur f xlvii
De ascalapho cinquiesme filz de acheron fueillet xlvii
De stix siziesme fille de acheron. fueillet xlviii
De cochite fleuue infernal filz de stix fueillet xlviii.
De flegeton fleuue infernal filz de cochite fueillet xlviii
De lethes fleuue infernal filz de flegeton fueillet xlviii
Du premier vulcan et quatriesme filz du ciel lequel engendra apollo f. xlviii
De apollo premier filz de vulcan fueillet xlviii & xlix
De mercure v^e filz du ciel f xlix
De hermophrodite filz de mercure & de venus fueillet l
De venus la grande siziesme fille du ciel fueillet l. li. & lii.
De la seconde venus septiesme fille du ciel fueillet liii
De cupido filz de venus f liiii.
De toxie ix^e filz du ciel f liiii

Du quart liure

De tytan huitiesme filz du ciel qui engendra plusieurs filz f liiii. & lv
De hyperion premier filz de tytan: lequel engẽdra le soleil & la lune f lvi
Du soleil filz de hyperion qui engẽdra les heures fueillet lvi. & lvii
Des heures filles du soleil & de cronis fueillet lviii.
Des eones filles du soleil f lviii
De phetuse & salempecii tierce & quarte filles du soleil fueillet lviii
De dyrce v^e fille du soleil & femme du roy lycus fueillet lix
De milete vi^e fille du soleil f lix
De caune & biblis f lix
De pasiphes vii^e fille du soleil & fẽme de minos fueillet lix.
De oeta roy des colches & filz viii^e du soleil fueillet lx
De medee fille du roy oeta et fẽme de iason fueillet lx
De absyrthie & calciope filz de oete fueillet lxi
De circes ix^e fille du soleil f lxi
De angicie fille du soleil x^e f lxii
De la lune fille de hiperion f lxii
De rousee filz de la lune f lxiii
De briare filz de tytan f lxiii
De cee tiers filz de tytan f lxiiii
De latone fille de cee laquelle enfanta apollo & dyane fueillet lxiiii
De asterie fille de ceus & mere de hercules fueillet lxv
De typhon ou typhee q̃ engendra aeos & chimere fueillet lxv
De aeos filz de typhon f lxvi
De chimere fille de typhon f lxvi
De enchelade v^e filz de tytan f lxvi
De egeon vi^e filz de tytan f lxvi
De aurore vii^e fille de tytan f lxvi
De iapet viii^e filz de tytan f lxvi
De hespere filz de iapet f lxvii

De egle arethuse ⁊ hespertuse filles de hespere fueillet lxvii
De athlas ix[e] filz de titan f lxvii
De hyas filz de athlas f lxvii
Des hyades sept filles de athlas fueillet lxviii
De electra fille dathlas f lxviii
De maya fille de athlas ⁊ mere de mercure fueillet lxviii
De sterope fille de athlas f lxix
De cyllene fille de athlas f lxix
De taygete fille de athlas f lxix
De alcyone fille de athlas f lxix
De merope fille de athlas f lxix
De calipso fille de athlas f lxix
De epimethee filz de iapet f lxix
De pirrhe fille de epimethee f lxix
De promethee filz de iapet f lxix
De pandore f lxxi
De isis fille de promethee f lxxii
De deucalion f lxxii
De hellane filz de deucalion f lxxiii
De psitaque filz de deucalion f lxxiii
De denis filz de deucalion f lxxiii
De phentrate filz de deucalion f lxxiii
De astree filz de titan f lxxiii
De astre fille de astree f lxxiii
Des vens en general f lxxiii
Du vent subsolane ⁊ vulturne ⁊ eure fueillet lxxv
Du vent nothus ⁊ de ses collateraulx fueillet lxxv
De septẽtrion vent ⁊ circion f lxxv
De aquilon ou boreas f lxxv
De zethe ⁊ calays filz de boreas f. lxxvi
De arphalice fille de boreas ⁊ femme de phynee f lxxvi
De vent zephire occidental ⁊ de afriq ⁊ choro collateralz f lxxvi
De alous filz de tytan diziesme fueillet lxxvii
Do pallene vnziesme filz de tytan qui engendra minerue f lxxvii
De minerue fille de pallene f lxxvii
De runce ⁊ purpuree xii[e] ⁊ xiii[e] filz de tytan fueillet lxxvii
De lycaon xiiii[e] filz de tytan f lxxvii
De calistho fille de lychaon f lxxviii
Des geans qui furent engendrez du sang des titanes ⁊ de la terre f. lxxviii

Du cinquiesme liure

Du second Jupiter ix[e] filz du ciel fueillet lxxxi
De diane premiere fille du second iupiter fueillet lxxxii
Du second apollo filz du secōd Jupiter qui engendra ou filz ou filles xvi fueillet lxxxiii
De laphite premiere fille de apollo fueillet lxxxiiii
De eurimones seconde fille de apollo fueillet lxxxiiii
De mopsus tiers filz dapollo f. lxxxiiii
De linus iiii[e] filz de apollo f lxxxiiii
De philisthenes cinquiesme filz de apollo fueillet lxxxiiii
De garamas vi[e] filz dapollo f. lxxxiiii
De branchus septiesme filz de apollo fueilllet lxxxv
De philemon huitiesme filz de apollo fueillet lxxxv
De orpheus ix[e] filz de apollo f lxxxv
De aristee x[e] filz de apollo f lxxxvii
De acteon filz de aristee f lxxxvii
De iolaus filz de aristee f lxxxvii
De nomius vnziesme filz de apollo fueillet lxxxvii
De auctoe douziesme filz de apollo fueillet lxxxvii
De argee treziesme filz de apollo fueillet lxxxviii
De esculapie quatorziesme filz de apollo fueillet lxxxviii
De machaon filz de esculapie f lxxxix

De asclepie filz de machaon f lxxxix
De psyches quinziesme fille de apollo fueillet lxxxix
De arabe seziesme filz de apollo f. xci
De tirius tiers filz de iupiter f xci
De bachus quatriesme filz du secōd iupiter fueillet xci
De hymeneus filz de Bachus fueillet xciiii
De thyoneus filz de bachus f xcv
De thoas filz de bachus f xcv
De hipsypiles fille de thoas f xcv
De amphion roy de thebes v^e^ filz du second iupiter f xcv
Des quatorze filz de amphion fueillet xcvi
De zethus siziesme filz du second iupiter fueillet xcvi
De ithilus et de thais filz de zethus fueillet xcvi
De calatus septiesme filz du second iupiter fueillet xcvi
Des graces nommees pasithee egyale et euphrosine filles du second Jupiter fueillet xcvi
De lacedemon xi^e^ filz du secōd iupiter fueillet xcvii
De amiclas filz de lacedemon f xcvii
De argulus filz de amiclas f xcvii
De orbalus filz de argulus f xcvii
De tyndare filz de oebale f xcvii
De icare filz de oebale f xcvii
De erigone fille de icare f. xcvii
De iptime fille de icare f xcviii
De penelope fille de icare et femme de vlixes fueillet xcviii
De tantalus xii^e^ filz du second iupiter fueillet xcviii
De hercules treziesme filz du second iupiter fueillet xcviii
De carthage fille de hercules f xcviii
De minerue xiiii^e^ fille du second Jupiter fueillet xcviii
De archas quinziesme filz du second iupiter fueillet xcix
De ionius filz de archas f c.
De nicostrate fille de ionius f c.

Du siziesme liure

De dardane xvi^e^ filz du secōd iupiter fueillet ci.
De erictonius filz de dardanus f. ci
De troius filz de erictonius f ci.
De ganimedes filz de troius f cii
De ilion filz de troius f cii
De laomedon filz de ilion f cii
De antigone fille de laomedon f. cii
De hesione fille de laomedon et de teucer fueillet ciii
De lampus / clition et ioetaon filz de laomedon fueillet ciii
De titon filz de laomedon f ciii
De menon filz de titon f ciii
De bucolion filz de laomedon f. ciii
De esipie et pidase filz de bucolion f. ciii
De priame filz de laomedon qui engendra de sa femme hecube xix. enfans tāt filz que filles et dautres plusieurs quil eut dautres femmes / desquelz les nōs ensuiuēt fueillet ciiii
De creuse premiere fille de priame et femme de enee f ciiii
De cassandre seconde fille de priame fueillet cv
De ilione tierce fille de priame f cv
De laodice quatriesme fille de priame fueillet cv
De licastes cinquiesme fille de priame fueillet cv
De medisicaste siziesme fille de priame fueillet cv
De polisene septiesme fille de priame fueillet cv
De paris huitiesme filz de priame fueillet cv
De daphnis et ide filz de paris fueillet cvi.

De hector ix^e filz de priame f cvi
De astianacte filz de hector f cvii
De helenus dixiesme filz de priame fueillet cvii
De chaon xi^e filz de priame f cvii
De troylus douziesme filz de priame fueillet cvii
De deiphebus treziesme filz de priame fueillet cvii
De polidorus xiiii^e filz de priame f. cviii
De polidore xv^e & de licaon xvi^e filz du roy priame fueillet cviii
De esacus dizeseptiesme filz de priame fueillet cviii
De antiphus xviii^e & de esus xix^e filz de priame fueillet cix
De teucer xx^e filz de priame f cix
De dimecoontes vingt & vngiesme filz de priame fueillet cix
De echemon xxii^e & de cremenon xxiii^e filz de priame fueillet cix
De gorgocion vingt & quatriesme filz de priame fueillet cix
De cebrion vingt & cinquiesme filz de priame fueillet cix
De phorbas vingt & siziesme filz de priame fueillet cix
De ilioneus filz de phorbas f cix
De doridon vingt & septiesme filz de priame fueillet cix
De pammones vingt & huitiesme de antiphones vingt & neufuiesme de agaton trentiesme de hippotous trente & vngiesme & de aganon trente & deuziesme filz de priame f cix
De lacoon trente & troiziesme filz de priame fueillet cx
De mistor trente & quatriesme filz de priame fueillet cx
De iphates trente & cinquiesme & de testorius xxxvi^e filz de priame f cx
De timoetes xxxvii^e filz de priame f cx
De polites trente & huitiesme filz de priame fueillet cx
De priamus filz de polites f cx
De assaracus filz de troius roy de troye fueillet cx
De capis filz de assaracus f cx
De anchises filz de capis f cx
De hippodamie fille de anchises f. cxi
De eneas filz de anchises f cxi
De ascanie filz de eneas f cxiii
De iulie siluie filz de ascanie f cxiiii
De rhome fille de ascanie f cxiiii
De siluie posthume filz de eneas fueillet cxiiii
De eneas siluie filz de postume f. cxiiii
De latin siluie filz de eneas f cxiiii
De albe siluie filz de latin f. cxv
De athis siluie filz de albe f cxv
De capis siluie filz de athis f cxv
De carpente siluie filz de capis f cxv
De tyberine siluie filz de carpente fueillet cxv
De agripe siluie filz de tyberine f cxv
De romule siluie filz dagripe f. cxv
De iulie siluie filz de romule f cxv
De auentin siluie filz de romule siluie fueillet cxv
De procas siluie filz de auentin fueillet cxv
De amulie filz de procas f cxv
De numitor filz de procas qui engendra lause & ilie rhee f cxv
De ilie fille de numitor f cxv

Du septiesme liure

De ocean filz du ciel & de veste q̃ engendra xxiiii enfans tant filz que filles fueillet cxvii.
De eurinomi fille de ocean f. cxviii
De perse fille de ocean f cxviii
De ethra tierce fille de ocean & femme de athlas fueillet cxviii
De plepon iiii^e fille de ocean f. cxviii
De climenes cinquiesme fille de ocean & mere de pheton f cxviii

De triton vi^e^ filz de ocean f cxviii
De doris vii^e^ fille de ocean f cxix
De prothee ancien et viii^e^ filz docean fueillet cxix
De melantho fille de prothee f cxix
De idothee fille de prothee f cxx
De corusices neufuiesme fille de ocean fueillet cxx
De neree x^e^ fille de ocean f cxx
Des nymphes en general f cxxi
De cymodoce fille de neree f. cxxii
De thetis la maindre fille de neree fueillet cxxii
De galathee fille de neree f cxxii
De arethuse fille de neree f cxxii
De achelోe fleuue filz de ocean f.cxxiii
Des sereines filles de acheloe f.cxxiii
De inachus fleuue douziesme filz de ocean fueillet cxxiiii
De io fille inachus f cxxv
De phoronee filz de inachus f cxxvi
De egialae filz de phoronee f.cxxvi
De niobes fille de phoronee f.cxxvi
De phlegeus filz de inachus f.cxxvi
De peneus treziesme filz de ocean fueillet cxxvi
De cyrenes fille de peneus f cxxvi
De danes fille de peneus f cxxvii
Du fleuue nôme nile xiiii^e^ filz de ocean fueillet cxxvii
De minerue fille de nile f cxxvii
De hercules filz de nile f cxxvii
De denis filz de nile f cxxvii
De mercure iiii^e^ filz de nile f.cxxvii
De daphnis quatriesme filz de mercure fueillet cxxviii.
De mercure cinqesme filz du iiii^e^ mercure fueillet cxxviii
De norax v^e^ filz de mercure f. cxxviii
De vulcan filz de nile f cxxviii
De ethiops filz de vulcan f cxxviii
Du soleil filz de vulcan f cxxviii
De pheton filz du soleil f cxxviii
De lygus filz de pheton f cxxx
De phetuse lampetuse et iapecie filles du soleil fueillet cxxx
De alpheus fleuue filz docean f. cxxx
De orsilocus filz de alpheus f cxxx
De diocleus filz de orsilocus f cxxx
De crito et orsilocus f cxxx
De crinisius fleuue xv^e^ filz de ocean fueillet cxxx
De aceste filz du fleuue crinisi⁹ f cxxx
Du fleuue nôme tybre xvii^e^ filz de oceã fueillet cxxxi
De cytheonus filz de tyber f.cxxxi
Du fleuue axius xviii^e^ filz de ocean fueillet cxxxi
De pelagonie filz de axius f cxxxi
De astropie filz de pelagonie f. cxxxi
De asope fleuue xix^e^ filz de ocean fueillet cxxxi
De ipsee filz de asopus f cxxxi
De egine fille de asopus f cxxxi.
De cephisus fleuue vingtiesme filz de ocean fueillet cxxxii
De narcissus filz de cephisus f.cxxxii
Du fleuue meander xxi^e^ filz de ocean fueillet cxxxii
De cyane fille de meander f cxxxii
De phillira xxii^e^ fille de ocean f.cxxxii
De sperchius xxiii^e^ filz de oceã f cxxxiii
De mnesteus filz de sperchius f cxxxiii
Du soleil xxiiii filz de ocean f. cxxxiii

Du huitiesme liure

De saturne xi^e^ filz du ciel qui engẽdra plusieurs filz f cxxxiiii
De cronis premiere fille de saturne fueillet cxxxvi
De veste secõde fille de satne f cxxxvii
De ceres tierce fille de satne f.cxxxvii
De glauca quatriesme fille de saturne fueillet cxxxviii
De pluto cinquiesme filz de saturne fueillet cxxxviii
De veneracion fille de pluton f cxl

De chiron vi^e. filz de saturne f cxl
De ochiroe fille de chiron f cxl
De picus vii^e. filz de saturne f cxli
De faune filz de picus f cxli
De senta fauna fille de picus f cxli
Des faunes satyres/panes et des filz silvains de faune f cxlii
De acis filz de faune f cxlii
De eurymedon filz de faune f cxliii
De peritrie fille de eurymedon et de nausithee f cxliii
De latinus Roy des laurens f cxliii
De lavinie fille de latin f cxliii
De preneste filz du Roy latinus f cxliii

Du neufuiesme livre

De Juno huitiesme fille de Saturne fueillet cxliiii. et cxlv
De hebes fille de iuno et deesse de iouvence f cxlvi
De mars filz de iuno qui eut quinze filz fueillet. cxlvii
De cupido premier filz de mars. cxlix
De volupte fille de cupido f cli
De enomaus deuziesme filz de mars fueillet cli
De hippodamie fille de enomaus f cli
De thereus tiers filz de mars f cli
De ithis filz de thereus f clii
De ascalaphe. iiii^e. et de ialmene. v^e. filz de mars f clii
De parthaon. vi^e. filz de mars f clii
De agrius et de mela filz dudit parthaō fueillet clii
De testius filz de parthaon f clii
De thosee et plesippe filz de testius f cliii
De althee fille de testius f cliii
De oeneus filz de parthaon f cliii
De deianire fille de oeneus f cliii
De gorges fille de oeneus f cliii
De meleager filz de oeneus f cliii
De parthenopee filz de meleager f. cliiii
De tydee filz de oeneus f cliiii
De diomedes filz de tydeus f clv
De menalippus filz de oeneus f clv
De zesius. vii^e. filz de mars f clv
De phlegias viii^e. filz de mars f clvi
De corpnis nymphe fille de phlegias et mere de esculape f clvi
De ision filz de phlegias qui engendra les centaures f clvi
Des centaures en general f clvii
De eurithus filz de ision f clvii
De astilus lung des vaticinateurs des centaures f clvii
De nessus filz de ision f clviii
Des autres cētaures filz de isiō f. clviii
De perithous filz de ision f clviii
De polypites filz de perithous f clix
De bitone. ix^e. fille de mars f clix
De evanne. x^e. fille de mars f clix
De hermione. xi. fille de mars f clix
De hyperuius. xii. filz de mars f clix
De etholus. xiii. filz de mars f clix
De Remus. xiiii. filz de mars f clix
De Romulus. xv. filz de mars f clx

Du diziesme livre

De neptune ix. filz de Saturne lequel nous avons leu avoir eu xxxv. filz. f. clxii
De boras pmier filz de neptune f. clxii
De amicys ou amicus filz de neptune fueillet clxiii
De buthes filz de amicys f clxiii
De erix filz de buthes f clxiii
De phorcus iii. filz de neptune f clxiii
De bathilus filz de phorcus f clxiiii
De thoose fille de phorcus f clxiiii
De scylla fille de phorcus f clxiiii
De meduse/stenio et euriale filles phorcus f clxv
De meduse en particulier f clxv
De albion iiii. et de borgion cinquiesme filz de neptune f clxvi
De tara vi. filz de neptune f clxvi
De polyphemus cyclops septiesme filz de neptune f clxvi
De tilemus viii. filz de neptune .f. clxvii
De brontes. ix. filz de neptune et de sterope. x. et pyragmon xi. filz de neptune fueillet clxvii

De nausithous xii^e. filz de neptune feueillet. clxviii
De rixinor filz de nausithous f. clxviii
De arithis fille de Rixinor f clxviii
De alcynous filz de nausithoꝰ f. clxviii
De nausithee fille du Roy alcynous fueillet clxviii
De laodamas ⁊ alious ⁊ clitonius filz de alcynous f clxviii
De melion. xiii^e. ⁊ de octorion quatorziesme filz de neptune f clxix
De aon. xv. filz de neptune f clxix
De mesapus. xvi. filz de neptune clxix
De basiris. xvii. filz de neptune f. clxix
Du cheual nōme pegasus. xviii. filz de neptune f clxix
De nicteus xix. filz de neptune f clxx
De anthiope fille de nicteus f clxx
De nitimene fille de nicteus f clxx
De hirceus xx. filz de neptune f clxx
De pelyas xxi. filz de neptune f clxx
Des filles de pelyas f clxx
De acastus filz de pelyas f clxxi
De neleus xxii. file de neptune clxxi
De nestor filz de neleus f clxxi
De antilocus filz de nestor f clxxi
De pisistratus filz de nestor f clxxi
De trasimedes filz de nestor f clxxi
De echefron/stracios/perseus ⁊ antho. fueillet clxxi
De policastis fille de nestor f clxxi
De periclimenon filz de neleus clxxi
De cromius filz de neleus f clxxii
De pyro fille de neleus f clxxii
De cygno xxiii. filz de neptune f clxxii
De grissaor xxiiii. filz de neptune f clxxii
De othus xxv. ⁊ de ephialtes xxvi. filz de neptune f clxxii
De egeus xxvii. filz de neptune clxxiii
De theseus filz de egeus f clxxiii
De hippolitus filz de theseꝰ clxxiii
De virbius filz de hippolitus clxxiiii
De demophon filz de theseus clxxiiii
De antigonus filz de theseus f clxxiiii
De medus filz de egeus f clxxiiii
De onchestus xxviii. filz de nep. clxxiiii
De megareus filz de onchestus clxxiiii
De hippomenes filz de megareꝰ. clxxiiii
De pelasgus xxix. filz de neptune clxxv
De nauplius xxx. filz de neptune clxxv
De palamedes filz de nauplius f clxxvi
De celeno xxxi. abello xxxii. ⁊ occipite xxxiii. ⁊ des arpies filles de nep. clxxvi
De scycanus xxxiiii. filz de nep. clxxvi
De syculus xxxv. filz de neptu. clxxvi

De lonziesme liure.

Du tiers iupiter diziesme filz de saturne f clxxvii
Des ix. muses filles de iupiter clxxix
De acheus x. filz de iupiter f clxxxi
De venus xi. fille de iupiter f clxxxi
De amour xii. filz de iupiter clxxxii
De proserpine xiii. fille de iupi. f clxxxii
De castor xiiii. ⁊ pollux xv. filz de iupiter f clxxxii
De heleine xvi. fille de iupiter f clxxxiii
De clitemnestra xvii. fille de iupiter fueillet clxxxiiii
Des palisces xviii. ⁊ xix filles de iupiter f clxxxiiii
De iarbas xx. filz de iupiter clxxxiiii
De mena xxi. fille ⁊ de mirmidon xxii. ⁊ de xantus xxiii. ⁊ de lucifer xxiiii. filz de iupiter f clxxxv
De dedalion filz de lucifer f clxxxv
De lychione fille de dedalion f clxxxvi
De ceus ou ceis filz de lucifer f clxxxvi
De orion xv. filz de iupiter f clxxxvi
De hippolagus filz de orion clxxxvii
De drias filz de hippolaguꝰ clxxxvii
De lycurgus filz de drias f clxxxviii
De angeus filz de lycurgus f clxxxviii
De harpalice fille de lycurgꝰ clxxxviii
De phillis fille de lycurgus f clxxxviii
De minos xxvi. filz de iupi. clxxxviii
De androgeus filz de minoꝰ clxxxix
De glaucus filz de minos f clxxxix
De ariadne fille de minos f cxc
De phedra fille de minos f cxc
De deucalion filz de minos f cxc

De hidumeneus filz de deucalion f cxc
De orsilocus filz de hidumene⁹ & de sarpedon xxvii^e. filz de iupiter f cxc
De antiphates/de Radamantus xxviii^e & de archisius xxix. filz de iupiter cxci
De laertes/de echimenes/& de Ulixes filz de laertes f cxci
De telemachus/de telegonus/& de ausonius filz de Ulixes f cxciii

Du douziesme liure

De tantalus xxx^e. filz de iupiter cxciiii
De nyobes fille de tantalus f cxcv
De pelops/de lysidice fille de pelops/et de atreus filz de pelops f cxcv
De alceon/melampus/& euyolus filz de atreus f cxcvi
De tiestes filz de pelops f cxcvi
De tantalus/phistenes/& arpagiges filz de tiestes f cxcvi
De pelopie/& de egist⁹ filz de tie. cxcvi
De phistenes filz de pelops f cxcvi
De menelaus filz de phistene⁹ cxcvii
De hermione fille de menelaus/de megapentis & de agamenon f cxcvii
De hiphigenie fille de agamenon cxcviii
De chrisothemis/laodices/& hiphianasse fille de agamenon f cxcviii
De electra fille de agamenon cxcviii
De alesus/& de horestes filz de agamenon f cxcviii
De thisamenis/de corinthus & de horestes filz de horestes f cxcix
De denis xxxi^e. & de perseus xxxii. filz de iupiter f cxcix
De gorgophanes/de electrion/& de alcmene f cc
De alceus/de amphitrion/de hiphicle⁹/de iolaus/de stelenus/de euristeus/de bacchemon/de achemenides/& de orcamus f cci
De leucothoe fille de orcamus f ccii
De erithreus & de perse f ccii
De aon xxxiii^e. filz de iupiter ccii
De dimas/de asyus/& de alixiroe cii
De eacus xxxiiii^e. filz de iupiter f ccii
De phocus filz de eacus f ccii
De thelamon/de aiax/de teucer/& de peleus f cciii
De polidoris fille de peleus f cciiii
De achilles filz de peleus f cciiii
De pyrrhus filz de achilles f ccv
De peripeleu⁹/de molossus/& de polidecta f ccv
De pylunnus xxxv^e. filz de iupiter f ccv
De daunus filz de pilunnus/& de daun⁹ nepueu du premier daunus f ccv
De turnus filz de daunus f ccvi
De iuturne fille de daune f ccvi
De mercure xxxvi. filz de iupiter ccvi
De endorus/de myrtilus/des lares filz de mercure f ccvii
De euander filz de mercure f ccviii
De pallantes/de pallantia/& de pan fueillet ccviii
De vulcan xxxvii^e. filz de iupiter ccviii
De erictonius/de pocris/de oritie/de pandion/de prognes/& de eacus f ccx
De cecilus/de tulles seruilie/& des. ii. tullies filles de tulles seruilie f ccxi

Du treziesme liure

De hercules xxxviii. filz de iupiter fueillet ccxii
De oreas/creonthiades/tyriomachus & diicohontes/de hythoneus/de cromis de agilis/& de hilus filz de hercules fueillet ccxvi
De sardus/de cyrnus/de dyodorus/de sophon/de clypolemus/de thessalus/de phidippus/& de antiphus f ccxvii
De auentinus/de thelephus/de euripilus/de ciparissus/de lydus/de lamir⁹ & de lanius f ccxvii
De eolus xxxix. filz de iupiter ccxvii
De machareus & de canace/de alciones & de misenus f ccxviii
De ericteus/de eson/& de iason ccxix
De thoas & euneus/de philomelus/de plutus/de pareantes/de polimilias/de alcimedontes/& de epitropus f ccxx
De pherita/de amicthaon/de melamp⁹

de theodamas/de bias/de manthion/de cliton/de polipbides/de theoclimenes/de antiphates/de oycleus/et de amphiaraus f ccxxi
De almeon/de amphilocus/de catillus de tiburtin/de corax/de salmoneus/de tyro/et de iphiclus f ccxxii
De podarces/de sysiphus/de glaucus/et de bellorophon f ccxxiii
De laodamie/de isander/de hippolocus de glaucus/de creon/de creuse et de cephalus f ccxxiiii
De hesperus/de athamas/et de phrixus fueillet ccxxv
De cythor'/et de learcus/et pourquoy bocace na adiouxte entre les filz de iupiter Alexandre macedonien/et scipion affrican f ccxxvi

Cy finist la table de ce present volume intitule Jehan bocace de la genealogie des dieux.

Cy finist Jehan bocace de la genealogie des dieux Imprime nouuellemēt a Paris Lā mil CCCC. quatre vigtz et dixhuit le neufuiesme iour de feurier Pour Anthoine verard libraire demourant a Paris sur le pont nostre dame a lymage saint Jehan leuāgeliste/ou au palais au premier pilier deuant la chapelle ou len chante la messe de messeigneurs les presidens.

www.ingramcontent.com/pod-product-compliance
Lightning Source LLC
Chambersburg PA
CBHW060951280326
41935CB00009B/690

* 9 7 8 2 0 1 2 5 3 5 0 4 6 *